U0137593

本卷撰稿：

曹金华　徐俊祥

汪华龙　徐　成

国家出版基金项目
NATIONAL PUBLICATION FOUNDATION

"十四五"时期国家重点出版物出版专项规划项目

扬州通史

《扬州通史》编纂委员会 编

王永平 总主编

曹金华 主编

先秦秦汉魏晋南北朝卷

广陵书社

图书在版编目（ＣＩＰ）数据

扬州通史. 先秦秦汉魏晋南北朝卷 / 《扬州通史》
编纂委员会编；王永平总主编；曹金华主编. -- 扬州 :
广陵书社，2023.3
ISBN 978-7-5554-2056-9

Ⅰ. ①扬… Ⅱ. ①扬… ②王… ③曹… Ⅲ. ①扬州－
地方史－先秦时代②扬州－地方史－秦汉时代③扬州－地
方史－魏晋南北朝时代 Ⅳ. ①K295.33

中国国家版本馆CIP数据核字(2023)第051146号

书　　名	扬州通史：先秦秦汉魏晋南北朝卷
编　　者	《扬州通史》编纂委员会
总 主 编	王永平
本卷主编	曹金华
出 版 人	曾学文
责任编辑	刘　栋
出版发行	广陵书社

扬州市四望亭路 2–4 号　　　邮编　225001
（0514）85228081（总编办）　　85228088（发行部）
http://www.yzglpub.com　　E-mail : yzglss@163.com

印　　刷	常州市金坛古籍印刷厂有限公司
开　　本	720毫米 × 1020毫米　1/16
印　　张	42.5
字　　数	625千字
版　　次	2023年3月第1版
印　　次	2023年3月第1次印刷
标准书号	ISBN 978-7-5554-2056-9
定　　价	190.00元

龙虬庄遗址考古发掘现场

1979 年天山汉墓考古发掘现场

古邗沟故道

供奉吴王夫差、刘濞的邗沟大王庙

汉广陵王墓博物馆

董仲舒像（南薰殿旧藏）　　　　　谢安像（清殿藏本）

1988 年出土于甘泉乡军庄东汉墓的春秋夔龙纹玉璜

1991 年出土于甘泉乡巴家墩西汉墓的战国龙形玉佩

1993 年出土于扬州郊区西湖果园砖瓦厂的战国彩绘卷云纹漆盘

1977年出土于甘泉乡西汉墓的
"妾莫书"龟钮银印

2004年出土于杨庙镇西汉墓的
蟠螭纹铜镜

1990年出土于甘泉乡秦庄
西汉墓的铜行炉

1991年出土于甘泉乡巴家墩
西汉墓的铜釭灯

1980年出土于甘泉乡双山广陵王刘荆墓的"广陵王玺"金印和错银铜牛灯

1992年出土于甘泉乡顺利东汉墓的铜卡尺

1981年出土于仪征胥浦建筑工地的西晋青釉辟邪插座

1972年出土于扬州西湖荷叶王庄的
南朝青釉覆莲鸡首壶

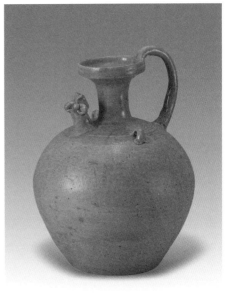

1985年出土于邗江县甘泉乡六里村的
东晋青釉羊首壶

坚持历史自信　拥抱辉煌未来

——《扬州通史》序

　　《扬州通史》正式出版，这是扬州人民在推进中国式现代化征途上文化建设中的一件大事。可喜可贺！

　　2020 年 11 月，习近平总书记视察扬州时称赞："扬州是个好地方，依水而建、缘水而兴、因水而美，是国家重要历史文化名城。""特别是文明、文化、历史古城，在全国都很有分量。"

　　扬州有着悠久而深厚的历史文化。早在距今约 7000—5000 年间，就有土著先民繁衍生息于其间，新石器时代的龙虬庄文化成为江淮大地的文明之光。夏商周时期，扬州先是作为南北文化交流的走廊和过渡地带，继有干（邗）国活跃于此，虽然至今尚缺少充分的干（邗）国考古资料，但历朝历代众多的遗存器物、制度无不打上"邗"的印记，可见影响之巨。而公元前 486 年"吴城邗，沟通江淮"，则成为扬州有文字记载的历史的开篇。由此至中华人民共和国成立前的 2400 余年，综合政治、经济、社会、文化诸因素，扬州历史发展的脉络大致可以分为几个阶段：先秦起步发展期——汉代初步兴盛期——魏晋南北朝融合发展期——隋唐鼎盛发展期——宋元明起伏发展期——清代前中期全面繁盛发展期——晚清民国转型发展期。

　　扬州的历史命运从来都是与国家、民族的命运紧密相联的，正如钱穆《中国近三百年学术史》所言："扬州一地之盛衰，可以觇国运。"扬州对于中国政治、经济、社会、文化等许多方面都有过特殊贡献。

　　以政治而言，广陵人召平矫诏命项梁渡江，为亡秦立下首功；董仲舒为江都相十年,提倡"正谊明道",政风影响后世;谢安以广陵为基地,命谢玄训练北府兵,与苻坚决战于淝水,大获全胜,后移镇广陵,治水安民,筹备北伐,遗爱千秋;杨广经营江都,为隋唐扬州的繁盛奠定了基础;康、乾二帝南巡,推动了扬州经济文化的发达和政治地位的提升。

以经济而言,播在人口的是汉代广陵"才力雄富",唐代扬州"扬一益二",清代两淮盐业"动关国计"。特别是大运河的开通,使扬州成为东南财赋重地;邗沟第一锹的意义,经济大于军事。

以社会而言,"江都俗好商贾",渔盐之利、商贸之利,造就了城市,更造就了人。扬州较早出现商人和士民两大阶层,率先突破坊市分区制度,为其他城市起到了示范作用。

以文化而言,从古到今,从官到民,扬州士农工商各阶层对文化都有着特殊的敬畏与爱好;在学术、艺术、技术的各个领域、各个门类多能自成一派,独树一帜,都有在全国堪称一流的代表人物,有些技艺"扬州工"成为公认的标识。中国文化史上,不少大事都发生在扬州。扬州虽然地处江北,却被视为江南文化的代表性城市之一。更重要的是,两汉、隋唐、清代在扬州周边地区客观存在着一个以河、漕、盐、学为纽带的扬州文化圈。

以对外交往而言,汉唐以来,扬州曾经是陆上丝绸之路和海上丝绸之路的连接点,成为对外交往最广泛、最频繁的地区之一,以波斯、大食人为主的"胡商",日本遣唐使和留学人员,朝鲜半岛在华的文化名人,欧洲传教士、一赐乐业犹太人的定居者及有关活动家,都在扬州留下了历史的印迹。扬州本地人也不畏艰险地走向国外,传播中华文化。扬州无愧为中外交流、文明互鉴的窗口。

以城池而言,扬州城遗址大体分为蜀冈古代城址和蜀冈下城址两部分。扬州虽迭经兴衰成败,但历代城池都未偏离过这块土地。蜀冈古代城址始于春秋,历经两汉、六朝、隋唐至南宋晚期;蜀冈下城池始于唐代,沿用至明、清,这两部分构成了一部完整的扬州城遗址的通史。正因其特有的价值,故被国家列入大遗址保护名录。

在漫长的历史岁月中,扬州涌现出众多彪炳千秋的仁人志士、英雄豪杰,大量脍炙人口的名篇佳作、诗文著述,不少惊心动魄的军事、政治、文化大事与盛事,无数巧夺天工的工艺制品。这些可观、可触、可闻、可用的载体背后,折射出来的是一个城市的深沉的文化力量,是一个城市得以绵延发展、永葆生机活力的遗传基因。特别是鉴真东渡传法的献身精神、史可法舍身护城的浩然正气、朱自清宁可饿死不领美国救济粮的爱国气节等,已成为炎黄子孙民族精神的代表,被列入中华民族的精神谱系,万世景仰。

　　清代思想家龚自珍在《尊史》一文中说:"出乎史,入乎道。欲知大道,必先为史。"扬州一直有着尊史的传统,官员、学者都力求为扬州一地留下信史。远在汉代,即有王逸撰《广陵郡图经》,三国两晋时有华融的《广陵烈士传》、逸名的《广陵耆旧传》《江都图经》等,可惜多已不存。唐宋时期崔致远的《桂苑笔耕集》、王观的《扬州赋》、陈洪范的《续扬州赋》等,虽以诗文名,而其史料价值更为重要。李善《文选注》征引经史子集图书一千余种,保存了众多已亡佚古籍的重要资料。明代方志勃兴,扬州府及所属州县修成志书三十多种,宋代扬州诸多志书如《扬州图经》《广陵志》《仪征志》《高邮志》等也赖以留下蛛丝马迹。《两淮运司志》是最早的区域性盐业史专著。清代扬州学人以朴学为标识,把清代学术推向高峰,如张舜徽《清代扬州学记》所云:"无扬州之通学,则清学不能大。"他们研究的重点是经学,但"辨章学术,考镜源流",同样体现出他们自觉的史学意识。阮元的《儒林传稿》、江藩的《汉学师承记》《宋学渊源记》等其实皆为学术史专著。他们最值得称道的是对方志学的贡献。乾嘉道时期,扬州学派的一些著名人物,如王念孙、汪中、刘台拱、朱彬、江藩、焦循、阮元、王引之、刘文淇、刘宝楠等,直至刘师培,大多直接从事过地方志书的编修。王念孙的《〔乾隆〕高邮州志》,江藩、焦循等参与的《〔嘉庆〕重修扬州府志》,刘文淇、刘毓崧父子重修《〔道光〕仪征县志》,刘寿曾纂修《〔光绪〕江都县续志》等,都被视为名志。焦循的《北湖小志》、董恂的《甘棠小志》影响也很大。

　　虽然说,方志可称为"一方之史",但毕竟不同于史。前人有所谓"县志盖一国之书,其视史差易者三",曰"书约则易殚,地狭则易稽,人近则易辩"(清施闰章《安福县志序》)。或曰:"志与史不同,史兼褒诛,重垂戒也;

志则志其佳景奇迹、名人胜事,以彰一邑之盛。"(程大夏《〔康熙〕黎城县志叙例》)故相较而言,历代扬州学人编著地方通史者不多。清代仅汪中一人有《广陵对》,以文学笔调简述扬州贤杰对国家的贡献以及扬州之精神。朱珪称赞:"善乎,子之张广陵也! 辞富而事核,可谓有征矣。"江藩云:"《广陵对》三千余言,博征载籍,贯穿史事,天地间有数之文也。"汪中更有《广陵通典》,以编年形式概述扬州史之大纲,始于吴王夫差城邗沟,止于唐昭宗乾宁元年杨行密割据扬州。梁启超《中国近三百年学术史》评价:"此书极佳,实一部有断制之扬州史。"惜其未能完稿。后之人虽欲续之,但有心无力。新中国成立后,百业待举,百废待兴,间有此议,亦终未果。

　　进入新时期,国力日强,文化日盛,撰修《扬州通史》的条件渐次成熟:《扬州地方文献丛刊》《清宫扬州御档》《扬州文库》等文献资料整理出版,提供了良好的文献基础;考古事业的发展,大量遗址文物的出土,提供了有力的历史实物证据;《唐代扬州史考》《扬州八怪人物传记丛书》《扬州学派人物评传》《扬州文化丛书》《扬州史话丛书》《江苏地方文化史·扬州卷》等成果的涌现,作了较好的前期铺垫;扬州文化研究会和扬州大学中国史学科聚集了一批有志于扬州历史文化研究的学者,实现了扬州地方和高校力量的有效整合,培育了一批专业化的研究骨干力量;更重要的是,党和国家重视弘扬中华优秀传统文化,盛世修典的大气候、大环境已经形成,为区域历史文化研究提供了最可靠的政治保障和学术支撑。可以说,市委、市政府作出编撰《扬州通史》的决定是顺应形势、水到渠成的。

　　为此,扬州市成立了由市委、市政府主要负责同志为主任、各有关部门和扬州大学负责同志组成的《扬州通史》编委会,聘请了学术顾问和总主编,采用市、校合作形式,编委会负责内容把关和总体把握,委托扬州大学社会发展学院负责项目实施,市委宣传部负责协调,广陵书社负责出版。明确分工,各负其责。经过五年努力,各位学者精心结撰,反复打磨,终于向世人捧出了扬州历史上第一部真正意义上的通史著作《扬州通史》。

　　《扬州通史》大致以扬州现辖行政区划为地理范围,根据扬州历史特点,分为《先秦秦汉魏晋南北朝卷》《隋唐五代卷(上下册)》《宋代卷》《元明卷》

《清代卷(上下册)》《中华民国卷》等六卷八册,总计400余万字。此书以时代为经,以城池、事件、人物为纬,勾勒扬州自先秦至民国两千多年的历史演进脉络,综合政治、军事、经济、社会、文化等诸多内容,兼及自然地理条件变化,突出扬州各个历史时期的主要特点,努力探求历代治乱兴衰之由,以为镜鉴。总体上看,《扬州通史》体例完整,写作规范,资料丰富,史论结合,编校精严,印制精美,是一部具有一定学术水准与可读性,能够站得住、留得下的史学著作。

《扬州通史》的编辑出版告一段落,如何运用这一部新的史著,充分发挥其应有的作用,为当代的中国式现代化事业服务,是摆在我们面前的一项重要任务。

我们党历来十分重视历史,重视鉴古知今,征往训来。对于历史的学习和认知,有种种态度,我们坚决反对怀疑和否定流传几千年的中华优秀传统文化、否定中国历史发展创造的文明成果、否定中国共产党领导人民取得的丰功伟绩,反对迎合"西方中心论"的历史虚无主义;坚决纠正言必称古、似是而非,甚至错把糟粕当精华的厚古薄今的不良倾向;坚决反对在区域历史文化研究中,束书不观,游谈无根,罔顾历史事实,牵强附会、任意拔高的乡土自恋情结;也注意克服以搜集历史上一鳞半爪的奇闻逸事,以供茶余饭后谈资为旨趣的浅表式、碎片化的史学态度。我们大力提倡立足客观事实,对历史过程、历史事件、历史人物进行"原始察终""由表及里""由浅入深",把感性认识上升到理性高度,把历史认识变为历史真知,从而增强历史自信。我们之所以强调历史自信,因为它来自于历史,植根于历史,又映照现实,指引未来,对于道路自信、理论自信、制度自信和文化自信,具有历史支撑和精神滋养作用。

在学习中,要通过阅读《扬州通史》,分析扬州在中华文明史上的地位和作用,加深对习近平新时代中国特色社会主义思想和习近平总书记视察扬州重要讲话指示精神的全面、系统、深刻的理解,增强爱国、爱乡的家国情怀;通过对中华文明的突出特征(连续性、创新性、统一性、包容性、和平性)在扬州历史上体现的分析研究,加深对"两个结合",即把马克思主义基本原理同中国具体实际相结合、同中华优秀传统文化相结合重大意义的理解，增强建设中华民族现代文明的强大动力；通过对扬州历史治乱兴衰，特别是对汉、唐、清三度辉煌史实的剖析，加深对社会发展规律的认识，增强在国家治理大框架下发挥敢于作为的积极性和主动性；通过对在重大历史转折点上扬州种种表现的考察，加深对当前正面临百年未有之大变局的认识，增强危机意识和抗击风险的能力。

总之，要学习历史，尊重历史，总结历史，敬畏历史，树立历史自信，把握历史主动，担负起时代赋予我们的历史使命，运用历史智慧，去创造新的历史，实现中华民族伟大复兴，构建人类文明新形态。我们有理由相信，扬州的明天一定更加灿烂辉煌！

《扬州通史》编纂委员会

2023 年 3 月

导　言

　　"扬州"之名称，最早见于先秦时期的《尚书·禹贡》："淮、海惟扬州……沿于江、海，达于淮、泗。"传说大禹治水后，按山川形变与土地物产，将天下划分为九州以定贡赋，扬州则居其一。这里的"扬州"，所指为北达淮河，东南抵海，涵盖长江下游的广大地区，大体与今江苏、安徽两省淮水以南及浙江、江西、福建三省相当。汉武帝以先秦九州为基础设十三刺史部，以为监察区，汉灵帝增刺史权重，改监察区为高层行政区，迨至南北朝，皆设"扬州"。但无论从地理方位、地域广狭，抑或区域性质等角度而言，隋代以前的"扬州"与当今的扬州都不能简单地直接对应。

　　今扬州得名始于隋代。春秋以来，该地域曾相继附属吴、越；战国一度属楚国；秦统一后，先后属薛郡、东海郡。西汉初先后属荆国、吴国，汉景帝时更名江都国，汉武帝时更名广陵国。东汉以后称广陵郡，隶属徐州。南朝刘宋元嘉中侨置南兖州于广陵郡，北齐改为东广州，后周称吴州。隋开皇九年（589）平陈，改为扬州，作为一级统县政区，自此扬州遂为本地专名——虽然隋炀帝大业年间与唐玄宗天宝年间一度称广陵郡，唐高祖武德年间一度称兖州、邗州，五代杨吴时期一度称江都府，明代初期称为淮海府、维扬府，但千余年来，则以称扬州为常态；除元代置扬州路外，隋以后的扬州皆为统县政区。历代扬州辖境盈缩不定，区划沿革变动较为频繁，但历代幅员基本处于长江北岸、江淮平原南端。今扬州辖广陵、邗江、江都3个区与宝应县，代管仪征、高邮2个县级市。

　　就地形地貌而言，扬州地处江淮下游平原，是长江下游北岸的三角洲区与宁镇扬丘陵区的交接地带，地势西北高、东南低。除了今仪征市的大部分地区为丘冈、丘陵地貌，其余皆为江淮冲积平原，地势平坦。千百年来，扬州

地区的地质地貌没有发生实质性的变化,值得留意的局部变化有两个方面:
(一)约距今7500年以前,由于海面的上升,今扬州、镇江为长江入海口处,
随着长江泥沙的堆积,长江三角洲逐步向东发育,扬州东境不断拓展,江口
东移,扬州经历了由滨海转为内陆地区的过程。(二)扬州地域江中沙洲的
积长,蜀冈以南滩涂地的发育,导致扬州南境的拓展,江面渐狭。

就气候而言,扬州地处北亚热带气候向温带季风性气候的过渡区,东受
海洋气候、西受内陆气候交错影响,温和湿润,四季分明,雨量充沛,光照充
足,雨热同季。盛行风向随季节有明显变化,夏季多为从海洋吹来的湿热东
南风和东风,冬季盛行干冷的偏北风。历史上扬州的气候经历过阶段性的冷
暖交替,与中国历史上的气候变迁基本同步。气候变化,对人类最直接的影
响是农业生产和生活方式的变动。就历史的宏观走向来看,全域性的气候变
化造成社会局势变动,扬州区域历史面貌与进程亦深受影响。

地形地貌的沧海桑田,气候的冷暖升降,短时间内也许难以察觉,但其社
会影响确实潜移默化地发生着。正是在这样的地理环境所提供的空间舞台
上,一代又一代的扬州先民生生不息,不断推衍其人文历史的兴替变革,上演
了丰富多彩的历史话剧,绘就了灿烂辉煌的历史画卷。

一、先秦至魏晋南北朝时期的扬州

至今可以证实扬州地区已有先民聚集、生活的历史始于新石器时代中
期。龙虬庄遗址的发现,表明当时形成了面积广阔、覆盖江淮东部的"龙虬
庄文化",距今约7000—5000年,具有南北过渡地带的文化特征。当时江
淮东部的人类生活,在采集与渔猎经济、原始农业和畜牧业、原始手工业和
商业等方面都有所表现。从社会形态看,"龙虬庄文化"的第二期大约处于
母系氏族社会的繁荣阶段,第三期则处于母系氏族社会的衰落阶段,缓慢地
向父系氏族社会过渡。新石器时代晚期,当各地逐渐步入父系氏族社会时,
江淮东部因海侵处于千年之久的空白期,出现了父系氏族社会的缺环,此后
受到王油坊类型的龙山文化影响,氏族社会逐渐解体,从而跨越文明时代的
门槛。

大约距今4000年前后至西周时期,原居于山东一带的"东夷"不断南下,

占据了江淮东部地区,史称"九夷"。夏朝末年,在江淮东部出现了一个"干辛邦"的方国,与后来的"干国"可能有名号继承的关系。商朝时期,江淮东部形成了"夷方"联合体,周初太伯、仲雍奔吴,在宁镇地区建立吴国,"夷方"二十六邦建立夷系"干国",以对抗西周的"大吴"战略。夏商西周时期,居住在江淮东部的"九夷""夷方""干国"及"徐国",都是独立于中原王朝的"外服"邦国,所呈现的地域特色是夷文化。干国的核心区域当在江淮之间。公元前584年前后,吴(邗)王寿梦占据江淮东部。公元前486年,吴(邗)王夫差"城邗,沟通江、淮",北上争霸。战国初,越灭吴,江淮东部属越国。战国后期,楚败越国,占领江淮东部。秦统一前,江淮东部处于各国相争的前沿地带,受到诸国政策的影响,其社会风尚在保持"东夷"旧习的基础上,呈现出多元杂糅的特点。

秦汉时期是中国历史上社会发展的一个高峰期,扬州地区随之进入第一个兴盛时期。

在区域政治地位与影响方面,秦朝末年,陈胜、吴广领导的第一次全国性大规模民变在大泽乡(今属安徽宿州)暴发,东楚刘邦、项羽和召平、陈婴等纷起响应。陈婴等于盱眙立楚怀王孙心,项羽一度打算建都于江都,凸显扬州南达吴会、北通淮河的地理区位优势,可谓东楚的核心区域。西汉建立后,先后设置荆国、吴国,管控大江南北的3郡53县。"吴楚七国之乱"后,汉景帝采用削藩之策,设江都国,其后该地区或为广陵郡,或为广陵国,至东汉明帝废除广陵王刘荆,改国为郡,直到东汉末年未再变更。两汉时期,扬州始终是郡、国的政治、经济、文化中心。西汉初期,对诸侯国实行相对宽松的政策,吴王刘濞扩张军政势力,开创其"全盛之时";后朝廷对江都国和广陵国加强控制,迭经废立,辖域日蹙,西汉后期的广陵郡仅辖4县。东汉中后期,在广陵太守马棱、张纲、陈登等人治理下,江淮东部呈现出持续发展的态势。整体而言,两汉时期扬州地区政治、社会秩序较为稳定。

秦汉时期扬州经济显著发展。吴王刘濞在位四十余年,充分利用"海盐之饶,章山之铜"等资源优势和王国特权,冶铜煮盐,开运盐河,颁行钱币,国用富饶,百姓无赋,区域经济得到了前所未有的发展,一度成为全国翘楚。汉武帝时强化中央集权,盐铁官营,对扬州经济有所影响。东汉章帝时推行官营政策,广陵太守马棱"奏罢盐官,以利百姓",促使朝廷调整政策,官营、民营并行。铁器、牛耕逐渐推广,农业技术日益更新,水利事业成就卓著,对农业生产与交通运输具有促进作用。当时扬州的冶铁、铸铜、煮盐和漆器、玉器业等都得到了空前的发展;城市商业繁荣,吴王刘濞时的广陵城,"城周十四里半",所属各县城也在汉初"县邑城"的基础上逐渐形成规模。

秦汉时期扬州文化卓有建树。作为汉代新儒学开创者之一的董仲舒曾任江都王国相,传播儒学,推行教化。为维护"大一统",董仲舒倡导"独尊儒术",对中国历史影响深远。董仲舒主张"立学校之官",倡导文化教育,"正谊明道",任江都相期间当有所实践,故扬州"绩传董相"。吴王刘濞招揽文士宾客,枚乘创作《七发》,标志着汉代大赋的正式形成,邹阳、庄忌等也声名远播。江都公主刘细君善诗文,"和亲"乌孙,促进民族文化交流与融合。东汉时,佛教传入江淮东部,楚王刘英"学为浮屠斋戒祭祀",东汉末笮融督广陵、彭城运漕,"大起浮屠祠",民众"来观及就食且万人"。在社会风俗方面,汉宣帝时,朝廷将江水祠徙至江都,使"岳镇海渎"的国家祠祀理念在扬州得以具体落实;"观涛广陵"及其文学佳作应运而生,区域影响不断扩大;当时扬州的社会风俗,既显现出浓郁的楚文化色彩,又融合了新时代的因子,呈现出"大一统"与地域性不断交融的时代特点。

魏晋南北朝时期,扬州地区陷入衰落状态,主要原因在于南北分裂。当时南北诸政权在此不断争夺,本土人口外迁,外来流民聚集,战争与流民成为这一时期扬州历史的显著特征。

东汉末魏、吴隔江对峙,曹操废弃江北,坚壁清野以待孙吴,广陵成为弃地,急遽衰败。虽然魏、吴曾多次想打破南北对峙的僵局而经略广陵,但没有取得实质性的效果。地处南北夹缝之间的广陵无法获得长期的稳定,经济社会也不可能恢复两汉的繁盛局面。由于战乱的波及,大量广陵人士播迁离乡,或仕于孙吴,或仕于曹魏。西晋的短暂统一,没有完成对南北社会的有效整合,在政治取向上,曾仕于孙吴的广陵人士及其子弟与三吴世族趋同,皆被西晋视为吴人,受到晋廷的歧视,广陵华谭为此建言晋武帝,力求打破南北畛域之见,表明自汉末以来侨寓并出仕孙吴的广陵人士及其后裔,其政治境遇和取向与江东本土人士呈现出一体化的倾向。自永嘉南渡至隋灭陈,长期南北分裂,广陵大体归属东晋南朝,当时大批流民沿邗沟南下,集聚在广陵及其周边地域,东晋南朝无法在地处江北的广陵建立起完备的行政体系,形同羁縻,遍置侨州郡县。

广陵地处邗沟与长江交汇处,与京口隔江对峙,当地又多流民武装,这使得东晋南朝时期的广陵逐渐与京口呈现出一体化的格局,维持现状则镇京口,图谋北进则镇广陵。广陵与建康在地理空间上相距不远,然有大江之隔,这就使得广陵成为独立于建康之外,又可就近制衡建康的具有特殊意义的战略要地。谢安在淝水之战后,受晋廷排挤,于是统军于广陵以自保,并图谋北伐;宋武帝临终,以宿将檀道济统军于广陵以备建康缓急之需。北朝南下,常沿邗沟至广陵。南朝北上,渡江至广陵后再沿邗沟入淮水也是常态。因此,广陵实际上是建康的东部门户。由此东晋南朝常以广陵为北伐基地,桓温、谢安、宋武帝、宋文帝北伐皆沿此路线北进。北方政权一旦兵至广陵,建康必定惊惧。萧梁后期,淮南江北被北齐占领,北齐置东广州于广陵,北周又改称吴州,南北隔江对峙。自此广陵非但不能遮蔽京口,拱卫建康,反而成为北朝南伐的前沿基地。隋灭陈之役,晋王杨广坐镇广陵,隋将贺若弼自广陵渡江至京口,进而入建康,正是南北朝后期广陵军事地位最典型的体现。

当时扬州地区屡遭战乱,缺乏发展经济所必需的安定环境。官方主导的诸如疏浚邗沟、兴修水利等工程,主要出于征战运输之需,少有发展经济与保障民生的考虑。持续的战争状态深刻地影响着扬州地区的文化生态与社会结构。魏晋时期的广陵士人,大多尚存汉末士人风习,汉晋之际肇始于洛阳的玄学风尚,对广陵人士影响甚微,广陵学人多恪守汉儒旧学,儒法兼综,尚忠节孝义,其言行与魏晋玄学名士差异明显。永嘉乱后,江淮之间战乱频仍,文化世族难以立足,次等士族、寒族成为广陵社会的上层,统领乡党、囤聚坞壁的豪强则成为地方上具有一定独立性的武装势力。

汉晋之际,出于军政需要,以邗沟为中心的江淮漕运体系,在客观上成为南北文化交流的通道。广陵不仅曾是北方佛教流传至南方的前沿,南北朝至隋唐之际又成为南方佛教传入北方的基地,东晋南北朝时期广陵地域能融通南北,义学、律学兼而有之,成为江淮间弘扬佛法的重镇。

二、隋唐五代时期的扬州

在中国古代历史发展高峰期的隋唐时期,扬州的区域经济、社会发展也臻于全面兴盛状态。

隋文帝开皇九年(589)平陈而统一南北,改吴州为扬州,扬州从此成为本地域的专有名称。隋朝设置扬州大总管府,扬州成为东南地区的军政中心。隋炀帝在江都境内置江都宫,具有陪都性质;唐朝在扬州设置大都督府。安史之乱后,在扬州置淮南节度使,总揽治下诸州的军、政、民、财大权,为当时唐廷最为倚重的方镇。五代十国时,杨吴政权曾定都扬州;南唐迁都金陵,以扬州为东都。后周世宗于显德年间南征,扬州成为北方王朝经略江南的基地。

隋唐五代时期,扬州城市建筑规模宏大。隋炀帝三下江都并长时间留居,扬州一度作为"帝都"加以经营,兴建了包括江都宫、临江宫、成象殿、流珠堂等著名宫殿在内的庞大建筑群,为扬州城建史上的极盛时期。唐代扬州城由子城和罗城两部分构成,衙署区和居民区分设。唐中期以前,沿袭传统的坊市分离制,随着工商业经济的发展与市民生活的变化,唐代后期扬州突破了旧有的坊市制度,城内出现了市井相连的开放性商业街区。

隋唐时期,扬州作为江淮地区的中心城市,经济持续发展,成为带动长江中下游乃至江淮地区经济、社会发展的引擎。尤其是安史之乱以后,随着黄河流域动乱与藩镇割据不断恶化,江淮地区成为维系唐朝经济命脉的核心经济区。当时以扬州为中心的长江下游经济区的农业发展在全国处于领先地位,成为唐朝廷财赋的保障。扬州手工业发达,其中造船业、冶炼铸造业、纺织业等生产规模大,从业人员多,组织化程度高,经济影响显著。扬州也是全国性的商品贸易集散地,商品贸易以盐、茶、药、瓷器等为大宗;淮南地区是全国最重要的海盐产区,扬州则是江淮食盐的集散地和转运中心。安史之乱后,唐朝"盐铁重务,根本在于江淮",朝廷在扬州设置盐铁转运使,负责食盐的专卖事宜,同时兼营铜、铁的开采与冶炼,且多由淮南节度使兼任。唐代扬州商业发达,出现了经营"飞钱""便换"的金融机构,显现出商业发展、变革的信息。

隋唐时期扬州居于交通枢纽地位。当时随着政治统一与经济发展,全国性的航运交通网络逐步形成,长江的内河航运成为商业流通的主干道,大运河的全面通航沟通了全国主要大河流域。以扬州为中心而形成的交通网络,密集程度不亚于长安、洛阳。扬州发展成为汇聚多元文化的国际化大都市,成为中外文化交流的基地或中转站,对东亚的日本以及今朝鲜半岛诸国的影响尤为显著。以鉴真东渡日本传法为代表,中国文化对日本古代文化的发展产生了深刻影响;日本使节来中国,多从扬州登陆,再前往洛阳、长安等地。此外,海外民间人士亦多由扬州入境开展经商交流,扬州成为当时东南地区最为重要的国际交流与贸易中心之一。

隋唐五代时期,扬州人文荟萃,学术兴盛。就文学而言,"《文选》学"诞生于扬州,江都学者曹宪肇其端,其后如李善、许淹、魏模、公孙罗等皆出其门下;原籍江夏而著籍江都的李善构建了"《文选》学"的基本框架。唐诗作为唐代社会文化的灵魂,多有以扬州为吟诵对象的篇什,唐代诗人或游历或仕宦于此,七十余人有吟咏扬州的作品;张若虚的《春江花月夜》,有"孤篇压全唐"之美誉。在史学领域,杜佑在扬州任职淮南节度使期间撰著《通典》,开创了典制史的新体裁。当时扬州是区域性的佛教中心。扬州佛教发展与隋炀帝杨广关系密切,杨广在扬州担任大总管期间,大兴道场,延揽高僧,极力推动南北佛教融合,为唐代扬州佛学的进一步发展奠定了基础。唐代扬州地区佛教宗派众多,主要的佛教宗派如天台宗(法华宗)、真言宗(又称密宗)、唯识宗(法相宗)、禅宗、律宗等,在扬州都有传法布道的寺院,其中影响最大的是律宗,其代表性人物为大明寺僧鉴真。

三、两宋时期的扬州

北宋统一江南后,扬州的转运地位日益凸显。宋室南渡,扬州一度成为宋高宗赵构行在之所。宋高宗后以临安为行在,宋金(蒙)对峙格局成为常态,扬州作为边郡,被视为南宋"国之门户"。两宋时期的地方高层行政机构淮东提刑司、提举常平司、安抚司等常设于扬州;南宋时期,扬州的战略地位更加突出,不但是重兵屯驻之地,而且扬州守臣多带有军衔。

宋代扬州政区多有变动,主要特点是幅员缩小、属县减少,这与唐末以来扬州地区经济实力上升、运河航道变化、南北军事态势等因素密切相关。就区域经济社会发展而言,高邮、真州的分置,表明区域内总体经济实力不断增强,推动了以扬州为中心的区域城市群的兴起。

两宋时期扬州地区经济持续发展。在农业方面,耕作技术有所进步,农作物分布区域不断拓展。在商业方面,北宋时期扬州持续稳定近170年,为商业繁荣创造了良好的环境。真宗天禧年间(1017—1021)重开扬州古运河,为商业发展提供了交通保障,沿水陆交通要道的市镇经济日渐繁荣,乡村与城市的经济互动频繁。宋代扬州有固定的交易琼花、芍药的花市,颇具地方特色。南宋时,扬州由腹地城市转变为边防重镇,对商业经济产生了负面影响。

作为运河沿线的重要城市,扬州的水运交通受到中央和地方的重视。两宋时期,官方十分重视扬州运河的畅通以确保漕运。就两宋食盐的运销来看,无论是专卖制下的"官般官卖",还是钞引盐制下的"官般商卖""商般商卖",都需经由真州转般仓。宋代真州的逐步崛起,分割了扬州的漕运功能,这是宋代扬州经济逊于唐代的一个重要原因。

在城市建设与布局方面,宋朝廷放弃蜀冈旧城,以蜀冈之下的周小城为基础,将其修缮为扬州州城,顺应了中晚唐以降扬州城市经济发展的趋势。北宋时期扬州城池建设变化不大;南宋时期鉴于扬州长期作为淮东制置司治所,不断修缮、扩建城池,尤以孝宗朝最突出,除修缮州城外,另创堡寨城与夹城,宋代扬州的"三城"格局,或称"复式城市",便是出现在这一阶段。

两宋时期扬州知州254名,其中北宋151名,平均任期一年有余,任职三年者甚少,任期一年左右者居多,最短者仅有数月。南宋扬州地方官守总计103名,平均任期一年半,相较北宋略长,这当与战争因素有关。依照宋代地方官员选任制度,一般不选用本籍人士,不少非扬州籍的守臣为两宋时期扬州经济社会发展贡献颇多,如欧阳修、苏轼、韩琦、崔与之、李庭芝等。

两宋时期扬州文化成就卓著。地方官员普遍重视文化事业,一些著名文士参与扬州文化建设,欧阳修创建平山堂,苏轼等人对扬州花卉的文学书写等,对扬州文化名胜的打造与地方风物的宣传,皆具典范意义。当时与扬州关系密切的非本籍文人众多,他们借助扬州的意象与情境,或抒怀,或咏史,或纪实。宋代诗词中多有描述扬州商业经济与市井生活的作品,从中可见扬州经济社会的风貌。在文学创作方面，秦观、孙觉、王令等知名文士，为一代诗词风尚的代表。在学术方面，除众多学人致力于经史著述外，还出现了一些实用技艺方面的著述，如陈旉所撰《农书》等。在社会风尚与信仰等方面，扬州诸多旧俗逐渐完成转型，由"野"入"文"，出现了"率渐于礼""好学而文""好谈儒学"等崇文重教的社会风尚。

四、元明时期的扬州

元世祖至元十三年（1276），元军占领扬州后，设江淮行省为一级行政区，管控两淮、江东地区。此后十数年，江淮行省治所在扬州和杭州之间往复迁移，表明元朝在统管南宋故地与保障东南漕运之间反复权衡，直到海运相对完善，江淮行省的治所才固定在杭州，并改称江浙行省。至元二十八年（1291），扬州划入河南江北行省，成为元代的常态。元代设扬州路，上属河南江北行省淮东道宣慰司，下辖高邮府、真州、滁州、通州、泰州、崇明州6个州府，州府各辖属县，较前代扬州辖境为大。元朝统一后，始终在扬州屯驻重兵。及至元末，江淮间民变迭起，元顺帝至正十二年（1352）置淮南江北行中书省，以扬州为治所。至正十三年，张士诚占领泰州、高邮等地，围攻扬州。至正十五年，元朝廷于扬州设淮南江北等处行枢密院，镇遏江北。至正十七年，朱元璋军攻克扬州。

元朝统一后，扬州的经济有所恢复，造船业发达，促进了漕运、海运的发展。元代前期扬州运河不畅，元仁宗时疏浚运河，漕运大都（今北京）的粮食远超宋代。海运逐步兴盛以后，设置两淮都转盐运使司，运河仍然承担着运送食盐、茶叶、各地土产、手工业品、海外贡品及使客往来的功能。

元代"羁留"、寓居扬州及本土文士、学者数量不少，郝经、吴澄和张塛被称为"三贤"。剧作家睢景臣、小说家施耐庵、数学家朱世杰等，都在中国文化史上留下了不朽印记。元代扬州是中西文化交流史上的重要城市，意大利人马可·波罗、鄂多立克都曾过扬州；马可·波罗在扬州生活三年，《马可·波罗行纪》记录了扬州的风土人情。

明代扬州府承元末朱元璋所置淮海府、维扬府格局，成为统县政区，以辖3州7县为常态，相当于现扬州、泰州、南通3市的地域，还曾管辖今南京市六合区与上海市崇明区。元明鼎革之际,扬州遭受摧残,经过明前期的休养生息,逐步恢复繁华。明中后期,明武宗南巡至扬州,扰乱地方,民不堪命。嘉靖中叶后,内忧外患频仍,万历之后,政局昏暗,扬州受到影响。明末史可法督师扬州,抗击清军,城破人亡。有明一代的重大事件,如洪武开国、靖难之役、武宗亲征、大礼仪之争、严嵩专权、抗击倭寇、输饷辽东、矿使四出、魏阉乱政、抵御清军等,无不关涉扬州。明代扬州属军事重镇,为维护地方稳定和国家安全,扬州府构建了相对完备的水陆防御网络。嘉靖年间,倭患骤剧,扬州抗倭取得了"淮扬大捷"等一系列胜利,成为明朝抗倭战争的典范。

在经济方面,明代扬州在全国地位相对重要。扬州府人口从洪武至嘉靖的百余年间持续增长。扬州官绅注重兴修水利。在交通方面,运河、长江与漫长的海岸线构成了扬州四通八达的水上交通网,大量驿站、铺舍、递运所的建设,保障了陆路交通的顺畅。明代扬州手工业、商业繁盛,漆器制作技艺不断提升,出现了雕漆、百宝嵌、螺钿镶嵌等新工艺。明廷在扬州设有牙行、税课司、河泊所、钞关等税务部门,其中扬州钞关为全国七大钞关之一。

明代两淮盐场产量巨大,两淮盐课在国家财政中的地位举足轻重,明廷在此设置盐法察院、都转运盐使司,并派员巡查,定御史巡盐制度,形成规模庞大、组织严密的管理体系。为保证国家对盐业经营的垄断,明朝制定了繁复的交易程序。盐业蕴含巨大财富,上自王公贵戚,下至盐官胥吏,无不试图从中渔利。明朝中央与扬州地方皆重视对盐业经营的管理。在食盐流通中,明初以来实施的"开中制",催生出盐商群体。他们交粮报中,边地积储因而丰盈;行销食盐,保证百姓生活所需。明朝对食盐生产者灶户有所赈恤与安抚,注重改善其生产、生活条件。

明代扬州的城市建设,在加强军事防御的功能外,城内行政、生活设施较前代有相当进步。乡村地区也有规划,出现了一些或以军事地位显要,或以工商业繁盛著称的不同类型的名镇。当时扬州园林众多,形成园林鉴赏与品评的风气。在社会生活方面,明代扬州形成了较为完善的地方仓储设施和赈恤制度,地方官员救灾赈济颇为得力。

在教育方面,明代扬州的学校以社学、儒学为主体,以书院为补充。社学属于启蒙教育。儒学以经史、律诰等为主要教学内容,以学田收入为主要运行经费,以培养科举应试生员为目的。分布较广的书院,或由官设,或由民间倡立而官方主导,在教学内容上与儒学基本一致。当时科举是最重要的人才选拔方式,数量众多的扬州生员通过科举步入仕途。此外,地方官学定期向国子监选送优秀生员,有援例入监、纳粟入监、恩贡等不同形式。

明代扬州学术文化颇有建树。经学方面,理学、心学相竞的新学风引人关注,王艮创立的泰州学派影响甚著。史学方面,扬州学人著作颇丰,类型多样,方志编撰成就突出,盐法志尤具特色。文学方面,涌现出如宝应朱氏、如皋冒氏、兴化李氏等文学家族,柳敬亭说书家喻户晓。书画方面,周嘉胄总结中国古代书画装裱技艺,所著《装潢志》别具一格。就技艺实学而言,扬州学人在天文、术数、医学、法律、军事、农业、建筑、园林等领域皆有建树,计成所著《园冶》全面系统地总结造园法则与技艺,开中国古代园林艺术理论之先河;王磐《野菜谱》、王徵《诸器图说》等备受称道,体现了扬州学人重视技艺实学的新学风。

五、清代的扬州

清代是扬州又一次全面兴盛发展的辉煌时期。

清代扬州行政区划间有更易,顺治时扬州府辖泰州、通州、高邮3州及江都、仪真、泰兴、兴化、宝应、如皋、海门7县;康熙中,海门县废;雍正时通州及泰兴、如皋2县析出,新置甘泉县,仪真改称仪征;乾隆时置东台县;宣统中,改仪征县为扬子县,清末扬州实辖2州6县。

清廷注重两淮盐业的经营管理,扬州倍受重视。清廷多选用具备管理经验、熟悉南方社会的降清汉人充任扬州地方官长。此后扬州知府及其属县主要官员、两淮巡盐御史、两淮盐运使等,大多为来自奉天、直隶等地的汉人,他们与清廷关系较为密切,有助于落实清廷的政策,以致扬州日趋安定,盐商回流,经济复苏。清代前期,两淮盐政、盐运使等盐务官员积极参与扬州城市的基础设施、涉盐公共工程、地方赈灾等事务,影响力远超扬州知府等地方官。

随着政局稳定,特别是盐业的复兴和漕运的发展,皖、晋、陕等多地商人来扬贸易,盐业经济成为扬州发展的核心动力。至康熙中期,扬州显现繁华之势,成为全国重要的商业城市。清前期的两淮盐课收入占全国盐税收入的

40% 以上,对清廷的财政收入与军费贡献甚巨。康雍乾时期,扬州凭借产业优势和地理区位优势,社会经济发展再次实现飞跃。康、乾二帝南巡,极大地促进了扬州的城市建设和水利工程修筑。清廷或派亲信掌管盐务,或命地方高官兼管相关事务,可见清廷对扬州的倚重。康乾时期的两淮盐务管理存在一些难以根治的弊端,如私盐贩运和官吏贪赃枉法,乾隆三十三年(1768)的两淮预提盐引案暴露了两淮盐官和两淮盐商之间的利益关联,这也是乾隆朝以后两淮盐业逐渐转衰的重要诱因之一。

鸦片战争后,反帝反封建成为新的历史主题。1851 年太平军起义,1853年太平天国定都天京后,天京、镇江、扬州三地呈犄角之势,扬州成为军事争夺的关键,太平军与清军在此长期拉锯。太平军曾三进扬州城,1853 年 4 月1 日,太平军首占扬州,于 12 月 26 日撤出;1856 年和1858 年,太平军又两度攻入扬州城。清军与太平军在扬州长达八年的争夺,对地方经济、文化等方面自然造成严重的损害。

清代扬州经济经历了恢复、繁荣与衰落的复杂进程。明清之际扬州人口锐减,经济凋敝。随着统治的逐渐稳定,清廷与地方官府着力加强治理,对运河沿岸水利建设尤为重视,这为漕运与农田灌溉提供了基本保障。康熙年间以来,推动"导淮入江"工程,对解决扬州地域水患影响尤著。漕运对扬州社会经济影响甚著,就关税征收而言,仅乾隆七年(1742)免征米谷麦豆税银即达 6 万余两。扬州下属诸沿河州县市镇,如高邮、仪征、瓜洲等,皆随漕运而兴。盐商将淮盐行销本盐区各口岸,回程又装载湖广之粮食、木材等分销江南,以盐业行销为中心,形成了相关转运销售的商业链。在扬州城内及周边市镇,由于盐业与诸商业活动繁盛,衍生出一系列休闲消费的社会服务行业。盐商对扬州城市建设和环境治理功不可没,诸如修桥铺路、治理街肆、疏浚水道等,皆有建树。清代扬州的造园理法和技艺臻于完善,公共风景园林和私家园林繁盛,扬州园林臻于成熟。工艺方面,清代扬州官营工艺制造发达,其中最显著的雕版印刷业、玉雕业皆由两淮盐政承办。

清代扬州的教育体系以地方官学和书院为主体。地方官学以扬州府儒学与各县儒学最为重要。晚清以前,扬州构建起官学与私学相互结合、组织完备、分布广泛的教育体系,教育、科举在国内均处于领先地位。安定、梅花书院等名师聚集,成为国内重要的人才培养基地与学术研究重镇。扬州崇文重教,涌现出一些绵延数代的学术世家,其中以高邮王氏、宝应刘氏和仪征刘氏最为著名。鸦片战争后,西方传教士开始在扬州创办新式学校,传授西学。20世纪初,废除科举,扬州原有的教育体系随之发生根本变革,传统教育体系被新式学堂体系所取代。

清初以来,扬州本籍与侨寓学人交流融通,造就了学术文化繁荣的局面,出现了扬州学派、扬州画派、广陵琴派等既融汇多元又具有鲜明地域印记的学术、艺术群体。清代扬州学术成就卓著,清前期学者在经学考订、舆地之学、"江左"文学等研究方面颇有建树;清代中期,扬州学术臻于繁盛,涌现出汪中、焦循、阮元、王念孙等学术巨匠,还有刘台拱、李惇、任大椿、朱彬、王引之、凌廷堪、江藩、刘文淇、刘寿曾、刘宝楠、刘恭冕、刘毓崧、成蓉镜等,可谓群星璀璨,诸人贯通古今,涉猎广泛,形成博通的学风。清代后期,扬州学术继承传统,汲取西学,如太谷学派代表张积中糅合古今,李光炘融佛、道以释儒经,刘岳云、徐凤诰汲取西学以探究传统实学。在文学方面,形成了具有广陵特色的文学流派,文人结社雅集蔚然成风;曲艺方面,扬州汇集了南腔北调和优秀的梨园艺人,成为南方的戏曲中心;书画方面,以石涛和"扬州八怪"为代表的扬州画派,开启了清代绘画新风;广陵琴派名家辈出,乐谱纷呈,尤以"广陵琴派五谱"为著。

清代扬州社会生活受徽商及其文化影响颇深。两淮盐商将"徽派"文化风俗带入扬州。乾嘉时期,扬州一度引领世风,形成所谓的"扬气"。随着时局变动,扬州城市经济过度依赖盐业与盐商的内在缺陷日益彰显,两淮盐业的衰落,扬州民众生活显现出一些"苏式"风采,隐含着苏州风尚渗透的印迹。鸦片战争后,在欧风美雨的侵蚀下,扬州社会生活明显地体现出"洋气"。

六、民国时期的扬州

民国时期扬州军政局势经历了激烈的变革。1911年10月10日,武昌起义结束了清朝的统治。此后,具有革命党背景的孙天生宣布扬州光复,成立军政府,自任都督;徐宝山率军自镇江入扬州,成立扬州军政分府。1912年1月1日,中华民国成立,废除扬州府,设民政长公署,扬州民政长改称江都县民政长,后相继改称县知事、县长。地方自治过程中,扬州各县的县议会为议事机关。1928年,废除淮扬道,江都县直属江苏省。1927年至1931年间,扬州成为拱卫民国首都南京的江北重镇。1933年,江苏省行政区划调整,于省之下、县之上增设行政督察区,第9行政督察区(即江都区)下辖江都、高邮、宝应、仪征、六合、江浦等县;1935年,省府将第9区(江都区)改名为第5区。

1937年7月7日,抗日战争全面爆发,扬州地区商民团体积极支持全国抗战,成立抗日救亡团体,一些扬州籍青年奔赴各地参加抗日部队。扬州沦陷前夕,各政府部门、银行、学校等机构撤退。12月14日,扬州沦陷。日军在攻占扬州各地及统治过程中,制造了无数惨案,其中较为重大的惨案发生在天宁寺、万福桥、仙女庙等地。在日伪政权统治下,扬州的经济、社会、教育、文化事业等遭受到严重摧残。1939年4月,新四军挺进纵队渡江北上至江都。1941年4月,苏中军区成立,下辖6个军分区和兴化、东台、泰县特区"联抗"司令部。扬州地区划入苏中一分区范围内。1944年3月5日,新四军发动的车桥战役是苏中战略反攻的重大转折,增强了苏中与苏北、淮南、淮北抗日根据地的联系,揭开了华中地区战略反攻的序幕,宝应由此逐渐成为苏中抗日斗争的政治、军事中心和指挥中枢。扬州地区建有苏北抗战桥头阵地、仪扬抗日根据地、江高宝抗日根据地、江镇抗日根据地等中国共产党领导的根据地。1945年12月,日本宣布无条件投降后数月,占据高邮的日军拒绝向新四军投降。19日,粟裕指挥华中野战军主力第7、第8纵队及地方武装共15个团,向盘踞高邮、邵伯的日军发动进攻,经过一周的战斗,迫使日军投降,收复高邮城,被称为"中国抗日战争的最后一役"。1945年,国民政府陆续恢复对扬州部分城镇的统治。1946年6月全面内战爆发后,国民党军于7月下旬至8月下旬,集结约12万兵力进攻苏中解放区。中共华中野战军奋起迎战,苏中七战七捷后,国民党军再次集结优势兵力反攻,华中野战军于1946年9月主动撤出了苏中解放地区。1949年1月25日,扬州城解放,成立中共扬州市委会、军管会与市政府;1949年4月20日,扬州全境解放。

民国时期,扬州经济与社会出现新变化。自1912年恢复两淮盐运使建置始,扬州仍为两淮盐务中心,至1931年2月,两淮盐运使移驻连云港板浦镇,扬州失去了两淮盐务的中心地位。1931年5月,国民政府颁布新盐法,实行自由贸易,十二圩淮盐总栈的作用逐渐式微。1937年11月,日军占领十二圩,淮盐总栈彻底消亡。扬州经济领域出现的新行业和组织主要有新式垦殖业、蚕桑业、近代化的工厂和银行业。北京国民政府时期,扬州境内先后有交通银行、中国银行、江苏省银行、盐业银行、淮海银行、中国实业银行、天津中孚银行7家银行入驻。南京国民政府时期,"四行二局"均在扬州设立分支机构。扬州农业有所发展,各县设立农场、农业改良场、农业推广所等。20世纪二三十年代,扬州境内由政府主导的水利工程建设主要集中在淮河入江水道及圩堤建设、京杭运河扬州段与长江下游扬州段的建设。1947年,国民政府导淮委员会、江北运河工程局、行总苏宁分署三方联合对运河部分堵口实施复堤工程。1949年1月,人民军队军管会接管国民政府的运河工程处,第二行政区专员公署成立苏北运河南段工程处,在江都、高邮、宝应等县成立运河工程事务所。民国时期扬州初步形成了公路网,出现轮船与汽车运输,开通一些市际、县际公路,组建民营汽车长途客运公司。

　　民国时期扬州城基本延续了以往的城厢格局,城内埂子街、多子街经教场至彩衣街一带为商业区,各类学校多在西部旧城区域,官署区位于两者之间。钞关至东关街一线为商贾居住区,北门外西北方向为蜀冈－瘦西湖风景区。南京国民政府建立后,地方政府规划拓宽城市道路,但阻力重重;沦陷时期,城市遭受破坏。抗战胜利后,1945年11月,江都县政府拟定了《江都县城营建计划大纲》,拆除城墙,建设道路、桥梁,城市照明、用水、清洁卫生等公共设施有所改善。扬州新式学校数量大增,1927年正式成立的江苏省立扬州中学,办学成效卓著。在学术与文化方面,刘师培、朱自清等在各自研究领域取得了一定的成就;以李涵秋为代表的鸳鸯蝴蝶派扬州作家群体,大多旅居上海,从事新闻报刊、编辑出版行业,创作诸多反映社会生活的通俗文学作品。

　　通过概略梳理自上古至中华人民共和国成立前扬州地域历史演进的大体脉络,可见距今7000—5000年的龙虬庄文化时期,扬州的先民已经生活于江淮东部大地,开启了地域社会历史的进程,奠定了地域文明的基石。自春秋战国以来,扬州逐渐步入地域社会快速发展的历史时期。此后的各个历史阶段,扬州作为区域社会中心在关乎全国的军政格局、国家财政、文脉传承等方面扮演着不可替代的重要角色,发挥了独特的作用,经历了数度盛衰起伏的演变历程。

作为中国历史的一个有机组成部分,要准确把握扬州区域历史发展的特征、规律与贡献,必须将其放置于中华历史的整体格局之中予以观照与体察,其中两方面的感悟尤为深切:

其一,作为一座具有"通史性"特征的历史文化名城,扬州地域历史发展与中国整体历史进程基本同频共振。

众所周知,扬州的文明历史持续发展,春秋战国以降,先后出现了汉代初盛、唐代鼎盛、清代繁盛三个世所公认的"兴盛期",其间地域社会政治昌明,经济繁荣,文教发达,学术卓越,为全国之翘楚,地位显著。而这三个历史时期,正是中华历史上三个大一统王朝,国势鼎盛。显而易见,扬州地域社会的繁荣发展,可谓国家整体兴盛的局部缩影与生动侧面。

在汉、唐、清三个鼎盛期前后的诸间隔历史时段,国家整体处于历史演进的变动更替期,大多表现为分裂动荡状态,如秦汉之前的春秋战国时期,汉唐之间的魏晋南北朝时期,即中国历史上历时长久、程度深重的分裂时期。唐末至清代,其间经历了两宋元明诸朝。在这一历史时段,北宋、明代国势有所局限;至于五代十国、南宋时期,则处于大分裂状态。在这一格局下,扬州或为地域纷争的"中心",或处于南北对抗的"沿边",在经济、社会等方面,或相对"衰落""停滞",或相对"平静""沉寂"。

当然,从长时段或整体性的历史与文化发展的视角看,这些"分裂期"与"衰落期",实际上是中国整体历史发展进程中的积蕴、变革与转型阶段,诸多的社会制度变革与思想文化更替,正是在这些阶段逐步孕育生发而来的,为此后的"兴盛期"聚积了足够催生转型与变革的历史资源,准备了充分发展的历史条件。就扬州地域历史而言,以上诸历史阶段,在或"衰滞"或"沉寂"的表象下,往往积极应对,顺势而为,特别在北宋、明代等国祚较长的王朝统治时期,扬州地方积极作为,储备能量,奠定未来再现辉煌的社会基础。

由此可以说,扬州历史上的数度盛衰兴替,与整个国家的历史发展轨迹基本同频共振,进而言之,在中华历史与文化演进的诸多历史关头,不难感受到来自扬州地域社会的具体作用与影响。

其二,特定的地理区位与交通地位,对扬州历史、文化之衍生与发展影响至深,赋予其鲜明的地域社会特征。

作为区域社会中心,扬州地处江淮之间,临江濒海,特别是凿通运河,其连接南北、沟通东西的地理区位优势日益彰显。早在新石器时期,扬州地域便表现出"南北文化走廊"或"南北文化通道"的区域性特征,这不仅是南北文化的"传输"或"中转",也在此进行南北风尚、异质文化的汇聚、融通与糅合、再造,进而形成具有本地域特征的新文化因素。春秋战国以来特别是隋唐以来,贯通南北的大运河对国家整体的军事、政治、经济与文化发展意义重大,扬州处于运河的中枢区位,在大一统国家中自然成为南北交通的中心与关键;在开放的唐代,扬州一度还成为国际化都市。

扬州地域经济社会繁荣,必然显现"虹吸效应",导致人才聚集,引发文化交融与新变,进而催生学术文化创新——扬州的每一个"兴盛期",都是地域社会文化的高峰期——这是扬州有别于其他偏重政治、军事、经济的地域性中心的鲜明特征——扬州的兴盛,往往具有社会综合性或整体性,尤其学术文化要素凸显。扬州地域的学术文化,包括地域社会生活习尚,具有与生俱来的开放性、包容性、融通性——这正是扬州文化突出的地域性特征。不仅如此,各历史时期,融汇东西南北的扬州文化往往凭借其交通与物流优势而转输各地,对各时代的学术文化与社会风尚产生或轻或重、或显或隐的影响,引领时代风尚。如果用最简洁的词语概括扬州历史文化的特征,那么"融通""汇通""会通""联通""变通"等词语应当是妥帖恰当的。

与此相应,在中国历史上的"分裂动荡"或"变革更替"时期,扬州的地理与交通区位则往往使其处于南北对抗的"前沿",或为南北政权的"过渡地带",有时成为"羁縻"之地,甚至成为"弃地"。随着统一战争的来临,扬州自是南北政权激烈争夺的所在。可见这一地理区位也决定着扬州屡遭兵燹与劫难的历史命运,赋予其悲壮的历史色彩和英雄的历史气息。

因此,准确地把握扬州地域历史文化的特质,应当具备通达的"大历史"眼光,注重强化扬州与中国历史乃至世界历史的关联与"互动"意识,以明其"通",以知其"变"。

扬州历史绵延厚重,扬州文化博大精深。对扬州历史与文化的宏观性论述与规律性阐发,是一个无止境的话题,期待博雅有识之士的真切感悟与深刻思考。

"雄关漫道真如铁,而今迈步从头越。"1949年10月1日中华人民共和国的建立,掀开了中华民族历史的崭新篇章,历史文化名城扬州也焕发出新的生机,迈进了新的历史时期。回顾历史,是为了正视现实,展望未来。在经历了新中国的政治、经济、文化与社会的诸多深刻变革,特别是经过了改革开放的砥砺磨炼,扬州的经济社会步入了高速发展阶段,取得了前所未有的辉煌成就,达到了前所未有的文明高度,这是历史上任何一个"兴盛期"都无可比拟的。我们坚信,在全面建设社会主义现代化国家、全面推进中华民族伟大复兴的新时代征程中,扬州人民一定会用自己辛劳的汗水与无穷的智慧,谱写出无愧于先民的更加波澜壮阔的历史新篇章!

目　录

坚持历史自信　拥抱辉煌未来——《扬州通史》序 ················ 1

导　言 ·· 1

第一章　史前时期的扬州地区 ································ 1

第一节　旧石器时代的扬州地区 ·············· 1

一、扬州及其周边地区的考古发现 ·········· 2

二、扬州及其周边地区的人类生活 ·········· 5

第二节　新石器时代的扬州地区 ·············· 12

一、扬州及其周边地区的考古发现 ·········· 13

二、扬州及其周边地区的人类生活 ·········· 39

第二章　夏商西周时期的扬州地区 ·········· 64

第一节　干国的建立、发展与巩固 ·········· 65

一、干国建立的历史背景与曲折路径 ········ 66

二、干国的发展与巩固 ························· 81

第二节　干国的基本属性与政治风貌 ·········· 90

一、干国的基本属性 ··························· 90

二、干国的地望与都城 ························· 94

三、干国的政治风貌 ··························· 99

第三节　干国的经济状况与物质生活 ·········· 103

　　一、干国的历史文化遗存 ……………………………………… 103

　　二、古干国的经济状况与物质生活 …………………………… 116

　第四节　干国与周边地区的文化交流与风俗时尚 ……………… 126

　　一、与周边地区的文化交流 …………………………………… 126

　　二、干国文化与社会风俗 ……………………………………… 133

第三章　春秋战国时期的扬州地区 ……………………………… 145

　第一节　干国灭亡前后的历史概况 ……………………………… 146

　　一、春秋时期的扬州地区：干国灭亡与吴齐争霸 …………… 146

　　二、战国时期的扬州地区：越楚争霸与干地归属 …………… 155

　第二节　扬州地区的政治风貌 …………………………………… 163

　　一、春秋时期的政治变革 ……………………………………… 163

　　二、战国时期的政治变革 ……………………………………… 173

　第三节　扬州地区的社会经济 …………………………………… 177

　　一、经济发展的历史条件 ……………………………………… 177

　　二、社会经济的迅速发展 ……………………………………… 180

　　三、生产关系的变革 …………………………………………… 191

　第四节　扬州与周边地区的交流与融合 ………………………… 194

　　一、与齐鲁文化的交流与融合 ………………………………… 194

　　二、与吴越文化的交流与融合 ………………………………… 196

　　三、与徐、楚文化的交流与融合 ……………………………… 200

　第五节　扬州地区的科技、文化与社会风俗 …………………… 204

　　一、科技、文化与艺术 ………………………………………… 204

　　二、社会风俗 …………………………………………………… 214

第四章　秦与西汉时期的扬州地区 ……………………………… 231

　第一节　秦的兴亡与扬州地区 …………………………………… 231

第二节　楚汉战争中的扬州地区 …………………………… 236

第三节　楚王韩信与荆王刘贾 ……………………………… 239

一、楚王韩信与"存恤楚众" ……………………………… 239

二、荆王刘贾与建都广陵 ………………………………… 243

第四节　吴王刘濞统治下的广陵 …………………………… 246

一、刘濞初封与汉初政局 ………………………………… 246

二、刘濞治吴与广陵繁盛 ………………………………… 252

三、吴楚七国之乱及其影响 ……………………………… 266

第五节　西汉中期的江都国与广陵国 ……………………… 271

一、刘非与刘建：江都国的兴亡 ………………………… 271

二、刘胥与广陵国的兴废 ………………………………… 277

第六节　西汉后期的扬州地区 ……………………………… 283

一、广陵国的绍封及辖县、户口 ………………………… 283

二、西汉中后期的广陵守相 ……………………………… 286

第五章　新莽与东汉时期的扬州地区 ……………………… 291

第一节　王莽篡汉与"江平郡" …………………………… 291

第二节　东汉广陵国与广陵郡 ……………………………… 295

一、广陵王刘荆与四王之狱 ……………………………… 296

二、东汉广陵太守及其治政 ……………………………… 300

三、安顺以后扬州地区的动荡 …………………………… 303

四、扬州士人与清议党锢 ………………………………… 305

第六章　秦汉时期扬州地区的社会经济 …………………… 309

第一节　社会经济发展的条件 ……………………………… 309

一、自然条件 ……………………………………………… 309

二、社会条件 ……………………………………………… 314

第二节　农业生产 ……………………………………………… 318

一、人口的增长与生产技术的提高 …………………………… 319

二、丰富的农作物种类 ………………………………………… 323

三、畜牧业、渔业 ……………………………………………… 326

第三节　手工业生产 …………………………………………… 328

一、冶铸业 ……………………………………………………… 328

二、煮盐业 ……………………………………………………… 336

三、纺织与编织 ………………………………………………… 339

四、漆器制造业 ………………………………………………… 343

五、玉石器生产 ………………………………………………… 349

六、木器制造 …………………………………………………… 354

七、陶、瓷器制造 ……………………………………………… 357

第四节　城市和商业的发展 …………………………………… 363

第七章　秦汉时期扬州地区的文化与对外交流 ……………… 371

第一节　扬州地区的思想文化 ………………………………… 371

一、董仲舒与扬州文教 ………………………………………… 371

二、宗教与天文学 ……………………………………………… 377

第二节　扬州地区的文学艺术 ………………………………… 385

一、辞赋与歌诗 ………………………………………………… 385

二、雕刻绘画 …………………………………………………… 388

三、音乐舞蹈 …………………………………………………… 390

第三节　扬州地区的对外文化交流 …………………………… 392

一、异域珍器的考古印证 ……………………………………… 393

二、江都公主刘细君"和亲"与文化传播 …………………… 395

第八章　秦汉时期扬州地区的社会生活与风俗 ……………… 399

第一节　江渎祠与广陵潮 …………………………………………399

一、江水祠与秦汉山川祭祀制度 …………………………………399

二、广陵潮与汉代民间风俗 ………………………………………403

第二节　扬州地区的社会信仰 ……………………………………404

一、秦汉扬州的巫祝卜相 …………………………………………404

二、广陵朱璜与东陵圣母 …………………………………………407

三、邗江胡场五号汉墓"神灵名位牍" ……………………………409

四、出土符咒牍、买地券与漆式盘 ………………………………411

第三节　扬州地区的社会生活 ……………………………………417

一、服饰 ……………………………………………………………417

二、饮食 ……………………………………………………………420

三、居住 ……………………………………………………………426

四、出行 ……………………………………………………………430

第四节　扬州地区的婚丧节庆 ……………………………………434

一、婚姻 ……………………………………………………………434

二、丧葬 ……………………………………………………………436

三、节日 ……………………………………………………………438

第九章　魏晋南北朝时期扬州地区的区划沿革 …………………442

第一节　魏晋广陵郡沿革 …………………………………………442

一、曹魏广陵郡沿革 ………………………………………………442

二、西晋广陵郡沿革 ………………………………………………443

三、东晋广陵郡沿革 ………………………………………………445

第二节　南北朝广陵郡沿革 ………………………………………447

一、刘宋广陵郡沿革 ………………………………………………447

二、萧齐广陵郡沿革 ………………………………………………448

三、萧梁广陵郡沿革 ………………………………………………449

四、北齐广陵、江阳二郡沿革 ···················· 450

五、陈广陵郡沿革 ···································· 450

六、北周广陵、江阳二郡沿革 ····················· 451

第十章　三国西晋时期扬州地区的军政局势 ········· 453

第一节　汉末动乱与广陵凋敝 ···················· 453

一、广陵臧洪缔谋伐董 ····························· 454

二、汉魏之际广陵之乱 ····························· 457

第二节　汉末广陵徙民与孙吴政权 ················ 459

一、广陵士民南渡 ································· 459

二、张纮定策与孙策江东立业 ····················· 461

三、孙氏政权中的广陵士人 ························· 464

第三节　魏、吴对峙下的广陵 ···················· 467

一、曹氏弃守广陵与孙氏"跨有江外" ················ 468

二、魏初广陵之役与青徐豪霸的解体 ················ 470

三、孙吴经略广陵及其失败 ························· 472

第四节　西晋广陵局势与广陵士人之境遇 ·········· 475

一、广陵、江东一体化格局的形成 ·················· 476

二、西晋广陵人士的政治态度及其境遇 ·············· 478

三、陈敏之乱与广陵 ······························· 482

四、两晋之交广陵人士之境遇 ····················· 489

第十一章　东晋南北朝时期扬州地区的军政局势 ······ 498

第一节　永嘉南渡与"京口—广陵"的战略格局 ······ 498

一、永嘉南渡东线与南迁重镇广陵 ················· 498

二、广陵郡境内的侨州郡县 ························· 501

三、东晋广陵立镇与流民 ··························· 509

四、从广陵到京口——郗鉴及其流民武装 ·············· 511

五、东晋南朝"京口—广陵"之战略格局 ·············· 514

第二节　东晋后期的北府兵与广陵 ·············· 516

一、陈郡谢氏重建北府兵 ·············· 516

二、桓玄篡逆与刘裕复晋中的广陵 ·············· 520

三、东晋广陵之浦泽、海滨逃民与义熙土断 ·············· 524

第三节　南兖州的确立与广陵战略地位的变化 ·············· 527

一、檀道济出镇广陵 ·············· 528

二、南朝"京口—广陵"格局的演变与南兖州都督区 ·············· 530

三、魏太武帝的江淮战略 ·············· 538

四、沿淮军事格局与广陵地位的变动 ·············· 541

第四节　宋、齐内争与广陵政局 ·············· 544

一、刘诞叛乱与沈庆之屠城 ·············· 545

二、萧道成出镇广陵与南齐立国 ·············· 548

三、宋失淮北与南兖州境内的侨置郡县 ·············· 550

四、南齐崔慧景叛乱与广陵 ·············· 552

第五节　梁失江北与南北纷争下的广陵 ·············· 554

一、侯景之乱与祖皓殉节 ·············· 555

二、"京口—广陵"战略体系的解体与梁、齐广陵之争 ·············· 557

三、北齐、北周、隋与南陈对广陵的争夺 ·············· 559

第十二章　魏晋南北朝时期扬州地区的社会经济与文化风尚 ··· 566

第一节　曲折发展的社会经济 ·············· 567

一、广陵地区的水利建设 ·············· 567

二、石鳖屯田 ·············· 570

三、中渎水道的疏浚与江淮漕运系统的确立 ·············· 572

第二节　魏晋南北朝时期的广陵城 ·············· 576

第三节　汉晋时期的广陵世族 ……………………………………… 581

一、汉末三国广陵士人的文化风貌 ……………………………… 582

二、广陵陈氏——魏晋广陵士人风尚转变之一 ………………… 585

三、广陵华氏、广陵戴氏——魏晋广陵士人风尚转变之二 …… 588

四、魏晋时期的广陵刘氏、高氏 ………………………………… 592

第四节　东晋南北朝广陵寒士与乡族 …………………………… 596

一、东晋南北朝时期的广陵寒士 ………………………………… 596

二、东晋南朝广陵尚武寒门 ……………………………………… 600

三、南北朝时期的广陵豪族 ……………………………………… 602

第五节　陈琳的文学成就 ………………………………………… 604

一、陈琳的诗作 …………………………………………………… 605

二、陈琳的书檄 …………………………………………………… 606

三、陈琳的辞赋与博学 …………………………………………… 608

第六节　魏晋南北朝时期广陵的宗教信仰 ……………………… 609

一、佛教信仰 ……………………………………………………… 609

二、道教信仰 ……………………………………………………… 617

三、其他民间信仰 ………………………………………………… 619

主要参考文献 ……………………………………………………… 624

后　记 ……………………………………………………………… 643

跋 …………………………………………………………………… 645

第一章　史前时期的扬州地区

扬州是中国历史文化名城之一,起初称邗,后来称广陵、江都等,直到唐代才成为固定名称。其所辖行政区域范围,在不同的历史时期也常有变动。因此在探讨扬州历史的过程中,必须考虑到构成该区域文化的主体和不同时期的历史状况,并将视域延伸到相关的周边地区,以反映扬州历史的整体面貌和时代特色。扬州历史文化悠久,源远流长,要追溯其来龙去脉,当从史前时期说起。

第一节　旧石器时代的扬州地区

中国是世界上文明发达最早的国家之一,也是人类起源和发展的摇篮之一。作为扬州先民的古代"九夷"族,则是华夏民族的重要组成部分。

古人类的考古发现与科学研究表明,人类是由灵长类动物古猿进化而来的。早在旧石器时代前的远古时期,江淮东部即有古猿类的生存。如 20 世纪 90 年代在江苏溧阳发现的"中华曙猿",80 年代在江苏泗洪发现的"江淮古猿"和江淮宽齿猿等,就说明了这个问题。"中华曙猿"的生活年代,距今约 4500 万年,时代为中始新世,它的发现揭示了亚洲东南部古猿类的生存状况,为高级灵长类起源于亚洲而不是非洲的可能性提供了重要的依据。而生活在距今约 1500 万—1300 万年、时代为中新世早期的"江淮古猿"和江淮宽齿猿,则改变了我国化石灵长类主要分布在云南高原和高原相邻近的广西山地即东部低山和淤积平原无迹可寻的说法,说明江淮低海拔地区也有古猿类的生存。[1] 及至距今约 300 万年,世界部分地区的古猿学会了制造工具,人类

---

[1]　参见王健主编:《江苏通史·先秦卷》第二章第一节,凤凰出版社 2012 年版。

体质形态的原始性质完全消失,最原始的人——猿人以及最原始的社会组织开始形成,从此就有了人类的历史。

在那远古洪荒的时代,猿人为了自己的生存,依靠创造性的劳动和集体的力量,与大自然进行着艰苦卓绝的斗争,他们利用天然的石块和骨头、木棒等制造最简单的工具。由于石器是人类制造、使用并能保留下来的主要工具,考古学上便将其使用石器进行生产的时代称之为石器时代。而根据石器的制作方式和人类的生存方式,石器时代又可分为旧石器时代和新石器时代。以打制石器为主要工具的文化,则称为旧石器时代文化。旧石器时代一般分为早、中、晚三期:早期大约相当于更新世早期和中期,与其相适应的人类化石是直立人,又称为晚期猿人,绝对年代约在距今180万—20万年。距今180万年前的猿人则称为早期猿人。旧石器时代中期相当于更新世晚期前段,与此相适应的人类化石是早期智人,绝对年代大约距今20万—5万年。旧石器时代晚期相当于更新世晚期后段,与此相适应的人类化石是晚期智人,绝对年代大约距今5万—1万年。追溯当今扬州历史文化的源头,就从这里开始。

一、扬州及其周边地区的考古发现

中国是人类发源的重要地区,扬州及其周边地区所发现的古人类遗迹,主要有如下几处:

比较早的是"南京人"。1993年3月,考古工作者在今南京市东郊的江宁县汤山镇西雷公山的葫芦洞,发现了一具古人类的头骨化石,引起了国内外的高度重视。同年4月,考古工作者在所收集到的化石当中,又发现了另一具古人类的头骨化石。根据初步分析,前者为成年女性个体,后者为成年男性个体。又据头骨形态初步测定,其年代大约在中更新世中期,距今约35万年,在人类体质发展史上属于晚期猿人时代。[1]有的学者甚至认为其生存年代应早于40万或58万—62万年间[2]。"南京人"的发现,填补了国内该领域的空白,对寻求中国境内早期人类活动的线索,具有十分重要的意义。

---

[1] 陈铁梅、杨全、胡艳秋:《南京人化石地点年代测定报告》,见南京市博物馆、北京大学考古学系、汤山考古发掘队:《南京人化石地点(1993—1994)》,文物出版社1996年版,第254—258页。

[2] 陈琪、汪永进、刘泽纯、沈冠军:《南京汤山猿人洞穴石笋的铀系年龄》,《人类学学报》1998年第3期。

但是也有研究者认为,"南京人" 2 号头骨所在层位位置和近年的测量结果表明,2 号头骨的年代要晚于 1 号头骨,其不仅具有与直立人接近的特征,也有一些与直立人和早期智人符合的特征,属于比较进步的直立人,可能处于直立人到智人的过渡阶段。[1]又据近年来张银运等专家研究,"南京人"属于男性个体即 2 号头盖骨的古人类化石,是属于另一人种的早期智人,其年代应在距今 25 万—24 万年间。这一研究发现,不仅让南京 "猿人洞" 成为全球唯一的同一化石点发现两个人种的地方,而且为人类多地起源论和中国人并非起源于非洲的观点提供了有力的依据。而此地的早期智人,也应由本地的晚期猿人进化而来。[2]又据 "南京人" 头骨化石的复原研究,其 1 号直立人的年代断定为距今 50 万—35 万年,属于晚期猿人阶段;2 号直立人头骨化石测定为距今 24 万年左右,是 "早期的智人头骨"。[3]

稍晚于 "南京人" 的文化遗址,是 1999 年在南京以东句容市放牛山发现的旧石器时代文化遗址,属于南方砾石文化传统文化遗址。其第 2 层出土石制品的时代,大约距今 10 万年,为中更新世晚期。而第 6 至第 9 层出土石制品的时代,大约距今 30 万年,为中更新世中期,属于旧石器时代早期文化。可以看成是 "南京人" 化石地点文化的延续。[4]

在漫长的原始社会,南京及其周边地区还居住着其他一些早期居民,其中具有代表性的是江北的 "和县人" 与江南的 "溧水人"。和县人化石发现于安徽省和县陶店镇汪家山北坡石灰岩洞穴中,1980 年在洞穴堆积中发现了一个相当完整的头盖骨,一块左下颌骨和三枚零星牙齿化石。1981 年又在该洞穴发现 5 枚人牙齿化石、额骨眶上部分残片和顶骨残片一块。根据与和县人伴生的 40 多种脊椎动物化石等推测,其生活在距今 20 万年左右。[5]溧水

[1]　汪永进、Hai Cheng、陆从伦等:《南京汤山洞穴碳酸盐沉积物的电离质谱铀系年代》,《科学通报》1999 年第 44 卷第 14 期。徐钦琦、穆西南等:《南京汤山溶洞中更新世哺乳动物的发现及其意义》,《科学通报》1993 年第 18 卷第 15 期。

[2]　张筠:《汤山出土一对男女头盖骨,相隔仅五米,却是前后相差 10 万年的猿人和智人》,《扬子晚报》2013 年 6 月 23 日 A 6 版。

[3]　王广禄:《从南京直立人到湖熟文化》,《中国社会科学报》2018 年 3 月 9 日第 4 版。

[4]　房迎三等:《江苏发现旧石器时代早期石器地点》,《中国文物报》2000 年 1 月 26 日。

[5]　陈铁梅等:《安徽省和县和巢县古人类地点的铀系法年代测定与研究》,《人类学学报》1987 年第 3 期。

人化石,于 1977—1978 年在溧水县白马公社迴峰山北麓的神仙洞发现,形态与现代人已无大区别。根据与其伴生的中国鬣狗等同层碳 14 年代测定,大约生活在距今 11200 年,地质年代可定为晚更新世到全新世之间或全新世早期。[1]此外,1981 年在镇江丹徒县檀山村的莲花洞发现的属于"莲花洞人"牙齿 1 枚,形态特征接近现代人,属于晚期智人阶段,地质年代为晚更新世,距今约 2 万年。从伴生的 16 种哺乳动物化石和一种无脊椎动物化石来看,显现出与江淮地区气候环境的相似处。[2]1980 年在镇江丹徒高资镇发现的两段人类股骨化石,经测定时代为更新世晚期,亦属于晚期智人。[3]

在今淮扬地域北部,目前所发现的旧石器时代遗址是"下草湾人"。1954 年,考古工作者在今泗洪县双沟镇东南 8 公里的下草湾引河岸上,发现一段人的股骨化石及一批哺乳动物化石,经专家鉴定,被认定为更新世晚期的人类,命名为"下草湾新人"。[4]1981 年,在下草湾东南二里左右的火石岭,又发现一处旧石器时代文化遗址,面积达 1500 平方米,石器种类有刮削器、尖状器等,可能是下草湾新人的文化遗存。下草湾新人距今约 5 万年,是江苏省境内所见最早的氏族聚居群体,其体质形态已消失了猿性而十分接近现代人,并可能是由江淮古猿中的一支逐渐进化而来的。[5]

此外,在今淮扬地域的南北边缘地区,还发现了不少旧石器时代晚期的石器。如 1979 年在连云港锦屏山南麓桃花洞发现的 4 万多年前的原始公社文化遗址[6],1974—1984 年在东海县山左乡大贤庄西南发现的距今 16000 年前的旧石器时代文化遗址[7],均证明该地区是人类起源和发展的摇篮之一。而

[1] 李炎贤、雷次玉:《江苏溧水神仙洞发现的动物化石》,《古脊椎动物与古人类》1980 年第 1 期。

[2] 李文明、张祖方等:《江苏丹徒莲花洞动物群》,《人类学学报》1982 年第 2 期。

[3] 刘兴:《建馆三十年来的考古工作》,《东南文化》1988 年第 5 期;严飞等:《丹徒县高资的人类股化石》,江苏省考古学会 1980 年年会论文选。

[4] 吴汝康、贾兰坡:《下草湾的人类股骨化石》,《古生物学报》1955 年第 1 期。

[5] 蔡葵主编:《楚汉文化概观》,南京师范大学出版社 1996 年版,第 20—21 页。

[6] 李洪甫:《连云港市桃花洞旧石器时代晚期遗址试掘报告》,《东南文化》1989 年第 3 期。

[7] 张祖方:《爪墩文化——苏北马陵山爪墩遗址调查报告》,《东南文化》1987 年第 2 期。

1974 年在句容县庙家山附近地表采集到的细石器和尖状器等[1]，在茅山地区和江浦地区旧石器地点的考古调查，均为了解宁镇地区的旧石器文化面貌提供了线索[2]。这为扬州地区原始文化的研究提供了直接或间接的考古资料。

从整个江苏地区来看，地当长江出海之口，山无高峰峻岭，地多平坦肥沃，河流、湖泊、森林交错，无酷暑剧热，有阵风时雨，最为适宜人之生存，物之繁殖。而从扬州地区来看，其属宁镇扬丘陵地带，北起淮河南岸的盱眙，南抵江南宜溧山地，属于低山丘陵地带。而丘陵山脉多在江南，扬州地区主要属里下河平原。但因该地区地壳升降运动较为强烈，古气候周期性冷暖变化频繁，使之常常发生海侵，因此扬州地区的东海岸线，很难确定在今何地。直到距今 7000 年前，江苏境内的海侵达到极盛，形成了全新世高海面，苏北海岸线北起赣榆，南经海州、灌云、涟水、高邮、扬中一线，直抵今洪泽湖东低山丘陵地带。这说明在此之前，该地区仍然不适宜人类居住。尽管在某些地方、某个时期可能有过较小规模的古人类存在，但仍有待于考古发现证明。有学者认为"扬州地区最早的人类遗迹应当是在江苏泗洪境内发现的下草湾人"[3]，这种说法虽难论证，但考虑到洪泽湖是在明朝才形成的，扬州地区与其毗邻，也不排除在扬州地区存在旧石器时代古人类遗迹的可能性。而若"下草湾人"果真与扬州地区相关，那么"这里的旧石器晚期文化，可能就是当地或邻近地区旧石器中期以至初期文化的延续，'江淮古猿'化石的发现便为此提供了一个证据"[4]。又何况扬州西部仪征一带北至洪泽湖湖区的地质构造属扬子准台地，海拔高于江淮东部，也可能会有古人类的遗迹存在。

二、扬州及其周边地区的人类生活

根据扬州与周边地区旧石器时代的考古发现和相关的文献资料，我们可以对彼时人类的生存状态和社会形态等作出判断，从中追寻该地区古人类历史发展的大致轨迹。

---

［1］　张祖方、李文明：《江苏省古人类和旧石器时代的考古工作》，《南京博物院集刊》1980 年第 2 期。

［2］　房迎三：《江苏南部旧石器调查报告》，《东南文化》2002 年第 1 期；房迎三：《江苏江浦旧石器地点调查》，《东南文化》2003 年第 5 期。

［3］　徐俊祥：《汉代扬州区域文明发展》，社会科学文献出版社 2013 年版，第 5 页。

［4］　蔡葵主编：《楚汉文化概观》，第 20 页。

（一）采集与渔猎经济

旧石器时代人类的经济活动，还处于极其原始的萌芽阶段。在旧石器时代早期，人们在极其恶劣的生存环境下，只能靠创造性的劳动和集体的力量，过着以采集为主兼营渔猎的生活。《礼记·礼运》云："昔者先王未有宫室，冬则居营窟，夏则居橧巢；未有火化，食草木之实、鸟兽之肉，饮其血，茹其毛；未有麻丝，衣其羽皮。"这样艰苦的生存状态，在丰富的考古资料中得到了印证。由于那时原始农业尚未出现，人们只能在其聚居的附近，采集一些植物的果实和根、茎等作为食物，到附近河流中去捕捞一些鱼虾螺蚌或捕捉鸟类、昆虫及小型动物，作为食物的补充。此外，早在晚期猿人阶段，还可能出现了对部分大型动物的猎杀和捕获。如在"南京人"伴生的动物群中，即有虎、豹、棕熊、黑熊、水牛、肿骨鹿、葛氏斑鹿等大型动物，而鹿类化石占一半多。又据鹿类死亡年龄分析，鹿类动物的死因除了被食肉动物捕杀之外，可能还有被人类猎杀的因素。[1]

大约进入旧石器时代中期以后，人们广泛地利用了自然界的火种并加以保存，鱼蚌类和小动物成为人类经常性的食物，狩猎经济才逐渐形成。这时人们狩猎的对象，逐渐扩大到野兔、麋鹿、獾、羚羊、狐狸等动物。而随着人们经验的积累，渔猎方法也不断增多，如使用鱼叉、鱼钩、鱼拦等工具进行捕捞。食用时也不再茹毛饮血，而是经过火烤而熟食。这样，食用烤熟的食物增强了人类体质，辛勤的劳作增强了体格，大脑也不断地发育起来。但总体上说，在整个旧石器时代，社会生产力还很低下，采集经济始终在人们日常生活中占据着主导地位，即使到了旧石器时代晚期，狩猎经济也仍然附属于采集经济。

在旧石器时代的江淮地区，与早期人类伴生的动物群具有广大地域的共性特征。如南京东郊汤山镇的南京直立人，因为地处长江以南，在现代动物地理分区上属于东洋界，但此地的动物群，却显示出强烈的古北界的色彩，其中有多种肉食动物和北京直立人共生在一起。而与安徽和县直立人动物群相比，则缺少南方大熊猫—剑齿象动物群。因此在物种组成上，就显示了单调的北方组合类型。这与当时汤山动物群应处在中更新世的寒冷期或冰期是

---

[1]　南京市博物馆、北京大学考古学系、汤山考古发掘队：《南京人化石地点（1993—1994）》，文物出版社1996年版。

相关的。根据推断,当时南京直立人应生活在相当于现代中温带的气候环境,年均温度要比现在低 5—10℃,年降水量 500—600 毫米,大约为现在的一半。当时的植被应是针叶或阔叶—针叶混交林。在寒冷的冬季,长江可能结冰封冻,北方动物群可能由此迁徙到了长江以南地区。[1]又如与丹徒莲花洞晚期智人伴生的动物群,化石动物多为广布种,这些化石在中国南方或北方地区都有发现,如兔、西藏黑熊、最后鬣狗、野猪、鹿等。较有地区特色的如棕熊、额鼻角犀以往都发现在北方,猪獾、水鹿多出现在南方。由此可见,丹徒地区的小气候特点,接近现在江淮地区的气候环境,地貌特征以山地林木为主,地面无大面积草原。[2]这对探讨扬州地区的原始经济状况,是不无启发的。至于泗洪下草湾人,近年来考古专家多次进行考古调查和试掘筛洗,发现更新世和中新世古脊椎动物化石近百种,很多为新种新属,被称为下草湾动物群。其中鱼类、鸟类和哺乳类动物等,也都是被猎取的对象。[3]

（二）工具制造

为了适应原始经济生活的需要,人们学会了制作工具。恩格斯在《劳动在从猿到人转变过程中的作用》中指出:"人类社会区别于猿群的特征又是什么呢? 是劳动。……劳动是从制造工具开始的。"[4]

在前揭南京直立人化石的溶洞中,尚未发现其生存遗迹,但是句容中部的低地山岗放牛山石器出土地点,则可看作"南京人"化石地点文化的延续。说明旧石器时代早期的直立人,已经能够制造粗糙笨拙的打制石器。而从发掘出土的 23 件石制品可见,种类有石核、石片、砍砸器、刮削器、石球、镐、薄刃斧等。这些石器的原料,大多取自附近河滩上的石英砂岩砾石,就地取材就地加工,又大都用直接打击法来制作。石核和石片全部用锤击法制成。此外,这里还有经过加工的鹿角和砍砸刮削的兽骨。[5]放牛山石制品的时代,距今约 30 万—10 万年,是江苏目前发现最早的一处露天旧石器地点。而从全

［1］南京市博物馆、北京大学考古学系、汤山考古发掘队:《南京人化石地点(1993—1994)》。

［2］李文明等:《江苏丹徒莲花洞动物群》,《人类学与古人类》1982 年第 2 期。

［3］李传夔、林一璞等:《江苏泗洪下草湾中中新世脊椎动物群》,《古脊椎动物与古人类》1983 年第 21 卷第 4 期。

［4］《马克思恩格斯选集》第 3 卷,人民出版社 1972 年版,第 513 页。

［5］房迎三等:《江苏句容放牛山发现的旧石器》,《人类学学报》2002 年第 21 卷第 1 期。

国范围来看,更早的元谋猿人、蓝田猿人和北京猿人等化石出土地层中,都发现了人工打制的石器。他们使用这些工具围捕野兽,切割兽肉,刮削兽皮,砍砸树木,挖掘植物,制作工具,顽强地与大自然进行着抗争,一代一代地积累着经验。

至旧石器时代中晚期,随着人们生活环境的变迁和生产经验的积累,这种就地取材制作石器的方法已经不能满足生产和生活的需求,便到适宜制造石器的原生岩层开采石料制作石器,从而出现了一些石器制作的场所。如扬州北部的马陵山细石器出土地点,即属这类石器的制造场。马陵山的石制品,从形制和制作方法上看,可分为细石器和大型石器两大类型,前者近90%,大都通过间接压制而成。大型石器多用直接打制法制成,少数由砸击法制成。制作石器的原料以燧石、石英砂岩为主,也有脉石英、石英、玉髓和水晶等。[1]连云港桃花涧细石器地点出土石器及所用原料,与马陵山基本相同。在我国华北地区,存在着许多旧石器时代晚期至新石器时代早期的细石器遗址,马陵山细石器与之比较,其形制和制作方法多有相似之处,但如楔形石核的数量在石器组合中比例较大,且有宽、窄形之分,形态固定,制作精良,因而楔形石核可谓马陵山细石器的代表。马陵山石器制造场的出现,是生产技能和生产力水平提高的表现。

在旧石器时代中期,石器制作有了较明显的进步,打制石器中修理台面的技术得到广泛运用,出现了软锤打制石片和棒击大片的方法。石器类型开始增多,功能进一步分化,如砍砸器有单刃砍砸器、多刃砍砸器,尖状器有小型尖状器、三棱尖状器,刮削器有圆头刮削器、弧刃刮削器、石核式直刃刮削器、石核式斜刃刮削器、石核式船底型刮削器等,地域特征也较明显。至旧石器时代晚期,石器制作技术进一步提高,间接打击和修制石器的方法广泛应用,出现了弓箭、石镞、投矛器、飞石索、鱼镖等新型工具,大大提高了生产活动效率。特别是弓箭的发明,可使人们远距离射杀猎物,又可避免动物的伤害,标志着人类在征服自然方面的一大进步。此外,在此时期人们还采用锯、削、切、磨、钻等系列工艺技术,制作骨针、骨锥、骨刀、骨铲和角铲、角锤等新

---

[1]　张祖方:《爪墩文化——苏北马陵山爪墩遗址调查报告》,《东南文化》1987年第2期。

型工具,使骨、牙、角器的制作技术进入了新的阶段。而骨针、骨锥之最早缝纫工具的发明,说明当时已能缝制兽皮服饰,增强了防御寒冷保护身体的能力;穿孔贝壳、穿孔兽牙等装饰品的出现,则反映出先进的骨器制作水平和人们爱美的观念与对美的追求。如前揭泗洪"下草湾人",早在距今约 5 万年已经学会制造和使用石刀、石矛、石针等简单劳动工具,并懂得缝制兽皮为衣,已不再完全赤身裸体。而东海爪墩文化遗址中出土的 20 多根石镞,则表明当时已使用了原始弓箭。

（三）火的利用

人工取火技术的发明,是旧石器时代社会生产力发展的另一个标志。从目前扬州及周边地区的考古发掘情况来看,虽然尚少发现旧石器时代的用火遗存,但在中国境内却发现了数以百计的人类用火遗迹。如在北京周口店龙骨山猿人遗址的山洞里,发现了大量的灰烬和火烧过的石块和兽骨,有的灰烬成层分布,有的集中成堆,厚过 6 米。灰烬里有一块块颜色不同的烧过的兽骨、石块以及朴树籽和紫荆树木炭块。在云南元谋人、陕西蓝田人、贵州桐梓人生活的地层中,也都有类似的发现。虽然人们使用的火还只是天然火,但火的使用毕竟是人类社会"有决定意义的进步"之一,这一进步"直接成为人的新的解放手段"。[1]它不仅使人类第一次支配了自然力量,而且也是最终把人从动物界分开的一个标志。因为有了火,人们可以熟食,从而缩短消化食物的过程,有利于从食物中汲取更多的营养,促使体质上的进步和健康。有了火,还可以照明、取暖和防御各种野兽的侵袭,并能将野兽驱赶到预定地点进行围捕,将其占据的山洞夺取过来作为自己的栖息之所,以至用火烧烤木棒来制作木矛等其他工具。

到了旧石器时代中期,猿人时代长期积累的用火经验有了进一步的发展。他们在打制石器时,发现了燧石撞击所迸射的火花,或在砍砸木器时发现了较长时间的摩擦生热、冒烟的现象,于是从中得到启示,发明了燧石撞击引火和钻木取火的方法。这与我国古籍《韩非子·五蠹》中"有圣人作,钻燧取火,以化腥臊,而民说之,使王天下,号之曰燧人氏"的说法不谋而合。此外,

---

[1]〔德〕恩格斯:《自然辩证法》,《马克思恩格斯选集》第 3 卷,人民出版社 1972 年版,第 514 页。

《论语·阳货》所记载的"钻燧改火",《关尹子·二柱》所说的"形之所自生者,如钻木得火"等,也都说明燧是钻木取火的工具。而当人们掌握了人工取火的方法之后,人类也就彻底地摆脱了黑暗,同时为后来制陶业的出现准备了条件。因此,火给人类带来了希望和力量,而这种力量和希望也就成为许多地区人们对火的崇拜和信仰。前揭溧水神仙洞发现的木炭屑,被认为是当时用火的痕迹,只是此时已至旧石器时代之晚期了。[1]

(四)社会生活与社会形态

在旧石器时代,由于生产力极度低下,人们在社会生活和社会形态上也表现出了突出的原始状态。

在居住方面,当时人类大都居住在天然洞穴或森林树上。如北京猿人、山顶洞人以及南京直立人等,就都居住在天然洞穴或溶洞中。这些洞穴容积较大,便于人口聚居的集体生活,既可以遮风挡雨,又可防止野兽侵袭。有些地方没有理想的天然洞穴,就居住在森林树上。如《韩非子·五蠹》云"上古之世,人民少而禽兽众,人民不胜禽兽虫蛇","构木为巢,以避群害"。当然,还有一种冬居洞穴、夏居橧巢的居住方式。如《礼记·礼运》说"冬则居营窟,夏则居橧巢",便与东北古代肃慎族"夏则巢居,冬则穴处"之说颇合。这说明古人类穴居巢处的生活方式,确曾有过类似经历。

与之同时,旧石器时代的采集和狩猎经济,也体现出原始状态。为了获取较多食物,必须依靠所有人的力量。无论男女老幼,都须投身于劳动当中,这就有了年龄和性别的不同分工。成年男性主要从事渔猎活动,和负责对居所的保卫和械斗,成年女性主要从事采集活动,老人和孩子则往往担当起后勤事务如做饭、看护病人和保护火种等。而有经验的老年人,则负责工具制造,管理秩序和财产,在饮食上也会享受到相对特殊的权利。他们狩猎和采集的区域,是部落的共有财产,不许任何外族人侵犯,个体的劳动工具及装饰品则属个人财产。

在生产力极其低下的条件下,旧石器时代早期的人类必须依靠群体的力量和智慧,共同防御敌害和获取食物。《吕氏春秋·恃君览》云"群之可聚也,

---

[1]　参见王长俊主编:《江苏文化史论》,南京师范大学出版社 1999 年版,第 26 页。

相与利之也",“其民聚生群处",就反映出“群"的生活状态。他们只有群聚而处,才能获得“相与之利"。但是限于当时的居住条件等,一个群体不能容纳较多的人生活在一起,一般只能是10—50人,这就构成了血缘家族的要素。

血缘家族是原始公社由前氏族公社向氏族公社发展的过渡阶段,猿人时代大都处于这个过渡阶段之中。在这样的血缘家族中,虽然婚姻仍为杂交,但比《列子·汤问》所说的“男女杂游,不媒不娉"、《淮南子·本经训》所说的“男女群居杂处而无别"的原始群团已有不同。他们已经排除了祖父母与孙辈、双亲与子女辈等不同班辈间的杂交关系,只在年龄相仿的兄弟与姐妹(或表兄弟、表姐妹)中实行群婚,即在血缘家族内部形成为“血缘婚"。而这样的血缘家族,就构成了人类社会最初阶段的第一个“社会组织形式"[1]。

到旧石器时代中期,即早期智人阶段,随着人口的不断增加和自然资源的限制,又促使了原始家族的不断拆分。这些新分出来的家庭,与原家庭有着密切的亲属关系和共同语言,彼此之间相互交往,使家族间的通婚成为可能。他们首先排斥了同胞兄弟和姐妹间的杂交状态,接着又逐步排除了由近及远的旁系亲属的婚姻关系,最终形成为同一家族的一群兄弟与另一家族的一群姐妹实行群婚,即“族外婚"。族外婚排除了近亲属婚姻的弊端,对提高人类体质和智力有着很大的促进作用,促进了氏族公社的逐渐形成。而这一进步,可能在由猿人向早期智人的过渡阶段中即已完成。到了旧石器时代晚期即晚期智人阶段,随着生产力的发展,原来较为松散的群体发展为较为稳定的氏族公社,开始进入了母系氏族公社时期。由于实行族外婚的缘故,一个母系氏族公社有一个共同的女祖先,成年的男性子孙一代代分散到其他氏族寻求配偶,而成年女性都一代代地成为确定本氏族班辈的主体,其所生子女只能确认各自的生母,加上她们主要负责采集食物、看守住地、缝制衣物、养老育幼等繁重的劳动,而男性主要从事狩猎等辅助性的劳动,因而她们便成为氏族公社原始共产制经济的主持者和领导者。总之,创造生活资料的生产和人类自身的生产即“种的蕃衍",是奠定“母权制"出现的前提条件。生活在距今约5万年前的泗洪“下草湾人",即是江苏目前

---

[1]〔德〕马克思:《摩尔根〈古代社会〉一书摘要》,人民出版社1965年版,第20页。

发现最早的氏族聚居群体,这个群体即应确定了母系氏族的血统关系,即实行了"族外群婚"。

在原始社会早期,人们茹毛饮血,巢居穴处,"不耕不稼","不织不衣"[1]。到了后来,随着原始家族的不断拆分和居住区域的扩大、迁徙,人们开始建造起半地穴式的房屋长期居住,用兽皮羽毛等缝制衣服御寒,还用兽骨、鸟骨、鱼骨、海蚌壳等制作一些小型的工艺品和装饰品。对于死去的家族成员,则安放些随葬物品,举行某种悼念仪式。自此以后,人类的精神生活便日益地丰富起来。虽然在今扬州及其周边地区还找不到更多的相关证据,来说明人类具体的生活状况,但从当时所处的生活环境和自然条件来看,其与全国各地相关遗存所反映的信息当是不相上下的。他们在这里同样创造了中华民族的史前文明。

第二节　新石器时代的扬州地区

到了距今 1 万年前后,中国境内的原始人类逐渐进入了新石器时代。新石器时代的最主要特征是磨制石器,可分为早、中、晚三个时期。在新石器时代早期(距今约 11000—7000 年),其突出特征是开始使用了磨制石器,仍以打制石器为主;原始农业和家畜饲养开始出现,人们过上了定居的生活;陶器的生产和使用,逐渐成为日常生活中的重要组成部分。至新石器时代中期(距今约 7000—5000 年),磨制石器更多地得到应用,农耕工具大量出现;陶器数量不断增加,质量有了较大改进,彩陶在各地开始流行;黄河流域开始普遍种植谷粟,江淮流域普遍流行种植水稻;家畜饲养得到了一定程度的发展。及新石器时代晚期(距今约 5000—4000 年),农业生产进一步发展,各种石制的翻土、收割、加工工具被广泛地使用;陶器制作普遍采用轮制法,灰陶、黑陶多见使用;大量精美的装饰品、祭祀品开始出现;社会各阶层的分化逐渐加大,部落战争频繁发生,城池及防御工事增多,权力不断集中;整个社会即将迈入文明时代的门槛。与之同时,社会生活和社会形态也都

---

[1]　杨伯峻:《列子集释》,中华书局 1979 年版,第 164 页。

发生了重大变化。

一、扬州及其周边地区的考古发现

我国迄今为止发现的新石器时代遗址,总计超过 7000 余处。早期遗存主要有河南新郑的裴李岗文化、河北武安的磁山文化、陕西华县的老官台文化、浙江余姚的河姆渡文化、江西万年的仙人洞文化、江苏泗洪的顺山集文化等。中期遗存主要有分布在陕西、河南、山西、河北、宁夏、内蒙古等广大地区的仰韶文化,黄河上游甘青地区的马家窑文化,黄河下游最早发现于山东泰安大汶口的大汶口文化,首次发现于浙江嘉兴的马家浜文化,江淮东部的淮安青莲岗文化和高邮龙虬庄文化等。晚期遗存主要有首次发现于山东章丘龙山镇的龙山文化,龙山文化又分由仰韶文化发展成的河南、陕西龙山文化,由大汶口文化发展演变成的山东龙山文化,黄河上游由马家窑发展而来的齐家文化,江汉地区受仰韶文化影响并承袭大溪文化主要因素的屈家岭文化,长江下游以太湖为中心由马家浜文化发展而来的良渚文化等。其中,新石器时代的早、中期,大约相当于母系氏族公社的发展和繁荣期,晚期则是转化为父系氏族公社以及氏族公社解体的时期。

(一)龙虬庄文化——新石器时代中期的文化遗存

从我国目前所发现的新石器时代遗址来看,距今 8000 年前的新石器时代早期遗址尚属罕见。相关研究表明,在距今 7000 多年以前,江淮东部因受气候波动的影响,海侵达到极盛阶段,形成了全新世的高海面。苏北海岸线北起赣榆,向南经海州、灌云、涟水、高邮、扬中一线,海水直抵洪泽湖东低山丘陵地带。故在全新世的早期,江淮东部很少发现人类活动的遗迹。而当此次海侵之后,海退发生,苏北的海岸线大致北起赣榆绕过中云台,过涟水古淮河口,经建湖以西南至海安沙冈,再折向西,经泰县、泰州、扬州一线。及至距今 6500—5500 年,全球气候变暖,苏北地区的海岸线大致北起赣榆,经连云港西、灌云、灌南、阜宁、羊寨—盐城龙冈—大冈、东台,南至海安隆政,然后折向西,经泰县、泰州、扬州一线。[1]而至距今 5500 年前后,江淮东部又发生了一次海侵,江淮之间从阜宁至海安一线,以东为浅海相沉积,以

---

[1]　参见王健主编:《江苏通史·先秦卷》,第 31—32 页。

西为泻湖沼泽相沉积;至距今 4700—4000 年间,又发生过一次海面上升,江淮东部受到大规模的海水内侵。[1]这从江苏泗洪新石器时代早期的顺山集文化、江苏淮安、高邮新石器时代中期的青莲岗文化和龙虬庄文化,以及新石器时代晚期末端的南荡文化遗存等考古发现看,也足以证明其推断的合理性。

江淮地区以平原为主,可分为滨海平原和江淮平原两个部分。滨海平原位于今盐城市的串场河以东,南北介于东串场河和射阳河之间的海积平原,由于这里距今仅有 500 年历史[2],自然没有新石器时代遗址发现。江淮平原位于滨海平原西面,南北介于通扬运河和苏北灌溉总渠之间,东至串场河,西连盱眙、金湖、仪征、六合低山丘陵,为苏北地区典型的水乡地带。这里地势西高东低,河流湖泊众多,局部地区地势低洼,每当发生海侵时,这里更是汪洋一片。故目前在江淮地区发现的遗址,主要分布在洪泽湖西、北和高邮湖以东地区。

在新石器时代中期,即距今 7000 多年前的大海侵和海退之后,以扬州为中心的江淮东部,所发现的新石器文化遗址就逐渐多了起来。在淮河南岸,主要有阜宁梨园、淮安青莲岗、茭陵集等遗址;在长江北岸,有海安青墩、吉家墩、东台开庄等遗址;在京杭大运河以东,有高邮龙虬庄、唐王墩、兴化王家舍等遗址。在这些遗址上活动的原始人类,有着共同的生产方式、生活方式以及埋葬方式,在文化遗物和遗迹上也表现出很强的同一性和相似性[3],从而构成了有着共同文化传统的考古学文化区。而在这个区域之内,因高邮龙虬庄遗址文化层堆积最厚,时代跨度最长,文化遗迹和文化遗物丰富且特征明显,故以"龙虬庄文化"命名。

龙虬庄遗址,位于扬州市高邮里下河平原,于 20 世纪 70 年代在高邮一沟乡龙虬庄发现。该遗址地处江淮之间中部,南与长江、北与淮河的距离几

---

[1] 龙虬庄遗址考古队编著:《龙虬庄——江淮东部新石器时代遗址发掘报告》,科学出版社1999 年版,第 2 页。

[2] 中国自然资源丛书编委会:《中国自然资源丛书·江苏卷》,中国环境科学出版社 1996 年版,第 13 页。

[3] 张敏:《江淮东部原始文化初论》,《南京大学考古专业成立三十周年纪念文集》,天津人民出版社 2002 年版。

乎相等,遗址面积 43000 平方米,是江淮东部面积最大、保存完好的一处新石器时代聚落遗址,故在正式发掘时被评为"1993 年中国十大考古新发现"之一。从 1993 年到 1995 年,南京博物院等在过去多次考察的基础上,对龙虬庄遗址共进行了 4 次发掘,发掘面积 1335 平方米,探方 54 个,清理了新石器时代的居住遗迹 4 处、灰坑 34 个,墓葬 402 座。同时出土了陶器、玉石器、骨角器等各类文化遗物 2000 余件,采集了大量的人骨和动植物标本。因此龙虬庄遗址考古队认为:"通过研究,可以确立我国沿海的东部地区,在海岱与太湖文化区之间,客观地存在着江淮东部原始文化区。江淮东部的原始文化,可命名为龙虬庄文化。"[1]

龙虬庄遗址的年代跨度为距今 6600—5000 年。根据层位关系和文化遗物的形态特征,可以分为三期:第一期年代为距今 6600—6300 年;第二期分为前后两段,前段年代为距今 6300—6000 年,后段年代为距今 6000—5500 年;第三期年代为距今 5500—5000 年。此外,从 1993 年开始,考古工作者对高邮唐王墩遗址进行了多次调查和考古钻探,发现唐王墩遗址的地层堆积不尽一致,总的堆积情况与龙虬庄相似,但据最下层采集到的釜、罐一类夹砂陶器的残片及麋鹿的骨角等特征分析,可能略早于龙虬庄第 8 层,故龙虬庄文化的年代跨度,被确认为距今 7000—5000 年。[2]

龙虬庄遗址的第一期,主要文化堆积层位为第 8 层和第 7 层。在该期文化遗物中,炊器中有双耳罐形釜、盆形釜、腰檐筒形釜;与釜配套的有盖和器座;烧水用的有三足侧把盉,温水用的有三足带把罐;食器有豆、碗、钵、三足钵等;水器有直腹杯、钵形带把匜、盆等;盛器有三足罐、罐等;生产工具中石器不多,常见的有角叉、骨镖与骨镞,皆为渔猎所用工具。陶器上的装饰主要有刻划、戳点和捺窝等,有的陶器外涂红衣,另外有些陶器如豆、三足钵等,皆外红内黑,也是第一期的特征之一。

第二期遗址为第 6 层、第 5 层和第 4 层,以及相关 33 个灰坑和 3 处居住遗迹。其文化遗物中,炊器仍以双耳罐形釜、盆形釜为主,筒形釜除继续有腰檐之外,还出现无腰檐和附双耳的筒形釜,新出现的器形是鼎,鼎有罐

---

[1] 龙虬庄遗址考古队编著:《龙虬庄——江淮东部新石器时代遗址发掘报告》,第 530 页。

[2] 龙虬庄遗址考古队编著:《龙虬庄——江淮东部新石器时代遗址发掘报告》,第 498 页。

形和盆形两种；三足侧把盉仍在使用，三足带把罐已不见；食器中，碗、钵变化不大，而豆种类明显增多，高柄豆、粗把豆等都是新出现的器形；水器中，出现高柄杯，与第一期的钵形带把匜不同的是，本期的匜皆带流，除钵形匜外，还有深腹筒形匜；三足罐基本不见，而三足钵种类增多；生产工具中，石器数量有所增多，而骨角器不仅数量增加，品种也明显增多，还出现了大型生产工具——角斧。陶器上的装饰除第一期常见的戳点、刻划、捺窝之外，还出现了大量彩陶，彩陶主要饰于钵、钵形匜的内壁，多为黑陶，亦有红陶，内容可谓丰富多彩。

第三期遗址包括所发掘的探方 T4525、T4526、T4527 的第 06 层、05 层和 04 层，以及 04 层以下灰坑 H10、居住遗迹 F4。这三个探方因在遗址东部边缘，明显晚于第二期，故被称为第 06、05 和 04 层。其文化遗物中，炊器仍为双耳罐形釜和盆形釜，而腰檐筒形釜基本不见，器座呈矮圈足形而不是束腰形；鼎的变化一是出现明显的子母口，一是出现折腹；三足侧把盉仍不见；食器中，豆的器形与第二期相比变化不大，豆圈足上的镂孔装饰则富于变化；水器中，杯多鼓腹，匜作宽把杯形；新出现的器形有大口尊；其他器类如盆、罐、三足钵等，与第二期的同类器在造型上略有变化。生产工具仍以骨角器为主，角叉出两尖刃，骨镞加长，加强了杀伤力。与第二期比较，本期的另一个变化是彩陶突然消失，红衣陶也基本不见。[1]

根据文化遗物的特征，可将三期最主要的文化特征即分期依据归纳如下：第一期：炊器有釜与盉；第二期：炊器有釜与盉，出现鼎；新出现的器形还有匜；出现彩陶钵、匜等彩陶器；第三期：炊器有釜与鼎，不见盉；彩陶、红衣陶消失不见；新出现的器形有尊、杯形匜等。而根据主要几种器物发展演变的轨迹，可以看出龙虬庄遗址的三期是连续发展的，其间并无明显缺环。[2]这为隶属龙虬庄文化其他遗址不同发展阶段的鉴别提供了一个参照标尺。

龙虬庄遗址发现时，曾一度被认为属于淮安青莲岗文化类型，而又有自身的显著特点。青莲岗遗址，位于淮安宋集乡废黄河（淮河）南岸的沙岗上，

---

[1] 龙虬庄遗址考古队编著：《龙虬庄——江淮东部新石器时代遗址发掘报告》，第190—191页。

[2] 龙虬庄遗址考古队编著：《龙虬庄——江淮东部新石器时代遗址发掘报告》，第191页。

北距淮河约 2 千米。1951 年考古调查时发现该遗址,因是中华人民共和国成立后第一次在我国东部沿海地区发现的新石器时代遗址,其文化面貌不同于已命名的仰韶文化和龙山文化,因此按照考古学文化命名的惯例,被命名为"青莲岗文化",并一度当作长江下游江南江北同时期的文化代表。但因青莲岗遗址在 1951—1958 年的四次发掘中,面积只有约 2000 平方米,出土文物只有石器 9 件(其中 2 件因残破过甚无法辨认)、陶器 8 件(完整的 1 件,可复原的 7 件)以及陶片、兽骨、红烧土块等 312 件,文化层堆积深厚一层,故自"青莲岗文化"命名之日起,"青莲岗文化"在时间、空间及文化内涵等方面均存在着严重的缺陷和混乱。[1]尤其是从采集的陶片、石器与龙虬庄遗址的文化遗物进行比较的结果看,青莲岗遗址的新石器时代文化层仅相当于龙虬庄遗址的第二期后段,年代跨度距今 6000—5500 年,加上该遗址地处江淮东部北缘,文化遗物中不可避免地含有一定的海岱文化因素,因此在《龙虬庄——江淮东部新石器时代遗址发掘报告》中,便将"青莲岗文化"改称为"青莲岗遗址",纳入到同时期的"龙虬庄文化"。但是到了 2018 年,淮安高铁新区水系调整工程茭陵一站引河段新开挖河道时,竟在青莲岗遗址西南 20 千米的徐扬乡黄岗村发现了距今 7000 年至 6000 年前的文化遗址,使沉寂了数十年的"青莲岗文化"得以"复活"。[2]因此,"青莲岗遗址"与"龙虬庄遗址"之间的关系,就需要进一步深入研究了。

此外,龙虬庄遗址在 2016—2018 年,也有新的发现。2016 年,南京博物院考古所和扬州文物局等联合开展了新一期的考古活动,并经两年努力取得了丰硕成果。此次发掘,分为南、北两个区域。南区遗址在龙虬庄遗址南部中间,布设探方 28 个,探沟 3 条;北区遗址在北半部的墓葬区北侧,紧邻墓葬区和居住区,布设探方 13 个,共发掘面积 1085 平方米。出土了涵盖龙虬庄二期(崧泽)、良渚文化、广富林文化、唐宋、明清等不同时期的陶器、玉器、石器、骨器等器物和动物骨骼、粪便、果核、芡食等标本。还发现了墓葬、

[1]　龙虬庄遗址考古队编著:《龙虬庄——江淮东部新石器时代遗址发掘报告》,第 511、518 页。

[2]　王宏伟:《水利施工意外挖出远古遗址:7000 年前淮安人曾在这里跳舞、抓鱼、做陶器……》,2019-01-03,新华日报全媒体文化新闻部出品《人文周刊》;《意外挖出远古遗址,原来七千年前的淮安人这么呆萌!》,xw.qq.com 淮安发布 2019-01-03,来源:交汇点(作者王宏伟)。

广场、灰坑、狗坑、灰沟、柱洞等。在墓葬方面,已经清理新石器时代墓葬7座,主要分布在4个探方内。其中在一个区域还发现了两个头骨,应为墓葬,暂未清理。墓葬中单人墓葬4座,含有2座小孩墓葬(其中一座为良渚时期)。多人合葬2座,二次葬1座。仅其中一探方内随葬残陶器1件、骨锥2件,其他墓葬内未发现随葬品。此次出土的陶器玉坠和完整器较少。陶片分夹蚌陶、泥质陶和夹砂陶,以蚌陶为主。器形有鼎、釜、罐、匜、豆、盘、器盖等。玉器分为玉坠和玉锥等。石器有锛、镞、刀等。骨器为骨勾、骨镞、骨锥等。而陶鼎鼎足有T形足、侧装三角凿形足、界面凹形足等,与蒋庄遗址出土陶鼎足相似。本次考古发掘,探明了遗址核心区的分布范围,发现了崧泽文化时期的疑似广场遗存,为研究龙虬庄遗址的聚落布局、功能分区、古代社会文化提供了重要依据。而在遗址南部发现的广富林文化遗物,则"为研究广富林文化的分布、广富林文化与龙山文化王油坊类型的关系提供重要实物资料"。

　　海安青墩遗址,也是江淮东部重要的考古发现之一。早在1973年8月,海安县沙岗乡青墩村在水利施工时即发现大量的陶器和"龙骨",并于1978—1979年由南京博物院组织大规模的发掘。但因"文化大革命"的影响和传媒手段的滞后,直到1983年才在《考古学报》上发表《江苏海安青墩遗址》的发掘报告。青墩遗址位于海安县城西北约28千米处,即海安、泰县、东台三县的交界处,距离西北方向的高邮龙虬庄遗址约80千米处。而从遗址规模来看,大约有20000平方米,发掘面积490平方米,出土文物1000余件[1],在江淮东部属中等规模,地处江淮东部南缘,在空间上呈明显的过渡性,文化遗存也不十分丰富。及至后来,江淮东部先后发现了海安吉家墩、东台开庄、兴化南荡、姜堰单塘河、阜宁陆庄和高邮龙虬庄、周邶墩等10余处新石器时代遗址,并以高邮龙虬庄遗址发掘规模最大,出土文物最为丰富,江淮东部地区在远古时代存在独立的原始文化才成为不争的事实。而根据层位关系和文化遗物分析,青墩遗址的第6层、第5层即下文化层,相当于龙虬庄遗址第二期的前段,距今约6300—6000年;青墩遗址的第4层即中文化层,相

---

[1]　南京博物院:《江苏海安青墩遗址》,《考古学报》1983年第2期。

当于龙虬庄遗址第二期的后段,距今约 6000—5500 年;青墩遗址的第 3 层即上文化层,相当于龙虬庄遗址的第三期,距今约 5500—5000 年。即青墩遗址的年代跨度在距今 6300—5000 年之间。

青墩遗址与龙虬庄遗址相比,出土器物有颇多的一致性。如龙虬庄遗址划分第一期与第二期的最主要依据,是第二期出现了陶鼎和彩陶器,青墩遗址的下文化层和中文化层皆出现了陶鼎和彩陶片。所出土的双耳罐形釜、盆形釜、侧把盉、豆、钵、盆、罐、高柄杯、三足钵、器盖等,与龙虬庄第二期的器类相同,造型风格基本一致。陶器上的装饰风格如捺窝、戳点、镂孔等也基本一致。青墩遗址的上文化层,出土陶片数量较少,然与龙虬庄第三期也基本一致。如不见彩陶器,鼎足的正面饰刻划纹,豆圈足的刻划和镂孔等与龙虬庄第三期的造型、装饰风格完全相同,而腹壁圆鼓的鼓形陶杯,两者也完全相同。青墩遗址中所发现的玉石器较少而骨角器发达,也与龙虬庄遗址相一致。青墩遗址的玉器主要为坠,石器为斧、锛、凿,骨角器有角叉、骨镞、骨镖、骨笄、骨箸、骨锥、骨凿、骨针、刻纹鹿角等,这与龙虬庄遗址的第二期、第三期玉石器和骨角器相比较,两者在器类和造型风格上也基本一致。[1]所以,一般认为青墩遗址为"晚期龙虬庄文化的典型代表"[2]。当然,海安青墩遗址位于江淮东部平原的东部,龙虬庄遗址位于江淮东部平原的西部,二者还是有区别的,所以有些学者认为:以青墩遗址为代表的文化可以单独命名为"青墩文化",作为江淮东部地区史前文化的代表。[3]这里,我们仍坚持前者的基本观点。

总之,根据龙虬庄遗址、青墩遗址等发掘考古资料,可将江淮东部的原始文化分为三期:其中第一期可以分为前后两段,前段距今 7000—6600 年,后段自 6600 年至 6300 年;第二期仍可分为前后两段,前段自 6300 年至 6000 年,后段自 6000 年至 5500 年;第三期自 5500 年至 5000 年。这说明在距今 7000—5000 年的新石器时代中期,我国东部沿海地区在海岱文化区和太湖文

---

[1] 龙虬庄遗址考古队编著:《龙虬庄——江淮东部新石器时代遗址发掘报告》,第 202 页。
[2] 参见王健主编:《江苏通史·先秦卷》,第 83 页。
[3] 王其银:《江淮东部原始文化的命名与青墩文化的内涵》,《东南文化》2005 年第 5 期;王其银、李春涛:《青墩考古》,苏州大学出版社 2010 年版,第 180、186 页。

化区之间,客观存在着一个考古学文化区,即江淮东部原始文化区。江淮东部的原始文化,有着自身的分布空间,分布着有共同文化特征的遗址群,有自身文化发展序列和一群具有鲜明地方性特征的器物群。其原始文化的面貌,既不同于淮北和江淮中部,也不同于长江以南。

（二）龙虬庄文化与周边地区文化的关系

龙虬庄文化面貌独特,特征稳定,序列完整,是江淮东部客观存在的一个考古学文化区。但是,任何考古学文化几乎都不是孤立发展的,当其活动能力已经达到比较广泛地同其他文化接触并相互发生影响时,其内部就会出现来自其他文化的因素。因此,通过对文化因素进行定性定量分析,以确定具有自身地域性特征的文化遗存和外来文化因素在其文化构成中占有的绝对量和相对量,可以更加准确地确定其文化性质。同样,我们通过对龙虬庄文化进行外来文化因素的分析,可以更准确地把握其文化特征,了解其与同一时期不同空间的其他考古学文化之间的关系和相互作用,分析其不同的文化属性,进而揭示某些值得注意与探讨的历史文化现象。

龙虬庄文化的分布空间,根据《龙虬庄——江淮东部新石器时代遗址发掘报告》的定义,是指京杭运河(古邗沟)以东,东至南黄海、南至长江、北抵废黄河(淮河)即江淮东部这个区域。而在此空间内分布、形成的遗址群,同处相同的地理环境,遗址之间相互联系和相互影响,构成了有着共同文化传统的考古学文化区。而当其分布空间确立之后,与之毗邻的周边地区原始文化分布空间的界缘也随之清晰起来:海岱地区北辛—大汶口文化的南缘,地处废黄河(淮河)的北岸,以往发现的灌云大伊山、连云港二涧村、沭阳万北、邳县大墩子、刘林、新沂花厅、泗洪赵庄等遗址,均属北辛—大汶口文化系统;江淮中部侯家寨文化的东缘,可划在京杭运河(古邗沟)以西的湖区平原,以往发现的定远侯家寨、肥西古埝、含山大城墩、六合羊角山等遗址的新石器时代遗存,均属侯家寨文化系统;以长江为界的江南,大致以茅山山脉为界,其东为太湖地区,以往发现的丹阳凤凰山、常州圩墩、武进乌墩、张家港东山村、许庄、吴县草鞋山、吴江刘家浜、青浦崧泽等遗址,均属马家浜—崧泽文化系统;茅山以西为宁镇地区,以往发现的北阴阳营、句容城头山、丁沙地、高淳薛城、芜湖蒋公山、繁昌缪墩等遗址,均属丁沙地—北阴阳营文化系统。[1]有关龙虬庄文化与周边地区文化的关系,我们可以从中寻求,并从原始文化的文化因素中作出分析。

在江淮东部原始文化的遗物中,首先可以明确判断其来源于周边地区的是玉石器。因为江淮东部地区无山,其玉石器必然来源于周边地区。而通过比较可以得知,江淮东部原始文化的玉石器绝大多数来源于宁镇地区,极少量来源于太湖地区。如江淮东部原始文化的石器中常见的圆弧刃舌状穿孔石斧、厚体石斧、长方形或长条形石锛、椭圆形孔的"风"字形石锄、半圆形石刀、多孔石刀、石纺轮,在玉器中常见的玉璜、玉管、玉坠等,均来自宁镇地区。但从陶器来看,宁镇地区偶见的一些器物,则为江淮东部所常见,有的不仅在江淮东部出现更早,而且有着自身的发展轨迹。如江淮东部原始文化中的钵形匜、深腹筒形匜、高圈足壶、彩陶钵、三足折腹罐、口下和圈足上饰红彩带的碗、高柄杯等陶器,都在甄别中得以确认。这一现象表明,宁镇地区原始文化向江淮东部输出玉石器的同时,也从江淮东部输入某些特有或精美的陶器,双方的交往是双向的。而这样的交往,大致从江淮东部原始文化的第一期延续至第二期。[2]

从第二期的后段开始至第三期,江淮东部原始文化中出现了太湖地区原始文化的因素,并呈现出逐渐取代宁镇地区原始文化因素的趋势。在石器中,江淮东部主要是出现了太湖地区常见的刃与两侧有明显折角的长方形扁平穿孔石斧;玉器中,出现了太湖地区常见的管形琮、璧、坠、半璧形璜、锥形器、瑗等。在陶器中,江淮东部出现的太湖地区原始文化因素则有两类:一是来源于太湖地区的陶器,如瓦楞纹壶、折腹罐、盘下出垂棱的豆、中腹出一周刻划堆纹的罐、花瓣足杯、贯耳壶等;一是具有某些太湖地区原始文化风格的陶器,如陶鼎出现折腹、罐与盆出现鸡冠形横錾、豆柄上出现的某些装饰等。与宁镇地区不同的是,在太湖地区原始文化遗存中,除极个别的高圈足壶外,所能见到的江淮东部原始文化因素极少,表明太湖地区原始文化与江淮东部原始文化的交往可能是单向的,即向江淮东部的输出远远大于输入。[3]这一文

---

［1］　龙虬庄遗址考古队编著:《龙虬庄——江淮东部新石器时代遗址发掘报告》,第494页。
［2］　龙虬庄遗址考古队编著:《龙虬庄——江淮东部新石器时代遗址发掘报告》,第507页。
［3］　龙虬庄遗址考古队编著:《龙虬庄——江淮东部新石器时代遗址发掘报告》,第507页。

化现象,与当时宁镇地区原始文化正逐渐地走向衰落,而太湖地区正处于迈向辉煌的良渚文化的前夕,是密切相关的。

而江淮中部,从所发现的原始文化遗存来看,其文化的发展水平似乎落后于同时期的江淮东部,因而在江淮东部的原始文化中,几乎不见江淮中部的原始文化因素。[1]当然,从龙虬庄文化的器类上看,尽管其与江淮中部的侯家寨文化相比,侯家寨文化流行的深腹平底筒形釜和平底钵形釜与龙虬庄一期的釜相去甚远,而三足钵和小陶盂等两者较为相似[2],说明也有一定的关系。

在同时期的海岱地区,也有着发达的原始文化。但在江淮东部地区,除了在与海岱地区毗邻的青莲岗遗址中发现过1件带管状流的罐形盉似来源于海岱地区外,几乎不见海岱地区的原始文化因素,这可能与生态环境的差异而导致生产、生活方式的不同有着密切关系。如海岱地区原始粟作农业发达,与江淮东部发达的原始稻作农业不同,因而导致了江淮东部与同属稻作经济文化区的江南产生了较为密切的联系,而与不属于同一经济文化区的海岱地区产生了相应的排斥性而不是互补性。当然,在江淮东部与海岱地区的原始文化之间,还存在着种族、语言、风俗习惯、宗教信仰等文化学背景方面的差异。[3]

值得注意的是,在江淮东部地区还出现了与之不相邻的仰韶文化因素。如彩陶钵上的变体人面鱼纹,明显受到了仰韶文化的影响;葫芦形壶,显然来源于仰韶文化的史家类型。又如随葬葫芦形壶的M141墓主为一壮年女性,这是否暗示着江淮东部原始文化与仰韶文化史家类型间存在着某种姻缘关系?而体质人类学的研究表明,龙虬庄墓地的人骨与陕西华阴横阵村仰韶文化史家类型墓地的人骨形态距离最近,因而江淮东部原始文化居民与仰韶文化居民之间存在着明显的同质性,两者可能为同一祖源。[4]虽然这种情况在江淮东部尚属罕见,但联系到两者之间的种族人类学特征,则未必

---

[1] 龙虬庄遗址考古队编著:《龙虬庄——江淮东部新石器时代遗址发掘报告》,第507页。

[2] 龙虬庄遗址考古队编著:《龙虬庄——江淮东部新石器时代遗址发掘报告》,第203页。

[3] 龙虬庄遗址考古队编著:《龙虬庄——江淮东部新石器时代遗址发掘报告》,第507页。

[4] 龙虬庄遗址考古队编著:《龙虬庄——江淮东部新石器时代遗址发掘报告》,第511页。

是一种偶然现象。

综上可见,江淮东部的原始文化,所表现出来的文化面貌比较复杂,具有多元化和过渡性的特征。但是,这并未能改变江淮东部原始文化的传统与特征,而是仍保持着自身的生产、生活方式,沿着自身的发展轨迹,缓慢地向前发展演进。如在江淮东部原始文化中,先后出现了宁镇地区和太湖地区的原始文化因素,并呈现出此消彼长的发展趋势,但除了玉石器占有绝对量之外,其他陶器等所占比例都不大。具体说来,龙虬庄遗址第一期所代表的江淮东部早期新石器时代考古学文化,是一个相对独立的考古学文化区,与周边地区的考古学文化均无很密切或很直接的关系。从器类上看,其更接近于江淮中部的侯家寨文化、太湖地区的马家浜文化和宁镇地区的丁沙地文化,这表明龙虬庄一期与侯家寨、马家浜和丁沙地文化具有相同的时代特征。龙虬庄遗址第二期的文化面貌,与青墩遗址下文化层、中文化层相同,文化遗物中有较多的与南京北阴阳营遗址第二期相近,陶豆与崧泽文化早期的豆相近,高柄杯与大汶口文化早期的杯相近。龙虬庄遗址第三期中,则含有较多晚期崧泽文化和早期良渚文化的因素。但是总体来看,在龙虬庄文化的第一期至第三期,均具有较浓郁的地方特色,在连续发展的过程中,一期具有较强的独立性,二期中出现了宁镇地区和太湖地区文化因素,三期中主要出现太湖地区文化因素,但江淮东部仍是一个相对独立的考古学文化区。[1]

但是,对于上述结论,随着淮安黄岗等遗址的发现和发掘,即“青莲岗文化”的“复活”,就不得不在某些方面作出新的判断,重新认识“龙虬庄文化”与“青莲岗文化”的关系。

根据 2019 年 12 月在淮安举行的淮安黄岗遗址考古发掘成果论证暨“青莲岗文化”学术研讨会的报道:南京博物院的考古专家在论证黄岗遗址与周边遗址的关系时说:“距今 7300 至 6200 年左右的黄岗一期遗存跟凤凰墩等遗址一起,形成了与周边蚌埠双墩一期遗址、濉溪石山孜二三期遗存、沭阳万北一期遗存、灌云大伊山早期遗存等较为相似却自身特征鲜明的考古学文化;

---

[1]　龙虬庄遗址考古队编著:《龙虬庄——江淮东部新石器时代遗址发掘报告》,第 203、511 页。

距今 6200 到 5800 年的黄岗二期遗存,又同南面高邮龙虬庄文化关系极为密切。因此,专家们基本同意,可以将这支距今 7000—6000 年之间,主要分布于淮河下游地区的土著文化,重新定义为青莲岗文化。"而据此说法,并参早年发现的青莲岗遗址年代距今 6000—5500 年,则"青莲岗文化"的年代跨度与"龙虬庄文化"(距今 7000—5000 年)的年代跨度有所不同,其一、二期的分期界限与龙虬庄一、二、三期的界限也不一致。而从出土器物来看,"黄岗遗址出土的陶钵、陶釜、陶豆数量较多,类型丰富,带圈足、带支座的陶器与北面山东地区大汶口文化遗址、南面长三角地区的马家浜文化、崧泽文化一些遗存有明显不同。黄岗遗址出土的陶釜数量众多,而且明显有阶段性变化,早期的陶釜跟同时期山东大汶口等釜型器具有很多共性,而后期釜型鼎则跟高邮龙虬庄文化遗址的陶釜更为相似。"另外,专家们还非常关注黄岗出土的彩陶,认为"这些陶片有着鲜明的地方特色;很多出土的陶器为夹砂陶,器物带有扳手,便于使用;彩陶图案有太阳纹、U 形纹、网状纹等多重样式,而且多绘于陶器的内壁,这与同时期中原地区的仰韶文化彩陶和山东地区的大汶口文化彩陶有明显的不同。"而除此之外,在黄岗遗址发掘的 2018 年上半年,南京博物院考古研究所还在古淮河到黄海之滨的淮安、盐城进行了多处考古调查,初步发现了淮安区的凤凰堆、西韩庄、荧陵集、山头、严码以及阜宁县梨园遗址等一批同黄岗遗址聚落特征、文物类型组似且年代相近的遗址,证明"黄岗不是孤零零的一群人,而是整个淮河下游土著先民'大家族'的一支"。[1]因此,上述专家的这些结论,也是对整个"青莲岗文化"的高度概括。虽然"青莲岗文化"的年代跨度及其特征等,还存在着不同说法,还应该进行深入研究,但从整体情况来看,在同时期的器物特征上,其与龙虬庄文化的差异不大,只是两者在与周边文化的关系上各有侧重,青莲岗文化与海岱地区和江淮中部的原始文化较为相似,龙虬庄文化则与江南地区的原始文化更加密切。

　　总之,龙虬庄文化有其自身的文化特征,而在与周边文化的关系上,则处于南北文化的过渡地带,是南北文化交往的"走廊"和"通道"。在龙虬庄文

---

[1]《从黄岗到青莲岗——六七千年前淮河史前文明的"复活"》,《淮海晚报》2019 年 12 月22 日。

化的第一至第二期,与宁镇地区的新石器时代文化较为密切,双方的交流是双向的。在第二期的后段,江淮东部原始文化中出现了太湖流域崧泽文化的因素,崧泽文化借助江淮东部这个通道向北传播,抵达苏北鲁南大汶口文化阵营。宁镇地区的文化因素,在龙虬庄和青墩等遗址中也较为常见。至龙虬庄文化的第三期,太湖地区的良渚文化继承了崧泽文化北上的传统,以更具规模之势渡江北上,深入苏北,北面的大汶口文化则向南传播,凸显了江淮东部的通道特征。而除此之外,在龙虬庄文化的第二期,青莲岗文化与龙虬庄文化的关系日益密切。也正因为如此,龙虬庄文化在初具自己独立特征的前提下,不断地吸收外来的文化因素,并沿着自身发展的轨迹向前发展,而周边文化则借助这个"走廊"和"通道",不断地向北向南传播,从而构成了一幅鲜活灵动、丰富多彩的史前画卷。

然而,正当龙虬庄文化发展繁荣的鼎盛时期,即距今 5000 年前后,江淮东部却因一场规模宏大的海侵,打断了自身发展的序列,犹如一颗从黑暗中而来的流星,在突然放射出耀眼的光芒后,又流向了黑暗,并进入了长达千年的沉寂阶段。这个千年,相当于新石器时代晚期。而江淮东部北边的青莲岗文化,则早在距今 5500 年左右而销声匿迹。

(三)龙虬庄文化的源流

通过考古资料的分析和梳理,可以确认地处江淮东部的龙虬庄文化,既不见早于距今 7000 年前的文化遗存,也不见晚于距今 5000 年后的文化遗存。直到距今 4000—3600 年间,江淮东部再次成为文化走廊,先后留下了良渚文化、王油坊类型龙山文化和岳石文化的遗存,其间已出现了长达千年的文化缺环。显然,这与海岱地区、太湖地区所表现出的文化现象,有着十分明显的差异。即海岱地区在时间上可以划分为后李文化→北辛文化→大汶口文化→龙山文化→岳石文化等不间断的文化发展阶段,太湖地区也可以划分为马家浜文化→崧泽文化→良渚文化→马桥文化等文化的发展阶段,而江淮东部则表现为文化空白区→龙虬庄文化→文化空白区→文化走廊。那么,导致这种结果的原因是什么呢?

对此,考古学界通过对江淮东部古环境、古海岸线和南黄海海面变化的研究,取得了较为一致的意见:全新世以来的最大海侵,曾发生在距今

10000—7000 年间,那时江淮之间的海岸线,向西推进最远处可达高邮湖的西岸;而全新世的最高海面,则发生在距今 5500 年前后,此时江淮之间从阜宁至海安一线,以东为浅海相沉积,以西为泻湖沼泽相沉积;距今 4700—4000 年之间,又发生过一次海面上升,江淮东部受到了大规模海水内侵。这作为海面变化最敏感的江淮东部地区而带来的生存环境变化,是导致江淮东部原始文化兴衰的直接原因,在时间上两者也是吻合的。正是由于受到环境因素的制约,江淮东部成为我国新石器时代诸多考古学文化区中的一个特例,即由于环境的变化,龙虬庄文化突然出现在江淮东部;同样由于环境的变化,使这支在江淮东部生息繁衍了千年之久的原始文化又迅速地衰亡。[1]那么,龙虬庄文化的源头在哪里?后来又去了何处呢?研究者认为:"其文化的出现有可能是一次大的文化迁徙,而其消亡则可能是一次原始文化的分崩离析。"[2]这对解释龙虬庄文化的来龙去脉,显然是合乎情理的。

从目前的研究来看,龙虬庄文化的最大活动半径似可达到渭水流域,而通过对以此为半径所画的圆周内诸原始文化与龙虬庄文化的分类比较,其中最大限度满足其类比条件的,是分布于淮河上游的河南舞阳贾湖文化。研究者认为:贾湖文化遗存的年代范围,大致在距今 8000—7000 年之间。龙虬庄文化年代的上限为 7000 年,从时间上看,贾湖文化的下限与龙虬庄文化的上限吻合,在时间衔接上无较大缺环。从分布的空间来看,贾湖文化大致在北纬 34° 以南,与龙虬庄文化分布空间的纬度大致相同。贾湖文化衰亡于距今 7000 年前后,在其分布的淮河上游,尚未发现其后继文化,即由贾湖文化发展演进或蜕变而成的原始文化。贾湖文化在淮河上游的消失,可能暗示着在距今 7000 年前后为寻求新的生存空间,发生了一次文化的迁徙;而同纬度的江淮东部由于全新世最大海侵的退去,已成为一处新的可提供经济资源和经济增长的生存空间。有着优越生态环境的江淮东部和由于千年的开发利用生态资源日渐枯竭的淮河上游形成了强烈的反差,遂成为同纬度文化迁徙的契机和动机。[3]

同时,从以下几个方面,也可以看出龙虬庄文化与贾湖文化的一致性与延

　[1]　龙虬庄遗址考古队编著:《龙虬庄——江淮东部新石器时代遗址发掘报告》,第 520 页。

　[2]　龙虬庄遗址考古队编著:《龙虬庄——江淮东部新石器时代遗址发掘报告》,第 523 页。

　[3]　龙虬庄遗址考古队编著:《龙虬庄——江淮东部新石器时代遗址发掘报告》,第 521 页。

续性。(1)从贾湖文化的古环境来看,其文化发展的适宜期为疏林—草原—湖荡沼泽景观,其生态环境与龙虬庄文化所处的古环境完全相同。及贾湖文化衰亡前后,淮河上游气温增高,降水量增大,陆地面积急剧缩小,这种生存环境的恶化成为文化迁徙的或然性主因。(2)从贾湖遗址中发现的动物遗存所反映出人们从事与动物有关的经济生活即捕捞、狩猎和家畜饲养的对象来看,其动物遗存不仅反映出与龙虬庄文化所处的生态环境相同,而且所从事的与动物有关的生产经济活动从形式到内容也相同。这说明龙虬庄文化先民继承了贾湖文化先民的经验与传统。(3)从贾湖遗址与龙虬庄遗址发现的植物遗存来看,其原始稻作农业代表了淮河流域栽培粳型稻的两个不同的发展阶段。龙虬庄文化不仅继承了贾湖文化粳型稻作农业的传统,而且在江淮东部使这一传统得到了发扬光大。(4)从为获取食物来源所从事的生产经济活动的比较与分析中可见,龙虬庄文化与贾湖文化有着明显的一致性和延续性,手工业经济尤其是骨角器的加工制作和工艺上,也同样反映出两者之间有着某种内在的必然联系。(5)从反映文化传统主要内容之一的葬俗来看,贾湖文化中所有的埋葬习俗和埋葬中所出现的特殊现象,在龙虬庄文化的墓葬中均可见到,这表明文化习俗有着根深蒂固的传统性和一致性。至于贾湖文化墓葬的头向朝西,龙虬庄遗址的头向朝东,则反映出龙虬庄先民坐起来便可望见西方的望乡心态。(6)从原始文化遗存最重要的文化因素之一陶器来看,龙虬庄文化第一期与贾湖文化第三期还存在着一些差异,但从两者所发现的文化遗物均为偏少,贾湖文化陶器的折肩风格明显向弧肩风格转变,龙虬庄文化主要流行弧肩风格,尤其是贾湖文化陶器中的钵、三足钵、碗、双耳罐、三足罐等,在龙虬庄文化中仍存在并流行等可见,其中的演变规律与渊源关系仍然显而易见。因此根据上述分析,研究者普遍认为:在早于龙虬庄文化的诸多原始文化中,"惟一可以最大限度满足龙虬庄文化来源条件的是贾湖文化"。虽然"这并不能确认贾湖文化一定是龙虬庄文化的来源","其结论也具有较高程度的或然性",但从各种文化迹象分析,龙虬庄文化还是"可能来源于淮河上游的贾湖文化"。[1]

---

[1]　龙虬庄遗址考古队编著:《龙虬庄——江淮东部新石器时代遗址发掘报告》,第523页。

　　对于这种仍难确定的或然性判断,近些年来发现的属于新石器时代早期遗存的江苏泗洪"顺山集文化"和新石器时代中期的淮安"青莲岗文化",则为此提供了重要的参考依据。

　　顺山集遗址,位于江苏泗洪梅花镇大新庄西南约 400 米处的重岗山北缘坡地上,东南距泗洪县城约 15 千米,总面积 17.5 万平方米。1962 年,南京博物院尹焕章、张正祥等在对洪泽湖周边进行考古调查时发现并命名,但当时被归入"青莲岗文化"。及 2008 年,该遗址附近的大新庄村民在挖沙时,发现了大量碎陶片。此后,南京博物院考古研究所与泗洪县博物馆对遗址进行多次考察,并于 2010—2012 年进行了三个阶段的考古发掘。截至 2012 年年底,共发掘面积 2750 平方米,确认该遗址为距今约 8000 年的大型环壕聚落,同时清理新石器时代墓葬 92 座,房址 5 座,灰坑 26 座,灰沟 6 条,灶类遗迹 3 处,大面积红烧土堆积及狗坑各 1 处,出土陶器、石器、玉器、骨器近 400 件,以及碳化稻等。[1]2014—2016 年,中国国家博物馆和南京博物院、泗洪县博物馆合作,又对距顺山集遗址 4 千米的韩井遗址进行了三次勘探和发掘,丰富了顺山集文化的内涵,也为研究新石器时代长江中下游、黄河下游地区与淮河流域文化的交流与互动提供了丰富的材料。[2]

　　根据发掘报告和相关研究,顺山集文化可分为三期:第一期遗存绝对年代为距今 8500—8300 年;第二期遗存绝对年代为距今 8300—8000 年;第三期遗存绝对年代为距今 8000—7500 年,其与第二期遗存之间应有缺环。又据各期遗存梳理,研究者认为:顺山集遗址的第一、二期遗存无论在陶器组合、器形特征还是演化规律方面,均自成体系,具备前后传承的关系,且有别于目前已知的其他考古学文化,故一、二期的遗存可归入同一个文化,称之为"顺山集文化";遗址第三期遗存的文化内涵,则明显有别于一、二期遗存,应属于另一支考古学文化,鉴于其文化面貌尚不清晰,暂且称之为"顺山集第三

　　[1]　南京博物院考古研究所、泗洪县博物馆:《江苏泗洪县顺山集新石器时代遗址》,《考古》2013 年第 7 期。

　　[2]　中国国家博物馆、南京博物院、泗洪县博物馆:《江苏泗洪韩井遗址 2014 年发掘简报》《江苏泗洪韩井遗址 2015—2016 年发掘简报》,《东南文化》2018 年第 1 期。

期文化遗存"。[1]

　　顺山集文化属新石器时代早期。从地质构造上看，泗洪县境属于华北地台南缘，以从县境南部洪泽湖水域通过海（州）—泗（阳）断裂带为界，北部属华北台地，以南为扬子准台地。县境大部在华北台地南缘部分，仅洪泽湖水下部分属扬子准台地，经过漫长的地质活动，这里形成了多处隆起、凹陷及断裂。因此在明代洪泽湖湖区形成之前，这里距扬州地区并不遥远。但从研究结论来看，其遗址的第一、二期文化遗存，与周边区域时代相同的考古学文化有海岱地区的后李文化、黄河中游的裴李岗文化、淮河上游的贾湖文化及长江中游的彭头山文化存在某些方面的联系，但更多的是时代共性，其自身文化特征十分鲜明，自成体系。而顺山集第三期遗存，与分布于钱塘江流域的跨湖桥文化存在着诸多相同或相似的文化因素。顺山集第三期遗存虽然有少量顺山集文化特征，但主体文化因素尚未在本地找到源头。其最终又为何消亡抑或被谁所传承，也还都是待解之谜。[2]及至后来，有人提出新的见解，认为"从陶器种类与形态特征看，顺山集文化与大伊山类型存在着前后发展关系。就考古学文化面貌而言，新发现的顺山集文化同淮河中下游地区的双墩文化、龙虬庄一期遗存、北辛文化等区别较大，惟与淮河下游地区的大伊山类型（青莲岗文化）关系密切，且存在前后发展关系。大伊山类型又发展到胶东半岛，形成了白石村类型"[3]。这就是说，顺山集文化与"龙虬庄一期遗存"的关系不大。

　　但是，既然顺山集文化的一、二期与贾湖文化等存在着某些方面的联系，则源于贾湖文化的龙虬庄文化，也当与顺山集文化有着某些间接的关联，或说贾湖文化与顺山集文化曾经有过文化上的碰撞与交集。如从分布空间来看，顺山集遗址为北纬 32°58′—33°47′，贾湖文化大致在北纬 34°以南，龙虬庄遗址为北纬 32°50′，基本处于同一纬度。而龙虬庄文化中源于贾湖文

---

[1]　南京博物院、泗洪县博物馆编著：《顺山集——泗洪县新石器时代遗址考古发掘报告》，科学出版社 2016 年版，第 296、293 页。

[2]　南京博物院、泗洪县博物馆编著：《顺山集——泗洪县新石器时代遗址考古发掘报告》，第 299 页。

[3]　燕生东：《顺山集文化与大伊山类型》，《东南文化》2018 年第 1 期。

化的粳型稻作农业,也与顺山集文化有着一定的关系。首先,在距今9000—7000年稻作农业已正式进入了确立期,如长江下游的跨湖桥文化早期遗址、淮河流域贾湖文化遗址和顺山集文化遗址等炭化稻遗存,"大多已经是原始的驯化稻或是非野非粳非籼的原始驯化稻复合体",只是"与贾湖、跨湖桥等周边地区同时期遗址相比,顺山集遗址稻作农业的发展水平可能较低","大多水稻遗存依然保留着野生稻的原始性状"。顺山集遗址驯化稻遗存是淮河中下游地区迄今发现年代最早的驯化稻,填补了淮河中下游地区距今9000—7000年稻作遗存发现与研究的空白,"为质疑淮河流域的史前稻作农业自贾湖文化之后曾一度'南退'的观点提供了新的依据。结合蚌埠双墩、定远侯家寨、霍邱红墩寺、高邮龙虬庄、周邶墩、蒙城尉迟寺等遗址水稻遗存的发现与研究,说明从距今8500年前至龙山文化时代,淮河中下游地区一直都存在水稻栽培的行为,稻作文化具有较为完整的发展序列"。而据顺山集遗址地层中发现一类特殊的尖型植硅体,以及"通过现生东乡野生稻芒刚毛,栽培粳稻(安农晚粳)颖毛(颖壳刚毛)植硅体进行对比,我们发现在长度、尖部及基部形态特征等诸方面,顺山集遗址出土的这种尖型植硅体分别与水稻颖毛、芒刚毛植硅体十分地相像"[1]。因此,我们认为源于贾湖文化的龙虬庄文化粳型稻作农业,与顺山集文化早期的驯化型稻作遗存,理应有着间接关系。

此外,根据2018年淮安黄岗新发现的"青莲岗文化"遗址推测,顺山集第三期文化遗存的传承,也与"青莲岗文化"和"龙虬庄文化"有着较为密切的关系。如据专家分析,黄岗遗址出土的带圈足、带支座的陶器与北面山东地区的大汶口文化遗址、南面长三角地区的马家浜文化、崧泽文化一些遗存有明显的不同。"早期的陶釜跟同时期山东大汶口等釜型器具有很多共性,而后期釜型鼎则跟高邮龙虬庄文化遗址的陶釜更为相似"。另外,黄岗遗址出土的彩陶,图案多绘于陶器内壁,也与"同时期中原地区的仰韶文化彩陶和山东地区的大汶口文化彩陶有明显的不同",而与龙虬庄文化关系密切。至于原始稻作农业,有专家通过土壤浮选等考古学方法进行考察,认为"六千

---

[1] 南京博物院、泗洪县博物馆编著:《顺山集——泗洪县新石器时代遗址考古发掘报告》,第363—370页。

多年以前的黄岗先民已经过上了稻作农业为主的生活。他们种植大面积的水稻,同时还种植旱作的粟和黍";还有学者对黄岗遗址出土的一万多件动物骨头进行鉴别,"发现黄岗先民的肉食食谱非常丰富,既包括家猪、狗等,还有梅花鹿、麋鹿、獐子、牛、羊等各种野生哺乳动物。另外,出现在黄岗先民餐桌上的,还有龟、鳖等浅水爬行动物、蚌螺等水生软体动物,还有各种青鱼、草鱼、鲈鱼、鲢鱼等常见鱼类"。这种稻作农业为主兼备渔猎的生态环境与生活方式,与龙虬庄文化所反映出的客观情形也大同小异。因此考古专家在论证黄岗遗址与周边遗址的关系时,便得出了如下结论:"距今 7300 至 6200 年左右的黄岗一期遗存跟凤凰墩等遗址一起,形成了与周边蚌埠双墩一期遗址、濉溪石山孜二三期遗存、沭阳万北一期遗存、灌云大伊山早期遗存等较为相似却自身特征鲜明的考古学文化;距今 6200 到 5800 年的黄岗二期遗存,又同南面高邮龙虬庄文化关系极为密切。"更有专家明确表示:"青莲岗文化作为一支距今 7000 至 6000 年之间,主要分布于淮河下游地区的土著文化,它上承顺山集文化,下启龙虬庄文化,为我国史前文化中重要的一支,是淮河流域古代文明的源头之一,在中国东部地区古代文化版图中占据重要位置。"[1]虽然青莲岗文化的分布范围和发展变迁等都还值得深入研究,但顺山集文化与青莲岗文化、龙虬庄文化的发展脉络,已经逐渐清晰起来。

那么,龙虬庄文化在距今 5000 年前后顿然消失,并留下了此后上千年的文化空白区,其间又流向了哪里呢?

对于这个问题,还应从距今 5500 年前后的全新世高海面说起。因为江淮东部绝大多数遗址的文化层堆积和文化遗存,都反映出在龙虬庄文化进入繁荣发展的第二期后段,几乎全部地突然消失。这一突如其来的灭顶之灾,摧毁了江淮东部的原始文化,尽管尚有地处沙岗的青墩遗址和龙虬庄遗址的东部边缘,留下了少量的龙虬庄文化第三期遗存,但不久也消失不见,从而使江淮东部又成了文化的空白区。而在江淮东部汪洋一片的生态环境中,当时的人们固然不可能有计划有目的地进行迁徙,而只能是作鸟兽散。因此为了寻求龙虬庄文化去向的信息,我们就只能在龙虬庄文化的子遗中、在江淮东

---

[1]《从黄岗到青莲岗——六七千年前淮河史前文明的"复活"》,《淮海晚报》2019 年 12 月 22 日。

部以外的地区去寻觅踪迹。而根据目前的研究结果,江淮东部原始文化的去向则可能是分为两支:一支经江淮中部向淮河上游一带西归;一支沿海北上,最终辗转到达日本九州的北部。[1]

关于前者,考古工作者在江淮中部的安徽含山凌家滩遗址和淮河上游的亳州后铁营遗址中,都发现了一些龙虬庄文化的因素。凌家滩文化遗存的年代距今大约5300—5200年,其文化因素可以从该地所出土的高圈足陶壶、罐、杯等看出。后铁营文化遗存的年代,略晚于凌家滩文化遗存,器形特征上也反映出其晚于龙虬庄文化第二期的后段,如陶杯、碗、三足罐、三足钵等。从时间顺序上进行推测,则龙虬庄文化中可能有一支在全新世最高海面发生之后向淮河上游迁徙,其西归的路线大致是从江淮东部经江淮中部,最终到达淮河上游一带。[2]又如青墩遗址中出土的两件刻划八角星纹的陶纺轮,其"与东海岸文化传统的关系至为密切",且"这一文化传统的滥觞期至少可以追溯到公元前5000年左右",但在凌家滩遗址出土的玉版与玉鹰上,也同样有八角星纹的主体纹饰。[3]

至于后者,即沿海北上最终到达日本九州北部的一支,则可以从以下方面进行考察:

首先,从不同时段含有粳型稻作农业遗存的遗址分布规律来看。江淮东部的龙虬庄遗址和青墩遗址中都发现了炭化稻谷,而根据炭化稻谷的特征,均确定为偏粳性稻谷,这和浙江余姚河姆渡遗址出土的炭化稻籼稻显然不同。同时,研究者根据不同时段含有粳型稻作农业遗存的遗址分布,发现其传播的途径有着一定的规律:即在距今8000—7000年之间,有舞阳贾湖遗址;在距今7000—5000年之间,有高邮龙虬庄、海安青墩遗址;在距今5000—4000年之间,有赣榆盐仓城、日照尧王城、栖霞杨家圈遗址;距今4000—3000年之间,有韩国忠清南道的家瓦地、骊州欣岩里、扶余松菊里遗址;在距今3000前后,有日本壹岐的原辻、九州北部的福冈板付、唐津菜畑、本州南端的下关绫罗木遗址。而将这些遗址按时间顺序连接起来,便可清晰地勾勒出粳

---

[1]　龙虬庄遗址考古队编著:《龙虬庄——江淮东部新石器时代遗址发掘报告》,第363—370页。

[2]　龙虬庄遗址考古队编著:《龙虬庄——江淮东部新石器时代遗址发掘报告》,第523页。

[3]　陈声波:《八角星纹与东海岸文化传统》,《南京艺术学院学报》2008年第6期。

型稻作农业东传的轨迹,即:贾湖→龙虬庄、青墩→盐仓城→尧王城→杨家圈→家瓦地、欣岩里、松菊里→原辻→板付、菜畑→绫罗木。也就是说,其传播的途径,大致是从淮河上游至淮河下游,之后沿海北上至山东半岛,借助顺时针方向的黄海环形大海流,至朝鲜半岛南部的汉江下游,再经朝鲜海峡和对马海峡,以对马岛、壹岐岛为跳板,最终到达九州北部,并以此为原点,向九州南部及本州的近畿一带扩散。[1]

龙虬庄遗址考古队认为:日本的考古学文化,分为绳文、弥生、古坟等不同时代,而作为区分绳文文化与弥生文化的重要标志,便是弥生时代出现的稻作农业,伴随着农业而出现的陶器群——弥生式新土器以及带来农业生产技术的渡来人——弥生人。从日本发现最早的稻作农业遗存都集中在九州北部看,其时代可追溯至绳文时代晚期后半叶至末叶的山寺式时期和夜臼式时期,即从绳文晚期的后半叶开始,海外移民涌入日本列岛,从此日本进入了弥生时代。那么,龙虬庄文化的原始居民,是否在江淮东部受到海侵后,历经艰辛辗转跋涉而最终到达九州北部,成为弥生文化的重要来源之一呢?对此,考古学界将龙虬庄文化与早期弥生文化按照区分相对常量和变量的原则,进行了分类比较。

研究认为:九州北部位于北纬34°以南,其与江淮东部的纬度相同,生态环境也应相同或者相似,弥生文化早期遗址如板付、菜畑、绫罗木等发现的稻作遗存皆为粳型稻,与龙虬庄文化相同。弥生文化早期的墓葬,从集中埋葬于氏族公共墓地,以及头向皆向东、死者口部扣陶器、墓葬多为浅坑或不见明显葬坑等葬式葬俗看,与龙虬庄文化基本一致。在弥生文化中,所饲养的家畜为家猪和家犬,渔猎经济也很发达,其与龙虬庄文化也基本相同。在发达的骨角器制作上,像龙虬庄文化常见的镞、镖、凿、锥、凿形器、箸、柶、针、笄、獐牙饰等,甚至管状骨镞,在弥生文化中也均可见到。在弥生文化中最具特色的装饰品是贝轮和指轮,即用海贝磨制成的臂环和指环,这在龙虬庄遗址出土握在手上的骨环和戴在手指上的骨指环之前,无法了解其文化来源,但龙虬庄出土了这些器物后,便发现了两者之间的惊人相似之处,只是日本列岛少见大型动物麋鹿,无法取到直径较大的骨材,而改用易得的海

---

[1] 龙虬庄遗址考古队编著:《龙虬庄——江淮东部新石器时代遗址发掘报告》,第524页。

贝制作,而其形态与功能并未有改观。另外,弥生文化中常见的装饰品——勾玉,即勾形玉坠,也可能来源于龙虬庄文化。弥生文化与龙虬庄文化比较,差异较大的是陶器,但在弥生文化的陶器中,也不时可见龙虬庄文化的因素或文化孑遗,如泥质红陶涂朱的风格,陶器中的浅盘豆(高杯)、高圈足的壶、罐、束腰的器座(器台),以及将高圈足壶、罐分解为大喇叭形高器座之上置壶或罐等,还有葬品用的陶器如壶的下腹部凿一孔的风格,皆有可能来自龙虬庄文化。在石器上,两者文化也差异不大,如厚体石斧、石锛、半圆形石刀(石庖丁)等,均见于龙虬庄文化;然弥生文化的石器,不仅数量不多,而且制作工艺水平也不高,除石刀外,少见穿孔石器,似乎没有继承到先进的制作石器的工艺传统。

通过二者文化构成的分类比较,可见其间存在着较多的可以相互满足条件的共同属性,尤其突出地表现在生产经验和文化传统等方面。因此,经过中日学者的多年研究,已经基本达成共识,"即弥生文化来源于中国沿海的东部地区"。虽然弥生文化究竟来源于何地与何种途径,一直存在着不同意见,但归纳起来无外乎北线和南线说:北线说认为来源于山东半岛或辽东半岛,经朝鲜半岛到达九州北部;南线说认为来源于长江下游的太湖地区,渡海到达九州北部,或者来源于闽台地区,经琉球群岛到达九州。然无论哪种说法,其争论的焦点是都不能同时具备文化学背景和粳型稻作农业的生态学背景,而从太湖地区渡海还面临着无法克服的海流,即顺时针方向的黄海环形大海流的影响。而通过龙虬庄文化的确立和龙虬庄文化与弥生文化的比较研究后,则可看出作为弥生文化的来源,唯一具备文化学背景和生态学背景的只有龙虬庄文化;与东部沿海其他文化相比较,龙虬庄文化还具备文化迁徙的原因,即发生在距今5500年前后的全新世最高海面,成为其迁徙的动力和契机;而沿海分布的按时间顺序排列的含有粳型稻作遗存的点(遗址),也在隐约地指示出龙虬庄文化北上东传的途径。[1]

总之,根据分析可以看出,距今5500年前后的江淮东部在被海侵重创之后,龙虬庄文化的去向可能分为两支:一支经江淮中部向淮河上游一带西归;

---

[1]　龙虬庄遗址考古队编著:《龙虬庄——江淮东部新石器时代遗址发掘报告》,第526—528页。

一支沿海北上,最终辗转到达日本九州北部。虽然这个结论仍有较高程度的或然性,还需要更多深入的研究,但至今为止仍不失为一个颇具科学性和逻辑性的论断。而青莲岗文化的新发现和距今5500年前的突然消失,又是否可以为此推断提供更加有力的证据呢?

(四)南荡文化遗存——新石器时代晚期末端的移民文化

龙虬庄文化在经历了两千年的发展和辉煌后分崩离析,直至距今4000年前后的新石器时代晚期末端,才又出现了江淮东部的南荡文化遗存。那么,南荡遗存究竟是个什么文化? 对江淮东部又产生了什么影响呢?

的确,迄今为止,我们在江淮东部所发现的新石器时代晚期文化,只有南荡文化遗存。该遗存首先发现于高邮东部的兴化市戴家舍南荡遗址,后在高邮龙虬庄、周邶墩、唐王墩等遗址均发现了类似的遗存。这表明南荡遗存为代表的该类文化遗存,在江淮东部的分布不是孤立的,而是有一定的分布范围与规律性。

南荡遗址,位于兴化市林湖乡戴家舍村南约2.5千米处,西北距兴化城约10千米。其东临渭水河,北有梓辛河,西北望得胜湖,南有小横子、大横子、九里港等汊河,海拔高度0.4—0.6米,冬春季露出水面,夏秋季没于水下,为终年生长芦苇的湖荡沼泽。1992年,南京博物院、扬州博物馆、兴化博物馆在先后多次调查的基础上,对此进行了考古发掘,发现了灰坑、灰沟、房子等遗迹和陶器、石器、骨器等遗物。从陶器的面貌看,陶器以夹砂陶为主,泥质陶次之。夹砂和泥质陶中,又均以灰陶为多,次为灰褐陶、黑陶,红砂陶或红陶甚少。陶片多为素面,有纹饰的以拍印绳纹为多,可分为粗、中粗和细绳纹;另有少量的弦纹、篮纹、方格纹,还有极少量的梯格纹、网状纹、羽状纹、刻纹等。器型有鼎、甗、鬶、罐、瓮、盆、壶、豆、杯、钵、碗等。[1]南荡遗址面积约2万平方米,在其范围内浅薄的文化层呈小片零星分布,表明其延续时间不长,应为临时性遗址。

在龙虬庄遗址的东部所发现的南荡遗存的情况基本与南荡遗址相同,也呈一小片一小片的分布状态。其地层编号为3B层,主要分布在T3629、

---

[1]　南京博物院考古研究所、扬州博物馆、兴化博物馆:《江苏兴化戴家舍南荡遗址》,《文物》1995年第4期。

T4029、T4129 三个探方内。其所发现的南荡文化遗存中,主要是陶片,但仅数十片。可辨器型有鼎、盆、瓮、壶,皆为夹砂灰陶、泥质黑陶和泥质灰陶,而不见红陶。陶器纹饰主要为绳纹和篮纹。鼎为罐形,多饰绳纹,鼎足为侧三角形,有的足根部捏花边。盆为泥质黑陶,表面磨光,侈口,腹壁斜直。瓮为泥质灰陶,高领,饰篮纹。壶为泥质黑陶,直口微侈。除此之外,在探方 T4129 的东边即 T4229 范围的河边剖面上,还采集到一片泥质磨光黑陶盆口沿残片,表面乌黑发亮,胎亦呈黑色,烧成火候较高,陶片的内壁有 8 个刻划符号,纵向两行,每行 4 字,左行 4 个刻划符号类似甲骨文,右行 4 个类似动物图形。[1] 专家推测,这些刻划符号比甲骨文的出现早上千年。

此外,在高邮周邶墩、唐王墩等遗址中也发现了类似的文化遗存[2]。而姜堰单塘河遗址,因未经过正式发掘,其文化性质还有待于进一步确认[3],但从所发现的 200 余块陶片等推断,当在距今 4000 年左右,其年代与南荡遗存不相上下。

根据上述南荡文化遗存特征,专家们认为:其浅薄呈小片零星分布的文化层,表明其延续时间不长。而从文化性质来看,南荡文化遗存则为王油坊类型龙山文化从豫东一带沿淮河再沿古邗沟向宁镇地区迁徙过程中的文化遗留。因此,南荡文化遗存的年代,可定为距今 4000 年前后的龙山文化末至夏初。[4]

总之,通过陶器类型学比较,南荡遗存在里下河地区无渊源可寻,而与豫东王油坊类型龙山文化相似。这主要体现在,器类基本一致,同样缺少斝、鬲一类的陶器。常见陶器如罐形鼎、大袋足甗、直腹或弧腹盆、高柄浅盘豆、高领的瓮和罐、假圈足碗以及阔把杯、高流鬶、高流壶等。但两者也有一定区别,如在南荡文化遗存中,陶器纹饰以绳纹为主,而王油坊类型龙山文化以方格纹为主,而羽状纹、梯格纹等,则不见于王油坊类型龙山文化;王油坊类型龙

　[1]　龙虬庄遗址考古队编著:《龙虬庄——江淮东部新石器时代遗址发掘报告》,第 204 页。

　[2]　南京博物院考古研究所、扬州博物馆、高邮文管会:《江苏高邮周邶墩遗址发掘报告》,《考古学报》1997 年第 4 期。

　[3]　周煜、黄炳煜:《天目山、单塘河古遗址调查报告》,《东南文化》1986 年第 2 期。

　[4]　龙虬庄遗址考古队编著:《龙虬庄——江淮东部新石器时代遗址发掘报告》,第 204 页。

山文化中常见的大口深腹罐,在南荡文化遗存中基本不见;南荡文化遗存中也基本不见蚌器和角器;在居住遗迹方面,南荡发现有半地穴干栏式建筑,平面呈不规则椭圆形,而王油坊类型龙山文化的居住遗迹为方形或圆形,多为地面建筑,两者差异较大。但是总的说来,南荡遗存与王油坊类型龙山文化有着密切的关系,这在考古学界几乎已是共识。[1]

当然,前面我们说过,在龙虬庄文化的第二个空白区之后,江淮东部又成为一个"文化走廊"。在这个文化走廊中,除了豫东王油坊类型龙山文化沿淮河东进外,还有南方良渚文化的沿海北上,北方岳石文化(尹家城类型)沿泗水和邗沟南下。这在江淮东部的一些遗址中也有表现。如存在于青墩遗存、阜宁陆庄遗存中的良渚文化因素,以及花厅遗址大汶口文化中晚期的良渚文化因素,都可以清晰地看出一条良渚文化的北渐之路。[2]而存在于宁镇地区的点将台文化中的北方岳石文化尹家城类型遗存,则反映出岳石文化通过泗水、邗沟南下的路径。[3]不过,这些文化同王油坊类型龙山文化一样,它们在江淮东部也都找不到直接来源,因此不少学者称之为"移民文化"。宁镇地区的点将台文化,则与江淮东部有所不同。点将台文化大致包含三组遗存:甲组宁镇地区晚期新石器时代文化遗存、乙组王油坊类型龙山文化遗存、丙组岳石文化尹家城类型遗存。甲组遗存发源于本地,乙组与丙组则均属北来文化因素。[4]而南荡、龙虬庄、周邶墩遗址中的王油坊类型龙山文化,则是传播中的中间环节,并无江淮东部本地的文化因素。他如江南的江阴花山遗址[5]、上海松江地区的广富林遗址[6],都与王油坊类型龙山文化遗存相似,也

[1]　南京博物院考古研究所等:《江苏兴化戴家舍南荡遗址》,《文物》1995年第4期;张敏、韩明芳:《虞舜南巡与勾吴的发端》,《南京大学学报》1999年第3期;张敏:《南荡遗存的发现及其意义》,《中国社会科学院古代文明研究中心通讯》2002年第4期;高蒙河:《长江下游考古地理研究》,复旦大学出版社2005年版,第301页。

[2]　李晏墅、郭宁生主编:《泰州通史》上卷,凤凰出版社2014年版,第23、27页。

[3]　张敏、韩明芳:《江淮东部地区古文化的初步认识》,见中国考古学会编:《中国考古学会第九次年会论文集》,文物出版社1993年版,第108—124页。

[4]　张敏:《试论点将台文化》,《东南文化》1989年第3期。

[5]　江苏花山遗址联合考古队:《江阴花山夏商文化遗址》,《东南文化》2001年第9期。

[6]　上海博物馆考古研究部:《上海松江区广富林遗址1999—2000年发掘简报》,《考古》2002年第10期。

都是像南荡这样的类似于驿站性质的遗存,只不过江阴花山遗址同南荡等遗址一样,也是王油坊类型龙山文化向南传播中的一个驿站,而上海松江的广富林遗址,则可能是最后一站。

王油坊类型龙山文化,处于龙山文化的晚期阶段,其与良渚文化在时间上有过交错,但总体上晚于良渚文化。在王油坊类型龙山文化来到江淮东部之前,这个区域受良渚文化的影响较重。到了龙山文化晚期,北方的龙山文化又占据了上风。当王油坊类型龙山文化移居南荡,江淮东部便迎来了新一轮的文化适应期。但与良渚文化一样,南荡遗存也不具有持续性的根基,其浅薄文化层的小片零星分布,分明表现出形成过程中的不断挪移,延续时间不会很长,因此南荡遗存都只是临时性的居住遗址。而到这个时期,江淮东部的自身特色已基本无存,而尽显外域文化风格。当然这些移民文化,在离开了文化母区之后,也不可能百分之百地与母区文化保持一致,即原原本本地保持母区的文化风貌,因此,"如果一定硬要为江淮东部寻找本土特色的话,那么移民文化发生变异的那一部分或许能够算上"[1]。

至于属于太湖地区的松江广富林遗址,其大约同时期的母体文化是良渚文化,并且正值良渚文化的衰亡时期。而王油坊类型龙山文化来到这里,无疑属于外来的干扰性文化斑块。如果说同时期的江淮东部,在南荡、龙虬庄和周邶墩等一带,外来的王油坊类型龙山文化并未在当地遇到本土性的文化遗存,那么当这支外来文化来到环太湖地区时,则与当时本土的良渚文化应当有过直接的接触。因此在两者关系上,有的学者认为,同王油坊类型关系紧密的广富林遗存的文化侵入和来自南方的几何印纹陶为特征的文化一起,加速了已经处在衰败最后阶段的良渚文化的灭亡[2]。

关于南荡遗存与周边文化的关系,2016—2018 年在龙虬庄遗址新发现的良渚文化和广富林文化的诸多遗物,又为此提供了新的证据,其不仅为研究广富林文化的分布、广富林文化与龙山文化王油坊类型的关系提供了重要的实物资料,而且也反映出这些文化曾在江淮东部的传播与影响。[3]

---

[1] 李晏墅、郭宁生主编:《泰州通史》上卷,第 28 页。

[2] 宋健:《中国东部地区在文明化进程中的地位》,《东方考古》2004 年第 1 集,第 319—328 页。

[3] 参见《高邮龙虬庄国家考古遗址公园又有新发现》,《现代快报》2018 年 9 月 2 日。

总之,江淮东部的南荡遗存,其延续的时间不长,时间在距今 4000 年前后。而当又一次海侵来袭之时,江淮东部再次陷入了文化上的沉寂,而此时已进入了历史时期。

二、扬州及其周边地区的人类生活

以今扬州为中心的江淮东部,早在距今 7000 年前就已有了人类居住,直到距今 5000 年前后的两千年间,形成了江淮东部地区独特的考古学文化区,跨越了整个新石器时代中期。虽然该地区因受环太湖文化区和海岱文化区的文化影响,也呈现出各地的不同特点,但总体上说,在江淮东部诸多遗址活动的原始人类,有着共同的生产和生活方式,在文化遗物和遗迹上也表现出很强的同一性和相似性,故被称为"龙虬庄文化"。也正是在这个地区,扬州以及周边地区的先民们,用他们的集体智慧和辛勤劳动,创造了光辉灿烂的文化。及至新石器时代晚期,江淮东部因受海侵的重大影响,出现了长达千年的空白区,但在海退之后,这里又成为文化的"通道"和"走廊",出现了一派新的气象。因此,为了追寻古人类的活动轨迹,有必要就该地区古人类的经济活动、社会生活和社会形态等作尽量具体深入的探讨,以揭示该地区的发展脉络。

(一)经济活动

人类社会的经济活动,主要包括三个方面:一是为获取衣食来源所从事的生产经济;二是为生产和生活制作所需物品的手工业经济;三是区域内部及与外部互通有无的贸易经济。这里结合新石器时代人们所从事经济活动的一些特点,拟分为采集和渔猎、原始农业和畜牧业、原始手工业和商业等几个部分具体论述。

1.采集与渔猎经济

采集与渔猎,是最古老的获取食物的重要方式。早在人类出现之初,即曾依赖大自然的赐予,以植物的根茎、果实和捕获猎取的鸟、鱼、兽类为食。扬州及其周边地区,属于北亚热带季风气候,地势平坦,雨热同季,草木繁盛,森林草原广阔,河湖沼泽遍地,植被则属暖温带落叶阔叶向中亚热带常绿阔叶的过渡类型,自然资源十分丰富,故采集与渔猎在史前社会经济中一直占有相当比例。及新石器时代早期,种植业和畜牧业虽已出现,但仍不占主要地位。这从顺山集新石器时代早期遗址中发现的碳化稻、渔网坠以及鹿、猪等动物骨骸中得到了验证。到新石器时代中期,种植业和畜牧业等经济地位日益突出,但采集和渔猎经济仍然占着相当的比重,这在龙虬庄等遗址中都获得了实物证据。

在采集方面,主要是采集水生的淀粉类食物芡食和菱角。如据龙虬庄遗址T3830探方出土的芡食和菱角统计,芡食的含量在第8层占54%,第7层占27.9%,第6层占14.4%,第4层占3.7%;菱角的含量,在第8层占74.6%,第7层占13%,第6层占8.3%,第4层占4.1%。4个地层的平均值为25%。显然,第8层中的芡食和菱角的含量,均远远高于平均值,第7层芡食的含量略高于平均值,菱角则低于平均值,第6层、第4层的含量均低于平均值。而将芡食和菱角合并统计其综合含量的结果是:第8层占64.3%,第7层占20.45%,第6层占11.35%,第4层占3.9%。分别统计与综合统计完全一致,这表明在江淮东部原始文化中,在遗址的第一期即第8、第7层,采集经济在整个经济生活中占有一定的比例,而到第二期即遗址第6、第4层,所占比例急剧下降,尤其是第4层,所占比例仅为4%左右,已经微乎其微了。由此可见,采集经济在原始居民的经济生活中呈下降趋势,到第二期后段,更是呈急剧下降的趋势。[1]当然在采集经济中,除了水生的芡食和菱角外,还有野生的干果、水果、野菜等等。

捕捞经济从分类的结果看,当时捕获的主要是鱼、鳖、龟、蚌、蚬等,这与江淮东部水域面积较大有着密切关系。捕捞工具发现有骨镖,彩陶器上大量出现的斜方格网纹暗示着也可能出现了渔网。而通过对龙虬庄遗址探方T3830的统计,鱼、龟、鳖的骨甲数量高达15000余块,其中第8层占29.69%,第7层占22.24%,第6层占23.87%,第4层占24.2%。4个地层的平均值应为25%。这个结果表明,除第8层高于平均值外,其余3层均略低于平均值,基本呈平稳发展态势。[2]

狩猎经济从分类结果看,其猎物90%以上为麋鹿,此与江淮东部多浅水沼泽、适宜麋鹿生活有关,其次为梅花鹿,偶有小鹿、獐、猪獾等。狩猎工具

---

[1] 龙虬庄遗址考古队编著:《龙虬庄——江淮东部新石器时代遗址发掘报告》,第513页。
[2] 龙虬庄遗址考古队编著:《龙虬庄——江淮东部新石器时代遗址发掘报告》,第513页。

主要为骨镞,角叉也可能为狩猎之用。而通过对龙虬庄遗址 T3629、T3729、T3829、T3929、T4029、T4129 等 6 个探方的动物骨骼统计,第 8 层占 21.81%,第 7 层占 18.92%,第 6 层占 20.56%,第 5 层占 17.67%,第 4 层占 21.04%。5 个地层的平均值为 20%。这个结果表明,每一层均在 2% 的范围内小幅度地上下波动,其狩猎经济也呈平稳发展的态势。[1]

龙虬庄遗址位于高邮里下河平原,其属龙虬庄文化的诸多遗址,生态环境大抵相同。虽然各地形成沙滩、陆地的时间有所不同,也会受到海侵、海退等各种自然因素的影响,但这里气候四季分明,雨量充沛,河谷草地,灌木丛生,又有芦苇丛生的河湖沼泽,可谓陆地、河谷、湖泽、湿地为一体的自然景观,其间生长着各种水生、野生植物和鱼类、鹿类等诸多动物,显然是适宜人类采集和渔猎的良好地区。但随着原始农业和畜牧业的不断发展,也可以看到,采集经济所占比重急剧下降,渐次退居次要地位,而渔猎经济则因捕获工具和方法的不断改进,仍保持着平稳发展的势头。

2. 原始农业与畜牧业

在漫长的采集和渔猎经济时代,男子主要从事渔猎活动,而妇女则是采集活动的主要劳动者。她们在长期的劳动过程中,发现了植物中可以食用的部分,又逐渐了解到可食植物的生长习性,于是开始用石刀、石斧等生产工具披荆斩棘,放火烧荒,开辟出一块块适宜栽种的土地,年复一年地播种收获,使那些野生植物不断地得以改良,从而发明了原始农业,而农业的出现又导致了人类定居生活的巩固和发展。

在古代历史传说中,有神农氏尝百草发明农业的诸多说教,但从考古发现来看,却比神农氏时代要早得多。如在泗洪顺山集新石器时代早期遗址中,即发现了驯化水稻的遗迹,说明早在距今 8000 多年前这里已经有了原始农业。而在此地发现的"中华第一灶"、环壕居住的史前聚落以及把稻壳磨去的磨盘、磨球和煮饭的陶釜等,则反映出他们已经过上了定居的生活。[2]

到新石器时代中期,淮河南北和长江中下游地区,都发现了栽培稻的遗

［1］龙虬庄遗址考古队编著:《龙虬庄——江淮东部新石器时代遗址发掘报告》,第 513 页。

［2］南京博物院、泗洪县博物馆编著:《顺山集——泗洪县新石器时代遗址考古发掘报告》,第 382—383 页。

存,稻作逐渐得到普及。这从高邮龙虬庄遗址中,足见采集经济所占比重的急剧下降和原始稻作农业的上升趋势。如据龙虬庄遗址探方 T3830 出土炭化稻粒的统计,第 8 层占 2.5%,第 7 层占 25.1%,第 6 层占 35.2%,第 4 层占 37.2%,4 个地层的平均值为 25%。结果表明:第 8 层的含量远远低于平均值,第 7 层等于平均值,第 6 层、第 4 层均高于平均值,呈明显上升趋势。而据探方 T1526 地层中 1 克土壤所含水稻植物蛋白石数量的统计,结果表明:第 8 层占 2.82%,第 7 层占 9.31%,第 6 层占 14.75%,第 5 层占 22.66%,第 4 层占 50.46%,5 个地层的平均值为 20%。这表明从第 8 层至第 6 层均低于平均值,呈逐渐上升并接近平均值的趋势,第 5 层、第 4 层均高于平均值,并呈急剧上升的趋势。[1]

在原始农业中,最初的耕作方式是刀耕火种,即用石刀、石斧等工具砍伐灌木杂草,放火焚烧,然后用尖木棒等耕作点播。这种方式十分粗放,没有田间管理,还要年年更换地方,产量不高。后来发展到锄耕农业,即在已经开垦过的土地上用石锄、石铲、骨角锄等松土除草,播种谷物。这样不仅延长了土地种植作物年限,而且提高了作物产量。如南京北阴阳营遗址出土的 3 件长方形带孔石锄,江苏吴县草鞋山马家浜文化遗址出土的用于翻土种植的骨、角、木器,都说明人们已掌握了锄耕技术。在龙虬庄遗址出土的石斧、石锄、石刀和角斧、角镐等农具,虽因江淮东部平原无山,石器多来自宁镇地区,但高度发达的骨角器制作成为该地区史前文化的重要特征,同样反映出已经进入了锄耕阶段。而龙虬庄遗址第 4 层出现的复合型工具角镐,则从一个侧面反映出工具的改进可以达到提高效率的结果。在同时期遗址中发现的石杵、陶杵和石磨盘、石磨棒等,则反映出粮食加工技术的进步。及至距今 5000 年前后,太湖流域的锄耕农业逐步过渡到犁耕农业,一些崧泽文化遗址出土了单刃和双刃的石犁头,其平面略呈等腰三角形,并安置在木犁床上。到了良渚文化时期,已经普遍使用石犁,且器型变大,两侧有刃,中间穿孔。[2]

家畜饲养业,也是进入新石器时代的重要特征。在新石器时代早期,人类的生产经济是以采集和渔猎经济结合为主。在狩猎过程中,人们将捕获的

---

[1] 龙虬庄遗址考古队编著:《龙虬庄——江淮东部新石器时代遗址发掘报告》,第 515 页。

[2] 参见王健主编:《江苏通史·先秦卷》,第 112 页。

一些野生动物幼仔或暂时多余的动物圈养起来,进行人工饲养,逐渐改变其生理特征和生活习性,使其成为性情较为温顺的家畜,这就自然而然地出现了家畜饲养业。

家畜的种类,主要有猪、狗、牛、羊、鸡等。猪、羊和鸡皆由野生驯化而来,是主要的肉食对象。黄牛和水牛,也各有自己野生的祖先,一开始也是肉食对象。狗是介于狼和现代狗之间的狗,经过驯化成为家犬。这在江淮东部及周边地区的史前遗址中多有发现。在泗洪顺山集新石器时代早期文化遗址中,发现的猪和鹿骨最多,还有猪、狗等具有原始色彩的艺术品,但猪和狗是否驯化后的猪、狗尚不清楚。而在新石器时代中期的龙虬庄遗址中,则发现了不少家猪的骨骼,数量仅次于麋鹿。根据龙虬庄遗址发现家猪的最小个体统计,第 8 层占 13.6%,第 7 层占 22.1%,第 6 层占 28.8%,第 5 层占 18.6%,第 4 层占 16.9%,5 个地层的平均值应为 20%。统计结果表明:第 7 层、第 6 层高于平均值,其他 3 个地层低于平均值,反映出家猪饲养量呈上升后逐渐下降的趋势,总的来看其波动的幅度不大,基本上呈平稳发展态势。[1]家犬骨架在龙虬庄遗址中数量颇多,但无一例被切割或敲砸,人们除用它殉葬外,还用于建房奠基,即生前与死后都喜欢与狗相伴。[2]在海安青墩遗址中发现的猪牙床、狗头骨和牙床、水牛角残段等,也说明当时的家畜饲养已较普遍。[3]及新石器时代晚期,人们往往以饲养家猪的多少作为财富的象征,故在遗址的随葬品中,也多以猪下颌骨作为标志。

3. 原始手工业

江淮东部的史前手工业经济,主要是石器、陶器、玉器、骨角器等物品的制作和加工,其中包括生产工具、生活用品和各类装饰品等。手工业的不断发展,不仅提高了生产效率,使物质财富日渐丰富,同时也提高了人们的审美趣味,大大丰富了精神生活。

(1)石器。石器在旧石器时代,基本都是打制而成,进入新石器时代以后,开始转变为磨制石器。磨制石器在扬州地区及周边遗址中都有发现。制作方

---

[1]　龙虬庄遗址考古队编著:《龙虬庄——江淮东部新石器时代遗址发掘报告》,第 513 页。
[2]　龙虬庄遗址考古队编著:《龙虬庄——江淮东部新石器时代遗址发掘报告》,第 492 页。
[3]　南京博物院:《江苏海安青墩遗址》,《考古学报》1983 年第 2 期。

法是先对选取的石料进行打制,然后用水和砂在砂石上进行磨制。这样制作的石器,器形规整,刃口锋利,使用时间较长。在新石器时代早期,这种石器还大都是局部磨制,后来发展到通体磨光,有的为了使用轻便,还在石器上部或中间位置穿上孔眼。到新石器时代晚期,器型变小,刃部锋利,磨制日益精致。

根据不同用途和形制,石器可分为石刀、石斧、石铲、石锄、石锛、石凿、石镞、石磨盘等多种。石刀、石斧是砍伐工具,石锄、石铲是耕作工具。石锛或大或小,大者用来砍伐,小者用来加工竹木器和骨器。有些特殊形制的石器,还有某种特殊意义。如南京北阴阳营一座墓葬中出土的两件七孔石刀,制作十分精致,平面呈条长方形,刀背齐平,刃部稍宽,作外凸弧形。器身偏上方有一排距离几乎相等的 7 个圆孔,均用管穿法两面钻成,看不出使用痕迹。有些遗址出土的制作精良、通体抛光且有纹饰和无使用痕迹的石钺,一般被看作是代表权力和地位的礼器。[1]

不过,由于江淮东部无山,该地区的石器全部为输入品,并且是成品输入。其中大部分来自宁镇地区,少量来自太湖地区。这种使用而不加工制造的石器,成为江淮东部重要的文化特征之一。或许正是这个原因,龙虬庄遗址出土的石器数量极少,多为残件,且主要为斧、锛、镞等生产工具;在随葬品中,石器的种类有斧、锛、刀、锄、纺轮及球、砺石等。[2]

(2)陶器。陶器的发明是新石器时代人类的一个重要贡献。人们懂得用火之后,又发现黏土经过焚烧可变硬的性能,于是用黏土捏成各种器物,制作成陶器。陶器在制作时,要先用竹、藤等作为内模,然后在上面涂抹黏泥,再用火烧。后来发现不用内模也可成器,于是采用泥条盘筑的方法制作。早期制作的陶器,一般陶胎较厚,薄厚不均,器形不太规整,质地粗疏,火候较低,吸水性较强,器型多为平底器和圜底器。慢轮修整技术出现后,其形制规整,胎壁厚度也较均匀,三足器和圈足器开始出现且成主流。至新石器时代晚期,人们普遍采用轮制技术,制出的陶器规整、浑圆,胎壁细薄,造型也更加艺术化。江淮东部的史前文化也基本符合此发展过程。

制陶主要由妇女担任,所制陶器也多与日常生活相关,大抵可分为炊器、

---

[1]　参见王健主编:《江苏通史·先秦卷》,第 121 页。

[2]　龙虬庄遗址考古队编著:《龙虬庄——江淮东部新石器时代遗址发掘报告》,第 179、307 页。

盛器和贮水器。炊器主要有灶、鼎、釜等，制作时大都在黏土中加入砂粒、石灰粒、碎陶末等，目的是为提高陶器的耐热急变性能，避免烧烤时发生破裂，故称为夹砂陶。盛器主要有豆、盘、钵、杯等，贮器有各类壶、罐、缸等。盛器和贮器一般用纯黏土制成，称为泥质陶。在新石器时代早期的顺山集文化遗址中，不仅出土了陶釜、陶罐等，还发现了中国最早的陶灶，灶高24厘米，圆角方形，一面中间留门，被称为"中华第一灶"。

在江淮东部出土的陶器中，主要以夹动物骨屑和蚌屑为主，真正夹砂的极少，与顺山集遗址基本为夹砂陶和泥质陶不同，这与江淮东部无砂源有关。如龙虬庄文化第一期前段发现的高邮唐王墩遗址，所采集的陶片"夹骨屑量较大"[1]，已显示出这个特征。

在龙虬庄遗址出土的陶器中，炊器以釜为主，鼎相对较少，而在众多釜中，又以双耳罐形釜和盆形釜为大宗。炊器之外，贮水器较多，且据不同用途有了明确分类，如贮水、烧水、饮水的不同用途都在陶器上得以反映。其中带双流、三流、四流的壶，在周边原始文化中十分罕见，这与江淮东部多水的自然环境密切相关。高圈足器也较多见，如壶、豆、罐、匜、杯等圈足一般都上部较细，下部较大，曲线自上而下自然舒展，且常镂空、刻划等多种几何形装饰。圈足不仅抬高了器身，起到稳定器身的作用，且有一定的美观效果。值得关注的是，龙虬庄大多数陶器的流、錾、把手、圈足、三足的安装方式，都有利于右手的使用。这种右利手的现象表明从史前时代开始，人们更习惯于使用右手。在陶器装饰纹样方面，夹砂陶器上常见用手指压出的捺窝、花纹和在口沿处捏出的花边。泥质陶器上则使用专门的工具间接装饰，如镂孔、镂刻、刻划和小贴塑等，外壁涂红衣也是泥制陶常见的装饰手法。彩陶则流行内彩，多施于钵和钵形匜的内壁，最常见的是斜方格网纹，变体人面鱼纹则显然受到了仰韶文化的影响。而这一时期海岱地区流行外彩，江淮中部则内、外彩并存，太湖地区流行先烧后绘的彩绘，宁镇地区出现的少量内彩陶器则可能来源于江淮东部。此外，江淮东部的陶塑也颇具地方特色，如神态各异、栩栩如生的猪形壶以及陶罐上的田螺堆塑等。[2]总之，江淮东部陶

---

[1]　龙虬庄遗址考古队编著：《龙虬庄——江淮东部新石器时代遗址发掘报告》，第489页。

[2]　龙虬庄遗址考古队编著：《龙虬庄——江淮东部新石器时代遗址发掘报告》，第496—497页。

器夹砂者少、多水器、高圈足器、利手性等都是其重要特征,彰显出与周边地区的不同特色。

此外,江淮东部的周边地区,同时期出土的随葬品陶釜、陶鼎底部,多有经过火烧留下的烟炱,说明随葬陶器多半是人们生前使用过的。而龙虬庄遗址出土的居住地陶器与墓葬中出土的陶器似乎不是一个体系,即居住地主要出土有陶釜和陶钵、陶碗,墓葬地主要出土陶鼎和陶豆,一些猪形罐、二流壶、三流壶、三足盘等造型奇特的器物也仅见于墓葬。这种现象表明当时人们对随葬器物似乎已有专门的安排。[1]

（3）玉器。早在旧石器时代晚期,玉器即以温润秀美的特性博得人们的青睐。进入新石器时代以后,全国各地都出土了许多制作精美的玉器。在顺山集新石器时代早期遗址中出土的一枚残破玉管表明,当时已经使用管钻技术加工玉石,这种技术在新石器时代中期得到了广泛应用。如青墩遗址出土的玉器有玉环、玉镯、玉璜、玉坠、玉珠等,其中玉环数量较多,分为扁平圆形和条圆形,中间都有圆孔。玉镯有圆环形,剖面是扁圆形或圆角三角形。玉璜为扁平拱桥形,两端有小穿孔。玉坠有圆柱体、方柱体、长梭形、椭圆形、扁平三角形等多种形制。[2]在宁镇、太湖、徐淮地区出土的玉璜、玉玦、玉管、玉坠饰等,也都使用了管钻技术。同时,玉器种类日益增多,体形普遍增大,磨制更加精致。而从玉器材料来看,多是透闪石、阳起石系列的软玉,也有玉髓、玛瑙、石英、蛇纹石、绿松石等。到新石器时代晚期,良渚文化大放异彩,玉器的数量、种类不断增加,形制更加复杂,出现了琮、瑗、璧、钺、冠状器、锥形器、人像组饰、兽面纹饰等等,形体上出现了粗壮厚重、方形块状的制品。在琢磨雕刻技术上,也运用了阴刻、浮雕、透雕、圆雕、减地、镂空等多种技法,纹饰日趋繁复。

但因江淮东部无山,玉器也同石器一样,全部为邻近地区输入的成品。其中大部分来自宁镇地区,少量源于太湖地区。如在龙虬庄遗址中发现的玉器,即与石器类似,数量极少且多为残件。在文化层发现的生活用品中,玉器主要为玉镯、玉坠、玉饰等装饰品;在随葬品中,玉器的种类则有管、环、璜、

---

[1]　参见王健主编:《江苏通史·先秦卷》,第115页。
[2]　南京博物院:《江苏海安青墩遗址》,《考古学报》1983年第2期。

坠、玦、指环等。[1]其中多使用了管钻技术。

在新石器时代中期前，玉器多以饰件为主，即使作为随葬品，在数量上也差距不大。到了晚期，玉器除了装饰功能外，赋予其中的观念性、神秘性和礼仪性的内容，得到了无限制的深化和扩展，社会属性不断强化，且日益走向集中和垄断。于是视玉为通灵神物的核心地位得以确立，无不把璧、琮、钺等主要玉器看作社会地位、礼仪征伐、宗教祭祀和等级财富等的象征。1977 年在扬州蜀冈尾闾发现新石器时代后期氏族公共墓葬 60 余处，其中就有玉璧、玉琮及石斧、石锛等，说明早在 4000 年前先民们即在这里生产生活，有了玉石琢磨的活动。

（4）骨、角、竹、木器。除了石器、陶器和玉器外，人们还普遍将骨、角、竹、木等材料制作成生产生活用品。江淮东部多水无山，林莽茂密，玉石器制作原料匮乏，故在器物上多以骨、角、竹、木为之，以替代某些玉石器。

从顺山集新石器时代早期遗址中出土的纺轮和纺锤等可知，至少在距今 8300 年前，人们已开始纺线和编织。建房用的木桩、木桩间编织的树枝和芦苇，也是就地取材。尤其是遗址中的鹿角器，通体被打磨得像玉石一样光滑，有的鹿角还被改造成鹤嘴锄类的工具。到了新石器时代中期，江淮东部的骨角器等制品种类更多，如龙虬庄遗址出土的生产工具斧、镐、镞、镖、叉、锥、凿，餐具刀、勺、箸、栖，纺织缝纫工具纺轮、梭、针，装饰用的笄、坠、管、环、指环等，多是用当地资源麋鹿骨角制作而成，几乎包罗了生产生活的各个方面。而在制作方法上，则不仅使用了切割、磨割、钻孔、打磨、刻划等工艺，还使用了剜空技术，可见当时骨角器的加工技术已相当成熟。尤其是可以重复换装尖刃的复合型生产工具——角镐，不仅制作精良，而且巧妙地利用了作用力与反作用力，代表了江淮东部制作和使用骨角器的最高水平。[2]在海安青墩遗址出土的骨角器中，骨镞数量最多，还有鱼镖、锥、凿、匕首、耒、耜、勾型器、鹿角器、纺轮等，多用鹿角或兽骨制成。耒、耜都是翻土工具。一些小型装饰品如小骨坠等，也用骨角料来制作。用猪獠牙加工制成的新月形饰品，最大弧长 22 厘米，大多剖为薄片或磨光，个别在根部钻小

---

[1]　龙虬庄遗址考古队编著：《龙虬庄——江淮东部新石器时代遗址发掘报告》，第 179、307 页。
[2]　龙虬庄遗址考古队编著：《龙虬庄——江淮东部新石器时代遗址发掘报告》，第 497 页。

圆孔,尤其受到人们的喜爱。[1]而同一时期的海岱地区、江淮中部、太湖地区和宁镇地区,无论是骨角器的种类数量,还是骨角器的制作工艺,都远远落后于江淮东部的水平。高度发达的骨角器,形成了江淮东部原始文化的又一个显著特征。

此外,青墩遗址中出土的漆木器,说明当时人们已经知道用天然漆作为涂料生产原始漆器。而青莲岗遗址中发现的编成"人"字形图案的芦席,常州圩墩马家浜文化遗址出土划船用的木桨,也大体反映出竹木器的多用状况。[2]

4. 交换与掠夺

在新石器时代,江淮东部及周边地区的原始农业和手工业都得到了迅速发展,但因人们所处地理环境的差异,在生产资料、生活资料和生活方式上则不尽相同。而这种天然的差别,必然使各地在相互交流的过程中出现相互交换的现象。这种交换在最初时,可能只在邻近聚落,是小规模或个人性质的交换。而随着时间的推移,剩余产品不断增加,人们眼界不断开阔,交换的区域便逐渐扩大,于是地区性的物物交换或者贸易便自然而然地出现了。这从江淮东部及周边地区的诸多遗址中可以明见。

早在泗洪顺山集新石器时代早期遗址中,已经出现了规模颇大的环壕聚落,但似未发现交换的迹象。而从江淮东部新石器时代中期出土的玉石器来看,因该地区平旷无山,其玉石器便只能以交换、贸易的形式获得。具体说来,在龙虬庄遗址的第一至第二期,玉石器主要来源于宁镇地区。从第二期后段至第三期,宁镇地区逐渐被太湖地区所取代,江淮地区的玉石器绝大多数来源于太湖地区。再从宁镇地区来看,在北阴阳营文化中,可以见到为数颇多的江淮地区的文化遗物,如三足罐、高圈足罐、碗、杯等陶器,表明两地的交流可能是双向的;而太湖地区则不见江淮地区的文化因素,在江淮地区则常见太湖地区的器物,如陶鼎、豆、盆、壶、杯、罐等,表明两者之间的交流可能是单向的。[3]而海安青墩遗址地处长江北岸,所受宁镇和太湖地区的影响更大。

---

[1] 南京博物院:《江苏海安青墩遗址》,《考古学报》1983年第2期。

[2] 参见王健主编:《江苏通史·先秦卷》,第117页。

[3] 张敏:《从青莲岗文化的命名谈淮河流域和长江流域原始文化的互相关系》,《郑州大学学报》2005年第2期。

如青墩早期遗存中发现的罐形鼎、钵形豆等,均能在南京北阴阳营文化中找到同类器,中期墓葬中的圈足豆、瓦棱纹罐、折肩折腹罐和筒形杯等,均能在太湖流域的崧泽文化中找到相似的器型。而晚期发现的贯耳壶、圈足豆、有段石锛以及各种玉器等,均和良渚文化的同类器相当。[1]显然,这些都与当时的交换贸易相关。至于南京北阴阳营墓地灰坑中出土的典型大汶口文化的陶鬶和陶尊,以及陶尊上所刻大汶口文化图画文字,则说明当时徐海地区的物品通过交换、贸易或其他方式,已经能够进入到长江以南地区了。[2]当然,有关贸易的方式、途径、价值原则、等价关系等一系列有关原始贸易的问题,据现有资料还无从考证,但手工业经济和贸易经济同是构成江淮东部原始文化经济生活的重要成分,则是毋庸置疑的。

然而,在各个地区平等交换、贸易的过程中,也会有武力掠夺的因素。尤其是新石器时代晚期,由于生产力的显著提高,社会内部出现了明显的贫富分化,一部分富人逐渐掌握了一定的权势,他们在日益贪图享乐的气氛中,不再局限于对自身部落内部的剥夺,而是觊觎周边文化较为发达的部落,于是族群、部落之间的矛盾与征服,便难以避免地发生了。

在太湖地区,大约从崧泽文化中期,即已出现了向西、向北扩张的迹象,不仅江淮东部出现了大量的太湖文化因素,在淮河以北的下徐庄遗址中也可见到崧泽文化的遗物;至良渚文化早期,宁镇地区和江淮东部在其冲击下,均出现了文化断层的现象,良渚文化势力甚至到达了淮河以北,徐海地区的新沂花厅遗址有可能是良渚文化与大汶口文化发生文化碰撞的典型遗址。[3]有人认为,花厅遗址的情况正是两个部族发生碰撞与征服的证明。说这支良渚文化先民的武装力量曾北上远征,打败了原来住在花厅地区的大汶口文化居民并实行了占领,而作战中自己一方阵亡的战士不可能运回太湖地区的老家,故实行区别于原地居民葬于氏族公共墓地的异地安葬,还特地给他们随葬了最能反映本族特色的玉器和陶器等物品,并将一些原来属于大汶口文化

---

[1] 南京博物院:《江苏海安青墩遗址》,《考古学报》1983年第2期。

[2] 参见王健主编:《江苏通史·先秦卷》,第118页。

[3] 张敏:《从青莲岗文化的命名谈淮河流域和长江流域原始文化的互相关系》,《郑州大学学报》2005年第2期。

先民的物品即战利品同时埋葬。而那些无力反抗又无法逃脱的大汶口文化的妇女、儿童被俘虏之后,被用作殉葬的牺牲。[1]因此在南北文化与龙虬庄文化的频繁交往中,出现掠夺现象也就不足为奇了。

至于新石器时代晚期末端,即距今 4000 年前后,河南王油坊类型龙山文化沿淮河东下,并一路向南至上海松江广富林一带,则可以推测"大概在良渚文化开始衰弱的末期,曾有一支来自中原地区以龙山文化王油坊类型为代表的人群来到了广富林,征服或取代了原有的居民,同时改变了其地原来的文化面貌"[2]。而江淮东部这个长达千年的空白区,也自然而然地成为占领之地了。而当部落与部落间的战争日益扩大,形成为若干部落联盟,部落联盟间的战争进一步扩大,则距离国家的早期形成即阶级社会的到来,就为期不远了。

(二)社会生活

社会生活包括衣、食、住、行与婚姻、丧葬等各个方面,江淮东部大量的新石器时代考古资料,为我们揭示史前人类社会生活的基本状况提供了重要条件。

1.服饰。在旧石器时代,人们为了遮风避雨,防晒御寒,还只能用杂草、树皮和动物皮毛等作为衣物遮蔽身体。到了新石器时代,随着纺织和养蚕技术的出现和发展,人们开始穿上了用各种植物或蚕丝编织的衣物。这在江淮东部以及周边地区的考古发现中,都得到了有力佐证。尤其是近年来在顺山集新石器时代早期遗址中出土的陶纺轮和陶纺锤,更将人们的传统认知提前了千余年。

及新石器时代中、晚期,纺织和缝纫工具日渐增多。如龙虬庄遗址出土的纺织工具就有纺轮、梭、针等陶、石或骨角器,在青墩遗址中出土的陶或骨角制作的纺轮等。而在位于宁绍平原、距今 7000 年的河姆渡文化遗址中出土的蚕桑纹和织具等遗迹、遗物,则给我们提供了认识江南史前蚕桑和纺织的线索。如出土的两件象牙盖帽形器,一件刻有斜向编织纹,编织纹上刻一周蚕形图案。另一件也刻有近蚕形纹饰。这些蚕形个体皆作弓背曲体向前

---

[1] 严文明:《碰撞与征服——花厅墓地埋葬情况的思考》,《史前考古论集》,科学出版社 1998 年版。

[2] 王健主编:《江苏通史·先秦卷》,第 119 页。

蠕动状,与驯化状态的家蚕性状迥然不同,是野生蚕种的写照。[1]此外,在此遗址中还出土了大量与纺织相关的工具,包括陶(石、木)纺轮、木质纬刀、磨光或刻纹骨机刀、骨制梭形器、木卷布棍以及骨针。其中纺轮是纺线工具纺专的主体构件,纬刀、机刀、梭形器和卷布棍,则分别是打纬、引纬和卷布的工具。而在江苏吴县草鞋山马家浜文化的最下层,则出土了3小块碳化织物残片,属于纬线起花的罗纹织物,花纹有山形和菱形斜纹,织物原料可能为野生葛。可见当时人们已经懂得提花,在织物表面通过特殊的经纬交织方法显现花纹,而不同于普通的平纹粗麻布,显示了相当进步的织造工艺技术。[2]到了良渚文化时期,不仅纺织技术有了大的进步,而且彻底完成了家蚕驯化。在吴江梅堰良渚文化遗址出土的一件黑陶器上,清晰地刻划着两个蚕纹图案,运动形态十分平稳,没有明显的弓背曲体,与河姆渡的蚕纹相比,有着明显区别,从外形上看更像家蚕。[3]而随着南北文化的交流融合,这些技术都必然与江淮东部相互影响。如青墩遗址出土陶纺轮上的八角形刻画纹,根据研究就是织机上用来"卷经线的横轴的两端,是用来控制横木运转的一种结构"[4]。

衣装服饰有两种功能,一是用来保护身体,二是注意审美趣味。人类早期的衣着主要表现在前者,而随着生产力的发展,则日益注重审美趣味。早在旧石器时代早期的山顶洞人墓葬中,即已发现了穿孔的小石珠等物品,可知那时人们已经注意到了审美情趣。至新石器时代,各种各样的装饰品日益增多。如龙虬庄遗址中发现装饰用的对象就有笄、坠、管、环、指环,青墩遗址中发现的玉环、玉镯、玉坠、玉珠和小骨坠等,都是精美的装饰品。而从江淮东部周边地区来看,用玉石、玛瑙、骨、角、贝壳、兽牙以及水晶、雨花石等制作的装饰品,也种类繁多,异彩纷呈。

2.饮食。江淮东部地势平坦,水网密布,雨量充沛,灌木丛生,食物来源

[1] 刘兴林:《江南地区纺织研究——以公元前五世纪到公元三世纪为中心》,南京大学2006年博士论文,第16页。

[2] 南京博物院:《江苏吴县草鞋山遗址》,《文物资料丛刊》第3辑,文物出版社1980年版。

[3] 魏东:《略论中国养蚕业起源于长江三角洲》,《中国农史》1983年第1期。

[4] 王其银、李春涛:《青墩考古》,苏州大学出版社2010年版,第27页。

相当丰富,可以分为植物和动物两大类别。其获取方式,大致包括了捕捞、采集、狩猎、家畜饲养和稻作农业等几个方面。

从龙虬庄遗址中所采集的自然遗物可见,当时人们的食物结构有两大类,一是含淀粉的植物类食物,一是含脂肪和蛋白质的动物类食物。从食物来源看,一类是直接从自然中获取,另一类则来源于对动植物的驯养和驯化。虽然龙虬庄遗址各种生产物品的统计,仅反映了江淮东部原始文化从第一期至第二期的发展概况,但也可大致看出其发展趋势。从各种动物类食物来看,其时虽出现了家畜饲养,如陆生动物猪、狗、麋鹿等,甚至还有水生动物鱼、龟、鳖、蚌、蚬、螺等坑养,但从量上来看,似乎这些仅起着调剂和补充的作用,而并未取代捕鱼和狩猎;而植物类食物则不同,当农业经济尚不发达时,采集经济即占有相当大的比重,当农业经济迅速发展时,采集经济所占比重则急剧下降,农业经济的发展呈取代采集经济的趋势。也就是说,在江淮东部原始稻作农业急剧发展的时候,捕捞经济和狩猎经济仍然在平稳地发展,稻作农业的高速发展虽有取代采集经济的趋势,但对渔猎经济并未产生明显影响。这样一种发展趋势,说明了如下问题:一是在江淮东部,人们的食物结构在不断地发生变化,即淀粉类食物水稻的增长和脂肪蛋白质食物鱼、肉的增加,更加有利于人们的身心健康。二是生产物品的变化,反映了当时的自然生态环境和人们利用自然的结果,生产物品数量的变化,从一个侧面反映出人们改造自然的行为能力和行为过程。这是江淮东部原始居民与自然环境结合的产物,也是原始文化发展进化的过程。

同时,我们还应看到,采集经济的总体地位虽然下降,但因人们对大自然的不断认识和对植物的观察分辨,不少新的采集品种如酸梅、榆果、芦笋、竹笋、桑椹、葫芦、核桃、梅子、甜瓜、灰菜等蔬菜瓜果,也不断地增加。这自然而然地丰富了人们的物质生活。而有如动物家犬的饲养,此时尚未成为美食,而是人们从事生产和生活的忠实助手。

先民的饮食方法,也在不断发生变化。在饮方面,新石器时代的江淮东部,贮水、烧水、饮水的器物种类繁多,多水器成为该地区原始文化的一个特征。在饮器中还有酒器,如青墩遗址出土的红陶鬶、二流鸭形壶与灰陶高足杯,都被证实是当时的酒器,说明至少在距今5000年前江淮东部已经开始酿造米酒,同时通过龙虬庄文化源的贾湖文化所发现残留酒渍的酿造、盛酒的陶器具证明,早在距今 7000 年前,这里已有"人类酒鼻祖"的古酒配方。[1]而龙虬庄遗址出土的陶杯、陶钵等,其中也有酒器之类。至于食品的烹饪方法,主要是利用陶釜等器具进行烧烤、煮、蒸,其中烧烤出现时间最早,旧石器时代已经采用。及新石器时代,烧烤方式逐渐减少,煮、蒸则在原始农耕开始后发展起来,其中又以煮食为主。在泗洪顺山集新石器时代早期遗址中出土的"中华第一灶",表明人类已进入了饮食文化中的一个转折点,而龙虬庄文化遗址中出土的骨箸,则是中国饮食文化中使用筷子的最早实证。

此外,在今江淮东部,还应该使用了调味品海盐。根据文献记载,首创海水煮盐者是神农氏时的夙沙氏。《世本·作篇》:"宿沙作煮盐。"《说文解字·盐部》:"古者夙沙初作煮海盐。"虽然史前有无此人(或氏族)、居于何地等难以考证,但把他看作海盐业的"盐宗",把夙沙煮盐视为中国海盐的开端,当是合乎事实的。江淮东部靠近大海,煮食海盐不无可能。

3. 居住。在旧石器时代,人们巢居穴处,还以天然洞穴或树木作为住所。进入新石器时代后,随着农业的不断发展,人们开始建造房屋,并过上了相对定居的生活。但因全国各地地理、气候、资源等条件的差异,房屋营建也呈现出多姿多彩的特色。其中有代表性的,就是多水地区所建的干栏式建筑和北方平原常见的木骨泥墙。干栏式建筑即将下层支柱架空,居住于上层。木骨泥墙建筑则多为单层,先用木骨扎结枝条,然后涂泥,屋顶则以木柱支撑。干栏式建筑主要流行于江南地区,最早在浙江余姚河姆渡 7000 多年前的新石器时代遗址中发现。遗址中清理出来的木构件,主要有木桩、地板、柱、梁、枋等,有些构件上带有榫头和卯口,说明当时已采用了先进的榫卯技术。[2]而高邮龙虬庄和海安青墩遗址等发现的干栏式建筑,也同样体现出这种风格。

在江淮东部,首先发现干栏式建筑的是海安青墩遗址。在遗址下层的 9 个探方中,都发现了不少保存尚好的建筑木构件和柱洞遗迹。其中建筑木构件有木桩、圆木条和木板等。在第 15 号探方中,就发现木桩和圆木条 32 根。

---

[1]　参见王其银、李春涛:《青墩考古》,第 33—40 页。

[2]　浙江省文物管理委员会、浙江省博物馆:《河姆渡遗址第一期发掘报告》,《考古学报》1978年第 1 期。

木桩下部多数从四面砍削成圆锥形,少数从一面砍成陡直的斜面。这些木桩一般都插入最下层的青沙土内,最浅 8 厘米,最深 55 厘米。圆木条和木板也是当时人们加工过的建筑构件,有些圆木条端部还有砍凿出来的榫卯。[1]从木桩、圆木条的形状、排列分布范围等情况看,应是干栏式建筑形式。竖立的木桩可能是房屋的下部木架结构部分,圆木条与木板则可能是屋顶、墙壁和地板的残余。

而从整个江淮东部的居住房屋看,是既有干栏式建筑,又有地面建筑,前者数量多于后者。这种两类建筑并存的现象,现在该地区某些低洼临水的村庄仍可见到,村庄中部较高的地方为地面建筑,边缘临水者为干栏式建筑,两类建筑的共同特点都与水相关。干栏式建筑多建在浅水沼泽或高地临水的边缘,通过调节干栏高度可始终保持与水面的距离,既可防水又便于取水。地面建筑虽然建在高地之上,但地下水位高的特点在建筑方面也有反映,如铺蚌壳面,既可隔离潮湿地面,又可防滑易于行走。而把土抹的墙体用火烧烤,在同一居住面上多次移位建筑,也与地下水位较高、木柱容易腐烂相关。

从龙虬庄遗址情况来看,居住区发掘面积较小,对聚落布局与居住遗迹间的关系,尚无一个全面认识,但从建筑过程和方式上,仍能看出如下特征:(1)在建造住房时,要用狗来奠基,即先挖掘浅坑埋入整条的狗,然后开始建房。(2)房屋形状为方形或长方形,有单开间,也有多开间的。(3)住房墙体下部为硬土墙,上部用植物茎秆纵向编排再抹上草拌的泥,然后烧烤成烧土墙。(4)立柱方式有两种,一是将木柱直接打入土中;一是先挖坑,坑底垫上碎陶片或烧土块,然后立柱夯实。(5)居住面的处理,一是铺垫细粉砂,一是铺垫碎蚌壳。在地面上还往往留有近似圆形的烧土面。(6)因地下水位高泥土潮湿,土下木桩极易腐烂,故在同一居住面上有过多次移位建房。[2]此外在房屋周围,人们还时常挖掘大小不等的水坑,作为养鱼、蚌、螺的水塘。值得注意的是,在龙虬庄遗址新发现的崧泽文化时期的疑似广场遗存,有大面积铺垫陶片、兽骨、蚌壳和烧土的遗迹,可能为当时用来集会或祭祀的公共活动区,这为研究龙虬庄遗址的聚落布局、功能分区、古代社会生活提供了重要的

---

[1]　南京博物院:《江苏海安青墩遗址》,《考古学报》1983 年第 2 期。
[2]　龙虬庄遗址考古队编著:《龙虬庄——江淮东部新石器时代遗址发掘报告》,第 126 页。

依据。[1]

4. 婚姻与丧葬

婚姻与丧葬，是人生中的两件大事，与家庭、寿诞等也都有着密切关系。

从婚姻形态来看，在旧石器时代中期，人们已经开始排斥了同胞兄弟和姐妹间的杂交状态，接着又逐步排除了由近及远的旁系亲属的婚姻关系，最终形成为同一家族的一群兄弟与另一家族的一群姐妹实行群婚，即"族外婚"。到旧石器时代晚期，原来较为松散的群体发展为较为稳定的氏族公社，遂进入了母系氏族公社时期。及至进入新石器时代，母系氏族公社进入了发展和繁荣期，族外婚也发展为对偶婚的婚姻形态。对偶婚是族外群婚向一夫一妻制的过渡形态，系指一个男子在一群妻子中有一个比较固定的"主妻"，一个女子在许多丈夫中有一个比较固定的"主夫"。这种婚姻关系，一方面有了明确配偶，一方面又不稳固，难以形成独立的经济单位。而随着生产力的发展，男子在农业、手工业等主要生产部门逐渐居于主导地位，妇女则主要从事纺织等家务劳动，于是母系氏族制度逐渐瓦解，世系开始以父系计算，财产按照父系继承，对偶婚逐渐过渡到一夫一妻制，母系氏族公社过渡为父系氏族公社。而这个转变，就发生在距今 5000 年前后的新石器时代中、晚期之际。

根据恩格斯在《家庭、私有制和国家的起源》中的描述，史前人类的共同体，主要可分为氏族、胞族、部落三种血缘亲属关系的集团。几个氏族组成一个胞族，几个胞族组成一个部落。但是随着婚姻形态的发展变化，个人在氏族、胞族中的地位也呈现出分化的趋势。在母系氏族公社阶段，妇女的劳动占着主要地位，男子从事的渔猎活动则占次要地位，即妇女地位高于男子。而到了父系氏族公社，妇女的家务劳动同男子谋取生活资料的劳动比较起来，已经失掉了意义，妇女的劳动是无足轻重的附属品，于是男子的地位日益提高。这在新石器时代的墓葬制度上可以清晰地反映出来。从墓葬中的随葬品来看，男性墓中普遍随葬生产工具，而女性墓中随葬纺轮。而在夫妻合葬墓中，男子往往仰身直肢，妇女则是侧身屈肢。孩子的葬制也有不同，其在母权制盛行之时，孩子死后大多埋在居住区附近，和成人葬地有所不同。而

---

[1]　江苏广电融媒体新闻中心（news.jstv.com）记者杨帅等：《高邮龙虬庄遗址又添新发现　发现崧泽文化时期疑似广场遗存》，2018 年 9 月 6 日。

进入父权制后,小孩大都同成人葬在一起,单身葬者随葬品也比较优厚,这说明他们是作为父权制的继承人而葬入公共墓地的。

此外,从史前墓葬情形来看,男性明显多于女性。如高邮龙虬庄墓葬中发现的 497 具骨架,可以确定性别的有 413 人,其中男性 247 人,女性 166 人,男女之间性别比例接近 1.48：1。海安青墩墓地统计的人口样本共 106 人,可以鉴定性别的 86 人,其中男性 59 人,女性 27 人,男女性比例高达 2.2：1。他如周边地区的邳县大墩子新石器遗址,男女性比例为 1.51：1；常州金坛三星村墓地可识性别比例为 1.63：1。[1]这说明在家庭性别比例中,也同样会反映出男性高于女性的现象。至于造成这种异常状况的原因,还是有待研究的问题。

在新石器时代,由于生活水平低下和缺乏最起码的卫生条件,先民们的寿命大都不长。如高邮龙虬庄墓葬中死亡年龄小于 18 岁者占 9.8%,大于 45 岁者占 2.5%,18 至 45 岁者占 88%,平均寿命为 27.2 岁。[2]常州金坛三星村墓葬的死亡比例,未成年人占 17.1%,16 至 35 岁的青壮年占 40.5%,35 至 55 岁的中年人占 18.2%,55 岁以上的老年人占 2.2%,平均预期寿命为 26.26 岁。[3]两处墓地的平均寿命,与国内一般史前墓葬人口的平均寿命大体相当。

参考前述性别可见,史前社会的女性在青春期的死亡率应高于男性,这与女性孕产期内得不到起码的医疗保障不无关系。而从龙虬庄和三星村墓地可见,女性老年人数均多于男性,则说明女性在躲过了生育带来的生命威胁后,其寿命比男性要长,这可能与男性所从事的更为艰巨的劳动有关。[4]

史前人类在漫长的进化过程中,最初死后与动物无异,并无灵魂、丧葬观念。正如《周易·系辞下》说:"古之葬者,厚衣之以薪,葬之中野,不封不树。"及生产力发展到一定阶段,人类思维能力提高,社会组织结构有了一定的规范后,开始出现了丧葬习俗。旧石器时代晚期的山顶洞人,即把死者葬埋在

---

[1]　王健主编:《江苏通史·先秦卷》,第 128 页。

[2]　夏寒:《江苏高邮龙虬庄史前墓葬人口状况分析》,《江汉考古》2006 年第 2 期。

[3]　张君、王根富:《江苏金坛三星村新石器时代墓葬中的人口统计与研究》,《文物》2004 年第 2 期。

[4]　夏寒:《江苏高邮龙虬庄史前墓葬人口状况分析》,《江汉考古》2006 年第 2 期。

居住洞穴之内,并在尸骨周围撒上赤铁矿粉末,反映出灵魂的观念已经产生。及新石器时代,全国各地的墓葬葬俗虽有差异,如在人数上有单人葬和多人合葬,在次数上有一次葬和二次葬,在葬式上有仰身直肢、侧身屈肢、俯身和蹲踞等,但大都葬入公共墓地,并有高度一致的墓向。

丧葬行为的产生,大抵基于两个渊源:一是对亲情的怀念和关爱。二是灵魂观念的产生,即认为人死后仍会像活人那样生活,只是生活在另一个世界而已。而灵魂观念产生以后,便循着两条路线的演变发展:一是灵魂与灵魂不灭观念自身的逻辑发展。即灵魂可以离开人体活动,且死后可能具有更大的力量,给人类带来无法控制的灾难或福祉。因此对于过往的死者,亲人必须继续予以关爱,照顾到慎终追远的伦理情感,以表达对逝者的不了之情,并冀望死者以其超凡的力量带给生者福祉和平安。二是灵魂与灵魂不灭观念对象化的过程。在人类的早期阶段,鉴于对自然界认识能力的低下,人们对许多自然现象如日蚀、地震、水旱、瘟疫等怪异现象,不能作出科学合理的解释,唯一能做到的就是用"自身类比"的方法去认识这些自然灾害,于是认为自然物与人类一样,都有各自的灵魂存在。而正是这种"对象化"的结果,衍生出万物有灵的观念,产生了对许多动物、植物的自然崇拜。

然而逝者虽有灵魂,毕竟生活在另一个世界,于是在新石器时代,先民们大都将自己的亲人埋葬在氏族划定的公共区域,即公共墓地。这样,不仅可以把死者整合到先前死去的祖先集团中,而且还可以加强生者即整个社会集团的集体意识,增强集团内部的凝聚力。从江淮东部及周边地区的墓葬可见,这些同葬于公共墓地的氏族成员,不仅要葬在氏族墓地,而且连墓葬的朝向也基本是同一方位。如龙虬庄、青墩和青莲岗遗址墓葬,头向绝大多数朝向东方。而南京北阴阳营、常州三星村遗址墓葬,绝大多数朝向东北,崧泽文化、良渚文化的墓葬大都向东或东北方,大汶口早期墓葬主要朝向北方,中期主要朝向东方。

在江淮东部的新石器时代,其葬式与周边地区也大同小异,绝大多数为土坑墓,尤以长方形竖穴土坑墓居多。单人墓土坑大小略与人体接近,长约2米,宽约0.6米。合葬墓土坑相对大些,小孩墓土坑则小一些。大部分没有发现葬具。但因灵魂不灭和视死如生的观念存在,墓葬中大都有随葬品随葬,包括生产工具、生活用品和装饰品。而随葬品一般是1—4件,也有多达30余件和一无所有的状况。这说明在氏族内部已出现了贫富分化,且体现出了生死类同的身份变化。而从随葬物品来看,江淮东部墓葬的随葬品,也有自身的一些特点。如龙虬庄遗址出土的陶器和墓葬中出土的陶器就似乎是两套体系,前者主要是陶器釜、钵和碗,后者主要是陶器鼎、豆,以及猪形罐、二流壶、三流壶、三足盘等造型奇特的器物。这种现象似乎表明人们对随葬器物已经有了专门的安排,即随葬的陶器与生活中的陶器在组合器类上有明显差异,与长江下游的崧泽文化等有所不同。特别是龙虬庄墓葬中发现的不少小陶器如鼎、钵、盆、壶、豆等,多按比例仿实用器,当是专门用作随葬品的冥器。而模型冥器的出现,说明人们的灵魂观念有了进步,即认识到现实世界与灵魂世界的同形异质。[1]此外在随葬品中,还有一种特殊现象,即在死者头顶上扣红陶钵,而面部则扣上红陶碗或红陶豆,并在碗或豆的底部凿一小孔。随葬品中的钵、杯、豆底部也往往要凿一小孔。还有少数墓葬,随葬猪的下颌骨和狗头,个别墓葬还用狗殉葬,[2]反映出当时人们的宗教信仰和财富积累的普遍心理。

(三)社会形态

对原始文化的社会形态,一般多从聚落布局、埋葬习俗和社会经济等几个方面进行研究。聚落布局可以反映原始聚落内部的社会关系,埋葬制度可以从另一个侧面反映社会结构的状况,社会经济则是社会形态发展的基础。

从史前聚落布局来看,早在泗洪顺山集文化新石器时代早期遗址中,即大体上反映出来。该遗址环壕周长近1000米,壕内遗址面积7.5万平方米,是淮河下游同时期面积最大的环壕聚落遗址。在第一期遗存中,聚落布局松散而无规律,居民居住分散,也没有发现墓地及生产区。第二期遗存,最大的变化是修建了体量庞大的环壕,将整个聚落整合为一个有机整体,此后人们大多生活在环壕内侧,而随着环壕的逐步废弃,聚落范围也外扩至环壕外,并在环壕西北外侧修建了墓地。人们主要沿环壕而居,并将环壕视作倾倒生活垃圾的场所,而中部区域应是生活或生产区,呈现出一定的功能分区。第三

[1] 王健主编:《江苏通史·先秦卷》,第133—134页。

[2] 龙虬庄遗址考古队编著:《龙虬庄——江淮东部新石器时代遗址发掘报告》,第39页。

期遗存,环壕局部区段基本被填实,聚落布局因不受环壕限制而显松散,聚落内存在不止一处墓地,聚落布局因受数千年的风化和水土流失等,情况更显模糊。[1]但总的说来,人们已过上了定居的生活。而这样的聚落和相关设施,在当时淮河流域"是领先的,是一个中心聚落,这个聚落地位非常崇高,生产力非常发达,创造的文化也是非常灿烂"。[2]

顺山集文化反映出新石器时代早期人类的生活状态。虽然它与新石器时代中期的龙虬庄文化并无多少直接关系,但也反映出原始聚落的布局和聚落内部的社会关系。而在江淮东部的原始文化遗址中,虽然也发现过居住遗迹,但无论是龙虬庄遗址还是青墩遗址等,都只是发现和清理了原始聚落的局部,而以局部发现来讨论原始聚落的内部结构,显然有以偏概全之嫌。不过,在江淮东部原始文化中发现的墓葬却比较多,如龙虬庄墓地清理的墓葬有402座,青墩墓地清理了98座,吉家墩遗址也发现和清理了一批墓葬。而据此进行分析研究,专家们对其社会形态曾作了一个大致推测。[3]

在江淮东部原始文化中,第一期的墓葬至今尚未发现,属于第二期的有龙虬庄墓地的402座墓葬和青墩墓地的69座墓葬,属第三期的有青墩墓地的29座墓葬。关于墓葬的共同特征,简要概括如下:

第一,聚落内部的氏族成员,都集中埋葬于氏族公共墓地,按一定的规律排列,并且头向一致,除极个别的头向朝南或朝西外,绝大多数头向朝东。这说明氏族是一个有机的整体,共同的经济生活必然导致共同的住宅和共同的生活方式,公共墓地应为共居制在葬俗上的反映,即每个氏族成员无论生前或死后,都要受到聚落内部氏族制度的制约和共同宗教信仰的制约。

第二,墓葬中多为单人一次葬,第二期与第三期都以单人一次葬为主,合葬与二次葬的数量极少。这表明成员与成员之间的纽带是氏族,而不是家庭,氏族成员之间的亲属关系显然是以母系血缘维系的。

---

[1]　参见南京博物院、泗洪县博物馆编著:《顺山集——泗洪县新石器时代遗址考古发掘报告》,第296—297页。

[2]　《泗洪发现8000年前古村落　专家称这里是"江苏文明之根"》,《扬子晚报》2012年11月19日A6—7版。

[3]　龙虬庄遗址考古队编著:《龙虬庄——江淮东部新石器时代遗址发掘报告》,第516—517页。

第三,从随葬品来看,这些墓葬大多都在10件以内,也有一些无随葬器物或随葬器物在10件以上。这种现象在男性和女性墓葬中均有反映,并未出现明显的性别差异;在生产工具中,骨镞、石斧大多为男性的随葬品,而纺轮大多为女性的随葬品,表明其氏族内部已出现男女性别之间的社会分工;从随葬器物种类上看,有生产工具、生活用品和装饰品之分,但从个人财产的角度看,没有明显的男女差别和等级差别,即不见占有众多的和重要的生产资料的现象,这与母系氏族公社出现的男女性别之间的社会分工和生产资料属氏族所有、财产由氏族继承等氏族原则是一致的。从第二期到第三期的墓葬,在贫富分化和等级差异上均未见明显的表现。

第四,在江淮东部原始文化墓地中,还发现少量合葬墓,主要在第二期的后段。其大致可分为两类:一类均为一次葬,有两人、三人、四人合葬等;一类为一次葬与二次葬的合葬,其中一人或两人为一次葬,一人至数人为二次葬。但从葬式和随葬器物看,没有明显的主从之分及性别的差异,也不见明显的贫富差别。至于合葬墓是否暗示着在氏族内部,还有更小的以血缘为纽带的亲属单元,作出兄弟、姊妹、兄妹或夫妻类的结论,这在对人骨进行DNA分析之前,还遽难定论。

此外,在近年来龙虬庄遗址核心区域发现的崧泽文化时期的疑似广场,为研究龙虬庄遗址的聚落布局、功能分区和古代社会生活提供了重要依据。从中可见,在龙虬庄遗址的中心位置,有大面积铺垫陶片、兽骨、蚌壳和烧土的遗迹,据此推断,这里作为聚落内部氏族成员集会和祭祀的公共场所,当是完全可能的。崧泽文化时期,大体相当于龙虬庄文化的第二期。

关于社会经济方面,考古工作者以"目前在考古学研究中似乎还缺乏易于把握的揳入点和行之有效的方法"[1]而未论及,但据前述"经济活动"中谈到的情况,由于社会生产力的不断发展,人们已经开始过上了稳定的定居生活,人与人之间、社会群体之间的交往也逐渐地增多并日渐复杂化,根据年龄和性别的分工也开始常规化,从而为社会形态的发展奠定了基础。

社会形态是一个极为复杂的问题,至少还应包括家庭、社会组织、宗教组

---

[1] 龙虬庄遗址考古队编著:《龙虬庄——江淮东部新石器时代遗址发掘报告》,第516页。

织、社会分层等一系列社会因素,但因考古学文化遗存所反映社会形态的局限性,我们只能作如下推测,即江淮东部原始文化的第二期大约处于母系氏族社会的繁荣阶段;第三期大约处于母系氏族社会的衰落阶段,并开始缓慢地向父系氏族社会过渡。这与同时期黄河中下游和长江中下游地区的诸原始文化大致处于同一水平,即社会形态的发展与演进基本上是同步的。[1]及进入新石器时代晚期,江淮东部因大规模的海侵,出现了上千年的文化空白区,直到新石器时代晚期末端即距今 4000 年前后,才出现了南荡遗存即河南王油坊类型龙山文化的"移民文化",江淮东部复为南北文化的"通道"或"走廊"。然而此时初期文明已经出现,氏族制度逐渐解体,代替父系氏族社会的更高阶段——国家形态的基础已产生了。

本章对今扬州地区的史前文化作了较为具体的描述和探讨。在旧石器时代之前,活动在今扬州周边地区的古人类遗迹,最早可追溯到江南溧阳的"中华曙猿"和江淮地区的"江淮古猿"与江淮宽齿猿。"中华曙猿"的考古发现,揭示了距今约 4500 万年亚洲东南部古猿类的生存状况,为高级灵长类起源于亚洲而非非洲的可能性提供了一定的科学依据。"江淮古猿"与江淮宽齿猿的发现,则改变了我国东部低山和淤积平原无迹可寻的说法,说明在距今约1500 万—1300 万年,江淮低海拔地区也有古猿类的生存。及至距今 300 万年前后,猿人以及最原始的社会组织开始形成,从此就有了人类的历史。

在旧石器时代,扬州周边发现的古人类遗迹,主要有"南京人"与句容放牛山遗址,有泗洪"下草湾人",还有连云港桃花涧遗址、东海马陵山大贤庄遗址、宁镇句容庙家山细石器遗址等。这些遗址虽与扬州地区并无多少直接关系,但也反映出江淮东部周边的状况和扬州地区存在古人类的可能性。尤其是泗洪"下草湾人"与"江淮宽齿猿"可能存在的承继关系,与扬州西部仪征至洪泽湖湖区的扬子准台地的地质构造,使我们产生了诸多联想。而从这些地区古人类的生活状况来看,虽然受到自然环境和人类发展自身等制约,在各个方面都还处于极其落后的低级阶段,但从采集与渔猎经济、工具制造、

---

[1]　参见龙虬庄遗址考古队编著:《龙虬庄——江淮东部新石器时代遗址发掘报告》,第 517 页。

社会生活等方面看,仍反映出时代的发展进步。

及至新石器时代中期,江淮东部海退之后,今扬州地区已经有了人类居住,并逐渐形成了面积广阔的龙虬庄文化,其中包括高邮龙虬庄、海安青墩等诸多遗址。而在江苏泗洪发现的顺山集新石器时代早期文化遗址,则为我们研究江淮东部该时期的史前状况提供了颇具意义的参考价值。同时,淮河中下游可能稍早于龙虬庄文化的青莲岗文化,也与龙虬庄文化有着较为密切的关系。

龙虬庄文化距今 7000—5000 年,跨越了整个新石器时代中期,是一个相对独立的考古学文化区。在龙虬庄文化的第一至第二期,虽然先后出现了宁镇地区和太湖地区的原始文化因素,并呈现出此消彼长的趋势,但并未改变江淮东部原始文化的传统和特征。至第三期,则含有较多晚期崧泽文化和早期良渚文化的因素,还有大汶口文化的影响。但总体来看,整个龙虬庄文化均具较浓郁的地方特色。

而从周边文化关系上看,龙虬庄文化处于南北文化的过渡地带,是南北文化交往的"走廊"和"通道"。及新石器时代晚期末端即距今 4000 年前后,江淮东部在因海侵而沉寂了千年之后,又出现了南荡遗存,南荡遗存即属鲁豫皖区的王油坊类型龙山文化,即外来的"移民文化",则与新石器时代中期的龙虬庄文化没有关系,但江淮东部作为文化走廊地带的特点依然鲜明。

关于龙虬庄文化的源流,其与淮河上游的河南舞阳贾湖文化有着较为密切的关系,而贾湖文化与顺山集文化可能有过某些交集。及距今约 5500—5000 年的海侵发生,江淮东部的龙虬庄人被迫沿着两条路线向外迁徙:一支经江淮中部向淮河上游一带回归;一支沿海北上最终到达日本九州的北部。及至距今 4000 年前后,"移民文化"即王油坊类型龙山文化到达此地,江淮东部尽显外域风格,而此时已进入了国家时期。

至于新发现的青莲岗文化黄岗遗址等,其与龙虬庄文化的年代跨度有所不同,早期遗址与顺山集文化关系密切,后期则与龙虬庄文化关系密切,但青莲岗文化与龙虬庄文化又都有着各自的特色。这个方面,还需要进行深入研究。

在新石器时代中期,江淮东部的人类生活反映出时代发展的进步,这从采集与渔猎经济、原始农业和畜牧业、原始手工业和商业等方面可以看出,同时也反映出人们丰富多彩的社会生活。而从社会形态来看,也发生了重大变化。在龙虬庄文化的第二期,大约处于母系氏族社会的繁荣阶段;第三期则处于母系氏族社会的衰落阶段,并开始缓慢地向父系氏族社会过渡。这与同时期黄河中下游和长江中下游地区的原始文化大致处于同一水平,即社会形态的发展与演进基本上是同步的。但及新石器时代晚期,当全国各地逐步步入父系氏族社会之时,江淮东部却因海侵留下了千年之久的空白,使该地区出现了父系氏族社会的缺环,而当王油坊类型龙山文化"移民"于此,氏族社会逐渐解体,该地区便自然而然地跨进了文明时代的门槛。

第二章　夏商西周时期的扬州地区

　　夏商西周时期,是我国奴隶制国家的建立和发展时期。夏王朝的建立者禹,是活动在今河南一带夏族的著名首领。禹死之后,其子启巩固了王权,王位世袭制得到确立,从此开始了"家天下"的政治局面,标志着我国历史正式进入了文明时代。夏朝从禹至桀,传十四代,十七王,约自公元前1992年至公元前1523年,统治了470年。夏朝后期,活动在今河南东部孟诸泽畔的商部族逐渐强大,灭夏后建立商朝。商朝自汤至纣,传十七代,三十一王,约自公元前1522年至公元前1028年,统治了495年。商朝末年,居于西部地区的周人崛起,灭商朝建周。周朝从公元前1027年武王克商开始,至公元前771年幽王被杀,历十二王,前后257年。[1]周幽王死后,其子平王即位,于公元前770年迁都洛邑,史称东周,迁都洛邑前的周朝称为西周,这里只涉及西周王朝。

　　前文已及,早在新石器时代,扬州及其周边地区的发展,出现了从早期到中期的完整序列,及新石器时代晚期,无论黄淮地区还是太湖地区都初现了文明的曙光,而江淮东部却因海侵等气候影响,成为长达千年的空白区域。及至距今4000年前后,以太湖流域为中心的良渚文化,在早期国家文明的门槛前突然消失,江淮东部才出现了短暂的南荡遗存即"移民文化"。此时江淮以及南北的周边地区,都还没有早期国家性质的政治实体出现,以至夏商西周时期,其文明的演进也主要是受中原早期国家和东夷文化的影响。尤其是以中原地区为核心的统一王朝,不断向周边地区发展,使东南地区成为势

---

　　[1]　据《夏商周断代工程1996—2000年阶段成果报告(简本)》(世界图书出版公司2000年版),夏朝始于公元前2070年,商朝始于公元前1600年,西周始于公元前1046年。此据张富祥《"走出疑古"的困惑——从"夏商周断代工程"的失误谈起》之说,《文史哲》2006年第3期。

力扩张的区域之一。

　　夏、商时期,宁镇地区的湖熟文化和苏南的马桥文化已经进入青铜时代。这里本是荆蛮、於越的居住之地,到商周之际"太伯奔吴",周文化的一支来到这里,在此建立起句吴政权,早期国家在苏南出现。其时,由"九夷"发展来的"夷方",聚居于江淮东部地区;淮夷"徐方",聚居于今山东南部和江苏北部一带;安徽中北部的一些方国有群舒、英、六、钟离等,大都属于南淮夷范畴;山东南部的奄、蒲姑等,也都属于夷系方国。周灭商后封邦建国,吴国成为周王朝在东南地区的重要诸侯国,在今山东和苏北边境,则分封了齐、鲁、曹、滕、薛、郯等诸侯国。周成王时,其反对势力管叔、蔡叔、霍叔,联合商纣王子武庚和徐、奄、蒲姑等夷人叛乱,被镇压后,奄与蒲姑除部分被分封给鲁、齐外,其余部分被迫南下,迁徙到江南东部地区,徐国则迁徙到今泗洪一带。为了征服江淮东部的"夷方"势力,周成王在今邳州一带建立"俎"国,谋划了一个"大吴"战略,企图采用南北夹击的办法占领江淮东部,合之以为吴地。但因"夷方"的强力抗衡,反而促成了"干国"的建立。周穆王时,徐国势力发展壮大,联合干国征伐宗周,使之成为盛极一时的宗主方伯。及偃王败后,江淮东部的干国为其自保发展起来,并始终独立于王朝之外。到了春秋早期末端,干国方被吴国灭亡。

第一节　干国的建立、发展与巩固

　　根据零星史料记载,江淮东部有个被称为"干"的方国,后称"邗国"。如许慎在《说文解字》"邗"字条下说:"邗,国也,今属临淮,从邑干声。一曰邗,本属吴。"《管子·小问》则记载了干与吴国发生过的激烈战争:"昔者,吴、干战,未龀不得入军门。国子摘其齿,遂入,为干国多。"但是由于相关记载之疏略和考古资料的匮乏,这个干国究竟由何人、何时建立起来,何时被吴国所灭,其都城与地望又在哪里,却一直是众说纷纭、长期困惑学界的历史问题。如干国的建立时间,至今仍有多种说法,或云"五帝"时已有干国,或云夏、商时期建立,或云西周时封邦建国,还有周康王前后徐出干说,即由"徐方"析出干国。干国灭亡的时间,也有西周末年、春秋初年、春秋中期和春秋末年等多种说法。因此,对于干国兴、亡的两个重要坐标,必须首先界定清楚。而据相关资料考证,干国的建立应在西周前期的周成王时,即公元前1025—前1008年间;灭亡则在春秋时期的早期末端,即公元前700—前686年之间。至于夏末出现并被说为在今河南濮阳一带的"干辛邦",则可能在江淮东部,且与西周前期建立起来的干国有着名号上的继承关系。

一、干国建立的历史背景与曲折路径

西周前期在江淮东部出现的干国,是在当时极其复杂的历史背景下,经历了夏、商时期长达千年的曲折路径才建立起来的。

(一)从夏末"干辛邦"的历史说起

根据《路史·国名纪己》,在夏王朝最后一个帝王桀时,出现了一个叫作"干辛邦"的封国,谓:"干,桀臣干辛邦也。"这就是说"干辛"曾为桀的大臣,"干辛邦"是封给干氏名辛的一个封国。而在其他史书当中,干辛又是夏王朝的亡国之臣。《吕氏春秋·当染》:"夏桀染于干辛、歧踵戎,殷纣染于崇侯、恶来,……故国残身死,为天下僇。"《吕氏春秋·知度》:"夫成王霸者固有人,亡国者亦有人。桀用干辛,纣用恶来,……而天下知其亡。"此外,《墨子·所染篇》、《吕氏·慎大篇》、《困学纪闻》引《古今人表》、《抱朴子·良规篇》,也均有干辛的类似记载。由此可见,干辛确有这个人物,且是夏桀时的重臣,是桀受其"染"而导致了夏朝灭亡。

但干辛虽为夏桀之臣,"干辛邦"却不知何处。有些学者做过考察,认为干音为汗,古寒切,故与寒通。"从夏桀以后无寒国,桀以前又无干国来看,他们之间是有继承关系的"。寒部落在夏前已经出现,寒是黄帝之族。《世本》载黄帝之臣"寒哀作御",寒哀当为寒氏族的始祖。《路史》云:"青阳娶干类之女,生少皋。干类氏之后有干氏、类氏。"青阳系黄帝子,干类似为寒哀一声之转。两族通婚,似双胞族。夏朝初期,后羿以寒浞为相,夺取了夏政权,后来寒浞又杀后羿夺得政权,建立寒国。及少康中兴,寒浞败亡,其族人从山东潍县迁至徐州以至江西。东汉有薛县人寒朗,薛县南近徐州市东南十八里寒山,当因寒人迁至此得名。《路史·国名纪己》:"干,桀臣干辛邦也。"干辛邦可能是寒人之邑,仍为夏桀之臣。到商代干为商的属国,夏桀、商朝皆都河南,干当相距不远。《清一统志》卷廿二大名府:"干城,在开州北,《诗·邶风》'出宿于干'。《后汉书·郡国志》'卫国县有"竿"城。'盖即干城之讹也。今州北有干城村。"开州即今河南濮阳县,在商都安阳东南,即夏臣干辛邦的部落所在地。商末干乃迁至徐州寒山,其东有汉朝所置的赣榆县。"赣"与"干"音相通,江西赣江、赣州,皆因干人曾居此得名。"干国由徐州南迁临淮,当在西周中叶以后。"《说文解字》:"邗,国也,今属临淮。一曰,邗本属吴。"干国立国于临淮,故加邑旁作"邗"。春秋吴国强盛时灭掉干国,当时干国也已南迁今江苏扬州。周代之干既在临淮,临淮在今江苏泗洪县南城头。汉代临淮郡跨有今淮河中下游的南北部,包括今江苏长江以北至沭阳一带。[1]由此可见,"干辛邦"的历史可以追溯到夏朝初年,是由夏前的"寒部落"迁徙而来的,干、寒之间"有继承关系"。又寒国的建立者是寒浞,是寒浞在协助后羿夺取夏政并杀羿后建立起来的。及少康中兴寒浞败亡,其族人乃迁于徐州寒山以及江西,而"干辛邦可能是寒人之邑"即他的"部落所在地",这个地方在今河南濮阳一带。也就是说,寒人在迁往徐州至江西的时候,还有一支向西迁到了河南濮阳,及至商末,又迁到了徐州寒山。至西周中叶,"干国由徐州南迁临淮",春秋时吴灭干之前又迁到了江苏扬州。

　　然而也有不同意见。有人认为江淮东部的古干国,虽与夏初的寒族南迁有关系,但却不提"干辛邦"之事,对于干国建立的时间、地望和属性等也看法不同。如《汇源导流》一书中说:"夏朝初年,东方寒国有大臣寒浞,并兼任寒部族一支的酋长。……寒浞推翻后羿,取而代之。太康的后人少康联合同姓部族,赶走寒浞。寒浞一部被赶到山东东部,一部被赶到淮河以南。今紧靠泰州北部的盐城市射阳县就因此传说而得名,其主要人文景点为后羿公园。"这就是说,寒族迁徙之地是在"山东东部"和"淮河以南"。干国怎样建立的呢? 作者则说:"蚩尤部族一支古干部族,发展建成古干国,大致方位在长江下游以北,淮河下游以南。一般认为在今扬州城北郊。干,即'岸'的字根,象征居于长江北岸。又与寒、韩相通,与古东夷寒浞部族相联系。……从五帝到夏、商、周,泰州的先民都应是在古干国治下的一部分。"又云:"商纣王和周公先后征伐东夷,山东东部的寒部族被迫南下,越过淮河,与长江北岸的

　　[1]　参见戴明:《从寒、干、邗到扬州》,《扬州史志》2003 年第 1、2 期。

部族汇合。周朝初年,古干国还曾强势与周部族建立的中央政权对抗,试图一比高下。随着'成康盛世'的出现,双方都放弃了对抗,古干国正式接受周成王的册封。"[1]据此可见,古干国是在"五帝"时期建立起来的,地望就在江淮东部,及"成康盛世","古干国正式接受周成王的册封",即为西周的异姓封国。

那么古干国是否与"干辛邦"有关,又是何时建立的呢?

根据史书记载,夏启崩后子太康立,"太康失德,夷人始叛"[2]。《史记·夏本纪》载:"帝太康失国,昆弟五人,须于洛汭,作《五子之歌》。"注引《集解》孔安国曰:"盘于游田,不恤民事,为羿所逐,不得反国。"由此可见,羿即颠覆夏统治的东方夷人。太康崩后,弟仲康立,仲康崩,子相立,帝相崩,子少康立。少康时终于打败从羿手中篡取政权的夷人寒浞,史称"少康中兴"。对此,《史记·夏本纪》在"少康立"下,有很长的一段注解。大抵是说:原居于鉏(今邳州市一带)的东夷人后羿,恃其善射,"因夏民以代夏政",但因信用寒浞为相而被杀害,寒浞为帝,及后羿之臣除掉寒浞,复立少康,夏朝才恢复了统治。而寒浞的"寒国","在北海平寿县东寒亭"一带,即今山东境内。山东是夷人的聚居之地。

夷人在历经挫折和打击后,许多人被迫向外迁徙。但因夏朝的统治中心在今河南,其迁徙之地还是江淮中下游地区,尤其是经过新石器时代晚期的大海侵后而形成洿湖沼泽区的江淮东部。如"后羿射日"后称"射阳"的传统说法,即说明当时该地区已有夷人居住。《后汉书·东夷列传》载:"少康已后,世服王化,遂宾于王门,献其乐舞。"《竹书纪年》载:少康父帝相元年"即位居商,征淮夷。二年征风及黄夷,七年于夷来宾";少康二年"方夷来宾"。淮夷、风夷、黄夷、于夷和方夷等,基本都在淮河中下游地区。又据《竹书纪年》记载,少康子帝杼"征于东海,及三寿得一狐九尾";杼子帝芬时"九夷来御";芬孙帝泄时"命畎夷,白夷,玄夷,风夷,黄夷"(《后汉书·东夷列传》注引此书作"命畎夷,白夷,赤夷,玄夷,风夷,阳夷");泄子帝不降"六年伐九苑";后经数帝至帝发,发时"诸夷宾于王门,再保墉会于上池,诸夷入舞";至发子

[1] 黄大昭、黄俶成著:《汇源导流——泰州文学史话》,凤凰出版社2016年版,第21—23页。

[2] 〔宋〕范晔撰,〔唐〕李贤等注:《后汉书》卷八五《东夷列传》,中华书局1965年版,第2808页。

桀即夏朝最后一个帝王时，"桀为暴虐，诸夷内侵"。[1]这说明少康后的夷夏之争虽有"世服王化"的一面，但依然以对抗为主，并最终成为夏朝灭亡的重要原因。而这些居住在淮河中下游的东方夷人，久而久之便成为当地的土著居民，即后来干国和徐国的民众基础。他们虽然对夏王朝偶尔"来宾"，但也时常举兵"内侵"，从未纳入中原王朝的统治系统，而是以诸夷族群或联盟的形式存在。具体来说，帝相和少康时，无论是征淮夷、风夷、黄夷，还是于夷、方夷"来宾"，都是采取各个击破或武力胁迫的战略原则。帝杼时"征于东海，及三寿得一狐九尾"，这"一狐九尾"就是居于山东"青丘国"的"九个氏族或胞族"，"一个并列结构的部落联盟组织"[2]。他们在遭到夏王朝的重创后，也很可能向南迁移。及帝泄时"命畎夷，白夷，玄夷，风夷，黄夷"和"赤夷""阳夷"，则是不得不承认这些类似方国的族群存在。而"一狐九尾"和"九夷来御"，都反映出诸夷或部族间曾经联合一体的格局，以至帝不降"伐九苑"和桀时的"诸夷内侵"，仍反映出这种状况。

因此从史书记载来看，"干辛邦"的居处之地，在江淮东部的可能性较大。或许因为帝发时的"诸夷宾于王门"之故，遂建立起"干辛邦"，用以统治江淮东部的部分夷人，至夏桀时又以干辛为臣，用以应付当时的乱局。《吕氏春秋·慎大》载：

> 桀为无道，暴戾顽贪，天下颤恐而患之，言者不同，纷纷分分，其情难得。干辛任威，凌轹诸侯，以及兆民，贤良郁怨。杀彼龙逢，以服群凶。众庶泯泯，皆有远志，莫敢直言，其生若惊。大臣同患，弗周而畔。

这就是说，在"桀为无道，暴戾顽贪"天下"纷纷分分"的政治背景下，夏桀曾借"干辛邦"的威势，"凌轹诸侯，以及兆民"，即助桀镇压诸侯之乱。《史记·夏本纪》载："帝桀之时，自孔甲以来而诸侯多畔夏，桀不务德而武伤百姓，百姓弗堪。"《史记·殷本纪》载："夏桀为虐政淫荒，而诸侯昆吾氏为乱。……汤自

---

[1]　方诗铭、王修龄：《古本竹书纪年辑证》，上海古籍出版社 2005 年版。

[2]　王晖：《远古东夷九尾狐部落的结构人类学探索》，《中国社会科学报》2018 年 11 月 26 日第 8 版。

把钺以伐昆吾,遂伐桀。"这昆吾氏就是居于河南一带的诸侯叛乱者之一,只是商汤以伐昆吾为名而前徒倒戈,并最终取得了代夏立商的胜利,而干辛则未能适应客观形势的发展变化,反而成为亡国之臣。及夏亡后,这个"干辛邦"存在的可能性也就微乎其微了。

当然,说"干辛邦"可能在今江淮东部,理由也还不够充分,但地望河南濮阳之说,有些史料也须辨正。如《后汉书·寒朗传》之寒朗,王先谦在《后汉书集解》中说:"《通鉴考异》:范书作'寒',陆龟蒙《离合诗》云:'初,寒朗咏《徘徊》立。'惠栋曰:《袁纪》作'褰',今有褰姓,音件,与《袁纪》合,当从之。胡注《姓谱》有寒姓,诸侯后寒之后,又曰周武王子寒侯之后。栋按,《左传》:邘、晋、应、韩,武之穆也。寒与韩,古字通。"[1]显然"寒侯"与"韩"相关,而与干(邘)没有关系,不能因为寒、韩、邘通,就与徐州寒山联系起来。又《通志·氏族略》载"汉有褰兰为交趾刺史",可见褰姓非同寒氏。[2]至于援引《清一统志》"干城,在开州北",《后汉书·郡国志》谓"卫国县有竿城"等,说"开州即今河南濮阳县,在商都安阳东南,即夏臣干辛邦的部落所在地,商末迁至徐州寒山",也须进行具体考证。《汉书·地理志》和《后汉书·郡国志》皆有东郡"发干"县。《郡国志》谓:"卫公国……有竿城。"注云:"《前书》故发干(县)[城]。"《校勘记》:"据汲本改。……盖《前志》之发干所治已非故地,而竿城即前汉故发干城,其地至后汉已并入于卫也。……是则故发干乃侯国城,一作'县',非也。"[3]而"竿城"汉谓"故发干城","所治已非故地",且非"干城"也,即便为"干城",也未必与"干辛邦"有关。且夏朝都城在今河南,山东寒族被镇压后,为何要迁到夏王朝的统治中心呢?又凭什么说"干为商的属国","商末迁至寒山一带",西周中叶"干国由徐州南迁临淮",吴灭干时"干国也已南迁至今江苏扬州"呢?其多次迁徙的历史动因和接受条件又是什么?此外,干辛为夏亡国之臣,夏朝亡后"干辛邦"能否继续存在?南迁的"干国",能成为江淮东部"九夷"的执政基础和国号的认可吗?

[1]〔清〕王先谦:《后汉书集解》,中华书局1984年影印版,第497页。

[2]参见〔东汉〕应劭撰,吴树平校释:《风俗通义校释》"佚文",天津人民出版社1980年版,第499页。

[3]《后汉书》志二十一《郡国三》,第3450页。

此外,说古干国在"五帝"时已经出现,谓"从五帝到夏、商、周,泰州的先民都应是在古干国治下的一部分",以及"古干国正式接受周成王册封"等等,也不符合历史事实。"五帝"系指上古五个"帝王"。司马迁著《史记》,依《世本》《大戴礼》等,谓黄帝、颛顼、帝喾、唐尧、虞舜为五帝。谯周、应劭、宋均皆同。而孔安国《尚书序》、皇甫谧《帝王世纪》等,并以伏牺、神农、黄帝为三皇,少昊、颛顼、高辛、唐、虞为五帝。此见《史记·五帝本纪》及《集解》中。而论其年代,"五帝"时在距今4000年前的数百年间,属于新石器时代晚期。而那时的江淮东部因受海侵的重大影响,已是汪洋恣肆的无人区域,直到距今4000年前后即新石器时代的晚期末端,才出现了属于王油坊类型龙山文化的南荡遗存,即外来的"移民文化"。而当南荡遗存因无持续性的根基不断挪移后,江淮东部所见到的考古遗存,已是夏商时期岳石文化对该地区的影响了。因此,说"五帝"时江淮东部已有"干"国,且一直延续到西周时期,是根本不可能的。至于说西周时"正式接受周成王册封"等,同样不符合历史实际。

总之,夏朝末年出现的"干辛邦",是一个时间短暂的封国,且至今难以确定其位置。但不管怎样,它与西周初期在江淮东部建立的"干国",至少也有名号上的继承关系,因此尚需继续探讨。

(二)"夷方"与商代的江淮东部

夏朝末年可能出现在江淮东部的"干辛邦",就像一颗流星转瞬间便沉寂了,活动在我国东部孟诸泽畔(今河南商丘、虞城以北到山东曹县、单县一带)的商部族首领汤,在灭夏后建立起商朝。商朝的建立者虽然也属东夷系统,但其统治中心却始终局限在山东以西和淮河以北的中原地区,并与江淮中下游的"九夷"处于敌对状态,依然呈现出"夷夏东西"的政治格局。有些学者认为,殷商时期江淮东部就有干国,谓"古邗(干)国,今扬州附近。商代就有,春秋时吴国灭邗,建邗城,开凿邗沟。"[1]但此说法定难成立。

夏商时期,扬州地处"九夷"之间,"夷夏东西"仍是时代发展的主流。以今山东为核心区域的"东夷"族群,自夏初寒浞乱政失败后逐渐南迁,竞相到达江淮东部,已然成为该地区的土著人,即后来"干"国建立的民众基础。夏

---

[1]　王健主编:《江苏通史·秦汉卷》,第11页。

朝末年,"干辛邦"在遭到商汤灭夏的沉重打击后,从此再不见其踪影,《史记·夏本纪》和《竹书纪年》所记载的夏代前期的黄夷、赤夷、阳夷等"九夷"的具体名称,在夏朝后期和《史记·殷本纪》中再也没有提及,这说明"九夷"与商王朝的关系仍然处于敌对状态。

《后汉书·东夷列传》载:"桀为暴虐,诸夷内侵,殷汤革命,伐而定之。至于仲丁,蓝夷作寇。自是或服或畔,三百余年。武乙衰敝,东夷寖盛,遂分迁淮、岱,渐居中土。"由此可见,在商汤灭夏的过程中,对于那些"内侵"的"诸夷",曾采取了"伐而定之"的敌对态度。如《史记·殷本纪》载:汤败夏师后"遂伐三㚇,俘厥宝玉",注谓"今定陶也"。可见东方夷人并未服从他的统治。及汤后五代大戊时"东九夷来宾",算是多少缓和了些紧张局势。但从大戊子仲丁开始,夷乱复起,又呈现出一个乱局。《今本竹书纪年》载仲丁"六年征蓝夷";外壬元年"邳人、姺人叛";河亶甲"三年彭伯克邳,四年征蓝夷,五年姺人入于班方,彭伯、韦伯伐班方,姺人来宾"。这个"蓝夷"前所未闻,但"邳"在今徐州市东邳州一带,"蓝夷""姺人""班方"均当距离此处不远。《史记·殷本纪》云:"帝中丁迁于隞。河亶甲居相。祖乙迁于邢。帝中丁崩,弟外壬立……帝外壬崩,弟河亶甲立,是为帝河亶甲。河亶甲时,殷复衰。"又云:"自中丁以来,废適而更立诸弟子,弟子或争相代立,比九世乱,于是诸侯莫朝。"这说明在此期间,商王朝一直处于内部动荡不安的局面。而《后汉书》谓"至于仲丁,蓝夷作寇。自是或服或畔,三百余年",则说明商朝中后期也是夷人活跃的时期。虽然这"三百余年"的具体情况,《竹书纪年》未再记载,但从所说武丁时"灭大彭","时舆地东不过江黄,西不过氐羌,南不过荆蛮,北不过朔方"等情况看,"东九夷"已差不多全都游离于商王朝的范围之外了。及商晚期"武乙衰敝,东夷寖盛,遂分迁淮、岱,渐居中土",夷的势力已经到达泰山以西和淮河的中游地区。至帝辛即位称为"纣王","好酒淫乐,嬖于妇人",又"厚赋税以实鹿台之钱,而盈钜桥之粟。益收狗马奇物,充仞宫室",更使天下诸侯和东方夷人不断叛乱。[1]正如《尚书·泰誓》所说:纣"有亿兆

---

[1]〔汉〕司马迁撰,〔宋〕裴骃集解,〔唐〕司马贞索隐,〔唐〕张守节正义:《史记》卷三《殷本纪》,中华书局 2013 年版,第 125—135 页。

夷人,离心离德"。虽然纣王最后打败了东方夷人,但"纣克东夷而殒其身"[1],终被西方周人所灭。

从"五帝"时期的"东夷""九夷",到《尚书·禹贡》中的嵎夷、莱夷、淮夷、鸟夷,再到《竹书纪年》等记载的夏代畎夷、白夷、赤夷、玄夷、风夷、黄夷、方夷、于夷、阳夷,和商朝出现的蓝夷、昆夷,以及甲骨文中的夷方、人方,《竹书纪年》中的班方、邳人、亻尤人等,基本都是活动在苏、鲁及皖东地区的夷系族群。其中嵎夷、莱夷、淮夷、鸟夷,《尚书·禹贡》说得清楚,乃是隶属于青州、徐州和扬州的夷人。又据《禹贡》阳鸟攸居,阳夷当在泰州一带,故有"九夷海阳"之说。[2]而黄夷、白夷、赤夷、玄夷、风夷、方夷和于夷等,虽难确定其具体方位,但据五行五方之说,当是黄夷居于中间,白夷、赤夷、玄夷分别在其西、南、北部,赤夷可能就是后来苏南的朱方,方夷、风夷、于夷则错落其间或其外围,总之,其活动中心就在江淮东部地区。他们在夏商时期像滚雪球般地不断积聚,形成了夷的联合力量,对商王朝或服或叛,且又往往以独立于王朝之外的形式出现,而不再像夏初那样易于被王朝所各个击破。

《礼记·王制》:"东方曰夷,被发文身。"东夷又称"九夷",乃是东方各支夷人的总称或泛称,其势力应达到苏南东部的部分地区,是个庞大的东方部落联盟,商至周初称为"夷方",并被贬称为"尸方"。战国时期的《尸子》一书就主要记载了他们的事迹,只是此书久已亡佚。商代武丁时有"夷方受又(佑)"的甲骨卜辞,占卜"夷方"能否受到神的保佑。此外,还有"蠢夷方率伐东国,东典东侯晋夷方"和"夷方伐东国,典东侯晋夷方"的卜辞,确然指明"夷方"位于商王朝东部"东国""东侯"的附近地区。[3]扬州郊外葫芦山商周遗址发现"占卜用的火灼痕迹的龟甲"[4],可能就是"夷方"的遗存。而在商

[1]〔晋〕杜预等注:《春秋三传》卷一三,上海古籍出版社1987年版,第437页。

[2] 李晏墅、郭宁生主编《泰州通史》上卷前言:泰州"楚灭越后属楚,始称'海阳'。……因为属于九夷中的'阳夷',故又有'九夷海阳'之称"。第4页。

[3] 宋镇豪:《中华东部古文明的孕育》,《中国社会科学报》2018年11月26日第8版。燕生东在《晚商的东土经略与滨海盐业》一文中说:"殷墟卜辞和商代金文多次提到夷方。据统计,与夷方相关的甲骨卜辞经缀合后,有66版。其中,帝辛十祀和十五祀征夷方记载,两次战事皆历时九月有余,这与所谓'纣克东夷,而陨其身'的纸上遗文恰成互证。"《中国社会科学报》2018年1月15日第5版。

[4] 尹焕章、袁颖:《江苏仪六地区湖熟文化遗址调查》,《考古》1962年第3期。

代甲骨文中,夷又作"尸",习称"尸方",乃是一个夷族联盟的共同体。到西周时期,又有"东尸""南尸""淮尸""南淮尸"的称谓。可以推断:"淮尸"和"南淮尸",基本都在淮河中游;而"东尸""南尸"则在江淮东部以及苏南东部地区。

这些被称为"九夷"的族群,皆与"五帝"时的东夷族首领少皞有关。少皞都于山东曲阜一带的少昊之墟。《左传·昭公十七年》载:

> 秋,郯子来朝,公与之宴。昭子问焉,曰:"少皞氏鸟名官,何故也?"郯子曰:"吾祖也,我知之。昔者黄帝氏以云纪,故为云师而云名;炎帝氏以火纪,故为火师而火名;……我高祖少皞挚之立也,凤鸟适至,故纪于鸟,为鸟师而鸟名。凤鸟氏,历正也;玄鸟氏,司分者也;伯赵氏,司至者也;青鸟氏,司启者也;丹鸟氏,司闭者也。祝鸠氏,司徒也;鴡鸠氏,司马也;鸤鸠氏,司空也;爽鸠氏,司寇也;鹘鸠氏,司事也:五鸠,鸠民者也。五雉,为五工正,利器用,正度量,夷民者也。……自颛顼以来,不能纪远,乃纪于近。为民师而命以民事,则不能故也。"[1]

据此可知,少昊氏部落都是以鸟为图腾的氏族,《禹贡》所谓"淮、海惟扬州,阳鸟攸居……鸟夷卉服",就是源于这些氏族的南迁而来。其中玄夷、白夷、赤夷,当分别源于玄鸟氏、伯赵氏、丹鸟氏;风夷、蓝夷可能即凤鸟氏和青鸟氏。而今合肥和南京南部一带的舒鸠、鸠兹等国,则与"五鸠"氏族相关,他们与江苏泗洪一带的"徐淮夷"等,形成了"南淮夷"和"淮夷"的不同分类。因此,商代的"尸(夷)方"绝非商王朝的属国或方国,而是独立于王朝之外的夷系联盟,其在夏商周三代所体现出来的始终都是"夷夏东西"的政治格局。有学者指出:《竹书纪年》中提到的"畎夷、白夷、玄夷、风夷、黄夷、蓝夷、方夷、阳夷、淮夷、冯夷、昆夷等族群,并有'九夷'的总称。有关事项都是记在夏代的,反映出夏代已经流行'夷'的称呼,而所谓'九夷'实即夏、商时代'尸方'

---

[1]《春秋左传正义》卷四八"昭公十七年",〔清〕阮元校刻:《十三经注疏》(清嘉庆刊本),中华书局 2009 年版,第 4524—4526 页。

的俗称"。[1]这是符合当时的实际情况的。而所谓古邗（干）国"商代就有"的说法，则找不到任何证据。也就是说，商王朝的势力范围还没有能到达江淮东部地区。

（三）干国的建立与西周王朝的"大吴"战略

关于干国建立的时间，除了前揭"五帝"时已有和商代就有的说法外，大都认为在西周前期。但究竟由何人、何时建立起来，却一直存在着诸多争议。多数学者认为：干（邗）国是西周的封邦建国，是周武王时封子邗叔或周成王时封周公旦子于邗的。个别学者认为：干国是在周康王前后从淮夷徐国析分而来。实际上，这些说法都有问题，因为干国是由商代"夷方"发展并建立起来的，是个纯粹的夷系邦国。

商代"夷方"，虽然在文献和考古资料中，都少见具体的发展线索，但据西周青铜器的相关记载，仍可看出其大致的发展脉络。尤其是㝬钟所记载的"南国"情形，为深入探讨干国的历史提供了重要证据。㝬钟（宗周钟）记载：

> 王肇遹省文武勤疆土，南国艮子敢臽（陷）虐我土，王敦伐其至，戮（扑）伐厥都。艮子乃遣间，来逆邵（昭）王，南尸（夷）、东尸（夷）具见廿又六邦。[2]

虽然㝬钟一般被视作厉、宣时器，但所反映的却是西周前期的情形。而这个包括"南夷""东夷"二十六邦的所谓"南国"，就是以"艮子"为首的"夷方"联合体，"东夷"即指江淮东部，"南夷"则为苏南东部一带地区，否则在其他地方找不到这样的对应关系。当然，对于这条史料，人们有着不同的理解，如将"艮"字理解为"服从"，谓"南方艮子兴兵犯界，周师反攻，打败了进犯者，艮子遂率南夷、东夷二十六邦的使者晋见了周王（厉王）表示服从"。[3]然自"来逆（邵）昭王"来看，只不过是周厉王时鉴于夷乱，看到了周初与"夷方"的战争状况而已。"艮子"实即"服子"，即西周外服异族的领袖人物，而

---

[1]　张富祥：《再说"东夷"》，《中国社会科学报》2018年11月26日第8版。
[2]　中国社会科学院考古研究所编：《殷周金文集成》，中华书局1984—1994年版。序号：0260。
[3]　王健主编：《江苏通史·先秦卷》，第175页。

非"表示服从"之意。

对此,有学者明确指出:外服邦君的具体称谓有公、子、伯。《礼记·曲礼下》载"其在东夷、北狄、西戎、南蛮,虽大曰子",周人称周文化范围之外的蛮夷戎狄之君为子,与《春秋》记载相合。周厉王钟铭文中的"反子"就是"服子",而不是"泛指服属于周朝的蛮夷之国"。又云:"在西周的外服异族邦君中,称'伯'者与称'子'者的区别或许在于:称'伯'者已经融入周文化圈,他们与周人通婚,接受王朝卿士的统领,如倗伯、霸伯;称'子'者尚未融入周文化圈,被周室视为蛮夷戎狄,如默钟铭文中的'南国反子'。"关于战国文献中被编入五等爵系统的公、侯、伯、子、男,"在西周时期并不属于同一个称谓系统,但他们同属于西周外服","所谓'五等爵制'是行用于西周外服君长的等级制度,并不通行于西周贵族阶级"。总之,"目前的金文和考古材料都不支持西周时期,至少是西周早中期存在诸侯五等爵制。但这并不表明西周外服中的诸侯邦君之间不存在礼仪上的等级差别"。如《春秋》中楚国国君称"子","称'子'的蛮夷之君位次最低"。[1]如其所说,当时徐国称为"徐子",也同样是这个道理。中华人民共和国成立后出土的"余(徐)子氽鼎"[2]以及战国时成书的《尸子》一书,都是如此。显而易见,"南国反子"和"楚子""徐子",都是尚未融入周文化圈的"异族邦君"。

那么,这个具有东夷、南夷"廿又六邦"的"南国反子",为何要在周昭王前与周朝开战,又使周朝"敦伐其至,扑伐厥都"呢?此与周王朝实施的"大吴"战略有密切关系。

周灭商后,为了统治东方殷民,周武王封商纣王子武庚禄父于殷,并使宗室管叔、蔡叔、霍叔监之,史称"三监"。武王死后,成王年少,武王弟周公旦摄政当国。管叔等疑"周公将不利于成王",遂与武庚勾结起来,联合淮夷、奄、薄姑、熊盈等举兵反乱。《史记·鲁周公世家》载:"管、蔡、武庚等果率淮夷而反。周公乃奉成王命,兴师东伐,作《大诰》。遂诛管叔,杀武庚,放蔡叔。……宁淮夷东土,二年而毕定。"《史记·周本纪》载:"召公为保,周公为师,东伐淮夷,残奄,迁其君薄姑。成王自奄归,在宗周,作《多方》。既绌殷命,袭淮夷,

---

[1] 邵蓓:《〈封许之命〉与西周外服体系》,《历史研究》2019年第2期。

[2] 景以恩:《涂山、涂山氏与大禹、皋陶》,《先秦史研究动态》1997年总第29期。

归在丰,作《周官》。"其下注引《集解》郑玄曰:"奄国在淮夷之北。"《正义》引《括地志》:"泗州徐城县北三十里古徐国,即淮夷也。兖州曲阜县奄里,即奄国之地也。"又云:"薄姑故城在青州博昌县东北六十里。薄姑氏,殷诸侯,封于此,周灭之也。"按《竹书纪年》:武王十六年"王师灭薄姑",成王二年"奄人徐人及淮夷入于邶以叛。……三年王师灭殷,杀武庚禄父,迁殷民于卫,遂伐奄灭薄姑。四年……王师伐淮夷,遂入奄。五年春正月王在奄,迁其君于薄姑。"《诗经·鲁颂·泮水》所说的"淮夷攸服""淮夷卒获""憬彼淮夷,来献其琛"和下篇《閟宫》"保有凫绎,遂荒徐宅。至于海邦,淮夷蛮貊。及彼南夷,莫不率从"等,就都是歌颂周公东征取得重大胜利之作。

奄人遭到重创之后,一部分成为西周封国鲁国的臣民,一部分南迁到今常州一带,此即《越绝书·外记·吴地记》载:"毗陵县南城,故古淹君地也。东南大冢,淹君子女冢也。"薄姑,则迁至苏北睢宁和苏南吴县一带。[1]《吕氏春秋·察微》云:"故智士贤者相与积心愁虑以求之,犹尚有管叔、蔡叔之事与东夷八国不听之谋。"而从奄和薄姑迁至苏南地区来看,江淮东部称作"夷方"的诸夷势力颇为强大,他们既未参与"三监"叛乱,也未给南迁的奄和蒲姑以驻足之地。及鲁国建立后,徐人和淮夷又行攻伐,史称"淮夷、徐戎并兴"[2]。鲁倾全国之力战于曲阜费地,方才"保有凫绎,遂荒徐宅。至于海邦,淮夷蛮貊"[3],赢得这场战争的胜利,而徐人败后则南迁至今苏皖北部的淮河流域一带。

西周初年,这场平定"三监"之乱的战争,经过多年终于结束,但江淮东部的"夷方"势力,却依然是周王朝的心腹大患。于是就在周成王时,制定了一个兼并江淮、统一南北的"大吴"战略,即在今苏北邳州一带建立"俎"国,意在使其"入土南向",与苏南吴国遥相呼应,从而实现南北合一的战略目标。这从1954年在江苏丹徒烟墩山出土的西周青铜器"俎侯矢簋"的铭文可见。

"俎侯矢簋",又称"宜侯矢簋",铭文及译文大体如下:

---

[1] 参见王健主编:《江苏通史·先秦卷》,第182—185页。

[2]《尚书正义》卷二〇《费誓》,〔清〕阮元校刻:《十三经注疏》(清嘉庆刊本),第541页。

[3]《毛诗正义》卷二〇《泮水》《閟宫》,〔清〕阮元校刻:《十三经注疏》(清嘉庆刊本),第1319—1320、1332页。

惟四月,辰在丁未,王省珷王、成王伐商图,遂省东或(国)图。王卜于宜□土南乡。王令虞侯矢曰:□侯于宜,锡鬯卣一卣,商瓒一□,彤弓一,彤矢百,旅弓十,旅矢千。锡土:厥川三百□,厥□百又□,厥宅邑卅又五,[厥]□百又卌。锡在宜王人□又七生(姓)。锡奠七伯,厥□□又五十夫。锡宜庶人六百又□六夫。宜侯矢扬王休,作虞公父丁障彝。

(大意为:四月丁未这天,王察看了武王、成王伐商图,又察看了东方各国图,终于选定了宜这个地方,于是命虞侯矢说:"就把你封在宜这个地方了!"王赐给矢香酒一罎,商瓒一枚,红弓一件,红箭百支,黑弓十件,黑箭千支。又赐疆土,计河流三百条……邑落三十五处……百四十。还赐给民众,计王人……七姓,管理官吏七个……又五十名,庶人六百余人。宜侯矢为了宣扬王的美德,并纪念自己的父亲,便铸造了这件宝器。)[1]

《矢簋》铭文,多有争议。"俎"或作"宜","虞"或作"虔",地望多有不同说法,此器铸作的年代也有周成王、周康王、周昭王时等不同观点,并引发出太伯是否"奔吴"以及吴国历史的争论。但据考证,此器还是铸作于周成王时,"俎"的地望在今苏北邳州一带,所封"俎侯矢"乃是其前封在今山西平陆的北虞侯虞仲之孙,即《矢簋》铭文"父丁"之子,"虞公"则是吴国始祖仲雍。而铭文的核心内容,则是高举吴国始祖仲雍的旗帜,令俎侯矢"入土南向",与南方吴国南北呼应,占领江淮东部地区,从而实现"大吴"战略。

为什么说此器铸作于周成王时?"虞公、父丁"就是仲雍和虞侯矢之父呢?一是铭文中"锡奠七伯",系指西周烈祖太王古公亶父、太王之子季历、季历之子文王、文王之兄太伯、仲雍和文王之子伯邑考和周武王之七个"国伯",而绝非译文中所说的"管理官吏七个"。《逸周书·世俘解》载周武王灭商后祭祖于周庙云:"辛亥,荐俘殷王鼎……王烈祖自太王、太伯、王季、虞公、文王、邑考以列升,维告殷罪,篇人造,王秉黄钺正国伯。"由此可见,这六个国伯加周武王是为"七伯","虞公"乃是仲雍无疑,而只有武王卒后,周成王时可称"七伯",若在康王或昭王时,就不只"七伯"了。又何况自成王时周公"制

---

[1] 中国社会科学院考古研究所编:《殷周金文集成》,序号:4320。此据《江苏通史·先秦卷》,第159页。该书注云:"铭文拟定参照诸家考释,择善从之。"

礼作乐"后,宗法制度建立起来,这种沿袭商代的祭祖制度就被废弃了呢! 顾颉刚先生早就指出:"太伯、虞公(即仲雍)、王季皆太王子,为武王之祖辈;文王为武王之父;邑考为武王之兄。此祭不分嫡庶与直系、旁系……以三世兄弟之名先后骈列,无上下贵贱之别者同,可见其时尚无宗法之制……'王烈祖太王、太伯、王季、虞公、文王、邑考以列升',盖周公未制礼以前,殷礼固如斯矣。"[1]二是平定"三监"之乱,也在周成王在位时期。因此说此器铸作于周成王时,是确定无疑的。至于"虞公、父丁",《史记·吴太伯世家》载:"太伯卒,无子,弟仲雍立,是为吴仲雍。仲雍卒,子季简立。季简卒,子叔达立。叔达卒,子周章立。是时周武王克殷,求太伯、仲雍之后,得周章。周章已君吴,因而封之。乃封周章弟虞仲于周之北故夏虚,是为虞仲,列为诸侯。"而据此推断,"父丁"就是虞侯矢之父,虞仲之孙也。周成王将矢改封于俎,就是让他"入土南向",与苏南吴国南北呼应,兼并"南国反子"的"廿又六邦",从而实现"大吴"战略。

那么《俎侯矢簋》所说的赐"厥宅邑卅又五",又是指哪里呢? 首先是镇压"三监"乱后的"俘淮九邑"。《逸周书·作雒解》:"周公立,相天子,三叔及殷东徐奄及熊盈以叛……凡所征熊盈族十有七国,俘维(淮)九邑。"而"所征熊盈族十有七国",实为《矢簋》铭文中所说的"在俎王人十又七姓"[2],"俘淮九邑"则是包括商朝贵族"十又七姓"的周朝实际占领区域。这既符合俎侯矢所封"东国"的地理条件,也与镇压"三监"乱后将奄封于鲁国、蒲姑封于齐国的时间凑拍。其次,就是将尚未占领的南国反子的"廿又六邦"封给俎国。这样恰合"宅邑卅又五"之数。周穆王时,徐偃王率领九夷"三十六国"伐周,还基本是这个规模。春秋时期,齐败吴国而"分吴半"[3],齐桓公说:"即位数年,东南多有淫乱者,莱、莒、徐夷、吴、越,一战帅服三十一国。"[4]

[1] 参见黄怀信、张懋镕、田旭东撰,李学勤审定:《逸周书汇校集注》,上海古籍出版社1995年版,第447—451页。

[2] 王晖:《西周春秋吴都迁徙考》校"俘维九邑"之"维"作"淮";校"在宜王人□又七生(姓)"之"□"作"十",详参《历史研究》2000年第5期,第67、65页。

[3] 《管子·小匡》:"桓公曰:'甲兵大足矣,吾欲南伐,何主?'……于是乎桓公东救徐州,分吴半,存鲁蔡陵,割越地。"参见黎翔凤撰、梁运华整理:《管子校注》,中华书局2004年版,第424页。

[4] 上海师范学院古籍整理组校点:《国语》卷六《齐语》,上海古籍出版社1978年版,第242页。

这"三十一国",即除莱、莒等五国外,还包含了被吴灭掉的原干国的"廿又六邦"。《说文解字》:"国,邦也,从囗,从或";"邑,国也,从囗"。[1]所谓"廿又六邦""三十六国"等,实际上都是地方基层组织的"邑"。因此,《矢簋》所反映出的"大吴"战略意图,是相当清楚的。

关于这个"大吴"战略,可能在太伯、仲雍南奔"荆蛮""自号句吴"时即已开始孕育出来,只是彼时殷商王朝尚未崩溃,仅是先周贵胄对未来宏图的一种展望,即在企划灭商建周的宏伟蓝图中,对国家外服东南地区的扩张期盼。而至周建立并平定了"三监"之乱的周成王时,这个战略便增加了诸多筹码和实施条件。也正因为这样,虞侯矢改封于宜的封建仪式,才显得那样隆重,显得如此嚣张——即根本不把"南国艮子"的"廿又六邦"放在眼里,而统统地纳入到周王朝的"大吴"版图。

对此,徐中舒先生曾经指出:"大王之世,周为小国,与殷国力复乎不侔。当其初盛之时,决不能与殷商正面冲突。彼必先择抵抗力最小而又与殷商无甚关系之地经略之,以培养其国力。……以此余疑太伯、仲雍之在吴,即周人经营南土之始,亦即大王翦商之开端。"[2]董楚平先生也曾说过:"周王朝分封虞侯矢于宜(吴),目的是监临徐、奄等东夷人,为了取得南方其他土著的支持,从越俗以抗夷族,是合乎情理的。"[3]虽然他认为"宜"可能在仪征一带,而"监临徐、奄等东夷人"的"等"字,更应该包括江淮东部的"夷方"之地,但其说法已触及到周的动向,只是用"监临"而非"兼并"即尚未提升到足够的战略高度而已。还有论者指出:吴国的"江北岸有一个干(邗)国,溯江而上是楚国势力,东边太湖,隔湖之间为奄国……吴要突破原先据有的宁镇地区向外发展,必须首先灭掉这两个国家。……晋左思作《吴都赋》曰:吴国'拓土画疆,卓荦兼并,包括干、越,跨蹑蛮荆',正是吴当时向外扩张的生动写照。"[4]这里所说的"干"及"奄国",在西周时都是属于"南国艮子"即"夷方"的统治区域。

[1]〔汉〕许慎:《说文解字》,中华书局1963年版,第131、129页。

[2]徐中舒:《殷周之际史迹之检讨》。见《徐中舒历史论文选辑》(上),中华书局1998年版,第661页。

[3]董楚平:《吴越文化新探》,浙江人民出版社1988年版,第165页。

[4]萧梦龙:《对吴国历史文化的新探索》,见江苏省社联历史学会、江苏省社会科学院历史研究所编《江苏史论考》,江苏古籍出版社1989年版,第24—25页。

李学勤先生曾对这个"大吴"战略高度概括说：矢簋"铭文里讲得很清楚，周康王看着文王和武王（笔者按：当是武王和成王）伐商的地图，然后又看着东国的地图，选定这个地方，让泰伯、仲雍的后人到这儿来做国君……封国的地貌是'厥川三百'，一个有三百条以上的河流的地方一定是在一个水网密集的地区，所以我觉得与吴国的建国有很大关系，而且这是西周很大的一个战略部署。当然这个战略部署后来是否成功是另一回事。有人又会问，西周初能有这个战略部署吗？我们现在找到了实证，2014 年 10 月湖北随州文峰塔墓地出土的曾侯编钟，上面的 180 字铭文可以明确了曾、随是同一个国家。……这样一对比的话，你就可以看到，宜侯矢簋那个战略部署其实是一致的。"[1]

　　也正因为如此，"南国尼子"在其生死存亡的关头，率领"廿又六邦"打起夏末"干辛邦"的旗号，以"九夷海阳"（今泰州姜堰天目山一带）为政治中心，建立起了"干国"政权，并以"敢舀（陷）虐"周土的斗争精神，与周王朝进行着长期激烈的抗衡。而《说文解字》谓"一曰邗，本属吴"，正是"大吴"战略的客观反映。

二、干国的发展与巩固

　　干国自周成王时（前 1025—前 1008）建立起来，迄于周平王东迁洛邑（前770）即进入春秋时期的两百多年，是其不断巩固和发展的历史时期。干国建立前后，其周边地区的大致情况是：江南宁镇地区的吴国在历经太伯、仲雍等几代人的苦心经营后，成为与周王室关系密切的同姓诸侯国。太湖以东的苏南地区，除了南迁今常州一带的奄属干国外，则是越族和南迁薄姑的聚居之地。山东一带被周王朝分封给齐、鲁等诸侯国，苏北、鲁南则被分封给曹、薛、邾、郯等小侯国，还有占领"俘淮九邑"和拟占领江淮东部的胙国。干国的西北和西部，则除都于今泗洪东南一带的淮夷徐国外，还有淮河中上游的楚国和安徽中、南部的多个南淮夷小国。也正因为这样，原本以山东为大本营的东方夷人，逐渐从历史舞台上淡出视线，周王朝对东南地区的经营，也主要是依靠南北同姓诸侯国的力量，对干、徐等夷系诸国施加压力，不断征伐，冀望

　　[1]《李学勤：吴国历史地位作用被低估》，苏迷〉苏州历史地理，2015-06-13。http：//www.360doc.com/content/1510...。（按：此文是苏州博物馆邀请李学勤参加吴王余眛剑研讨会时记者的采访，查无纸质报道）

实现"大吴"战略。

（一）西周前期的干国与徐、干伐周

西周前期，江淮东部的夷系干国建立起来。在此过程中，干国曾与周王朝发生过激烈战争。这从前揭猷钟所记载的"南国艮子敢臽（陷）虐我土，王敦伐其至，戮（扑）伐厥都"可以看出。那么在周成王之前，南国艮子为何要主动地进攻周朝，这个"我土"又指哪里呢？《诗经·鲁颂·闷宫》载周公东征时"至于海邦，淮夷来同……及彼南夷，莫不率从"。这个"南夷"，可能就是"南国"之地。正是因为征伐淮夷的战争触及到了"夷方"的利益，故有"臽（陷）虐我土"之举。而周王朝的"敦伐其至，戮（扑）伐厥都"和接踵而来的"大吴"战略，则成为干国建立的契机，使干国由此建立起来。

昭王卒后，穆王即位。周穆王时"王道衰微"，淮夷徐国利用"淮夷批珠暨鱼，其篚玄纤缟"的经济优势，迅速发展壮大起来。于是"徐夷僭号，乃率九夷以伐宗周，西至河上。穆王畏其方炽，乃分东方诸侯，命徐偃王主之"。[1] 虽然此谓徐偃王之"僭号"在先，后穆王不得不暂时承认其宗主地位，其与《元和郡县图志》记载的"徐君偃好行仁义，视物如伤，东夷归者四十余国。周穆王闻徐君威德日远，乘八骏马，使造父御之，发楚师，袭其不备，大破之，杀偃王"[2] 有所不同，即徐的强大首先引起周穆王不安，而后偃王有杀身之祸。但偃王"处潢池东，地方五百里，行仁义，陆地而朝者三十有六国"[3] 却是事实。而"地方五百里"和"三十六国"，就主要指江淮东部的"九夷"地区。也就是说，徐偃王的军事行动，是联合了干国的"廿又六邦"和徂国的"俘淮九邑"为基础的。对此，《后汉书·东夷列传》注引《水经注》说得清楚，谓："黄（潢）水一名汪水，与泡水合，至沛入泗。自山阳以东，海陵以北，其地当之也。"而"山阳以东，海陵以北"，即指江淮东部地区。有人认为徐偃王可能就是徐奄王，偃、奄古通[4]，若此，则今常州一带的奄人也属徐国的准势力范围。

---

[1]《后汉书》卷八五《东夷列传》，第 2808 页。

[2]〔唐〕李吉甫撰，贺次君点校：《元和郡县图志》卷九《河南道·泗州·徐城县》，中华书局 1983 年版。

[3]《后汉书》卷八五《东夷列传》，第 2808 页。

[4] 徐永生：《徐国史研究》，中国文联出版社 2002 年版。引见其书董楚平《序》。

只是偃王征伐宗周,与干国为暂时的联合行动,而并非真正地占领了江淮东部。至于周成王封给妊国的"俘淮九邑",即"凡所征熊盈族十有七国",则因多是殷商王朝的贵族阶层,此时也参与了征伐宗周的军事行动。否则,在江淮东部是不可能有"三十六国"的存在的。总之,徐偃王率领"九夷"伐周,是徐和干以及妊国反叛势力"俘淮九邑"的联合行动。

徐偃王的军事行动,迅速而又勇猛,一直打到距离西周东都洛邑不远的黄河岸边。于是穆王急忙调兵,来平息这场大规模叛乱。《史记·赵世家》载:"缪(穆)王使造父御,西巡狩,见西王母,乐之忘归。而徐偃王反,缪(穆)王日驰千里马,攻徐偃王,大破之。"《史记·秦本纪》云:"造父为缪(穆)王御,长驱归周,一日千里以救乱。"由此可见,当时觐见西王母"乐之忘归"的周穆王,是何等的着急。但是面对这股强大的夷族势力,也只好向楚国求援,以迅速平息这场叛乱。《后汉书·东夷列传》载:"穆王后得骥騄之乘,乃使造父御以告楚,令伐徐,一日而至。于是楚文王大举兵而灭之。"《淮南子·人间训》谓:"王孙厉谓楚庄王曰:'王不伐徐,必反朝徐。'王曰:'偃王有道之君也,好行仁义,不可伐。'王孙厉曰:'臣闻之,大之与小,强之与弱也,犹石之投卵,虎之啗豚,又何疑焉?……'楚王曰:'善。'乃举兵而伐徐,遂灭之。"[1]虽然史书所记载的楚文王和楚庄王,都与时代并不凑拍,但周王朝联合楚国共同伐徐,则是客观的历史事实。

由于楚国的突然出击,徐偃王一时措手不及,加上"偃王仁而无权,不忍斗其人"[2],这场征伐西周的战争,到周穆王末年以失败告终《元和郡县图志》卷九《泗州·徐城县》载:"周穆王末……杀偃王。其子遂北徙彭城原东山下,百姓归之,号曰徐山。按山今在下邳县界。"《后汉书·东夷列传》载偃王败后,"乃北走彭城武原县东山下,百姓随之者以万数,因名其山为徐山"。章怀注曰:"武原,县,故城在今泗州下邳县北。徐山在其东。"

---

[1] 按:据《夏商周断代工程 1996—2000 年阶段成果报告(简本)》(世界图书出版公司 2000 年版),周穆王公元前 976—公元前 922 年在位;据《史记·楚世家》等,楚君称王始于楚武王元年(前704),楚文王公元前 689—公元前 677 年在位,楚庄王公元前 613—公元前 591 年在位。徐偃王与周穆王同时,而与楚文王、楚庄王无关,史书记载当是周穆王克徐与楚王灭徐二事的误缀与混编。详参曹金华著《后汉书稽疑》"于是楚文王大举兵而灭之"条校文,中华书局 2014 年版,第 1176—1177 页。

[2]《后汉书》卷八五《东夷列传》,第 2808 页。

邳州一带乃是俎国的政治中心,徐偃王为何败退至此,而不向艮子统治下的"南国"退却呢? 这是否说明俎国直接统治下的"俘淮九邑",也参与了徐偃王的叛乱? 而若如此,周之俎国的根基不就动摇了吗? 西周中后期,周王朝与淮夷、南淮夷等战争不断,但俎国的历史除了见与齐、陈等国偶尔通婚的情况[1]外,并不见其军事行动,这说明周王朝原定由俎侯为主所实施的"大吴"战略,已经遭到了极大破坏,尤其是俎国直接统治下的殷商贵族"在俎王人十又七姓"地参与叛乱,更从根本上动摇了俎国的统治基础。

至于参与徐偃王叛乱的"南国艮子"即干国的"廿又六邦",其在伐周失败以后,自然回到了江淮东部。虽然在与徐国共同征伐宗周的战争中,我们看不到干国出兵的具体状况,甚至不知道"南国艮子"究系何人,但其与徐国共同伐周的历史事实是很清楚的。及至伐周失败以后,干国在周王朝"大吴"战略的压力下,自然要收缩战线,固垒自保,以迎接更为艰巨的挑战,并在此后与周王朝的长期抗衡中逐渐发展壮大起来。扬州一带作为干国的重要组成部分,在当时的战争中担负着前线的作战任务,当然也经历了血与火的历史考验。

（二）西周中后期的干国

穆王以后,西周王朝进入了中后期,江淮东部的干国也进入了不断巩固和发展的历史时期。在此时期,最主要的历史特点,是周王朝对江淮中下游地区的干、徐等国长期征伐和干、徐等国的奋力抗衡。

而鉴于淮夷徐国和南淮夷等都在干国以西地区,即周朝对夷作战的前沿,故对徐淮夷和南淮夷的战争又明显地多于干国。但因干、徐等国共同的历史命运,他们也往往携手作战,一致对敌,为打破西周王朝的"大吴"战略而共同战斗。

录戎卣铭:

> 王命戎曰:"戲! 淮尸(夷)敢伐内国,女(汝)其以成周师氏戍于固
> 自(师)。"白(伯)雍父蔑录历,易(锡)贝十朋。录拜稽首,对扬白(伯)休,

---

[1]　参见王晖:《西周春秋吴都迁徙考》,《历史研究》2000年第5期,第69页。

用作文考乙公宝尊彝。

方彧鼎铭：

> 彧曰："乌虖（呼）！王佳（唯）念彧，辟剌（烈）考甲公，王用肇使乃子彧，逨（率）虎臣御潍（淮）戎。……

彧簋铭：

> 佳（唯）六月初吉乙酉……彧率有司、师氏奔追御戎于臧林，博（搏）戎馘（胡）。朕文母竞敏启行，休宕厥心，永袭厥身，卑（俾）克厥嫡（敌），隻（获）馘百，执讯二夫，孚（俘）戎兵盾、矛、戈、弓、箙、矢、裨、胄，凡百又卅又五叔（款），孚（捋）戎孚（俘）人百又十又四人。……

以上列举录国铜器[1]，当在周穆王或稍晚时期，录为群舒后裔，本亦为夷，在此之前，其被周室征服归顺，故在此时随同周师抵御淮夷的内侵。战争发生在"胡"等地，颇有斩获。胡国在今安徽阜阳境内，此时亦是服从于周朝的一个小国。[2]这里所说的征伐"淮夷"就是指淮夷徐国等地，"淮夷敢伐内国"或即徐偃王伐宗周时，所述战争当是被周王朝打败的部分。此次战争，周王朝虽取得了一些胜利，但其损失也是大的。而除此之外，周王朝的报复性行动，还涉及到苏北一带，如班簋记载毛伯奉命以伐"东国"，并取得了军事胜利。而自徐偃王失败以后，周穆王会诸侯于涂山（今安徽怀远县境内淮水南岸），徐夷部分再次南迁，可能到达了江、汉流域。[3]在同时期的金文中，也可看到由于迁徙，周人的文本中开始认同"南淮夷"，换言之，至少有部分徐

---

[1]　中国社会科学院考古研究所编：《殷周金文集成》，序号：05419；02824；04322。

[2]　杨宽：《西周史》，上海人民出版社1999年版，第560页；张富祥：《东夷文化通考》，上海古籍出版社2008年版，第599页。余按：王晖《西周春秋吴都迁徙考》谓"戚通俎"，若此，或与俎国相关，待考。《历史研究》2000年第5期，第69页。

[3]　顾颉刚：《徐和淮夷的迁留——周公东征史事考证之五》，《文史》1990年总第23期。

人迁到了淮河以南地区。

周穆王死后，恭、懿、孝王先后即位。出土于陕西安康的史密簋，记载懿王或孝王时期的情况说：

> 惟十又二月，王令师俗、史密曰："东征。"会南夷卢、虎会杞夷、舟夷，雚，不折，广伐东国，齐师、族徒、遂人乃执鄙宽恶。师俗率齐师、遂人左〔周〕伐长必；史密右率族人、釐伯、棫、夷周伐长必，获百人。对扬天子休，用作朕文考乙伯障簋，子子孙孙其永宝用。[1]

根据考证，"卢和虎是两种南夷……据铭文地理形势推断，实属于淮夷"[2]。挑起事端的是淮夷的卢、虎，起而响应的是山东境内的杞夷、舟夷。他们联合起来进犯周王朝的东土，周王也派师俗、史密东征，并率领齐、釐（莱）、棫（偪阳）、夷等围攻长必，并取得了战争的胜利。但是，此簋记载的"南夷卢、虎"，更可能与干国有关，是他们联合山东南部的杞夷、舟夷"广伐东国"。东国则指齐、鲁、俎等，苏鲁边界的棫（偪阳）就在俎（今邳州泇口）的附近。"遂人"系指鲁地[3]，"族人""族徒"则是曹、俎等姬姓国。这是干国卢、虎二将联合山东南部的杞夷、舟夷，对"东国"南部长必（未详何地）的一次攻伐。而在此战争中，周王朝虽然取得了俘获"百人"的战绩，但其损失也一定是不小的。

周孝王死后，夷、厉、宣王先后即位，周与诸夷的关系进一步恶化，双方战争更加频繁。《后汉书·东夷列传》载："厉王无道，淮夷入寇，王命虢仲征之，不克。宣王复命召公伐而平之。"召公即召虎。《诗经·大雅·江汉》："江汉浮浮，武夫滔滔。匪安匪游，淮夷来求。既出我车，既设我旟，匪安匪舒，淮夷来铺。……江汉之浒，王命召虎：式辟四方，彻我疆土。"意思是说要对淮夷兴师讨伐，要把淮夷阻于其地。而除此之外，在西周青铜器铭文中，也屡见淮

---

[1]　参见张懋镕、赵荣、邹东涛：《安康出土的史密簋及其意义》，《文物》1989 年第 7 期。铭文据下李学勤文考订。

[2]　李学勤：《史密簋铭所记西周重要史实》，收入《走出疑古时代》（修订本），辽宁大学出版社 1997 年版。

[3]　《尚书·费誓》："鲁人三郊、三遂。"陈戍国点校：《四书五经》，岳麓书社 1991 年版，第 280 页。

夷来犯和周朝大力征伐的记载。如前揭周厉王时猷钟"王肇遹省文武勤疆土……南尸（夷）、东尸（夷）具见廿又六邦"这条史料，就是鉴于时之夷乱，欲谋攻伐"南国"之策。又如虢仲盨盖铭文："虢仲以（与）王南征，伐南淮尸（夷）"；无㠱簋载"王征南尸（夷）"；翏生盨载"王征南淮尸（夷），伐角、津，伐桐、遹。翏生从，执讯折首，孚（俘）戎器，孚（俘）金"等。[1]按"南淮夷"即徐淮夷西南部的淮夷，翏生盨所说的"伐角、津，伐桐、遹"，史家解释为："角在今宿迁县西南，津在宝应津湖，属江淮东部。桐，古国，在安徽桐城西北。由此可知，厉王时期，江淮东部及皖中一带很可能已属南淮夷范围。"[2]这个说法虽不准确，即"征南淮夷"为一事，"伐角、津"为另一事，但其征伐到了苏北宝应湖一带，必然涉及干国之地。

　　然在此次征伐之后，周王朝却遭到了一次凌厉的报复性攻击。周厉王时器禹鼎记载："噩（鄂）侯御方率南淮尸（夷）、东尸（夷）广伐南或（国）、东或（国），至于历内。王乃命西六𠂤（师）、殷八𠂤（师）曰：'戕（扑）伐鄂侯御方，勿遗寿幼。'……休隻（获）厥君御方……"[3]由此可见，前伐"角、津"已至干地，故噩（鄂）侯御方为了打败周朝进攻，遂联合东夷和南淮夷的力量，对周朝的"南国""东国"予以反击。但因朝廷"勿遗寿幼"地进行镇压，终将鄂侯御方俘获，使此次反击遭到重创。

　　周宣王时，号称"中兴"，对江淮地区又展开了大规模征伐。《诗经·大雅·常武》云：

　　　　赫赫明明，王命卿士，南仲大祖，大师皇父："整我六师，以修我戎；既敬既戒，惠此南国。"王谓尹氏，命程伯休父："左右陈行，戒我师旅，率彼淮浦，省此徐土。"……如雷如霆，徐方震惊。……铺敦淮渍，仍执丑虏。……王犹允塞，徐方既来。徐方既同，天子之功。四方既平，徐方来庭。

---

[1]　中国社会科学院考古研究所编：《殷周金文集成》，序号：04435；04225；04459。

[2]　马承源：《关于翏生盨和者减钟的几点意见》，《考古》1979年第1期；《泰州通史》上卷，凤凰出版社2014年版，第40页。

[3]　中国社会科学院考古研究所编：《殷周金文集成》，序号：02833。

徐方不回，王曰还归。[1]

联系《今本竹书纪年》，此次战争当发生在周宣王六年（前822），且应该以胜利结束。其征伐的主要对象是淮夷徐国，徐国也因此失败臣服，但是为了稳定这个地区，还是把徐的国君放了回去。

宣王时器师袁簋记载：

> 王若曰："师袁，戋（翦）淮尸（夷）繇（旧）我员（帛）晦（贿）臣，今敢博（迫）厥众叚（暇），反工吏，弗速（積）我东邺（国）。今余肇令女（汝）達齐帀（师）、曩（莱）、棘、尿（殿）左右虎臣征淮尸（夷），即贅厥邦兽（首），曰冉、曰粪、曰铃、曰达。"师袁虔不杀（坠），夙夜卹厥牆（将）事，休既又（有）工（功），折首执讯，无諆徒御，殴孚（俘）士女、牛羊，孚（俘）吉金。今余弗叚（暇）组（祖），余用作朕后男鼬（腊）尊簋，其万年子子孙孙永宝用享。

兮甲盘载：

> 淮尸（夷）旧我员（帛）晦人，毋敢不出其员、其賣（積）；其进人、其贮，毋敢不即鍊（次），即岺（市）。敢不用令，则即井（刑）戮（扑）伐。其佳我者（诸）侯百生（姓），厥贮毋不即岺（市）；毋敢或入蛮宄贮（贾），则亦井（刑）。兮白（伯）吉父乍（作）般（盘），其釁（眉）寿万年无疆，子子孙孙永宝用。

以上二器[2]，表明战败后的淮夷，须向周朝交纳布帛、财物和服劳役等，否则，就要遭到讨伐和惩处。这种对淮夷人进行的苛重盘剥，也正是造成淮夷经常举兵反抗的重要原因。与此同时，根据《史记·周本纪》记载："宣王既亡南国之师，乃料民于太原。"可以断定，周宣王为平息"南国"叛乱也付出了

---

[1]《毛诗正义》卷一八《常武》，〔清〕阮元校刻：《十三经注疏》（清嘉庆刊本），第1241页。

[2] 中国社会科学院考古研究所编：《殷周金文集成》，序号：04314；10174。

沉重代价。

在所发现诸多的考古资料中,除了豩生盨中的"伐角、津",即涉及到今宿迁西南和扬州宝应湖一带外,都不知道在今何处。而所谓"惠此南国""积我东国",则明显指吴、齐等诸侯国,而能看到吴国直接参与周王朝征伐的情形罕见。敔簋记载:"南淮尸(夷)迁及内,伐溓昂、参泉、裕敏、阴阳洛,王命敔追御上洛、怒谷,至于伊、班。"[1]根据春秋时吴国国号称"攻敔"等,"敔"或指南方吴国,"至于伊、班","班"即"班方",在今苏北邳州一带,其与俎国或有关系。而"南淮夷迁及内",则当迁至吴、俎之地。正是因为"迁及内"的南淮夷造逆,周朝才令吴国征伐,一直到达上洛、班方。而据《史记》吴国国君世系推算,此时约当周繇之时,这说明吴国该时期有了发展。至于"大吴"战略中的"俎"国,鉴于干、徐等极力抗衡,在西周时期很少见于史料记载。有学者曾引郭沫若说:"其在金文,则有《俎子鼎》《俎女彝》《俎生卣》,则此字又为国族之名号。"认为俎子鼎即成甬鼎器。其铭云:"亚见,丁卯王令俎子迺(会)西方于省。唯反(返),王赏成甬贝一朋,用乍(作)父乙蘦。"但他认为"这大概即俎侯矢簋铭所说'在俎王人'",其时代尚待深入研究。[2]但不管怎样,这个被周王朝寄予"大吴"战略厚望的"俎"国,在干、徐等国的奋力抗衡下,并未能发挥应有的作用。

宣王卒后,其子幽王即位。周幽王二年(前780),西周镐京及泾、渭、洛水三川地震,岐山崩裂,各种矛盾日益加剧。及幽王十一年(前771),太子宜臼外祖父申侯联合犬戎和山东缯国等攻杀幽王,立太子臼为平王,迁都洛邑,历史便进入了春秋时期。

综上可见,西周时期,徐淮夷与南淮夷是其主要的攻伐对象,而江淮东部为核心的干国之地,则因徐国等更加切近中原地区,所受影响相对不大。西周后期,吴国得到了间歇性的发展,开始对江淮东部施加影响,这从下述干国都城即泰州天目山西周遗址的器物特征可以看出。《管子·小问》中记载的"昔吴干战",或许就包含着西周时期的部分内容。而《说文解字》"邗,一曰本属吴"的说法,则明显是周王朝"大吴"战略的客观反映,也就是说,在周王室的

[1]　中国社会科学院考古研究所编:《殷周金文集成》,序号:04323。

[2]　王晖:《西周春秋吴都迁徙考》,《历史研究》2000年第5期,第69页。

眼里，江淮东部的"干国"，早被划入了吴国的版图。只是这个"大吴"战略，在干和徐国等强烈的抗衡和抵制下，没有达到预期的目标而已。尤其是周幽王即位以后，西周王朝进一步衰落，吴国也进入了又一个沉寂阶段，周王朝就再也没有多少经营东南诸夷的力量了。

第二节　干国的基本属性与政治风貌

干国是由夏代"九夷"和商代"夷方"发展并建立起来的。但对干国的基本属性与都城、地望等，却一直存在着争议，且多有误解。因此需要辨别清楚。

一、干国的基本属性

关于干国的基本属性，按照过去的传统说法，主要有如下两种观点：一是以《姓考》《潜夫论》等文献资料为依据，认为干（邗）国是西周的封邦建国，而鉴于史书记载不同，又形成了周武王时封子"邗叔"和周成王时封周公旦子于"邗"的两种说法。二是由徐出干之说，即认为干国是在周穆王前后由淮夷徐国析分而来。但此说法皆有问题。

谓周武王封子邗叔，论据出自《姓考》一书。《姓考》云："周武王子封邗，因氏""是为邗叔"。及宋祝穆著《古今事文类聚后集》和明彭大翼著《山堂肆考》等皆踵其说，相延至今。然众所周知，《姓考》之类的书，或据正史、野史，或系篡改、伪造，多系后人编纂，且即便是依据正史，也常会因为正史中的某些讹舛而因循致误。诚如彭铎在《潜夫论笺校正》卷九《志氏姓》下加按语说："吹律定姓，肇自轩辕，胙土命氏，传之唐世，由来尚矣。中叶以降，谱牒湮沉，阘冒因仍，昧其初祖；重以古今递嬗，南北迁移，声有转讹，字多增省，重贻舛谬，治丝而棼。盖在昔已病奇觚，后来几成绝学。考姓氏之书，《世本》最古。继是有作，则节信此文及应劭《氏姓篇》、贾执《英贤传》之类，卓尔见称。次则林宝《元和姓纂》、邓名世《古今姓氏书辨证》、王应麟《姓氏急就篇》、郑樵《通志·氏族略》诸书，并伤龃龉。明季以还，又不下十余部，群相蹈袭，自郐无讥。凌氏《统谱》，更为妄作。"[1]《姓考》所谓"周武王子封邗"云云，"邗"

---

[1]〔汉〕王符著，〔清〕汪继培笺，彭铎校正：《潜夫论笺校正》，中华书局1985年版，第401页。

字即为"邘"字之讹。

《姓考》之说,疑出《史记·韩世家》注文。《韩世家》载:"韩之先与周同姓",注引司马贞《索隐》:"《左氏传》云:'邗、晋、应、韩,武之穆'……是武王之子。"[1]然据《左传·僖二十四年》,此"邗"定是"邘"字之讹。修订版《史记》即校作"邘"字。《史记·周本纪》载西伯姬昌"明年,伐邘",注引《集解》徐广曰:"邘城在野王县西北,音于。"《正义》引《括地志》:"故邘城在怀州河内县西北二十七里,古邘国城也。《左传》云'邘、晋、应、韩,武之穆也。'"[2]《姓考》之说,可能就是根据《韩世家》旧本注引《索隐》之误而来。《说文解字》"邘"字条下说:"邘,周武王子所封,在河内野王是也。"[3]《汉书·地理志》河内郡壄王县大注:"太行山在西北。卫元君为秦所夺,自濮阳徙此。莽曰平壄。"注引孟康曰:"故邘国也,今邘亭是也。"[4]《后汉书·郡国志》河内郡野王县"有邘城",注曰:"武王子封在县西北。"[5]《水经注》卷九"沁水"云:"沁水又东,邘水注之,水出太行之阜山……其水南流迳邘城西,故邘国也。城南有邘台,《春秋》僖公二十四年,王将伐郑,富辰谏曰:邘,武之穆也。京相璠曰:今野王西北三十里有故邘城,邘台是也。"[6]由此可见,《姓考》之说不足为据。

谓周公旦子封于邘说,同样也是史料之讹。因为此说的唯一依据是王符之《潜夫论》。《潜夫论·五德志》云:

> 姬之别封众多,管、蔡、成、霍、鲁、卫、毛、聃、郜、雍、曹、滕、毕、原、酆、郇,文之昭也;邘、晋、应、韩,武之穆也;凡、蒋、邢、茅、胙、祭,周公之胤也。

[1]《史记》卷四五《韩世家》,中华书局1959年版,第1865页;修订版《史记》,中华书局2013年版,第2247页。

[2]《史记》卷四《周本纪》,第154页。

[3]〔汉〕许慎撰:《说文解字》,第133页。

[4]〔汉〕班固撰,〔唐〕颜师古注:《汉书》卷二八上《地理志上》,中华书局1962年版,第1554—1555页。

[5]《后汉书》志一九《郡国一》,第3395页。

[6]《水经注》,时代文艺出版社2001年版,第72页。按:王国维《水经注校》(袁英光、刘寅生整理标点,上海人民出版社1984年版,第311页)"邘"皆作"邗",误。

　　然据考证,前云"邘、晋、应、韩","邘"字为是;后谓"凡、蒋、邢、茅、柞、祭"则有误也。清汪继培笺、彭铎校正之《潜夫论笺校正》云:"僖廿四年《左传》。'成'作'郕','邘'作'邢','茅'作'茅','柞'作'胙'。"[1]检《左传·僖公二十四年》,其说极是,"邘"乃"邢"字之讹。《潜夫论》成书于东汉时期,"管、蔡"以下迄于"周公之胤也"全录《左传》成文,源于《左传》无疑,必是手写传抄之故,遂致讹传。《说文解字》"邢"字条下说:"邢,周公子所封。地近河内怀。从邑,开声。"[2]《汉书·地理志》河内郡平皋县,注引应劭曰:"邢侯自襄国徙此。当齐桓公时,卫人伐邢,邢迁于夷仪,其地属晋,号曰邢丘。以其在河之皋,处势平夷,故曰平皋。"臣瓒曰:"《春秋传》狄人伐邢,邢迁于夷仪,不至此也。今襄国西有夷仪城,去襄国百余里。邢是丘名,非国也。"师古曰:"应说非也。《左氏传》曰'晋侯送女于邢丘',盖谓此耳。"[3]《后汉书·郡国志》河内郡平皋县大注:"有邢丘,故邢国,周公子所封。"[4]可见《潜夫论》旧本其间有误,不能以此为据。

　　至于由徐出干之说,则认为干国属"徐淮夷族",是周康王前后从徐国分立出来的。持此观点的学者认为:"扬州古代先民的徐淮夷族,是华夏民族的重要组成部分。是他们在扬州这块沃土上,建立起一个遥远而又漂渺的古'干国'。""先秦时期,扬州一直隶属于徐淮夷集团,而又常常被称为徐方。到周康王前后,在徐地的长江北岸建立了'干'这个方国。"他们认为,徐方在金文和文献典籍中又有徐国、徐族、徐戎、徐土、徐夷、徐人、徐淮夷等多种称谓,徐方是较常用和较正式的名称。早在六千年前,徐淮诸夷等部族就栖息在这片土地上,并且有着悠久显赫的历史,创造过灿烂的物质文化。徐人是少皞的后裔,他和太皞、皞陶都是东夷族的著名首领,他们生活于古史传说中的尧舜禹时代。夏朝末年,徐族在其首领费昌的率领下举族投奔商君,共举反夏讨桀的大旗。商王把位于淮水、泗水间的徐地封给费昌的子嗣为方国,享有处理、主宰诸淮夷的权力,"这使徐国的建立明确到商初立国之时"。直到春秋亡国时,徐族人一直

　　[1]〔汉〕王符著,〔清〕汪继培笺,彭铎校正:《潜夫论笺校正》,第387—388页。
　　[2]〔汉〕许慎撰:《说文解字》,第133页。
　　[3]《汉书》卷二八上《地理志上》,第1554页。
　　[4]《后汉书》志一九《郡国一》,第3395页。

都生活在以淮河为中心的东南沿海地区。"扬州地处淮南江北海西头,大陆的最东端,正处于九夷的部族范围内。所以扬州的先民们当为九夷部族的一支应该隶属于古徐国的辖境"。周朝建立后,镇压了"三监"之乱,使奄、蒲姑二国受到灭国毁社的惩罚,徐族人亦丧城失地,败退至淮水之滨(今江苏洪泽湖北岸一带)。为防止东方诸夷对中原的侵犯,朝廷在中原以东地区,从北向南分封了齐、鲁、宋、陈、蔡、楚等诸侯国,形成了南北向的战争隔离带,作为周王朝的东侧屏障,以防东南诸夷作乱。徐族人虽败退淮水之滨,仍与周王朝保持着臣属关系,但又以相对自主的身份,盘踞在淮河中下游。他们利用物产丰饶资源充足的优势,迅速发展壮大起来,形成"泗上十二诸侯",同时江淮间众多方国建立,史称"朝贡者三十有六国","古干国应该在此时应运而生"。[1]

这种观点,突破了干为封国的传统看法,但对"扬州古代先民的徐淮夷族""扬州一直隶属于徐淮夷集团"以及周康王时徐出干说,尤其是干国建立的契机和具体情况,仍须深入探讨。

早在黄帝征伐蚩尤甚至更早的少皞时期,地处东方的"东夷"已与中原部落联盟发生了关系,但因江淮东部时受海侵的重大影响,直至距今4000年前后,才出现了南荡遗存即王油坊类型龙山文化的"移民文化",故在此前的新石器时代晚期,江淮东部并没有适宜人类生存的环境和条件,"徐淮夷"也就不可能"栖息"在"这片土地上"。到了夏代,以山东为核心的"东夷"族不断南迁,才与江淮东部发生了较密切的关系。《尚书·禹贡》:"海、岱及淮惟徐州。淮、沂其乂,蒙、羽其艺。大野既猪,东原底平。……厥贡:惟土五色,羽畎夏翟,峄阳孤桐,泗滨浮磬,淮夷蠙珠暨鱼。厥篚玄纤缟。浮于淮、泗,达于菏。"又云:"淮、海惟扬州。彭蠡既猪,阳鸟攸居。三江既入,震泽底定。……鸟夷卉服。厥篚织、贝,厥包橘、柚,锡贡。沿于江、海,达于淮、泗。"显而易见,当时的徐州和扬州大抵是以淮河、泗水为界的,"淮夷"属于徐州,"鸟夷"属于扬州。《史记·夏本纪》注引郑玄曰:"淮夷,淮水之上夷民也。"也就是说,"淮夷"居于"淮水之上",其与"鸟夷"的界线虽然模糊,但"阳鸟攸居""鸟夷卉服"乃是大扬州的主要特点,其与"徐淮夷"还是有所区别的。

---

[1]　印志华:《从徐方到邗城》,《扬州建城历史探源专题研讨会论文集》,2015年打印稿。本书目录作《扬州城池变迁》(春秋至两汉)。

"东夷"之称早于"淮夷"。东夷是夏商周时期对东部海滨诸族的泛称，范围很广，故郭沫若在《卜辞通纂考释》中认为东夷包括了淮夷。《尚书·禹贡》所说的青州"嵎夷""莱夷"与徐州的"淮夷"、扬州的"鸟夷"等，都是"东夷"的组成部分，"九夷"则是东方夷人的多个分支。而《后汉书·东夷列传》所说的"夷有九种，曰畎夷，于夷，方夷，黄夷，白夷，赤夷、玄夷，风夷、阳夷。故孔子欲居九夷也"，这个"九夷"是狭义的"九夷"，即夏商时期逐渐形成的"夷方"，不包括"淮夷""莱夷"等。"所谓'九夷'实即夏、商时代'尸方'的俗称"。[1] 江淮东部虽与徐淮夷（徐方）界限不清，但在西周时期，徐淮夷"徐方"和江淮东部为主体的"夷方"还是不同的。《史记·周本纪》"成王既迁殷遗民，周公以王命告……东伐淮夷，残奄"，注引《集解》郑玄曰："奄国在淮夷之北。"《正义》引《括地志》："泗州徐城县北三十里古徐国，即淮夷也。"在周王朝镇压"三监"叛乱的过程中，"尸（夷）方"既未参与"三监"叛乱，也和"淮夷"没有牵连。周穆王时，徐偃王联合江淮东部"九夷"伐周，干国与淮夷徐国发生了关系，但这种关系，只是双方采取的联合行动，并非将干地归属徐国。因此，也就不可能出现由徐出干的状况了。

总之，西周前期出现的干国，是由夏代江淮东部的"九夷"即商代的"夷方"发展而来，是以该地区的夷系土著为民众基础建立起来的。而且，干国是个独立于王朝之外的邦国，而不是西周王朝的封邦建国，也不是由淮夷徐国析分出来的。至于前揭"干国"在"五帝"时已有，西周时作为异姓之"册封"，或者从河南濮阳一带迁徙而来的说法，更是经不起检验和推敲。

二、干国的地望与都城

干国的地望与都城，是研究其经济、文化等方面必须涉及的重要问题。

夏末"干辛邦"的地望，疑在江淮东部地区，其具体方位虽然很难说得清楚，但不少学者认为扬州蜀冈曾是先民聚居点的看法，其说确有一定道理。因为在新石器时代晚期的大海侵时，海岸线大致在今高邮湖西岸，蜀冈一带地势高敞，加上夏代数百年的积沙成陆，"干辛邦"以此为治理中心是可能的。商代"夷方"也在江淮东部地区，其地望或涉及到鲁南和苏南东部。而从泰

---

[1]　参见张富祥：《再说"东夷"》，《中国社会科学报》2018年11月26日第8版。

州姜堰天目山商周遗址来看,已有商代一些因素,故此地可能为"夷方"的统治中心之一,"九夷海阳"或为信史。

　　西周前期建立的干国,因学界对其灭亡时间的看法不同,即存在着西周末年、春秋之前、春秋中期乃至春秋末年等多种说法,又往往采用从后至前的逆推反证,对其都城与地望的问题也存在着诸多争议。归纳起来,大致有如下三种说法:一在西汉临淮之地。许慎《说文》:"邗,国也,今属临淮。"段注云:"许云今属临淮者,许意邗国地当在前汉临淮郡,不在广陵也。"临淮即今洪泽湖北岸一带,至于都城则不确定。二是越地余干,即今南昌市东的余干一带。《汉书·货殖传》孟康注云"干越,南方越名也";《太平御览·州郡部一六》引韦昭注"干越,今余干县,越之别名";《越绝书》言姑苏县娄门外有"马安溪上干城者,故越干王之城也,去县七十里"等。陈梦家先生认为"干越"为越族之一,《越绝书》干王即《管子》的干国,亦为越族,并认为"吴都本干城",而"姑苏县西北五十里至八十里间,其地为越无余及干王所都,干遂、干溪皆在其地"。三是汉代广陵郡江都,即今扬州市一带。《说文》:"邗,国也。……一曰邗,本属吴。"杜预注《左传》哀公九年"吴城邗"谓邗即当时的"广陵邗江",《汉书·地理志》谓"广陵国江都,有渠水首受江,北至射阳入湖"。邗江或邗沟依长江北岸的邗城命名,其地在西汉时紧依长江北岸边的广陵国(东汉广陵郡)江都,此地在长江北岸边,今扬州市之南。[1]但因"越无余及干王所都",此"干王"乃是战国时期越灭吴国之后所封,所以这种说法目前已经很少再有人提及了。至于把干国看作西周的封国,并认为干为子、爵类,封地当在50里内的说法[2],就无须多说了。

　　但是,地望临淮或广陵的两种说法,也存在着不少问题。首先,从《说文解字》记载来看,本身就存在着矛盾。此书"邗"字条下说:

---

[1]　参见王晖:《西周春秋吴都迁徙考》,《历史研究》2000年第5期,第70—71页。

[2]　吴子辉在《扬州建置笔谈》中说:"就西周的制度来说:有五等爵位,即公、侯、伯、子、男,规定其封地,公、侯100里,伯70里,子、男50里。目前尚无据论定邗国的爵位,依理推之,似属子、男一类,那么它的封地不出50里,比现代一个小县还小。"江苏古籍出版社2002年版,第82页。

　　邗,国也,今属临淮。从邑,干声。一曰邗,本属吴。[1]

故许多学者认为:干、邗字通,邗即干国,"今属临淮"即汉临淮郡,故有地望临淮之说。但据《汉书·地理志》记载,临淮郡辖徐、淮浦、盐渎、淮阴、海陵、舆等二十九县,并不包括广陵国即所辖广陵、江都、高邮、平安四县,故段玉裁在《说文解字注》中说:"许意邗国地当在前汉临淮郡,不在广陵也。"又许慎为东汉人,所谓"今属"或指东汉,但据《后汉书·郡国志》,临淮郡于东汉永平十五年(72)更为下邳国,辖下邳、徐、淮阴、盱台等十七城,广陵郡辖广陵、高邮、江都、平安、盐渎、舆等十一城,二者之间也无关系。又据《说文解字》"前言":"许慎《说文解字》,创稿于和帝永元十二年(100),至安帝建光元年(121)九月病中,始遣其子冲进上。"则其撰作此书时,临淮郡已改下邳国,原临淮郡的部分属县归广陵郡。故许氏之说本有问题。而有些学者根据"一曰邗,本属吴",杜预注《左传》哀公九年"吴城邗"谓邗即当时"广陵邗江"等记载,认为邗(干)国在汉广陵郡一带,都城在今扬州市。

　　又据地理形势考察,汉代海陵即今泰州,舆县即今仪征,分别在今扬州市的东、西南部,南濒长江,而邗(干)却不包括其间的广陵国,显然这是说不通的。故若"今属临淮"不误,也只能是以邗(干)国都城为中心指称,即其都城"今属临淮"(如都于海陵、舆县等),而不能说广陵等四县内又别有个其他方国。而"一曰邗,本属吴",当可作出如下解释:一是干国在周王朝"大吴"战略的背景下,曾被作为吴国地盘,而根本不承认这个"伪政权"的存在。二是指吴灭干后地属吴国,其后又属齐、吴、越、楚,是以《左传》"吴城邗,沟通江淮"和战国时期的历史变迁为依据的。总之,干国的大致地望应在江淮东部地区,南至苏南东部一带,北至淮河以南,东濒大海,西北为徐。这从前揭俎侯夨簋所封"宅邑卅又五"和"南国尺子"统治的南夷、东夷"廿又六邦"等情形可见。直到春秋吴灭干后齐"分吴半",齐桓公谓"东南多有淫乱者,莱、莒、徐夷、吴、越,一战帅服三十一国"[2],仍能说明除莱、莒等五国外,原干之地"廿又六邦"的大致规模。

　　[1]〔汉〕许慎:《说文解字》,第135页。
　　[2]　上海师范学院古籍整理组校点:《国语》卷六《齐语》,第242页。

至于干国的都城,目前尚无一致说法,论之如下:

首先,过去认为干国都城在今扬州西北郊外蜀冈上古城遗址内的传统观点,已被考古发掘证明所彻底否定,即这里并没有发现战国以前的干(邗)城遗迹,正如顾风先生所说:

> 1988 年,扬州唐城考古工作队在唐子城西北转角、唐子城西城垣进行考古发掘过程中,皆未发现邗城的遗迹,只是在遗址底层以下的灰坑中发现了属于战国时楚国的货币——蚁鼻钱。2014 年,扬州唐城考古工作队对蜀冈上古城址北城墙西段东部的城门遗址进行考古发掘,也只发现了不晚于汉代的水涵洞或属于战国楚广陵城的木构遗迹。[1]

其次,干国都城也不可能在扬州仪征。有研究者曾对经过调查的仪征佐安城、经过考古发掘的姜堰天目山城址以及盱眙六郎墩、仪征甘草山、神墩遗址和破山口西周墓作了考察,认为在仪征西面约 3 千米的胥浦乡佐安村发现的一座古城址,即明《嘉靖仪征县志》、清《乾隆仪征县志》和《光绪仪征县志》所说的汉代佐安城。而据 1982 年的考古调查,以及采集的陶片分析,其年代为"春秋早中期"。虽然作者认为春秋时期的佐安城可能不是邗国的城而应是吴国的城,但据佐安城不远的破山口高等级邗国贵族墓葬推测,"邗国故城可能在春秋佐安城城址之下,邗国故城可能为邗该都城",只是由于当地大规模的基础建设,使佐安城遗址荡然无存。[2]但是这里所说的"邗",是指干国,是以"干""邗"字通而论的。而佐安城若为"吴国的城",年代在"春秋早中期",则此城下就不可能再有个"邗该都城"了。因为吴灭干的时间,是在春秋早期末端。至于部分学者认为吴王寿梦时灭了干国,佐安城或是寿梦和诸樊的都城,则前者非是,后者或然,但与干国都城何在则毫无瓜葛了。

---

[1] 顾风:《邗城的探寻与研究》,扬州博物馆编:《江淮文化论丛》第 4 辑,文物出版社 2017 年版,第 157 页。详参中国社会科学院考古研究所、南京博物院、扬州文物考古研究所编著:《扬州城——1987—1988 年考古发掘报告》,文物出版社 2010 年版,第 22 页;汪勃:《扬州城的城门考古》,《大众考古》2015 年第 11 期,第 25 页。

[2] 张敏:《邗·邗城·邗文化》,扬州博物馆编:《江淮文化论丛》第 4 辑,第 150 页。

干国都城在何处呢？从目前所掌握的考古资料看,应在今泰州姜堰天目山一带,泰州汉代称为海陵,在西汉的临淮郡内。

天目山遗址位于姜堰区城区北部,地处江淮之间的里下河平原南缘的新通扬运河南侧,西邻姜溱河。该城址西距泰州21千米,距离扬州80余千米。2000年8月至2002年10月,考古工作者对此遗址进行了两次考古发掘,发现了属于西周时期的城址,同时出土了不少陶器、石器、青瓷器、骨器和铜器等。通过钻探和部分解剖,确认天目山城址有内城和外城,城墙和河道。外城平面略呈椭圆形,东西长170米,南北宽160米,面积约25000平方米。内城墙位于外城的东北部,以西城墙、南城墙与外城相隔离,东侧城墙与内城合一,边长约70米,面积约4000平方米。根据地层关系及器物特征判断,该城年代主要为西周。而从文化内涵分析,天目山城址在西周早中期具有江淮地区周代文化的共性,至西周晚期,与宁镇地区开始有较多共性,表明吴国对邗国的影响逐渐加剧。天目山城址沿用的时间为西周早期至两周之际,与邗国存亡的时间相同。[1]虽然"与邗国存亡时间相同"的说法,是以"两周之际"吴灭干国为立论依据而不确,但此地曾为干国都城,当是没有问题的。尤其是从遗址的器物组合来看,早期有着商代因素,第三期中的部分豆年代已进入春秋时期。更有一些学者认为,此城墙虽然筑于西周,但一直沿用到了春秋的早中期。

对于姜堰天目山古城,人们至今仍以"可能"的语气表述,谓"这座城址可能就是当时邗国的城邑,但究竟是不是都城还不好说"[2],而"不好说"的主要原因是规模甚小。但规模甚小并不能作为不是都城的主要根据。因为"其内外城结构和水道环绕特点,明显具有南部水网地区古代城市的风格"[3],且在当时战争频仍、经济基础尚不雄厚的条件下,都城规模并不能作为判断是非的唯一标准。此外根据近年研究,常州淹城和丹阳葛城的古城址也并不大。淹城虽有外城、内城和子城的三道城墙,但子城墙为西周晚期奄族人始筑,内

---

[1]　参见南京博物院、泰州市博物馆、姜堰市文物管理委员会:《江苏姜堰天目山西周城址发掘报告》,《考古学报》2009年第1期。

[2]　参见李晏墅、郭宁生主编:《泰州通史》上卷,第47页。

[3]　张敏:《邗·邗城·邗文化》,扬州博物馆编:《江淮文化论丛》第4辑,第151页。

城墙为春秋晚期吴国始筑,外城墙则为西汉时始筑。[1]葛城是吴国"迄今为止江苏境内发现的时代最早、沿用时代最长、使用次数最多、保存最完好且文化内涵最丰富的城址"[2],但其中心古城,东西约 200 米,南北宽 150 米,其规模也并不大,皆具早期国家的特征。因此,从各个方面因素考量,泰州姜堰天目山古城址就是古干国的都城。

三、干国的政治风貌

干国是由"九夷"族群建立起来的夷系邦国。夏朝初年,"九夷"从山东逐渐迁徙到江淮东部。开始时,他们都以"黄夷""赤夷""阳夷""方夷"等各据一方的形式出现,久而久之便成为当地的土著居民。但诸夷之间交往不多,故在夏朝前期很容易被各个击破。"九夷"的南迁,使原来"东夷"又称"九夷"的格局发生了变化,《后汉书·东夷列传》所说的"夷有九种,曰畎夷,于夷,方夷,黄夷,白夷,赤夷,玄夷,风夷,阳夷",这个"九夷"是狭义的"九夷",这从徐偃王率领"九夷"伐周的情形可见,其主要居住在江淮东部的区域范围。夏朝中期,他们逐渐融为一体,其具体名称如"黄夷""白夷""阳夷"等便罕见了。或许因为九夷"来宾"抑或夏朝的统治危机,夏朝末年在江淮东部出现了"干辛邦"的封国,干辛成为维护夏朝统治的重臣。但是由于夏朝的腐败,干辛并未能帮助他解除政治危机,反而落了个身败名裂的下场,夏王朝也因此而灭亡。到了商代,江淮东部为核心的"九夷"发展为"夷方",此为凝聚力较强的一个整体,他们为了固垒自保,曾与商王朝进行过长期激烈的斗争,及至西周成王时期,便建立起了干国。

干国的建立,有着深刻的历史背景和许多的主客观条件。

首先,经过长期的历史发展,"夷方"势力不断壮大,至西周前期已经形成了政治气候和建国的历史条件。如被周朝称作"南国"的"反子"所率领的南夷、东夷"廿又六邦",就足以说明这个问题。他们敢于"陷虐我土","来逆昭王",与周王朝进行激烈的抗衡。虽然江淮东部在经济上尚不发达,但经过夷民数百千年的辛勤开发,已足以支撑起自己的政权。

其次,"夷夏东西"的历史格局和周王朝的"大吴"战略,是促成干国建

---

[1]　林志方:《淹城探秘》,黑龙江人民出版社 2007 年版,第 213—221 页。

[2]　张敏:《吴国都城初探》,《南方文物》2009 年第 2 期,第 58 页。

立的重要原因。"夷夏东西"的历史格局,早在黄帝与蚩尤时即已揭开了历史序幕,但当时的"东夷"主要分布在山东一带。及至夏朝,这种斗争一直延续。根据《史记·夏本纪》记载,禹劳心焦思,终平水患。及舜崩后,禅让于禹,禹荐舜子商均于阳城,然"天下诸侯皆去商均而朝禹",于是禹为天子,国号曰夏。禹之晚年举荐皋陶,欲禅让之,未及即位而皋陶卒,于是举益任以政事。及禹东巡崩于会稽,乃以天下授益。益让位于禹子启,辟居箕山之阳,"诸侯皆去益而朝启",于是禹子启即天子位。皋陶与益皆东夷人,而王权却落入了夏启之手,看似益是让位于启,而实际上却经历了激烈的斗争。《韩非子·外储说右上》:"尧欲传天下于舜,鲧谏曰:'不祥哉!孰以天下而传之匹夫乎?'尧不听,举兵而诛杀鲧于羽山之郊。共工又谏曰:'孰以天下而传之于匹夫乎?'尧不听,又举兵而流共工于幽州之都。于是天下莫敢言无传天下于舜。"[1]《荀子·正论》曰:"夫曰'尧、舜禅让',是虚言也,是浅者之传,陋者之说也。"[2]《战国策·燕策一》:"禹授益,而以启为吏。……启与支党攻益而夺之天下,是禹名传天下于益,其实令启自取之。"[3]这些说法当更贴近历史事实。及夷人后羿、寒浞之时,夷夏之间斗争继续,终使夏王太康失国。而至少康中兴复国,遂致夷人大量南迁。其后历经商周二代,依然处于"夷夏东西"的斗争格局。对此,傅斯年先生早在1921年《夷夏东西说》一文中指出:中华早期文明由东部东夷文明和中原华夏文明共同育成。在中华大地,地理的形势有东西之分,历史凭借地理而生,史前至夏商周三代,大体上有夷东夏西两个不同的系统,这两个系统因对峙而碰撞,因碰撞而采借,因交流采借而融合,因融合而使文化发展有了巨大的契机与拓展空间。[4]由此可见,"夷夏东西"的历史格局和浸透到血液中的血亲复仇观念,正是促成干国建立的历史渊源和民众基础。

同时,西周初期周王朝的"大吴"战略,更是促成干国建立的直接因素。

---

[1]〔清〕王先慎撰,钟哲点校:《韩非子集解》,中华书局1998年版,第324页。

[2]〔清〕王先谦撰,沈啸寰、王星贤点校:《荀子集解》,中华书局1988年版,第336页。

[3]〔西汉〕刘向集录,范祥雍笺证,范邦瑾协校:《战国策·燕策一》,上海古籍出版社1985年版,第1059页。

[4] 参见宋镇豪:《中华东部古文明的孕育》,《中国社会科学报》2018年11月26日第8版。

为了消除东南夷患和扩大周王朝的版图,周成王在今苏北邳州一带封建俎国,意欲使其"入土南向",与南方吴国融为一体。这就使"南国反子"所率领的"廿又六邦"感受到了从未有过的压力,于是决定武力抗衡。而为了有效地组织力量,取得武装斗争的胜利,这个由"夷方"为基础的联合群体,建立起自己的"干国"政权,也就是水到渠成之事了。

再者,干国的周边环境,也为干国的建立提供了条件。从南吴、北俎的形势来看,这自然给江淮东部的"夷方"带来了很大压力和挑战,但此时的吴国还局限于宁镇地区,处于早期草创阶段,而俎国刚刚建立起来,所封"俘淮九邑"中的"在俎王人十又七姓",又来源于商代贵族,随时可能举兵叛乱。此外,干国西部的徐淮夷和南淮夷等,同样面临着周王朝的巨大压力,他们不仅是"夷方"的支持和联合力量,也是抗衡周王朝最直接的对手和为之遮风挡雨的前驱。

因此,从上述情形来看,干国的建立是完全具备其条件的。也正因为如此,干国得以建立、稳固和不断发展,统治了三百余年之久。

干国既是独立于王朝外的夷系邦国,其政治风貌便具明显的时代特点和异族特色。归纳起来主要是两点:一是敢于抗争的斗争精神;二是独特的政治体系。

首先,干国是个夷系邦国,其统治下的"九夷"民众,在长期的"夷夏东西"的斗争中,形成了坚强的抗争意识和不屈不挠的斗争精神。他们由分散到联合,经过了血与火的考验,也积累了宝贵的经验教训,认识到只有联合起来,才能与中原王朝抗衡。夏初黄夷、风夷等被各个击破和于夷、方夷被迫"来宾"以及商代形成的"夷方",以至"南国反子"南夷、东夷"廿又六邦"的联合,干与徐国共同伐周以及与南淮夷等的协同作战,都说明了这个问题。他们团结一致,共同对敌,罕见内部矛盾冲突,积聚了难以抗拒的族群力量。此外,江淮东部恶劣的自然环境和生活条件,也锤炼出他们坚强的意志,展现出无所畏惧的风采。他们在新石器时代晚期的大海侵后,来到江淮东部地区,面临着无处不在的困难,硬是开发出适宜人类聚居的处女之地,创造出了惊天动地的奇迹,为"九夷"到"夷方"的形成,为"干国"的建立与巩固,提供了足以支撑族群联盟和政权建立的经济基础。而这种独特的异域风采和斗争精神,经过长期的积聚和迸发,就形成了该地区的"尚武"精神。如《管子·小问》记载"吴干战"中摘齿而战的"国子"动人事迹,就是这种精神的客观反映和真实写照。

其次,干国既是个夷系邦国,在政治制度上也必然具有独特风貌。《史记·周本纪》载:"夫先王之制,邦内甸服,邦外侯服,侯卫宾服,夷蛮要服,戎翟荒服。甸服者祭,侯服者祀,宾服者享,要服者贡,荒服者王。"而据此分类,江淮诸夷皆属"要服""荒服"之列,要服必须提供贡赋,荒服者必须"王事天子"。但从历史事实来看,干国并未屈服和就范。而周王朝也一直不承认其客观存在,将此纳入到周王朝的"大吴"版图,此即"邗本属吴"说的历史渊源。也正因为这样,干国历史包括国君的名号、世系,都看不到任何记载,及战国时成书的《管子》和《韩非子》,才透露出"干国"的蛛丝马迹。因此,对干国的政治制度,直到现在也说不清楚,只能根据"南国艮子"等有限资料进行推断。所谓"服子",就是周王朝对外服邦君的最低爵称,是尚未融入周文化圈的异族领袖人物。[1]而据青铜器铭文"噩(鄂)侯御方"的相关记载,干国也可能实行了类似的分封制度。同时,随着国家的建立,相关的中央机构、军队和监狱等,也都必然建立起来。这说明江淮东部已经迈过文明的门槛,正式步入了国家时期。

在中央政权下的次级行政建制,是被称为"邦"的诸邑。猷钟记载的"廿又六邦"就是如此。他们在西周王朝的"大吴"战略中被称作"邑",并与俎国直接占领区"俘淮九邑"合并为"宅邑卅又五",一并封给了俎侯。徐偃王率领"九夷"征伐宗周,其"三十六国"还大体是这个规模。《说文解字》:"邦,国也,从邑,丰声。""邑,国也,从囗。""国,邦也,从囗,从或。"[2]可见"邦""国",都是"邑"的别称。邦有"邦首",在青铜器铭文中被贬称为"邦兽"。如师寰簋载:"即質厥邦兽(首),曰冉、曰荣、曰铃、曰达。"[3]而俎侯夨簋记载封给俎侯"厥宅邑卅又五,[厥]囗百又卌","这"百又卌"就应该是相当于"里"的基层组织。大体上说,每邦(邑)平均有四个里,里的下面则是聚落。

[1] 参见邵蓓:《〈封许之命〉与西周外服体系》,《历史研究》2019 年第 2 期。

[2] 〔汉〕许慎:《说文解字》,第 131、129 页。

[3] 中国社会科学院考古研究所编:《殷周金文集成》,序号:04314。

干国就是通过这些邦(邑)和里的组织自上而下而统治的。而"厥宅邑卅又五"或徐偃王时的"三十六国",到了西汉就大体形成了临淮郡二十九县和广陵国四县的框架基础,还有部分应在苏南东部一带。至于考古发掘的扬州凤凰河、仪征破山口、邗江七里甸和宝应双琚等商周遗址,则都应是当时"邦(邑)"存在的体现。特别是扬州、仪征一带作为干国沿江地区的两个重镇,担负着南御吴国、西守边陲的重要防务,战略地位尤其重要。

第三节　干国的经济状况与物质生活

夏商西周时期,江淮东部的经济状况与物质生活,也呈现出不同于中原王朝的历史面貌。当夏王朝建立起奴隶制国家即进入文明社会之时,江淮东部却因海侵的重大影响,经历了长达千年的荒凉阶段,出现了龙山文化王油坊类型的南荡遗存即"移民文化"。而当这种文化因无根基而短暂逗留后,对此地的文化影响便是山东岳石文化,其与中原地区的二里头文化便沿着两个不同的路径前进,呈现出"夷夏东西"的政治格局和历史风貌,在经济发展、物质生活等方面,也呈现出不同的异域风采。

一、干国的历史文化遗存

夏是中国历史上第一个王朝国家。从考古学上来看,能够体现夏文化特色的主要是二里头文化。该文化的分布中心在河南西部与山西南部,即中原的核心区域,而海岱、太湖、江汉等几大区域的文化则相继衰落。尽管二里头文化霸权的兴起,打破了龙山时代各地考古学文化系统势均力敌的平衡状态,然与东方岳石文化相对而言,却保持着两强的格局。岳石文化以海岱为文化母区,不同幅度地向周边延伸,与二里头文化形成了"夷夏东西"之势。结合各区域自然地理与考古学的文化面貌,考古学界对岳石文化作出若干类型的划分[1]。就淮河流域而言,淮北部分的岳石文化类型主要涉及尹家城类型、安丘堌堆类型和苏北类型。而江淮东部此时依然较为沉寂,遗址发现相对较少,文化层缺失较为常见。二里头文化虽然强大,但因空间距离遥远,对

---

[1]　参见栾丰实:《岳石文化的分期与类型》,《海岱地区考古研究》,山东大学出版社1997年版。

江淮东部几乎没有什么影响。在夏商时期,能够影响到江淮东部的只有岳石文化,而且这里离岳石文化的母区也相当远,因此准确地说,当时能够影响到江淮东部的只是岳石文化的某个类型,即泗水尹家城类型。

(一)高邮周邶墩遗址的第二、三类文化遗存

江淮东部的岳石文化遗存,最丰富的一个地点是扬州高邮周邶墩遗址[1],该遗址在南荡遗址西南约45千米。早在史前时期末段即龙山文化晚期阶段,周邶墩遗址即与南荡遗存有着密不可分的关系。周邶墩遗址第一类遗存,在陶系、纹饰、器型上与南荡遗存基本一致,也属王油坊类型龙山文化。与之相同的文化遗存,还有高邮龙虬庄、唐王墩等遗址,表明以南荡遗存为代表的该类文化遗存在江淮东部的分布并非孤立,而是有着一定的分布范围与规律。夏商时期,作为移民文化的南荡遗存已然销声匿迹,而周邶墩遗址在经过短暂的沉寂后,却迎来了以第二类文化遗存为代表的新时期,即岳石文化遗存。周邶墩第三类文化遗存,则与宁镇地区西周至春秋时期的文化一致。这三类文化遗存,皆无传承关系,都是一种外来文化,彼此间呈现出的是一种"异质性断裂"。这里主要关注的是第二类文化遗存。

周邶墩遗址位于高邮东南的龙奔乡周邶墩村南,近似正方形,四周环水,面积约1500平方米。第二类文化遗存的遗迹现象主要是4个灰坑,坑口有近似圆形和椭圆形两种,与海岱岳石文化中心区的灰坑类型特征相似。鉴于发掘面积有限,有无居住遗迹尚不清楚,但可相信这些灰坑当不会孤立存在。

文化遗物主要来自4个灰坑,地层中也有一些,其中H10包含最多,分为陶器、石器两种。陶器分夹砂陶和泥质陶两类。夹砂陶较粗糙,火候普遍较高。泥质陶中灰陶和黑陶陶质细腻,器表多经磨光。此特征也符合岳石文化的陶器特征。器类有鬲、罐、盆、尊、器盖、甗、盒、碗、鼎、豆、纺轮、网坠。石器有刀、镞、斧、凿。通过比较,B型陶鼎、A型甗、大口罐、中口罐、小口罐、高领罐、B型盆、碗、尊、盒、器盖、纺轮、网坠以及石斧、刀、锛、凿等,均与尹家城遗址岳石文化同类器相近。

周邶墩第二类文化遗存,相对于里下河地区而言,无疑是一种外来文化,

---

[1] 南京博物院考古研究所、扬州博物馆、高邮文管会:《江苏高邮周邶墩遗址发掘报告》,《考古学报》1997年第4期。

其与早于此类遗存的王油坊类型龙山文化一样，皆属于江淮东部无渊源可寻的舶来品，且二者并无传承关系。同样，周邶墩第三类遗存与第二类遗存也无传承关系。这种彼此间呈现出"异质性断裂"的特点，对江淮东部南北文化交流的走廊而言，无论是王油坊类型龙山文化，还是岳石文化，都可比作来自别的文化本底区的文化因素，在里下河地区集结，形成了镶嵌在里下河地区这个多水域分布、属泻湖沼泽本底景观之上的文化斑块。这样的文化斑块能否"存活"，则取决于自身对于外在环境的适应能力。考古证据表明，因为环境的相对恶劣，第二类岳石文化遗存在里下河地区仍然只是一个暂居者。岳石文化的影响力，自鲁中南山地尹家城类型出发，经苏北类型，沿着滨海通道自北向南，从赣榆下庙墩、青墩庙、灌云大伊山，到沭淮交汇地区的沭阳万北，再往南抵达里下河地区的高邮周邶墩，接着渡江至镇江马迹山，连成了一条迁徙链条。[1]而与之同期的江南考古学文化，即太湖流域的马桥文化、宁镇地区的湖熟文化，都对江淮东部的影响不大。

　　岳石文化南传的路线，位于江淮东部境内，它的分布模式与王油坊类型龙山文化有相似处，均是通过一个个遗址点连缀成了一条传播廊道。岳石文化的南传，反映出海岱地区内部的生存压力在进一步加大。其实自龙山晚期以来，海岱社会已见颓势，又适逢公元前 2000 年大范围的降温事件，龙山晚期、岳石时期海岱地区的遗址数量大规模缩减，最明显的就是鲁东南沿海地区。为了求得生存、发展和社会的整体稳定，这股压力必须得到排遣，即向不同地区迁徙。而且江淮东部里下河地区的环境，也从侧面佐证了这类文化遗存的存在并非受能源扩张所趋使而留下。因为江淮东部无山，无可供奢侈品消费的玉材等。因此，往江淮东部的迁徙很可能是地理切近之故。南迁的岳石文化在短暂打破了江淮东部的宁静之后，继续南迁，这几乎与此前王油坊龙山文化向江淮东部的迁徙如出一辙。不管怎样，从社会进程角度来说，岳石文化的南迁，仍然可谓江淮东部社会进程中有意义的一桩文化事件。它们与此前的王油坊类型龙山文化，一同组成了江淮东部社会进程中"断裂式"的连接。

　　[1]　镇江博物馆：《镇江马迹山遗址的发掘》，《文物》1983 年第 11 期；田名利：《试论宁镇地区的岳石文化因素》，《东南文化》1996 年第 1 期。

到了殷商时期,江淮东部的生态环境仍无明显好转,极大地限制了聚落遗址的发展。根据江苏各地文物部门的遗址调查汇总,江淮东部的殷商遗址仅有 10 处,绝大多数未经发掘。毫无疑问,对于江淮东部早期文化发展而言,环境的先天不利,是最大的弊端。但遗址的数量,也受制于后天的破坏。如江淮东部部分地区因黄河夺淮,地表普遍覆盖 3—4 米厚的黄沙层。故江淮东部的商文化,目前值得一提的仅有盐城龙冈清理的一座商代晚期墓葬[1],而此地已在江淮东部地区的北端。

据上述考古发现路径,与前揭文献记载比较,可以发现自夏"少康中兴"前后东夷南迁江淮东部逐渐形成"九夷"的事实,与商代形成的"夷方"乃至西周的干国,也都有着密切关系,是岳石文化不断南迁的真实写照。虽然考古发现与发掘地点还很有限,尚不能反映出整体面貌,但其经济发展所受自然地理环境之影响和制约的情形,仍可视为探讨江淮东部经济状况的重要参照。

(二)泰州姜堰天目山遗址

西周时期,江淮东部的轮廓线,根据海岸线重建的研究,基本确定在东台—泰州—扬州一线,此与新石器时代相比,并没有太大的变化[2]。在这片面积不大的区域内,遗址数量十分有限。根据文物部门统计,江淮东部西周时期遗址不超过 20 处,主要在仪征、江都、姜堰、宝应等县市,而且以调查居多,真正发掘的甚少[3]。20 世纪 50 年代末,为了搞清湖熟文化的分布范围,以南京博物院为首的文物部门,对今仪征、六合等丘陵地区展开调查,发现了与宁镇地区相似的"台形遗址",证实湖熟文化不以长江为限,而是延伸到江北地区[4]。此后文物部门正式发掘了几处遗址,其中含有西周时期文化遗存的遗址主要有江浦蒋城子、曹王塍子、仪征甘草山、神墩等。江淮东部最重要的是泰州姜堰天目山遗址。

天目山遗址位于姜堰市(今泰州市姜堰区)城区北部,西距扬州 80 余千米。2000 年 8 月至 2002 年 10 月,由南京博物院主持对此进行了两次考古发

[1] 韩明芳:《江苏盐城市龙冈商代墓葬》,《考古》2001 年第 9 期。

[2] 刘志岩、孙林、高蒙河:《苏北海岸线变迁的考古地理研究》,《南方文物》2006 年第 3 期。

[3] 国家文物局主编:《中国文物地图集》江苏分册上,中国地图出版社 2008 年版,第 62 页。

[4] 南京博物院:《江苏仪六地区湖熟文化遗址调查》,《考古》1962 年第 3 期。

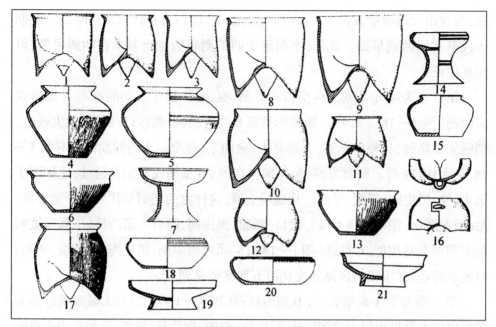

图1-18　姜堰天目山遗址西周时期陶器
（选自李晏墅、郭宁生主编《泰州通史》上卷,第44页）

掘,先后开探沟、探方41个,发掘面积1167平方米,并进行钻探,发现了属于西周时期的城址,同时清理了房址、灰坑、灰沟、墓葬等遗迹,出土了陶器、石器等遗物[1]。陶器是主要出土物,其中夹砂陶占56.6%,泥质陶占40%,硬陶占3.3%。陶片以素面为主,达68.5%,与同时期宁镇地区素面陶器多见有极大的相似性。器型有鬲、甗、罐、瓮、缸、盆、豆、簋、钵等。据地层关系及器物特征,遗址分为三期:

第一期,含第⑧层及其下压层位,典型器物有Aa型Ⅰ式素面豆(图1—18:7),高把,有西周早期周文化风格,与张家坡西周早期的豆十分相似。A型Ⅰ、Ⅱ式素面鬲,微侈口,足尖较直,裆侧袋足较平(图1—18:1、2、3),A型Ⅰ、Ⅱ式素面鬲在宁镇地区湖熟文化序列中,相当于商晚期的二期中已可见到[2]。看来,这种素面鬲延滞到西周早期。类似的A、B型罐(图1—18:4、5)有晚商遗风,但年代已进入西周范畴。Bb型绳纹盆(图1—18:6),斜腹,平

[1]　南京博物院、泰州市博物馆、姜堰市文物管理委员会:《江苏姜堰天目山西周城址发掘报告》,《考古学报》2009年第1期。

[2]　刘建国、张敏:《论湖熟文化分期》,《东南文化》1989年第1期。

底,与含山大城墩第五期 T5 ④ 所有盆相似[1],而后者年代为西周早期。此期年代基本属西周早期。此外,本期碳十四的测年数据也基本在西周早期,可相互印证。

第二期为第⑥、⑦层,典型器物有鬲、豆、盆。属于二期的鬲有 A 型Ⅲ式素面鬲(图1—18:8、9)。如图所举第 8 件素面鬲,微侈口,弧腹,足尖较直,裆侧袋足略鼓,从整体上看,上部宽大,愈向下,愈窄。大约同期的还有图1—18 中第 10、11 件。陶盆方面,第一期存在的 Bb 型绳纹盆仍有延续,比如图中第 13 件,黑皮陶,斜腹,平底。从地层上看,这件盆的相对年代要晚于第 6 件。Ab 型素面豆(图1—18:14),敛口,弧腹,黑皮陶,腰有一道凸棱,与张家坡西周中期同类器相似。C 型罐(图1—18:15)属西周中期,黑皮陶,扁弧腹,平底,有地域特色,在宁镇地区湖熟文化第五期亦能见到[2]。

第三期为② A 至第⑤层,B 型绳纹鬲(图1—18:17)与大城墩遗址第五期所出同类器很相似[3],折沿,矮颈,广肩,斜腹,深袋足,瘪裆,这种鬲当来自安徽江淮地区,流行于西周中、晚期。西周晚期,前两期多见的绳纹盆数量减少,素面盆则有增多之势(图1—18:18、20)。再如 B 型素面豆(图1—18:19、21),豆把变矮。在宁镇地区湖熟文化序列中,豆把也呈现初期高,往后则锐减的趋势,有些豆的年代已经进入春秋时期,故第三期还有年代细分的可能。

江淮地区尤其是东部地区,周代考古学文化一直面貌不太清晰。天目山遗址作为城址,在当时应具有该地区的代表性,通过分析其文化性质可以把握江淮东部的文化特征。出土器物组合显示,西周早中期该遗址具有江淮地区周代文化的一些共性,而与同时期宁镇地区除素面鬲这一共性外其余因素差别较大。至西周晚期,与宁镇地区开始有较多共性,如 Ba 型素面豆、印纹盆等均同于宁镇地区。在江淮地区,从器物组合看天目山遗址与仪征甘草山遗址具有相似性,甘草山遗址第 4 层、3B 层和天目山遗址均以素面鬲为主要

[1]　安徽文物考古研究所:《安徽含山大城墩遗址发掘报告》,《考古学集刊》第 6 期,1989 年,图十:25。

[2]　刘建国、张敏:《论湖熟文化分期》,《东南文化》1989 年第 1 期。

[3]　安徽省文物考古研究所、含山县文物管理所:《安徽含山大城墩遗址第四次发掘报告》,《考古》1989 年第 2 期,图十一:2,3。

炊器,与仪六丘陵以西的曹王塍子、蒋塍子遗址以绳纹鬲为主区别较大,在纹饰风格上,绳纹陶和素面陶的比例也与仪六丘陵以西地区差别很大,以仪六丘陵西部为界应是江淮周代文化的两个类型。此外,江淮地区周代文化在巢湖西部也差别较大。这样江淮地区周代文化在具有共性基础上应可以分为东部(天目山、甘草山遗址)、中部(大城墩、蒋塍子等遗址)、西部(安徽枞阳汤家墩等遗址)三个不同类型。由于地理位置原因,这三个类型受到中原、关中地区的周文化影响,在程度上是不一样的。中、西部类型明显受到更多的来自中原文化的影响,而姜堰天目山在西周时期,据海岸线重建,几乎为海隅,周文化对此间的影响虽然有,但已属强弩之末。[1]

江淮东部地区的干国,与天目山遗址所反映出的客观情况有着十分密切的关系。遗址第一期晚商至西周早期的特征,是干国建立的前奏和基础,证明这里是夷民活动较为集中的一个地区。西周中期主要受周文化影响,晚期与宁镇地区的共性增加,则反映出西周王朝对干国的征伐和"吴干战"经常发生的历史事实,也是战争中相互交流日益频繁的客观结果。遗址第三期中的"春秋"因素,则多少反映出春秋早期干国灭亡前的特征。

在出土文物中,陶器可谓判断时代特征的重要依据。除此之外,在天目山遗址中,还出土了石器刀、斧,骨器笄、锥,原始青瓷器罐、豆;铜器刀、削、镞等。特别值得注意的是,还发现了《发掘报告》"铜器"类没有列出的形状不同、重量不等、色彩不一的青铜块 11 件(套)。这些青铜块,被钱币学家看作西周时期的称量货币,反映出当时商品交换以及经济发展的状况。[2]所有这些,都为探讨干国在西周时期经济发展的线索提供了可靠的证据。

(三)仪征甘草山等遗址与破山口西周墓

在今仪征等地考古发掘的干国遗址,有仪征甘草山、神墩以及盱眙六郎墩等,其中较为典型的是甘草山遗址。

甘草山遗址位于仪征西南的胥浦乡,距离城区约 7 千米,是一座椭圆形台形土墩,高出地表约 11 米,面积约 5000 平方米。该遗址于 1961 年在仪六丘陵考古调查时发现,1982 年为配合仪征化纤联合工业公司的基本建设,对

---

[1]　参见李晏墅、郭宁生主编:《泰州通史》上卷,第 46 页。

[2]　窦亚平、窦广才:《江苏姜堰天目山西周城址出土青铜块刍议》,《江苏钱币》2014 年第 2 期。

该遗址进行了考古发掘,发掘面积为 350 平方米。甘草山遗址的青铜文化堆积发掘分为三层,研究认为 3A 层年代为战国中晚期,属楚文化遗存;3B 层年代为春秋早中期,属吴文化遗存;第 4 层年代为西周早中期,属邗文化遗存。该遗址出土的邗文化遗物主要为陶器,器型有鬲、甗、盆、豆、罐、瓮、钵等,原始青瓷器极少,主要为豆;青铜器有斧、削、镞等。[1]邗文化遗物中,既有北方文化因素,又有南方文化因素,还有一些文化遗物具有较浓郁的地方特征。含北方文化因素的主要是绳纹陶鬲,鬲侈口方唇,弧裆内瘪,显然受到陕西沣镐一带西周文化的影响;南方文化因素,主要为素面连裆鬲,以及印纹硬陶器和原始青瓷器等;而泥质灰陶或黑陶的粗柄簋式豆、泥质灰陶深腹盆等,则既不同于北方又不同于江南的地域特征。通过文化因素分析,该遗址第 4 层的文化构成与天目山城址相同。[2]

在今扬州仪征市附近,还有一些考古发现:

1. 荷叶地遗址。位于仪征市真州镇先进村荷叶组,胥浦河西侧,甘草山遗址东北约 2 千米。遗存分布范围约 1200 平方米,文化层堆积约 1.6 米。2012 年为配合化工园区项目工程建设,扬州考古研究所、仪征博物馆对该区进行考古勘探,发现了商周时期的红陶片、鬲足等文化遗存。为进一步探明遗址性质,对该遗址进行了试掘,发掘总面积 100 平方米,发现了房屋基址、灰坑等遗迹,出土了一批生产、生活工具,证实该遗址是一处商周时期的小型遗址。

2. 郭山遗址。位于仪征市新集镇江宁村郭山组,为一圆形高台地,平均海拔高度 10.1 米,占地面积约 7.3 万平方米,文化层厚度平均 2.8 米,最大厚度近 5 米,遗址堆积非常丰富。地表遍布西周至战国时期生活用具陶器的各种残片,质地以夹砂灰陶、夹砂红陶、几何印纹硬陶器为主,器型有罐、平底盆、鼎、鬲、豆等,纹饰有编织纹、绳纹和几何纹。四周有明显的壕沟环绕,沟宽 20—30 米,向内有二层台地和夯土迹象。该遗址于 1999 年发现,是仪征市保存状况较好的一处古文化遗址。

3. 虎山遗址。位于仪征市新城镇马坝村,沿山河以北,是仪征市一处重

---

[1]　袁颖:《仪征胥浦甘草山遗址的发掘》,《东南文化》1986 年第 1 期。

[2]　张敏:《邗·邗城·邗文化》,扬州博物馆编:《江淮文化论丛》第 4 辑,第 151—152 页。

要的西周时期聚落遗址。该遗址地处蜀冈南沿,遗址平面为近似长方形高台地,总面积约 10 万平方米,文化层堆积 1 米多厚。地势北高南低,坡势渐缓。遗址破坏严重,现仅存西南部,长约 200 米,宽约 40 米。2012 年,扬州市文物考古研究所与仪征市博物馆联合对遗址西南侧考古试掘,试掘面积 50 平方米,清理灰坑 3 个、墓葬 1 座,出土一批陶器标本,从器型种类和纹饰看,遗址年代应为西周早期至春秋战国时期。

4. 神墩遗址。位于仪征市陈集镇丁桥村高塘组,地处蜀冈丘陵地带。位于台形高地之上,自北向南倾斜。遗址北、东、西三面有河道及水塘环绕,现存面积 1 万平方米以上。1995 年南京大学历史系在此发掘,揭露遗址面积 464 平方米,发现一组西周、春秋时期的大规模红烧土建筑居址,地层中陶片等包含物较为丰富,上层文化层以夹砂灰褐陶、泥质红陶占多数,下层文化层中泥质黑皮陶明显增多,器型有鬲、豆、罐等。神墩遗址是历年来在江苏宁镇及周围地区商周时代考古中少见的保存较完整的聚落遗址,具有比较鲜明的地方特色,对了解仪征西周、春秋时期的文化面貌有重要意义。[1]

所发现的干国墓葬,主要有仪征破山口西周墓。破山口位于仪征新城镇郁桥村,东北距仪征约 5 千米。1930 年当地农民在此挖掘出 40 余件青铜器,后大多流失海外。1956 年,仪征文管会将留在仪征的 12 件上交苏北历史文物保管委员会,嗣后南京博物院又在此地征集到 1 件,现全部收藏在南京博物院。1959 年南京博物院在破山口进行考古发掘,发现了一个南北长约 3.8 米、东西宽约 2.6 米的长方形墓坑,根据分析,应为竖穴土坑墓,坑内还出土了青铜戈 1 件,青铜矛 1 件,青铜钺 1 件,青铜斧 2 件,青铜镰 1 件,青铜镞 23 件,30 余颗管状、珠状绿松石以及一些青铜器碎片和陶鬲、陶罐残片等。1985 年,南京博物院对破山口西周墓的墓坑进行清理,发现了西周时期的云雷纹印纹硬陶片,同时沿破山口山脊向东西两侧进行考古调查和勘探,未发现西周时期的文化遗存,确认破山口东面的老虎墩为西汉墓而不是西周墓。此外,扬州博物馆在破山口征集到一件青铜鼎残片,上有铭文"子作父宝";仪征文化馆在破山口征集到一件青铜直内戈,内的两面各有一人面纹。现存的破山口

---

[1]　参见刘勤:《仪征境内有关吴文化考古发现之初探》,扬州博物馆编:《江淮文化论丛》第 4 辑,第 48—53 页。

青铜器有礼器、酒器、水器、兵器和工具,除未见乐器外,基本包括了西周时期青铜器的所有器类。

破山口青铜器简介如下:素面鼎,形体厚重,敛口,口上立双耳,耳微向外撇,垂腹,圆柱足,素面,仅上腹部饰有一道凸弦纹。双耳鬲,小口,沿外侈,口上立双耳,耳微向外撇,鼓肩,大袋足,高分裆,素面,肩部饰一道凸弦纹。独耳鬲,小口,沿外侈,溜肩,大空足,高弧裆,一足与肩的中部有一个半环耳,通体素面。饕餮纹甗甑、鬲合体,侈口,口上立双耳,深腹,束腰,大袋足,圆柱形实足跟,高分裆,甑的上部饰一道变体夔纹间云雷纹带,大袋足上部饰饕餮纹。素面釜,口大底小,腹部出双纽耳,底部有凹槽。凤纹盉,小口,溜肩,垂腹,三圆柱足,口上有盖,盖纽上部为三叉形,中部有菱形孔,盖面饰一对凤鸟纹,后部边缘有一个半环钮,盉的下腹部前出一管状流,后出一半环形把手,把手上部为兽首,兽的口连在盉的口沿下,兽首上出一半环钮,与盖上的半环钮之间用圆环相扣,盉的上腹部饰七个环螭纹,流上两侧饰一对鸟纹。方格纹瓿,口外卷,圆肩,扁弧腹,矮圈足,腹上部出一对环耳,耳上部各出一兽首,腹的上部饰四道云雷纹带,云雷纹带之间用圆圈纹带相间,腹的下部满饰斜方格纹,中填以圆圈纹。云雷纹尊,侈口,束颈,大圈足,上腹部饰两道云雷纹带,间以凸弦纹,并出两个变形的兽首,圈足上饰以两道凸弦纹。鸟纹尊,侈口,高领,中腹圆鼓,高圈足,造型为三段式,腹中部饰一道变体鸟纹带,领下部和圈足上部各饰两道凸弦纹。四凤盘,形体硕大,口径达84厘米,口部出四个小方柱,上立振翅欲飞凤鸟,腹部饰一道凸起的绳索纹,并出一对附耳,盘下有矮圈足。鱼龙纹盘,浅盘,腹部出两个附耳,矮圈足,盘内中部饰一条盘曲的龙纹,周饰一道鱼纹带。云雷纹盘,器形与鱼龙纹盘相同,盘内无纹饰,腹部饰一道云雷纹带。云纹铲,铲为戽斗形,形体硕大,通长达70厘米,后有长柄,柄中空,铲与柄之间有一个半环形耳,铲外侧饰一周云纹。此外,邗国青铜器中还有一些兵器、工具的资料尚未发表,形制不明。根据破山口西周墓的墓葬规模以及与丹徒烟墩山、荞麦山和繁昌汤家山西周墓随葬器物的比较,破山口西周墓可能为西周晚期的邗王之墓。[1]

---

[1]　张敏:《邗·邗城·邗文化》,扬州博物馆编:《江淮文化论丛》第 4 辑,第 152—154 页。

综上可见，仪征地区当是西周时期的一个重镇，不仅担负着对吴国的军事防御重任，而且由于地形高敞，这里还是干国王侯贵族的墓地。此外，鉴于地理位置的重要性，其与周边文化的经济交流也呈现出突出的优势。

（四）扬州凤凰河、宝应双琚村等商周遗址

在今扬州广陵区、邗江区和宝应县，也发现了一些商周时期的文化遗址。

1. 凤凰河遗址

凤凰河遗址在今扬州市区东北约 6 千米。1956 年江都、邗江分县后，这里属于邗江县湾头区，今属扬州市广陵区湾头镇。1956 年 4 月，在河道拓宽工程中发现了较早期的遗址。遗址位于凤凰河东岸，南距万福桥约 1 千米。考古工作者采用开挖探沟、探坑的发掘方式，在 200 平方米范围内开挖探沟 3 个，探坑 1 个，出土了大量陶片和少量兽骨。在陶片中，夹砂粗陶 840 片，细泥红陶 720 片，两者占总数的 9/10 左右；泥质灰陶 121 片，泥质黑附陶 25 片，几何印纹硬陶 54 片，三者占总数的 1/10 左右。在器型上以平底器最多，高形器次之，圈足器又次之，鼎形器没有发现。在纹饰上，以方格纹、绳纹和席纹较多，回纹、折线纹和旋纹次之。各类陶系的特点是：

（1）夹砂粗陶器。此类陶片出土最多，陶土中含有数量较多的石英一类的碎粒，陶壁平均厚度 0.6 厘米，都是手制而成的。这类陶片都是炊器碎片，可以辨出器型的只有陶鬲一种。鬲绝大部分都是折唇的空足鬲，也有少数领缘带手捏凹纹的直唇鬲。被复原的一件比较完整的陶鬲，口径 15.2 厘米，全高 18.8 厘米，和南京附近湖熟镇遗址所出陶鬲近似，只是口缘部分有所不同。这类陶片的颜色以红色为主，灰色次之，也有少数被烟熏成黑色的。

（2）细泥红陶系。此类陶片数量仅次于夹砂粗陶，陶质一般都较松软，容易破裂，陶壁厚度平均 0.4 厘米。制法以手制为主，也有少数轮制的。这类陶片都是容器碎片，而且都是平底器。可以辨出器型的只有罐、瓮两种，口径一般在 10—15 厘米左右，底径一般在 15—20 厘米左右，但都残碎不能复原。陶片表里都作红色，胎体灰色。在纹饰方面，以方格纹和席纹为主，回纹、绳纹、旋纹等次之，最常见的是方格纹和席纹或是回纹和方格纹共同组成的图案。这些纹饰都是作陶拍打印上去的。

（3）泥质灰陶系。此类陶片数量不多，陶质比较粗松，有手制的也有轮制的。陶壁厚度一般在 0.6 厘米左右,个别的底部也有厚达 1.5 厘米的。分为平底器和圈足器两类,前一类包括罐、钵、瓮等三类器型,后一类都是尊形器,并都残破不能复原。平底器口径一般在 10 厘米左右,底径在 15 厘米左右;圈足器的圈足直径则在 10—20 厘米之间。纹饰方面以绳纹为主,也有少数阴刻的旋纹和附加堆纹。

(4)泥质黑陶系。此类陶器数量最少,都是表里黑色,胎体灰色的"黑皮陶"。制法以轮制为主,陶壁平均厚度 0.7 厘米。可以辨出器型的只有尊形器一种,并且都是素面无纹饰。

(5)几何印纹硬陶系。此类陶片数量也不多,陶土内含有细砂,火候很高。陶片的表里、胎都作灰色。陶壁厚度一般在 0.6 厘米左右,都是轮制而成的。陶片中可以辨出器型的只有平底罐一种,口径在 10 厘米左右,底径在 15 厘米左右。纹饰方面比较繁缛,最常见的是回纹、方格纹、折线纹、菱形纹和旋纹等 5 种图案,并且以两种图案共同组成的纹饰居多数,这些纹饰的打印都很深。

从地层情况和出土遗物看,这里似为一处烧煮食物的地方,故土层包含的烧土块很多,出土陶片也多半是炊器和容器的碎片。而从其特点来看,"这个遗址可能是属于周代中期或早期的。其绝对年代可能距现在约 2300—3000 年之间"。值得注意的是:这处遗址所出陶片在质料、制法、形制、纹饰等方面和江南一带的古遗址中所出的相似,而不同于淮北一带的古遗址。过去在扬州和仙女庙一带也曾发现过零星石器,但一直没有找到遗址所在。因此,这是迄今扬州附近发现的唯一较早时期的遗址。[1]

2. 七里甸葫芦山遗址

七里甸位于扬州市西郊约 4 千米处,葫芦山在其正北蜀冈山脉上。该遗址主要在东峰,西峰除在地面有零散的陶片外,未见有文化堆积。东峰形似平台,除平台表面有大量陶片和烧土粒、烧土块外,在它的南、北两大断面上,发现有厚达 1—1.5 米的文化堆积。1951 年南京博物院考古工作者首先发现该遗址,报道称:"出土遗物有粗砂红陶的鬲和甗,外饰绳纹;泥质红陶的碗

---

[1] 苏北治淮文物工作组:《江苏扬州附近凤凰河遗址发掘简报》,《考古通讯》1957 年第 1 期。

和罐,外饰编织纹、云雷纹和仿铜器花纹。其次还发现有鹿角、占卜用有火灼痕迹的龟甲。"[1] 1972年4月,扬州博物馆复查了这一古文化遗址,在其东峰台地以及南北两个大断面文化堆积的表面,采集到一些陶片,包括粗砂红陶和印纹硬陶,前者有叶格纹、绳纹、印纹、席纹、小方格纹,后者有填线大方格纹、回纹、小方格纹、曲折纹等。在印纹陶中,最为罕见的是器表施有一层极薄的青釉。"虽然在数量上,粗红陶还占较大的比例,还保留着某些原始的性质,但在质量上,占优势的还是印纹硬陶。在印纹硬陶上施一层薄薄青釉的现象,更是开了后代釉陶的先河,具有进步的性质"。而该遗址第一次采集的红陶花纹中,已经出现"仿铜器花纹"。因此,"初步认为是属于吴国文化的遗存。究竟是属于吴国文化的早期,还是后期的遗存? 还有待于考古发掘来解决。"[2]有学者指出:湖熟文化的开始年代约当中原商代前期,下限应到西周初年为止。湖熟文化以青铜文化而命名,"鬲与甗来自北方,而几何形印纹陶与原始瓷的出现,又是商代南方文化的普遍现象",扬州郊外葫芦山发现的"占卜用有火灼痕迹的龟甲",说明"湖熟文化的上层社会,在精神生活方面受到商文化的影响,这些使用卜甲的人,可能就是商族人,他们可能是当时宁镇地区的统治者"[3]。

3. 双琚村遗址

在今扬州宝应县的夏集双琚,发现了商周至春秋战国时期的文化遗址。根据报道:"双琚春秋文化遗址位于双琚村运河以东片,东北为兴化,南为高邮,周边多湖泊沼泽,遗址北有双琚大河,通广洋湖。遗址为凤凰沟环绕,东西长240米,南北长260米。西北地势较高,东南相对平缓。地表常可发现绳纹、席纹陶片。据史料考证,商周时期这里就有人类活动,其后历史无从稽考,……上世纪50年代双琚自高邮划归宝应。"[4]

2018年9月,江苏省文物局专家评审组、扬州市文物局现场考察。遗址面积相对较大,钻探涉及面积达4万多平方米,调查面积约8万平方米,涉

---

[1]　南京博物院:《江苏仪六地区湖熟文化遗址调查》,《考古》1962年3期,第128页。

[2]　陈达祚、朱江:《邗城遗址与邗沟流经区域文化遗存的发现》,《文物》1973年第12期,第49页。

[3]　董楚平:《吴越文化新探》,浙江人民出版社1988年版,第135页。

[4]　《宝应夏集双琚——春秋文化遗址,一个古老的凤凰传说》,搜狐网,2018年9月22日。

及高邮和兴化境内。通过遗址调查钻探和局部开挖探沟,出土了大量遗物,主要以陶片、原始瓷片为多。陶器遗物以泥质灰陶为主,夹砂陶次之,鲜见黑陶,纹饰以绳纹较多,几何印纹陶也十分丰富,另外也出现了原始青瓷残器。主要类别:(1)鼎。有红陶和灰陶,多为夹砂。(2)鬲。有红陶、灰陶,有夹砂和泥质两类。(3)釜。均为夹砂。(4)甑。(5)盆。均为泥质灰陶。(6)罐。有红陶和灰陶。(7)豆。灰陶为主。(8)碗。为原始瓷器。(9)钵。灰陶。(10)网坠。出土6件,形制相同。(11)角器。为鹿角挂钩。(12)红烧土块及砖瓦残存建筑材料。

通过鉴定,专家认为该处为四面环水具有古代邦国部落特征的商周至春秋战国时期的遗址。①遗址中发现多有黑陶残器,器型规整,刻划纹精美,为商周时期典型器物,具有发达的手工业和很高的文明程度;②具有西周时期特征的绳纹、云雷纹筒瓦和板瓦残器,为研究遗址的性质和古代建筑提供了重要实物资料;③渔业生产发达,出土10余件网坠和动物骨骸遗存,为渔业生活的实证;④遗址出土一部分具有南方特色的原始瓷器和大量几何印纹陶,与吴文化中的典型器极为类似,同时反映出四通八达的水陆交通,为双琚人提供了便利,说明该地文化区在夏商周时期属于苏北岳石文化和湖熟文化交汇过渡地带,是春秋战国时期南北文化交流碰撞的重要区域。另外,该遗址距高邮龙虬庄遗址不足30千米,东部与兴化南荡遗址仅30千米,为这一历史阶段先民生活遗迹的综合研究提供了有价值的实物资料。

从上述遗址的商周文化因素来看,无论是高邮、泰州、宝应等里下河地区,还是蜀冈沿线的扬州、邗江、仪征地区,都应与干国以及干国的前身"夷方"存在着密切关系。当时,夷民们聚居在江淮东部,受到各种条件的限制,经济基础还相当薄弱,但是为了抵制西周王朝的"大吴"战略,却逐渐发展为干国的重镇,从而为干国的建立、发展和巩固奠定了较为雄厚的基础。

二、古干国的经济状况与物质生活

夏商西周时期,社会生产力不断发展,人们在生产、生活等方面也都发生了重大变化,地处江淮东部的干国,则因历史、地理条件的差异,呈现出别样的风貌与特色。尤其是在经历了长达千年的海侵、海退和海岸线的重建后,夷民们披荆斩棘,使这片荒无人烟的不毛之地再度焕发出勃勃生机,从而奠定了该地区不断发展的经济基础,使这个独立于王朝化外的夷系邦国,在"夷夏东西"的政治格局中维系了数百年的统治。但因中原王朝和周边诸侯国的挤压和排斥,其在史籍中罕见记载;又因江淮东部生态环境的先天不利,造成了考古发掘资料的匮乏。因此,对于干国的经济状况和物质生活,只能根据有限的考古资料和周边地区的经济状况作粗略的估计。

(一)青铜冶铸

在江淮东部,社会经济发展最为突出的表现之一是青铜冶铸业的进步。这不仅关涉到生产力发展的重要因素,而且也是干国能否长治久安的政治基础。在史前时期的石器时代,人们主要的生产工具和生活用具等,是石制的石器、骨制的骨器、土制的陶器等。新石器时代晚期,中原地区逐步进入了青铜时代,从而引起了生产和生活方式的巨大变革。夏商时期,宁镇地区的湖熟文化和苏南的马桥文化都已进入青铜时代,而江淮东部的部分地区作为湖熟文化的一部分,也得到了迅速发展,这在前揭商周时期江淮东部的考古发现中已得到证明。

根据《史记·五帝本纪》,东夷蚩尤与中原黄帝两个部落联盟曾经"战于涿鹿之野",此下注引《管子》曰:"蚩尤受卢山之金而作五兵。"《正义》谓《龙鱼河图》云:"黄帝摄政,有蚩尤兄弟八十一人,并兽身人语,铜头铁额,食沙石子,造立兵仗刀戟大弩,威振天下。"[1]"卢山之金",疑是出自江南地区,"铜头铁额"则是以铜、铁制作的防护面具。而从考古发现来看,夏代二里头文化遗址出土许多用青铜铸造的刀、锥、锛、凿、镞、戈、爵等工具、兵器、容器以及铸铜遗址,也与文献中"铸鼎象物""以铜为兵"的记载相符。山东胶县三里河遗址发现的两件铜锥形器,栖霞杨家圈遗址发现的一些铜条、铜渣,则表明至少在龙山文化后期冶铜铸造业已出现。[2]而铁的使用,一般认为在春秋时期。又据《尚书·禹贡》记载,夏时扬州要向中原王朝"贡金三品",后来"金三品"又成为战争中被掠夺的重要物产。《集解》引孔安国说,"金三品"谓"金、银、铜";郑玄曰:"铜三色也。"当是铜的比例最多。《考工记》云:"吴粤之金、锡,此材之美者也。"也正因此之故,中原王朝往往通过掠夺的方式武力获取。如

---

[1]《史记》卷一《五帝本纪》及注,第4—5页。
[2]　参见王健主编:《江苏通史·先秦卷》,第144页。

周厉王时器《翏生盨铭》云"王征南淮尸(夷),伐角、津,……执讯斩首,孚(俘)戎器,孚(俘)金"[1];周宣王时器《师寰簋》云"正(征)淮尸(夷)……殴孚(俘)士女、牛羊,孚(俘)吉金"[2]等,皆为佐证。"角"在今宿迁市西南,"津"在宝应津湖,均涉及江淮东部。

夏商时期,江淮东部周边地区都发现了一些铜器。如在连云港藤花落的岳石文化遗址、江阴花山的马桥文化遗址中,发现了青铜削和青铜渣等,说明夏朝和商早期长江南北都有自己的青铜铸造业。商代中期以后,青铜器发现不断增多。如在南京北阴阳营、江宁点将台、铜山丘湾等遗址中发现的青铜器,即有削、钻、凿、刀、镞、斧、戈等小型工具和兵器。在南京锁金村、北阴阳营等遗址中,还发现过青铜炼渣和陶钵、陶勺等冶铜工具。这些作为坩埚使用的厚壁陶钵,与中原地区常用的大口尊和"将军盔"形制不同,作为挹灌铜液使用的陶勺,也为中原地区所无,表现出一定的地方性特征。相当于商代的青铜礼器,有1960年在连云港大村发现的商代晚期至西周初期的青铜鼎4件,甗3件。另外,还有在溧阳夏村出土的铜爵和铜尊,在淮安茭陵出土的饕餮纹斝,江宁横溪出土的青铜大铙等。但总体上说发现不多。[3]

夏商时期,宁镇地区的湖熟文化和苏南的马桥文化都已进入了青铜时代,而江淮东部发现的青铜器却十分罕见,直到西周时期,青铜文化才逐渐繁荣起来。如泰州姜堰天目山西周遗址出土的刀、削、镞和青铜块等,反映出干国政治中心的基本状况。但因仪征等地切近中原地区之故,天目山遗址出土的青铜器是有限的。从中华人民共和国成立以前发现的吴越地区青铜器来看,主要是仪征破山口土坑墓出土的一批。1930年在此出土的青铜器,有容器、农具40多件,兵器100多件,现存南京博物院的有"四凤大铜盘、铜鼎、铜铲、铜尊、双耳铜盘、铜鬲、铜瓿、铜斧"[4]等。1959年,在破山口原出土地点发现了西周晚期的一座竖穴土坑墓,出土了青铜戈1件、青铜镞23件、青铜斧2件、青铜钺1件、青铜镰1件、青铜矛1件等一批小型青铜器。这

---

[1] 参见马承源:《关于翏生盨和者减钟的几点意见》,《考古》1979年第1期。

[2] 中国社会科学院考古研究所编:《殷周金文集成》,序号:04314。

[3] 参见王健主编:《江苏通史·先秦卷》,第189页。

[4] 尹焕章:《仪征破山口探掘出土铜器记略》,《文物》1960年第4期。

批青铜器虽然大部分早年流失于国外,但总体上看随葬器物器类基本齐全,有酒器、水器和饮器,呈现了尊、瓿、盉的酒器组合和鼎、甗、鬲的炊器组合,具备了很高的等级。[1]而且这批青铜器从造型到纹饰大多有着浓郁的地方风格,其中有些器物如四凤大盘、大铜铲、独耳鬲等器型与中原地区同类器型风格迥异,有些器皿的风格反而与吴国青铜器相近。甘草山遗址的青铜文化,第4层年代为西周早中期,属邗文化遗存,青铜器有斧、削、镞等[2]。其他地区的青铜器仍然罕见。

从上述情形可以看出,在夏商时期的江淮东部,相关遗址发现极少,青铜器还罕见出现。西周时期,青铜器发现逐渐增多,但又呈现出极不平衡的发展态势。如泰州姜堰天目山遗址,作为干国的政治中心,出土的青铜器并不多,仪征破山口和甘草山出土的青铜器则较多,其他地方所见甚少。这与仪征切近中原和苏南吴文化密切相关,反映出干国经济在整体上的闭塞和落后性。青铜器的种类主要是兵器、礼器、水器、饮器,生产工具则不多,主要有铜铲、铜镰、铜斧等,但对促进社会生产的发展和进步,仍具有重要的推动作用。

而从质量上来看,干国青铜器有其鲜明的特征,表明青铜器的冶铸技术在中原影响下已达到了较高水平。干国青铜器的文化特征,同样是含有北方文化因素和南方文化因素,同时还含有一定的地方性文化特征。其造型风格,大致可分为如下三类:第一类是中原器或仿中原器,其造型风格与中原器相同或相近,中原器有饕餮纹甗,仿中原器有素面鼎、方格纹瓿、云雷纹尊、鸟纹尊、鱼龙纹盘等。第二类的造型风格,与一江之隔的吴国青铜器相同或相近,如素面独耳鬲和双耳鬲等。第三类具有独特的地方风格,既不见于中原,也不见于江南,如凤鸟纹盉、四凤盘、云纹铲等。[3]此外,与中原地区相比,干国的青铜器更接近于苏南吴地,含铅量普遍很高,目的是增加液态青铜的流动性,这和春秋晚期至战国的纹饰精美、器壁甚薄的青铜器普遍地含有大量的

---

[1] 张敏:《破山口青铜器三题》,《东南文化》2002年第6期。
[2] 张敏:《邗·邗城·邗文化》,扬州博物馆编:《江淮文化论丛》第4辑,第152页。
[3] 张敏:《邗·邗城·邗文化》,扬州博物馆编:《江淮文化论丛》第4辑,第153页。

铅的情形是完全相似的,反映出当时青铜铸造技术所达到的水平。[1]

（二）农耕与水利

青铜器的使用,不仅壮大了干国的军事实力,促进了生产力的发展,而且丰富了民众的社会生活。从农业生产工具来看,虽然此时仍以石制的犁、锄、镰、铲等为主,但从仪征破山口、丹徒断山墩、江宁陶吴等西周遗址和墓葬中出土的青铜犁、镰、铲、斧和鹤嘴锄等器物来看,已经有了新的变化。而随着生产工具的逐步改进,许多土地得到开发,耕种面积不断扩大,生产力得到了不断发展。此外,江淮东部的农业和家畜饲养等方面也得到了较大发展。早在新石器时代,该地区即已开始种植水稻等,经过夏、商至西周时,水稻、小麦、高粱等多有种植,六畜饲养也颇普遍。《逸周书·职方解》谓:"东南曰扬州,……其利金锡竹箭,其民二男五女,其畜宜鸡狗鸟兽,其谷宜稻";"正东曰青州,……其川淮、泗,其浸沂沭,其利蒲鱼,其民二男三女,其畜宜鸡犬,其谷宜稻麦。"在东海焦庄、新沂三里墩西周遗址中,即分别出土了不少属于粳亚种的粳稻和大量碳化的高粱秆和叶子的堆积。在马桥文化、湖熟文化诸多遗址中,都发现有牛、羊、猪、狗、鸡、鱼、龟、鳖等遗骨,在铜山高皇庙、丘湾和连云港九龙口等商代遗址中,还出土有完整的猪、牛骨架等,都反映出江淮地区以农耕为主、辅之以渔猎和家畜饲养的经济生活有了相当程度的发展。[2]周宣王时器《师寰簋》所说的"正（征）淮尸（夷）……殴孚（俘）士女、牛羊,孚（俘）吉金"[3]等,也反映出了这种状况。

江淮东部沿江临海,湖泊纵横,森林茂密,资源丰富,捕捞渔猎仍是传统的生产部门。如高邮周邶墩遗址第二类文化遗存中出土的网坠、石镞,泰州天目山遗址、仪征破山口西周墓出土的青铜镞等,都说明了这个问题。与之同时,江淮东部"厥川三百",水网密布,人们在与水患的长期斗争中,也积累了一些治水经验,开始修筑水利工程。史载夏初中国常受洪水侵袭,禹担当起治水重任,三过家门而不入,"开九州,通九道,陂九泽,度九山"[4],使

[1]　参见马承源主编:《中国青铜器》,上海古籍出版社 1988 年版,第 495、499 页。

[2]　参见王健主编:《江苏通史·先秦卷》,第 189 页。

[3]　中国社会科学院考古研究所编:《殷周金文集成》,序号:04314。

[4]　《史记》卷二《夏本纪》,第 66 页。

漳、潔、淮、沂诸水系得以疏通流入大海。江淮东部因受海侵的重大影响,必是治洪的重中之重。即使在东海岸重建后的很长时期内,修堤筑坝治理湖泊沼泽之地,也必然是夷民们经常性的重要工作。商朝末年,吴泰伯来到"荆蛮"之地,以在沼泽水乡立国,一开始就注重河道的开凿、整修与建设。如在今苏州、无锡之间修建的泰泊渎,就是一条全长 80 余里、为"备民之旱涝"的人工河道,目的是泄洪和灌溉。虽然泰伯渎不在江淮东部地区,但后与"通江水道"等江南水利工程接连,对江淮东部经济的发展仍然起了积极作用,以至西周、春秋时期,仍是攻伐和控制江北干国的重要通道。此外,西周时期江淮东部的"三十六国",曾与徐国联合伐周,也靠水路交通联络。周穆王时,徐偃王为"舟行上国",开凿人工运河,"沟通陈、蔡之间"[1]。陈在安徽淮阳,蔡在河南上蔡,可见是一条东西走向的人工运河,其源头离后来的邗沟不远,当有水道与之相通。

（三）制陶、纺织与车船制造等

制陶、纺织与车船制造等手工业,在江淮东部也得到了不断发展。

在制陶方面,江淮东部与淮北和苏南的岳石文化有所不同,被称为"苏北类型"。徐州、连云港等地的岳石文化,属于尹家城类型。所生产的陶器以灰色为主,也有红陶、红褐陶、黑陶、黑衣陶等,器物表面以素色为主,部分饰以彩绘或凸棱纹、细绳纹、刻划纹等。其中泥制陶、夹砂陶均有,手制和轮制兼用。分布于宁镇地区的点将台文化,同属夏代岳石文化,陶器以夹砂红褐陶为主,泥制红陶、黑陶、灰陶和薄胎磨光黑陶占有一定比例。陶器表面以素面为主,不见彩陶和红衣陶。主要纹饰除粗凸弦纹、成组细弦纹、划纹、附加堆纹、戳点纹、指捺纹外,还有拍印绳纹、篮纹、方格纹和刻划梯格纹。器型有鼎、甗、罐、豆、瓮、盆、盘、匜、尊、尊形器、簋、杯、碗等。晚于点将台文化的是宁镇地区相当于商周时期的湖熟文化。湖熟文化的陶器,有夹砂陶、泥质陶和硬陶三系,以夹砂红陶和素面为主。纹饰种类繁多。器型有鬲、甗、罐、鼎、瓮、簋、盆、豆、钵等。硬陶的出现是湖熟文化有别于点将台文化的一个重要标志。此外,湖熟文化中还出现了原始瓷器,釉色多呈浅茶色。[2]而江淮东部出土的

---

[1]　《后汉书》卷八五《东夷列传》注引《博物志》,第 2809 页。
[2]　参见王健主编:《江苏通史·先秦卷》,第 190 页。

陶器,则被称为苏北类型。

从夏商时期高邮周邶墩第二类文化遗存可见,此为一种外来文化。所出土的陶器,分为夹砂陶和泥质陶两类。夹砂陶较粗糙,火候普遍偏高;泥质陶中,灰陶和黑陶陶质细腻,器表多经磨光。这个特征符合岳石文化的特征。器类有鬲、罐、盆、尊、器盖、甗、盒、碗、鼎、豆、纺轮、网坠。其中 B 型陶鼎、A 型甗、大口罐、中口罐、小口罐、高领罐、B 型盆、碗、尊、盒、器盖、纺轮、网坠,均与尹家城遗址岳石文化同类器相近。[1]但是,该时期也有少量陶器受到中原二里头文化的影响,如鸡冠耳盆、觚形杯等,为其他岳石文化类型所不见。这与苏北地区远离先商文化分布区而二里头文化因素沿淮水东渐有关。[2]在泰州天目山西周城址出土的陶器,夹砂陶占 56.6%,泥质陶占 40%,硬陶占 3.3%。陶片以素面为主,达 68.5%。这与同时期宁镇地区素面陶器多见有极大的相似。器型有鬲、甗、罐、瓮、缸、盆、豆、簋、钵等。从第一期陶器看,有的器物有西周早期周文化的风格,有的在宁镇地区湖熟文化序列中相当于商晚期可见到,有的与安徽含山大城墩遗址第五期相似。在第二期中有的与张家坡西周中期同类器相似,有的在宁镇地区湖熟文化第五期能见到。在第三期中,有的与大城墩遗址第五期同类器相似,有的在宁镇地区湖熟文化序列中可以看到。总体上说,天目山出土的陶器,在西周早中期具有周代文化的一些共性;至西周晚期,与宁镇地区开始有较多的共性。仪征甘草山遗址出土的陶器,从器物组合上看,与天目山遗址具有相似性。[3]此外,在江淮东部出土的原始瓷器,相对苏南较为少见。原始瓷器与陶器相比,增加了一层极薄的石灰釉,所用原料质量较高,氧化铁含量大大降低,同时所要求的烧成温度较高,特别是烧造和釉彩装饰工艺,涉及到物理、化学、热工、机械等多门学科,是艺术与科学的结晶。

在纺织业方面,以丝、葛、麻为原料的纺织业早在新石器时代已很流行。《尚书·禹贡》记载当时的徐州要向中原王朝贡纳的"玄纤缟",即黑色细绸和白色绢类。扬州则要贡纳先染后织的"织贝"即贝锦,和葛布织成的草服

[1]　参见李晏墅、郭宁生主编:《泰州通史》上卷,第35页。

[2]　参见王健主编:《江苏通史·先秦卷》,第190页。

[3]　参见李晏墅、郭宁生主编:《泰州通史》上卷,第43—45页。

即所谓"鸟夷卉服"。《淮南子·原道训》有"干越生葛𫄨"的记载,"干"指江淮东部地区。西周时徐州属青州,而青州本来就要向中原王朝"厥贡:盐、𫄨,海物惟错;岱畎丝、枲"等。《说文·叒部》:"叒,日初出东方汤谷,所登榑桑,叒木也。"《木部》:"榑,榑桑,神木,日所出也。"日本语中"蚕"的词形记录作"吴の蚯蚓",皆可看出东夷地区本是生产桑、蚕即擅长纺织的重要地区。[1]师裛簋载:"王曰:'师裛,叜(拔)淮尸(夷)緐(旧)我𧴪(帛)畮(贿)臣,今敢博(迫)厥众叚(暇),反工吏,弗速(积)我东𨞖(国)。'";兮甲盘载:"淮尸(夷)旧我𧴪(帛)畮人,毋敢不出其𧴪(帛)、其賈(积)。"表明淮夷战败后须向周王朝缴纳帛等财物。戜簋铭载所俘夷民"兵盾、矛、戈、弓、箙、矢、裨、胄"等,其中箭袋、甲服,甚至船帆等,也都是用葛、麻布所制成。[2]

　　车、船是古代重要的交通、运输工具,又是战争中不可或缺的战具,故历来受到官府和民间的重视。相传被封于薛后迁于邳的奚仲以造车著称于世,曾为夏王朝的车正。其祖先番禺"始为舟",奚仲、吉光父子"始以木为车"。[3]《史记·夏本纪》载大禹时治理洪水"陆行乘车,水行乘船,泥行乘橇,山行乘檋","橇"和"檋"都是泥行或山行的交通工具。在今江苏宿迁青墩、东海焦庄、丹徒烟墩山、母子墩等西周遗址、墓葬中,也出土过作为明器使用的铜车饰、陶车模型、铜车马器等。[4]在武进淹城内城河中,曾发掘出三艘独木舟,其中一艘长 11 米,宽 90 厘米,底部内宽 56 厘米,深 42 厘米,形状如梭。另一艘尖头敞尾,长 4.6 米,宽 46 厘米,由于头重尾轻,故尽管敞开也没有进水之患。1985 年,在今宜兴芳桥又发现了另一艘独木舟,全长 8 米,中部宽 70 厘米,舱深 32 厘米。这艘独木舟分隔成船舱,以免进水,殃及全船;舱板用木钉固定。说明造船技术有一定的提高。有人考证,以上这些独木舟是商周遗物。[5]徐偃王时联合干国共同伐周,"舟行上国,乃通沟陈、蔡之间",也少不了车船之类。又如 1979 年在今淮安城南出土的周代两轮马车,车有辐条,结构精巧,

---

[1]　参见王长俊主编:《江苏文化史论》,第 111—113 页。

[2]　中国社会科学院考古研究所编:《殷周金文集成》,序号:04314;10174;04322。

[3]　参见王长俊主编:《江苏文化史论》,第 29 页;王健主编:《江苏通史·先秦卷》,第 180 页。

[4]　参见王健主编:《江苏通史·先秦卷》,第 191 页。

[5]　参见《中国大运河史》编纂委员会编:《中国大运河史》,中华书局 2001 年版,第 29—30 页。

说明周代江淮地区的陆路交通运输工具已发展到两轮车,也有了能够行驶车辆的道路。[1]车船的制造,包括了木工、金工、漆工等诸方面的密切合作,反映出其手工业制作的复杂性质。江淮东部河流湖泊密布,舟船更是人们平时交通、渔猎的主要工具。

海盐的生产源于宿沙氏,夏商西周时期,滨海地区都生产盐。有学者指出:"以往的研究大多认为,商朝向东扩张的原因是为了掠夺人口土地或反击东夷(夷方)部族的入侵。最新的考古研究表明,商朝势力东扩,与开发利用渤海南岸地区的盐业资源有密切关系。"中商时期,商的势力"东至渤海南岸的内陆腹地、连云港海岸以及淮河下游的盐城一带",商朝晚期大规模东扩和对东方地区的经营,"显然与滨海盐业资源开发利用有关,而大规模征伐夷方,应是为了保护核心利益——盐业的安全"[2]。"夷方"在今江淮东部,海盐生产当是自然而然的事。

(四)城市与商业

随着农业和手工业的发展,江淮东部的城市和商业也发展起来。

前面说过,泰州姜堰天目山古城址,应是西周至春秋早期的干国都城。其中有内城、外城,城墙、河道。外城平面略呈椭圆形,东西长170米,南北宽160米,面积约25000平方米。内城墙位于外城内的东北部,以西城墙、南城墙与外城相隔离,东侧城墙与内城合一,边长约70米,面积约4000平方米。内城中部偏北发现人工堆筑的台基1座,东西长约15米,南北宽约10米。台基东部有房址3座,其中F2平面近似长方形,东南部为门道,内部有分隔,房址长10.5米,宽8.6米,含门道宽9.8米,柱洞的平面呈椭圆形。虽然城市规模不是很大,但其内外城结构和水道环绕的特点,明显具有江南水网地区古代城市的风貌。再从城市功能来看,城市设施较为齐全,不仅有内、外城和河道等,还有居住、墓葬等专门划分出来的生活区域。[3]加上后来在核心区域发现的崧泽文化时期的疑似广场,确实构成了都城的规模。此外,根据《管

---

[1]《江苏公路交通史》第一册《古代道路交通》,人民交通出版社 1989 年版,第 4 页。

[2] 燕生东:《晚商的东土经略与滨海盐业》,《中国社会科学报》2018 年 1 月 15 日。

[3] 南京博物院、泰州市博物馆、姜堰市文物管理委员会:《江苏姜堰天目山西周城址发掘报告》,《考古学报》2009 年第 1 期。

子·小问》记载吴干之战时的"军门",城市还是堡垒式的建筑。这里既是干国的政治、军事活动中心,也是夷民聚居和各种手工业、服务业较为集中的地区之一。

在都城之下,是分布于江淮东部各地的邦(邑)。俎侯夨簋所记载的赐予俎侯"厥宅邑卅又五,[厥]□百又卅",其"宅邑卅又五"中,就包括了干国的"廿又六邦"和周占领区"俘淮九邑"。"[厥]□百又卅",则是邑下所属"里"之类的基层组织。徐偃王时率领"三十六国"以伐宗周,"国""邦"同"邑",也指江淮东部地区。今扬州邗江七里甸、凤凰河以及仪征、宝应等地的商周遗址,都可能是当时的"邑"或聚落之地。

城、邑是人口和物资的重要集散地,而便利的水利,则促进了物资交流与商业繁荣。在江淮东部诸商周遗址中所见出土器物的南北特点与独特风格,反映出对周边地区的商业往来和文化交流。随着商业的不断发展,江淮地区在西周时已经使用金属货币。《史记·平准书》载,古代"农工商交易之路通,而龟贝金钱刀布之币兴焉。……虞夏之币,金为三品,或黄,或白,或赤"。江淮东部使用的钱是贝与金。贝以"朋"(两串各五贝,共十贝)为单位,金以"寽"或"镒"为单位。铜山高皇庙、新沂三里墩、东海庙墩及许多江南西周遗址,都出土过天然贝,以至春秋以后贝币仍然继续使用。1982年在丹徒磨盘墩出土的178枚春秋海贝,就是用来作交易的。而金坛东乡鳖墩西周墓出土的230个共70千克,以及该地附近西周土窖中出土的150千克青铜块,则是一种金属货币。[1]这种青铜块,在泰州天目山西周城址中发现了11件(套),大小不等,形状各异,研究认为是西周时期的称量货币。[2]兮甲盘载:"淮尸(夷)旧我帛(帛)畮人,毋敢不出其帛(帛)、其责(积);其进人、其贮,毋敢不即(次),即亍(市)。敢不用令,则即井(刑)戮(扑)伐。其佳我者(诸)侯百生(姓),厥贮毋不即亍(市);毋敢或入蛮宄贮(贾),则亦井(刑)。"[3]正反映出夷人被镇压后,必须向周王朝缴纳布帛、财贿以及进行市场交换的基本状况。

---

[1]　参见《中国大运河史》编纂委员会编:《中国大运河史》,第36、31页。

[2]　参见窦亚平、窦广才:《江苏姜堰天目山西周城址出土青铜块刍议》,《江苏钱币》2014年第2期。

[3]　中国社会科学院考古研究所编:《殷周金文集成》,序号:10174。

第四节 干国与周边地区的文化交流与风俗时尚

夏商西周时期,中原地区出现了夏、商、周三个奴隶制王朝。夏和商时,其统治范围还比较小,周边存在着诸多被称为夷、狄、蛮、戎的各个部族。《尚书·禹贡》虽把天下分为"九州",但实际控制的区域不大,且是按照远近不同的统治方略来对待的。此即《禹贡》所说的"五百里甸服""五百里侯服""五百里绥服""五百里要服""五百里荒服"。东方的"夷"和南方的"蛮",就在"要服""荒服"之内。西周时期,西部的"戎"入主中原,并封邦建国,出现了大量的方国组织,统治范围明显扩大,但力所能及的统治区域仍然有限。而在这些王朝不断扩张的过程中,战争成为经常性的行为,其与各个地区的文化交流也不断增强。同时,各个地区和部族间的交流和融合,也在社会进程中相互作用,相互影响。但鉴于不同的民族特色、地理环境和人文素质,各个地区或部族间也仍然保留着自己的某些特色、江淮东部地区的干国,既由夏商时期的"九夷""夷方"发展而来,又距中原地区较远,所受山东岳石文化的影响较大,而南方的湖熟文化也对此产生了一定影响。因此在探讨其文化发展脉络时,仍需参照周边地区和全国历史的大背景进行。

一、与周边地区的文化交流

干国,是在江淮东部海岸线重建后,由逐渐迁徙而来的夷族土著人建立起来的,是个独立于中原王朝的"化外"邦国。但是,从"九夷"南迁至干国灭亡的千余年间,却始终保持着与周边地区双向的文化交流。

(一)与北方诸国的文化交流

干国夷民既由山东的"东夷"迁来,便与以海岱为文化母区的岳石文化保持着难以割舍的关系。虽然随着时间的推移,岳石文化形成了若干类型的划分[1],但就淮河流域而言,淮北部分的岳石文化类型主要涉及尹家城类型、安丘堌堆类型和苏北类型。而江淮东部地区,鉴于当时的生态环境,在夏代依然比较沉寂,遗址发现相对较少,文化层缺失较为常见。中原地区的二里

---

[1] 栾丰实:《岳石文化的分期和类型》,《海岱地区考古研究》,山东大学出版社 1997 年版。

头文化虽然强大,但因空间距离太远,对江淮东部的影响也很有限。因此,在夏商时期能够影响到江淮东部地区的,只有岳石文化的泗水尹家城类型。这从扬州高邮周邶墩的第二类文化遗存中可见。

高邮周邶墩第二类文化遗存所出土的陶器、石器,均与尹家城遗址岳石文化同类器相近,无疑是一种外来文化。这种作为来自文化本底区的文化因素,在里下河地区集结,形成了镶嵌在该地区这样一个多水域分布、属泻湖沼泽本底景观之上的文化斑块。而鉴于各种自然、人文条件的限制,这类文化仍只能是一个暂居者,然后通过江淮东部滨海通道向南传播,直至镇江马迹山,连成了一条迁徙链条。[1]因此,自夏代形成的这一南北文化交流的廊道,可谓江淮东部社会进程中有意义的一桩文化事件。它不仅反映出东方夷人不断南下的客观事实,而且也是岳石文化对该地区产生影响的真实写照。

夏王朝时,东夷的南迁和岳石文化的南渐,主要是来自政治的影响和压力,而与掠夺资源无关。江淮东部里下河地区的环境,"从侧面佐证了这类文化遗存并非受能源扩张所趋使而留下,因为江淮东部无山,无可提供奢侈品的玉材,亦无矿源的存在"[2]。到了商朝,南下江淮的"九夷"逐渐形成了统一于"夷方"的联合体。这个结果既与夏代"九夷"分散常被各个击破的历史教训有关,更与商朝对东夷地区控制力度的加大密切相关。正如燕生东所指出:"在殷墟卜辞和先秦文献里出现的商朝'东土',是晚商时期重点经略的区域。'东土'以今山东省为中心,包含皖北、苏北及河北部分地区。……最新的考古研究表明,商朝势力东扩,与开发利用渤海南岸地区的盐业资源有密切关系。"早商时期,商代的东部影响止于鲁豫皖交界地区,中商时期东至渤海南岸的内陆腹地、连云港海岸以及淮河下游的盐城一带。晚商时期,商文化在西、北、南三个方向上大范围收缩,唯独向东扩展的势力仍然强劲。根据统计,殷墟卜辞和商末金文多次提到"夷方","与夷相关的甲骨卜辞经缀合后,有 66 版。其中,帝辛十祀和十五祀征夷方记载,两次战事皆历时九月有余,这与所谓'纣克东夷,而陨其身'的纸上遗文恰成互证,从中可见东部

---

[1]　镇江博物馆:《镇江马迹山遗址的发掘》,《文物》1983 年第 11 期;田名利:《试论宁镇地区的岳石文化因素》,《东南文化》1996 年第 1 期。

[2]　参见李晏墅、郭宁生主编:《泰州通史》上卷,第 37 页。

地区在晚商的重要地位。"由此可见，"商王朝晚期大规模东扩和对东方地区的经营，显然与滨海盐业资源开发利用有关，而大规模征伐夷方，应是为了保护核心利益——盐业的安全。"[1]正是由于商王朝对"东土"的不断征伐和"夷方"的强力抗衡，江淮东部与岳石文化母区的联系日益增多，也在一定程度上受到了商文化的影响。

西周前期，为了兼并江淮东部，周王朝制定了"大吴"战略，形成了对"夷方"的巨大压力。但因"南国𢆶子"率领二十六邦的强力抗衡，反而促成了干国的建立。徐偃王时率领"三十六国"伐周，除了干国的"廿又六邦"，还包括了俎国统治下的"俘淮九邑"。这三股力量团结奋战，不仅挫败了周王朝的"大吴"战略，而且也加强了他们之间的文化交流。西周中后期，周王朝对淮夷和南淮夷等战争不断，战火也蔓延到江淮东部。如《𢀛生盨铭》记载的"伐角、津，伐桐、遹"[2]，"津"即今日宝应湖一带。而干国"南夷"和山东杞夷、舟夷等也曾有过联合行动，北方齐、鲁等国也曾参与对干国的作战。正如史密簋记载：

> 惟十又二月，王令师俗、史密曰："东征。"会南夷卢、虎会杞夷、舟夷，𤊾，不㦰，广伐东国，齐师、族徒、遂人乃执鄙宽恶。师俗率齐师、遂人左〔周〕伐长必；史密右率族人、釐伯、僰、夷周伐长必，获百人。[3]

其中的"南夷卢、虎"，当即"南国𢆶子"统率下的"南夷"二将，"杞夷""舟夷"均在山东境内。而齐、鲁等国也都在西周王朝的号令下，参与了这次大规模征伐。齐、鲁等国虽然都是周王朝的封邦建国，但其统治下的民众都是夷民，因此无论是干国与杞夷、舟夷的联合作战，还是与齐、鲁等国的战争中，其与北方诸国间的文化交流都是不言而喻的。此外，在今泰州天目山西周遗址等出土的器物所反映出的周文化风格，其来源与俎、齐、鲁等也都有着间接的关系。

---

[1]　燕生东：《晚商的东土经略与滨海盐业》，《中国社会科学报》2018 年 1 月 15 日。

[2]　参见马承源：《关于𢀛生盨和者减钟的几点意见》，《考古》1979 年第 1 期。

[3]　参见张懋镕、赵荣、邹东涛：《安康出土的史密簋及其意义》，《文物》1989 年第 7 期。

总之,在夏商周三代,江淮东部虽然与北方诸国在政治疆域上被划分开来,但其同种同源的关系,仍是维系和加强南北文化交流的基础,他们之间血浓于水的密切关系,根本不可能被疆界隔断,尤其是不见经传的民间交往。

（二）与淮夷、南淮夷的文化交流

夏商时期,江淮东部恶劣的自然环境,决定了"九夷"南下后颇为孤立、闭塞的特点。他们居住在沼泽、泻湖密布的区域,又缺少金、铜、玉石等矿产资源,生产条件和生活方式都很落后。因此,他们与时居山东南部的淮夷和淮河中游的蛮夷联系不多。

关于徐淮夷的来源,或说历来在今苏、皖北部的淮河流域;或说从殷末至春秋前期,徐国的中心位置约在今洪泽湖西北的苏、皖交界处;或说徐人本居泰山附近,或源于今山东邹县,或在今曲阜附近,或在今费县蒙山脚下;甚至认为发源于东北而止于徐州得"徐夷"之名等。但"山东说,特别是曲阜说、邹县说、费县—蒙山说,可能更接近事实"[1]。

西周前期,周王朝发生了"三监"之乱,参与叛乱的徐与奄、蒲姑、熊盈等在被镇压后各自南迁,徐淮夷迁到了江苏泗洪一带。南淮夷则在更早的时候,逐渐迁徙到安徽的中、南部,形成了群舒、英、六等商代方国。其时,干国的前身"夷方",与其之间的交流罕见。但至周王朝的"大吴"战略实施之后,他们却面临着共同的压力和挑战。于是"南国反子"在"夷方"联合体的基础上建立起了夷系干国,淮夷徐国则致力于稳定初迁的政权。及周穆王时,徐国势力发展壮大,遂与干国联合起来,并策动姐国的"俘淮九邑"共同叛乱,征伐宗周。虽然其具体的联合过程不见记载,但其间必有频繁的外交活动。史载徐偃王"处潢池东,地方五百里,行仁义,陆地而朝者三十有六国"[2],连楚国国君也说他"好行仁义",乃"有道之君也"[3]。这说明徐偃王以"好行仁义"的治国理念,与干国建立了友好的关系。虽然这次征伐宗周的大规模战争,最终在周、楚联合镇压的情况下以失败告终,但徐偃王却"颇像个敢于反抗周王朝对夷人压迫剥削,深受夷人各部首领和广大夷人拥戴的'仁君',一个失

---

[1]　参见王健主编:《江苏通史·先秦卷》,第165—166页。

[2]　《后汉书》卷八五《东夷列传》,第2808页。

[3]　何宁:《淮南子集释》卷一八《人间训》,中华书局1998年版,第1295页。

败了的英雄"[1]，至今仍在民间传颂。及至西周中后期，淮夷徐国继续与干国协同作战，而从未发生过内部争端，双方的文化交流与融合也不断加强。

南淮夷在干国西南的安徽一带，双方直接交往不多。据《左传·昭公四年》记载，徐偃王战败后周穆王曾会诸侯于涂山（今安徽怀远县境内淮水南岸），徐淮夷一部分南迁至江、汉流域[2]。在同期的金文中，也可看到"由于迁徙，周人的文本中开始认同'南淮夷'，换言之，至少有部分人群迁到了淮河南面"[3]。到了厉、宣时期，西周王朝与南淮夷的关系不断恶化，周人也一再进入南淮夷地区。如厉王时器《禹鼎》记载："噩（鄂）侯御方率南淮夷、东夷广伐南国、东国，至于历内。王乃命西六自（师）、殷八自（师）曰：'戮伐鄂侯御方，勿遗寿幼。'"[4]"东夷"即指干国江北，"南国、东国"当是吴国和俎国等。《翏生盨铭》记载的"王征南淮夷，伐角、津，伐桐、遹"，也包括了今宿迁西南、宝应湖一带和安徽的桐城西北。这说明在西周王朝"大吴"战略的压力下，干国也曾与南淮夷共同作战，文化交流日益频繁。

西周时期干国与淮夷、南淮夷的关系也颇密切。如在泰州天目山西周遗址出土的陶器中，就包含着含山大城墩第五期等安徽江淮地区的因素，其与仪征甘草山遗址发现的陶器，也具有相似性。虽然江淮地区由于地理位置的原因，使"周代文化在具有共性的基础上应可以分为东部（天目山、甘草山等遗址）、中部（大城墩、蒋腾子等遗址）、西部（安徽枞阳汤家墩等遗址）三个不同的类型"，即中、西部类型明显受到更多的来自中原文化的影响，而泰州天目山"据海岸线重建，几乎为海隅，周文化对此间的影响虽然有，但毋庸置疑，已属强弩之末"，但干国与淮夷、南淮夷的文化交流和融合，还是在共同的命运面前不断地加强。[5]西周后期仪征破山口西周墓出土的青铜器等，其"文化特征同样是含有北方文化因素和南方文化因素，同时还含有一定的地方性文化特征"[6]，其中的南方、北方文化因素，就包含着江淮中部器物类型的诸多

[1]　参见王健主编：《江苏通史·先秦卷》，第193页。

[2]　顾颉刚：《徐和淮夷的迁留——周公东征史事考证之五》，《文史》1990年总23期。

[3]　李晏墅、郭宁生主编：《泰州通史》上卷，第39页。

[4]　中国社会科学院考古研究所编：《殷周金文集成》，序号：02833。

[5]　参见李晏墅、郭宁生主编：《泰州通史》上卷，第45—46页。

[6]　张敏：《邗·邗城·邗文化》，扬州博物馆编：《江淮文化论丛》第4辑，第153页。

特征。

（三）与南方吴越的文化交流

夏商时期，江南地区是越族的聚居之地。《史记·越王句践世家》："越王句践，其先禹之苗裔，而夏后帝少康之庶子也。封于会稽，以奉守禹之祀。文身断发，披草莱而邑焉。"《越绝书·外传记地传》："昔者，越之先君无余，乃禹之世，别封于越，以守禹冢。"可见夏初"东夷"南迁时，山东一带的夷民即已到达江浙地区。西周初期"三监"乱后，山东一带的奄和蒲姑，分别迁徙到今常州、吴县一带，苏南西部的宁镇地区，则是周人太伯、仲雍初建的"句吴"，这里的居民主要是越人，也有来自"淮夷"的夷民。及西周王朝在今苏北邳州一带封建姐国实施"大吴"战略之时，江淮东部的"夷方"遂与苏南东部的奄联合起来建立干国，形成了"东夷""南夷"之"廿又六邦"的邦国规模。

在山东"东夷"到达江南的历史进程中，江南夷人与南方越人逐渐形成了杂糅状态，双方的文化交流是不言而喻的，这从夏文化的不同类型中可以看出。有论者指出："夏文化有两个类型：晋南的东下冯类型与豫西的二里头类型。前者的居民以中原血统为主，后者的居民以南方血统为主。东进的夏人基本上应该是后者，即南方古越人的后裔。"因为"（一）二里头在东下冯的东面，有'地利'；（二）长江下游与山东自古有密切的文化联系，两地民族习性比较接近，可得'人和'；（三）山东有大量南方古越语地名、人名"。而造成这种奇特现象的原因，"只能是由于夏人中的越裔乡音难改，把南方古越语带到了山东"[1]。由此可见，早在夏代南北方的文化交流就已经开始了。及商周时期，随着夷民的不断南下，这种与民族习性比较接近的"人和"，已然成为夷越文化交流的格调。也正因为这样，山东夷民通过江淮东部到达苏南地区，没有遇到任何阻力，反使双方的文化交流日益加强。尤其是隶属于干国的"南夷"，与苏南越人相互融合，文化交流更加直接。

商朝末年，太伯、仲雍乃奔"荆蛮"，自号"句吴"，开始经营东南地区。周成王时，制定了一个"大吴"战略，即在今苏北邳州一带封建姐国，冀望能够"入土南向"，配合吴国兼并江淮东部。但因"南国艮子"的激烈抗衡，反使

---

[1]　董楚平：《吴越文化新探》，第57—58页。

干国建立起来。周穆王时,徐偃王与干国征伐宗周,俎国统治下的商朝贵族"俘淮九邑"也参与了这场叛乱。但却始终不见吴国行动,这说明吴的势力还很有限。周厉王前后,吴国为平息内迁的南淮夷叛乱出兵北方,开始影响到江淮东部。前揭敔簋记载的"南淮尸(夷)迁及内,……王命敔追御上洛、㤅谷,至于伊,班"[1],是直至西周末年所能见到吴国对外的唯一征伐。至于禹鼎记载的"噩(鄂)侯御方率南淮尸(夷)、东尸(夷)广伐南或(国)、东或(国)"[2],则是南淮夷和干国"东夷"的联合作战。虽然这次军事行动,最终遭到了周王朝"勿遗寿幼"的镇压,但也反映出吴国力量的局限性。因此从这方面来看,吴文化在西周时期对江淮东部的影响还是相当有限的。尤其是长江的天然屏障,限制了南北沟通的条件。

但尽管如此,吴越文化还是不断地影响到江淮东部。西周时期,苏南茅山两侧的文化面貌可谓泾渭分明,西侧的宁镇地区是吴文化区,东侧的太湖地区是越文化区,直到春秋早期吴国东进北伐,灭了干国,江淮东部和太湖地区才融入了吴文化圈。有研究者曾经指出:西周时期宁镇地区墓葬的青铜器,与中原同期的青铜器相比,"共同性大于特殊性",而春秋早、晚期的墓葬没有青铜器。西周时期宁镇地区的原始青瓷器不多,罐、碗很少,而普遍存在原始瓷豆;炊器方面多见夹砂陶的鬲、鼎,无釜,多数鼎带有角状的把手或钩状的装饰。[3]

从泰州天目山西周城址出土的器物组合看,"西周早中期该遗址具有江淮地区周代文化的一些共性,如簋、绳纹鬲、绳纹罐等与大城墩、安徽六安堰墩、江苏江浦蒋城子、江苏江浦曹王塍子等遗址均具有共性,而与同时期宁镇地区除素面鬲这一共性外其余因素差别较大;至西周晚期,与宁镇地区开始有较多共性。如 Ba 型素面豆、印纹盆等均同于宁镇地区。在江淮地区内部,从器物组合看天目山遗址与仪征甘草山遗址具有相同性,甘草山遗址第4层、3B层和天目山遗址均以素面鬲为主要炊器,与仪六丘陵以西的曹王塍子遗址以绳纹鬲为主区别较大,在纹饰风格上,绳纹陶和素面陶的比例与仪六丘陵以西地

---

[1] 中国社会科学院考古研究所编:《殷周金文集成》,序号:04323。

[2] 中国社会科学院考古研究所编:《殷周金文集成》,序号:02833。

[3] 刘兴、吴大林:《谈谈镇江地区土墩墓的分期》,《文物资料丛刊》第6辑,文物出版社1982年版。

区差别很大,以仪六丘陵西部为界限应是江淮周代文化的两个类型"[1]。再从仪征破山口西周墓出土的青铜器等看,其"文化特征同样是含有北方文化因素和南方文化因素,同时还含有一定的地方性文化特征"[2]。这说明干国所处的江淮东部,所受吴文化的影响较大,尤其是在西周后期。至于苏南东部奄地即干国的"南夷",相对江北的"东夷"来说,则所受越文化影响较大。西周后期奄从干国独立出来,春秋早期与干国先后被吴所灭。由此可见,西周时期干国虽然相对闭塞,但与吴越文化的交流还是得到了不断加强。

二、干国文化与社会风俗

夏商西周时期,江淮东部的"九夷"与中原王朝战争不断,同时和周边地区也进行着不断的文化交流,而这些频繁的交往和文化辐射,也一直产生着双向作用。但是同时,源远流长且根深蒂固的夷文化,特点仍然相当突出。尤其是西周时期,随着夷人的大批南迁和干国的建立,原以山东为大本营的"东夷"逐渐淡出人们的视线,使江淮东部成为夷文化的核心区域,形成了区域文化的特征。

(一)源于东夷的鸟图腾崇拜

东夷族的直系祖先,是都于今山东曲阜一带的少皞氏,少皞氏以鸟作为图腾。《后汉书·东夷列传》载:"《王制》云:'东方曰夷。'夷者,柢也,言仁而好生,万物柢地而出。故天性柔顺,易以道御。……夷有九种,曰畎夷,于夷,方夷,黄夷,白夷,赤夷,玄夷,风夷,阳夷。"及至商朝,"九夷"的具体名称不再见于史书记载,而是在江淮东部形成了一个叫作"夷方"的联合体,至周成王时又在此基础上建立了干国。《左传·昭公十七年》载:

> 秋,郯子来朝,公与之宴。昭子问焉,曰:"少皞氏鸟名官,何故也?"郯子曰:"吾祖也,我知之。昔者黄帝氏以云纪,故为云师而云名;炎帝氏以火纪,故为火师而火名;共工氏以水纪,故为水师而水名;大皞氏以龙纪,故为龙师而龙名。我高祖少皞挚之立也,凤鸟适至,故纪于鸟,以鸟师而鸟

---

[1]　南京博物院、泰州市博物馆、姜堰市文物管理委员会:《江苏姜堰天目山西周城址发掘报告》,《考古学报》2009 年第 1 期,第 152—153 页。

[2]　张敏:《邗·邗城·邗文化》,扬州博物馆编:《江淮文化论丛》第 4 辑,第 153 页。

名。凤鸟氏,历正也;玄鸟氏,司分者也;伯赵氏,司至者也;青鸟氏,司启者也;丹鸟氏,司闭者也。祝鸠氏,司徒也;鴡鸠氏,司马也;鳲鸠氏,司空也;爽鸠氏,司寇也;鹘鸠氏,司事也:五鸠,鸠民者也。五雉,为五工正,利器用,正度量,夷民者也。九扈,为九农正,扈民无淫者也。自颛顼以来,不能纪远,乃纪于近。为民师而命以民事,则不能故也。"仲尼闻之,见于郯子而学之。既而告人曰:"吾闻之:'天子失官,学在四夷。'犹信。"

这说明少皞氏是以鸟为图腾的。如在连云港锦屏山南麓的将军崖发现的原始社会岩画中,南侧的一组长 8 米,宽 6 米,以鸟兽纹、星象图为主,还出现了两幅鸟头图案,形象清楚,就应该是隶属于少皞氏的[1],后来的郯国就在此地。

夏商时期,"东夷"南迁,古扬州成为夷民的聚居之地。《尚书·禹贡》中所说的"阳鸟攸居""鸟夷卉服",就是指"沿于江、海,达于淮、泗"的扬州而言。不过,当时南迁的夷民,有的成为江淮东部狭义的"九夷",如黄夷、阳夷、赤夷、白夷等,有的南迁到安徽中南部,如舒鸠、鸠兹、龙舒等。西周早期,山东的奄和蒲姑南迁到今常州、吴县一带,徐淮夷南迁至泗洪一带,安徽中南部则为"南淮夷"之地。于是江淮东部便成为"九夷"的核心区域,并在相当长的时期内保留着鸟图腾的崇拜心理,形成了不同于其他地区的行为文化和心态文化。

江淮东部的鸟图腾崇拜,主要在一些青铜器纹饰上得到反映。如仪征破山口西周墓中出土的鸟纹尊,腹中部饰一道变体鸟纹带;凤鸟纹盉,盖面饰一对凤鸟纹,流上两侧饰一对鸟纹;四凤纹盘,上立振翅欲飞的凤鸟等。这些青铜器造型轻薄灵巧,除个别具有中原色彩外,大多从造型到纹饰都具有独特的地方风格,既不见于中原,也不见于江南。[2]这种带有铜鸟饰的青铜器,在安徽屯溪等地也有发现。如 1959 年在屯溪西郊西周墓中出土的一件铜鸟饰,作伫立待飞状,翼翅上嵌有绿松石,造型新颖美观,形态生动逼真,"体现了徽州土著先民对鸟的特殊感情与爱好,很可能是他们的图腾崇拜"[3]。再如可能

[1] 参见蔡葵主编:《楚汉文化概观》,第 96 页。

[2] 张敏:《邗·邗城·邗文化》,扬州博物馆编:《江淮文化论丛》第 4 辑,第 153 页。

[3] 翟屯建:《徽州先秦史初探》,安徽省扬州地区徽学研究会编:《徽学》1986 年第 1 期,第 9 页。

出土于江淮地区的"六鸟蟠龙盘",或在徐国与群舒的活动地带,盘的口沿上蹲着六只小鸟,完全立体,可能是"徐、舒的传国宝器"[1]。吴越地区也有些青铜器上饰有鸟纹,但龙、蛇、鱼纹较为常见。

图腾崇拜,一般认为是比较原始和低级的社会形态的产物,由于先民们知识水平还很低下,尚不足以解释宇宙天地和他们自身的许多现象,于是产生了一种非理性的思维。而这种思维所产生的神话、原始宗教和仪式化的活动,便确定了这个族群生活样式、思维习惯甚至生命的全部过程,从而在氏族内部形成一种巨大的力量,起着维系群体、团结向上的重要作用。[2]江淮东部从南迁而来的"九夷"部族,到"夷方"联合体的形成,再到"干国"的建立、发展和巩固,就充分体现出这种高度的认同感和团结向上的强大力量。

（二）异于吴越的"冠弁"习俗

服饰风尚是经济习俗的重要方面,既具保护身体的功能,同时也是一种装饰和文化的象征。因此它一方面有实用价值,另一方面又表现了个人和地方、民族群体的日常审美趣味,表现了一定社会的伦理观念。这里就冠戴发饰方面作简要的论述,以示江淮东部与江南吴越地区的不同。

《礼记·王制》:"东方曰夷,断发文身。"根据此说,无论原居于山东的"东夷",还是南迁江淮地区的"九夷""淮夷"等,都有"断发文身"的习俗。但事实上,南方越人"断发文身",江淮诸夷并非如此。

自古以来,人们谈起古越人,便以"断发文身"为首要标志。"断发文身"是一目了然的外观特征,与中原华夏族的蓄发冠笄判若霄壤,故为人们喜欢称引。《史记·越王句践世家》:"越王句践,其先禹之苗裔,……封于会稽,以奉守禹之祀。文身断发,披草莱而邑焉。"商周之际,周人进入宁镇地区,随从越俗。《左传·哀公七年》:"太伯端委,以治周礼,仲雍嗣之,断发文身,裸以为饰,岂礼也哉? 有由然也。"《史记·吴太伯世家》说太伯、仲雍"乃奔荆蛮,文身断发"。这说明吴国的统治者虽为周人,但从一开始就受到了越俗的影响。那么"断发文身"是怎样的一种习俗呢?《春秋穀梁传·哀公十三年》说:"吴,夷狄之国也,祝发文身。"范宁注:"祝,断也。文身,刻画其

---

[1]　参见董楚平:《吴越文化新探》,第 220 页。

[2]　参见陈秋祥等主编:《中国文化源》,百家出版社 1991 年版,第 194—195 页。

身以为文也。"《墨子·公孟篇》:"越王勾践,剪发文身。"总之,"断发""祝发""剪发",都是指割断头发使之变短,"文身"则是用丹青在额部或身体上刻刺花纹。至于越人"断发文身"的深刻含义,古人则以为越"处海垂之际,屏外蕃以为居,而蛟龙又与我争焉,是以剪发文身,烂然成章,以像龙子者,将避水神也"[1]。可见与龙、蛇、鱼图腾崇拜有关。春秋时期,吴王寿梦"朝周,适楚,观诸侯礼乐",并与鲁成公会于钟离,"深问周公礼乐",寿梦闻之感叹道:"孤在夷蛮,徒以椎髻为俗,岂有斯之服哉?"[2]可见"椎髻为俗"就是"夷蛮"断发后的殊俗发式。

山东和江淮地区不然。如《左传·昭公三十年》记载:"(吴)灭徐,徐子章禹断其发,携其夫人以逆吴子。"这说明淮夷徐国本无此俗,只是因为被吴所灭,不得不随此俗罢了。《左传·哀公十一年》载:齐与吴、鲁联军作战,齐将公孙挥"命其徒曰:人寻约,吴发短。"杜预注曰:"约,绳也。八尺为寻。吴发短,欲以绳贯其首。"齐的敌方是吴和鲁,鲁人留发,首级可用头发纽结,吴人发短,故要特别准备绳索,贯穿其首。可见齐、鲁本无"断发"习俗。

有人根据《礼记·王制》"东方曰夷,被发文身"的说法,认为夷人有此习俗,其实不然。对此,有学者明确指出:第一,东夷与中原华夏人居地接近,他们如果有"断发文身"的习俗,那么华夏人列举此俗时,必然首先选择身边的东夷人,不会那么一致地都把它与远方的越人联系在一起。第二,齐、鲁两个大国统治着境内众多的东夷人,并长期与境外东夷人为邻。齐、鲁人留下的著作较多,东夷礼俗也记载颇多,从未说东夷人"断发文身"。齐国对东夷的政策是"因其俗,简其礼",可知东夷"礼"制颇繁,"其俗"甚至可以"因"袭。如果"断发文身"那是绝不可"因"的。鲁国对东夷的政策是"变其俗,革其礼",也未说到"断发文身"。第三,"断发文身"这样重大的习俗,是有很大稳定性的,南方百越保持千百年之久,《后汉书·东夷列传》说"东夷率皆土著,喜饮酒歌舞,或冠弁衣锦,器用俎豆。所谓中国失礼,求之四夷者也。"可知东夷礼制,与"中国"(中原)接近。第四,徐属广义的东

---

[1]〔汉〕刘向撰、向宗鲁校证:《说苑校证》,中华书局 1987 年版,第 302 页。

[2]〔汉〕赵晔著,〔元〕徐天祜音注,苗麓点校:《吴越春秋》卷二《吴王寿梦传》,江苏古籍出版社 1986 年版,第 6 页。

夷，《左传·僖公四年》说"观兵于东夷"，杜注："东夷，郯、莒、徐夷也。"前引《左传·昭公三十年》，谓徐王章禹"断其发"归降吴国，说明作为东夷之一的徐人本不断发。第五，《礼记》的写作年代很晚，约在战国末年至西汉前期。当时越已亡国，"东夷"的概念已扩大化，长江下游已经夷越不分，后来王充在《论衡·恢国》篇说："越在九夷。"《王制》说的"断发文身"应指东南的"在""夷"之"越"。故下文说："南方曰蛮，雕题交趾。"中国古代"南方"概念不断南移。《王制》的"南方"主要指岭南，它说的"东方"应包括吴越故地，故说"被发文身"。因此，"我们倘以这不确切的唯一特例来证明东夷'断发文身'，似失之轻率"[1]。

夏商西周时期，山东夷人不断南迁到江淮地区，但其独特的地理环境，并未使根植于东夷文化的血脉改变。同时，干国是一个夷系政权，同周人在越底色上建立的吴国，有本质的区别。因此，干国并无"断发文身"之俗。

（三）颇具特色的语言文化

语言是人们思想交流的工具，也是文化的重要支柱。早在公元前五千年前后，中华大地即出现了三大考古文化系统，即东南青莲岗文化、西北仰韶文化和北方细石器文化。江苏地域属青莲岗文化系统，土著居民为太古夷越族，所操语言为太古夷越语。到公元前三千年左右黄帝进据中原，三大系统在中原河洛地区交会，在太古夷越语、氐羌语、胡狄语的相互交融中，产生了原始华夏语胚胎。[2]

甲骨文和考古研究证明，在中原建立商王朝的殷人，来自东方古夷族，殷、夷古同音。东方之人称"夷"，汉语的"人"即源于夷人的自称。周人由西部进入中原，在殷商语言文化基础上建立了姜周语言文化。他们自称夏后氏的后代，语言称为"雅言"，即"夏言"。中国古代文化典籍用雅言书写，由此形成了以"雅言"为权威语言的中国古代典籍文化，并向周围地区扩散。中国古代第一部字典《尔雅》，其义就是向雅言靠拢。而东南地域的人们，商周时被称为"九夷""东夷"，所操语言是与雅言不通的上古夷越语。商周之际苏南吴国建立起来，中原文化与夷越文化开始交融，形成了勾吴族，出现了渗入雅言

[1]　董楚平：《吴越文化新探》，第176—177页。

[2]　参见李葆嘉：《中国语的历史和历史的中国语》，载日本《中国语研究》，1996(38)，第1—18页。

的夷越语——勾吴语,在勾吴南部则出现了土著越人建立的於越国,所操语言为於越语。《吕氏春秋·贵直·知化》引伍子胥语:"夫齐之与吴也,习俗不同,言语不通,我得其地不能处,得其民不得使。夫吴之与越也,接土邻境,壤交通属,习俗同,言语通,我得其地能处之,得其民能使之。越于我亦然。"可见当时的勾吴语、於越语,包括东夷语,都是相近的语言,可以相互通话。这种统称为"原始吴语"的语言,与黄河流域的齐语、华夏语不能相通。[1]

　　不过,伍子胥所说是春秋末年吴王夫差时的情况,此距西周末年已是近三百年。当时不仅江淮东部的干国早已属于吴国之地,而且吴越之间也经历了吴灭越等长时期的融合过程,因此说"当时的勾吴语、於越语,包括东夷语,都是相近的语言,可以相互通话",说"与黄河流域的齐语、华夏语不能相通",是可以的。《吴越春秋》卷五《夫差内传》谓"吴与越同音共律,上合星宿,下共一理",也是这个意思。但就西周至春秋前半期的情况看,江淮东部仍与夷文化关系密切,与南方吴、越关系不大。西周前期,周王朝虽制定了"大吴"战略,企图兼并江淮东部,但是直到西周末年,南方吴国仍很少涉足江淮东部,而局限于宁镇地区。春秋早期,吴东进北上,先后灭掉奄和干国,干国之地暂归吴国。但仅仅过去二三十年,齐败吴国而"分吴半",江淮东部隶属齐国,直到吴王寿梦时江淮东部才复归吴国。即在寿梦即位(前585)之前,江淮东部不仅没有受到吴文化的多少影响,反而经受了齐文化即文化母区底色的渲染。故就语言文化来说,江淮东部的夷语与勾吴、於越语,尚有很大区别,还是不太能"相通"的。直到汉代,"相当于现今江苏境域内的语言,仍然是吴语和淮夷语"[2]。也就是说,江淮东部在真正地被吴所灭,复经战国、秦汉数百年的交流与融合,才逐渐与勾吴语、於越语相通,并仍然保留着诸多"淮夷语"的特色。而就夏商西周而言,江淮东部的语言文化,仍基本上保留着"东夷"语言文化的底色,与南方吴越地区的语言文化,尚有不小的差别和距离。

　　总之,在夏商西周时期,江淮东部从"九夷"到"夷方",再到干国,其与周边地区的文化交流是不多的。这一方面与其所处的地理环境有关,同时与

---

[1]　参见王长俊主编:《江苏文化史论》,第51—52页。
[2]　参见陈书禄主编:《江苏文化概观》,南京师范大学出版社1998年版,第145页。

来自"东夷"的文化底色和干国的政权性质也密切相关。尤其是语言作为文化中"惰性最大的部分",使"乡音难改"成为人生的普遍经验,"对每一个人的一生来说是这样,对每个民族的数千年历史来说也是这样"[1]。

（四）夷系歌舞与文学艺术

鉴于语言文化的差异,在歌舞与文学艺术方面,江淮东部也当具有不同风格。《汉书·地理志》:"凡民函五常之性,而其刚柔缓急,音声不同,系水土之风气,故谓之风;好恶取舍,动静亡常,随君上之情欲,故谓之俗。"《风俗通义》序云:"风者,天气有寒暖,地形有险易,水泉有美恶,草木有刚柔也。俗者,含血之类,像之而生,故言语歌讴异声,鼓舞动作殊形,或直或邪,或善或淫也。"这都论及社会风俗与社会环境之间的关系。《荀子·劝学》曰:"干、越、夷、貉之子,生而同声,长而异俗,教使之然也。"西周时期,江淮东部的干国由"九夷""夷方"发展而来,既脱离了文化母区,又建立起夷系政权,其与齐、鲁、吴等西周的封邦建国,也就有了很大区别。

就文学的角度而言,文学是以语言为工具的、以感情来打动人的、社会生活的形象反映。虽然在人类早期的生活中,中国文学还处在萌芽的阶段,尚未形成独立的文学观念,没有区分文学与非文学的意识,也没有专门从事文学创作的人,但同音乐、舞蹈等形式结合在一起的歌谣则是客观存在的。

由于各种条件的限制,许多歌谣又是随时消失的东西,古书记载的一些称作黄帝、尧舜时代的歌谣,又明显是出于伪托,因此流传至今而确实可信的歌谣,以《诗经》里的作品为最早。而《诗经》里的作品,主要产生在西周至春秋中叶的黄河流域,与江淮下游地区相关者甚少。但这并不能说江淮下游就没有歌谣。沈约在《宋书·谢灵运传论》中说:"虽虞、夏以前遗文不睹,秉气怀灵,理或无异。然则歌咏所兴,宜自生民始也。"如《竹书纪年》中记载"帝发即位,诸夷入舞",《路史·后纪》十三引此,后边又有"其始即继,诸夷式宾,献其乐舞"的内容。《周礼·春官·韎师》云:"掌教韎乐。祭祀,则帅其属而舞之。"郑注:"舞之以东夷之舞。"《鞮鞻氏》云:"掌四夷之乐与其声歌。"郑注:"四夷之乐,东方曰韎。"说明东夷人的歌舞已走出东夷,声闻于夏、周中

---

[1]　董楚平:《吴越文化新探》,第6页。

央王朝的庙堂之上了。此外，神话故事从严格意义上讲，并不直接等同于"文学"，但却也是早期文学的另一个领域。如今宝应、射阳一带以"后羿射日"而有"射阳"的神话故事，在屈原《天问》《离骚》等作品中都有反映，应该说就是一代代流传下来的故事。

《诗经》中有不少当时的民歌，但"南方的民歌不在'采风'所及的范围以内，没有得到全面的集中和整理，因之散失很多"[1]。也许，这是因为他们蛮夷𫖮舌之音，尚不足登中原文化大雅之堂的缘故。事实上，无论吴越还是江淮地区，都是应该有自己的民歌的。顾颉刚先生曾在《吴歌小史》一书中推断，吴歌的起源当不会迟于《诗经》，并且指出：在春秋时期，一些文献中记载了吴歌。《吴越春秋·渔父歌》："日月照耀乎寖已迟，与子期乎芦之漪。"又曰："日已夕兮，余心忧悲。月已迟兮，何以渡为？事寖急兮将奈何！"这大概是以汉语汉字译写的吴歌，而不是吴地歌谣的汉字记音。[2]当然，春秋时期的吴，应该包括江淮东部地区了。又如《吴越春秋·勾践阴谋外传》记载的《弹歌》："断竹，续竹，飞土，逐肉。"此乃原始先民狩猎的全部过程。《文心雕龙》称此为"二言之始"，"质之至也"。也就是说这是最早的二言诗。但此诗歌"用今天的普通话读起来并不押韵。若用泰州方言读，则完全合韵"[3]。

在夏商周时期，许多歌谣是和乐舞结合在一起的，但江淮地区与南方吴越有所不同。吴越地区以龙、蛇为图腾，蛇龙图腾舞由是而生。有学者引王献唐《炎黄氏族文化考》称："虫蛇之行曼延，因名虫蛇曰蛮，更名其地曰蛮。"原来荆蛮之谓，就是丛林中的蛇与虫之意。"蛮""曼""慢"等字，原本就有相通之意，吴人以蛇当龙，这是远古吴文化的一个重要标志。所以"这种蛇虫舒曼、宛延的形象，一方面作为吴地先民图腾崇拜的物质遗存，保留在上古的出土文物上；别一方面，又作为图腾舞蹈艺术形象，留存于后世的传统舞蹈之中，致使吴地舞蹈产生一种柔美、抒情的风格"[4]。与此同时，吴越之人傍水而居，与鱼也有着密切关系，"鱼"与"吴"的字形和音训、义训，都有通同之处，

[1] 杨荫浏：《中国古代音乐史稿（上册）》，人民音乐出版社1981年版，第52页。

[2] 参见王长俊主编：《江苏文化史论》，第58页。

[3] 参见黄大昭、黄俶成：《汇源导流》，第27页。

[4] 王友三主编：《吴文化史丛》（下），人民出版社1993年版，第624页。

鱼的动作形态也是曼延、缠绵的，故"吴舞"与"鱼舞"也相关。

　　源于"东夷"的江淮夷民，以鸟为图腾，其歌舞也当以鸟为主题。《后汉书·东夷列传》："东夷率皆土著，喜饮酒歌舞，或冠弁衣锦，器用俎豆。"可见他们本是善于歌舞的氏族，且在歌舞时有着不同于吴越人的装束和扮相。《山海经·海外南经》说东南沿海有"羽民"，又有"始鸠"，"其为人，长头，身生羽"，实际上就是凤鸟图腾崇拜的反映。当然，在苏南丹徒等地出土的青铜器和徐州、淮阴、丹阳等地出土的汉画像石、砖上，也都有刻画鸟的图案，但这都是南北文化交融的产物，而且凤鸟、龙蛇的曼延舞姿，也是极易于融会贯通、浑然一体的。如西周时期大江南北出土青铜器上的云纹、云雷纹等，就都是文化交融的结合体。不过，江淮东部与吴越地区毕竟有着本质的区别，就夏商西周时期来说，这种交融还是有限的，相互区别则很明显。如汉代张衡在《舞赋》中说"祀则神祇来格"，也是神人同乐之舞，然"来格"即"来也"，正是淮上方言。[1]

　　（五）婚姻与丧葬

　　在婚姻、丧葬等方面，江淮东部与中原、苏南地区也有不同。

　　婚姻和人类本身的繁衍密切相关，故历来受到个人、家庭和社会的高度重视。自进入阶级社会以后，一夫一妻制成为约定俗成的民俗，但实际上是一夫一妻多妾制。那些地位崇高的天子、诸侯和各级贵族奴隶主，在事实上根本没有限制。在婚姻礼仪上，西周时期确立了"六礼"，即纳采、问名、纳吉、纳征、请期和亲迎的六道程序，此后相沿成习。随着人们对"男女同姓，其生不蕃"[2]的逐步认识，"同姓不婚"也成为较为流行的观念。但周边四夷有所不同。江淮东部是"九夷"的聚居之地，也理应保持着旧的风俗。《反经·是非》云："昔东夷慕诸夏之礼，有女而寡，为内私婚，终身不嫁。"这就是说"东夷"本与夏礼不同，然因慕之而受其影响。春秋时期，鲁昭公娶同姓吴女，称吴孟子，有人指责他说："君取于吴，为同姓……君而知礼，孰不知礼？"[3]这说明鲁与吴国的"同姓不婚"尚不严格。江淮东部僻居海隅，异于南北，可以推断在

──────────

[1]　参见王长俊主编：《江苏文化史论》，第 309 页。

[2]　《春秋左传正义》卷一五"僖公二十五年"，〔清〕阮元校刻：《十三经注疏》（清嘉庆刊本），第 3941 页。

[3]　程树德撰，程俊英、蒋见元点校：《论语集释》卷一四《述而下》，中华书局 1990 年版，第 496 页。

婚俗上仍较保守,具体情况尚待考证。

丧葬方面,江淮东部所受中原影响较大,而与吴越有较大差别,这从墓葬形式上即可看出。

从江南地区来看,因受自然条件等多种因素的影响,在葬俗上有鲜明的特点,主要表现在土墩墓和石室土墩等墓葬形式的存在。土墩墓,是一种平地起封、无墓穴、无葬具的埋葬形式。这种葬式主要分布在苏南、皖南和浙江等部分地区,宁镇地区最为密集。宁镇地区的土墩墓,始于西周前期,盛行于西周后期和春秋时期,战国早期逐渐消失。大体上说,时空分布与吴国的年代和疆域范围基本吻合,当是吴国人的墓葬。土墩墓通常选择冈阜山坡作为葬地,土墩内的墓数不等,有的一墩一墓,有的一墩数墓甚至十多墓。这些墓葬皆平地起坟,不用棺椁,封土一般不经夯打,一些随葬品丰富的大型墓中,常用卵石或石块铺砌成石床,或铺上木炭。在高等级的土墩墓中,较多地使用几何纹硬陶和原始瓷器等为殉葬品,而不见中原贵族墓中常见的列鼎制度和鼎簋相配的组合关系。这说明其与西周礼制相去甚远,地域色彩甚浓。石室土墩,主要分布在太湖周围和浙江等地,太湖周围地区最为密集。这些墓葬,大都筑在山顶,先用石块垒砌成长条形石室,再用土石堆成馒头形土墩,在陪葬品方面也与土墩墓不同,几乎不见青铜器,主要使用硬陶、原始瓷器等器物。从时代来看,约当西周中期到战国早期,至楚灭越而止。故多数学者认为,应是越人的墓葬。[1]

而江淮东部,虽然受到吴越文化的影响,但总体上说有自己的区域特色,与中原地区差别不大。如泰州天目山西周城址发现的一座小孩墓和仪征破山口发现的西周晚期贵族墓,其葬式皆为长方形竖穴土坑墓[2],与苏北邳州"九女墩"发现的徐国土坑竖穴墓[3],皆类同于中原墓制。而从干国各地出土的青铜器来看,其"文化特征同样是含有北方文化因素和南方文化因素,同时还含有一定的地方性文化特征"[4]。同时,从目前已查明的情况看,吴国的土墩墓

　[1]　参见王健主编:《江苏通史・先秦卷》,第194—195页。

　[2]　南京博物院等:《江苏姜堰天目山西周城址发掘报告》,《考古学报》2009年第1期;王志敏、韩益之:《介绍江苏仪征过去发现的几件西周青铜器》,《文物参考资料》1956年第12期;尹焕章:《仪征破山口探掘出土铜器记略》,《文物》1960年第4期。

　[3]　参见蔡葵主编:《楚汉文化概观》,第27、93页。

　[4]　张敏:《邗・邗城・邗文化》,扬州博物馆编:《江淮文化论丛》第4辑,第153页。

"北过长江抵仪征、六合"[1]，这说明江淮东部的墓葬葬式受到了中原和吴国的影响。不过，吴国的土墩墓，一直延续到吴国灭亡后的战国早期，而仪征、六合的土墩墓若不能证明是春秋早期干国灭亡前的墓葬，仍不能说干国所处的江淮东部有土墩墓的存在。因为干国亡于公元前700—前686年之间即春秋的早期末端，干国亡后仅二三十年，吴国便被齐"分吴半"即占领了江淮东部，其后直至吴王寿梦（前585年即位）时才夺回江淮东部地区，称为吴王。即若仪征、六合的土墩墓是春秋中后期的墓葬，则干国时期的墓葬形式就未必有土墩墓的存在。有的学者将仪征境内的西周遗址归属"吴文化"的范畴，谓"江苏和安徽长江沿岸及其以南地区在西周和春秋时期属吴国范围"[2]，以此来看待仪征土墩墓的存在，就不合适了。因为西周至春秋早期，仪征还是干国的属地，而"吴文化"真正影响到江淮东部则在春秋中期以后。至于将仪征西周破山口和甘草山等遗址称为"邗国墓葬""邗文化"[3]，恐怕也不合适，因为干国灭亡之前，尚无称"邗"的充分依据，吴灭干后吴王寿梦始称"吴王"，又称"邗王"。而至此时，吴国才真正占领了江淮东部，江淮东部才真正受到了吴文化的影响。

总之，夏商西周时期，南迁江淮东部的夷人，在历经"九夷""夷方"和干国的社会进程中，与中原王朝及周边地区都在进行着不断的文化交流，而江淮东部的夷文化也对南方吴越地区产生了较为深刻的影响。但是，江淮东部独特的地理环境以及政权性质的差异，并没有使东夷文化的底色有太大的改变。特别是以山东为大本营的"东夷"，鉴于齐、鲁等国的长期"教化"，逐渐改变了"夷"的本色，而南方吴越因受长江天险的阻隔和军事实力的限制，对江淮东部的影响也相当有限，使江淮东部成为继往开来的"夷文化"代表，彰显出更多的夷文化色彩。扬州作为江淮东部的核心区域，理当具有深厚的夷文化底蕴。及公元前700—前686年吴灭干国，复经稍后的齐"分吴半"，干

---

[1]　萧梦龙：《对吴国历史文化的新探索》，《江苏史论考》，江苏古籍出版社1989年版，第22页；刘勤：《仪征境内有关吴文化考古发现之初探》，扬州博物馆编：《江淮文化论丛》第4辑，第46页。

[2]　参见刘勤：《仪征境内有关吴文化考古发现之初探》，扬州博物馆编：《江淮文化论丛》第4辑，第45页。

[3]　参见张敏：《邗·邗城·邗文化》，扬州博物馆编：《江淮文化论丛》第4辑，第145—156页。

地复归吴国所有,该地区方真正被纳入到"吴文化"的体系和范畴。到了战国时期,原干之地相继归属越、楚二国,最终归于秦的统一,江淮东部便自然而然地融入华夏民族的大家庭了。

本章对夏商西周时期江淮东部的历史变迁作了较为具体的考察。首先,基本厘清了从夏初"东夷"南迁到狭义"九夷"形成及夏末"干辛邦"可能存在于江淮东部的基本线索;继而对商代"夷方"联合体的形成和西周初期"干国"建立的历史背景作了考察;然后对干国在西周时期的统治状况包括干国的基本属性、都城与地望等,作了基本定性的结论。可以看出:干国是在西周王朝"大吴"战略的历史背景下,由"南国反子"所率领的"东夷""南夷"之"廿又六邦"建立起来的夷系政权,而非西周王朝的姬姓封国,也不是由淮夷徐国析分而来;干国的地望在今江淮东部包括苏南东部的广大地区,而与江西余干等地无关;干国的都城在今泰州天目山一带,而不在传统说法的扬州或仪征。泰州在历史上基本都属扬州管辖,二者相距并不遥远。就当时的情况来看,泰州姜堰南为干国的"南夷",北为江淮东部的"东夷",西南宁镇地区为吴,西北泗洪则为徐国,也是干国较为理想的统治中心。历史上将泰州称为"九夷海阳",正是江淮东部"九夷"聚居的客观反映。

其次,对江淮东部的经济状况,从考古遗存和文献记载结合的角度作了考察,可见此期的江淮东部,因公元前 4000 年前的海侵、海退和新海岸线的重建,该地区还处于沼泽、泻湖遍布的生态环境,经济上还相当落后,但因与中原王朝和周边地区的文化交流,其青铜铸造业、农耕渔猎和城市商业等,都得到了一定的发展。

再次,对江淮东部与中原王朝和周边地区的文化交流和"夷文化"自身的特点等,作了粗线条的梳理。认为在夏商西周时期,江淮东部与中原王朝和周边地区的文化交流是不断的,只是鉴于单纯的夷系土著和夷文化的底色、相对闭塞和恶劣的地理环境以及干国的"外服"性质,其与中原和周边地区的文化交流,也受到了很大限制。因此在文化内涵和社会风俗等方面,仍体现出更多的"夷文化"特质。孔子所谓"吾闻之,天子失官,学在四夷,犹信",就是由江淮东部的鸟图腾崇拜而引发的。

第三章 春秋战国时期的扬州地区

西周后期，奴隶制度赖以生存的经济基础——井田制逐渐遭到破坏。与之同时，王室衰微，诸侯坐大，对王室的离心倾向也不断加重。关中地区的大地震，使"百川沸腾，山冢崒崩，高岸为谷，深谷为陵"[1]，更使社会矛盾不断加剧，社会秩序动荡不安。至周幽王十一年（前 771），西周王朝终为西部犬戎所灭。幽王死后，太子宜臼即位，是为平王。鉴于其时镐京残破，偏居西垂，又处犬戎威胁之下，遂在周平王元年（前 770）迁都洛邑（今河南洛阳），建立东周王朝。其时，周天子虽然尚能以天下"共主"的名义发布号令，但因诸侯国势力纷纷打起"挟天子以令诸侯"的旗号，积极发展自己的力量，"礼乐征伐自天子出"的时代已是一去不复返了。各诸侯国之间的相互兼并和争夺霸权，使历史进入了新的阶段。由于该段历史与孔子修订的《春秋》年代（前722 至前 481）大体相当，故将周平王东迁（前 770）至周敬王四十四年（前476）的这段历史称为春秋时期。经过春秋时期的兼并战争，许多小国被先后灭亡，最终形成了齐、魏、赵、韩、秦、楚、燕七个大国争雄的局面。而这些诸侯国在取得斗争胜利之后，为了巩固和扩展地主阶级的利益，加强对农民的奴役和剥削，先后不同程度地开展了社会改革。直到公元前 221 年秦灭六国天下统一，这一阶段终于结束。由于战争是该时期的基本特点，这段历史就被称为战国时期。

春秋战国时期，是奴隶制过渡到封建制的重要时期，在此期间，井田制不断遭到破坏，封建制度逐步确立。在制度变更中，上层建筑也发生了深刻变化，表现在思想文化上则是"百家争鸣"局面的出现。此时期江淮东部的干国，

---

[1]《毛诗正义》卷一二《十月之交》，〔清〕阮元校刻：《十三经注疏》（清嘉庆刊本），第 957 页。

在历经整个春秋前期的统治后,于公元前700—前686年间被吴所灭,后来先后归属齐、吴、越、楚统治,也发生了翻天覆地的变化。

第一节　干国灭亡前后的历史概况

春秋战国时期,大国争霸与相互兼并是中国历史发展的突出特点。地处江淮东部的干国,在历经西周后期的频繁战争和打击后逐渐衰落下来,至春秋早期末端,终被姬姓吴国所灭。不久齐"分吴半",原干之地归属齐国。及吴王寿梦时,江淮东部复归吴国,又称"邗王"。战国之初越灭吴国,战国中期楚又灭越,至秦统一天下归秦,历史进入了新的时期。

一、春秋时期的扬州地区:干国灭亡与吴齐争霸

西周后期至春秋时期,周王朝与江淮诸夷间的斗争仍在延续。虽然在战争中周王朝取得了一些胜利,但其兵力也损失惨重。宣王死后幽王即位,"幽王淫乱,四夷交侵,至齐桓修霸,攘而却焉"[1]。齐桓公称霸在春秋中期,其时吴国已灭干国,齐又败吴分了"吴半",及吴王寿梦时重新夺回江淮东部,历史进入了春秋晚期,此后干地归属吴国。春秋晚期吴灭徐国,打败越国,开通邗沟与齐争霸。公元前473年,吴被越国所灭,历史已进入战国时期。

(一)吴灭干国

周平王东迁后,天子的威望日益下降,"礼乐征伐自天子出"的时代结束。《史记·周本纪》载:"平王之时,周室衰微,诸侯强并弱,齐、楚、秦、晋始大,政由方伯。"及平王死后,周天子不断地向诸侯"告饥""求车""求金""求赙",而诸侯国势力则日益强大。

在此期间,吴国的势力强大起来,并开始向东、向北扩张。它先是灭掉了今常州一带的奄国和镇江一带的"朱方",不久便挥师北上,将矛头指向了江北干国。《管子·小问》记载管仲和婢子的对话,可见吴干战争的状况:

(齐)桓公使管仲求宁戚。宁戚应之曰:"浩浩乎!"管仲不知,至中

---

[1]《后汉书》卷八五《东夷列传》,第2808页。

食而虑之。婢子曰："公何虑？"管仲曰："非婢子之所知也。"婢子曰："公其毋少少，毋贱贱。昔者吴、干战，未龀不得入军门。国子擿其齿，遂入，为干国多。百里傒，秦国之饭牛者也，穆公举而相之，遂霸诸侯。由是观之，贱岂可贱，少岂可少乎？"[1]

这段史料，人们往往只引用"昔者吴干战"至"为干国多"的这个部分，认为此是吴、干间的一次战争或者战役，并以此推断"吴干战"的时间、胜败结果和吴灭干国于何时。其中认为干国由此而战败者，便说可能就在这场战争中干被吴灭，时间当在西周末年或公元前722年之前；而认为干国未战败者，便说吴灭干的时间当在吴王寿梦（前585年即位）初年，甚至吴王夫差"城邗，沟通江淮"（前486）之前。——前后差距达数百年。

但是仔细阅读原文，这个既无具体时间、确切地点和胜败结论的"昔吴干战"，无论如何都看不出是吴干之间的一次战争或者战役，只是泛指两国间的战争而已。其确切含义，不过是说过去吴干打仗时，双方都有"未龀不得入军门"的规定，只是干国参战的"国子"较多，才赢得了战争中较多的主动权。而婢子对答管仲的中心思想是"毋少少，毋贱贱"，即不要瞧不起那些年少的孩子和为人养牛的"贱"人，不要瞧不起我这个下贱的婢子罢了。而通过这段对话，反可获得如下认识：首先从对话的时间来看，是在管仲去世那年，即公元前645年。根据《史记·秦本纪》记载，管婢对话中提到的"百里傒"为相，时在秦穆公五年（前655），就在这年，干国的亡臣蹇叔也到达了秦国。及秦穆公十五年（前645）秦败晋国"地东至河"，秦方称得上"遂霸诸侯"，而管仲就在这一年辞世。因此所谓"昔吴干战"，必发生在管婢对话之前，其时干国已经灭亡。

干国何时灭亡的呢？在公元前700—前686年之间，时当春秋早期末端。对此，《韩非子·难二》载，晋平公时与其臣僚论及齐桓公"九合诸侯，一匡天下"是君还是臣之力更大，叔向、师旷各执一词，有人评论说：

---

[1]　黎翔凤撰，梁运华整理：《管子校注》，第974—975页。

叔向、师旷之对,皆偏辞也。夫一匡天下,九合诸侯,美之大者也,非专君之力也,又非专臣之力也。……蹇叔处干而干亡,处秦而秦霸,非蹇叔愚于干而智于秦也,此有君与无臣也。[1]

这段记载,明确说明蹇叔其人所处的时代,正是干亡秦霸时期。而据《史记·秦本纪》记载,蹇叔与百里傒入秦,皆在秦穆公五年(前 655),且其前后行迹也可辨:

(秦穆公)五年,晋献公灭虞、虢,虏虞君与其大夫百里傒,以璧马赂于虞故也。既虏百里傒,以为秦穆公夫人媵于秦。百里傒亡秦走宛,楚鄙人执之。穆公闻百里傒贤,欲重赎之,恐楚人不与,乃使人谓楚曰:"吾媵臣百里傒在焉,请以五羖羊皮赎之。"楚人遂许与之。当是时,百里傒年已七十余。穆公释其囚,与语国事……穆公大说,授之国政,号曰五羖大夫。百里傒让曰:"臣不及臣友蹇叔,蹇叔贤而世莫知。臣常游困于齐而乞食铚人,蹇叔收臣。臣因而欲事齐君无知,蹇叔止臣,臣得脱齐难,遂之周。周王子穨好牛,臣以养牛干之。及穨欲用臣,蹇叔止臣,臣去,得不诛。事虞君,蹇叔止臣。臣知虞君不用臣,臣诚私利禄爵,且留。再用其言,得脱;一不用,及虞君难;是以知其贤。"于是穆公使人厚币迎蹇叔,以为上大夫。[2]

据此记载,百里傒入秦年"七十余",后与蹇叔连称"二老",二人年龄当是相仿。从二人行迹看,蹇叔自收百里傒于家乡铚地迄于入秦,都在自己的家乡度过,说明此前干国已亡。再从百里傒"欲事齐君无知,蹇叔止臣"来看,时在公元前 686 年。据《史记·齐太公世家》,齐君无知仅这年在位,接着齐桓公即位。而蹇叔既为干国重臣,亡国时至少二十五岁,约在公元前 700 年许。由此可以得出结论:干国灭亡当在公元前 700—前 686 年之间。李斯《谏逐

---

[1]〔清〕王先慎撰,钟哲点校:《韩非子集解》,第 362 页。
[2]《史记》卷五《秦本纪》,第 236 页。

客书》云"昔穆公求士,西取由余于戎,东得百里奚(傒)于宛,迎蹇叔于宋"[1],说明干国亡后蹇叔回到了家乡铚地(西汉沛郡铚县,今安徽宿县南),至入秦时铚地已被宋国所并,故谓迎之于宋。

吴灭干国,是历史上的一件大事。《史记·吴太伯世家》载:吴君"禽处卒,子转立。转卒,子颇高立。颇高卒,子句卑立。是时晋献公灭周北虞公,以开晋伐虢也。句卑卒,子去齐立。去齐卒,子寿梦立"[2]。而晋灭虞、虢既在秦穆公五年(前655)即吴君"句卑立"时,则吴灭干国必在禽处至颇高时。又据青铜器《工盧王剑》铭"工盧王乍(作)元巳(祀)用,□乂(治)江之台(涘),北南西行"和者减钟铭"工獻王皮然之子者减,择其吉金,自作瑶钟",研究者认为"工獻""工盧"与后来的"攻敔""攻吴"等均即"勾吴","皮然"即柯转,"者减"即颇高,或谓"者减"即柯转等[3]。而若如此,则"工盧王"可能就是吴君禽处,"北南西行"则含括了灭掉干国,"乂(治)江之台(涘)"便是泰州天目山的干国都城——吴灭干国绝不可能晚至寿梦或夫差时。

(二)齐"分吴半"

吴灭干后,江淮东部自然归吴,但据相关史料考证,并非一直属于吴国,而是在吴灭干不久,江淮东部被齐占领,直到吴王寿梦时才复归吴国。

吴灭干不久,为继续北上,地处干国西北部的淮夷徐国成为吴、齐的争夺焦点。《管子·大匡篇》载:"卒岁,吴人伐穀(今山东东阿境),桓公告诸侯未遍,诸侯之师竭至,以待桓公。桓公以车千乘,会诸侯于竟。都师未至,吴人逃。"《管子·小匡篇》载:"于是乎桓公东救徐州,分吴半,存鲁蔡陵,割越地。"从这两条史料来看,此次吴国征伐徐、齐,当是吴、越的联合行动。而在占领徐国大部分土地的同时,尚有部分军队北上,偷袭齐国穀邑,只是由于孤军深入,而被齐等军队打败。及至吴军逃逸之后,齐军顺势南下救徐,占了吴国的

[1]《史记》卷八七《李斯列传》,第3070页。

[2]《史记》卷三一《吴太伯世家》,第1741页。按:"转",注引《索隐》谓谯周《古史考》作"柯转";"颇高",注引《索隐》谓《古史考》作"颇梦";"句卑",注引《索隐》谓《古史考》作"毕轸"。

[3] 王晖在《西周春秋吴都迁徙考》一文中说:"者减钟年代,学者们或以为者减是颇高之子,或以为是柯转之子,或以为禽处之子柯转,或以为寿梦之子诸樊,或以为句卑(卑轸)之子。因为工獻太子剑铭'姑发竈反'是诸樊,故上述诸说中诸樊说是不对的。"《历史研究》2000年第5期,第75页。今按:此谓"句卑(卑轸)"亦误,因其即位时在晋灭虞、虢即公元前655年。

一半土地,将越军占领之地收复。"分吴半"则显而易见,就是分割了吴国占领不久的干国之地。

那么,齐分"吴半"在何时呢? 在公元前671年前后。《春秋》经载:鲁庄公二十三年(齐桓公十五年,公元前671)"公及齐侯遇于穀"。由此可见,鲁国也参与了对吴作战,故有"存鲁蔡陵"之说。至于此战吴被打败,其原因主要是棋逢对手,时当齐桓公称霸期间。齐桓公时"尊王攘夷",把吴、越、徐等称为东南淫乱之国,谓"即位数年,东南多有淫乱者,莱、莒、徐夷、吴、越,一战帅服三十一国"[1],故以出师"救徐"为名,联合鲁国将吴、越打败,乘机占领了"吴半"之地。所谓"率服三十一国",就包括了原干国的"廿又六邦"。也就是说,原干国的全部领土,此时皆归齐国所有。至于"分"字,则可能是通过谈判方式解决。这表明:从公元前700—前686年间吴灭干国,至公元前671年许齐"分吴半",其间不过30年时间,原干之地即属齐国。

吴攻徐、齐败退之后,直至吴王寿梦即位(前585)的80余年,史书罕见吴国事迹,及"寿梦立而吴始益大,称王"[2]。有些学者以吴王寿梦"称王"立论,认为吴国最早的王是吴王寿梦,吴国是从寿梦开始强大并灭掉干国的。这种说法显然不当。史称"中国之虞灭二世,而夷蛮之吴兴"[3],"夷蛮之吴兴"即寿梦时,此时寿梦也称"邗王"。

关于齐"分吴半"的客观事实,从《管子》记载的"菁茅谋"中亦可窥见。《管子·轻重丁》载:

> (齐)桓公曰:"天子之养不足,号令赋于天下,则不信诸侯,为此有道乎?"管子对曰:"江、淮之间,有一茅而三脊,毋至其本,名之曰菁茅。请使天子之吏环封而守之。夫天子则封于太山,禅于梁父,号令天下诸侯曰:'诸从天子封于太山,禅于梁父者,必抱菁茅一束以为禅籍。不如令者不得从。'"天子下诸侯,载其黄金,争秩而走。江、淮之菁茅,坐长而十倍,其贾一束而百金。故天子三日即位,天下之金四流而归周若流水。故周

---

[1] 上海师范学院古籍整理组校点:《国语》卷六《齐语》,第242页。
[2] 《史记》卷三一《吴太伯世家》,第1741页。
[3] 《史记》卷三一《吴太伯世家》,第1742页。

天子七年不求贺献者,菁茅之谋也。[1]

菁茅之谋,是齐桓公"尊王攘夷"总体战略下的奇计之一,与本篇记载的"石璧谋"等如出一辙,都是基于齐桓公"挟天子而令诸侯"的政治目的而策划的。管仲既云"请使天子之吏环封而守之",则此"请"字显然是让齐桓公去请,即请周王以天子的名义派遣官员环封守之,而"江淮之间"显然是指江淮东部,其地当时属于齐国。又据《春秋》僖公九年"公会宰周公、齐侯、宋子、卫侯、郑伯、许男、曹伯于葵丘",是年乃周襄王元年(前651),"七年不求贺献者",则周襄王七年(前645),就在这年管仲辞世。这说明此时江淮东部仍然属于齐国管辖。

(三)干再属吴

干地被齐占领之后,直到吴王寿梦时才夺回来。《史记·吴太伯世家》记载:寿梦二年(前584),"楚之亡大夫申公巫臣怨楚将子反而奔晋,自晋使吴,教吴用兵乘车,令其子为吴行人,吴于是始通于中国。吴伐楚。"《左传·成公七年》说:七年(寿梦二年)春,吴伐郯,郯成。季文子曰:"中国不振旅,蛮夷入伐,而莫之或恤。无吊者也夫!"意思是说,中原诸国只忙于争霸,蛮夷吴国伐郯而成,竟没有人去眷顾他。及至秋天,楚伐郑国,晋、齐、鲁、宋等国救郑,盟于马陵(今河北大名东南),而"吴入州来"。此一年间,吴国不仅北上攻郯(治今山东郯城,其南境达江苏沭阳),迫使郯国服属于吴,而且分兵攻伐楚国,进入州来(今安徽凤台),在两条战线上均取得了军事胜利。虽然吴伐郯的进军路线,史书并未详细记载,但经江淮东部无疑。《左传》记载当时的具体情况说:

---

[1] 黎翔凤撰,梁运华整理:《管子校注》,第1473页。又翔凤按:《禹贡》"包匦青茅",郑注:"茅有毛刺者曰青茅。"《汉书·郊祀志》"江淮之间,一茅三脊",注:"谓灵茅也。""毋",古"贯"字。自尖至本,皆为三脊,此茅吾乡常见之矣。《史记·封禅书》曰:"江淮之间,一茅三脊,所以为藉也。"又云:"秩"训积,争积此茅,以免临事张皇。余按:菁茅疑出泰州青蒲。《后汉书·郡国志》广陵郡"有长洲泽,吴王濞太仓在此",注曰:"县多麏。《博物记》曰:'千千为群,掘食草根,其处成泥,名曰麏畯。民人随此畯种稻,不耕而获,其收百倍。'又扶海洲上有草名蒒,其实食之如大麦,从七月稔熟,民敛获至冬乃讫,名曰自然谷,或曰禹余粮。"《晋书·毛璩传》:"海陵县界地名青蒲,四面湖泽,皆是菰葑。"

> 巫臣请使于吴，晋侯许之。吴子寿梦说之。乃通吴于晋，以两之一卒适吴，舍偏两之一焉。与其射御，教吴乘车，教之战陈，教之叛楚。……吴始伐楚、伐巢、伐徐，子重奔命。马陵之会，吴入州来，子重自郑奔命。子重、子反于是乎一岁七奔命。蛮夷属于楚者，吴尽取之，是以始大，通吴于上国。[1]

由此可见，吴之北伐乃是晋国联吴抗楚的周密计划，且因晋国的巨大帮助才赢得了北伐的胜利。就在这年，吴国在屈郯媾和的过程中，首先从齐国手中夺回了齐"分吴半"的控制权，接着又占领了楚之州来及其附庸巢（今安徽芜湖市东北）、徐（今江苏泗洪）等，以至"蛮夷属于楚者，吴尽取之"。从此开始，整个江淮中下游地区皆属吴国，吴国势力日益强大。

吴王寿梦三年，以郯事吴，晋使士燮聘鲁与齐，邾人伐郯。次年，晋国召集齐、鲁、宋、卫等国盟于蒲（今河南长垣县），商讨将鲁所占齐国的汶阳归还齐的问题，要求吴国参加此会。但因吴国有违晋国联吴抗楚的战略意图而伐郯国，"吴人不至"[2]。寿梦十年（前576），楚国北伐，晋与齐、鲁、宋、卫等会吴于钟离（今安徽凤阳东北），中原诸国"始通吴也"[3]。当此之时，吴、楚两炽，晋既抗楚，故与吴亲。寿梦十八年，吴与晋等会于善道（又称善稻，今江苏盱眙县北），二十三年又会于柤（今江苏邳州北泇口），仍与晋国保持着盟国关系，吴国疆域也扩展到安徽东部、苏北邳州一带。1988年盱眙王庄出土的五件铜器，内底有"工虞季生乍其盥会盟"[4]等铭文，正是善道之会时吴国代表季生参加会谈的有力佐证。

吴王寿梦时又称"邗王"。吴国青铜兵器"邗王是埜戈"有铭文八字，郭沫若读作"邗王是埜（野）乍（作）为元用"。邗王即吴王，"是埜"，郭氏考为

---

[1]《春秋左传正义》卷二六"成公七年"，〔清〕阮元校刻：《十三经注疏》（清嘉庆刊本），第4132页。

[2]《春秋左传正义》卷二六"成公九年"，〔清〕阮元校刻：《十三经注疏》（清嘉庆刊本），第4136页。

[3]《春秋左传正义》卷二七"成公十五年"，〔清〕阮元校刻：《十三经注疏》（清嘉庆刊本），第4157页。

[4]　参见王健主编：《江苏通史·先秦卷》，第203页。

"寿梦"。稍后罗常培著文,进一步从音理上肯定了这种说法。[1]这说明寿梦时的确占领了原干之地。有学者认为此时寿梦都于今仪征西南胥浦乡佐安村发现的春秋佐安城下,至其子诸樊时"徙吴",此种说法不无可能。[2]

寿梦在位二十五年卒,子诸樊立。诸樊元年(前560),楚共王卒,吴乘机攻楚,战于庸浦(今安徽无为西南),吴师败绩。次年春吴将战况报告晋国,与晋、齐、鲁、宋等会见于向(今安徽怀远西),谋划共同攻伐楚国。晋等认为乘丧伐楚不合礼仪,拒绝伐楚,于是诸樊迁都姑苏(今苏州市)。这年秋天,楚康王为报庸浦之役,命令尹子囊至棠(今江苏六合西北)攻吴,吴军不出。而当楚师归还之时,遭到吴军伏兵痛击,迫使楚军大败而还,令尹子囊忧郁而死。

吴王诸樊迁都以后,直至吴王僚时,吴国的主要战略目标一直都是西部的楚国,战争多在淮河中游。吴王僚八年(前519),吴楚两国边界的女子因采桑嬉戏而引发了一场战争,即"鸡父之战"。《吕氏春秋》卷一六《察微》记载战争发生的经过说:

> 楚之边邑曰卑梁,其处女与吴之边邑处女桑于境上,戏而伤卑梁之处女。卑梁人操其伤子以让吴人,吴人应之不恭,怒杀而去之。吴人往报之,尽屠其家。卑梁公怒,曰:"吴人焉敢攻吾邑?"举兵反攻之,老弱尽杀之矣。吴王夷昧闻之,怒,使人举兵侵楚之边邑,克夷而后去之。吴、楚以此

---

[1]　郭沫若:《吴王寿梦之戈》,《光明日报》1950年6月7日;罗常培:《关于〈吴王寿梦之戈〉音理上的一点补充》,《光明日报》1950年6月21日。董珊近著《吴越题铭研究》(科学出版社2014年第8、36页)云:"过去郭沫若曾认为邘王是野戈为寿梦作器,罗常培又为郭沫若论证,认为'乘诸'与'是野'为对音字。我认为,占据邘地的吴王才可以称为'邘王',文献记载吴王夫差时始城邘,没有证据能标明寿梦时的吴国势力已达邘城,因此寿梦似不可能已称邘王。根据我的看法,邘王是野戈是吴王夫差之器。"又云:"古音'差'是清母歌部二等字,'是'为禅母支部三等字,'野'为喻母鱼部三等字,禅母和清母是舌齿音的关系,'差'与鱼部字常常可以通假,支部字与歌部字的关系也很密切。所以'是野'应是'差'的对音字。"然"吴城邘,沟通江淮"并非吴灭邘的起点,此说仅供参考而已。

[2]　张敏在《邘·邘城·邘文化》一文中说:"邘国故城可能在春秋佐安城城址之下,邘国故城可能为邘该都城。如果佐安城即邘城,那么也反映了邘国也是以国名都,国都同名。"扬州博物馆编:《江淮文化论丛》第4辑,第150页;《史记》卷三一《吴太伯世家》注引《集解》:《世本》曰"诸樊徙吴"。第1745页。

大隆。吴公子光又率师与楚人战于鸡父，大败楚人，获其帅潘子臣、小帷子、陈夏啮，又反伐郢，得荆平王之夫人以归，实为鸡父之战。[1]

卑梁在今安徽天长西北，原当属于干或徐国，后因吴楚相争遂为吴楚边邑，这说明此时天长以东仍然属于吴国所有。及公子光战于鸡父，"拔其钟离、居巢而归"[2]，淮南楚地也归吴国。至吴王阖闾三年（前512）吴攻徐国，水灌徐城，徐君章羽（又作章禹）被迫降吴，其地也属吴国所有。

吴王阖闾时，"西破强楚，北威齐晋，南服越人"[3]，吴国成为名副其实的春秋霸国。吴王夫差二年（前494），吴败越于夫椒，攻入越境，越王勾践被迫求和。接着吴国出兵陈、蔡，攻打鲁国，以鲁求和而返。夫差十年（前486）"吴城邗，沟通江、淮"[4]，次年与鲁、邾、郯攻齐。夫差十二年，吴欲与鲁、卫、宋等会盟于郧，遭到挫折。《春秋》哀公十二年："公会吴于橐皋。秋，公会卫侯、宋皇瑗于郧。"杜预注曰："郧，发阳也。"此次盟会，《左传》记载较为清楚，当是夫差使太宰嚭寻盟，鲁哀公遣子贡谢绝，故而"乃不寻盟"。于是夫差"征会于卫"，卫惧吴，乃与吴会盟于郧。其后卫侯又与鲁、宋会盟，"卒辞吴盟"。[5]郧，一般认为在今海安立发桥，民国《如皋县志》载清同治元年所立立发桥碑文云："立发桥，在如皋县北四十五里，春秋时为发繇口。鲁哀公十二年，公会卫侯于郧，建发繇亭于其上，即此地也。"[6]也就在这一年，夫差率"九郡之兵"会鲁伐齐，败齐于艾陵（今莱芜东北）。及夫差十四年（前482），吴与晋、鲁等会盟于黄池（今河南封丘西南），与晋争霸，越王勾践乘虚攻入吴都，俘太子友，夫差被迫与越议和。夫差二十三年（前473），吴（邗）王夫差于干隧（今苏州市西郊）自杀，吴国灭亡。

总之，春秋时期，地处江淮东部的干国，于公元前700—前686年间被吴

---

[1]　许维遹撰：《吕氏春秋集释》卷一六《察微》，中华书局2009年版，第419—420页。

[2]　《史记》卷六六《伍子胥列传》，第2630页。

[3]　《史记》卷六六《伍子胥列传》，第2634页。

[4]　《春秋左传正义》卷五八"哀公九年"，〔清〕阮元校刻：《十三经注疏》（清嘉庆刊本），第4702页。

[5]　杜预等注：《春秋三传》，上海古籍出版社1987年版，第533页。

[6]　参见李晏墅、郭宁生主编：《泰州通史》上卷，第54页。

所灭,其后不久原干之地被齐占领,吴王寿梦时复归吴国,迄于吴亡未再变更。而鉴于战争和盟会等多发生在干地境外,有关干地的历史事件,除"吴城邗,沟通江淮"、卑梁争桑和郧地会盟外,很少见于史书记载。但无论战争、会盟,还是兵役、徭役,干地人民都付出了沉重代价,"扬州"居于南北之中,尤当如此。

二、战国时期的扬州地区:越楚争霸与干地归属

战国初期,经过三百年的大国争霸和相互兼并,见于文献记载的诸侯国已由春秋初年的千二百国减少为二十多个,至战国后期,则除秦、韩、赵、魏、齐、楚、燕"七雄"之外,还有宋、卫、鲁、滕、邹等几个小国。东周王室于战国中期又分裂为"西周""东周",依附于"西周"的周天子经常受到小国侵伐,地位更是一落千丈。

(一)越灭吴国,干地属越

越王勾践二十四年(前473)灭掉吴国,接着北上争霸中原。早在越军重兵困吴、稳操胜券时,勾践即派使者到达齐、鲁等国,从事外交活动,为北上争霸打下基础。及灭吴后,勾践乘机渡过淮河,与齐、晋等国会盟于徐州(今山东滕州东南),并致贡于东周王室。周元王使人赐勾践胙,命之为伯。为了表示他的姿态,勾践在盟后回到淮南,对曾支持他灭吴的诸侯国深表谢意。如越灭吴时,楚在越军疲战之时出兵响应,攻伐吴国,勾践即"割露山之阴五百里以赂之"[1],将吴国侵占的淮上之地归还楚国。同时,勾践又以鲁、宋二国声援之功,将今江苏沛县一带吴国占有宋国的土地还给宋国,将泗水东边百里见方的土地给予鲁国。也正因为这样,"越兵横行于江、淮东,诸侯毕贺,号称霸王"[2],今江苏地区除连云港一带尚属鲁国,邳州为齐之附邑薛和徐州部分地区属宋外,全都归属越国版图,苏州的姑苏大城也就成为越国的都城之一。此外为加强西部防务,越王还令范蠡在今南京长干里作"越城",是为南京建城之始。

越国不仅"号称霸王",还多干预诸侯事务。如徐州会盟时,勾践即派使者至齐、楚、秦、晋等大国,让他们共同辅助周王。对于齐、邾、鲁、卫等政治事

---

[1]〔清〕王先慎撰,钟哲点校:《韩非子集解》,第193页。

[2]《史记》卷四一《越王句践世家》,第2095页。

务,勾践也是多加干预,使之听命于越。至于泗上十二诸侯滕、薛、莒等及郑、陈、蔡国,也都被迫让他三分,纷纷前来朝贺。

勾践灭吴后,为了称霸北方,还以越国都城会稽和吴故都姑苏都不能适应客观形势,于公元前 468 年徙都琅邪(今山东诸城东南)。《越绝书·外传记地传》载:"勾践伐吴,霸关东,徙琅邪,起观台。台周七里,以望东海。死士八千人,戈船三百艘。"[1] 及迁都后,勾践又常干预鲁等小国事务,"与共征战,遂陵暴诸夏,侵灭小邦"[2]。他还迫使鲁国归还所侵占的邾国之地,与两国划定边界界址;还介入鲁国"三桓"之争,甚至用武力干涉其内政。当然,勾践迁都琅邪以后,仍留太子与夷镇守吴邑,吴邑仍是越王的王都之一。及勾践三十二年(前 465)病死,太子与夷即位,其后至不寿、朱句和翳诸君,都仍继续称霸为王[3]。直到越王翳三十三年(前 379),才将都城迁到姑苏。

越灭吴后,江淮东部属越还是属楚呢?史家看法有所不同。从其地理位置来看,琅邪位于山东半岛东南海岸,与江南会稽相隔悬远,迁都于此的确是个关键问题。有人将勾践迁都后越国的疆域轮廓划定为:"约自今山东省的琅邪台起,沿海而南,有今江苏省苏北的运河以东地区和全部苏南地区……北境和齐、鲁及泗水上的各小国交错接界,西和楚接界,东边靠海,南和百越接界。"[4] 照此说法,勾践迁都当沿今苏北运河以东地区自陆路向琅邪推进,运河以东地属越国,以西地区则属楚国。有人则认为,勾践放弃了淮河以北的领土,因此不可能渡淮北上,唯有走海道浮海北上。为此,还特别强调越人

---

[1] 按:《江苏通史·先秦卷》(第 265 页)谓勾践"又迁三万户充实于观台之下"误。《水经注》卷二六"潍水":"勾践并吴,欲霸中国,徙都琅邪。秦始皇二十六年,灭齐以为郡。……秦王乐之,因留三月,乃徙黔首三万户于琅邪山下,复十二年。"《史记·秦始皇本纪》:秦始皇二十八年"南登琅邪,大乐之,留三月。乃徙黔首三万户琅邪台下,复十二岁"。

[2]《后汉书》卷八五《东夷列传》,第 2809 页。

[3] 按:越王世系与人名相当杂乱。《越绝书·外传记地传》谓勾践子与夷,与夷子子翁,子翁子不扬,不扬子无疆,无疆子之侯,之侯子尊,尊子亲;《吴越春秋·勾践伐吴外传》作勾践子兴夷,兴夷子翁,翁子不扬,不扬子无疆,无疆子玉,玉子尊,尊子亲,"亲众皆失,而去琅邪,徙于吴矣";《史记·越王句践世家》作句践子鼫与,鼫与子不寿,不寿子翁,翁子翳,翳子之侯,之侯子无疆。注引《竹书纪年》:鼫作"鹿郢",又引乐资云"越语谓鹿郢为鼫与也。"《纪年》又云"不寿"作"盲姑",盲姑后为朱句,朱句后为翳。《江苏通史·先秦卷》(265 页)谓"与夷(又叫适郢、鹿郢、鼫与,铜器铭文中也作'者旨於赐')"。

[4] 杨宽:《战国史》,上海人民出版社 1980 年版,第 261—262 页。

的航海能力说："勾践正是恃此独门绝技,绕过楚国封锁,成功北上琅邪,称霸中原。同时,也正是依赖这条海上交通运输线,越人才得以将琅邪这一都城维持了二百余年之久;亦维赖此长技,越人才能够在'楚考烈王并越于琅邪'之后,复'去琅邪徙于吴',沿着当年的进军路线,顺利实施战略撤退,真所谓进退自如,非并内陆雄强如彼楚国者所能制约。"[1]这就是说,江淮东部被楚占领,越国已无江淮东部,越之迁都只能通过海上交通了。

那么,这些颇具代表性的观点,其根据是什么呢? 此与史书记载相关。《史记·越王句践世家》载:

> 句践已平吴,乃以兵北渡淮,与齐、晋诸侯会于徐州,致贡于周。周元王使人赐句践胙,命为伯。句践已去,渡淮南,以淮上地与楚(注引《集解》:《楚世家》曰:"越灭吴,而不能正江、淮北。楚东侵,广地至泗上。"),归吴所侵宋地于宋,与鲁泗东方百里。当是时,越兵横行于江、淮东,诸侯毕贺,号称霸王。[2]

这就出现了一个问题:即"淮上地"与"江、淮北"究竟是指什么地方,江淮东部究竟属楚还是属越? 此乃学者争论的焦点。

根据《史记》正文,"以淮上地与楚",明确说明是在句(勾)践"渡淮南"后,而"淮南""淮上"与《集解》所说的"江、淮北"等,根本不是一个概念。只是因为"以淮上地于楚"之下的《集解》错简,致使张冠李戴而已。因为《集解》所引《史记·楚世家》记载:

> (楚惠王)十六年,越灭吴。四十二年,楚灭蔡。四十四年,楚灭杞。与秦平。是时越已灭吴,而不能正江、淮北(注引《正义》:"正,长也。江、淮北谓广陵县,徐、泗等州是也。");楚东侵,广地至泗上。[3]

---

[1] 辛德勇:《越王勾践徙都琅邪事析义》,《文史》2010 年第 1 期。
[2] 《史记》卷四一《越王句践世家》,第 2095 页。
[3] 《史记》卷四〇《楚世家》,第 2060 页。

显而易见，"以淮上地于楚"与"不能正江、淮北，楚东侵，广地至泗上"，根本不是同时发生的事。"越灭吴"在楚惠王十六年，即越王勾践二十四年（前473）；楚惠王四十四年，为越王朱句四年（前445），二者相隔近三十年。

所谓"以淮上地与楚"，其在勾践灭吴之后，是指前揭《韩非子·说林下》所说的"越已胜吴……乃割露山之阴五百里以赂之"。"露山之阴"，《越绝书·外传本事》作"浮陵"，谓："勾践之时……取舍以道，沛归于宋，浮陵以付楚，临沂、开阳，复之于鲁。"《越绝书·外传记吴地传》作"凫陵亢"，谓："寿春东凫陵亢者，古诸侯王所葬也。楚威王与越王无疆并。"[1]再结合吴末边境西至钟离（今安徽凤阳东北）、州来（今安徽凤台）以西等情况看，此地必在淮河中游，而不应在江淮东部。否则，勾践又凭什么使"越兵横行于江、淮东，诸侯毕贺，号称霸王"呢？

至于《楚世家》载"越灭吴，而不能正江、淮北，楚东侵，广地至泗上"，《史记正义》说得清楚："正，长也。江、淮北谓广陵县，徐、泗等州是也。"也就是说，自从勾践"以淮上地与楚，归吴所侵宋地于宋，与鲁泗东方百里"之后，没有再使"江、淮北"的疆域有所增长，故至越王朱句亦即楚惠王时，终于导致了楚灭蔡、杞二国后继续"东侵，广地至泗上"的严重后果。而不能说越王勾践时，江淮东部属于楚国而不属越。《史记·越王句践世家》说句（勾）践灭吴"报会稽之耻，北渡兵于淮以临齐、晋，号令中国"；《说苑》卷一《君道》云"越王勾践与吴人战，大败之，兼有九夷"[2]；《淮南子·齐俗训》云越王勾践"胜夫差于五湖，南面而霸天下，泗上十二诸侯皆率九夷以朝"[3]等等，都说明了这个问题。

此外，从勾践子与夷统治时期的情况看，其势力仍达皖北地区。有论者说勾践子与夷，铜器铭文中作"者旨於赐"，今安徽淮南市蔡家岗蔡侯产墓曾出土铸有"戉王者旨於赐"铭文铜剑，"可证是时蔡朝服于越的事实"[4]。有关"者旨於赐"的铜器，实际上还有越王者旨於赐钟、越王於赐残钟、越王之子剑

［1］　李步嘉校释:《越绝书校释》，中华书局 2013 年版，第 1、40 页。

［2］　〔汉〕刘向撰，向宗鲁校证:《说苑校证》，中华书局 1987 年版，第 18 页。

［3］　刘文典撰，冯逸、乔华点校:《淮南鸿烈集解》，中华书局 1989 年版，第 355 页。

［4］　王健主编:《江苏通史·先秦卷》，第 266 页。

（两件）、越王者旨於赐剑（安徽寿县等出土四件）、越王者旨於赐矛（二件）、越王者旨於赐戈（淮南市蔡家岗出土两件）等[1]，反映出越王与夷时的状况。

　　与夷之孙朱句时，仍是越国发展时期。从春秋战国越国青铜剑来看，越王州（朱）句为名者数量最多，仅《东周鸟篆文字编》一书就著录了 16 件[2]。虽然这些剑铭文简略，不过"戉（越）王州句自乍（作）金（剑）"之类，但从可知出土湖北、湖南等地的情况看，其势力仍当影响到这些地区。至于后来发现一剑，铭文谓"戉（越）王州句之用金（剑），唯余土困邘"[3]，后边五字的确珍贵，但其内涵仍当分析。

　　"州句"即"朱句"，《句践世家》作"翁"，公元前 448—前 412 年在位。至于"唯余土困邘"的含义，有学者作如下诠释：邘即邘城，春秋初期吴灭邘后曾重点经营邘城，并可能将都城迁到了邘，后来吴国以此为据点，又开凿了邘沟，沟通江、淮。越灭吴后，"邘城淮、泗一带落入楚国之手，使得越国的国力大大削弱。邘城既失，西进之路为楚所阻，而北上的道路也只剩下海路及东方沿海一线。越国后来迁都琅邪，虽深入到山东腹地，但也只能沿海选址，其势力范围其实已被压缩到东方沿海一线。到了越王州句之时，经过两代越王的休养生息，越国的国力已有所恢复，争霸的野心再次涌现，而收复邘城这一战略要地便成了重中之重。朱句要实现他争霸中原的梦想，最佳的路线就是走吴王夫差当年的老路，攻占邘城，打通北上的通道。因此越王州句剑剑铭'唯余土卷邘'，就是这一史实的记录。……所以特铸剑铭记此事，以示炫耀。至于朱句三十四年灭滕，三十五年灭郯，也许正是打通北上通道之后所取得的战果。越王朱句既然是走吴王夫差北上争霸中原的老路，他很可能跟夫差一样，也曾迁都于邘。关于这一点，似乎可以从越也曾被称为'干'得到证明。……越被称为'干'，跟吴被称为'干'道理是一样的，越国很可能也曾迁都于干，才以'干'指代越的。"所以就将"唯余土困（卷）邘"的意思，解

---

　　[1]　参见董楚平：《吴越文化新探》，第 343—355 页。

　　[2]　张光裕、曹锦炎主编：《东周鸟篆文字编》80 号、86 号至 100 号，香港翰墨轩出版有限公司1994 年版。

　　[3]　古剑：《〈台湾古越阁藏青铜兵器精粹展〉巡礼》，《文物》1995 年第 8 期。

释为"只有我的疆土扩张到邗"[1]。

此说不符合历史事实。首先,这种观点是以越灭吴后"邗城淮、泗一带落入楚国之手"为前提的,这在前面已经说过,全是出于《集解》错简。其次,根据《史记·楚世家》记载,楚惠王八年(前481),惠王历经白公胜之乱后复位,"是岁也,灭陈而县之。……四十二年,楚灭蔡。四十四年,楚灭杞。……楚东侵,广地至泗上。……简王元年,北伐灭莒(注引《正义》:莒在徐、泗之北)"。楚惠王四十四年为朱句四年(前445),楚简王元年为朱句十八年(前431),正是因为楚国先后灭了陈、蔡和杞国,才得到了"楚东侵,广地至泗上"的机会,及"北伐灭莒",也就威胁到江淮东部的邗地了。于是朱句便提出了"土困邗"的口号,即誓死保卫江淮东部,使其邗地不受侵犯,也便有了"越人夹削其(莒)壤地"[2]和朱句三十四年(前415)"灭滕"、三十五年(前414)"灭郯"[3]等军事行动。而并非越国"收复邗城"或使疆土"扩张到邗"[4]。

越王朱句三十七年(前412)卒,子翳即位。越王翳八年(前404),越灭郯国东北缯国,说明此时越国仍能扩张疆土,加强统治。但因楚国常率水军顺流而下,又面临北方齐国的压力,越王翳还是在三十三年(前379)将都城迁回江南吴地,而越国势力虽然下降,但仍具有一定实力。《吕氏春秋·顺民》载:"齐庄子请攻越,问于和子。和子曰:'先君有遗令曰:"无攻越。越,猛虎也。"'庄子曰:'虽猛虎也,而今已死矣。'和子以告鸮子,鸮子曰:'已死矣以为生。'故凡举事,必先审民心,然后可举。"[5]然至越王翳三十六年(前376)太子诸咎"弑其君翳",接着发生"三世弑其君"的恶性事件[6],越国的统治便难以为继了。

---

[1] 李晏墅、郭宁生主编:《泰州通史》上卷,第60—61页。

[2] 〔清〕孙诒让撰,孙启治点校:《墨子》卷五《非攻》,中华书局2001年版,第132页。

[3] 《史记》卷四一《越王句践世家》注引《索隐》,第2098页。

[4] 有些学者释为"唯余土委邗","大概是说在句践灭吴以后,越之疆土与吴邗之故地连为一体","'委'可以读作'卷','卷'有'收'意,……是收取相连土地"。但"余"指"越",而非朱句时才使疆土"扩张到邗"。参见董珊:《吴越题铭研究》,科学出版社2014年版,第58页。

[5] 许维遹撰:《吕氏春秋集释》卷九《顺民》,第204页。

[6] 《史记》卷四一《越王句践世家》注引《索隐》,第2096页。

（二）楚败越国干地属楚

越王无彊即位以后，越国实力有所恢复，遂"兴师北伐齐，西伐楚，与中国争强"。齐威王（前339年即位）遣使劝他结晋伐楚不要伐齐，无彊曰："所求于晋者，不至顿刃接兵，而况于攻城围邑乎？……愿齐之试兵南阳莒地，以聚常、郯之境，则方城之外不南，淮、泗之间不东，……江南、泗上不足以待越矣。"如此便可不伐齐国。也就是说，如果齐国配合越国，使楚国在江南不得伐越，东部不过淮、泗之间，倒是可以考虑伐楚。据《史记正义》："江南，洪、饶等州，春秋时为楚东境也。泗上，徐州，春秋时楚北境也。二境并与越邻，言不足当伐越。"说明楚国直到此时，仍未能涉足江淮东部，越欲伐齐就是担心齐在北方给自己制造麻烦。故经齐使讲明道理，"越遂释齐而伐楚"。[1]

本来越想先伐齐国，何以轻易改变了战略呢？史书记载越兵至齐，齐国忠臣雍门子狄上书请死，以坚定齐王的抗越信心。越王无彊闻其自刎，"是日，越人引甲而退七十里，曰：'齐王有臣钧如雍门子狄，拟使越社稷不血食。'遂引甲而归"[2]。所谓"钧如"，即指齐威王任用邹忌、孙膑等优秀政治军事人才，整顿秩序，国力大增，越王看到难以取胜，故而撤兵。此乃无彊被齐轻易说服的原因。

越之伐楚，楚之力量同样强大。楚威王七年（前333）大兴兵反击越国，越军竟被打得大败，越王无彊被杀身亡。同年，楚又以齐"欺楚"伐齐，"败之于徐州"[3]。于是楚国"尽取故吴地至浙江，北破齐于徐州。而越以此散，诸族子争立，或为王，或为君，滨于江南海上，服朝于楚"[4]，江淮东部南至浙江"故吴"之地几乎全被楚国占领。《战国策·楚策一》记载苏秦说楚威王："楚地西有黔中、巫郡，东有夏州、海阳，南有洞庭、苍梧，北有汾陉之塞、郇阳。……此霸王之资也。"海阳即今泰州一带。又据《史记·六国年表》，楚怀王十年（前319）"城广陵"，说明今扬州一带也早已纳入楚国范围。今扬州蜀冈和泗洪青阳镇等出土的楚蚁鼻钱，可谓地属楚国的明证。

不过，由于楚败越国之后，很快进入了与秦、齐的争霸阶段，原越地区并

[1]《史记》卷四一《越王句践世家》及注，第2099—2100页。
[2]〔汉〕刘向撰，向宗鲁校证：《说苑校证》，第86页。
[3]《史记》卷四〇《楚世家》，第2062页。
[4]《史记》卷四一《越王句践世家》，第2100页。

未能够得到靖宁,越国的部分贵族和地方势力,仍在拼命地负隅顽抗。如楚怀王六年(前 323),秦派张仪与楚、齐、魏盟于啮桑(今沛县西南),楚国积极地参与会盟,就是为了对付越国的势力。楚国在今扬州附近筑广陵城,也是为对付越国势力。至于江南和淮北的不少地区,也没有完全纳入到楚国版图。楚怀王十一年(前 318),楚臣杜赫讲到楚国形势时,还说楚国"东有越累,北无晋,而交未定于齐、秦,是楚孤也"[1],说明越国仍为袭扰楚国之"累"。楚怀王十七年(前 312),越国派遣公师隅至魏,送给魏国船只 300 余艘、箭 500 万支以及犀角、象牙等物,也说明越国仍有与楚抗衡的力量。同时,根据河北平山县中山王一号墓出土的罍鼎,其中说到"越人修教备信,五年覆吴,克并之至于今"[2],也说明越国此时"克并"了一些吴地。为使越地得到稳定,楚国也曾作了努力,如派遣大夫滑召等到达越地,挑动越国王族间争斗,使越国的越宋王、周宋君等在太湖一带发生战争,以此削弱抗楚力量。及楚怀王二十三年(前 306),楚在江南设江东郡,该地区才逐渐稳定。而即便如此,直至齐湣王在位(前 300—前 284)时,尚有"宋、越专用其兵"[3]的说法,可见至此越国仍有抗楚力量。

楚国治越遇到阻力,和楚与齐、秦等争霸有关。如齐被楚"败之于徐州"后,即不断地进军淮北,及楚顷襄王十五年(前 284),"与秦、三晋、燕共伐齐",才"取淮北"[4]。至考烈王元年(前 263)楚以黄歇为相,封为春申君,"赐淮北地十二县"[5],淮北才得以置县管理。至于原来留守琅邪的越王亲,因其"失众,楚伐之"[6],也已被迫退至浙东,长江以北土地尽失。但从江南越地来看,越仍保留今浙江大部与苏南的某些据点。如越王余复君仍占据着距离吴邑 80 里的马亭溪一带,在此筑有"复城"。楚考烈王十五年(前 248),春申

---

[1] 〔西汉〕刘向集录,范祥雍笺证,范邦瑾协校:《战国策笺证》卷一六《楚策三》,上海古籍出版社 1985 年版,第 856 页。

[2]《中山王罍器文字编》,中华书局 1981 年版,第 109 页。

[3] 〔西汉〕刘向集录,范祥雍笺证,范邦瑾协校:《战国策笺证》卷一二《齐策五》,上海古籍出版社 1985 年版,第 671 页。

[4]《史记》卷四〇《楚世家》,第 2071 页。

[5]《史记》卷七八《春申君列传》,第 2892 页。

[6] 李步嘉校释:《越绝书校释》卷八《越绝外传记地传》,第 222 页。

君黄歇改封于吴都旧墟,城有"蛇门",乃"春申君造以御越军"[1]《后汉书·郡国志》注引《越绝书》:"(吴)有西岑冢,越王孙开所立,以备春申君,使其子守之。子死,遂葬城中。"也说明直至战国末年,越仍据守此地,与楚"分庭抗礼"。即便到秦统一前夕,越国还想联合楚、燕、赵等攻秦,秦派姚贾带着珍宝,使"绝其谋,止其兵"。故越国的最终灭亡,应在秦始皇二十五年(前 222)秦"降越君,置会稽郡"[2]时。而在其前一年,秦破楚都寿春,楚亡;后一年(前221)秦灭齐国,完成了天下统一。

第二节　扬州地区的政治风貌

春秋战国是中国社会激烈动荡的大变革时期。从社会制度来看,春秋时期奴隶制得到了进一步发展,同时又是发生危机和走向没落的一个时期。战国时期逐步进入封建社会,各诸侯国经过变法和改革,生产力得到迅速发展,生产关系和阶级关系相应变革,并出现了天下趋向统一的政治因素。但各地发展并不平衡,在制度上都有自己的特点。以今扬州为核心的江淮东部,在经历了春秋早期的独立发展后,于公元前 700—前 686 年间被吴占有,其后先后隶属齐、吴、越、楚诸国统治,在制度层面上也发生了重大变化。

一、春秋时期的政治变革

周平王东迁洛邑之后,天子的威望不断下降,旧的宗法统治秩序遭到了严重破坏。虽然周王仍是名义上的天下共主,但"礼乐征伐自天子出"的时代,已经转变为"礼乐征伐自诸侯出",大国争霸和"挟天子以令诸侯"俨然成为当时的常态。

(一)春秋前期的干国政治

江淮东部的干国,在历经春秋前期近百年的干、吴争战后,于公元前700—前 686 年间被吴所灭。虽然这段历史在文献记载中几乎是一片空白,但作为一个夷系政权,能够独立于江淮一隅,在政治制度上必有其自身发展的特点。

---

[1]〔唐〕陆广微:《吴地记》,江苏古籍出版社 1999 年版,第 23 页。
[2]《史记》卷六《秦始皇本纪》,第 298 页。

春秋早期,干国江南东部的"南夷",即今常州一带的奄人,已从干国分立出来建立起奄国,并在吴灭干之前被吴灭亡。这说明进入春秋时期,干国的统治已经衰落,内部矛盾不断加剧。从《管子》记载吴干之战的情形来看,干国的军事实力也不断削弱。《管子·小问》云:"昔者吴、干战,未龀不得入军门。国子摘其齿,遂入,为干国多。"[1]意思是说,按照以前的法律规定,不满七岁的孩子是不允许上战场的,而此时却不得不卷入战争的漩涡。这虽然表现出干国平时的国民教育深入人心,使国家在生死存亡的关键时刻,连幼小的孩子也能积极地投入战斗,但也反映出干国军事实力的不足。

从西周晚期仪征破山口贵族墓来看,虽然有着"邗王之墓"或"贵族之墓"的不同看法,但从墓葬规格来说,其墓中大量的青铜礼器、酒器和绿松石等,基本上包括了西周时期青铜器的所有种类,反映出统治阶级上层生活的浮华和奢靡。及至进入春秋时期,这种腐败堕落的风气,也必然是有增无减。同时,在国家的衰亡时期,干国在用人上也出现了问题,文献记载干国唯一知名人物蹇叔的情况,便可说明一些问题。

蹇叔餺(今安徽宿县南)人,干亡之前为国重臣。《韩非子·难二》载:晋平公时,与其臣僚谈论齐桓公"九合诸侯,一匡天下"是君还是臣之力更大时,就有人说:"……蹇叔处干而干亡,处秦而秦霸,非蹇叔愚于干而智于秦也,此有君与无臣也。"[2]这就是说,不管在干还是在秦,蹇叔都是同一个人,并无什么愚智之分,但是能否充分发挥他的积极作用,展现他的人生价值,则完全取决于"君"的态度,看其国君是否会用人。干国之君没有发挥他的作用,于是干国就灭亡了,而秦穆公重用人才,充分发挥蹇叔的作用,便对秦国称霸起了积极作用。这说明干国之君在人才使用方面,的确存在着不少问题。

从蹇叔的行迹来看,他的确是个治国人才。首先,蹇叔是个颇有见地的政治家。干国亡后,他回到了家乡餺地,隐姓埋名"而世莫知",后来他接收了游困乞食的百里奚(傒)。及齐国君无知即位,百里奚(傒)想到齐国做官,蹇叔劝而止之,结果不足一年,齐因内部争夺王位,无知便被齐桓公赶下了台,而百里奚(傒)则"得脱齐难"。及百里奚(傒)前去东周,欲应王子穨之

---

[1] 黎翔凤撰,梁运华整理:《管子校注》,第974—975页。
[2]〔清〕王先慎撰,钟哲点校:《韩非子集解》,第362—363页。

请为官，蹇叔反对，不久东周发生变故，百里奚（傒）躲过了杀身之祸。再到后来，百里奚（傒）到虞为官，蹇叔止之不听，遂"及虞君难"，做了秦国的俘虏。所有这些，都说明蹇叔对世事的洞察明辨，说明他的确是个精明强干的政治人物。其次，蹇叔还是个著名的战略家和军事家。百里奚（傒）降秦后，被秦穆公任命为相，并高秩厚礼迎来蹇叔，史称二相。秦穆公三十二年（前628），郑国主管城门的官员密告秦国，让秦出兵与之呼应攻打郑国，秦穆公认为有机可乘，准备出兵与郑一战。而蹇叔和百里奚（傒）坚决反对，谓："径数国千里而袭人，希（稀）有得利者。且人卖郑，庸知我国人不有以我情告郑者乎？不可。"可秦穆公执意发兵，并使百里奚（傒）之子孟明视、蹇叔之子西乞术及白乙丙三人将兵。及至出发之日，二人哭谏，秦穆公大怒，说他们是"沮哭吾军"。二人见君固执己见，只好以"臣老，迟还恐不相见"为由搪塞，而暗地里却安排儿子们"汝军即败，必于殽阨矣"，让他们做好思想准备。结果秦军行至晋国边邑，袭郑之谋即被郑国商人弦高发现，遂谎称郑君"使臣以牛十二劳军士"，暗中派人告知国君。秦军看到阴谋败露，只好撤退，而晋国则因秦军路过顺便攻占了晋边邑滑，遂大发兵，"遮秦兵于殽，击之，大破秦军，无一人得脱者，虏秦三将以归"。及后三将在秦女、晋文公夫人的帮助下回归秦国，秦穆公悔恨交加，素服郊迎，哭着说："孤以不用百里奚（傒）、蹇叔言以辱三子，三子何罪乎？"对其三将"愈益厚之"。[1]

关于蹇叔劝止秦穆公偷袭郑国，《史记·秦本记》记载简略，根据《左传》和《吕氏春秋》，蹇叔劝止穆公袭郑，连"劳师以袭远""师劳力竭"和"勤而无所，必有悖心"，即袭之不成必然造成军心不稳的后果都考虑到了，而郑、晋、东周也都很快得到了信息，以至秦军途经东周时即被王孙满看出破绽，直接骂秦"师必有庇"而"必败"矣。[2]可见蹇叔的确是个精明人物。

---

[1]《史记》卷五《秦本纪》，第236—242页。按：《本纪》作"使百里奚子孟明视，蹇叔子西乞术及白乙丙将兵"，而《新唐书·宰相世系表》（3412页）云："白氏出自姬姓。周太王五世孙虞仲封于虞，为晋所灭。虞之公族井伯奚媵伯姬于秦，受邑于百里，因号百里奚。奚生视，字孟明，古人皆先字后名，故称为孟明视。孟明视二子：一曰西乞术，二曰白乙丙，其后以为氏。"其与《本纪》之说大异，"孟明视二子"当是"蹇叔二子"之讹。

[2] 杜预等注：《春秋三传》，上海古籍出版社1987年版，第208页。许维遹撰：《吕氏春秋集释》卷一六《悔过》，第410页。

蹇叔不仅具有明察秋毫的战略眼光,而且从对其子西乞术、白乙丙的培养和教育来看,也具颇高的政治素养和文化底蕴。西乞术和白乙丙之所以能成为秦国的著名高级将领,即与蹇叔的教育有关。秦穆公三十六年(前624),穆公为报殽厄之耻,令西乞术与孟明视等将兵伐晋,"渡河焚船,大败晋人","晋人皆城守不敢出"。及穆公渡河,"哭之三日,乃誓于军曰:'嗟士卒!听无哗,余誓告汝。古之人谋黄发番番,则无所过。'以申思不用蹇叔、百里奚之谋,故作此誓,令后世以记余过。"由此可见,秦穆公对蹇叔父子的尊重和爱戴。也正因为如此,秦国不久"益国十二,开地千里,遂霸西戎"。[1]

蹇叔处秦而秦霸,处干而干亡,这是什么原因呢? 是"有君与无臣也"。也就是说干国之君专横跋扈,独断专行,根本听不进蹇叔等臣僚的意见,不能发挥他们的作用,所以才导致了干国灭亡的严重后果。这说明干国后期的执政理念和政治环境,都已发生了重大变化。

关于干国的整个历史,鉴于西周的"大吴"战略和对干国的政治歧视,极少见于文献记载,以至干国的国君世系、姓名等都成为历史上的不解之谜,因此对其政治状况,只能根据有限的史料作出判断。而从上述情形来看,干国后期已经处于衰败、没落的境地,并在江南吴国步步紧逼的情况下,一步步走向了灭亡。

(二)春秋中期的"吴半"齐治

吴灭干国,干地属吴,后齐"分吴半",干地又属齐国管辖,直到吴王寿梦时才又夺回江淮东部。这段历史属春秋中期。

吴灭干后,地括夷越,原西周王朝的"大吴"战略终得实现,但吴国的政权性质也因此发生了根本转变。吴太伯时称为"句吴",稍后得到周朝册封,但因干国的强烈抗衡,始终局限于宁镇地区,及至灭干,其争霸中原的野心便日益暴露出来。吴灭干国,时当吴君禽处时期,称"工敔王"。又据《工虞王剑铭》"工虞王乍(作)元已用,□又(治)江之台(涘)"推断,其灭干后可能就都于干国都城即泰州一带。但吴称"工敔",侯者称"王",其性质就完全变了。

"工敔",在青铜器铭文中又称"工虞""攻虞""攻敔""攻吴"等,实皆"干

<hr />

[1]《史记》卷五《秦本纪》,第245页。

吴"之意。有人认为"工𫓧"即"句吴","句"为发声,无义;有人认为"句"即"勾画""勾勒",句、工、攻皆"巧饰"之意;也有人认为,"工""攻"等必有具体含义,当是古族、国之名,后来吴国灭了他们,也就部分地袭用了他们的名字;有人干脆说是并了"干"国,"工""攻"就是"干"的音转。[1]这些说法虽都有道理,但并未触及到根本问题。首先,吴国国君称"工𫓧王",这个"王"字就很特别。因为吴国是个侯国,而诸侯国中此时敢于称王者还只有楚。根据《史记·楚世家》记载,楚武王熊通于三十七年(前704)开始称"王",吴灭干国在此稍后,其后称霸中原的齐桓公、晋文公等也只称"公"而不称"王"。再从稍后齐伐吴国打出"尊王攘夷"的旗号、吴王寿梦自称"夷蛮"[2]等情况看,吴灭夷系干国之后,其民众基础也发生了重大变化。于是这个利用古越语对音和"胶着语"特点的国号"工𫓧""攻敔"等,便以一种独特的形式出现了。其既与"句吴"有着难以割舍的关系,又具独树一帜的内涵。这标志着"句吴"的性质从此开始发生了变化,春秋时期大国争霸的时代已经到来了。

为了实现争霸中原的野心,吴国在灭干国不久,便将矛头对准徐国,但因触犯了齐国利益,却遭到了迎头痛击,并导致了齐"分吴半"的严重后果。在这场战争中,齐之所以取得胜利,主要是适逢齐桓公称霸与其打出"尊王攘夷"的旗号,而接下来对江淮东部地区的治理,也必然会以齐国的政治制度和方针政策作为导向,以稳定其社会秩序。

齐国地处沿海地区,是山东一带的东方大国,早在齐太公封于齐时,即"通商工之业,便鱼盐之利"[3],注重发展社会经济,至春秋时生产力更得到了迅速发展。齐桓公即位后,以管仲为相,在各个方面都进行了重大改革。从政治方面来看,管仲从"富国强兵"的目的出发,明确提出了"修旧法,择其善者而业用之,遂滋民与无财,而敬百姓"的治国原则。在行政管理上,积极推行国、野

---

[1] 参见王健主编:《江苏通史·先秦卷》,第186页。

[2] 〔汉〕赵晔著,〔元〕徐天祜音注,苗麓点校:《吴越春秋》卷二《吴王寿梦传》载:寿梦曰:"孤在夷蛮,徒以椎髻为俗";卷一〇《勾践伐吴外传》:范蠡曰:"昔吴之称王,僭天子之号,天变于上,日为阴蚀。"第6、144页。

[3] 《史记》卷三二《齐太公世家》,第1785页。

分治、"定民之居"的政策,即"叁其国而伍其鄙",即在"国"中置二十一乡,其中工乡三,商乡三,士乡十五。士乡又以五乡为军,共分三军,谓"叁其国"。目的是使"工就工官","商就市井",严格实行士、农、工、商分区定居的制度,不许杂处、迁徙,以使四民各有所务,安心生产。在"野(鄙)"则以"三十家为邑,邑有司;十邑为卒,卒有卒帅;十卒为乡,乡有乡帅;三乡为县,县有县帅;十县为属,属有大夫",共分五属,谓"伍其鄙",用以加强对"野"的控制。在军事上,则在国野分治的基础上,于国中采用"五家为轨,轨为之长;十轨为里,里有司;四里为连,连为之长;十连为乡,乡有良人"的编制,"春以蒐振旅,秋以狝治兵",实行"作内政而寄军令"的军政合一制度,使其成为"莫之能御"的军事力量。在经济方面,则针对私田实行了"相地而衰征"的税收政策。[1]这些政策,很快收到了"通货积财,富国强兵"的效果,齐国国力日益强盛,最终取得了首霸地位。尤其是齐桓公打出"尊王攘夷"的旗号,起到了"挟天子而令诸侯"的重要作用,故能一举打败吴国,占领江淮东部地区。

　　吴灭干国占领江淮东部地区,前后不过三十余年,其采取的方针政策不见记载,但可想见,稳定和维护该地区的社会秩序,当是统治者的头等大事。从齐国对吴国的迅速反击并"分吴半"的情形来看,未见该地区的武力抗衡,这说明干人对其亡国以及吴国北伐徐、齐的军事行动,并未予以积极的配合和支持。齐自占领江淮东部,迄于吴王寿梦夺回此地,前后长达八十余年。其在江淮东部的统治,虽然罕见史书记载,但可推断齐国的各种制度和政策,都必然会影响到这个地区,并在长期的统治中产生足以维护其稳定的客观效果。尤其是吴国败退江南以后,上百年间处于弱势,又受越、楚二国的制衡,为齐国对江淮东部的治理提供了条件。

　　(三)春秋后期的"邗吴"政治

　　吴自"工㪍王"禽处历经四代传至寿梦,其间只有世系记载,及"寿梦立而吴始益大,称王"[2]。吴王寿梦即位(前585)以后,采取联晋攻楚策略,使吴力量迅速强大,旋即兴兵北伐齐国,收复江淮东部地区。吴国之所以强盛起来,除了得到晋国的军事援助外,还进行了一系列政治改革。首先,寿梦

---

[1]　上海师范学院古籍整理组校点:《国语》卷六《齐语》,第224—236页。

[2]　《史记》卷三一《吴太伯世家》,第1741页。

"朝周，适楚"，得到周天子的大力支持，同时到鲁等大国观察学习，尤其是学习中原礼乐。如寿梦看到鲁成公向他展示"王之礼乐"，"咏歌三代之风"时，即为之倾倒，言不由衷地说："孤在夷蛮，徒以椎髻为俗，岂有斯之服哉？"[1]还送给鲁国"寿梦之鼎"，用以加强与鲁国的亲缘关系。也就在此情况下，吴王寿梦始称"邗王"。

吴自禽处始称"工𫁨"，迄于夫差皆称"工𫁨""攻敔"等，但称"邗王"却只见寿梦和夫差二人。邗王是野戈铭"邗王是野，作为元用"和禺邗王壶铭"禺邗王于黄池"的记载，分别证明了寿梦和夫差时都曾称为"邗王"的事实。[2]那么为何称"邗王"呢？不少学者认为与灭干国密切相关。如童书业先生说："'攻''工''句''邗'本为一名，即古干国之称……'干'本古国名，一作'邗'……干为吴所灭，吴迁于此，故称'干吴'或'吴干'。""禺邗'之'禺'为动词，则吴单称'干'（古书中常称'干越'，即'吴越'），即'邗'，以迁都而去故号，犹魏惠王迁都于梁后称'梁惠王'，韩哀侯迁都于郑后称'郑哀侯'也。"[3]不过，吴灭干国实在春秋早期末端，"邗"虽与"干"关系密切，但称"邗"的时间较晚。"邗王"是因王于干地某邑称邗，并非以干的都城作为都城。吴灭干后国称"工𫁨"，吴君禽处称"工𫁨王"，都城当在泰州姜堰天目山一带。及吴王寿梦从齐手中夺回干地，始称"邗王"，且不是以干国都城为都城的。

寿梦都城在哪里呢？主要有两种说法：

一是认为在今扬州西北郊外蜀冈的古城遗址内。如王晖根据攻𫁨太子姑发（即寿梦子诸樊）剑铭"处江之阳"的记载，认为这"只能是春秋时期的邗城一带，即今扬州之地；而且这时的邗城应为吴国的国都居地"，谭其骧主编的《中国历史地图集》把西周时的"干"标在紧靠今扬州市的北边，把春秋时的"邗"标在紧靠今扬州市的西北边"基本上是对的"，从而得出了

---

[1]　〔汉〕赵晔著，〔元〕徐天祜音注，苗麓点校：《吴越春秋》卷二《吴王寿梦传》，第6页。

[2]　参见郭沫若：《吴王寿梦之戈》，载《奴隶制时代》，人民出版社1954年版，第130页；陈梦家：《禺邗王壶考释》，《燕京学报》1937年第21期。

[3]　童书业：《春秋左传研究》，上海人民出版社1980年版，第237页；《释"攻吴"与"禺邗"》，见《童书业历史地理论集》，中华书局2004年版，第235—238页。

"吴取邗（干）国而建都于邗，此即今扬州一带，邗为吴都一直到吴王诸樊时代"的结论。[1]这种说法，在过去的学术界颇具代表性。但此结论，不仅与干国亡于公元前700—前686年之间和干国都于泰州天目山古城址的情况不符，而且也与1988年以来在扬州的考古调查和发掘报告明显相悖。1988年，扬州唐城考古工作队在唐子城西北转角、唐子城西城垣进行的考古发掘过程中，皆未发现邗城的遗址，只是在遗址底层以下的灰坑中发现了属于战国时楚国的货币——蚁鼻钱[2]；2014年，扬州唐城考古工作队对蜀冈上古代城址北城墙西段东部的城门遗址进行考古发掘，也只发现了不晚于汉代的水涵洞或属于战国楚广陵城的木构遗迹[3]。显然，春秋时期的邗城并不在这里。

二是认为在仪征西面约三千米的胥浦乡佐安村发现的佐安城。如张敏先生即认为："邗""干"通。根据自己的考古调查及采集的陶片分析，此城"年代为春秋早中期"。城名"佐安"，邗的古音为见母、寒韵，读作"干"，而佐为端母，安为寒韵，佐安疾读作"丹"，邗与佐安疾读声近韵同，佐安城可能为邗城的同名异译。虽然"春秋时期的佐安城可能不是邗国的城而应是吴国的城"，但据佐安城不远的破山口有高等级的邗国贵族墓葬推测，"邗国故城可能在春秋佐安城城址之下，邗国故城可能为邗该都城。如果佐安城即邗城，那么也反映了邗国也是以国名都，国都同名"[4]。但此说法也有问题。因为干国实际亡于春秋早期，都城在今泰州姜堰天目山一带，齐"分吴半"后江淮东部地属齐国，至寿梦时才夺回来，佐安城的年代若为"春秋早中期"，则此城说为"吴国的城"倒还勉强，谓其城下还有个"邗该都城"就不可能了，更谈不上寿梦的"邗"是"国都同名"。当然，佐安城，明嘉靖《仪征县志》、清乾隆《仪征县志》和光绪《仪征县志》都说此为汉代的城，汉代之前应有基础，因此并不排除寿梦都城在今仪征一带的可能性，但是寿梦称为"邗王"，当与王于干地有关，即以干国在仪征的"邗"为都城，而不可能

[1]　王晖：《西周春秋吴都迁徙考》，《历史研究》2000年第5期，第72、78页。

[2]　参见中国社会科学院考古研究所、南京博物院、扬州市文物考古研究所编著：《扬州城——1987—1998年考古发掘报告》，文物出版社2010年版，第22页。

[3]　汪勃：《扬州城的城门考古》，《大众考古》2015年第11期，第25页。

[4]　张敏：《邗·邗城·邗文化》，扬州博物馆编：《江淮文化论丛》第4辑，第150页。

以干国之都作为都城。

　　寿梦在位二十五年卒,其子诸樊即位。诸樊元年(前560)吴伐楚国,败于庸浦(今安徽无为县南)。攻亸太子姑发(诸樊)剑铭云"余处江之阳,至于南行西行"[1]。次年,吴与晋、鲁、齐等国会见于向(今安徽怀远西),再伐楚国的建议遭到拒绝,而楚自棠(今江苏六合)攻伐吴国。吴国虽然取得胜利,但考虑到楚之威胁,还是将都城迁到了吴(今苏州)[2]。说明吴自寿梦至诸樊二年的这段时间,吴国应该是以仪征一带为都城的。仪征一带在干国时,应是"廿又六邦"的邦,且是干国西部重镇,及经齐国长期治理,成为"县""属"的可能性较大,至寿梦时乃都于此。

　　寿梦夺回江淮东部地区,又建都于仪征一带,这自然加强了对该地区的有效统治。及诸樊时,继续执行其父的既定方针,巩固与晋、齐等联盟,共同抵抗楚国侵扰。此后直至阖闾时期,在军事上仍不断地取得胜利,吴的版图不断扩大。特别是季札积极维护宗法礼制,避免了吴国王位继承的内部纷争,对维护政权的稳定起了重要的促进作用。

　　吴王阖闾时,任用伍子胥等贤人,在政治、军事等方面进行了一系列改革。一是选贤与能,引进外来人才,如著名的军事家孙武和与谋国事的伯嚭等,分别来自齐和楚国,皆为吴王阖闾所用。二是严密法度,加强军队纪律,以利于稳定社会秩序,提高军队的士气与战斗力。三是"施恩行惠",亲和百姓,而不轻易征伐。四是"立城郭,设守备"。如建吴大城,开辟商市,还修筑小城和军事城堡加强守备。五是"实仓廪,治兵库",即开垦荒地,发展农业,同时注重军工生产,聘请能工巧匠干将、莫邪等铸造兵器和舰船。[3]正是因为如此,阖闾时期"口不贪嘉味,耳不乐逸声,目不淫于色,身不怀于安,朝夕勤志,恤民之嬴……是故得民以济其志"[4],而成就了他的霸业。阖闾三年(前512)吴灭徐国,接着占领了越、楚大片土地。阖闾九年,与晋、齐等共谋伐楚,吴五战连捷,攻下楚都郢城(今湖北江陵纪南城),使"南至江,北至方城(今河南叶县南),

---

[1]　安徽省文化局文物工作队:《安徽淮南市蔡家岗赵家孤堆战国墓》,《考古》1963年第4期。
[2]　《史记》卷三一《吴太伯世家》注引《集解》:《世本》曰"诸樊徙吴"。第1745页。
[3]　〔汉〕赵晔著,〔元〕徐天祜音注,苗麓点校:《吴越春秋》卷四《阖闾内传》,第24页。
[4]　上海师范学院古籍整理组校点:《国语·楚语下》,第578页。

方三千里,皆服于吴矣"[1]。在此期间,江淮东部作为吴国的后方基地,当然受到了改革的影响,并产生了积极作用。及夫差即位后,南败越国,北伐齐国,吴国势力达到极盛,北部边境已至武城(今山东费县)、祖(今江苏邳县)、丰(今江苏丰县)一带,西部到达皖西、鄂东。至夫差十年(前486)秋,"吴城邗,沟通江、淮"[2],继而与晋等国会盟黄池,遂称霸于中原。

在阖闾、夫差时,吴对江淮东部的统治有所加强。如阖闾死后,五郡十万民工"穿土为山","积壤为丘"[3],为之营葬;夫差时率"九郡之兵"会鲁伐齐[4],都说明吴国可能实行了郡县制度。此外,像修建邗城和开通邗沟这样重大的建筑工程,也都是由政府组织并调动江淮东部的民众参与,这对改变原干地区的社会性质、组织形式等,都会起到促进作用。尤其是"城邗",使吴国的政治中心再次北移,对以扬州为核心的江淮东部所产生的影响更大。

那么邗王夫差的邗城在哪里呢?《水经注·淮水》载:"昔吴将伐齐,北霸中国,自广陵城东南筑邗城,城下掘深沟,谓之韩江,亦曰邗溟沟,自江北通射阳湖。"[5]故人们一直以为,邗城就在今扬州西北郊外蜀冈上的古城遗址内。但如前述,这种猜测却在1988年和2014年的考古调查和发掘中被否定了,"显然,吴王夫差所'城'的那个邗城都邑——邗城并不在这里"。[6]于是,人们将其视线转移至别处。有人根据前述仪征佐安城遗址作出判断,认为"邗城就在长江北岸仪征境内的蜀冈南缘之上",《水经注》所说的"自广陵城东南筑邗城","东南当为西南之误"[7]。也就是说,"春秋早中期"的佐安城,在经历了诸樊迁都苏州之后,到春秋末年夫差时再次成为"邗国"都城。但是

[1]〔汉〕刘向:《说苑》,上海古籍出版社1990年影印版,第130页。

[2]《春秋左传正义》卷五八"哀公九年",〔清〕阮元校刻:《十三经注疏》(清嘉庆刊本),第4702页。

[3]参见王健主编:《江苏通史·先秦卷》,第224页。

[4]〔汉〕赵晔著,〔元〕徐天祜音注,苗麓点校:《吴越春秋》卷五《夫差内传》:"吴王果兴九郡之兵,将与齐战";卷一○《勾践伐吴外传》:令国人各送其子弟于郊境之上。军士各与父兄昆弟取诀,国人悲哀,皆作离别相去之词:"……雪我王宿耻兮,威振八都。"第58、139—140页。

[5]〔北魏〕郦道元著,陈桥驿校证:《水经注校证》卷三○《淮水》,第713页。

[6]参见顾风:《邗城的探寻与研究》,扬州博物馆编:《江淮文化论丛》第4辑,第158页。

[7]顾风:《邗城的探寻与研究》,扬州博物馆编:《江淮文化论丛》第4辑,第159页。"广陵城东南当为西南之误",乃是引用张敏观点。

此说缺乏依据。特别是西晋杜预《春秋释例》、唐代杜佑《通典》以及宋代乐史《太平寰宇记》等，皆谓邗城在"广陵城东南"，很难说"东南"系"西南"之误。有人根据汉唐江都、广陵位置进行推断，认为广陵城在蜀冈东峰，即今观音山一带地区，"吴王夫差筑的邗城就在今市政府东大院这片区域内"，内、外城之间隔着邗沟，"从春秋后期到明清，扬州城一直在原址上延续着"，这也符合《水经注》所说"自广陵城东南筑邗城"的方位。[1]但此说法，同样缺乏考古学证据。有人根据扬州古城遗址东偏南的蜀冈南缘即今沈家山一带曾经发现暴露出来的绳纹砖瓦和陶质井圈等，认为"邗城偏于蜀冈东缘的东南隅的可能性较高"[2]。但也有人认为，沈家山出土遗物太少，蚁鼻钱早在春秋中期已经出现，还不能完全确认蜀冈上的古城址始筑于战国时期，沈家山作为邗城遗址也缺乏证据。[3]

对于以上种种观点，以及邗城是否吴国都城等问题，鉴于证据链的不足，目前尚难"盖棺定论"，但不管在哪个方位，也不管它是否为都城，都对扬州社会的发展起到了巨大的推动作用。仪征的佐安城和扬州的邗城，在春秋早期吴灭干之前，都是干国"廿又六邦"的"邦"，又可称为"国""邑"。吴灭干后，吴君禽处称"工𪟝王"，仍当都于泰州姜堰天目山的干国都城。齐"分吴半"后，吴国都城迁至江南，江淮东部归于齐国，齐统治时管仲推行属、县制度，这里当有"属""县"建置。及寿梦时夺回江北，始称"邗王"，"邗"指干地，以邑筑城，都城或在仪征一带。但诸樊时迁都苏州，这里不再为吴国都城。夫差时"城邗，沟通江、淮"，邗当在今扬州附近，也当因邑筑城为是。但因夫差在邗短暂，次年即与齐国开战，邗城规模不会太大，且越灭吴时吴都苏州，邗城只不过是军事前沿指挥中心，而未必是吴国都城。

二、战国时期的政治变革

越王勾践二十二年（前475），越兵围吴，两年后灭吴，历史进入了战国

---

［1］　朱志泊：《寻找邗城》，扬州博物馆编：《江淮文化论丛》第4辑，第192页。

［2］　参见顾风：《邗城的探寻与研究》，扬州博物馆编：《江淮文化论丛》第4辑，第158页；汪勃：《扬州城遗址蜀冈上城垣城壕蠡测》，扬州博物馆编：《江淮文化论丛》第2辑，文物出版社2013年版，第52—53页。

［3］　王虎华主编：《扬州城池变迁》，南京师范大学出版社2014年版，第18—25页。

时期。

勾践三年(前494)越被吴灭。及勾践被赦回国,苦身焦思,卧薪尝胆,决心报仇雪恨,遂为复国采取了一系列富国强兵的政策措施:招揽人才,"施民所善",发展生产,减轻赋税,又严格士兵军事训练,加强城市建设,鼓励人口增长,使越国力量大大增强,"人民殷富,皆有带甲之勇"[1]。与此同时,勾践还采用文种、计然等提出的治国方略,对外开展积极的政治、外交活动,"亲楚、结齐、附晋",以九种策略强越而弱吴。于是越国国力逐渐恢复,军事力量不断增强。

勾践灭吴后,继而渡淮争霸中原。他归还了各国被吴侵占的土地,又送贡物给周天子,干预诸侯国的事务。于是鲁、卫、宋、邾等国皆听命于越王,泗上十二诸侯滕、薛、莒等和郑、陈、蔡国也都纷纷前来朝贺,即便齐、晋两个大国,也不得不承认勾践"南面而霸天下"的地位。与此同时,对于被征服的吴地,勾践也以除暴安民为重,采取宽大的优抚政策,恢复生产,兴修水利,尊重吴人的原有产业,不毁坏吴人故坟等等,使吴人生活得以安定,越国也因此有了较为巩固的后方基地。

但在政治制度方面,勾践承袭分封建侯遗制,大封功臣子弟,也带来了一些隐患。如在吴越,勾践所封就有干王、摇王、荆王、宋王、烈王、襄王、越王史、周宋君、余复君、上舍君等,还在秣陵(即金陵)建邑封侯。这种分封制度,虽然起到了某些强化家族式统治的作用,但在当时公田废弛、私田发展、农奴制逐步瓦解的时代,并不符合历史发展的总体趋势。尤其是勾践猜忌残忍、独断专行的个性,使范蠡、计然、文种等不少功臣被杀和疏远,大大削弱了人才优势。此外,为了称霸中原,勾践在灭吴后不顾战争创伤,立即把都城迁至琅邪(今山东诸城东南),建城周围七里,驻守大批军士,也大大增加了江淮东部人民的负担。又何况琅邪距离本土较远,颇有突前冒出之虞。此外,勾践迁都琅邪之后,在统治思想上也不能顺势而为,接受礼乐文化的影响。《越绝书》记载:

[1]〔汉〕赵晔著,〔元〕徐天祜音注,苗麓点校:《吴越春秋》卷八《勾践归国外传》,第112页。

勾践伐吴,霸关东,徙琅邪,起观台。……孔子从弟子七十人,奉先王雅琴,治礼往奏。勾践乃身被赐夷之甲,带光步之剑,杖物卢之矛,出死士三百人,为阵关下。……越王曰:"唯唯,夫子何以教之?"孔子对曰:"丘能述五帝三王之道,故奉雅琴至大王所。"勾践喟然叹曰:"夫越性脆而愚,水行而山处,以船为车,以楫为马,往若飘风,去则难从,锐兵任死,越之常性也。夫子异则不可。"于是孔子辞,弟子莫能从乎。[1]

这说明越国尚不如吴国那样注重礼乐文化的吸收,在统治思想上存在着很大的局限性。

勾践死后,历经两代至曾孙朱句。是时越虽灭吴多年,却"不能正江、淮北",使"楚东侵,广地至泗上"。然因朱句利用越国发展之机,"唯余土困(卷)邗",不久又灭滕、郯等国,故而仍有霸王之称,使越国达到了鼎盛时期。或云"越王朱句既然是走吴王夫差北上争霸中原的老路,他很可能跟夫差一样,也曾迁都于邗"[2],但此说法值得商榷。因为此时越国之都是在琅邪,虽然苏南吴国旧都也是越国的王都之一,但从朱句即位后楚国灭蔡、灭杞继而"广地至泗上"看,可能是从琅邪西进。朱句卒后其子翳立,鉴于楚、齐对越国的巨大压力,翳于三十三年(前379)将都城迁回吴地,此后出现了"三世弑其君"的恶性事件。及公元前333年楚败越国,杀越王无疆,故吴土地几乎全被楚国占领,"而越以此散,诸族子争立,或为王,或为君,滨于江南海上,服朝于楚"[3],这说明在越国后期,内部矛盾不断加剧,越国的统治也就难以为继了。

战国中期以后,楚国受制于西部秦国,不断向东发展。经过长期经营,江淮东部渐被控制,文化上也受楚文化浸润,直到最后被秦灭亡。公元前319年,楚城广陵(今扬州蜀冈上)以备越,说明此时江淮东部仍未靖宁,与越仍有战争发生。及楚怀王二十三年(前306)楚占吴邑,置江东郡;秦王政

---

[1] 李步嘉校释:《越绝书校释》卷八《越绝外传记地传》,第222页。

[2] 李晏墅、郭宁生主编:《泰州通史》上卷,第61页。

[3] 《史记》卷四一《越王句践世家》,第2100页。

二十五年（前 222），秦"降越君，置会稽郡"[1]，越国最终灭亡。

楚灭越后，人们习惯把彭城（今徐州市）以东包括东海（今山东郯城北）、广陵（今扬州市）和吴（今苏州市）直至浙江的东部地区，称为"东楚"；把彭城以西汉时包括沛（今江苏沛县）、陈（今河南淮阳）、汝南（今河南上蔡西南）、南郡（今湖北江陵）等地称为"西楚"；把衡山（今湖北黄冈西北）、九江（今安徽寿州）、豫章（今江西南昌市）和长沙（今湖南长沙）等地称为"南楚"。并在"三楚"设立郡县，或将部分地区作为封君的领地。

郡县制是与封建社会结构相适应的一种行政管理制度。自春秋到战国，这种制度便在齐、吴、越、楚等国逐步建立起来，上由君主直接管辖。如前所述春秋时期齐国实行"属""县""乡"等管理体制，吴王阖闾"五郡"和夫差"九郡"的设置等等。而楚自文王开始，即在周边占有的小国地盘上置县，如申、息、邓等。正如顾炎武所说："春秋之世，灭人之国者，固为己县矣。"[2]楚国的县，长官称"公"或"尹"，地位仅次于中央的令尹和司马，并在县境直接征兵。战国时期兼并战争日益剧烈，楚将所灭地区大都置立为县，边境旧有的"郡"也改置为县，以加强边境防御力量。如楚筑城广陵（今扬州市），就是将今扬州为中心的江淮东部正式纳入楚国的统治系统。至于楚灭越时在吴越故地置江东郡，秦统一前置会稽郡等，则明显是郡下为县的郡县体制了。而西汉在今江淮地区置临淮郡二十九县与广陵国四县等，仍能折射出古干国"廿又六邦"和俎国"俘淮九邑"的影子，说明这些县早在西周时期即多以"邦""邑"的形式而存在了。

随着郡县制的推行，各诸侯国也初步形成了中央集权的政治制度，以国君为中心的官僚制度逐步形成。早在春秋时期，随着各诸侯国的不断坐大，王已不再是周天子的独尊称号，楚、吴、齐、越等国的国君相继称王。以至吴、越在灭干、灭吴后，干脆称作"攻敔""吴干""干越"，或自称"邗王"、封"越干王"等，以示兼并了这个地区并与本土合而为一，成为不可分割的整体。同时，以诸侯国为中心的官僚机构，也逐步地建立起来。且鉴于政治和军事等

---

[1]《史记》卷六《秦始皇本纪》，第 298 页。

[2]〔清〕顾炎武著，〔清〕黄汝成集释，秦克诚点校：《日知录集释》卷二二《郡县》，岳麓书社1994 年版，第 774 页。

需要,又是以官分文武为其特征,即国王之下设立相、将。相统称为宰相,也称相邦、丞相,楚则称为令尹,以辅佐国君处理全国政务,是为百官之长。将是武官之长,楚称为上柱国,以辅佐国王管理军事和统兵作战。相、将之下,则是负责各部门具体事务的行政官员。这些官员,逐渐由世袭制向君主任命制过渡,"因能而授官"[1],形成了中央集权的新的国家官僚制度。而与之同时,各种基层组织和户籍、徭役、法律制度等,也都不断地健全起来,为秦统一全国奠定了必备的基础和条件。战国末年,历经战乱,"其淮、泗夷皆散为民户"[2],但是随着天下归一,不久即纳入秦国版图,历史进入了新的阶段。

第三节 扬州地区的社会经济

春秋战国时期,大国争霸,为达到富国强兵、长治久安的政治目的,各国统治者无不重视经济的发展,使该时期成为中国古代社会经济发展较快的时期。而随着生产力的发展,生产关系也发生了重大变化,使奴隶制逐渐过渡到了封建制。江淮东部地区的干国,在历经春秋早期的发展之后被吴所灭,此后先后归属齐、吴、越、楚各诸侯国,社会经济也得到了迅速发展。

一、经济发展的历史条件

春秋战国时期,社会激烈动荡,"在官之学"逐渐解体,思想解放。许多政治家和思想家面对王权衰落、大国争霸和奴隶制度的由盛转衰,开始对商、周以来神学的主体"天"和"天道"产生怀疑,并逐渐转向重视包括劳动者在内的人的价值与社会作用,出现了"天道远,人道迩"[3]、"国将兴,听于民"[4]等重要思想。尤其是孔子"民可载舟,也可覆舟"等"德政"思想,孟子"民贵君轻""以民为本"等"仁政"学说等,使民本学说在社会上占了上风,并成为时代思想的主流,对社会发展产生了重大而深远的影响。也正因为这样,大批

---

［1］〔清〕王先慎撰,钟哲点校:《韩非子集解》,第285页。

［2］《后汉书》卷八五《东夷列传》,第2809页。

［3］《春秋左传正义》卷四八"昭公十八年",〔清〕阮元校刻:《十三经注疏》(清嘉庆刊本),第4529页。

［4］《春秋左传正义》卷一〇"庄公三十二年",〔清〕阮元校刻:《十三经注疏》(清嘉庆刊本),第3870页。

劳动者的身份和地位得到了空前提高,成为生产力发展诸要素中最为活跃的因素,从而推动了社会经济的迅速发展。江淮东部在吴灭干后,先后属于齐、吴、越、楚,也受到了这方面思想学说的重大影响。

从各国统治者上层来看,他们强调富国强兵、长治久安,其目的主要是出于大国争霸的需要,但是要想达到目的,就不能不重新思考人的价值与社会作用。如齐桓公称霸时,国相管仲为"通货积财,富国强兵",明确提出了"修旧法,择其善者而业用之,遂滋民与无财,而敬百姓"的治国原则,使"工就官府","商就市井","士居闲燕",各有所务,充分调动百姓的生产积极性。其"相地而衰征"的政策,也是为了充分发挥劳动者的能量和潜力。[1]吴王阖闾时,拜伍子胥和文种为师,积极倡导鼎故革新,"任贤使能,施恩行惠",视民如子,辛苦同之。国家发生水旱灾疫,还亲自到民间慰问,对鳏寡孤独予以赈济。他认为"仁未施,恩未行",则"国人不就,诸侯不信",就不可能治理好国家。[2]这种"以民为本"的思想,成为吴国得以不断发展的精神要素,固能"得民以济其志"[3]。越王勾践时,重用范蠡、计然等贤人,"身自耕作,夫人自织","振贫吊死,与百姓同其劳"[4],并颁布了许多鼓励生育、增加人口和养老存孤的恤民政策。[5]越国政治家范蠡,明确提出要重"人道""地道",谓"四封之内,百姓之事,时节三乐,不乱民功,不逆天时,五谷睦熟,民乃蕃滋,君臣上下交得其志"[6]。楚国国君也是如此。如楚庄王时曾总结说,要使国家长治久安,必具禁暴、戢兵、保大、定功、安民、和众、丰财之"七德"。楚灵王时筑章华台,伍举嘲讽说:国君应"安民以为乐,听德以为聪",不当"以土木之崇高、彤镂为美","以金石匏竹之昌大、嚣庶为乐","若敛民利以成其私欲,使民蒿焉忘其安乐,而有远心,其为恶也甚矣"。[7]正是因为这样,当时社会上杀奴祭祀和殉葬的制度被逐渐废除,人的价值与作用

---

[1]　上海师范学院古籍整理组校点:《国语·齐语》,第236页。

[2]　〔汉〕赵晔著,〔元〕徐天祜音注,苗麓点校:《吴越春秋》卷四《阖闾内传》,第24页。

[3]　上海师范学院古籍整理组校点:《国语·楚语下》,第579页。

[4]　《史记》卷四一《越王句践世家》,第2090页。

[5]　上海师范学院古籍整理组校点:《国语·越语上》,第635页。

[6]　上海师范学院古籍整理组校点:《国语·越语下》,第646页。

[7]　上海师范学院古籍整理组校点:《国语·楚语上》,第541—544页。

得到了较为充分的认知和体现,从而促进了生产积极性的高涨。扬州地处江淮东部,也自然受到了重要影响。尤其是这里良好的地理环境和相对安定的社会环境,为经济的发展提供了条件。

从地理环境来看,江淮东部东临大海,北为淮河,南有长江,其间则有射阳湖、高宝湖等,河流、湖泊广泛分布,河道密集。当时,淮河入海口大致在今涟水一带,长江入海口在今扬州和镇江一带,射阳湖和高宝湖都在今京杭运河一线,从山东境内自北而南的河流有泗水、沂水、沭水等汇入淮河,水资源十分丰富。春秋末年吴王夫差开凿邗沟,贯通了长江与淮河,进而通达菏水、济水。而明代为治黄保运最终形成的洪泽湖区,此时则由著名的南北孔道——善道(稻)所贯穿。苏北的海岸线虽曾发生过多次变化,但春秋战国时大致在今通榆运河以西,变化并不太大。加上此地丘陵广被,气候温润,土地肥沃,适宜于农耕,社会经济得到了迅速发展。

与之同时,全国各地战争频仍,社会经济遭到了严重破坏,而江淮东部却相对靖宁,有利于社会经济发展。春秋早期,江淮东部的干国主要是对吴国作战,战争主要发生在沿江地带。不久齐国打败吴国,得"分吴半",江淮东部归属齐国,但因战争以"救徐"为主,又是齐国的反击之战,对江淮东部影响不大。及吴王寿梦重新收回江淮东部,收复过程不见记载,齐之退出也颇平静。这种较为安定的局面,在全国各地实属罕见。春秋末年,邗沟开通,使江淮东部呈现出生机勃勃的景象,无论对交通还是农业生产发展,都起到了巨大的推动作用。战国时期,越、楚、齐等相互争霸,战争连年不断,但无论越灭吴国还是楚灭越国,主战场都在外围,而不在今江淮东部。如见于史书记载的战争,除楚国曾兵临棠邑(今六合西北)、进入海阳(今泰州市)和"城广陵"以备越外,连在吴楚边邑(今安徽天长一带)引发的"争桑之战"也在"鸡父"(今河南固始东南,一说安徽寿县西南)展开。因此就江淮东部地区而言,社会秩序较为安定。此外,人们生产积极性的提高,生产工具的不断改进,生产技术的不断进步等,也是生产力发展的重要因素。这在下述农业、手工业的发展状况中可见一斑。

西汉时,司马迁在《史记·货殖列传》中对江淮地区的基本状况描述说:"越、楚则有三俗。夫自淮北沛、陈、汝南、南郡,此西楚也。……地薄,寡于积聚。……徐、僮、取虑,则清刻,矜已诺。彭城以东,东海、吴、广陵,此东楚也。其俗类徐、僮。朐、缯以北,俗则齐。浙江南则越。夫吴自阖闾、春申、王濞三人招致天下之喜游子弟,东有海盐之饶,章山之铜,三江、五湖之利,亦江东一都会也。衡山、九江、江南、豫章、长沙,是南楚也,其俗大类西楚。……江南卑湿,丈夫早夭。”所谓“越楚”,系指越灭吴国而有江淮以北,楚灭越国兼有吴越之地。而据此分析,江淮东部和太湖流域皆属东楚,经济上应优于西楚、南楚。虽然司马迁在描述整个“三楚”的状况时说:“楚越之地,地广人希,饭稻羹鱼,或火耕而水耨,果隋蠃蛤,不待贾而足,地势饶食,无饥馑之患,以故呰窳偷生,无积聚而多贫。是故江、淮以南,无冻饿之人,亦无千金之家。”[1]但对江淮东部来说,这里毕竟具有湖泊纵横、地势饶食等更具优势的自然条件。综合总体情况来看,以扬州为核心的江淮东部,其社会经济发展的条件是较好的。

二、社会经济的迅速发展

春秋战国时期,以扬州为核心的江淮东部,社会经济有了较大发展,主要表现在农业、手工业、商业和城市等几个方面。

(一)农业生产的发展

农业作为古代社会的主要生产部门,在当时得到了迅速发展。从农作物种植方面来看,江淮东部仍然顺应历史发展的趋势,以种植水稻为主,兼营麦、粱、菽、麻等,变化最大的是冬小麦的逐渐推广。冬小麦的推广,使农作物一年两熟制成为可能,从而增加了粮食产量。其次,农、圃的分工也是古代农业生产发展的表现之一。我国古代农、圃的分工,大约开始于春秋时期,园圃主要指从事蔬菜、瓜果、经济作物的生产。如《越绝书》载越王勾践时“乃著其法……甲货之户曰粲,为上物,贾七十;乙货之户曰黍,为中物,石六十;丙货之户曰赤豆,为下物,石五十;丁货之户曰稻粟,令为上种,石四十;戊货之户曰麦,为中物,石三十;己货之户曰大豆,为下物,石二十;庚货之户曰穬,比疏食,故无贾;辛货之户曰菓,比疏食,无贾;壬、癸无货。”[2]这不仅扩大了农业范围,更丰富了人们的生活。

此外,家畜、家禽和水产养殖业更加普遍。如《越绝书》记载“娄门外鸡

---

[1]《史记》卷一二九《货殖列传》,第3940页。
[2] 李步嘉校释:《越绝书校释》卷四《计倪内经》,第113页。

陂墟,故吴王所畜鸡","无锡历山,春申君时盛祠以牛","桑里东、今舍西者,故吴所畜牛、羊、豕、鸡也,名为牛宫";[1]"鸡山、豕山者,勾践以畜鸡豕,将伐吴,以食士也"[2]等等,都反映出这种状况。尤其是水资源的丰富,带来了天然生态的恩赐,使人们过着"饭稻羹鱼"和"果隋赢蛤,不待贾而足"的生活,保障了人们最起码的生存条件。

农业生产的迅速发展,与生产工具的不断改进密切相关。虽然此时石制的犁、锄、镰、斧、铲等农具仍在使用,但青铜制作的工具和农具也不断增多,如用来砍伐垦田的斧、锛、锯,掘地刨土耕作锄草的镢、铲、耧犁、犁、铧、锄、锸,专门用来收割的铜铚和锯镰等,在江北苏南的考古发掘中均有发现。[3]如1972年在扬州北郊黄金坝萧家山发现的春秋时期文化遗存,其中就有青铜凿、空心斧、空首斧等生产工具。青铜器在中原地区主要是用作礼器、宗教性器物、贵族生活用具和随葬品等,作为农具的情况发现较少,而在吴越等统治区,用作工具特别是农具的明显增多,这从一个侧面反映出该地区的农业发展状况。

铁器的使用,是春秋战国时期生产力提高最突出的标志。我国使用铁的历史,大体可追溯到商代,但这些铁器皆为陨铁加工而成,不可能对生产力的发展产生根本影响。春秋时期情况就不同了。如《诗经·秦风·驷驖》用"驷驖孔阜"来形容秦襄公的马色如铁;齐灵公时的《叔夷钟铭》有"陶铸徒四千"的记载等,都说明铁的使用已相当普遍,冶铁规模不断扩大。江淮东部也是使用铁器较早的地区之一,如在六合程桥发现的东周墓葬中,一号墓出土铁丸一件,二号墓出土铁条一件,时间约在春秋晚期。[4]战国时期铁器的使用更加普遍,如齐国要求"一女必有一针一刀","耕者必有一耒一耜一铫","行服连轺辇者,必有一斤一锯一锥一凿"[5],然后才能从事生产。

---

[1] 李步嘉校释:《越绝书校释》卷二《越绝外传记吴地传》,第41页。

[2] 李步嘉校释:《越绝书校释》卷八《越绝外传记地传》,第226页。

[3] 毛颖:《吴国青铜农具初探》,收入肖梦龙主编:《吴文化青铜器综合研究》,科学出版社2004年版;杨正宏、肖梦龙主编:《镇江出土吴国青铜器·吴国青铜器的发展与地域特征》,文物出版社2008年版。

[4] 黄展岳:《关于中国开始冶铁和使用铁器的问题》,《文物》1976年第8期。

[5] 黎翔凤撰,梁运华整理:《管子校注》卷二二《海王》,第1255—1256页。

牛耕的使用与推广,也是该时期生产力提高的突出标志。在我国人们把牛作为运载工具的时间很早,到了春秋时期,则开始把牛与农田耕作结合起来。如《左传·宣公十一年》载:楚灭陈后使之成为楚国一县,楚大夫申叔时对楚王说:有人讲过:"牵牛以蹊人之田,而夺之牛。牵牛以蹊者,信有罪矣,而夺之牛,罚已重矣。"这是文献中第一次把牛与田联系在一起的记载。春秋后期,人们把牛称为"犁牛"。如孔子在《论语·雍也》中说:"犁牛之子骍且角,虽欲勿用,山川其舍诸。"这说明已有专门用作耕田的牛,并为人们所重视。又如孔子弟子冉伯牛名耕,司马耕字子牛等,也反映出牛耕的真实状况。战国时期,随着铁犁的不断出现,牛耕得到了迅速推广。而据《管子·乘马篇》"距国门以外,穷四竟之内,丈夫二犁,童五尺一犁,以为三日之功"的记载,则可能已使用了二牛牵引一犁的方法。江淮东部曾隶属齐、楚,使用牛耕当不成问题。牛耕的使用和推广,使大面积的土地垦辟成为可能,古代农业生产也进入了精耕细作的阶段。

春秋战国时期,水利灌溉事业也得到了很大发展。如楚庄王时,公孙敖利用天然湖泊修建芍陂(今安徽寿县南),用以灌溉大批农田,此为中国现知最早的人工水库。吴王夫差时"吴城邗,沟通江、淮",杜注:"水名。筑城穿沟,东北通射阳湖,西北至末口入淮,通粮道也。"[1]邗沟的开凿,使淮河和长江连系在一起,两年后又将它向北延伸,与沂水、济水连接,成为中国历史上的第一条人工运河。《吴越春秋》卷五《夫差内传》称"阙为阑沟于商鲁之间",齐王谓"吴乃济江淮,逾千里而来我壤土,戮我众庶"等,正反映出当时吴国由江入淮进而北上齐国的水上通道的贯通。虽然邗沟开凿的目的主要在于运输方面,但对江淮东部来说,也起到了水利灌溉的重要作用。战国时期,各诸侯国为发展经济,更加重视水利工程的兴修。司马迁在《史记·河渠书》中曾概括说:"自是之后,荥阳下引河东南为鸿沟,以通宋、郑、陈、蔡、曹、卫,与济、汝、淮、泗会。于楚,西方则通渠汉水、云梦之野,东方则通鸿沟江淮之间。于吴,则通渠三江、五湖。……此渠皆可行舟,有余则用溉浸,百姓飨其利。至于所过,往往引其水益用溉田畴之渠,以万亿计,然莫足数也。"

---

[1]　〔晋〕杜预等注:《春秋三传》哀公九年,上海古籍出版社1987年版,第530页。

在农业生产技术方面,从农田播种到作物收获都有了明显进步。在播种前,人们已懂得据"物土之宜而布其利"[1],即根据不同的地理形势对田地进行整理和利用,懂得"深耕而疾耰"[2]对提高产量的重要性;在播种后,对中耕除草、水利灌溉、防治病虫害和"多粪肥田"、及时收获等,也都得到了普遍重视。也正因为这样,到战国末年,便出现了专门总结农业生产经验的著作,《吕氏春秋》中的《上农》《任地》《辨土》《审时》诸篇,就是我国现存最早的农书。

总之,随着农业生产工具的改进和农业生产技术的提高,春秋战国时期,全国各地的许多土地都得到了开发,耕种面积不断扩大,粮食产量也不断提高。而以扬州为核心的江淮东部,在历经夷民长期的辛勤开发后,复经吴、齐、越、楚的先后治理,农业生产不断地发展起来。

（二）手工业的发展

随着农业的发展和社会生产关系的变革,手工业也得到了迅速发展。手工业发展的一个最突出标志,是突破了"工商食官"的限制,使独立的手工业者至少在春秋中期就已经出现。到了战国时期,"工商食官"的制度被完全打破,则不仅有官营手工业,贵族经营的手工业,也有豪民经营的大手工业和个体手工业,与小农经济相结合的家庭手工业更是普遍存在。

该时期手工业的发展,还表现在门类增多与分工的细致。这不仅包括了传统的青铜铸造业、陶器制造业、丝织业,造船业等,还出现了冶铁业、漆器业、煮盐业等新的手工业生产部门,各部门的内部分工也越来越精细。如《周礼·冬官·考工记》云:"凡攻木之工七,攻金之工六,攻皮之工五,设色之工五,刮摩之工五,抟埴之工二。攻木之工:轮、舆、弓、庐、匠、车、梓;攻金之工:筑、冶、凫、栗、段、桃;攻皮之工:函、鲍、韗、韦、裘;设色之工:画、缋、钟、筐、慌;刮摩之工:玉、栉、雕、矢、磬;抟埴之工:陶、旊。"这样细致的分工,必然对技术提出更高的要求,从而促进手工业的发展。

陶器制造业、纺织业和造船业,都是传统的手工业部门。由于人们生活所需,故而一直盛而不衰。陶器制造业,在仪征甘草山、神墩、虎山、郭山等西

---

［1］《春秋左传正义》卷二五"成公二年",〔清〕阮元校刻:《十三经注疏》(清嘉庆刊本),第4114页。

［2］ 上海师范学院古籍整理组校点:《国语·齐语》,第228页。

周至战国的遗址中都有表现，其中陶器多为夹砂或泥质红陶，也有一定数量的灰陶和黑陶，几何形印纹硬陶和原始瓷发现较少。常见器物有带把鼎、鬲、袋足甗、罐、钵、豆等。纹饰有纺织纹、绳纹、几何纹等。这些器物与吴文化出土同类器的基本特征大致相同，也有自己的一些特色，反映出文化之间的相互联系和陶器制造业的进步。[1]在纺织业方面，齐国的纺织业最为发达，号为"冠带衣履天下"[2]。江淮东部也颇发达，如吴王僚时，吴楚两国边界的女子在卑梁（今安徽天长）采桑中发生争执，竟引发了一场战争，就反映出扬州一带种桑养蚕用以纺织的一个侧面。越王勾践时计倪提出"兴师者必先蓄积食、钱、布、帛"，"必先省赋敛，劝农桑"[3]的建议，同样是注重纺织业的发展。麻葛的种植更加普遍，如《越绝书》载"麻林山，一名多山。勾践欲伐吴，种麻以为弓弦"[4]；使大夫种"索葛布十万"[5]等献于吴王夫差等。此外，江淮地区河流湖泊众多，吴、越、楚国在争霸中常用水军作战，故造船业一直发达。如据《越绝书·佚文》记载，当时的战船有大翼、中翼、小翼、突冒、楼船、桥船等，其中大翼"广一丈五尺二寸，长十丈。容战士二十六人，棹五十人。舳舻三人，操长钩矛斧者四，吏仆射长各一人，凡九十一人。"[6]他如吴王之舟号称"余皇"[7]等，更加辉煌气派。吴开邗沟运兵运粮，并从海上征伐齐国等，都少不了水军战船。越王勾践"初徙琅邪，使楼船卒二千八百人伐松柏以为桴"，及定都后以"死士八千人，戈船三百艘"守之，可见当时水军规模，难怪勾践自豪地说："（越）以船为车，以楫为马；往若飘风，去则难从；锐兵任死，越之常性也。"[8]

春秋战国时期，煮盐业获得了较大发展。《史记·货殖列传》云："夫吴自阖庐、春申、王濞三人招致天下喜游子弟，东有海盐之饶，章山之铜，三江、五

［1］ 参见刘勤：《仪征境内有关吴文化考古发现之初探》，扬州博物馆编：《江淮文化论丛》第4辑，第45—54页。

［2］《史记》卷一二九《货殖列传》，第3923页。

［3］ 李步嘉校释：《越绝书校释》卷四《计倪内经》，第109—110页。

［4］ 李步嘉校释：《越绝书校释》卷八《越绝外传记地传》，第225页。

［5］〔汉〕赵晔著，〔元〕徐天祜音注，苗麓点校：《吴越春秋》卷八《勾践归国外传》，第110页。

［6］ 李步嘉校释：《越绝书校释》附录一《越绝书佚文校笺》，第418—419页。

［7］《春秋左传正义》卷四八"昭公十七年"，〔清〕阮元校刻：《十三经注疏》（清嘉庆刊本），第541页。

［8］ 李步嘉校释：《越绝书校释》卷八《越绝外传记地传》，第222页。

湖之利,亦江东一都会也。"吴王阖庐(闾)和春申君都是春秋时期的上层统治者,他们充分利用当地的铜、盐资源,积极发展经济。当时从郁州(今连云港)到浙江海盐、盐官等地的沿海地区都生产盐。越国统治时期亦然,如《越绝书·越绝外传记地传》载:"朱余者,越盐官也。越人谓盐曰'余'。"

青铜铸造业突出发展。从技术层面来看,此时人们已经认识到"金柔锡柔,合两柔则为刚"[1]以及"金有六齐"的道理,熟练地掌握了各种青铜器所需的铜、锡合金分量,并熟练地掌握了冶炼火候的调节和技巧。在采矿方面,吴国利用了"章山之铜",章山即鄣山,在今浙江湖州一带。但从西汉时吴王刘濞"即山铸钱"的情形推断,今扬州一带也应该有铜矿开采。《太平寰宇记·扬州》云:"江都大铜山,在县西七十二里,即《汉书》称吴王濞即山铸钱,此其处也。"《大明一统志》:"扬州府大铜山在府城西北七十二里;又有小铜山,在仪真县西北二十五里,皆吴王刘濞铸钱之地。"而1965年南京博物院在六合县楠木塘发现的西汉铸钱遗址,出土的未经修整的四铢"半两"钱、铜锭等物,也"证实了吴王刘濞铸钱的记述都是真实的"。有人考证,"大铜山"即六合境内的冶山,至今仍存,为江苏冶山铁矿。该矿在六合县城东北二十五点五千米处,四周均为丘陵山地,主峰高二百三十一点四米,是一座铁伴生铜的中型矿山。由于矿层较浅,其中有一部分直接裸露在地表,因而便于古人开采冶炼。又据六合程桥发掘出土春秋末期的铁条、铁丸,则此矿"早在刘濞之前,就有先民开采冶炼"。[2]也就是说,这种"铁伴生铜的中型矿山",应该是综合开采利用的。而从扬州附近发现的青铜器来看,其铸造技术也逐渐走向了成熟阶段。如1957年在江都陆(渌)洋湖围垦工程中出土的春秋时期的青铜剑和青铜矛,1971年在仪征破山口出土的春秋时期的青光剑,1972年在扬州北郊黄金坝萧家山出土的春秋时期的青铜凿、空心斧、空首斧、青铜矛和青铜箭镞等;60年代后期在扬州郊区胡场征集到战国墓中的连弧纹铜镜、铜戈、蚁鼻钱,1993年在扬州西湖镇果园砖瓦厂战国墓中出土的铜镜、带钩等,也都

[1] 许维遹撰:《吕氏春秋集释》卷二五《别类》,第661页。

[2] 参见赵昌智主编:《扬州文化通论》,广陵书社2011年版,第183页。

反映出扬州青铜铸造业的进步。[1]

　　冶铁业也不断发展。从技术层面看,由于青铜冶炼和鼓风技术的进步,当时人们不仅能够用"块炼法"炼铁,还发明了铸铁冶炼技术和铸铁柔化技术,同时还发明了渗碳制钢技术。在铸造上,分铸法有了进一步发展,春秋中期以后,焊接技术得到普遍运用,到战国时还发明了榫铆斗合法,并可用失蜡法制造器形复杂和雕镂繁缛的器物。铁器的使用,在春秋战国社会的大变革中,被认为是一个最重要的动力因素,江淮东部则是使用铁器较早的地区。从全国各地情况来看,这个时期河南、陕西、甘肃、山东、江苏、江西、湖南等省,都曾发现该时期的铁器存在。其中河南三门峡上村岭虢国墓地 M2001 号墓出土的玉茎铜芯铁剑,年代约在西周末至春秋初期,这是我国目前经科学鉴定最早的人工冶铁实物。[2]江北六合程桥发现的东周墓葬,一号墓出土铁丸 1 件,二号墓出土铁条 1 件,时间当在春秋晚期。经专业鉴定,铁条基本为铁素体,含碳量在 0.04% 以下,有大量延伸的氧化亚铁——硅酸盐夹杂,体积约占 10%,最厚达 0.3—0.4 毫米,是以块铁锻成的。铁丸则有莱氏组织的痕迹,是用生铁铸成,为白口铸铁。[3]这些实物不仅见证了从块炼铁法到生铁冶铸技术的发展过程,而且也是世界上最早的生铁实物,是世界冶金史上的一次重大发现。它比欧洲出现的最早生铁要早一千九百多年。此外,《吴越春秋》有吴王"被棠铁之甲三重"、令力士以"铁鏅"击杀公孙圣的记载[4],《越绝书》有楚请吴国干将、欧冶子作"铁剑"的记载[5]。虽然这些铁器在吴越本土无实物考证,但 1976 年在湖南长沙杨家山 65 号春秋晚期楚墓出土的一件铜格钢剑,或许与楚请干将等铸作"铁剑"有关,而这枚钢剑则是"我国迄今发现的最早钢铁"[6]。

　　[1]　参见陈达祚、朱江:《邗城遗址与邗沟流经区域文化遗存的发现》,《文物》1973 年第 12 期;束家平:《江苏扬州市西湖镇果园战国墓的清理》,《考古》2002 年第 11 期。

　　[2]　河南省文物研究所、三门峡市文物工作队:《三门峡上村岭虢国墓地 M2001 发掘简报》,《华夏考古》1992 年第 3 期。

　　[3]　黄展岳:《关于中国开始冶铁和使用铁器的问题》,《文物》1976 年第 8 期。

　　[4]　〔汉〕赵晔著,〔元〕徐天祜音注,苗麓点校:《吴越春秋》卷三《王僚使公子光传》、卷五《夫差内传》,第 22、60 页。

　　[5]　李步嘉校释:《越绝书校释》卷一一《越绝外传记宝剑》,第 302 页。

　　[6]　参见董楚平:《吴越文化新探》,第 237 页。

漆器是我国劳动人民的杰作,但漆器制造业作为独立的手工业部门,却兴盛于战国时期,其标志是夹纻胎的发明和运用。在此时期,楚国的漆器表现出很高的技艺水平,如1978年在湖北随县曾侯墓中出土的一组编钟,不仅编钟制作精美,钟架分为上、中、下三层,而且在木质架梁的黑漆地上满绘了红、黄色的图案,在木架两端和架梁之间的铜饰上,浮雕或透雕着龙鸟、花瓣和铜人等,反映出极高的艺术水准。扬州是我国漆器发展史上重要的地区之一,20世纪50年代在江都凤凰河工地出土的战国漆盘,60年代后期在扬州北郊胡场村战国墓征集到的漆盘,以及1993年在扬州西湖镇果园战国墓中出土的漆器盒、盘、耳杯等,都说明漆器在扬州的流行。据1972年胡场战国墓出土的两只夹纻胎彩绘漆圆盘的胎质和彩绘图纹看,其与当时楚国漆器更为接近,很可能是楚国生产流入本地的,但也不排除于当地生产的可能性。这为汉代广陵漆器制造业的迅速发展,奠定了较高的起点和基础。[1]

（三）商业、交通与城市

随着农业和手工业的发展,商业也迅速地发展起来。

商业的发展首先表现在商品范围的扩大。春秋战国时期,作为市场交换的商品,不仅有供统治者所享受的各种"宝货",而且包括下层社会所必需的各种日用品、生产工具和各地的物产。而不管是农牧产品、渔猎产品,还是矿产品和手工业制品,只要有可资利用的使用价值,能够满足人们的物质或精神需要,都被网罗在商品之列。

商业的发展,还表现在商人阶层的形成。春秋初年商贾就被列为士、农、工、商四民之一,尽管其社会地位不高,且为"在官之商",但因经商乃发财致富的最快捷途径,所以很快便成为专门的职业。而随着"工商食官"的彻底打破,商人势力也日益壮大起来。他们"负、任、担、荷,服牛、轺马,以周四方"[2],地位也日益提高。春秋后期,有些政治家也加入了商人的行列。如孔子的弟子子贡,"与时转货赀……家累千金"[3];越王勾践谋臣范蠡在助越灭吴后,"乃

---

[1]　参见钱辰方:《扬州漆器工艺史话》,《扬州大学学报》1982年第2期;徐邠、李玫、张海燕:《扬州传统漆艺史》,南京大学出版社2005年版。

[2]　上海师范学院古籍整理组校点:《国语·齐语》,第227页。

[3]　《史记》卷六七《仲尼弟子列传》,第2661页。

乘扁舟浮于江湖……十九年之中三致千金"[1]。及至战国,"天下熙熙,皆为利来;天下攘攘,皆为利往",商人活动更加活跃。有些大商人甚至连车骑,游诸侯,使"国君无不分庭与之抗礼"[2],成为政治上一支不容忽视的力量。

商业发展的又一个表现,是金属货币的广泛流通。当时,各国货币的铸造权都属中央或各大商业城市的地方政权。秦和楚国均由中央政权铸造,货币主要是金币和铜币。金币为称量货币,以斤、镒为单位,其中楚国使用较多,并多钤印文字"郢爰"。铜币,绝大部分都有阴文"咒"字,连同穿孔形似鬼脸,故俗称"鬼脸钱"或"蚁鼻钱"。这与主要流通于齐、燕、赵国的刀币,流通于赵、魏、韩国的布币,流通于周、秦以及赵、魏部分地区的圆钱都有不同,表明该时期的商品经济仍有着很大的地域性。在战国广陵城遗址发现和扬州郊区胡场战国墓征集的"蚁鼻钱",以及在宝应、仪征、高邮和扬州双桥等地征集的楚国"郢爰"金币等,说明楚国货币曾在江淮东部流通。[3]

商业发展与便利的交通密切相关。江淮东部地处南北交通要冲,水陆交通都很发达。春秋战国时期,吴、齐、越、楚都曾占领过江淮东部,因此也都有通往这里的交通路线。邗沟开通之前,从扬州通往北方的路线主要是经过盱眙、徐和彭城(或邳州)入鲁的线路,这条线路经过今洪泽湖地区的善道(今盱眙县北)向北。《春秋》经载"仲孙蔑卫孙林父会吴于善道",杜预注:"道,《公》《穀》作稻。……《南兖州记》云:盱眙,本吴善道地。"[4]此外便是海上通道,即由长江入海,然后向南或北入淮、泗。及公元前486年"吴城邗,沟通江、淮",则自长江经过扬州北到淮河的路线就开通了。及三年后吴败齐国于艾陵,又将邗沟延伸到沂水、济水,于公元前482年与晋、鲁等会盟于黄池。这说明从长江经过淮河可以一直通达沂、济,到达山东齐、鲁等国,而沿淮河向东则可直达海洋,往西经徐可达淮水中上游,或沿泗水北至菏水,再通过鸿沟连接济水或淮河各支流,通往大梁(开封)、洛阳等地。

[1]《史记》卷一二九《货殖列传》,第3926页。

[2]《史记》卷一二九《货殖列传》,第3927页。

[3]参见张浦生:《江苏"郢爰"》,《文物》1959年第5期;陈尔俊:《江苏出土的楚国郢爰》,《考古》1995年第3期;田心:《江苏宝应发现楚国"郢爰"金币》,《考古通讯》1958年第5期。

[4]〔晋〕杜预等注:《春秋三传》襄公五年,第340页。

邗沟多在原水道的基础上衔接、疏浚而成,向北与古射阳湖衔接,然后向西北流向淮安,这虽绕了一个大弯,但却节约了工程总量。今从扬州螺丝湾至黄金坝的一段运河,旁立"古邗沟遗址"石碑,仍可看出其大致规模。而自邗沟越过长江,则与苏州至镇江的江南运河连接起来,又成为沟通太湖三江、钱塘江等地区的重要枢纽。江南通江运河,是苏州经过江阴到达长江的古老运河,《越绝书》载:"吴古故水道,出平门,上郭池,入渎,出巢湖;上历地,过梅亭,入杨湖,出渔浦,入大江,奏广陵。"[1]其中平门为苏州北门,渔浦即今江阴利港,由此出江可直达扬州。这条水道形成于吴王阖闾时期,其至邗城迂回曲折,又面临江海波涛之险,故稍后又开通了"徒阳水道"。徒阳水道又称丹徒水道,南起丹阳(古称云阳),北由丹徒入江,大致为江南运河镇江段。此外还有邗城至朱方的通道,在今扬州与镇江的长江河口地段,具体地点先似在今扬州仪征的"胥浦"与江南下蜀(今句容北江岸)间,后凿"邗沟",作为北上淮泗的一条主要通道。[2]而自苏州至钱塘江,则有"百尺渎"等。《越绝书》:"百尺渎,奏江,吴以达粮。"[3]"百尺渎"又称百尺浦、越王浦,在浙江海宁盐官镇钱塘江北岸,是沟通钱塘江与太湖的水道,是江南运河浙江段的前身。

在中国古代,水运是极其重要的交通运输形式。江淮东部特殊的地理环境,使该地区宜水则水,宜陆则陆,水陆结合,形成了初步的网络化状态,以运河为骨架的网状交通线路系统的雏形开始显现,这对中国历史的发展具有重大而深远的意义。正是邗沟运河的开通,使钱塘江、长江、淮河、黄河四大水系连接在一起,奠定了京杭大运河的基本走向,弥补了中国天然河道多东西走向的不足,为社会经济的发展提供了便利、优越的条件。

随着商业的发展和交通的便利,城市也得到了较快发展。尤其是战国时期社会制度的急剧变革,引起了城市的不断扩大和增多。史称"古者……城虽大,无过三百丈者;人虽众,无过二千家者。今千丈之城,万家之邑相望

---

[1] 李步嘉校释:《越绝书校释》卷二《越绝外传记吴地传》,第32页。

[2] 朱江:《关于开展先秦时期古吴等通道调查与研究的建议》,吴文化研究会筹备组编印:《吴文化资料选辑》第三辑,1981年印,第53—54页。

[3] 李步嘉校释:《越绝书校释》卷二《越绝外传记吴地传》,第33页。

也"[1]。而社会生产的发展,社会财富的增加,商品经济的活跃,更为城市的繁荣提供了物质条件。也正因为这样,当时各诸侯国的都城均不仅仅是政治中心,也是繁荣的经济中心。

城市的兴起和发展,多与河流和交通便利密切相关。江淮东部城市的兴起也遵循着这一规律。春秋战国时期,扬州以及周边地区,都有一些古国都城、贵族封邑以及军事性的城堡出现,此为中国古代城市的主要形态。而这些地方在最早的萌芽阶段,都是由一些较大的聚落不断发展而形成的,且大多为沿河流呈线形的分布。这既与该地区多水便于运输、防卫、给水等因素密切相关,也是与乡村、社区或其他城市连接起来的重要手段。西周初期建立的干国,都于今泰州姜堰天目山一带,东临大海,南为长江,实取江河岸畔之意,也是当时较为理想的都城。这个都城在春秋早期吴灭干时被吴占领,不久归齐。齐统治时可能实行了"属""县"制度,后来这里发展为"海阳",即汉代海陵县(今泰州市)。而干国统治的"廿又六邦",在齐国统治时当是"乡""邑"类的基层组织。这些乡邑与原俎国的"俘淮九邑",就大抵构成了汉代临淮郡二十九县、广陵国四县以及苏南东部部分县的基础。吴王寿梦时,江淮东部复归吴国,其政治中心可能在今仪征一带。及诸樊迁都苏州之后,仪征仍为江北重镇。吴王夫差时"城邗",邗当原干国的重镇,至夫差时得到加强。越灭吴后,邗城归越,及公元前319年楚败越国筑广陵城,江淮东部属广陵县,城市规模日益扩大。邗城居于南北要冲,通过运河与仪征、淮阴等城市密切联系,此后不断得到发展。

春秋战国时期,曾属干国的"廿又六邦",具体情形不见记载,但从齐桓公所说"一战帅服三十一国",即除莱、莒、徐夷、吴、越五国之外仍保留着"廿又六邦"的情况来看,这些称为"邦""国"的"邑",其基本框架仍未改变。史书中可见者如棠邑、郧、末口、卑梁等,或许就是"邦"的所在。棠邑在今六合境内,曾为吴、楚争夺的军事据点,当时属于江淮东部。六合程桥发现的东周墓葬,据出土青铜器及铭文分析,这一带应当是干和吴国在江北的重要邑落,西汉时为堂邑县。郧,在今如皋,属南通市海安。末口,在今

[1]〔西汉〕刘向集录,范祥雍笺证,范邦瑾协校:《战国策笺证》卷二〇《赵策三》,上海古籍出版社2006年版,第1086页。

淮安市境,《左传·哀公九年》"吴城邗,沟通江、淮",杜预注:"水名。筑城穿沟,东北通射阳湖,西北至末口入淮,通粮道也。"据《水经注》,邗沟自广陵北出高邮南三十里的武广湖与渌洋湖之间,再入离高邮二十里的樊良湖,折向东北至博芝(广洋)、射阳二湖,再折向西北出夹耶至山阳(今淮安)入淮河。"夹耶"其地未详,而高邮、射阳、末口等在当时都应是重要的"邑",是西汉高邮、射阳、淮阴、盐渎、平安(今宝应一带)等县的建立基础。卑梁,在今安徽省天长境内,与今扬州市毗连,彼时也属江淮东部。这些称为"邦""邑"的地方,在春秋战国时期都应当得到一定的发展。至于齐统治时的"属""县""乡"制度是否在此地区推行,吴王夫差时的"九郡"又在哪里,具体情况尚且不明,还有待于日后探讨。

总之,春秋战国时期,以今扬州为核心的江淮东部,其商业、交通与城市都得到了迅速发展,虽然其时战争不断,商业和城市的发展都受限制,但是由于邗沟的开通和吴、齐、越、楚各诸侯国的相继经营,还是得到了较快的发展,从而为汉代的繁荣昌盛奠定了雄厚的经济基础。

三、生产关系的变革

春秋战国时期,社会生产力的迅速发展,导致了整个社会生产关系的巨大变革。这个变革从总体上说,就是由封建的生产关系代替了奴隶制的生产关系。

奴隶制生产关系的崩溃,是从奴隶制的土地所有制——井田制度的瓦解开始的。早在西周末年,井田制就遭到了严重破坏。进入春秋以后,此制度虽然还在实行,如齐桓公时管仲认为"山泽各致其时,则民不苟;陆、阜、陵、墐、井、田、畴均,则民不憾"[1],把井田制的整齐与改造作为经济改革的一项重要内容。但因社会的激剧动荡,井田制度也加速了其瓦解过程。其在"野"中,原本依靠大量奴隶大规模集体生产的井田,由于奴隶的大量逃亡,导致了"维莠骄骄""维莠桀桀"[2]和"野有庾积,场功未毕"[3]的客观后果;其在"国"中,

---

[1]　上海师范学院古籍整理组校点:《国语·齐语》,第236页。
[2]　《毛诗正义》卷五《甫田》,〔清〕阮元校刻:《十三经注疏》(清嘉庆刊本),第747页。
[3]　上海师范学院古籍整理组校点:《国语·周语中》,第67页。

则因"民参其力,二人于公,而衣食其一,公聚朽蠹,而三老冻馁"[1],致使井田的主要劳动者平民或放弃土地"适彼乐土"[2],或"不肯尽力于公田"[3]。江淮东部的干国,在被吴国灭亡以后,不久即归齐国所有,齐对井田制度的改革,理应影响到这个地区。

商周以来的井田制度,是按宗法制的原则而分封的。江淮东部的干国,因由九夷建立起来,又独立于王朝之外,因此所受宗法制度的影响不大。及春秋中期干地属齐,中原地区的宗法制度已遭破坏,井田制度已经难以维持下去。此时,不仅列国诸侯都把争城夺地作为争霸战争的重要内容,而且贵族之间也相互进行频繁、激烈的土地争夺。于是随着商品经济的发展,井田制度下"田里不鬻"的格局被打破了,私有土地逐渐出现,并不可抑止地发展起来。私有土地在一开始,多是在井田之外开垦的荒地,垦荒者则是反抗统治者压迫、剥削而逃亡山林川泽的奴隶或平民。而随着铁器和牛耕的使用,个体耕作便代替了过去的协作耦耕,成为一家一户的个体生产者。此外,一些贵族也纷纷驱使奴隶开垦土地,力图在井田上确立其私有权,这就使"溥天之下,莫非王土"的说教成为事实上的空话。尤其是各国统治者进行的赋税改革,更使土地私有权逐步得到了合法承认。

在赋税改革的过程中,齐国在继续维持"井田畴均"的同时,实行了"相地而衰征"的政策,用"均分地力""与之分货"的方式,使劳动者"夜寝早起""为而不倦",以收到"则民尽力"[4]的积极效果。其后晋国实行"作爰田""作州兵"的政策,鲁国实行"初税亩""作丘甲"的政策等,都是基于井田制不断瓦解的事实而产生的。春秋后期,江淮东部复归吴国。吴王寿梦积极学习中原礼乐,阖闾时"施恩行惠","以民为本",认为晋赵氏"亩大税轻"的政策最好,"是故得民以济其志"[5],江淮东部理应受其政策影响。战国时期越灭吴国,越国政策影响到江淮东部。越王勾践"省赋敛,劝农桑",接受计

---

[1]《春秋左传正义》卷四二"昭公三年",〔清〕阮元校刻:《十三经注疏》(清嘉庆刊本),第4410页。

[2]《毛诗正义》卷五《硕鼠》,〔清〕阮元校刻:《十三经注疏》(清嘉庆刊本),第761页。

[3]《公羊传·宣公十五年》何休注。

[4] 黎翔凤撰,梁运华整理:《管子校注》卷一《乘马》,第92页。

[5] 上海师范学院古籍整理组校点:《国语·楚语下》,第579页。

倪"籴石二十则伤农,九十则病末,农伤则草木不辟,末病则货不出。故籴高不过八十,下不过三十,农末俱利矣"的建议,乃著其法:"甲货之户曰粲,为上物,贾七十;乙货之户曰黍,为中物,石六十;丙货之户曰赤豆,为下物,石五十;丁货之户曰稻粟,令为上种,石四十;戊货之户曰麦,为中物,石三十;己货之户曰大豆,为下物,石二十"等,并且规定"从今以来,传之后世以为教"。[1]这种根据粮食品种不同计价入籴的方式,同样具有赋税制度改革的意义。战国后期,楚灭越国,其政策也影响到江淮东部。早在公元前548年,楚国即实行"书土田""量入修赋"[2]的政策。这些改革从其根本目的来看,都是为了增加政府的财政收入,解决战争中的兵员、军赋等问题,但实质上却适应了春秋以来生产关系变化的客观需要,促进了奴隶制生产关系的瓦解和封建制生产关系的形成。

随着生产关系的变革,阶级关系也发生了显著变化。尤其是战国时期各国的变法运动,使地主阶级成为社会的统治阶级,他们或由奴隶主贵族转化而来,通过封建制的剥削方式成为地主;或依靠军功和政治才能,获得土地成为地主,并成为封建国家的主要政治基础。至于一般地主,则或以大量开垦荒地而为之,或通过"以末致财,用本守之"的途径由工商业者转化而来。而广大民众则以自耕农和封建依附农民的身份,成为封建国家的经济基础。他们一方面从国家那里得到土地使用权,一方面要向国家缴纳赋税,提供兵役和徭役。这些自耕农民,在土地可以自由买卖的条件下,有些人可能上升为地主阶级,也有相当部分沦为奴隶,或成为封建地主的依附农民,即租种地主土地的佃农和"卖佣而耕"的雇农。与之同时,封建生产关系因从奴隶制基础上发展而来,因此在封建制确立后,必然要局部地保留着一些奴隶制的生产关系,作为封建生产关系的补充,于是在整个封建社会都保留着数量不少的官、私奴婢。春秋战国时期,尽管法律规定奴隶不再是随意杀害的牺牲品,但从史料来看,杀奴殉葬之风仍然相当盛行。《吴越春秋·阖闾内传》载吴王之女滕玉死,"乃舞白鹤于吴市中,令万民随而观之,还使男女与鹤俱入羡门,

---

[1]　李步嘉校释:《越绝书校释》卷四《计倪内经》,第113页。
[2]　《春秋左传正义》卷三六"襄公二十五年",〔清〕阮元校刻:《十三经注疏》(清嘉庆刊本),第4305页。

因发机以掩之"等等。江淮东部的具体情形,虽然罕见史书记载,但随着齐、吴、越、楚诸国的封建化进程,也必然纳入到封建社会的体系之内,成为全国的组成部分。

总之,以今扬州为核心的江淮东部,其经济在春秋战国时期得到了迅速的发展。虽然干国在被吴国灭亡以后,先后隶属于齐、吴、越、楚各诸侯国,各国的统治方略和方针政策也不相同,但因诸国之间的战争多发生在周边地区,各国政策又有鞭长莫及之虞,处于"东楚"的江淮东部,就具有了更多的灵活性和发展空间,从而得到了较快发展。尤其是该地区优越的自然条件和邗沟的开通等,使农业、手工业、商业和城市等都逐渐地发展起来,为秦汉时期扬州的繁荣局面奠定了雄厚的经济基础。

第四节　扬州与周边地区的交流与融合

春秋战国时期,以扬州为核心的江淮东部,与周边地区的文化交流,也经历了非同一般的历程。尤其是各诸侯国的不同属性和方针政策,对该地区造成了导向性的异化,使多种文化在此碰撞和交融,呈现出了多元化的色彩与突出的地域特征。

一、与齐鲁文化的交流与融合

在春秋时期的早期阶段,以今扬州为核心的江淮东部,是独立于王朝之外的夷系邦国,受到周王朝和南方吴国的挤压与排斥,及公元前700—前686年之间,干国终被吴国所灭。但是不久,齐"分吴半",其地归齐,至吴王寿梦时(前585年即位),才将江淮东部重新纳入吴国版图。因此,在春秋中期吴灭干国到干再属吴的近百年间,江淮东部主要是受齐鲁文化的影响。

春秋时期,中原地区的各诸侯国自称"中国",又因夏、商、周为主体的华夏族已大体形成,因而中原各国又自称为"华""夏"。而在华夏族的周围,则仍然居住着被称为夷、蛮、戎、狄的各少数族,而鉴于各族的不断繁衍和分、合、散、聚,又出现了许多不同名称的共同体。江淮东部的干国和与之相邻的徐国,就是长期发展而来的此类共同体,即由"九夷""淮夷"建立发展而来的方国。他们在西周时期,一直受到王朝的排斥和打压,也因此与中原王朝激烈抗衡。及吴灭干国，地归吴、齐，这种"夷夏东西"的斗争格局，更是变得复杂起来。吴灭干后，为了统治这个地区，吴称"工䱷"，自称"夷蛮"，民众基础发生了变化，政权性质也随之改变。因此，齐桓公在反击吴国伐徐及齐的战争中，便打出了"尊王攘夷"的旗号，并以周天子的名义予以征伐。而事实上，无论齐以"救徐"为名，还是分了"吴半"之地，这里都是"夷人"的聚居之地，所以"尊王攘夷"不过是打着天子旗号，"挟天子而令诸侯"而已。也正因此之故，江淮东部的夷民，对吴灭干国和齐"分吴半"的态度是不同的。吴灭干国，对于干国民众来说，这是一种巨大的耻辱，是他们激烈抗衡后的失败，可谓不共戴天之仇。而齐国虽然打着"攘夷"的旗号，并占领了原干之地，但其"攘夷"只不过是针对吴国而已，而干、齐夷民的同源同族，才是血浓于水的关系。因此，他们对齐国的军事行动和对该地区的统治，是持欢迎和支持的态度的。这也正是吴国占领江淮东部不久便被齐国打败和驱逐的重要原因。

齐和鲁、邾、莒、郯等国，在民众基础上都隶属于东夷系统，但他们与干、徐二国不同，都是西周的封邦建国。春秋时期，淮、泗地区十余个小国，势力都比较小，基本依附于齐、鲁大国，因此同属于齐鲁文化的范畴。他们在历经周王朝的长期统治下，夷文化的色彩逐渐淡薄，遂形成独具风格的齐鲁文化。而干和徐国均自夏商迁移而来，且始终独立于王朝化外，故直至春秋时期，仍基本保持着"夷"文化的风貌。因此齐国占领了原干之地，干国文化与源自东夷的齐鲁文化得以交融，既具夷文化的底蕴和内涵，又在其中注入了新的血液，从而获得了发展与进步。

齐、鲁文化由岳石文化发展而来，江淮东部夏商时期所受到的影响，是其中的泗水尹家城类型。西周时期至春秋早期，江淮东部是干国的统治区域，数百年间独立于化外，虽然仍会或多或少地受到周边地区的文化熏染，但与北方齐鲁地区已经拉开了较大距离。而齐鲁诸国则在周王朝的长期统治下，不断受到礼乐文化的影响，并与绵延不绝、影响深远的东夷文明相得益彰，逐渐形成为别具风格的齐鲁文化。如西周初年，齐太公吕尚以"文武师"被封于齐，而"太公至国，修政，因其俗，简其礼，通商工之业，便鱼盐之利,而人民多归齐,齐为大国"。[1]鲁国的始封者为周武王的弟弟周公旦,旦以辅佐武王、成王而未就封,乃以其子伯禽代封于鲁。伯禽在鲁,对于夷民"变其俗,革其礼",遂使东夷文化变革。及齐太公和伯禽向朝廷报告治理状况时,周公对齐"简其君臣礼,从其俗为也"的做法大加赞扬,对伯禽说:"夫政不简不易,民不有近;平易近民,民必归之",让他继续向齐国学习。[2]就是这样,经过齐、鲁等国的长期治理,礼乐文化逐渐成为齐鲁文化发展的主流。齐桓公时打败吴国,占领了江淮东部地区,齐国的各项政治、经济、文化政策都自然而然地影响到这个地区,从而形成了以齐国为中心的融合中心,促进了民族间的共同发展。

春秋后期,南方吴国发展起来,齐国被迫退出了江淮东部,但齐鲁文化仍程度不同地影响着这个地区。特别是随着王权的衰落,被国家、贵族垄断的"在官之学"逐渐解体,出现了"天子失官,学在四夷"[3]的学术下移局面,使一些政治家、思想家纷纷收徒授业,私人讲学之风大盛,为即将到来的思想解放准备了条件。"天子失官,学在四夷",语出儒家鼻祖孔子。《左传·昭公十七年》载,原干国近邻郯国之君郯子,前来朝见鲁君昭公,昭公设宴招待宾客,席间大臣昭子询问:"少皞氏鸟名官,何故也?"郯子云:"吾祖也,我知之。"孔子听说后主动拜见郯子,向他学习古代文明,研究官制问题。既而告人曰:"吾闻之,天子失官,学在四夷,犹信。"这说明古代的东夷官制,此时很多人已说不清楚,而郯子仍能娓娓道来,反映出这种根植深厚的古夷文化,在齐鲁地区和江淮东部仍有历史共通的底蕴,也从一个侧面展示了中国古代文明进程的历史轨迹。战国时期,江淮东部虽被越、楚先后占领,但齐鲁地区与其毗邻,齐鲁文化仍在一定程度上影响着此地,促进着民族间的交流与融合。

二、与吴越文化的交流与融合

吴国是较早影响江淮东部地区的国家。商周之际太伯、仲雍到达吴地,"断发文身",入乡随俗,得到当地荆蛮的认同,此乃吴国上层贵族取得中原文

---

[1]《史记》卷三二《齐太公世家》,第1785页。

[2]《史记》卷三三《鲁周公世家》,第1835页。

[3]《春秋左传正义》卷四八"昭公十七年",〔清〕阮元校刻:《十三经注疏》(清嘉庆刊本),第4526页。

化认知的契合点。西周时期的"大吴"战略和"吴干之战",既反映出吴与干国的矛盾纠葛,也彰显出将干纳入"大吴"版图的战略谋划,即根本不承认这个夷系干国的存在,故直至春秋早期,吴干之间的交往仍以对抗的形式出现。而当吴灭干国不久,江淮东部被齐占领,齐鲁文化便影响到了这个地区,因此在此后近百年间,吴对江淮东部的影响不大。直到春秋后期吴王寿梦再次夺回江淮东部,原干地区才真正受到了吴文化的影响。

吴王寿梦时"吴始益大"[1],并称"邗王",吴国开始与中原诸国频繁往来,接受中原文化的熏陶。寿梦二年(前584),晋国巫臣出使吴国,教吴车战,使之叛楚,在军事上已受中原文化影响。接着吴国打败齐国,进而攻郯(今山东郯城西北)与徐(今江苏泗洪南),进入州来(今安徽凤台),并屡次与中原诸国会盟,如寿梦十年吴与齐、晋、鲁、宋、卫、郑等会于钟离(今安徽凤阳东北),寿梦十八年与晋、鲁、宋、卫、曹、莒、滕、齐等会于善道(今江苏盱眙县北)而盟于戚;寿梦二十三年与晋、鲁、宋、卫、曹、莒、邾、薛等会于柤(今江苏邳县西北)。通过诸多会盟、征伐,吴国逐渐接触到中原文化,加强了与中原的文化交流。尤其是钟离之会时,吴王寿梦朝见了周天子,考察了诸侯礼乐,还向鲁成公详细询问周公制订的礼乐制度,听他吟诵夏、商、周的三代民谣,十分景仰,说:"孤在夷蛮,徒以椎髻为俗,岂有斯之服哉?"[2]可见从吴(邗)王寿梦开始,礼乐文化便在吴国贵族中逐渐盛行起来,并开始影响到包括江淮东部在内的吴国下层民众。而这,与之前齐国统治江淮东部时齐鲁文化对该地区的影响也是共通的。

吴王寿梦时都于仪征一带,其政治中心的北移,也有利于江淮东部的文化交流。寿梦的第四个儿子季札,是接受中原礼制最为贤明的人。寿梦卒时,想立他为君,季札以"礼有旧制"为由,拒绝了王位继承。诸樊当政后,根据其父寿梦遗愿再次让位于他,季札依然认为"宗庙社稷之制"不能变改,忠实地执行礼制要求。《史记·吴太伯世家》记载,吴王馀祭时派遣季札出使鲁、齐、郑、卫等国,季札在鲁请观周乐,乐师演奏《周南》《召南》,季札评论道:"美哉,始基之矣,犹未也。然勤而不怨。"演奏《邶》《鄘》《卫》时,季札则说:"美哉,渊

---

[1]《史记》卷三一《吴太伯世家》,第1741页。

[2]〔汉〕赵晔著,〔元〕徐天祜音注,苗麓点校:《吴越春秋》卷二《吴王寿梦传》,第6页。

乎,忧而不困者也。吾闻卫康叔、武公之德如是,是其《卫风》乎?" 演奏《王》《郑》《齐》《豳》《秦》《魏》《唐》《陈》《小雅》《大雅》《颂》《象箾》《南籥》《大武》《韶濩》《大夏》,直至《韶箾》,季札都每每精当评论,得到诸多贤者认可,连孔子后来都说:"延陵季子,吴之习于礼者也。" 可见其对礼乐文化的精通与涵养。而这正是寿梦以来积极学习中原文化并与之交流不断加强的结果。吴王夫差时,礼乐文化的影响逐步加深,吴国开始加入到与中原诸侯争夺霸主地位的行列。孔子的弟子子贡为救鲁国出使吴地,从他在吴国的活动可见,对于礼的观念和诸侯争霸的共同政治原则,实际上已为吴国接受,吴国自身也逐步融入华夏的争霸行列。江淮东部属于吴国,吴文化以及此前所接受的中原礼乐文化交融,在该地区广泛传播。及夫差开通邗沟,以今扬州为重要据点,江淮东部与南北地区的文化交流就更加频繁起来。

随着吴国对中原礼乐文化的吸收,儒家思想也传播到了吴地。如春秋晚期儒家文化的追随和传播者,著名的就有言偃和澹台灭明。言偃字子游,吴人,曾在鲁国为武城宰,于孔门四科中位列文学之首。他精于礼,注重礼乐教化,《史记·仲尼弟子列传》略载其事,《论语》中多处有其言论,充分显示出他对儒家文化的精通。后来言偃回到吴地,开门授业,使吴人闻风向学,"从之游者以千计",实现了孔子"吾门有偃,吾道其南"的愿望,赢得了"南方夫子"的尊称,成为道启东南的文化始祖。[1] 澹台灭明也在吴地传播儒学。《史记·仲尼弟子列传》载,澹台灭明字子羽,长相丑陋,孔子"以为材薄"不愿收他为徒,但因碍于"有教无类",又加言偃推荐,方勉强收为弟子。后来发现他品德高尚、学风端正,乃感慨地说:"以貌取人,失之子羽。" 由于他刻苦努力,不断加强自身修养,终于学有所成,以至"南游至江,从弟子三百人,设取予去就,名施乎诸侯",[2] 成为享誉吴地的一代名师。

春秋时期,齐、吴、越、楚相继争霸,越距江淮东部较远,尚无多少直接接触。公元前482年,吴王夫差与中原诸国会盟于黄池(今河南封丘西南),勾践乘虚攻入吴都,至公元前473年终灭吴国。而"破吴""霸越"的战略谋划,皆由鲁国子贡所为。子贡在出使齐、吴之后,接着就来到了越国。史载子贡

---

[1] 参见杨载江:《言子春秋》,同济大学出版社1992年版,第99页。

[2] 《史记》卷六七《仲尼弟子列传》,第2666页。

到越,"越王除道郊迎,身御至舍而问曰:'此蛮夷之国,大夫何以俨然辱而临之?'子贡曰:'今者吾说吴王以救鲁伐齐,其志欲之而畏越,曰:"待我伐越乃可。"如此,破越必矣。且夫无报人之志而令人疑之,拙也;有报人之志,使人知之,殆也;事未发而先闻,危也。三者举事之大患。'"然后又劝勾践充分利用吴国的内部矛盾,"重宝以说其心,卑辞以尊其礼",使吴征伐齐国。若是伐齐不胜,则吴大势必损;若是伐齐取胜,吴必以兵临晋,而他再请见晋君攻吴,则吴弱矣;如此越国乘虚而入,"灭吴必矣"。越王听后完全赞同。此即"子贡一出,存鲁,乱齐,破吴,强晋而霸越"的谋划。[1]通过此事可以看出,子贡说越与说吴的立足点迥异。由于越为"蛮夷之国",不尚礼仪,所以并未把越放在维护礼制的框架下,也不提诸侯争霸之事,而是从复仇计划能否成功出发,向越王陈述眼下的利害关系。这说明越国至此尚未接触到多少中原文化的影响。

越灭吴后,与齐、晋等国会于徐州(今山东滕县南),接着都于山东琅邪,开始正面接触中原文化。但就战国前期而言,越国对中原文化的吸收也还处于初级阶段。《越绝书》载:"勾践伐吴,霸关东,徙琅邪,起观台……孔子从弟子七十人,奉先王雅琴,治礼往奏。……越王曰:'唯唯,夫子何以教之?'孔子对曰:'丘能述五帝三王之道,故奉雅琴至大王所。'勾践喟然叹曰:'夫越性脆而愚,水行而山处,以船为车,以楫为马,往若飘风,去则难从,锐兵任死,越之常性也。夫子异则不可。'于是孔子辞,弟子莫能从乎。"[2]这说明此时已经占领江淮东部的越国,尚不如吴国那样注重对中原礼乐文化的吸收。也正因为这样,孔子及其弟子始"删《诗》《书》,作《春秋》,定王制",对吴越事大加删略。

《越绝书》载:问曰:"《越绝》谁所作?""吴越贤者所作也。当此之时,见夫子删《诗》《书》,作《春秋》,定王制,贤者嗟叹,决意览史记,成就其事。"又云:"子贡一出,乱齐,破吴,兴晋,强越。其后贤者辩士,见夫子作《春秋》而略吴越;又见子贡与圣人相去不远,唇之与齿,表之与里。盖要其意,览史记而述其事也。"《越绝书》的中心思想,就是强调勾践之功,说他"东垂海滨,

[1]《史记》卷六七《仲尼弟子列传》,第2658—2659页。
[2] 李步嘉校释:《越绝书校释》卷八《越绝外传记地传》,第222页。

夷狄文身；躬而自苦，任用贤臣”，“尊事周室，行霸琅邪；躬自省约，率道诸侯”，其与齐桓公和“大吴”相比，已是足以“绝人”了，所以“贵其始微，终能以霸，故与越专其功而有之也”[1]。《越绝书》的成书，一方面反映出吴越贤者对孔子作《春秋》“略吴越”的极度不满，同时也说明越王勾践初进中原对中原礼乐文化的认识不足。由此，江淮东部也必然受到影响。

从勾践至其后八代，都于琅邪224年。其间，越文化与中原文化的交流与融合是必然的发展趋势。鉴于“吴越为邻，同俗并土”，“两邦同城，相亚门户”，越文化与吴文化间的相互影响也不断加深。作为吴、越统治下的江淮东部，既是南北文化交流的孔道，则必然受到吴越文化和中原文化的双重影响，只是越文化对江淮东部的影响并不直接而已。如盛行于越国铜器上的鸟篆字，在容庚《鸟书考》著录可知国名的27器中，有越国15器，吴国4器，楚国2器，蔡国4器，宋国2器，其年代在公元前554年至公元前404年，其在江淮东部就可能未流行过。至于吴越的青铜器，有人曾经作过统计，有铭文者共108件，其中吴国59件，越国49件；有铭文的礼乐器，吴国38件，越国18件；礼乐器的品类，吴国有钟、鈎鑃、鑑、殷、壶、鼎、簠七类，越国仅有钟与鈎鑃两类；而在兵器上，越有31件，吴国21件。这就反映出“吴国受中原国家的礼乐思想影响较大，越国则保持着更多的野性未驯的‘越之常性’；在东周诸国中，吴越皆尚武，越国尤甚之”的突出特点。[2]其在江淮东部的统治，也当具有此种特色。

三、与徐、楚文化的交流与融合

春秋前期，干国与徐唇齿相依，都是被周王朝长期打压的“化外”方国。楚国作为蛮夷之国，始都于郢（今湖北江陵纪南城），此时也已强大起来。公元前704年楚武王熊通开始称“王”，成为当时诸侯国中最早称王的国家。及吴君禽处灭掉干国称“工㰤王”，吴便成为称王时间仅次于楚国的诸侯王国。楚成王时“布德施惠，结旧好于诸侯。使人献天子，天子赐胙，曰：‘镇尔南方夷越之乱，无侵中国。’”[3]楚国成为被周王朝承认的诸侯国。但因吴灭干不久

---

[1]　李步嘉校释：《越绝书校释·越绝外传本事》，第1—3页。

[2]　详参董楚平：《吴越文化新探》，第361—365页。

[3]　《史记》卷四〇《楚世家》，第2036页。

北上伐徐,齐国打出"救徐"旗号,帮助徐国收复了失地,并占领了江淮东部,楚国尚未涉足于江淮东部。

　　齐国统治江淮东部时,徐君嫁女于齐桓公,奉齐桓公为霸主。楚国以徐投靠中原,遂于周襄王七年(前645)伐徐。由于徐国盲目依仗齐、鲁、宋等,有恃无备,结果在娄林(今安徽泗阳东北)被楚打败。从此,徐国受到楚国掣肘,成为楚的盟国。春秋后期,吴王寿梦附晋反楚,先从齐国夺回江淮东部地区,接着讨伐楚的附庸巢、徐二国,入楚州来(今安徽凤台),依附于楚的蛮夷小国多被吴灭,徐国由此倒向吴国。吴王将女嫁给徐大夫仪楚,与之联姻,仪楚封邑在今江苏仪征一带。吴王诸樊元年(前560)楚共王卒,吴乘机伐楚,战于庸浦(今安徽无为南),吴师败绩。次年,诸樊在楚国的压力下自今仪征迁都姑苏(今苏州市),徐子仪楚面临楚国的巨大威胁。《春秋左传》载,昭公四年(前538),楚与蔡、陈、郑、许、徐、滕等国会于申(今河南南阳北),"楚人执徐子",然后伐吴攻下朱方(今镇江丹徒)。但因理由不够充分,事后还是释放了他。是年冬天吴伐楚国,报朱方之役,将楚打败。次年楚与徐、蔡、陈等伐吴,双方各有胜负,僵持不下。然至昭公六年(前536),"徐仪楚聘于楚,楚子执之。逃归。惧其叛也,使薳泄伐徐。吴人救之。"[1]公元前530年,楚令荡侯等五将围困徐国,后因楚国内部不稳被迫撤回,半路上又遭吴国袭击。公元前519年,吴楚女子争桑于两国边邑卑梁(今安徽天长),继而引起鸡父之战,徐国的地盘就大大地缩小了。公元前514年,吴乘楚平王病死之机伐楚,吴王僚的弟弟掩余、烛庸带兵出征,包围了楚国潜邑(今安徽霍山县东北),楚国出兵断其后路,吴国内部出现了公子光即阖闾之乱,掩余、烛庸知悉后分别投奔徐和钟吾(今江苏宿迁),阖闾逼之执送二人,掩余、烛庸逃奔楚国。公元前512年,吴王阖闾出兵伐楚,首先攻打钟吾和徐,徐君章羽(禹)被迫降吴。

　　由上可见,徐在春秋时期疆域曾一度到达仪征一带,这里原为干国之地。而楚国势力较早接触江淮东部,则在楚康王元年(前559)。是年楚将子囊至棠(今六合西北)攻吴,被吴军邀击大败,子囊还楚而死。公元前519年,吴楚

---

[1]《春秋左传正义》卷四三"昭公六年",〔清〕阮元校刻:《十三经注疏》(清嘉庆刊本),第4441页。

女子"争桑"卑梁,卑梁时为吴楚边邑。公元前473年越灭吴国,江淮东部属于越国。公元前333年,楚败越国,江北海阳(今泰州市)一带属楚。公元前319年,楚国筑城广陵(今扬州市),广陵一带也属楚国。后来楚国多次迁都,至公元前241年都于寿春(今安徽寿县),公元前223年,秦灭楚国。可见楚国真正涉足于江淮东部,是在打败越国之后。

楚文化浸润于吴越地区,有两个人物值得关注:一是春秋晚期从楚到吴的伍子胥,一是战国中后期的春申君黄歇。伍子胥对吴国的兴盛有着决定性的意义。他将楚地先进的文物制度全面输入吴地,使吴国面貌发生了巨大变化。《吴越春秋·阖闾内传》载:阖闾即位,问伍如何"安君治民",伍子胥曰:"凡欲安君治民、兴霸成王,从近制远者,必先立城郭,设守备,实仓廪,治兵库。斯则其术也。"这种治国思想在强吴战略中得到了充分体现。楚春申君黄歇,也是影响到吴越地区的重要人物。公元前263年,楚考烈王以他为相,"封为春申君,赐淮北地十二县。后十五岁……请封于江东"[1]。春申君坐拥水陆交通发达的吴地,苦心经营,加强守备,巩固了楚在东方的战略纵深,也在此地传播了楚文化。他设宫室,造城门,揽人才,修道路,加强此地的政治、军事,又在经济上重商兴农,推均输,建市场,兴水利,为楚国提供资源上的支持,从而使得楚风东渐,推动了吴楚间的融合。在其治吴之前,楚统治吴越80余年,但因战乱频仍,未能对江淮吴越进行大规模的改造。"楚人没有过多地触动诸方国原来的社会组织形式,吴越文化也因此保持着相对的完整性"[2]。而春申君到吴后,以楚为范,传播政治文明。楚民族"抚夷属夏"的开放精神,"筚路蓝缕"的进取精神,"鸣将惊人"的创新精神,都得到了传播,推动了楚吴之间的民族融合。先秦时期,百越包括吴越故地仍然处于较为落后的蛮荒状态,部族观念较为强烈,及楚破越后,"越以此散,诸族子争立",再也没有组建起强大的国家机器。而春申君治吴,完善郡制,营建宫室,设立监狱,修建城门,对原吴人进行安抚,推行王化教育,灌输国家一统观念,无疑强化了楚国国家政权的统治,传播了楚国先进的政治文化和君国观念。同时,春申君从原封地淮北带来先进的冶铁技术,制造农业生产器械,大力发展经济,并发扬吴越

---

[1]《史记》卷七八《春申君列传》,第2892页。
[2] 刘和惠:《楚文化的东渐》,湖北教育出版社1995年版,第73页。

铸剑技术传统,进一步推动兵器的生产,又将齐鲁的纺织技术带到江南,为未来的丝绸鼎盛打下了基础。[1]

伍子胥和春申君对吴越地区的治理,虽然对江淮东部并不直接,但对干国亡后该地区的社会改造,却必然会产生一定影响。如伍子胥"安君治民""设守备,实仓廪"等指导思想,吴自阖闾、春申兴起的煮盐业等,都与此有着密切关系。此外,从青铜器和墓葬方面来看,楚文化对吴地也产生了较大影响。自西周到春秋中期,中原铜器及其仿制品与土著形青铜器在吴墓中共存的现象很多,而至春秋晚期吴墓和战国早中期越墓出土的文物,都打上了楚文化的烙印。如江北六合程桥的1、2、3号墓,和仁墓,以及江苏丹徒北山顶墓等,与春秋前期吴墓相比,除仍保留有土著文化特色外,均具楚文化的因素,而中原文化系统的器类、器形大大减少。在葬俗方面,春秋晚期之前吴地盛行土墩墓,平地封土成冢,一般不挖墓坑,也不见有葬具。而春秋晚期墓葬,均挖墓坑深埋,均有葬具安葬。到战国时,平地起冢的葬俗基本消失。葬俗上的这种变革不能仅仅解释为中原文化的影响,楚文化的东渐可能是其中更为重要的原因。[2]同时,吴地葬俗也对楚人产生了影响。春秋前的楚墓,地面上均无封土,到战国时墓坑上面普遍出现了封土堆,墓主身份越高,封土堆也越大。这种文化的双向互动导致两地葬俗也日趋一致。此外,吴墓随葬品的青铜器类及其组合也明显变化,与过去一些大墓中土著与中原两个系统器物并存的情况不同,出现了许多前所未有的新器类,如盥缶、尊缶、提梁盉、簠、匜、盘以及新制鼎等,均系典型的楚式器。这种随葬器物与前相比有了变化,如鼎、簠的组合就有别于过去的鼎、缶组合,鼎、缶组合就有别于中原的鼎、簋组合,楚器特有的组合为鼎、簠、缶,鼎是各地区随葬物组合共有的,区别在于簠和缶。各墓中随葬品比较齐全的如吴县何山墓,遗物中有鼎、簠、缶、盘、匜,这是春秋中晚期到战国初期典型的楚式组合,其余墓葬残存器有簠,或有缶。另外,有的墓葬中椁周围还填有白膏泥、青膏泥。这种状况显然是受楚风的影响。[3]而从扬州首次清理的西湖镇果园战国墓的情形来看,其不仅与楚国

[1] 参见王健主编:《江苏通史·先秦卷》,第334—335页。
[2] 刘和惠:《楚文化的东渐》,第74页。
[3] 参见王健主编:《江苏通史·先秦卷》,第335—336页。

竖穴土坑墓的葬式完全相同,而且"两座墓葬品中仿铜陶礼器、鼎、豆、盒、壶组合,棺椁结构以及部分器物形制均与湖南、湖北一些地区的战国晚期墓的风格相同"[1],直接反映出了楚风对江淮东部的影响。

总之,以今扬州为核心的江淮东部,地处南北文化交流的孔道,又受楚风东渐的影响,所受周边地区的文化影响颇大。江淮东部的干国,在春秋早期为吴所灭,继而先后归齐与吴,及春秋晚期淮夷徐国为吴所灭,江淮中部各淮夷小国大多归楚。由此可见,江淮间的众多小国,在周边各国的挤压下,一一都被蚕食,从而成为蛮、夷、戎、狄中最早被同化的对象,尤其是徐国的灭亡,宣告了当日夷族"这一族群联合体核心力量的垮台"[2]。及至战国,江淮东部在历经越、楚的先后治理后,进一步融入华夏民族的行列,为秦统一奠定了基础。虽然江淮东部在被纳入诸国版图及其相互争霸的过程中,皆处于诸国统治的边缘,但因地处诸国之间,事实上又都无时不受各国政治、经济、文化制度的影响,与之不断潜移默化地交流与融合。因此,在春秋战国这个大变革的时代,以扬州为核心的江淮东部所呈现出的文化面貌,便具备了多元化的特点。

第五节　扬州地区的科技、文化与社会风俗

春秋战国时期是中国历史上大变革的时代,各国的社会、政治、经济制度等都发生了重大变化。制度的变革,一方面是生产力发展和与之相适应的生产关系要求变革的客观诉求,另一方面又必然影响到人们的物质和精神文化生活,从而引起各方面的变化。以今扬州为核心的江淮东部,在干国被吴灭亡后相继归属齐、吴、越、楚,各国的争霸和制度变革,也影响到这个地区,使之在自身夷文化特点的基础上,获得了多元化文化的发展基因,成为中华文化中的重要组成部分。

一、科技、文化与艺术

春秋战国时期,江淮东部的科技、文化与艺术都得到了较大发展。

---

[1]　束家平:《江苏扬州西湖镇果园战国墓的清理》,《考古》2002 年第 11 期。
[2]　李晏墅、郭宁生主编:《泰州通史》上卷,第 47 页。

（一）青铜艺术

春秋时期，吴地的青铜冶炼技术在诸侯国中享有盛誉。从出土情况来看，吴地的青铜器与中原不同，中原地区精于礼器，吴地则是精于兵器，兵器和工具数量所占比例也高于中原地区。屈原在《九歌·国殇》中所说的"操吴戈兮披犀甲"，反映出吴地兵器至战国时仍具盛名。吴地先进的兵器制造技术，即与发达的青铜冶铸业相关。

吴地最具特色且具代表性的青铜器是兵器。如1961年在山西出土的吴王僚为其子所作的"王子扰戈"，1983年在湖北江陵出土的"吴王夫差矛"，1965年在楚国郢都附近出土的越王勾践剑等，都是有很高实用价值和观赏价值的兵器。《周礼·考工记》："吴粤（越）之剑，迁乎其地而弗能为良，地气然也。……吴粤之金锡，此材之美者也。"《庄子·刻意》云："夫有干越之剑者，柙而藏之，不敢用也，宝之至也。"《战国策·赵策三》谓："夫吴干之剑，肉试则断牛马，金试则截盘匜，薄之柱上而击之，则折为三，质之石上而击之，则碎为百。"《淮南子·修务训》谓："夫宋画、吴冶，刻刑镂法，乱修曲出，其为微妙，尧舜之圣不能及。"吴越地区不仅是我国最早开始铸造铜剑的地区之一，也是技术工艺上最精湛的。1977年，复旦大学静电加速器实验室等单位，利用质子X荧光非真空分析，对越王勾践剑进行无损伤的测定，知剑各部位是由铜、锡、铅、铁、硫、砷诸元素组成，并且各部位元素含量是不同的。其中剑脊含铜较多，韧性好，不易折断；刃部含锡高，硬度大，使剑锋利。这种复合金属工艺，即先浇铸含铜高的剑脊，再浇铸含锡高的剑刃，是因为剑脊的熔点高，可以承受第二次浇铸的高温而不致熔化。世界上其他国家，到近代才开始使用这种工艺。而从剑茎、剑格和剑身上优美的菱形几何形黑色暗纹来看，其含硫高，是硫化铜。硫化铜可以防止锈蚀，是当时一种独特的先进工艺。[1]

关于春秋时期吴国铸剑的情况，《吴越春秋·阖闾内传》有具体描述，谓："干将作剑，采五山之铁精，六合之金英，候天伺地，阴阳同光，百神临观，天气下降……使童女童男三百人鼓橐装炭，金铁乃濡，遂以成剑。阳曰干将，阴曰莫耶。"这个记载是将干将视为人名，后来民间又将干将和莫耶说成是善铸良

---

[1]　参见董楚平：《吴越文化新探》，第228—231页。

剑的一对夫妻。而《荀子·性恶》中却说:"阖闾之干将、莫邪、钜阙、辟闾,此皆古之良剑也。"清代王念孙在《广雅疏证》卷八中认为,干将、莫邪本皆连语,是形容刃器锋利的形容词,后来才用作宝剑之名。但他所举例子皆出自汉魏辞赋作品,如西汉辞赋家王褒《九怀》:"舒余佩兮綝纚,竦余剑兮干将",说明"干将"是形容词,而战国文献中则皆作为名词来用。扬州学者一般认为,"干将"是干国人,是善铸剑工匠中的"佼佼者和带头人",即"干国的工头"。"干将"由"干匠"演变而来,既不是剑名,也不是人名和形容词,而是一个复合的称谓名词。干国约亡于春秋初期,由于地近中原,中原地区先进的青铜铸造技术会先于吴地而传入,因而干国很可能早于吴国拥有善铸良剑的工匠。干国成为吴国属邑后,干国人流散到吴越各地,称为"干匠",干匠中的佼佼者和带头人,则又称为"干将"。《吴地记》谓"匠门,又名干将门",缘由可能在此。《战国策》谓"吴干之剑",《庄子》谓"干越之剑","干"皆地名,皆指"干国"。这些工匠来到江南,人们未忘记他们来自江北干国,故有"吴干之剑""干越之剑"之说。[1]《越绝书》:"百尺渎,奏江,吴以达粮。""千里庐虚者,阖庐以铸干将剑。欧冶僮女三百人。去县二里,南达江。"[2]千里庐虚,就是阖闾铸剑的地方。

扬州地区的青铜铸造,在西周时已很发达。如 20 世纪 40 年代在仪征破山口出土的一批周代青铜器,计有四凤大铜盘、铜鼎、铜铲、铜尊、双耳铜盘、铜鬲、铜瓿、铜斧等 11 件;1959 年,出土铜戈、铜矛、铜钺、铜斧、大铜斧、铜镰和青铜箭镞 23 枚。春秋时期,青铜铸造业继续发展,兵器尤具盛名。如 1957 年在江都陆(渌)洋湖围垦工程中出土的青铜兵器,其中有青铜剑 1 柄、青铜矛 3 支。根据《邗城遗址与邗沟流经区域文化遗存的发现》一文介绍,这柄青铜剑全长 59.2 厘米,由剑叶、剑格、剑茎和剑首四部分组成。剑叶形似蒲叶,束腰,至尖以下略收缩。特殊的是该剑呈淡黄色,在剑叶中脊上还有一条宽约 1 厘米的金黄色饰带。其与 1971 年在仪征破山口出土的青光剑相比,两剑差异极小,最大宽度都是 5.2 厘米,仅在长度上长出 0.2 厘米。故文中评价说:"此组铜兵器之中铜剑的形制,和湖北省松滋县东周土坑墓出土的铜兵

---

[1] 参见赵昌智主编:《扬州文化通论》,第 178—180 页。

[2] 李步嘉校释:《越绝书校释》卷二《越绝外传记吴地传》,第 33 页。

器中的 V 式剑是相接近的。和以往出土的'吴王元剑''吴王光剑''错金文越王剑'的形制是一致的或相似的。从这组铜兵器的历史地理或形制来看，它们极似春秋时代吴国的文化遗物。"[1]这从实物的角度证明了春秋时期江淮先民已经掌握了青铜剑的制造技术。有的专家根据两剑一青一黄，形似雌雄，还推断铸剑有了规范，说明除了具有较高的工艺技术水平外，还能从中看到隐匿在这两柄剑背后的铸剑名师的身影，即"这儿也产生了制作青铜剑的著名工匠，产生了干国的铸剑名师——干将"。[2]而除此之外，60 年代后期在扬州郊区胡场征集到战国墓中的连弧纹铜镜和 1993 年在扬州西湖镇果园砖瓦厂战国墓中出土的铜镜、带钩等[3]，也都表现出了较高的工艺制作水平。

　　吴国的刻纹铜器独具特色。其显著特点是器壁很薄，并多锤打成形。春秋前期的吴国青铜艺术，表现出浓郁的江南地方风格，中原传统文化的影响未占主导地位。在表现手法上，如丹徒夔龙纹鼎所饰"顾龙"，是以吴地铜器惯用的线条构图，与中原此类图案一般采取平雕艺术迥然不同。中原平雕主体纹上再刻细部花纹，周围填衬雷纹地，形成三层花纹，而吴地铜器纹饰都不施地纹，故使吴地铜器显现出粗犷、简练并充满自由化的特点。在内容上，吴国的青铜纹饰打破了传统的兽面纹装饰模式，代之以表现人和社会生活的艺术题材，反映出吴国特有的人情风俗和社会面貌。春秋晚期，吴国青铜器的纹饰运用了新的线刻工艺。苏北六合程桥二号墓出土的一件青铜残品，上有线刻树林、野兽、对饮人物及捧豆侍者等画像的贵族宴饮和狩猎的残图。镇江谏壁王家山关墓出土的青铜匜、盘、舟内有线刻的宴饮、乐舞、射侯、舟旅等贵族生活画面。战国刻纹题材，除继续保留"礼乐"内容外，还较多地增加了神怪和攻战的成分。这个特点在淮阴高庄战国墓出土的 20余件刻纹铜器中反映得最为典型和突出。其相似的神怪形象，亦出现在战国六合和仁墓及分水岭 12 号墓的刻纹匜上。同时，战国时期刻纹的布局更加趋于合理紧凑，空间内图像的密度加大。尤其是一些反映神怪群像的作品，开始采用全方位、四方连续的表现手法，增强了画面的宏大气氛。图像

---

[1]　陈达祚、朱江：《邗城遗址与邗沟流经区域文化遗存的发现》，《文物》1973 年第 12 期。

[2]　赵昌智主编：《扬州文化通论》，第 181 页。

[3]　参见束家平：《江苏扬州市西湖镇果园战国墓的清理》，《考古》2002 年第 11 期。

中物体的比例已比较准确,形象的刻划也较前成熟和细腻。[1]总之,江淮东部的青铜器,不仅表现出青铜冶铸水平的高超,也表现出工匠们手艺技巧的神妙,是科技与艺术的结晶。

（二）邗沟开凿的科技因素

春秋末年,吴王夫差为北上争霸,在今扬州修筑邗城,并在城下开凿了最早的运河——邗沟。《左传·哀公九年》:"吴城邗,沟通江、淮。"《水经注》卷三十《淮水》云:"淮水右岸即淮阴也……县有中渎水,首受江于广陵郡之江都县,县城临江。应劭《地理风俗记》曰:县为一都之会,故曰江都也。县有江水祠,俗谓之伍相庙也。子胥但配食耳,岁三祭,与五岳同。旧江水道也。昔吴将伐齐,北霸中国,自广陵城东南筑邗城,城下凿深沟,谓之韩江,亦曰邗溟沟,自江东北通射阳湖。《地理志》所谓渠水也。西北至末口入淮。自永和中,江都水断,其水上承欧阳埭,引江入埭,六十里至广陵城,楚、汉之间为东阳郡……中渎水自广陵北出武广湖东,陆阳湖西,二湖东西相直五里,水出其间,下注樊良湖。旧道东北出,至博芝、射阳二湖,西北出夹耶,乃至山阳矣。"由此可见,吴王夫差所开邗沟,是从邗城西南长江岸边曲折北流,由邵伯经武广湖、渌洋湖之间,北入高邮樊良湖,又由此东北出,至宝应博芝湖、射阳湖,再折向西北至末口（今淮安北）而进入淮河。邗沟全长150余千米,通过长江、淮河间的几个湖泊,沟通了长江、淮河两大水系,形成了人工水运通道。

邗沟的开通,在当时的历史条件下,无论是工程设计还是施工技术,都面临着很大挑战,是前所未有的创举。首先,对于运河航道开凿的可行性,要通过技术高超的水工对沿线地理环境进行勘察、调查,然后进行研究论证,从而设计出合理方案。其次,要根据形势发展的需要和工期限制,以及人力资源的局限性,尽量采用节省人力、简便易行的办法,以精准可靠的工程技术作为保障。尤其是长江、淮河的水位皆低于运河水位的地理环境,对工程设计和施工都提出了严峻挑战。从当今的地形来看,运河淮扬段是南低北高,存在着31米的落差,从南到北要经过多级提水越坝,方能达到技术要求。春秋时

---

[1]　参见王健主编:《江苏通史·先秦卷》,第320—321页。

期是南、北皆低,因此要使航道顺利通航,必须采取相应措施。此外,运河水位高于江、淮,航道蓄水极易流失,如何使之保持必要的水位,也是难以解决的问题。

那么如何解决这些问题呢?首先是要筑堤建坝,拦河蓄水,以保持航道的正常水位。也就是说,要充分利用运河两岸的诸多湖泊进行补水。其次,是要建造翻坝而过的航道设施,使船舶能够顺利通达。这种设施被称为"堰",又称为"埭",如前揭《水经注》所说东晋永和时的"引江入埭"和"欧阳埭"。因为在水道上筑堤建坝,就会阻断河道通行,不能使船只顺利通过,所以人们由船夫拉纤可使舟船从低到高或从高到低的现象得到启发,把拦水坝两侧都设计成斜坡样式,然后用拉纤的方法,从一侧斜坡上把船只拉到坝顶,再让船只从另一侧斜坡下滑,而这样的一种设施就叫"堰""埭"。如邗沟与淮河交汇处的阻水过船坝——北辰(神)堰,就是这样一种设施。堰埭的建造,取自自然,经济而实用,只要在堤坝两侧夯实筑牢,使之平整顺滑就可以了,故长期以来一直是运河蓄水通航的主要设施。

当然,邗沟的开通,由于时间短暂,设计时主要是应用天然湖泊的水势而成,向东北绕了一个大弯,航道也不那么宽阔,但不管怎样,所有工程设计和施工程序,都是不能少的,都会有严格的要求。邗沟的开凿和创建,乃是群策群力的智慧结晶。它不仅贯通了长江、淮河两大水系,促进了我国古代社会尤其是东部地区经济文化的进步和发展,而且部分地解决了我国水系多东西走向不足的问题,弥补了缺少南北方向的运输通道,促进了南北经济文化的交流,为此后两千多年扬州的发展与繁荣奠定了牢不可破的基础。

(三)陶瓷、漆器工艺

春秋战国时期,江淮东部的陶瓷制作有了较大发展。早在20世纪前期,在南京、常州等地区就发现了大量的几何印纹陶和原始青瓷。陶器以易熔粘土(陶土)为原料,用900℃左右温度烧成,器表无釉;瓷器则以瓷土(高岭土)为原料,用1050℃至1200℃的较高温烧成,器表施釉。印纹硬陶可谓原始瓷器的直接祖先。陶器的烧制,早在新石器时代后已经遍及世界各地,但瓷器却是中国人的伟大发明,是中华民族对世界文明的伟大贡献之一。瓷器发明于何时,在何地区,学术界的说法不同,较有影响的说法是源于古越的几何印纹硬陶。正如我国考古学家夏鼐先生所说:"原始瓷(Proto-Porcelain,加釉硬陶)的烧造……当为南方长江下游地区的发明……原始瓷后来在长江下游地区逐渐改善,终于在汉末出现了瓷器,成为中国文明的特点之一。"[1]

原始青瓷自二里头文化开始出现,商周时期逐渐增多,春秋时期主要集中在吴越境内,故而称为"吴越青瓷"。春秋早期的陶器,陶质有印纹硬陶、夹砂陶、泥质陶和釉陶、原始青瓷等,原始青瓷和几何形印纹硬陶多见。1976年在浙江德清新市镇东北皇坟堆墓葬中发现的27件随葬品,是清一色的青瓷器,年代"下限定在春秋时期"[2]。太湖地区的石室土墩,出土物的80%—90%是原始青瓷与印纹硬陶,前者多于后者。宁镇地区原始青瓷较少。江淮东部如甘草山遗址等也发现了原始青瓷,但比宁镇地区还少,印纹硬陶较为多见。春秋晚期至战国时期,吴越地区的几何形印纹陶逐渐走向简化和衰退,几何形纹饰种类大大减少,而原始青瓷则进入了大发展时期。这一时期青釉器的器类增多,几乎遍及生活的各个领域,除大量碗、钵、罐、盅、匜等实用器外,还有用作明器的仿造铜器类型的鼎、盉、匜等。造型规整,器形多样,纹饰丰富,釉色青润,既不同于早期的原始青瓷,也不同于东汉以后成熟的青瓷,而是被称为"早期青瓷"的青釉器。[3]不过,"江浙一带的原始青瓷生产,并不是按一般规律,由商周一直不断地向前发展提高,最后演变为青瓷;而是在战国时期由于兼并战争等原因,曾经有一段短暂的中断时间,到战国末年与秦汉之际,人们又烧制一种从成型、装饰到胎、釉的工艺都与前有别的原始瓷,尔后在新的历史条件下,再重新向前发展,终于在东汉时烧制成真正的瓷器"[4]。尤其是江南地区因为楚国败越的原因,原始瓷器的生产突然中断,打破了"已具备瓷器的基本条件"和本应该"指日可待"[5]的步骤。

江淮东部虽然不是原始青瓷和"早期青瓷"的发明之地,但却同样受到

---

[1] 夏鼐:《中国文明的起源》,《文物》1985年第8期。

[2] 姚仲源:《浙江德清出土的原始青瓷器》,《文物》1982年第4期。

[3] 参见王健主编:《江苏通史·先秦卷》,第322页。

[4] 中国硅酸盐学会编:《中国陶瓷史》,文物出版社1982年版,第102—103页。

[5] 董楚平:《吴越文化新探》,第247—248页。

了时代的影响。如仪征墓葬中出土的带有梳篦纹装饰的罐、碗、盂等,扬州西湖镇战国墓出土的青瓷器等,都为当地人民的生活带来了变化。

与之同时,漆器业获得了很大发展。春秋时期,人们已用油漆涂抹各种器物,以加强对器物的保护。而舟船因浮于水上易受腐蚀,船上用品如篷帆、雨具等也都需要油漆。江淮东部的油漆业较为发达,如在镇江谏壁春秋晚期吴墓中出土的一批漆器残片,上有红色雷纹与卷云纹;六合和仁春秋晚期吴墓中出土的剑鞘,也有漆的痕迹,说明漆的使用已经较为普遍。[1]

漆器是春秋时期开始兴起的新工艺,到战国时作为独立的手工业部门又有了高度发展,制作技术也达到了很高水平。漆器业突出发展的重要标志,是夹纻胎的发明和运用。所谓夹纻,就是先用竹、木或黏泥做成器形内胎,然后在外部裱以纻布或者缯帛,等干燥后去其胎骨,再在器物内外涂漆。这种方法,比直接用竹、木斫削或旋成的胎骨,减少了重复制作的麻烦,且工整轻便美观,便于在上面刻刺、镶嵌。而在此方面楚国的漆器尤其突出,表现出很高的技艺水平。如1978年在湖北随县曾侯墓出土的一组编钟,不仅编钟制作精美,钟架分为上、中、下三层,而且在木质架梁的黑漆地上满绘了红、黄色图案,在木架两端和架梁间的铜饰上,浮雕或透雕着龙鸟、花瓣和铜人等,表现出高超的制作技艺。

扬州是我国漆器发展史上重要的地区之一。1972年在扬州北郊西湖镇湖场村发现的一座战国墓葬中,即出土了两件夹纻胎彩绘漆的圆盘。从圆盘胎质和彩绘图纹看,与楚国的漆器接近,很可能是楚国生产流入本地的。但从科技发展的角度来看,这并不能仅仅看作单纯的产品输入,而应该是随之而来的技术输入。同时,这些漆器原产于扬州本地的可能性也是存在的。而即便是单纯的产品输入,也为后来广陵漆器制造业的发展与繁荣,提供了可资参照和借鉴的标准,使后来的产业有了较高的起点和基础。[2]

（四）歌舞与文学

春秋战国时期,"吴歈越吟"和楚辞等先后影响到江淮东部,对文学和歌舞艺术都产生过一定影响。

---

　[1]　参见《中国大运河史》编纂委员会编:《中国大运河史》,第33页。
　[2]　参见赵昌智主编:《扬州文化通论》,第181页。

"吴歈越吟"指吴越民歌,具有浓郁的地方色彩和民间特色。《楚辞·招魂》:"吴歈蔡讴,奏大吕些。"左思《吴都赋》:"发东歌,操南音,胤阳阿,咏枺任。荆艳楚舞,吴歈越吟,翕习容裔,靡靡愔愔。"所谓"歈""讴"都是指歌,吟唱时要使用乐器伴奏,即"奏大吕些"。《左传》记载吴申叔仪乞粮于公孙有山氏,曰:"佩玉縿兮,余无所系之;旨酒一盛兮,余与褐之父睨之。"[1]这是贵族吟唱的。劳动人民吟唱的也不少,如《说苑》记载的《越人歌》,《吴越春秋》记载的《渔父歌》《乌鹊歌》《采葛歌》《弹歌》等。这些民歌,随着吴、越占领江淮东部,都应影响到这个地区。如《弹歌》曰:"范蠡复进善射者陈音。音,楚人也。越王请音而问曰……音曰:'古者,人民朴质,饥食鸟兽,渴饮雾露,死则裹以白茅,投于中野。孝子不忍见父母为禽兽所食,故作弹以守之,绝鸟兽之害。故歌曰"断竹续竹,飞土逐宍"之谓也。'"[2]此虽不是吴越民歌,却是流传于吴越地区最早的民歌。刘勰《文心雕龙》云:"黄歌《断竹》,质之至也;《断竹》黄歌乃二言之始。"有人认为此首诗歌,"用今天的普通话读起来并不押韵。若用泰州方言读,则完全合韵"[3]。又如《说苑·善说》中记载的《越人歌》,乃是楚人翻译的越国舟子的唱辞,既用楚语记载了歌曲内容,又记载了当时吴越的语音。歌曲描述划船女子对自己心上人的表白,感情真挚热烈,是一首典型的情歌。原来的歌词简洁明了,只有38字,很有《弹歌》特点;被译成楚语后有64字,歌词内容质朴,没有修饰和夸张,与《楚辞》风格完全不同。像这样的民歌,非常容易散播各地。

与民歌不同,吴国的贵族音乐多受中原礼乐文化的影响,越国所受影响较小。有学者指出:带有铭文的礼乐器"吴国38件,越国仅18件,吴国比越国多一倍强;至于礼乐器的器类,吴国有钟、鉤鑃、鑑、毁、壶、鼎、簠七类,越国仅有钟与鉤鑃两类,吴国比越国多二倍半"[4]。虽然无铭乐器材料遍及金、石、皮、木、丝竹、瓷等,器类还有錞于、铙、钲、鼓琴、编磬等,但总体上说,越国的

[1]《春秋左传正义》卷五九"哀公十三年",〔清〕阮元校刻:《十三经注疏》(清嘉庆刊本),第4717页。

[2]〔汉〕赵晔著,〔元〕徐天祜音注,苗麓点校:《吴越春秋》卷九《勾践阴谋外传》,第127—128页。

[3] 黄大昭、黄俶成著:《汇源导流》,第26页。

[4] 董楚平:《吴越文化新探》,第361页。

礼乐器不如吴国。此外,作为贵族文化的一部分,吴国的歌舞文化也颇发达。如《吴越春秋·夫差内传》载太宰伯嚭为夫差解梦,谓:"美哉! 王之兴师伐齐也。臣闻:……后房箴箴鼓震有锻工者,宫女悦乐琴瑟和也。前园横生梧桐者,乐府鼓声也。"虽然"乐府"之说可能是作者附会汉代的乐府制度,但"宫女悦乐琴瑟和也",却是当时吴国贵族宫廷生活的真实写照。

　　吴越文化早就受到楚文化影响,战国时期具有浓厚地域文化色彩的诗体——楚辞,也影响到江淮东部。有人考证,楚怀王时楚国大族昭阳将军在打败魏国转攻齐国时,齐王让纵横家陈轸以"画蛇添足"的寓言故事说服昭阳,劝其退兵,昭阳为求自身安全,带了楚国昭、屈、景氏各一部分成员,食邑于海陵北的影山头和南荡一带,从此此地称为昭阳。这件事"带着语言文学的内涵",见好就收,全身而退,"昭阳将军画蛇不添足","自古昭阳好避兵",皆为千古佳话。兴化人民一直将他奉为人文始祖,在他死后将他葬于今兴化城城西,建有山子庙,并称山子庙所在地方为阳山,2000 余年香烟不绝。历代兴化县衙都悬有"海陵旧址""昭阳采邑"匾额,元代诗派、清代谜格,有以昭阳命名。山阳庙曾有对联:渤海镇军,压六国而霸楚;阳山食采,留三户以诛秦。又据兴化传说,屈原放逐后"行吟泽畔",来到昭阳采邑之地,在沧浪之河与昭阳相会。沧浪在今兴化城南,屈原投汨罗江后,兴化人在沧浪河口建三闾遗庙,清初迁至城北拱极台。二千余年三闾遗庙与昭阳将军庙一样,香烟不绝。虽然《孟子》在《离娄上》引"孺子之言"《沧浪歌》,说明此歌早在春秋时期已经传唱,未说明沧浪河在何处,正史也没有屈原来到昭阳食邑地的明确记载,但昭氏、屈氏后人筑庙纪念他们的先人,应当不必怀疑。现存最早的明修《兴化县志》,也有昭阳庙、三闾庙的记载。历代文人如明宰辅高谷、清诗人孔尚任皆有凭吊兴化三闾的诗歌。"屈原行吟,沧浪之歌,在民间影响的意义和文学传播的意义已超过历史考据的意义。人们传唱此歌 2000 余年,纪念先人屈原,也在哺育本地文学。"[1]

　　楚辞泛指楚地歌辞,后为专称,指以战国时楚国屈原的创作为代表的新诗体。西汉末刘向辑录屈原、宋玉以及汉代模仿之作,题作《楚辞》,成为我

---

［1］　参见黄大昭、黄俶成:《汇源导流——泰州文学史话》,第 27—32 页。

国古代继《诗经》后又一部具有深远影响的诗歌总集。秦汉之际刘邦的《大风歌》、项羽的《垓下歌》以及江都公主的《悲愁歌》等,都是楚辞影响下的杰作。

二、社会风俗

扬州地处淮南江北,濒临大海,江淮风俗以扬州风俗为代表。干国灭亡之前,此为"九夷"之地,社会风俗一直保持着夷文化的特色。及干亡后,先后受到齐、吴、越、楚文化的影响,出现了多元化的杂糅状态,但在社会风俗方面仍保留着自己的某些特点。

(一)尚武风气

从尚武任侠到重文敦礼,是江淮东部民风演变中的总体趋势。先秦时期,扬州地处"九夷"之地,又受吴、越等国争霸战争的影响,一直以野蛮强悍著称。西汉初年,高祖刘邦分封其侄刘濞为吴王,都于广陵,尚以"上患吴、会稽轻悍"[1]为由。汉武帝时立广陵王刘胥策曰:"大江之南,五湖之间,其人轻心。"太史公云:"夫广陵在吴越之地,其民精而轻,故诫之曰'江湖之间,其人轻心。'"[2]唐代杜佑在《通典》中说:"扬州人性轻扬,而尚鬼好祀……永嘉之难,帝室东迁。衣冠萃止,艺文儒术,斯之为盛。"《隋书·地理志》云:"江都淮南人,性并躁动,风气果决,包藏祸害,视死如归,战而贵诈,此则其旧风也。自平陈之后,其俗颇变,尚淳质,好俭约。丧祀婚姻,率渐于礼。"这些记载,充分反映出江淮东部由尚武到崇文的发展轨迹。

先秦时期,江淮东部的尚武风气由来已久。《管子·小问》记载的"昔吴干战",即揭示出干国年幼的孩子擿齿而战的场面。也正因为这种风气,使这个独立于王朝"化外"的夷系邦国统治了三百年的时间。虽然其后齐、吴、越、楚相继占领江淮东部,但因大都以武立国,纷纷争夺霸权,因此尚武好剑就成为吴、越地区的突出标志和价值取向。如《吕氏春秋》载吴王阖闾时,"试其民于五湖,剑皆加于肩,地流血几不可止"[3]。《汉书·地理志》云:"吴、粤之君皆好勇,故其民至今好用剑,轻死易发。"由于吴越尚武好剑,人们生死等同儿

---

[1]《史记》卷一〇六《吴王濞列传》,第3395页。

[2]《史记》卷六〇《三王世家》,第2556、2559页。

[3] 许维遹撰:《吕氏春秋集释》卷一九《用民》,第524页。

戏,无论沙场格杀,恩怨角斗,还是臣民自杀,朝廷刑罚,无不体现出轻心尚武的精神。如伍员进谏夫差,夫差难以容忍,便赐他属镂之剑令其自杀。一次越军进攻吴国,吴军战败,夫差闻后竟令七人自刭于幕下。以至夫差亡国败逃,最后也是"伏剑自杀"。至于民间百姓,也动辄以自杀的方式表示忠诚。如伍员奔吴时追者在后,几不得脱,江中渔父冒着危险渡之过江,又为他寻来麦饭羹浆,伍员以百金之剑答谢不受,却因交待他"无令其露",渔父便"覆船自沉于江水之中矣";及伍员饥病交加来到濑水,向水上洗涤女子乞食,女子竟将食不裹腹的饭食给他,然因伍员"无令其露"之一句话,此女便"自投于濑水矣"。[1]这种"视死如归"的社会风气,正是"轻死易发""风气果决"的重要体现。

吴人尚武轻死,亦多豪侠之士。如《吴越春秋》载:"专诸者,堂邑人也。伍胥之亡楚如吴时,遇之于途。专诸方与人斗,将就敌,其怒有万人之气,甚不可当……知其勇士,阴而结之。"[2]后伍员将他推荐给公子光刺杀王僚,专诸将鱼肠剑藏于炙鱼中进之,竟在众多侍卫将其"胸断臆开"的情况下杀了王僚。公子光即阖闾,阖闾在刺杀王僚后,担心僚的太子庆忌复仇,遂招勇士要离。要离为表忠诚,主动要求阖闾"戮臣妻子,断臣右手",终将"万人莫当"的庆忌刺杀于江中。虽然庆忌临死之前以其"天下勇士"而免其罪,但要离仍"自断手足,伏剑而死"。[3]也正因为如此,专诸、要离在人们心目中占有重要地位,成为后人尊崇的偶像。

吴人尚武,还表现在多有兵将枭勇之士。如艾陵之战中扬名齐鲁的名将胥门巢、在黄池之会中势慑晋侯的王孙骆等,都是当时的著名战将。春秋时期,吴和越国长期交战,"同气共俗",尚武善战两者比肩。越人"水行而山处,以船为车,以楫为马,往若飘风,去则难从,锐兵任死",吴人"以王刚猛而毅,能行其令,百姓习于战守,将明于法禁",无不崇尚好勇斗狠,鄙视恻隐忘仇,

---

[1] 〔汉〕赵晔著,〔元〕徐天祜音注,苗麓点校:《吴越春秋》卷三《王僚使公子光传》,第15—17页。

[2] 〔汉〕赵晔著,〔元〕徐天祜音注,苗麓点校:《吴越春秋》卷三《王僚使公子光传》,第18—19页。

[3] 〔汉〕赵晔著,〔元〕徐天祜音注,苗麓点校:《吴越春秋》卷四《阖闾内传》,第32—33页。

以所谓"灭沥血之仇""绝怀毒之怨"为做人的信条。[1]这种风气,不仅表现在统治阶级内部的政治暗杀和敌对国家的战争杀伐中,而且在民间争斗中也表现得淋漓尽致。如《吕氏春秋·察微》记载:"楚之边邑曰卑梁(今安徽天长县境),其处女与吴之边邑处女桑于境上,戏而伤卑梁之处女。卑梁人操其伤子以让吴人,吴人应之不恭,怒杀而去之。吴人往报之,尽屠其家。卑梁公怒,曰:'吴人焉敢攻吾邑?'举兵反攻之,老弱尽杀之矣。吴王夷昧闻之怒,使人举兵侵楚之边邑,克夷而后去之。吴、楚以此大隆。吴公子光又率师与楚人战于鸡父,大败楚人,获其帅潘子臣、小帷子、陈夏啮。又反伐郢,得荆平王之夫人以归,实为鸡父之战。"这个例子,直接反映出扬州一带"性并躁动,风气果决"的尚武风气。

吴地尚武风气的形成,与该地区的地理环境、生产条件、经济状况和文化背景等密切相关,同时也是其世世代代长期与大自然搏击的结果。尤其是在腥风血雨、动荡不安的战乱年代,人们不仅要与天斗,与地斗,而且更重要的是与人斗,要靠强大的群体力量不断战胜外邦的侵扰。而在当时经济极其落后的前提条件下,他们只能以军事立国,以适应争霸战争的需要。同时,经济的落后也为氏族制度的许多残余提供了赖以生存的条件,使浓厚的血亲复仇观念长期存在。吴越统治者积极鼓吹"父母之仇,不与戴天履地;兄弟之仇,不与同域接壤;朋友之仇,不与邻乡共里"[2],正是这种血族复仇观念的体现。

当然,我们也应看到,江淮东部虽然形成了尚武风气,但因齐鲁礼乐文化的熏陶,也逐渐开始向崇文敦礼方面转化。尤其是吴灭干国以后,齐与吴国相继占领江淮东部,吴也受到了礼乐文化的较大影响。如要离刺杀庆忌之前,为了佯装得罪吴王出奔庆忌,对吴王说:"臣闻安其妻子之乐,不尽事君之义,非忠也。怀家室之爱,而不除君之患者,非义也。"并提出了"愿王戮臣妻子,断臣右手"的建议。及刺杀庆忌,庆忌以其"天下勇士"令其还吴,"以旌其忠",要离则说:"杀吾妻子以事其君,非仁也。为新君而杀故君之子,非义也。重其死,不贵无义,今吾贪生弃行,非义也。夫人有三恶以立于世,吾何面目

---

[1] 参见曹文柱:《六朝时期江南社会风气的变迁》,《历史研究》1988年第2期。

[2] 〔汉〕赵晔著,〔元〕徐天祜音注,苗麓点校:《吴越春秋》卷三《王僚使公子光传》,第14页。

以视天下之士？"遂"自断手足，伏剑而死"。[1]这说明要离并非不讲"仁义"之辈。又如管仲与鲍叔牙，年轻时曾到盱眙一带经商，二人路上捡到根金条，寻主不得，遂分给附近村庄百姓，人们为了纪念他，就将村庄改为管公店、鲍家集，并在分金的地方建立祠庙以祭祀之，后人为之立碑建亭，名"管鲍分金亭"[2]。这种"拾金不昧"的动人事迹，对当地百姓产生了潜移默化的影响。

（二）社会生活

社会生活包括衣食住行等诸方面。春秋战国时期，江淮东部虽地旷人稀，沼泽遍地，但农业、手工业等都有显著发展，自然经济条件优越。因此，司马迁对楚地所谓"无积聚而多贫"也"无冻饿之人"的描述，同样适应于江淮东部的发展状况。

在饮食方面，江淮东部与江南淮北各有不同，主食除大米外，五谷杂粮多有种植。在菜肴方面，鱼类较多，六畜兼备，颇为丰富。但无论在任何时代，统治阶级和下层民众的生活都有着霄壤之别。如六合程桥出土的东周刻纹铜片上有贵族饮宴时进献食物的形象，其中一位手执长柄餐叉，似从大鼎或其他器物中捞取食物。[3]六合程桥二号墓出土的一件铜器残品，上有线刻的对饮人物及捧豆侍者等画像，为贵族饮宴图，也是吴国贵族进食的形象。吴地食器，见于出土铜器刻纹上的还有烹饪之鼎及一种形同牛角的角形饮器，六合程桥刻纹盘、镇江王家山刻纹匜和舟等的刻纹图像中，均见有烹饪之鼎，其造型皆为深弧腹、蹄形足，设附耳；在程桥"盘"残片和王家山"舟"的残部上均见有一戴冠者持角形饮具于口部作饮喝状。[4]在食物方面，贵族阶层颇为奢华。如《吴越春秋》载：公子光以专诸刺杀王僚，专诸问："吴王何好？"光曰："好味。""好嗜鱼之炙也。"于是专诸"学炙鱼，三月得其味"。后光具酒而请王僚，专诸"置鱼肠剑炙鱼中进之"，遂杀王僚。[5]又如伍子胥自楚归

---

[1]〔汉〕赵晔著，〔元〕徐天祜音注，苗麓点校：《吴越春秋》卷四《阖闾内传》，第 32—33 页。

[2]参见曹金华：《从"三楚"沿革看秦汉时期宿迁地区的文化意蕴》，《项羽文化》2010 年创刊号。

[3]王仁湘：《中国古代进食具匕箸叉研究》，《考古学报》1990 年第 3 期。

[4]刘建国：《春秋刻纹铜器初论》，《东南文化》1988 年第 5 期。

[5]〔汉〕赵晔著，〔元〕徐天祜音注，苗麓点校：《吴越春秋》卷三《王僚使公子光传》，第 20—22 页。

吴,吴王阖闾"治鱼为鲙"来招待他,将到之日鱼肉变臭,阖闾"出鲙而食,不知其臭。王复重为之,其味如故。吴人作鲙者,自阖闾之造也"[1]。"炙鱼"为全鱼烹煎,"鲙"为切细的鱼肉。此外在饮食时也有讲究。如吴王阖闾与妻"蒸鱼",阖闾尝后给女儿滕玉,滕玉怒曰:"王食鱼辱我,不忘久生"[2],便自杀了。这说明尝后的鱼再给别人,是不礼貌的。

下层百姓则多食饭食与盎浆类。如《吴越春秋》载伍子胥逃亡吴国途中,渔夫为他寻来"麦饭、鲍鱼羹、盎浆"。后遇一女子击绵于濑水,筥中有饭,遂乞讨之。此女竟以"独与母居,三十未嫁"不愿给他。及至再三,方"饭其盎浆"。[3]这说明百姓平时多以饭、浆为食。饭为米、面而成,盎浆则是面糊、豆浆之类。而羹类则是用鱼或肉和蔬菜做成的汤。《尚书·说命》:"若作合羹,尔维盐梅。"《楚辞·招魂》:"和酸若苦,陈吴羹些。"说明做羹汤要用盐和梅子调和味道。

此外,在食物储备和花样上,贵族阶层与下层百姓也不一样。如夏日炎热,食品不宜久放,百姓只能以季节性食物为食,而贵族阶层则以"冰室""冰厨"存储,"冰室者,所以备膳羞也"[4],阖闾、勾践时宫内皆有"冰室"。至于平时,"宫有五灶,食不重味"[5],其与下层百姓所吃的"麦饭""盎浆"等判若霄壤,所用食器、酒器、饮器等,也无不彰显出统治阶级的豪华阔绰。

在服饰方面,江淮东部多以葛、麻为原料,统治阶级则衣绢帛。吴地蚕桑养植居多,盛产丝帛,如《越绝书·外传记吴王占梦》载,吴王夫差时一次赐给太宰嚭杂缯四十匹;《左传·襄公二十九年》载季札聘问郑国,送给子产白绢大带等。葛麻种植更加普遍,《越绝书·外传记地传》载勾践于葛山"种葛,使越女织治葛布"等。葛布细者称为"黄丝之布",勾践曾使大夫种"索葛布十万"献给吴国,织女诗曰"令我采葛以作丝","号绤素兮将献之",可见这

[1]〔汉〕赵晔著,〔元〕徐天祐音注,苗麓点校:《吴越春秋》卷四《阖闾内传》,第46—47页。
[2]〔汉〕赵晔著,〔元〕徐天祐音注,苗麓点校:《吴越春秋》卷四《阖闾内传》,第36页。
[3]〔汉〕赵晔著,〔元〕徐天祐音注,苗麓点校:《吴越春秋》卷三《王僚使公子光传》,第16—17页。
[4]李步嘉校释:《越绝书校释》卷八《越绝外传记地传》,第224页。
[5]李步嘉校释:《越绝书校释》卷五《越绝请籴内传》,第131页。

种"弱于罗分轻霏霏"的葛布[1],在表面上已类似丝绸。

　　服饰是人类独有的生活技能和人类智慧的创造,是生活内容、社会制度、风俗习惯、审美观念和精神风貌的外在反映。商周时期,束发为髻、冠冕弁帻、上衣下裳、束带系帏的华夏族服饰已基本定型,但江淮吴地仍有差异。由于气候冷暖之故,南方北方就有不同。《淮南子·原道训》:南方民人"被发文身,以像鳞虫;短绻不裤,以便涉游;短袂攘卷,以便刺舟:因之也。"这说明南方短衣较多。《诗经·秦风·无衣》:"岂曰无衣,与子同袍","袍"乃北方冬衣。江淮东部气候温润,南北之中,短衣长袍兼而有之。此外,还有单衣和夹衣。单衣谓"禅",夹衣谓"複",《释名·释衣服》:"有里曰複,无里曰禅。"

　　古代"衣裳",上衣曰"襦",下衣称"裳"。《吴越春秋》载夫差伐齐"有敢谏者死",太子友称"从园而来,衣袷履濡",王怪问之:"子何为袷衣濡履,体如斯也?"友曰:适游后园,只顾观看螳螂扑蝉,黄雀在后,一不注意"陷于深井,臣故袷体濡履,几为大王取笑"[2]。这是说因掉进井里,湿了他的衣服鞋子。同传又载:夫差与晋争盟于黄池,吴师中军皆"白裳",左军皆"赤裳",右军皆"玄裳"。"濡(襦)"为上衣,裳乃下衣。襦有短襦、长襦,更长者为"深衣"。短至腰者谓短襦,又称小襦、腰襦;"衣裳相连,被体深邃,故谓之深衣"[3]。裳读作"常",《说文》:"常,下帬(裙)也。"《释名·释衣裳》:"裙,群也,连接群幅也。"裳内胫衣称作"绔",绔仅两个裤筒,无前后裆,系在衣带上。裳、绔穿毕,以布帛缠前后裆,叫"裈"。至西汉时始有"穷绔",《汉书·外戚传》:"宫人使令皆为穷绔,多其带。"注引服虔曰:"穷绔,有前后裆,不得交通也。"师古曰:"穷绔即今绲裆袴也。"贵族之家以白细绢"纨"来制作,故称"纨绔"。关于短绔,一般认为始于《史记·司马相如列传》记载的"犊鼻裈",谓司马相如与卓文君夫妻卖酒,相如故意穿着犊鼻裈在老丈人面前出丑,可见此为下人服饰。但据《吴越春秋·勾践入臣外传》载,"越王服犊鼻,着樵头。夫人衣无缘之裳,施左关之襦",则早在春秋时期南方已有此俗。《淮南子·原道训》谓"短绻不裤,以便涉游",或即"犊鼻裤"类。又据"人要衣无缘之裳,施左

――――――――――

［1］〔汉〕赵晔著,〔元〕徐天祜音注,苗麓点校:《吴越春秋》卷八《勾践归国外传》,第110页。

［2］〔汉〕赵晔著,〔元〕徐天祜音注,苗麓点校:《吴越春秋》卷五《夫差内传》,第67—68页。

［3］《礼记正义》卷五八《深衣》,〔清〕阮元校刻:《十三经注疏》(清嘉庆刊本),第3611页。

关之襦"推测,裳之无缘,襦施左关,其与华夏有所不同。在服饰上,一般都是腰间有带,《礼记·深衣》:"带,下毋压肋。"足鞋则"屦",又称为"履"。《礼记·少仪》:"君子不履丝屦。"但实际上,贵族之家不遵其制。如吴春申君门客三千,上等皆"蹑珠履"[1]。履有圆头、方头之别,史载:"昔初作履者,妇人圆头,男子方头。圆者,顺从之义,所以别男女也。"[2]袜子,古称足衣,先秦时很少人穿着。《吴越春秋·王僚使公子光传》载光"佯为足疾,入窑室裹足",大概是用布帛裹脚。

江南吴地"断发文身","以椎髻为俗",但也有戴冠的习俗。《战国策·赵策》说吴国人用"鲲冠"。《广雅·释鱼》注:"鲲,大鲇,以其皮为冠。"这是说吴人用鲇鱼皮制作帽子。《吴越春秋·阖闾内传》载吴将孙武"发上冲冠,项旁绝缨";要离"因风势以矛钩其冠,顺风而刺庆忌"。《吴越春秋·夫差内传》载公孙圣劝夫差遣太宰嚭、王孙骆"解冠帻,肉袒徒跣"以降勾践。越国则不然。《说苑·奉使篇》载越国使臣诸发出使梁国,"执一枝梅遗梁王",梁王之臣韩子说:"大王有命,客冠则以礼见,不冠则否。"诸发以越"剪发文身,烂然成章",若以其俗要求梁国如何,方才得见。楚国也有戴冠习俗。《后汉书·舆服志》:法冠"执法者服之……或谓之獬豸冠。獬豸神羊,能别曲直,楚王尝获之,故以为冠。胡广说曰:'《春秋左氏传》有南冠而絷者,则楚冠也。秦灭楚,以其君服赐执法近臣御史服之。'"又说:"长冠,一曰斋冠……高祖微时,以竹皮为之,谓之刘氏冠,楚冠制也。"《后汉书·东夷列传》:"东夷率皆土著……或冠弁衣锦,器用俎豆,所谓中国失礼,求之四夷者也。"冠除用鱼皮、丝帛为之外,大多用麻制成,称为"麻冕"。《论语·子罕》:"麻冕,礼也;今也纯,俭。吾从众。"庶民百姓则一般戴巾,古代称"帻","帻,古者卑贱执事不冠者之所服也。"[3]江淮东部源于"九夷",多受齐鲁、吴楚文化的影响,在服饰上近于中原。

(三)婚丧习俗

春秋战国时期,江淮东部受吴、齐、越、楚文化的影响,婚丧习俗也发生了

---

[1]《史记》卷七八《春申君列传》,第2893页。

[2]〔梁〕沈约撰:《宋书》卷三〇《五行一》,中华书局1974年版,第888页。

[3]《后汉书·舆服下》注引《独断》,第3671页。

一些变化。

从婚姻制度来看，一夫一妻制至少在春秋时期已经确立。越王勾践被围困于会稽时，欲杀妻子与吴决战，后臣于吴，"夫斫剉养马，妻给水、除粪、洒扫"，而存"夫妇之仪"。[1]吴越大战于五湖时，吴被打败，"越王杀太宰嚭，戮其妻子"[2]。虽如吴王夫差妻外有妾西施、郑旦，但妾只是一夫一妻制的变异，在名分上与妻不同。吴国的王位继承制是父死子继、兄终弟及的世袭制，一夫一妻制是世袭制得以存在的首要条件。在婚姻形式上，吴越地区从妻居的现象较为突出。从妻居即"倒插门"，这种情况到秦统一时仍然盛行。史载秦始皇东巡丹阳、浙江等地，多见男子入赘女家以及有子而嫁的妇女，便认为有悖礼法，于是刻石立法曰："有子而嫁，倍死不贞"，"夫为寄豭，杀之无罪"[3]。而每当征发，也往往将"赘婿"与贾人、罪犯等同视之。可见秦时吴越地区的婚姻观念，与中原地区尚有差距。

在中国古代，历代统治者为了保证兵源、税收，无不重视人口问题。而为了增加国家人口，往往鼓励早婚早育。如越王勾践时，"令壮者无娶老妻，老者无娶壮妇。女子十七未嫁，其父母有罪。丈夫二十不娶，其父母有罪"。并且规定："将免（娩）者以告于孤，令医守之。生男二，贶之以壶酒、一犬。生女二，赐以壶酒、一豚。生子三人，孤与乳母。生子二人，孤与一养。长子死，三年释吾政，季子死，三月释吾政。必哭泣葬埋之如吾子也。令孤子、寡妇、疾疹、贫病者，纳官其子。欲仕，量其居，好其衣，饱其食，而简锐之。"[4]这种政策，不仅与《周礼·地官·媒氏》记载的中原地区"令男三十而娶，女二十而嫁"的婚龄规定明显不同，而且其鼓励生育的优厚待遇在当时各国中也属罕见。而在其前吴王阖闾统治时，这种政策则较宽松。如《吴越春秋》载：吴子胥奔吴时，向击绵于濑水的女子乞食，女曰："妾独与母居，三十未嫁，饭不可得。"经再三请求方跪而与之。子胥临行嘱她保密，女子叹曰："嗟乎！妾独与母居

［1］〔汉〕赵晔著，〔元〕徐天祜音注，苗麓点校：《吴越春秋》卷七《勾践入臣外传》，第97页。
［2］李步嘉校释：《越绝书校释》卷一〇《越绝外传记吴王占梦》，第286—287页。
［3］《史记》卷六《秦始皇本纪》，第329页。
［4］〔汉〕赵晔著，〔元〕徐天祜音注，苗麓点校：《吴越春秋》卷一〇《勾践伐吴外传》，第132—133页。

三十年,自守贞明,不愿从适,何宜馈饭而与丈夫,越亏礼仪。"遂投水而死。[1]虽然此女因家贫困"不愿从适",但也说明"三十未嫁"至少是不会受到法律惩罚的。

春秋时期,丈夫在家庭中占主导地位。如堂邑(今江苏六合)人专诸"方与人斗,将就敌,其怒有万人之气,甚不可当",然"其妻一呼即还"。子胥怪而问之,专诸曰:"子视吾之仪,宁类愚者也?何言之鄙也?夫屈一人之下,必伸万人之上。"[2]这种情况在子胥看来,确实不合"男尊女卑"的常理。而像干将、莫邪夫妻铸剑的动人故事,却说明夫妻的地位是比较平等的。然而对于统治者而言,随意杀人妻子的情形却非罕见。如《吴越春秋》记载,要离为阖庐刺杀庆忌,为表忠心愿"戮臣妻子",结果阖闾"取其妻子,焚弃于市"[3],显然妻子是做了牺牲品的。至于与邻国的政治婚姻,女子往往也是如此。如吴欲伐齐,齐王使女为质于吴,吴王阖闾为太子波聘之,然"女少思齐,日夜号泣,……病日益甚,乃至殂落"[4]。对于敌国统治者的妻子,吴国君臣也表现出野蛮的复仇情绪。如吴败楚国于郢,不得昭王,伍子胥"乃掘平王之墓,出其尸,鞭之三百,左足践腹,右手抉其目",阖闾妻昭王夫人,自己和孙武、白喜亦妻子常、司马成之妻,以辱楚之君臣。这种行为,连楚臣申包胥闻之,也愤怒地说:"子之报仇,其以甚乎!"[5]

春秋战国时期,江淮东部的丧葬习俗也发生了较大变化。西周时期,江南吴地盛行土墩墓,这种平地起封、无墓穴、无葬具的埋葬形式,直到战国早期吴国灭亡后才逐渐消失。江淮东部虽然受到过一定影响,但土墩墓仅"北过长江抵仪征、六合"[6],而即便是吴国墓,在春秋中期也受到了中原影响。如丹徒粮山的石穴墓等,其深挖竖穴、设置二层台以及殉人祭牲等,都与中原墓葬的传统格局相似。春秋晚期,这种趋势更加明显。《越绝书·吴地传》:"阖庐冢,在阊门外……铜椁三重,颃池六尺。"《吴越春秋·阖闾内传》:"吴王有

[1]〔汉〕赵晔著,〔元〕徐天祜音注,苗麓点校:《吴越春秋》卷三《王僚使公子光传》,第17页。
[2]〔汉〕赵晔著,〔元〕徐天祜音注,苗麓点校:《吴越春秋》卷三《王僚使公子光传》,第19页。
[3]〔汉〕赵晔著,〔元〕徐天祜音注,苗麓点校:《吴越春秋》卷四《阖闾内传》,第32页。
[4]〔汉〕赵晔著,〔元〕徐天祜音注,苗麓点校:《吴越春秋》卷四《阖闾内传》,第47页。
[5]〔汉〕赵晔著,〔元〕徐天祜音注,苗麓点校:《吴越春秋》卷四《阖闾内传》,第42页。
[6]萧梦龙:《对吴国历史文化的新探索》,《江苏史论考》,第22页。

女滕玉……葬于国西阊门外。凿池积土,文石为椁,题凑为中,金鼎、玉杯、银樽、珠襦之宝,皆以送女。"都说明吴国葬俗有了明显的"华夏化"倾向。

战国时期,越、楚相继占领吴地,楚文化影响到江淮东部。楚国盛行竖穴土坑葬,且盛行厚葬之风。这种风气,在前述春秋吴墓中已多有体现。江淮东部虽非楚国统治中心,但从扬州发现的几座战国墓中,仍可看出墓葬风格。如1993年在扬州西湖镇果园砖瓦厂出土的两座战国墓,均为长方形土坑竖穴木椁墓,两墓结构完全相同,皆为一棺两椁,外置曲尺形外藏椁,棺椁为楠、杉木。此外该墓还出土了数量较多的陶器,多为仿铜陶礼器,虽然墓葬因民工私掘后有所混淆,但仍可分辨出随葬品的基本组合是鼎、盒、钫、壶、勺、盘、匜。除陶器外,还有漆器包括盒、盘、耳杯等,以及铜器铜镜、带钩等。根据考古工作者判断,此墓的棺椁结构及部分器物形制,均与湖南、湖北一些地区的战国晚期楚墓风格相同,表明果园战国墓属战国晚期的楚墓,墓主人当为士一级的官吏。而从1972年在西湖镇胡场村出土的一座战国墓,2011年在扬州城北工地出土的墓主可能是战国士大夫墓,以及扬州附近发现的一些简陋土坑墓来看,这些墓葬也为土坑竖穴,不同于江南吴地的土墩墓。

楚国厚葬风气的盛行,使西周以来已经开始衰落的人殉之风有所回升。这在吴地春秋中晚期墓葬中可见。如丹徒粮山石穴墓二层台上的儿童殉人与马牲的设置,以及出土陶、瓷、铜、玉饰等随葬器物,其礼制的重要组成部分多有与周礼不合之处,说明吴国葬制在不断吸收中原葬俗的同时,也保留了自身的特点。[1]又如《吴越春秋·阖闾内传》载:吴王为女滕玉送葬,"乃舞白鹤于吴市中,令万民随而观之,还使男女与鹤俱入羡门,因发机以掩之。"[2]《勾践伐吴外传》载勾践伐吴,"列鼓而鸣之,军行成阵,即斩有罪者三人,以殉于军",明日"徙军于郊,斩有罪者三人,殉之于军","明日,复徙军于境上,斩有罪者三人,徇之于军","后三日,复徙军于檇李,斩有罪者三人,以殉其军",

---

[1] 刘建国:《江苏丹徒粮山春秋石穴墓——兼谈吴国的葬制及人殉》,《考古与文物》1987年第4期。

[2] 〔汉〕赵晔著,〔元〕徐天祜音注,苗麓点校:《吴越春秋》卷四《阖闾内传》,第36页。

此后数日皆"大殉军"[1]。而除此之外,民间也有杀殉情况。如阖闾时令国中作金钩,"能为善钩者,赏之百金",有人贪赏,"杀其二子,以血釁金,遂成二钩"。[2]也正因此之故,这种"杀生以送死"的行为,遭到了"国人非之"的舆论谴责。[3]

(四)传统节日与信仰禁忌

先秦时期,是节日风俗起源的萌芽阶段,春秋战国长期分裂,又影响到已萌芽的节日风俗的发展。以扬州为核心的江淮东部,具体的节日风俗罕见记载,只能根据周边地区的情况作粗略的推断。

节日的产生与历法相关,我国早在商代就有了完备的历法纪年,后来又按一年中的气候变化分为"二十四气",从而构成了岁时节令的计算基础。同时,由于生产、生活和信仰活动的安排,逐渐形成了民族传统节日。

过年习俗,起源很早,主要内容是"祈年丰",即在新年元日举行祭奠仪式,祭祀上帝和史前发明农业的神农氏等,以求丰收。《诗·大雅·云汉》"祈年孔夙,方社不莫",意即每年伊始就祈祷丰年,然后祭祀土地神也不算晚。这是周宣王时因连年大旱,向上帝"祈年丰"的记载。有人认为"祈年丰"由西周"藉田"演变而来,谓周公旦辅佐成王时曾制定了"藉田大典",要求天子在新年伊始亲执耒耜,率领公卿大臣"祈谷于上帝",以示对农业的重视。而从《尔雅》"夏曰岁,商曰祀,周曰年"的记载看,则过年在夏朝就开始了。只是夏以正月为岁首,商以十二月为岁首,周以十一月为岁首。至汉武帝太初元年(前104)颁布实行《太初历》,改秦十月为岁首为夏历正月为岁首,"春节"时间才固定下来。过年习俗内容丰富,但先秦时则较简单,大体上除"祈年丰"外,还有燃放爆竹、悬挂桃符等活动。《通俗编·俳优》:"古之爆竹,皆以真竹着火爆之,故唐人亦称爆竿。"又据汉代《神异经》记载,在很早的时候人们即以爆竹来惊惮和驱逐山魈鬼魅。贴"春联"的习俗也出现了。《后汉书·礼仪志》注引《山海经》:东海度朔山上有大桃树,下有神荼、郁垒二神,

---

[1] 〔汉〕赵晔著,〔元〕徐天祐音注,苗麓点校:《吴越春秋》卷十《勾践伐吴外传》,第139—140页。

[2] 〔汉〕赵晔著,〔元〕徐天祐音注,苗麓点校:《吴越春秋》卷四《阖闾内传》,第27页。

[3] 〔汉〕赵晔著,〔元〕徐天祐音注,苗麓点校:《吴越春秋》卷四《阖闾内传》,第36页。

能驱百鬼,于是民间在过年时便在桃木板上刻画两尊神像,挂在门口驱鬼避邪,叫作"桃符"。由于这种以"祈年丰"为主题的过年习俗,适宜于人们祈求丰收的共同心理,故很快在全国各地流行开来。

"祈年丰"活动不仅局限于过年期间,还有春、秋两次"社日"等。社日专门祭祀社神即土地神。《说文解字》:"社日,地主也。"即负责管理土地的神。《孝经·援神契》:"社,土地之主;稷,五谷之主。"故社与稷都要祭祀,社稷成了国家的象征。《岁时广记·社日》:"《统天万年历》曰:立春后五戊为春社,立秋后五戊为秋社。"即到每年立春、立秋这两个节气后的第五个戊日,祭祀社神的日子就到来了。人们之所以在这个时候祭祀社神,就是要在春播之前祈求其保佑,秋收后再感谢它的恩情。《礼制·王制》载,平时"诸侯无故不杀牛,大夫无故不杀羊,士无故不杀犬豕,庶人无故不食珍",而在祭祀土地神时,却毫不吝啬地大杀猪羊,"以血祭社稷"。根据《风俗通义》记载,古时一般以"二十五家为社"。《荆楚岁时记》谓:"社日,四邻并结,综合社牲醪,为屋于树下,先祭神,然后飨其胙。"这说明在祭祀土地神时,还要集结四邻于一起,痛痛快快地饮宴一番。正是因为对土地和五谷的重视,祭祀活动才显得那样隆重和热烈。《说郛》记载:"里社之设,所以祈年谷,被教祲,洽党间,乐太平而已。吴风淫靡,喜讹尚怪,轻人道而重鬼神,舍医药而崇巫觋。"说明吴地的祭祀风俗既"淫靡"又"尚怪",迷信色彩颇为浓厚。根据《出云风土记》记载,日本出云国(即今岛根县)之弹丸之地,古代竟有三百八十多个神社,而此国乃"秦国东夷人的集居之地",显然"这些古代神社是东夷与吴越宗教的设施","足以说明日本神道和神社的根子在中国吴越和东夷故地"。有人还说日本有著名的贺茂神社,贺茂氏就是"信奉鸟图腾的异族"。还有人根据《晋书》"倭人自云为吴太伯后"及"天皇家为吴太伯后"说等,"推断日臣氏为吴王夫差之后"。[1]这为我们探讨先秦吴地的相关风俗,提供了重要的参考资料。

"二月二,龙抬头",是民间流传甚广的俗谚,也是人们祈求丰收的具体体现。《左传·桓公五年》:"凡祀,启蛰而郊,龙见而雩。"乃是民间认为龙欲升

---

[1]　参见董楚平:《吴越文化新探》,第306—308页。

天的日子。《说文解字》："龙,鳞虫之长,能幽能明,能细能巨,能短能长。春分而登天,秋分而潜渊。"二月初二正值惊蛰、春分季节,传说那滚滚的春雷,就是龙醒来尾巴摇动的声音,春雨则是从龙口吐出的清泉。民间有云"龙不抬头不下雨",实际上就是企盼春耕时节降雨的反映,故也成为传统节日。吴越地区以龙、蛇为图腾,这种习俗当起源很早,及至后来围绕此节的活动内容不断丰富,更增添了神秘的色彩。

清明节,源于二十四节气中的"清明"。《管子·幼官》记载春秋齐国的节气中,即有"清明"这个节气。《淮南子·天文训》:"(春分)加十五日,(斗)指乙,则清明风至。"即春分后十五天(公历4月5日前后)"清明"就到来了。清明是春播的大好时机,后来逐渐融入扫墓、插柳等习俗,并与寒食节合二为一,成为一个综合节日。此节民间又称"鬼节",是祭祀先人的日子。上古时期"不封不树,弃之中野",谈不上对先人墓祭,后来有了墓葬,开始有了祭的可能。商周以后,上自天子下至庶民,都很重视到墓前祭扫,但不一定是清明日。秦汉时期皇帝在"二十四气"都要"上饭其亲",到了唐代遂成定制。

端午节也是传统节日,又称端阳、端五等。《太平御览》卷三十一引《风土记》:"仲夏端午,端,初也。"故端五即初五。又因农历以地支纪月,正月建寅,五月为午,故称端午。关于端午节的来历,至今仍有多种说法,影响较大的是纪念屈原,其中包括粽子起源说和龙舟竞渡说,也有人认为是龙的祭日。吴均在《续齐谐记》中说:"屈原五月五日投汨罗江而死,楚人哀之,每至此日,以竹筒贮米,投水祭之。"有人认为,楚国三闾大夫屈原被放逐后曾"行吟泽畔",来到昭阳采邑之地,在沧浪之河与昭阳相会,昭阳将军"食邑于海陵之北的影山头和南荡一带","兴化人民一直把昭阳将军奉为人文始祖","沧浪河在今兴化城南。屈原投汨罗江后,兴化人在沧浪河口建三闾遗庙,清初迁至城北拱极台。2000余年,三闾遗庙与昭阳将军庙一样,香烟不绝"[1]。此种说法虽然尚待具体考证,但于端午纪念屈原的节日活动,理应在江淮东部较早地出现了,时间当在战国后期。但在苏南和苏北部分地区,此节多祭祀吴国的伍子胥,"甚至将伍子胥奉为翻江倒水的江神或涛神,每年五月五日开

---

[1] 参见黄大昭、黄俶成:《汇源导流——泰州文学史话》,第27—32页。

展龙舟竞渡活动以作纪念。这也是后来太湖民俗端午节的缘由"[1]。伍子胥因谏吴王夫差征伐齐国，并被太宰嚭所谗，于夫差十二年（前484）自杀，死后头被悬于高楼，尸体则被投于江中，"随流扬波，依潮来往，荡激崩岸"，而吴国则"连年不熟，民多怨恨"[2]，故于此节祭祀伍子胥也是合乎情理的。只是伍子胥终于春秋末年，比屈原要早两百多年。

中秋节是传统节日，约至唐代法定为节，但中秋祭月等活动却在西周时已见端倪。《周礼·春官·籥章》："中春，昼击土鼓，吹《豳》诗以逆暑。中秋，夜迎寒，亦如之。"唐欧阳詹《玩月诗》："十二度圆皆好看，其中圆极是中秋。"序云："玩月，古也。八月于秋，季始孟终，十五于夜，又月之中。稽于天道，则寒暑均，取于月数，则蟾兔圆。"祭月活动在卜辞中已见记载，只是不知在何季节。《国语·周语上》："古者，先王既有天下，又崇立上帝，明神而敬事之，于是乎有朝日、夕月以教民事君。"韦昭注："以春分朝日，秋分夕月，拜日于东门之外，然则夕月在西门之外也。""夕月"即祭月，《礼记·祭义》："祭月于坎。"孔颖达疏："谓秋分也。"《管子·轻重己》："秋至而禾熟。天子祀于大惢，西出其国百三十八里而坛，服白而绱白，搢玉揔，带锡监，吹埙篪之风凿，动金石之音，朝诸侯卿大夫列士，循于百姓，号曰祭月。"[3]后来各朝大都沿袭秋分祭月之俗。同时，围绕赏月、拜月等各种活动，也随着历史的发展不断丰富起来。

重阳节又称"重九节""登高节""茱萸节"等，一般认为战国时期形成此节，到了汉代逐渐盛行。"重阳"，源于《易经》"以阳爻为九"说。九为阳数，两九相重为"重九"，月日并阳，两阳相重，故名"重阳"。曹丕《九日怀钟繇书》："岁往月来，忽复九月九日。九为阳数，而日月并应，俗嘉其名，以为宜于长久，故以享宴高会。"《西京杂记》："汉武帝宫人贾佩兰，九月九日佩茱萸，食蓬饵，饮菊花酒，云令人长寿。相传自古，莫知其由。"又云："三月上巳，九月重阳，士女游戏，就此祓禊、登高。"贾佩兰乃汉高祖刘邦戚夫人的侍儿，楚人，故此风俗源于楚国。唐张说《湘州九日城北亭子》诗："西楚茱萸节，南淮戏马台。宁知泪水上，复有菊花杯。"此外，重阳节有食重阳糕的习俗，此糕又称"花糕""菊

---

[1]　参见王健主编：《江苏通史·先秦卷》，第241页。

[2]　〔汉〕赵晔著，〔元〕徐天祜音注，苗麓点校：《吴越春秋》卷五《夫差内传》，第66—67页。

[3]　黎翔凤撰，梁运华整理：《管子校注》，第1537—1538页。

糕",一般认为起源于周朝,本是秋收后的尝新食品,后来发展为应节食品。

腊日节,源于先秦腊祭。蔡邕《独断》:"腊者,岁终大祭,纵吏民宴饮,非迎气,故但送不迎也。"应劭《风俗通》:"《礼传》:夏曰嘉平,殷曰清祀,周曰大蜡。汉改为腊。腊者,猎也,言田猎取兽,以祭祀其祖也。或曰:腊者,接也,新故交接,故大祭以报功也。"不过,古时腊日具体时间并不确定。隋杜台卿《玉烛宝典》:"汉以戌日为腊,魏以辰,晋以丑。"六朝时才以腊月初八为腊日。《荆楚岁时记》:"十二月八日为腊日。"《吕氏春秋·季冬纪》:"季冬之月,……命有司大傩,旁磔,出土牛,以送寒气。"《后汉书·礼仪志》:"先腊一日,大傩,谓之逐疫。"这说明此节本是一个农事节日。但至后来佛教传入,将腊月初八的"佛成道日"与此合并,便形成了"腊八节"这个综合节日。腊日节节俗形成颇早,也必然影响到江淮东部。

总之,先秦时期,许多传统节日都已形成或者萌芽。虽然其包括的风俗内容还不丰富,形式比较单一,流行地区不一定广泛,有的时间也不固定,但确是节日风俗起源的萌芽阶段。而从节日风俗活动来看,则无不与原始崇拜、迷信与禁忌密切相关。在原始崇拜中,图腾崇拜占据着重要地位,而我国最典型、最普遍的图腾崇拜就是对龙的崇拜。如"二月二,龙抬头"和端午节的"龙舟竞渡"等,都与龙图腾崇拜相关。对天地的崇拜,也是原始崇拜中的重要内容。由于历代以农立国,人们赖以生存的是土地,是谷类,故有对天帝和社神的崇拜与祭祀,如"祈年丰"和"社祀"等,就都表现出对天地的敬仰。有些节日风俗,则来自古代禁忌与神鬼迷信,是由生产力水平的限制所决定的。如在年节中燃放爆竹、制作"桃符"以及许多节日的相关活动,都与禁忌与迷信相关。此外,由农事祭祀活动演变成节日,也是岁时节日发展的重要线索。如清明节,本是一个兴农事的节日,是最好的耕种季节,但后来与前一日以禁火为内容的寒食节汇合,就形成了与祭祀先人相关的综合节日。"腊日节"本是个农腊祀日,是庆祝一年丰收的喜日,但后来与"佛成道节"合并为"腊八节",便逐渐演变成综合节日。由此可见,原始崇拜、神鬼迷信和禁忌等,都是节日风俗产生的土壤,只是这些风俗要注入节日,都需要很长的时间,一方面使原始习俗上升到礼仪性质,成为"约定成俗"的礼俗;另一方面则通过神化传奇故事,给特定的节日增添浪漫迷离的色彩,通过历史传说附会使其更加合情合理。

从以扬州为核心的江淮东部地区来看,由于经济发展水平的限制,以及先后受到齐、吴、越、楚文化的影响,其节日风俗应该是颇具特点的。就干国的性质而论,其为独立于王朝"化外"的夷系邦国,在西周初年至春秋前期,与中原地区的文化交流是不多的。春秋中期至战国末期,则先后受到齐、吴、越、楚文化的影响。这些来自不同地域的社会风俗,在江淮东部汇集和交融,必然会影响到节日风俗的发展,使之呈现出杂糅状态。因此就江淮东部地区来说,其所形成的节日风俗必然具有自己的特色。然而不管怎样杂糅,其相同的时代背景、类似的自然地理环境等,还是决定了基本面的大同小异。而且这种大同小异,不仅体现在节日风俗方面,而是有着许多共性。尤其是江淮地区普遍存在的"尚鬼好祀"的迷信观念和价值取向,长期影响着这个地区,给后人留下了难以磨灭的历史印象。以至《史记·封禅书》说:"越人俗鬼,而其祠皆见鬼。"《汉书·地理志》云:楚人"信巫鬼,重淫祀"。马端临《文献通考》谓:"扬州人性轻扬,而尚鬼好祀。"清人鲍皋《舍身行》云:"吴人淫祀楚巫鬼,扬跨吴头蹈楚尾。"等等,皆反映出该地区人们"尚鬼好祀"的共同心理和风俗时尚。

本章对春秋战国时期扬州地区的历史状况,作了较为具体的探讨。首先,对扬州地区在该时期的历史发展概况,作了粗线条的勾勒。(1)厘清了从西周前期发展而来的干国,在历经长期的发展之后,于春秋早期末端(前700—前686)被吴灭亡的时间与线索,勘证了学术界多年来对干国灭亡时间的种种蠡测,为探讨干国的政治、经济、文化等确立了坐标;(2)对吴灭干后江淮东部一直属于吴国的传统看法,提出了其间八十余年其地隶属齐国的观点,时间约在公元前671—前584年,相当于春秋中期。(3)对战国初期越灭吴后,江淮东部属于楚国还是属于越国,以及楚灭越国地归楚国的传统看法作了辩正,认为越国统治之时,确实占领了江淮东部,所谓"淮上之地"地处江淮东部和江淮东部属于楚国的看法是经不起推敲的。楚国占领江淮东部,也不是在"楚灭越"后,而是在楚败越国的过程中,逐步占领江淮东部,至秦统一全国之前,越与楚国相继灭亡。

其次,探讨了春秋战国时期扬州地区的政治、经济状况。由于干国被吴灭后,江淮东部相继属于齐、吴、越、楚,各个国家的政策、法令等必然会影响到这个地区,因此在论及这些问题时,就必须涉及到诸国的政策、法令,从而对扬州地区的行政建构和经济状况等作出估计。如齐国"叁其国而伍其鄙""作内政而寄军令"的政教合一制度,吴、越两国的政治、经济、军事改革,齐国"相地而衰征"和楚国"书土田"等经济政策等。虽然具体到江淮东部的文献、考古资料十分有限,但通过这些考察,仍可窥见其大体面貌,从而对扬州地区的政治体制、社会变革以及经济状况、生产关系等作出估计。

再者,对扬州与周边地区的文化交流、科技文化与社会风俗等,分别作了较为具体的探讨。认为该地区因特殊的地理环境、源于"九夷"的历史渊源,以及齐、吴、越、楚文化的先后影响,所形成的文化面貌与社会风俗,既具不断丰富、不断杂糅的多元化的历史特点,又具仍然保留和不断异化的自身个性。所有这些,都为秦汉时期扬州地区的繁荣兴盛奠定了较为雄厚的基础。虽然鉴于文献和考古资料的局限性,对如邗城在今何处等问题,未能得出明确结论,对其他一些问题,论据抑或不够充分,但可相信,随着考古成果的不断涌现和人们的不断探讨,终会日益丰富起来。

第四章　秦与西汉时期的扬州地区

秦王嬴政二十六年（前221），秦灭齐国，至此而六国皆亡，遂统一天下，建立秦王朝，开启了两千余年的帝制中国时代。相比之下，战国文化格局真正地为一种新的社会文化所取代，则要晚至西汉武帝以后。其最为突出的表现，即秦与西汉前期的区域文化格局，仍以延续战国格局为主流。[1]就此期的扬州地区而言，司马迁所说"越楚三俗"之一的"东楚"，是其最为鲜明的文化特征。

汉五年（前202），汉高祖刘邦即皇帝位，建立汉王朝。西汉立国，一方面，汉承秦制，秦帝国的政体与制度得到继承与发展；同时，刘邦君臣反思秦亡教训，在统治政策上作出较大调整，由此开创长达二百多年的安定局面。在此期内，扬州地区作为其中的组成部分，也以其突出的地域特征和优势，长期作为诸侯王国都城，进入了地域发展史上第一个繁荣阶段。

第一节　秦的兴亡与扬州地区

战国中后期，今江苏地区为楚国辖境。至汉武帝时期，司马迁说："彭城（治今徐州）以东，东海（治今山东郯城）、吴（治今苏州）、广陵（治今扬州），此东楚也。"[2]广陵仍被视为东楚文化圈的中心城市之一。

战国后期，随着秦的扩张，楚的西部疆域渐次为秦蚕食，楚都由郢（今湖北江陵纪南城）东迁至陈（今河南淮阳），再东迁至寿春（今安徽寿县）。随着楚地东蹙、楚都东迁，原为楚国腹地的东部疆域日渐重要。战国后期的秦楚

---

[1]　参胡宝国：《汉唐间史学的发展》（修订本），北京大学出版社2014年版，第1页。
[2]　《史记》卷一二九《货殖列传》，第3937页。

战事中,楚顷襄王曾"收东地兵,得十余万",以御秦人。[1]"东地兵"的出现及其军事活动,凸显出楚国东部地区的战略意义。[2]

秦王政十六年(前231),秦对东方六国的战争,由攻城略地转向灭国兼并。至秦王政二十六年,韩、赵、魏、楚、燕、齐相继灭亡,秦完成了统一六国的大业。秦王政二十三年,秦将王翦伐楚,攻破楚都,虏楚王负刍。楚将项燕拥立楚公子昌平君、昌文君兄弟,建号反秦,不久军败,皆死。至此,秦灭楚的主要战事告一段落。[3]约在秦王政二十四年(前223),扬州地区由楚入秦。次年,秦军渡过长江,"遂定荆江南地,降越君,置会稽郡"[4]。

秦的统一,结束了春秋战国以来诸侯割据称雄的局面,中国历史进入帝制时代。为巩固新兴的中央集权国家,秦王政采取了一系列加强统治的措施。在政治制度上,他确立了皇帝制度,使"皇帝"成为最高统治者的称号,并规定皇帝称"朕","命"称"制","令"称"诏",使之享有神圣地位与最高权力。同时,他建立起一整套官僚系统,置丞相、御史大夫及列卿,分职掌事;废除封国制度,将郡县制推行到全国。在经济制度上,"令黔首自实田",确立封建土地私有制,并由郡县官吏负责对百姓征收租税和征发徭役。在法律制度上,制定以秦律为核心的律令体系,条文细密,处刑较重,推行严刑峻法的政策。此外,为了加强对大一统国家的统治,他还下令拆毁六国修筑的堡垒等军事设施,修筑长城和驰道等,统一文字、货币、度量衡和车轨。在意识形态上,秦厉行法治,严禁私学,以吏为师,导致"焚书坑儒"的发生。这些制度和政策,虽然在当时起到一定积极作用,但在秦的残暴统治下,社会矛盾不断激化。秦始皇死后,二世即位,社会矛盾进一步加剧,关东地区的反秦战争全面爆发。作为江淮东部的扬州地区,也迅速卷入反秦战争的洪流。

秦统一后,将全国分为三十六郡,今扬州地区属薛郡(治今山东曲阜)。至秦始皇二十八年(前219),分薛郡东南部置东海郡(治郯,今山东郯城),今

[1]《史记》卷四〇《楚世家》,第2078页。

[2] 参陈伟:《楚"东国"地理研究》,武汉大学出版社1992年版,第1—16页。

[3] 参田余庆:《说张楚》,《秦汉魏晋史探微》(重订本),中华书局2011年版,第1—29页。

[4]《史记》卷六《秦始皇本纪》,第298页。

扬州地区改属东海郡。

秦始皇在位,多次巡行天下,以威慑镇抚关东六国故地。三十七年(前210)初,秦始皇第五次巡行,先行至云梦,再浮江南下会稽,还过吴而渡江北上。《史记·秦始皇本纪》载"还过吴,从江乘渡",《正义》云:"江乘故县在润州句容县北六十里,本秦旧县也。"[1]史念海先生指出:"江乘渡江,北即广陵,广陵为邗沟所由始,可循之北越淮水,以达彭城。"[2]王子今先生则说,宣帝江水祠"在广陵国江都县,当在江北渡口附近",始皇帝渡江后"当舍船陆行,不由邗沟水道……而东北折向海滨"。[3]秦始皇的这次出巡,无论是走邗沟水道,还是过江后折向海滨,到达琅邪、之罘,都经过今扬州地区。始皇巡行,舟车浩荡,上述交通路线,反映出扬州地区在长江下游南北交通中的重要地位。

但是,秦始皇的这次出巡,自琅邪西行至沙丘,便因疾而死。丞相李斯等"恐诸公子及天下有变",秘而不宣,以"沙丘之谋"立胡亥为秦二世。胡亥即位后,对愈演愈烈的社会矛盾,不思变革,却信用宦官赵高等,诛夷大臣及诸公子,民众的兵役、徭役负担日益加重,使得"宗室振恐""黔首振恐"。在内外交困的局面下,天下反秦之势如箭在弦,"始皇帝死而地分"终成现实。

秦二世元年(前209)七月,陈胜、吴广率戍卒九百人,于大泽乡(今安徽宿州西寺坡乡)起事,诈称公子扶苏、项燕,号称大楚。陈胜转战收兵,不久,攻克楚旧都陈(今河南淮阳),陈胜自立为王,号为"张楚"。楚人武臣、邓宗、葛婴等纷纷响应,"楚兵数千人为聚者,不可胜数"。[4]魏人周市、张耳、陈余和齐人田儋等,也起事反秦,史称"山东郡县少年苦秦吏,皆杀其守尉令丞反,

---

[1]《史记》卷六《秦始皇本纪》,第331页。

[2] 史念海:《秦汉时代国内之交通路线》,原刊《史学杂志》第2卷第9、10期(1944年),收入《河山集·四集》,陕西师范大学出版社1991年版,第546页。

[3] 王子今:《秦汉时代的并海道》,《中国历史地理论丛》1988年第2期,第33—35页。并参王子今:《滨海文化区与并海交通》,《秦汉交通史稿》(增订本),中国人民大学出版社2013年版,第299—306页。亦有学者提出不同意见,参辛德勇:《苏北海岸的自然环境与秦始皇因航海北上而颠簸致死的真相》,《旧史舆地文录》,中华书局2013年版,第62—75页。

[4]《史记》卷四八《陈涉世家》,第2356页。

以应陈涉,相立为侯王,合从西乡,名为伐秦,不可胜数也"。[1]

当此之际,秦用少府章邯之策,发骊山刑徒为军,东向击楚,连败周文、吴广,破楚都陈。秦二世二年之初,陈胜于下城父(今安徽亳县东南城父集)被其车夫庄贾所杀。陈胜自起事至败死,前后凡六月。

陈胜败亡后,楚地的反秦热潮依然高涨。陈王初立时,凌人秦嘉[2]、铚人董缫、符离人朱鸡石、取虑人郑布、徐人丁疾等皆特起,攻秦郯郡,及闻陈胜军败出走,秦嘉乃与东阳宁君立楚国贵族景驹为楚王,据留(今江苏沛县东南)。凌等诸县皆在广陵西北地区。与之同时,广陵人召平曾奉陈胜命令,为陈王"徇广陵",久攻未下,及闻陈胜败走,秦兵且至,乃率军渡江至吴,并以陈王之命,拜先已起事的楚将项梁为上柱国,谓"江东已定,急引兵西击秦"[3]。可见广陵等江淮下游地区,都已卷入了反秦浪潮。

项梁,下相(今宿迁)人,项燕之子,世为楚将。秦统一后,为避祸迁居至吴(今江苏苏州)。二世元年九月,项梁闻陈胜起兵后,乃诛秦会稽假守殷通,自立为会稽郡守,以其侄项羽为裨将,攻取周边诸县。及召平至吴,拜梁为楚上柱国,遂率麾下精兵八千人渡江击秦。

东阳人陈婴,本为秦东阳令史,素以谨信著称,县内号为"长者"。[4]及反秦浪潮兴起,东阳少年聚众数千人,杀其县令,共推陈婴为主,并迅速发展至二万余人。至项梁北渡,遣使至东阳欲与陈婴"连和",陈婴乃谓其军吏曰:"项氏世世将家,有名于楚。今欲举大事,将非其人不可。我倚名族,亡

---

[1]《史记》卷六《秦始皇本纪》,第337页。陈胜据陈称王后,六国除韩国外,皆先后复国,魏王魏咎、齐王田儋出身旧王族,楚王陈胜、赵王武臣、燕王韩广则皆出身平民,或以"复国建王""平民王政"概括此期特征,参李开元:《汉帝国的建立与刘邦集团——军功受益阶层研究》,生活·读书·新知三联书店2000年版,第78—80页。

[2]《史记集解》记秦嘉为"广陵人",但《史记·陈涉世家》作"陵人",《汉书·陈胜传》作"凌人",《汉书·地理志》泗水国下有凌县,《集解》应误。凌县遗址,在今江苏省宿迁市泗阳县西北8千米处,参尹焕章、张正祥:《洪泽湖周围的考古调查》,《考古》1964年第5期,第223—224页。

[3]《史记》卷七《项羽本纪》,第378页。

[4] 1960—1961年,经考古调查,确认秦汉东阳城遗址在今盱眙县马坝镇东阳村,距汉广陵城西北约85千米,其城门缺口尚可见,参尹焕章、赵青芳:《淮阴地区考古调查》,《考古》1963年第1期,第1—8页。城内出土秦廿六年诏权,参南京博物院:《江苏盱眙东阳公社出土的秦权》,《文物》1965年第11期,第50—51页。2009—2012年间,南京博物院对东阳城遗址以北1千米的大云山墓葬群进行抢救性发掘,确认大墓墓主为西汉江都王刘非。详本章第五节。

秦必矣。"[1]于是,陈婴的东阳军,成为项梁北渡后率先加入项氏阵营的重要力量。

项梁与陈婴"连和"之后,并未急于西攻关中,而以全面掌控东楚地区为战略目标。项梁率军北上,渡过淮河,黥布、蒲将军等均率军投入项梁麾下,项梁军队扩充至六七万人,驻于下邳(今江苏睢宁)。约在此时,范增、韩信、钟离眛等,张楚故臣吕臣、吕青父子等,项氏子弟项伯、项庄、项它、项声、项悍等,也都汇聚于项梁军中。[2]

项梁占据下邳后,与盘踞在彭城(今江苏徐州)东部的秦嘉发生冲突。秦嘉立景驹为楚王后,势力不断发展,沛公刘邦时也附从麾下。项梁至下邳,秦嘉便率兵抵抗。项梁以陈王首事,未闻战败确信,秦嘉所立为"逆无道",遂在二世二年(前208)四月进兵击之。结果秦嘉战死,景驹败逃,大军皆属项氏。至此,东楚之地即彭城以东,包括东海、吴、广陵为中心的广大区域,悉数归入项梁治下,项梁成为东楚之地的实际掌控者。

项梁吞并秦嘉之后,引兵北上入薛(今山东滕县东南)。不久,陈胜死讯传来,如何建立楚政权的中枢机构,成为项梁的当务之急。项梁尽召其麾下别将至薛,会议其事。时年七十的范增进言,陈胜之败,在于不立楚后裔,而自立为王,以此失楚旧贵族之心;今楚人多附项梁,正因其世世楚将,必能"立楚之后"。出身楚贵族的项梁,深以为然。七月,项梁立楚怀王之孙熊心,仍号楚怀王,以从民望。项梁自号武信君[3],任楚军统帅。以陈婴首从之功,拜上柱国,封五县,与怀王熊心定都盱台(今江苏盱眙北)。

至此,在陈胜、吴广张楚政权之后,楚地反秦势力再度整合,以怀王熊心、项梁、陈婴等为首的楚政权,成为反秦的中坚力量。及至稍后,楚立韩国故公子韩成以为韩王,山东六国除僻处一隅的燕国之外,均奉战国故王族后

---

[1]《史记》卷七《项羽本纪》,第379页。

[2]　参李开元:《秦崩:从秦始皇到刘邦》,生活·读书·新知三联书店2015年版,第207—208页。

[3]　或称扬州博物馆旧藏秦龟纽银印一方,文曰"武信君印",参孙慰祖:《西汉官印、封泥分期考述》,《上海博物馆集刊》1992年第6期,第191页。此后,孙慰祖、陈松长、王辉、叶其峰等均一再征引此印。惜无图版、印蜕面世,今查无此件。按,武信君可考有张仪、武臣、项梁三人,张仪在秦,武臣在赵,唯项梁在楚。项氏于楚汉战争失败后,项伯一支入汉封射阳县侯,其地即在今扬州宝应县东。唯进一步的考察,或有待相关资料的重新刊布。

为王,反秦战争的性质发生了深刻变化。[1]

第二节　楚汉战争中的扬州地区

在项梁经略东楚之际,秦将章邯挟灭张楚之威,北攻魏、齐,齐王田儋、魏王魏咎先后败死。项梁率军北上救齐,连战连胜,遂致轻敌。九月,章邯夜袭项梁于定陶(今山东定陶西北)城外,楚军大败,项梁战死,刘邦、项羽等退守彭城。章邯以楚兵不足忧,率军渡河,进围赵国钜鹿。

项梁死后,楚军震恐。楚怀王趁势夺项氏权,与诸将定盟"先入定关中者王之",遣刘邦收整败卒西进关中。又以宋义为上将军,项羽、范增副之,北上救赵。宋义逗留不进,项羽帐斩之,自立为上将军,率军渡河,破釜沉舟,于钜鹿大破秦军。诸侯将为楚军威势所震慑,入觐项羽,"无不膝行而前,莫敢仰视"。项羽号为诸侯上将军,成为诸侯联军的实际统帅。二世三年(前207)七月,章邯见疑于赵高,率秦军二十万降于项羽,项羽尽坑杀秦降卒。

项羽、章邯相持之际,刘邦由砀县出发,辗转西进。八月,刘邦自武关(今陕西丹凤东)入秦。汉元年十月(前206),秦王子婴降,秦亡。刘邦入咸阳,封宫室府库,还军霸上,与关中父老"约法三章",得到秦人拥戴。十二月,项羽闻刘邦先入关中,大怒,进军鸿门(今陕西临潼东),与刘邦对峙。鸿门宴上,刘邦脱身。数日后,项羽西屠咸阳,杀秦王子婴,烧秦宫室,掳掠东归。

秦亡以后,新的天下秩序如何建立?项羽遣使试探楚怀王,怀王答以"如约",即以关中封刘邦为王,并以制衡项羽。项羽得报,大会诸将,称"义帝无功","灭秦定天下者,皆将相诸君与籍之力也"。[2]意即新的天下秩序,应由项羽而非怀王制定。正月,项羽于戏下大会诸将,"分天下,立诸将为侯王",后世或称之为"十八诸侯"[3]。

---

[1] 反秦战争的领导权,由陈胜为代表的平民力量,转归于六国旧贵族,或称为"王政复兴期"或"贵族王政复活",参见李开元:《汉帝国的建立与刘邦集团——军功受益阶层研究》,第80—82、127—133页。

[2]《史记》卷七《项羽本纪》,第398页。

[3] 参见《汉书》卷一三《异姓诸侯王表》注引"应劭曰",第364页。

项羽主持的大分封,相比项梁、怀王时期,有显著变化。原战国七国,无不支裂瓦解,而代之以众建列国。[1]项羽所封诸王,贵军功而轻血统,原六国旧贵族为王者,或废或徙。原各国核心区域,多封给追随项羽入关的"灭秦定天下者"。列国当中,疆域最广、势力最强的,是独领秦九郡之地的西楚,故西楚为天下列国之长,西楚霸王则为天下诸王之长。项羽所定天下秩序,实际是对西周分封制与秦郡县制的融合,以建立"西楚霸王"之政。

项羽主持大分封之际,有一个久已湮灭的历史事实,即项羽初都江都事。其事本见《史记·秦楚之际月表》,后世不明其意,删削《月表》文本,事遂湮没。清嘉庆、道光间,仪征刘文淇作《项羽都江都考》,得以廓清相关史实,今摘引其要:

> 《月表》分二十一格。第一格载义帝事,第二、第三格皆言项羽事。第二格言诸侯尊怀王为义帝,西楚伯项王籍始为天下主命,立十八王,都彭城。第三格言项籍自立为西楚霸王,都江都。以下十八格分言十八王所都之地……第三格言都江都者,江都乃项羽初都之地也。怀王初都盱台,后徙盱台,之彭城。项羽于义帝元年正月犹在关中,分天下,立诸将为侯王。是时虽有都彭城之意,而怀王尚在彭城,故先以江都为都……羽虽未至江都,然先议所都之地,实在江都,太史公于《羽本纪》直言都彭城,不言都江都,所以纪其实;《月表》兼载都江都,所以存其名。[2]

刘文淇指出,项羽于戏下大分封时,虽有定都彭城的意向,但碍于义帝尚在彭城,故初议以江都为都城。不久,项羽徙杀义帝于长沙,最终以彭城

[1] 学者或称"列国众王期",参李开元:《汉帝国的建立与刘邦集团——军功受益阶层研究》,第82—87页。

[2] 〔清〕刘文淇:《青溪旧屋文集》卷四《项羽都江都考》,〔清〕刘文淇、〔清〕刘毓崧、〔清〕刘寿曾著,吴平、李善强、郑晓霞整理:《仪征刘氏集》,广陵书社2018年版,第34—35页。

为都城。[1]

因项羽的分封,今扬州地区归属项羽所领"西楚"。项羽将故楚析分为四,除西楚外,尚有都六县(今安徽六安)的九江王英布,都邾县(今湖北黄冈北)的衡山王吴芮,都江陵(今湖北荆州)的临江王共敖。而依西楚、东楚、南楚划分,上述三王,所领均为南楚之地,大致相当于长江中游地区,也是较早为秦蚕食鲸吞之地。项羽自领之"西楚",实际约当战国后期楚国的版图,亦即东楚、西楚之地。三楚的中心城市,江陵为临江王所都,吴、彭城皆属项羽。项羽西楚之地,以长江分为南、北,吴在江南,是项氏起家之地,彭城在江北,势接中原。扬州地区,作为长江下游南北交通要津,是连接吴与彭城的关键之地,其战略重要性不言而喻。及至刘邦统一天下,封荆王刘贾,广陵长期作为区域诸侯王国的都城,其政治地理地位愈加突出。

汉元年(前206)四月,戏下诸侯各罢军归国。刘邦纳萧何谏言,经子午道回归汉中,烧绝栈道,以示不复东出。不久,故齐、赵、燕地先后叛楚,项羽新秩序陷入危机。八月,刘邦暗度陈仓,降三秦王,尽得关中地。赵王歇、韩王信、魏王豹等,叛楚自立。至此,除燕王臧荼外,诸侯均脱离项羽阵营。二年三月,刘邦军至洛阳,数项羽之罪,为义帝发丧,遂成共起伐楚之势。

楚汉相争,天下疲敝,"丁壮苦军旅,老弱罢转漕"。[2]汉四年(前203)八月,楚汉约和,以鸿沟(在今河南荥阳)为界,中分天下,以西为汉,以东为楚。天下大半归于刘邦;项羽则众叛亲离,兵疲粮少。次年初,项羽被迫东撤,刘邦背约追击,并封韩信以齐地,彭越以魏地,共击项羽。至十二月,汉军围项羽于垓下(今属安徽固镇),项羽自刎乌江,楚亡。

灭楚之役,韩信自齐南下,先遣灌婴为别将,率郎中骑军攻楚。灌婴自鲁(今山东曲阜)南下,一路攻破傅阳(今山东枣庄南)、下相(今江苏宿迁西南)、

---

[1] 清儒阮元举其文选楼所藏元中统二年《史记》,"明明有都江都一事",肯定刘说,参〔清〕阮元:《揅经室再续集》卷二《〈项羽都江都考〉跋》,《清代诗文集汇编》四七七,上海古籍出版社2010年版,第761页;曹金华:《清刘文淇〈项羽都江都考〉及阮元跋文读议——项羽"都江都"的可能性及诸因素之分析》,《项羽文化》2012年第3期,第9—14页。新近,辛德勇以《史记》版本、义例入手,举南宋绍兴初杭州刻十四行单附《集解》本《史记》为证,益证实刘文淇所揭"项羽都江都"的事实,参辛德勇:《史记新本校勘》,广西师范大学出版社2017年版,第235—268页。

[2] 《史记》卷七《项羽本纪》,第412页。

僮(今安徽泗县东北)、取虑(今安徽灵璧东)、徐(今江苏泗洪南),接着渡过淮河,"尽降其城邑,至广陵"[1]。《史记集解》引《汉书音义》曰:"住广陵以御敌。"《史记正义》云:"谓从下相以东南,尽降城邑,乃至广陵,皆平定也。"灌婴直指广陵进军,或正与扬州地区在长江下游南北交通中的地位有关。此时,项羽屯据于陈,江淮东部无暇他顾,完全落入汉军之手。及项羽死后,刘邦遣将分定楚地,灌婴复率骑军渡江,平定吴、豫章和会稽三郡,遣卢绾、刘贾攻临江国,俘其王共驩,楚地皆入汉。

此时,因楚怀王曾封项羽为鲁公,鲁地仍为项羽死守不降。刘邦以项羽头示鲁,乃降。刘邦以鲁公礼葬项羽于鲁地谷城(今山东东阿南),并为发丧,泣之而去。项氏族属,刘邦封项伯为射阳侯,项它为平皋侯,项襄为桃侯,皆赐姓刘。项伯所封射阳侯,治今扬州宝应县的射阳镇。至清,谣谚尚云"射阳三千六百墩,不知谁是楚王坟"。[2]

汉五年(前202)正月,刘邦诏告天下,宣布天下已定,赦免罪人,与民休息。二月初三,于定陶县北的氾水北岸即皇帝位,汉帝国的统治由此拉开帷幕。

第三节　楚王韩信与荆王刘贾

西汉初年,基本沿袭了秦朝的政治制度,在地方行政上实行郡县制度;同时,楚汉战争以来所立异姓诸侯王,仍予保留,形成郡国并行的局面。异姓诸侯王权力膨胀,是汉帝国的潜在威胁。因此,在局势基本稳定后,高祖刘邦着手解决这一问题。

一、楚王韩信与"存恤楚众"

自汉二年(前205)刘邦封立韩王信开始,至高帝五年(前202)平定天下,

---

[1]《史记》卷九五《灌婴传》,第3217页。

[2] 1962年,由南京博物院赵青芳、汪遵国、黎忠义、尤振尧重点调查后,尚存70余座,其中68座公布了勘测数据,今所存无几。并参南京博物院:《江苏射阳湖周围考古调查》,《考古》1964年第1期,第28—29页。

"诸侯非刘氏而王者七人"[1]。五年八月,刘邦破杀燕王臧荼,复立故旧卢绾为燕王。这些人,多因军功而封,都是异姓诸侯王,具体情况参见下表。

表 4-1 汉初异姓诸侯王表

王	国	都城	辖郡	始	终
韩信	韩	阳翟	颍川	汉二年十一月	高帝七年十月,亡
张耳	魏	襄国	邯郸、恒山、清河、河间	汉四年十一月	高帝五年十二月,死
韩信	齐	临淄	平原、千乘、东莱、齐郡	汉四年二月	高帝五年正月,徙
英布	淮南	六	九江、衡山、庐江、豫章	汉四年七月	高帝十二年十月,杀
韩信	楚	下邳	东海、鄣郡、会稽、彭城、淮阳、薛郡	高帝五年正月	高帝六年十二月,废
吴芮	长沙	临湘	长沙、武陵	高帝五年正月	高帝五年六月,死
臧荼	燕	蓟	广阳、上谷、渔阳、右北平、辽东、辽西	项羽初封,高帝五年正月如故	高帝五年九月,杀
彭越	梁	定陶	砀郡	高帝五年二月	高帝十一年三月,杀
卢绾	燕	蓟	广阳、上谷、渔阳、右北平、辽东、辽西	高帝五年九月	高帝十二年四月,亡

资料来源:《史记·汉兴以来诸侯王年表》《汉书·异姓诸侯王表》及相关纪传等

由表可见,至高帝五年,异姓王共有燕、赵、梁、韩、楚、淮南、长沙七国,计辖 24 郡,即整个关东地区,除东郡及以东的故齐四郡外,皆为七国封地。而汉廷所领,则以关中地区为主,亦辖 24 郡,与王国的数目相当。[2]从地域上来看,约占汉帝国疆域的一半。这种郡国并行制度,显然是在楚汉对峙的局势下,为赢得地方实力者的支持,而不得不兼采周分封制、秦郡县制的结果。[3]

汉二年,刘邦新败于项羽,诸侯见楚强汉败,皆去汉归楚。退军途中,刘邦问计于张良:"吾欲捐关以东等弃之,谁可与共功者?"张良对以黥布、彭

---

[1]《史记》卷九三《卢绾列传》,第 3180 页。

[2] 渭南、河上、中地、陇西、北地、上郡、云中、雁门、代郡、太原、巴郡、蜀郡、汉中、南郡、南阳、河南、河内、河东、上党、东郡、临淄、济北、胶东、琅邪,计 24 郡。参周振鹤主编,周振鹤、李晓杰、张莉著:《中国行政区划通史·秦汉卷》(第二版),复旦大学出版社 2017 年版,第 121—126 页。

[3] 参陈苏镇:《郡国并行制的形成》,《〈春秋〉与"汉道":两汉政治与政治文化研究》,中华书局 2011 年版,第 66—76 页。

越、韩信,谓:"即欲捐之,捐之此三人,则楚可破也。"[1]及汉四年,项羽围刘邦于荥阳,韩信请为齐假王,刘邦虽盛怒,仍不得不允,并去"假"字,立为"真王"。[2]可见,争取中间势力以赢得楚汉战争,是刘邦封建异姓诸王的关键原因。因此,汉廷与异姓诸侯王形成了"共天下"的局面[3],与扬州地区相关的,则是淮阴人韩信。

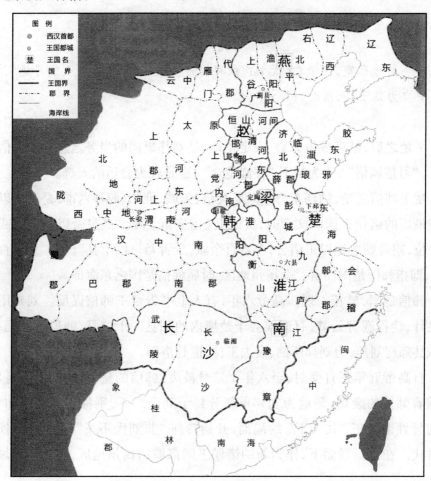

高帝五年(前202)七异姓诸侯封域示意图
(选自周振鹤主编《中国行政区划通史·秦汉卷(第二版)》)

---

[1]《史记》卷五五《留侯世家》,第2464页。

[2]《史记》卷九二《淮阴侯列传》,第3160页。

[3] 高帝五年十月,刘邦追击项羽,韩信、彭越逡巡不进,刘邦谓张良曰:"诸侯不从,奈何?"张良对曰:"君王能与共天下,可立致也。"《汉书》卷一《高帝纪》,第49页。

韩信,淮阴人,生年阙载,或考在秦王政十九年(前228)。[1]韩信自登坛拜将,次第破降魏、代、赵、燕、齐、楚。垓下决战,韩信率三十万大军南下,为汉军主力。故武涉云"足下右投则汉王胜,左投则项王胜",蒯通云"足下为汉则汉胜,与楚则楚胜"。[2]韩信最终从汉破楚,但不免遭到忌惮。平定项羽后,高帝五年十二月,刘邦即"驰入齐王壁,夺其军"[3],解除了韩信的兵权。

五年正月,刘邦立韩信为楚王[4],令曰:

> 楚地已定,义帝亡(无)后,欲存恤楚众,以定其主。齐王信习楚风俗,更立为楚王,王淮北,都下邳。[5]

平楚之后,结束战争态势、安定楚地,是刘邦集团的当务之急。以韩信为楚人,"习楚风俗",立为楚王"存恤楚众",也是较为合适的人选。

楚王韩信之楚,约辖东海、郯郡、会稽、彭城、淮阳、薛郡六郡,是汉兴以来疆域最广的诸侯王国。文帝时,贾谊上《治安策》,云"高皇帝以明圣威武即天子位,割膏腴之地以王诸公,多者百余城,少者乃三四十县"[6],"多者百余城",即指韩信楚国而言。今扬州地区,时属韩信楚国之东海郡。

韩信楚国,昙花一现。高帝六年,有人上书告楚王韩信谋反。刘邦用陈平之计,伪称巡狩云梦,召诸侯会于楚境内的陈县。十二月,韩信自度无罪,于陈县郊迎刘邦,为刘邦所擒,废去王位,遣赴洛阳。

自高帝五年正月受封,至六年十二月被废,韩信的楚王之位,尚不足岁。而随着韩信的废黜,楚地为刘邦重新分封予刘氏二王,则标志着西汉初年,汉与异姓诸侯王"共天下"的局面,开始转向"非刘氏不王"的同姓诸侯王的时代。在此新局面下,作为新的诸侯王国都城的扬州地区,迎来了地域发

---

[1] 张大可、徐日辉:《张良萧何韩信评传》,南京大学出版社2002年版,第10页。

[2] 《史记》卷九二《淮阴侯列传》,第3161—3162页。

[3] 《史记》卷八《高祖本纪》,第473页。

[4] 《史记·高祖本纪》系此事于二月刘邦称帝后,《史记·秦楚之际月表》《汉书·高帝纪》则系此于正月,《资治通鉴》亦取正月说,今从正月说。

[5] 《汉书》卷一《高帝纪》,第51页。

[6] 《汉书》卷四八《贾谊传》,第2234页。

展史上的初度繁荣。

二、荆王刘贾与建都广陵

高帝六年十二月,刘邦计擒韩信,大赦天下。属下田肯向刘邦道贺,谓刘邦得韩信,又治关中形胜之地,以此临关东诸侯,有高屋建瓴之势,而关东的齐国,其战略地位与关中仿佛,可谓"东西秦"也。韩信以兵取齐,"守令多其故将,余威尚在"[1],今韩信既擒,"非亲子弟,莫可使王齐矣!"[2]田肯之说,正中高祖刘邦下怀,汉初与异姓王"共天下"的政策由此转向。

高帝六年春正月丙午,奉刘邦诏书,群臣上奏,分韩信楚国为二,立刘贾为荆王,刘交为楚王。七日之后,又立刘喜为代王,刘肥为齐王。至刘邦去世前,先后分封同姓诸侯国十二王,如下表:

表 4-2　　　　　　　刘邦所封同姓诸侯王表

国	王	身份	都城	辖郡	始	终
荆	刘贾	从父子	广陵	东阳、鄣郡、吴郡	六年正月	高帝十一年,死
楚	刘交	弟	彭城	彭城、薛郡、东海	六年正月	文帝元年,死
齐	刘肥	子	临淄	临淄、济北、博阳、胶东、胶西、城阳、琅邪	六年正月	惠帝六年,死
代	刘喜	兄	晋阳	云中、雁门、代郡	六年正月	高帝七年,废
代	刘如意	子	晋阳	云中、雁门、代郡	七年十二月	高帝九年,徙
赵	刘如意	子	邯郸	邯郸、恒山、清河、河间	九年正月	高帝十二年,杀
代	刘恒	子	晋阳	太原、代郡、雁门、定襄	十一年正月	吕后八年,为帝
梁	刘恢	子	定陶	砀郡、东郡	十一年三月	吕后七年,徙
淮阳	刘友	子	陈	淮阳、颍川	十一年三月	惠帝元年,废
淮南	刘长	子	寿春	九江、衡山、庐江、豫章	十一年七月	文帝六年,死
吴	刘濞	兄子	广陵	东阳、会稽、鄣郡	十二年十月	景帝三年,杀
燕	刘建	子	蓟	广阳、上古、渔阳、右北平、辽西、辽东	十二年二月	吕后七年,死

注:"身份"一栏,指其与刘邦的亲属关系。

资料来源:《史记·汉兴以来诸侯王年表》《汉书·诸侯王表》及相关纪传等

---

[1]〔汉〕司马迁撰,〔日〕泷川资言考证,杨海峥整理:《史记会注考证》卷八《高祖本纪》,上海古籍出版社 2015 年版,第 536 页。

[2]《史记》卷八《高祖本纪》,第 478 页。

　　刘邦分封同姓诸侯王,是与翦除异姓诸侯王同时进行的。如前表所示,汉初异姓诸侯王,仅长沙王吴芮以地处僻远传国于后。至高帝十二年,以燕王卢绾逃入匈奴为尾声,汉初所封异姓诸侯王,几乎悉数遭到翦除。同时,高祖末年,与群臣约为白马之盟,"非刘氏不王,非功臣不侯",再度明确了汉室分封制度的原则。至此,汉廷居于关中,同姓诸侯王居于关东,郡国并行、东西异治的政治局面最终确立。对此,司马迁总结道:

　　　　高祖末年,非刘氏而王者,若无功上所不置而侯者,天下共诛之。高
　　祖子弟同姓为王者九国,唯独长沙异姓,而功臣侯者百有余人……而内地
　　北距山以东尽诸侯地,大者或五六郡,连城数十,置百官宫观,僭于天子。
　　汉独有三河、东郡、颍川、南阳,自江陵以西至蜀,北自云中至陇西,与内史
　　凡十五郡,而公主列侯颇食邑其中。何者? 天下初定,骨肉同姓少,故广
　　强庶孽,以镇抚四海,用承卫天子也。[1]

　　相比于汉廷与异姓诸侯王东西对峙、半分天下的局面,同姓诸侯王辖地已扩展至全国的三分之二,汉廷直辖地区减少至十五郡,约占天下三分其一。关东诸侯,虽不再有韩信楚国"百余城"的规模,但大国林立,或"连城数十"。归根结底,有鉴于秦不封树同姓以致败亡,以及秦东方政策的失败,汉初"广强庶孽",其用意即在以同姓诸侯"镇抚四海",从而"承卫天子"。

　　西汉初年的这一政策,在政治上消解战国遗绪,在区域地方上恢复经济、民生,使初兴的汉帝国的统治得以维系贯彻,是卓有成效的。但是,同姓诸侯王国日渐坐大,乃至威胁到汉廷统治,日后地方的叛乱也由此埋下祸根。

　　高帝六年初,刘邦定策分封同姓,"当是时也,高祖子幼,昆弟少,又不贤",不得不求之于刘氏宗属。将军刘贾,脱颖而出。高祖诏曰:"将军刘贾有功,及择子弟可以为王者。"[2]此诏又作"将军刘贾数有大功,及择宽惠修挈

[1]《史记》卷一七《汉兴以来诸侯王年表》,第961—962页。
[2]《史记》卷五一《荆燕世家》,第2406页。

者,王齐、荆地"[1]。司马迁云,刘贾出身"诸刘",却"不知其何属初起时"[2];班固云"高帝从父兄也,不知其初起时"[3],唐人司马贞《史记索隐》采其说,以为"班固或别有所见"[4]。有军功的疏属刘贾,或是较早明确的同姓诸侯王人选。

刘贾所封荆国,《史记·荆燕世家》云"王淮东五十二城"[5],《汉书·高帝纪》云"以故东阳郡、鄣郡、吴郡五十三县立刘贾为荆王"[6]。至于荆国的都城,旧说多以为在吴(今江苏苏州),实际当在广陵。《史记·汉兴以来诸侯王年表》于"荆"下云"都吴"[7],故司马贞《史记索隐》云《表》云刘贾都吴"。荆国都吴说,即由此而来。但据《史记·荆燕世家》,刘贾、刘交分王淮东、淮西,谓之都吴,不免令人生疑。或援引《越绝书》云:"汉高帝封有功,刘贾为荆王,并有吴。贾筑吴市西城,名曰定错城……后十年,高皇帝更封兄子濞为吴王,治广陵,并有吴。"[8]但是,"并有吴"是否可解读为"以吴城为都",不免有疑。其云吴王刘濞"治广陵,并有吴",则"并有吴"似不指以吴为都。唐人杜佑撰《通典》,对"荆国都吴"说已有怀疑,在"荆王刘贾败死"下,自注云:"时刘贾都丹徒。"[9]但"都丹徒"说仅见于此,又不知何据,故少有学者赞同。

清人梁玉绳《史记志疑》则明确指出,刘贾所都在广陵,而非在吴:

> 荆王刘贾都东阳,即广陵也,《水经注》三十"广陵城,楚、汉之间为东阳郡"是已。此《表》云都吴,与徐广于《景纪》云都江都,亦即广陵,《汉志》可证。乃广于《吴王濞传》云贾都吴,濞移广陵,则误也。[10]

---

[1]《汉书》卷一《高帝纪》,第60页。

[2]《史记》卷五一《荆燕世家》,第2405页。

[3]《汉书》卷三五《荆燕吴传》,第1899页。

[4]《史记》卷五一《荆燕世家》,第2405页。

[5]《史记》卷五一《荆燕世家》,第2406页。

[6]《汉书》卷一《高帝纪》,第60页。

[7]《史记》卷一七《汉兴以来诸侯王年表》,第964—965页。

[8] 李步嘉校释:《越绝书校释》卷二《越绝外传记吴地传》,第41页。

[9]〔唐〕杜佑撰,王文锦、王永兴等点校:《通典》卷一五〇《兵三》,中华书局1988年版,第3836页。

[10]〔清〕梁玉绳:《史记志疑》卷一〇,中华书局1981年版,第474页。

梁玉绳的"荆国都广陵"说,多为学界所认同。周振鹤明确指出,刘贾荆国王都为"广陵",在图例中亦标示广陵为都城。[1]韩兆琦亦取此说,并云:"刘贾为荆王,与后来刘濞为吴王皆都广陵,即今扬州市,非苏州。"[2]新近,郭声波亦指出,刘贾荆国"以故荆楚之地为名,兼领吴、会稽、郭三郡,都广陵(今江苏省扬州市广陵区)"[3]。

高帝十一年(前196),汉廷先后诛杀淮阴侯韩信与梁王彭越,引起其他异姓诸侯王的不安,淮南王英布遂举兵反。英布起兵后,东击刘贾荆国,刘贾率军与战,败走富陵(今江苏洪泽县西北),为英布军所杀。英布进军,再败楚王刘交。刘邦率军亲征英布,于蕲(今安徽宿州东南)县西大破之,英布逃死番阳(今江西鄱阳东北)。

荆王刘贾身死,无后,荆国至此而废。作为刘贾的继任者,吴王刘濞缔造了扬州地区的初度繁荣。

第四节　吴王刘濞统治下的广陵

翦除异姓诸侯王以后,汉初政局,西部为中央直辖郡县,东部为同姓诸侯王国,即东西异制的郡国并行新局面。在此情势下,刘濞获封吴王,以广陵为都,领三郡五十三城。得益于汉初的郡国并行与黄老政局,以及吴国辖境内丰富的铜、盐资源,刘濞治吴四十二年,汉代扬州地区呈现出繁荣局面。

一、刘濞初封与汉初政局

(一)吴王刘濞的封拜

吴王刘濞(前216—前154),是刘邦兄长刘喜(即刘仲)之子。刘邦兄弟可考者四人:长兄刘伯早卒,汉兴追尊为武哀侯,其子刘信封羹颉侯;次兄刘仲,名喜,高帝六年封为代王;同年受封的楚王刘交,是刘邦的同父少弟。

高帝七年,匈奴进犯代国。代王刘喜不能坚守,弃国逃奔洛阳,本当处

---

[1] 周振鹤主编,周振鹤、李晓杰、张莉著:《中国行政区划通史·秦汉卷》(第二版),第129—133页。

[2] 韩兆琦编著:《史记笺证》,江西人民出版社2004年版,第1292页。

[3] 郭声波编著:《〈史记〉地名族名词典》"荆"条,中华书局2020年版,第162页。

死。[1]刘邦以刘喜兄弟至亲,又正分封同姓诸侯,故不忍诛,贬为郃阳侯。2004年,邗江区杨庙镇刘毋智墓,经扬州市文物考古研究所抢救性发掘,清理并追缴文物179件。其中玉印1件,方印盝顶,阴刻"刘毋智"三字,应即墓主私印。墓中所出素面耳杯,杯底烙印"郃阳侯家"方形戳记,旁有刻划文字"吴家",或初为郃阳侯家器,后复属吴王家器。墓主"刘毋智"应即郃阳侯刘喜及其子吴王刘濞亲族。[2]

左:"刘毋智"玉印;中:漆耳杯底部;
右:漆耳杯底部"郃阳侯家"戳记与"吴家"铭文

　　高帝十一年十二月,刘邦封刘濞为沛侯。沛(今江苏沛县)为西汉帝乡,元从功臣麇集之地,刘濞得封沛侯,足见刘邦对他的信爱。是年秋,淮南王英布反,刘邦统军亲征,沛侯刘濞以骑将从征,勇武有功。

　　十二年,刘邦击破英布,还过沛。刘邦年老,又为流矢所伤,自知不久,故悉召沛父老子弟,纵酒为乐,又发沛中儿百二十人,教之歌。酒酣之际,刘邦击筑为歌,辞曰:"大风起兮云飞扬,威加海内兮归故乡,安得猛士兮守四方!"命群儿唱和,刘邦自起舞,慷慨垂泣。刘邦并与沛国父老相约,以沛为桑梓故

[1]《二年律令·贼律》云:"以城邑亭障反,降诸侯,及守乘城亭障,诸侯人来攻盗,不坚守而弃去之,若降之,及谋反者,皆要(腰)斩。其父母、妻子、同产,无少长皆弃市。"张家山二四七号汉墓竹简整理小组编:《张家山汉墓竹简〔二四七号墓〕》,文物出版社2001年版,第133页;彭浩、陈伟、〔日〕工藤元男主编:《二年律令与奏谳书——张家山二四七号汉墓出土法律文献释读》,上海古籍出版社2007年版,第88—90页。
[2] 扬州市文物考古研究所:《江苏扬州西汉刘毋智墓发掘简报》,《文物》2010年第3期,第19—36页。

乡,百年后魂魄当归,故以沛永为其汤沐邑。[1]刘濞之封吴王,与刘邦于沛的居留,有紧密的关联。

《史记》本传云"乃立濞于沛为吴王"[2],《年表》云"十二年十月辛丑,(沛)侯濞为吴王,(沛)国除"[3]。高帝十二年,刘濞获封吴王于沛,正是刘邦于沛居留之际。刘邦既以沛为其汤沐邑,沛侯刘濞必予徙封。同时,荆王刘贾身死无后,荆国故地,亦须妥善处置。史称"上患吴、会稽轻悍,无壮王以填(镇)之,诸子少,乃立濞于沛为吴王,王三郡五十三城"[4]。吴楚"轻悍",是战国秦汉间流行的观念,《史记·货殖列传》亦称"其俗剽轻,易发怒"[5]。因此,无论就血缘还是军功而言,刘濞都是较为合适的人选。

但是,对于这个侄子,刘邦也有后顾之忧。史载封侯赐印之后,刘邦召刘濞"相之",以为"若状有反相",乃劝诫刘濞:"汉后五十年东南有乱者,岂若邪? 然天下同姓为一家也,慎无反。"[6]秦汉时期,"东南有天子气",是长期流行的社会意识,魏晋以下仍不乏遗响。秦始皇的东巡,即有借以厌胜的意味。[7]所以刘邦"慎无反"的训诫,或是这位开国雄主在人生末了,对帝国的东南地域以及对吴王刘濞的忧虑。

距此不足半年,刘邦因箭创崩于长安,时年六十二。此时,刘濞在吴国的统治,方才拉开帷幕。巧合的是,四十二年后,刘濞战败身死,亦享寿六十二。

（二）汉初黄老之治与惠吕政局

西汉初年,鉴于秦行郡县而子弟为匹夫以致迅速灭亡的深刻教训,在翦除异姓诸王之后,大封刘氏宗室为诸王,并作了"非刘氏而王,天下共击之"的规定。同时,针对秦朝法治严酷、大兴徭役等导致民怨沸腾,以及社会经济需要迅速恢复的社会现实,以"黄老无为"作为统治思想,采取了"与民休

---

[1]《史记》卷八《高祖本纪》,第485页。

[2]《史记》卷一〇六《吴王濞列传》,第3395页。

[3]《史记》卷一八《高祖功臣侯者年表》,第1119页。

[4]《史记》卷一〇六《吴王濞列传》,第3395页。

[5]《史记》卷一二九《货殖列传》,第3936页。

[6]《史记》卷一〇六《吴王濞列传》,第3396页。

[7]　参冷鹏飞:《"东南有天子气"释——秦汉区域社会文化史研究》,《学术研究》1997年第1期,第52—57页。

息"、"轻徭薄赋"、"约法省禁"等一系列政策。这些政策，革除了秦朝统治的弊端，对稳定政权、发展经济文化等，起到了很大的积极作用。随着时局变迁，这种"无为而治"的政策，也暴露出诸多弊端，造成许多潜滋暗长的危机。

"无为而治"的思想，来自黄老之学，亦即黄帝和老子的学说。《汉书·艺文志》著录以"黄帝"冠名之书，计18种354篇，惜多亡佚。1973年马王堆出土的帛书《老子》乙本前，有《经法》等四篇古佚书，唐兰认为即《黄帝四经》。[1]此后，郭店楚简中的《太一生水》，上海博物馆藏楚简中的《恒先》《三德》《凡物流行》等篇，清华大学藏战国竹简中的《汤处于汤丘》《汤在啻门》等古佚书佚篇，均被认为与黄老之学有关。黄老之学有两个最主要的内涵：一是以"道"为最高本体，强调"道"对社会与人生的决定性意义；二是视天、地、人为相互联动的整体，强调以宇宙秩序来指导人的政治活动。[2]具体体现在政策方面，则是"无为而治"。

汉初，推动黄老之学成为汉帝国统治思想的，要为曹参。曹参相齐，"其治要用黄老术"，"治道贵清静而民自定"，故为相九年，齐国大治，时称贤相。[3]及萧何去世，曹参为相，"举事无所变更，一遵萧何约束"，史称"萧规曹随"。汉初黄老政治，以惠帝、吕后时期最为典型。《史记》云："孝惠皇帝、高后之时，黎民得离战国之苦，君臣俱欲休息乎无为……刑罚罕用，罪人是希。民务稼穑，衣食滋殖。"[4]由此，汉帝国步入了一个较长时段且相对稳定的恢复期。

高祖晚年所确立的郡国并行制度，即汉廷与同姓诸侯国东西分治、东西异制的政策，在惠帝、吕后时期亦被继承与贯彻。[5]西汉前期，朝廷对东方诸侯王国，除了置相权归中央所有外，其在立法、司法、行政等方面，均拥有相当的自主权，在一定程度上从俗而治，"从王法以治"。

汉初诸侯王均由皇帝册立，是汉廷派驻关东地区的管理者。但实质上，

---

[1]　唐兰：《马王堆出土〈老子〉乙本卷前古佚书的研究》，《考古学报》1975年第1期，第7—38页。
[2]　曹峰：《出土文献视野下的黄老道家研究》，《中国社会科学》2013年第2期，第141—150页。
[3]　《史记》卷五四《曹相国世家》，第2450页。
[4]　《史记》卷九《吕太后本纪》，第515页。
[5]　陈苏镇：《〈春秋〉与"汉道"：两汉政治与政治文化研究》，第107—111页。

诸侯王在国内享有极大的权力,其"宫室百官,同制京师"[1],诸侯王既得"断狱治政",并"委之以士民之命,假之以杀生之权"[2],故诸侯王虽"名为人臣",而"虑无不帝制而天子自为者"[3],几乎与汉帝无异。贾谊更著有《等齐》篇,列举汉廷、王国"同制""等齐"处:①皇帝、诸侯王所置相,悉号丞相,用黄金之印,秩在二千石上。所置列卿,悉秩二千石。"今臣既同,则法恶得不齐?"②皇帝、诸侯王母同号"太后",妻同号"后","妻既已同,则夫何以异?"③皇帝、诸侯王宫门皆称"司马门",阑入宫门者同罚为城旦。殿门亦同,阑入者皆弃市。所用宫卫、宫法并同,是"同名""严等""罪钧"。④皇帝、诸侯王卫御同号"太仆",悉银印二千石。车则同号"乘舆",所用车饰亦同。其衣服用度等等,凡"工巧""志欲",悉为等齐。⑤皇帝、诸侯王言,并号为"令",悉称"陛下"。⑥事诸侯王,如有罪责,"以事皇帝之法罪之"。总此数端,皇帝与诸侯王皆相等齐,则"主者安居?臣者安在?"[4]由汉法明文许可的,汉初诸侯王的"制度性僭越",正体现出其政治上的相对独立性。

但在某些制度上,汉廷对诸侯王亦有所限制。诸侯王得自置御史大夫以下群卿百官,但丞相必须由汉廷任命。汉廷亦有意压低诸侯王国等级,以体现汉廷与王国的尊卑从属。但是,诸侯王既得以专断国内,自然易生骄横不法之心。文帝时,以敢于直谏著称的汉臣袁盎出任吴相,其侄谏以"君能日饮,毋何,时说王曰毋反而已"。袁盎至吴,依言行事,"吴王厚遇盎"。[5]像袁盎这样的强梁之臣,尚不能制衡吴王,足见他在国内的威势。

惠帝、吕后时期,政治上最大的危机,是诸吕与刘氏之争。惠帝元年,吕后召赵王如意入长安而鸩杀之,又虐杀赵王母戚夫人,以为"人彘"。惠帝经此打击,"日饮为淫乐,不听政"[6]。吕后专政,由此开始。惠帝在位七年死,太子以幼年即位,吕后临朝称制,成为汉帝国的统治者。吕后甫称制,即违背高帝"非刘氏不王"之约,大肆封建诸吕。

[1]《汉书》卷一四《诸侯王表》,第394页。

[2]《后汉书》卷四九《仲长统传》,第1650页。

[3]〔汉〕贾谊撰,阎振益、钟夏校注:《新书校注》卷三《亲疏危乱》,中华书局2000年版,第120页。

[4]〔汉〕贾谊撰,阎振益、钟夏校注:《新书校注》卷一《等齐》,第46—47页。

[5]《史记》卷一〇一《袁盎晁错列传》,3301页。

[6]《史记》卷九《吕太后本纪》,第500页。

封建诸吕，大致可分三类：第一，是吕氏一族，吕后封吕氏子弟吕台、吕产、吕禄、吕嘉、吕通等为王，并诸吕六人为列侯；同时，以吕台、吕产、吕禄执掌南、北军，总领长安军权。第二，是吕氏姻亲，鲁元公主子张晏及吕媭之婿刘泽，并以封王。第三，是惠帝诸子（母为鲁元公主女），刘强、刘不疑等诸子皆封王、侯，史称其皆吕氏子，吕后诈以为惠帝子，及吕后死，皆为大臣所诛。

吕后封建诸吕，推其本意，不是以吕氏篡夺刘氏天下，而是改"非刘氏不王"为"刘与吕共天下"。周勃等所言"高帝定天下，王子弟，今太后称制，王昆弟诸吕，无所不可"[1]，将吕后封建诸吕与高帝封建同姓并举，亦可推见此意。

诸吕之封，无可避免地侵害到刘氏诸侯的权益。为封建诸吕，原刘氏诸侯国，多有割损。原刘肥齐国，辖七十余城，"最为大国"，至吕氏时，先后割城阳、济南、琅邪三郡予诸吕。原刘交楚国，割薛郡；赵国，割恒山郡，等等。与吕氏不睦的刘氏诸王，多遭废杀。赵王刘友，为吕后幽禁，终至饿死，临终歌诗："诸吕用事兮刘氏危……为王而饿死兮谁者怜之。吕氏绝理兮托天报仇。"[2]梁王刘恢，继封赵王，吕后及诸吕从官把持国政，刘恢悲愤自杀。刘友、刘恢横死之后，吕后欲移代王刘恒于赵，未来的汉文帝"谢，愿守代边"，足见刘氏宗室之惶怖。因此，朱虚侯刘章于吕后宴上进《耕田歌》："深耕概种，立苗欲疏；非其种者，锄而去之。"[3]譬喻非刘氏而王者，终必剪除。及吕后在位八年去世，周勃、陈平、刘章等尽诛诸吕，迎立代王刘恒为汉文帝，刘吕之争告终。

对吴王刘濞而言，也受到一定影响。吕后元年，分吴国赘其县（今江苏盱眙西南）封吕后弟子吕胜为赘其侯，至吕后八年，吕胜与诸吕同被诛。[4]但相

---

[1]《史记》卷九《吕太后本纪》，第 502 页。

[2]《史记》卷九《吕太后本纪》，第 506—507 页。

[3]《史记》卷五二《齐悼惠王世家》，第 2415 页。

[4] 1987 年刊布的仪征胥浦 101 汉墓资料当中，由 16 枚汉简组成的著名的《先令券书》，作为目前已知最早的遗嘱继承文书实物，引起学界广泛关注。同墓所出"賻赠木牍"，记录了丧家从广陵、江都、舆、下吕等地取丧葬钱物的情形。其所载四县，广陵、江都、舆三县均见史载，治所分别在今扬州市西北、邗江区西南、仪征市北，地相毗邻。"下吕"，史籍阙载，简报以为即《汉书·地理志》所载楚国吕县的一部分，吕县治今徐州市铜山区东南。以地望而言，吕县距广陵等三县较远，且长期分属楚、广陵两国，疑下吕并非吕县，或与吕胜所封赘其县有关。参扬州博物馆：《江苏仪征胥浦 101 号西汉墓》，《文物》1987 年第 1 期，第 1—20 页。

比齐、楚、赵三国,波及较小。

刘濞为吴王四十二年,漫长的政治生命,也是其施政的保障。刘濞一生历经数朝,在宗室中的地位不断提高。陈平、周勃诛除吕氏,迎立代王刘恒之际,代王踌躇未定,郎中令张武进言称,长安诸臣"外畏吴、楚、淮南、琅邪、齐、代之强"[1],必不敢生变。及文帝即位,云"吴王于朕,兄也"[2],并赐号濞为"刘氏祭酒"[3]。《史记索隐》:"礼,食必祭先,饮酒亦然,必以席中之尊者一人当祭耳,后因以为官名,故吴王濞为刘氏祭酒是也。"[4]至景帝,刘濞则为景帝从父。

司马迁述及刘濞治吴,以致富强,先云"会孝惠、高后时,天下初定,郡国诸侯各务自拊循其民"[5],实是强调汉初行黄老之治、郡国并行、东西异制的时代背景。免于刘、吕之争,及其漫长的政治生命,也是刘濞治吴的保障。正因如此,吴王刘濞得以毫无掣肘,专断国内,从王法而治。

二、刘濞治吴与广陵繁盛

在吴王刘濞的治理下,吴国的都城广陵以及整个吴国地区,都出现了历史上的繁荣局面,这得益于吴王刘濞所实行的相关政策。《史记·吴王濞列传》云:"吴有豫章郡铜山,濞则招致天下亡命者盗铸钱,煮海水为盐,以故无赋,国用富饶。"[6]刘濞的施政方略,主要有冶铜铸钱、煮盐开河、筑广陵城、招诱流人、轻徭薄赋。

(一)冶铜铸钱

吴王刘濞的崛起,史称"以铜、盐故"[7]。吴国对境内铜的开采与利用,是刘濞兴国之本,并影响到西汉铸币政策的改革。

————————

[1]《史记》卷一〇《孝文本纪》,第520页。

[2]《史记》卷一〇《孝文本纪》,第526页。

[3]《史记》卷一一八《淮南衡山列传》:"夫吴王赐号为刘氏祭酒,复不朝,王四郡之众,地方数千里。"第3725页。刘濞之不朝,在吴太子为景帝太子所杀之后,据其叙事先后,赐号事,当亦在文帝时期。

[4]《史记》卷七四《孟子荀卿列传》,第2839页。

[5]《史记》卷一〇六《吴王濞列传》,第3396页。

[6]《史记》卷一〇六《吴王濞列传》,第3396—3397页。

[7]《史记》卷一〇六《吴王濞列传》,第3397页。

中国青铜器的起源,约始于公元前 3000 年。[1]国家权力对于铜资源的控制,渊源较早。晚商安阳殷墟遗址中,大型青铜作坊发现于王都范围内的苗圃北地与孝民屯,由王室直接控制其生产。[2]张光直以为,夏商周三代王都屡迁的一个重要目的,就是"对三代历史上的主要政治资本亦即铜矿与锡矿的追求"[3]。

西汉初年,以民生凋敝,"弛山泽之禁"[4],放开了对铜矿的开采冶铸。同时,"山川园池市井租税之入,自天子以至于封君汤沐邑,皆各为私奉养焉,不领于天下之经费"[5]。即山川之利各归诸侯封君所有,不必上纳于汉廷,诸侯王对其封国内的铜矿资源,有着绝对的支配权。不过,汉廷辖境内的黄金与铜,禁止流入诸侯王国,如《二年律令·津关令》规定,汉廷与诸侯王国交界的诸关隘津渡,"禁毋出黄金、诸奠黄金器及铜"。[6]

吴国境内,饶有铜产,最著名者即鄣郡铜山。《史记·货殖列传》称:"夫吴自阖庐、春申、王濞三人招致天下之喜游子弟,东有海盐之饶,章山之铜,三江、五湖之利,亦江东一都会也。"[7]"章山之铜",即指鄣郡铜山。《史记·吴王濞列传》云"吴有豫章郡铜山"[8];《盐铁论·通有》云"丹、章有金铜之山"[9],章即章山,丹则指丹阳。汉代铜镜中,有一类常见的镜铭格套,文曰"汉有善铜出丹阳",即当时流行的对鄣郡铜资源的推重。

[1]　李学勤:《中国青铜器的起源与发展》,《中国美术全集·工艺美术编》,文物出版社 1985 年版,第 110 页;郑德坤著,白云翔译:《中国青铜器的起源》,《文博》1987 年第 2 期,第 37—45 页。

[2]　岳占伟、王学荣等:《河南安阳市孝民屯商代铸铜遗址 2003—2004 年的发掘》,《考古》2007 年第 1 期,第 14—25 页。

[3]　张光直:《夏商周三代都制与三代文化异同》,《中国青铜时代》,生活·读书·新知三联书店 2013 年版,第 58 页。

[4]　《史记》卷一二九《货殖列传》,第 3930 页。

[5]　《史记》卷三〇《平准书》,第 1705 页。

[6]　张家山二四七号汉墓竹简整理小组编:《张家山汉墓竹简〔二四七号墓〕》,第 206 页;彭浩、陈伟、〔日〕工藤元男主编:《二年律令与奏谳书——张家山二四七号汉墓出土法律文献释读》,第 307—308 页。

[7]　《史记》卷一二九《货殖列传》,第 3937 页。

[8]　案吴国辖广陵、鄣、会稽三郡,鄣郡与豫章郡之间尚隔庐江郡,吴必不能越过庐江而别领豫章,故此处"豫章郡"应为"鄣郡"之误。

[9]　王利器校注:《盐铁论校注》卷一《通有第三》,中华书局 1992 年版,第 42 页。

　　班固在《汉书·地理志》中,对各地特产设置工官者,往往注明铁官、盐官、工官、服官等等。值得注意的是,"铜官"仅见于丹阳郡下:"丹扬郡,故鄣郡……有铜官,县十七。"[1]丹阳郡即刘濞时鄣郡。《汉书·地理志》所记产铜地,有越巂郡邛都县"南山出铜",益州郡俞元县"怀山出铜"等等,唯独在丹阳郡下谓"有铜官",虽不能断言天下铜官仅此一处,但丹阳郡的铜矿藏,在汉代全国范围内,应具首屈一指的地位。其郡内铜资源的富藏及易于采冶,也得到现代地质学、考古学的证实。[2]

　　此外,在今扬州西部仪征、六合一带,也有铜矿采冶,向被视为吴王刘濞"即山铸钱"处。《元和郡县图志·淮南道》云:"大铜山,在(江都)县西北七十二里,《汉书》吴王濞即山铸钱,此其处也。"[3]《太平寰宇记》于"江都县"下记云:"大铜山,在县西七十二里,即《汉书》称吴王濞即山铸钱,此其处也"[4];"永贞县"(今属仪征)下,记云:"铜山及小铜山,并在县西北八十里。"[5]明清时期扬州地区的方志文献中,基本沿袭了上述观点。"大铜山",一说即六合东北的冶山,是一座铁伴生铜的中型矿山,由于矿层较浅,部分裸露于地表,便于开采冶炼。[6]1965年,南京博物院在六合县楠木塘发现一处西汉铸钱遗址,出土有未经修整的四铢"半两钱"和铜锭等物,证实了史书记载刘濞铸钱于此的真实性。2007年,南京市博物馆在六合冶铺村走马岭发掘一处大型西汉遗址,推断其"有可能为一处与冶铸有关的大型聚落"。近年来,在南京江宁及镇江、句容等地也发现了古铜矿遗址,该区域内汉代

　　[1]《汉书》卷二八《地理志》,第1592页。

　　[2]参华觉明:《长江中下游铜矿带的早期开发和中国青铜文明》,《自然科学史研究》1996年第1期;裘士京:《江南铜研究——中国古代青铜铜源的探索》,黄山书社2004年版,第25—32页。

　　[3]〔唐〕李吉甫撰,贺次君点校:《元和郡县图志》,第1072页。

　　[4]〔宋〕乐史撰,王文楚等点校:《太平寰宇记》卷一二三《淮南道一》,中华书局2007年版,第2443页。

　　[5]〔宋〕乐史撰,王文楚等点校:《太平寰宇记》卷一三〇《淮南道八》,第2574页。

　　[6]1964、1972年发掘的六合程桥中学东周墓,出土铁丸与锻制铁器,江苏省文物管理委员会、南京博物院:《江苏六合程桥东周墓》,《考古》1965年第3期,第105—115页;南京博物院:《江苏六合程桥二号东周墓》,《考古》1974年第2期,第116—122页。

铸铜业的面貌日渐显现。[1]

《史记·平准书》云:"吴,诸侯也,以即山铸钱,富埒天子,其后卒以叛逆。"[2]汉景帝于平吴后所下诏书,切责刘濞"乱天下币"[3]。可见吴王刘濞采铜铸钱,"富埒天子",在当时影响之剧烈。不过,吴王刘濞"即山铸钱",实由中央政策许可。秦始皇时,废除了战国时期各国形形色色的流通货币,而以秦国的圆形铜币"半两"钱作为全国通用的标准货币,实行了统一货币的政策,并且明令禁止私自铸钱。汉初立国,民生凋敝,"自天子不能具钧驷,而将相或乘牛车,齐民无藏盖",遂"更令民铸钱"[4]。吕后时期,一度禁止私铸,李学勤指出,《二年律令·钱律》"律文多数是打击私铸钱的,一律科以严刑"[5]。至文帝前元五年(前175),"除盗铸钱令,使民放铸"[6],全面放开民间铸钱。在武帝元鼎四年(前113)以前,虽然百姓私铸钱或行或禁,但郡国一级的铸币权,一直在法律许可之内。

及景帝时,刘濞起兵于广陵,吴楚七国之乱爆发,朝廷大为忧惧,以为刘濞起事,其计"百全",首当其冲的就是"吴王即山铸钱"。刘濞致书诸侯,联络起兵,谓"寡人金钱在天下者往往而有,非必取于吴,诸王日夜用之弗能尽。有当赐者告寡人,寡人且往遗之"[7],可见刘濞铸钱之多,和对朝廷造成的影响。因此,吴楚七国之乱平定后,汉廷铸币政策不断改革,至汉武帝元鼎四年,"悉禁郡国毋铸钱,专令上林三官铸","令天下非三官钱不得行"[8],铸币权彻底收归中央。司马迁说道:"故吴、邓氏钱布天下,而铸钱之禁生焉。"[9]

[1] 陈大海:《六合走马岭汉代遗址考古勘探收获及初步认识》,《学耕文获集——南京市博物馆论文选》,江苏人民出版社2008年版,第156—159页。

[2] 《史记》卷三〇《平准书》,第1705页。

[3] 《史记》卷一〇六《吴王濞列传》,第3408页。

[4] 《史记》卷三〇《平准书》,第1703页。

[5] 李学勤:《论张家山二四七号墓汉律竹简》,〔日〕大庭脩编:《一九九二年汉简研究国际讨论会报告书汉简研究的现状与展望》,〔日〕关西大学出版部1993年版,第177页。

[6] 《汉书》卷二四《食货志》,第1153页。

[7] 《史记》卷一〇六《吴王濞列传》,第3403页。

[8] 《汉书》卷二四《食货志》,第1169页。

[9] 《史记》卷三〇《平准书》,第1705页。

（二）煮盐开河

盐作为"食肴之将"[1]，是人们日常生活的必需品。汉代盐业生产遍及全国，并形成区域性的特征。《史记·货殖列传》云："山东食海盐，山西食盐卤，领南、沙北固往往出盐，大体如此矣。"[2]依其来源，大致可分为河东安邑盐池（今山西运城解池）所产之池盐，东部沿海地区所产之海盐，巴蜀地区盐井所产之井盐，西北地区所产之石盐（一名戎盐、胡盐）。

至晚于殷墟时期，商王朝已有意识地控制盐业生产与分配。山东北部的晚商与周代遗址中，多见一种"盔形器"，其分布与地下卤水的分布相吻合。从残留物的化学分析，证实盔形器曾用于制盐。殷墟卜辞中，有名为"卤小臣"的官员；山东商文化墓葬中，也发现过带"卤"字的青铜器，研究者认为墓主或即商王所遣任的"卤小臣"。[3]管仲相齐，行"官山海"之策，由政府管控盐业经营，"今夫给之盐策，则百倍归于上，人无以避此者，数也。"[4]秦商鞅变法，"颛（专）川泽之利，管山林之饶"，"盐铁之利，二十倍于古"。颜师古注云："官更夺盐铁之利。"[5]可见秦虽未完全取缔私营盐业，但对民间的盐业经营课以重税。

及至汉初，为恢复经济，"弛山泽之禁"，听任百姓从事盐业生产与经营。《二年律令·金布律》云："诸私为卤盐，煮济濊，及有私盐井煮者，税之，县官取一，主取五。"[6]即准许民间私营盐业，对盐产盐运，按六分之一的比率征税。正是在此背景下，吴王刘濞"煮海为盐"，因致巨富。

吴国境内，有自今江苏中部至浙江南部的漫长海岸线，盐业资源极为丰富。其所辖五十三县中，以盐为县名的即占其二，北有盐渎（今江苏盐城），南有海盐（今浙江平湖东）。《汉书·地理志》记海盐县有"盐官"，《水经注》云：

[1]《汉书》卷二四《食货志》，第1183页。

[2]《史记》卷一二九《货殖列传》，第3939页。

[3]　刘莉、陈星灿：《中国考古学：旧石器时代晚期到早期青铜时代》，生活·读书·新知三联书店2017年版，第380—381页。

[4]　黎翔凤撰，梁运华整理：《管子校注》卷二二《海王》，第1247页。

[5]《汉书》卷二四《食货志》，第1137页。

[6]　参陈剑：《张家山汉简〈二年律令·金布律〉"煮济濊"探微》，《出土文献》2020年第1期。

"谷水之右有马皋城,故司盐都尉城,吴王濞煮海为盐于此县也。"[1]

大规模的盐业生产,势必带来运输的问题。相传刘濞所开运盐河中,似较信实的是"茱萸沟",即自扬州茱萸湾东通海陵县以至如皋蟠溪的运盐河,其走势与后来的通扬运河大致相当。这条运盐河,初见于南朝阮昇之的《南兖州记》:

> 吴王濞开此沟(即茱萸沟),通运至海陵仓,北有茱萸村,以村立名。[2]

南兖州的建置,始于刘宋,终于陈。刘纬毅以阮氏为南朝至隋代间人。[3]如采信其说,则上述刘濞开茱萸沟的记载,应不晚于南朝至隋这一时期,这也是目前所能见到关于刘濞开凿此条水道的最初记录。

唐开成三年(838),日本请益僧圆仁随遣唐使藤原常嗣来唐,由日本筑紫太宰府起行,于扬州海陵县淮南镇大江口入江,初抵扬州海陵县白潮镇桑田乡东梁丰村,而后沿西北方向行船,经如皋、宜陵、禅智桥等地,进入扬州府城。[4]这条水道,与阮昇之所记"茱萸沟"大致相当,可为旁证。至宋《太平寰宇记》,则对"茱萸沟"的走向有了更细致的记录:"茱萸沟,在县东北一十里,西从合渎渠,东过茱萸埭,七十里至岱石湖入,西四里对张纲沟,入海陵县界。"[5]

明清以降,关于刘濞开此条"茱萸沟"的记载,越发为舆地书、地方志等援引。明万历二十九年(1601)所修《扬州府志》云:

> 是后,吴王濞开邗沟,自扬州茱萸湾通海陵仓及如皋蟠溪。濞以诸侯

[1]〔北魏〕郦道元著,陈桥驿校证:《水经注校证》卷二九《沔水注》"分为二,其一东北流"条注,中华书局 2007 年版,第 687 页。

[2]〔宋〕乐史撰,王文楚等点校:《太平寰宇记》卷一二三《淮南道一》引阮昇之《记》,第 2447 页。

[3] 刘纬毅:《汉唐方志辑佚·南兖州记》,北京图书馆出版社 1997 年版,第 333 页。

[4]〔日〕释圆仁著,〔日〕小野胜年校注,白化文、李鼎霞、许德楠修订校注,周一良审阅:《入唐求法行礼记校注》,花山文艺出版社 1992 年版,第 1—23 页。另参曲金良主编,朱建君、修斌分册主编:《中国海洋文化史长编·魏晋南北朝卷》,中国海洋大学出版社 2013 年版,第 299—302 页。

[5]〔宋〕乐史撰,王文楚等点校:《太平寰宇记》卷一二三《淮南道一》,第 2447 页。

专煮海为利,凿河通道,运海盐而已。[1]

万历府志将刘濞开"茱萸沟",改称为开"邗沟",并强调刘濞开河渠的意义在"运海盐而已"。此后的相关地方文献,多沿袭万历府志的看法。清初顾炎武《天下郡国利病书》反复申说刘濞开运盐河事:"运盐河:(江都)东北二十里,汉吴王濞开邗沟,自扬州茱萸湾通海陵仓,及如皋蟠溪,此即运盐河之始。"[2]顾祖禹《读史方舆纪要》引述前阮昇之语,并云"今从官河分流,东经茱萸湾,行五十里至宜陵,又东六十里至泰州治"[3]。其后董恂《甘棠小志》、李斗《扬州画舫录》至今的相关论著,也多沿袭这种说法。

刘濞以广陵为吴国都城,将吴太仓建于海陵,以水道运输,确实便利省费。淮南王刘安谋反,其臣伍被劝谏,言及吴王刘濞事,云:"内铸消铜以为钱,东煮海水以为盐,上取江陵木以为船,一船之载当中国数十两车,国富民众。"[4]可见水运对吴国的重要作用。所以,吴在广陵至海陵太仓、如皋蟠溪一线开凿水道,也在情理之中。

此外,顾祖禹《读史方舆纪要》中,尚记有另一条刘濞所开运盐河:

一自(泰州)新城西北八十里至樊汊镇,又西接于官河,亦曰运盐河。相传汉吴王濞所开,三国以后渐埋废。宋熙宁九年发运使王子京奏请修复,自是历经修浚,为商贾经途。[5]

按,文称"相传",则顾氏于此已生疑窦。此条河道,自泰州西北八十里连接樊汊镇,而后向西连通官河即运河高邮段。其说不仅早期文献中不见记

---

[1]〔明〕杨洵修,〔明〕徐銮等纂:《〔万历〕扬州府志》卷五《河渠志》,《北京图书馆古籍珍本丛刊》25,书目文献出版社 1991 年版,第 81 页。

[2]〔清〕顾炎武撰,黄珅等校点:《天下郡国利病书》,华东师范大学古籍研究所整理:《顾炎武全集》第 14 册,上海古籍出版社 2011 版,第 1226 页。

[3]〔清〕顾祖禹撰,贺次君、施和金点校:《读史方舆纪要》卷二三《扬州府》"茱萸湾"条,中华书局 2005 年版,第 1121 页。

[4]《史记》卷一一八《淮南衡山列传》,第 3725 页。

[5]〔清〕顾祖禹撰,贺次君、施和金点校:《读史方舆纪要》卷二三《扬州府》"运河"条,第 1146 页。

载,且顾祖禹所云王子京"修复"此河道一事,原始史料仅称"修",而无"复"字,故而难以论定,存疑而已。

总之,吴王刘濞大兴盐利,是在汉初"弛山泽之禁"的大背景下,以辖境内漫长的海岸线与丰富的海盐资源为基础,通过"煮海水为盐",并开凿运盐河,从而大规模生产、囤积、销售海盐以积累财富。同时,刘濞大力招揽流民,为盐业生产提供了充足的劳动力。因此,在吴王刘濞治下,吴国的盐业生产与经营规模空前,吴国并以致富强。

吴王刘濞的煮盐冶铜,是西汉盐铁政策转型的重要诱因:

> 异时,盐铁未笼,布衣有朐邴,人君有吴王,皆盐铁初议也。吴王专山泽之饶,薄赋其民,赈赡穷乏,以成私威。[1]

所谓"盐铁初议",体现这样一种历史认识——汉武帝盐铁官营政策的确立,是有鉴于吴王刘濞以盐、铜致富而叛的历史教训。昭帝时虽有罢盐铁议,但如宋人吕祖谦所论,"自此之后,虽盐法有宽有急,然禁榷与古今相为终始"[2]。

(三)筑广陵城

《汉书·高帝纪》载:高帝"六年冬十月,令天下县邑城",颜师古注曰:"县之与邑,皆令筑城。"[3]县、邑皆令筑城,王国之都及其郡城,自然备受重视。吴王刘濞在位时期,即对广陵城进行了大规模的修筑,但《史记》《汉书》均未见载此事,故尚须辨明。

刘濞修筑广陵城一事,主要见于以下记载:一见东汉王逸《广陵郡图经》,"郡城,吴王濞所筑"[4];二见刘宋鲍照《芜城赋》,"当昔全盛之时……孳货盐

---

[1] 王利器校注:《盐铁论校注》卷一《禁耕第五》,第67页。

[2] 〔元〕马端临:《文献通考》卷一六《征榷考三》引"东莱吕氏(吕祖谦)曰",中华书局1986年版,第163页。

[3] 《汉书》卷一《高帝纪》,第59页。

[4] 其书久已亡佚,见〔梁〕萧统编,〔唐〕李善注:《文选》卷一一《芜城赋》注,上海古籍出版社1986年版,第504页。王逸,东汉南郡人,《后汉书·文苑传》有传,有《楚辞章句》传世。

田,铲利铜山……是以板筑雉堞之殷,井干烽橹之勤……"[1],芜城即广陵,"全盛之时"即指吴王刘濞时期;三见梁刘昭注《续汉书·郡国志》,"吴王濞所都,城周十四里半"[2];四见北魏郦道元《水经注·淮水注》,"广陵城……高祖六年为荆国,十一年为吴城,即吴王濞所筑也。"[3]此外,清人顾祖禹《读史方舆纪要》引刘昫曰:"濞筑广陵城,周十四里半。"[4]"刘昫"当是"刘昭"之讹。

刘昭注"城周十四里半",是认识汉广陵城的关键史料。按汉制,1里合300步,1步合6尺,1汉尺合今23.1厘米,1南朝尺合今24.7厘米。[5]以此折算,汉广陵城周长约在6千米—6.5千米,面积在2平方千米左右,上限不超过2.6平方千米,或可作参考。

汉代广陵城的修筑情形,并有赖于扬州考古工作的证实。1949年以来,扬州城遗址考古工作,是扬州地区考古工作的重点之一,取得了丰硕的成果。1963年,考古工作者已开始对扬州城遗址进行考古调查。1984年,在南通西路与南门外街交叉口以东,发现了唐代扬州城南门遗址,后于原址保护,未展开发掘。1987年,由中国社会科学院考古研究所、南京博物院、扬州市文化局(2005年起,改由扬州市文物考古研究所承担)联合组成扬州唐城考古工作队,此后一直致力于扬州城遗址的考古勘探与发掘工作,取得了重要的成果。

1980年代后期,经过初步勘探和试掘,初步确定了汉代广陵城位于蜀冈唐子城范围内,面积约3平方千米。城池四至保存基本完好,夯土城垣夯筑考究。城的西部、北部和东北部为同时期的墓葬区域。1990年代至今,汉广陵城遗址考古又找到了切实的证据:

在汉广陵城遗址的北城墙、东城墙、西城墙上的发掘工作中,都找到了包含有绳纹板瓦和云纹瓦当等建筑材料残件的汉代夯土墙体,当与文

---

[1]〔梁〕萧统编,〔唐〕李善注:《文选》卷一一《芜城赋》,第503—504页。

[2]〔晋〕司马彪撰,〔梁〕刘昭注补:《续汉书》第二一《郡国志三》"广陵"条注,第3461页。

[3]〔北魏〕郦道元著,陈桥驿校证:《水经注校证》卷三〇《淮水注》"又东过淮阴县北"条注,第714页。

[4]〔清〕顾祖禹撰,贺次君、施和金点校:《读史方舆纪要》卷二三《扬州府》"广陵城"条,第1114页。

[5] 丘光明编著:《中国历代度量衡考》,科学出版社1992年版,第520页。

献记载的吴王刘濞修筑的广陵城有关,汉广陵城应是在楚广陵城的基础上修缮而成的。从 2013 年在北城墙东段上 3 个地点的发掘结果来看,该段墙体的底层夯土是汉代修筑的。

汉广陵城的南城墙、西城墙南段,与楚广陵城同样,还有待考古发掘工作来确认。[1]

其中,由北城墙东段底层为汉代夯土,汪勃进一步推测:

> 刘濞被封为吴王,以广陵为都邑,或在广陵城的东北部加筑了城墙,于是广陵城扩大到城周"十四里半"。[2]

2017 年,在北城墙东段西部发掘清理出城门遗址,大致分为四期遗存。第一期残存有汉代城门,由墩台、门墩、门道、马道等构成;第二期约为东晋南朝时期,城砖上有模印文字"北门""北门壁""城门壁";第三期为杨吴时期,城门或被封堵;第四期则为叠压在前期遗存之上的南宋时期的城门。由此,发掘者认为:

> 本次考古发掘的结果,明确了该城门是汉晋南朝广陵城的"北门",也是南宋堡城北城墙上的城门之一,或亦与隋唐时期蜀岗古城的北城门相关……遗址既是西汉至南宋时期扬州蜀岗古城历史沿革的缩影,也是研究中国古代城门形制变化及相关建筑技术的重要资料。[3]

---

[1] 中国社会科学院考古研究所等编著:《扬州蜀岗古代城址考古勘探报告》,科学出版社 2014 年版,第 186—187 页,引文略有调整。另参南京博物院:《扬州古城 1978 年调查发掘简报》,《文物》1979 年第 9 期;中国社会科学院考古研究所、南京博物院、扬州市文物考古研究所:《扬州城——1987~1998 年考古发掘报告》,文物出版社 2010 年版;中国社会科学院考古研究所、南京博物院、扬州市文物考古研究所编著:《扬州城遗址考古发掘报告:1999~2013》,科学出版社 2015 年版。

[2] 汪勃:《扬州城的城门考古》,《大众考古》2015 年第 11 期,第 25 页。

[3] 王睿、王小迎、汪勃:《2017 年扬州蜀岗古代城址发掘》,《大众考古》2018 年第 2 期,第 14—17 页。

也就是说，西汉广陵城的北门与北城墙，不仅为此后的东晋南朝所沿用，甚至晚至南宋时期，仍延续了西汉以来的传统。

以考古资料与传世文献相互印证，吴王刘濞修筑广陵城的事实，应可确认。某种意义上，刘濞时代所奠定的广陵城的形制、规模，对于后世蜀冈上的城址，产生了巨大的影响。

约与修筑广陵城相同时，刘濞又在广陵及其周边修建了一系列的都城建筑，包括府库、太仓、宫苑、陂池等。枚乘在给刘濞的上书中写道：

> 夫汉并二十四郡，十七诸侯，方输错出，运行数千里不绝于道，其珍怪不如东山之府。转粟西乡，陆行不绝，水行满河，不如海陵之仓。修治上林，杂以离宫，积聚玩好，圈守禽兽，不如长洲之苑。游曲台，临上路，不如朝夕之池。深壁高垒，副以关城，不如江淮之险。此臣之所为大王乐也。[1]

东山之府，如淳注云"东山，吴王之府藏也"[2]。海陵之仓，为吴国太仓所在，在今江苏泰州市。长洲之苑，亦在海陵太仓附近。[3]朝夕之池，即以海水潮汐为盐。

此外，尚有宗庙建筑。《越绝书》称吴县有"吴王濞时宗庙也。太公、高祖在西，孝文在东"[4]。高祖十年，太上皇去世，刘邦令诸侯王各于都城立太上皇庙。惠帝即位，令郡国诸侯各立高祖庙。景帝元年，令郡国诸侯各为文帝立太宗庙。这就是《越绝书》所记吴县宗庙的由来。扬州地区的汉代墓葬中，也发现有宗庙用器。1990年，邗江区姚庄村秦庄西汉墓中，出土铜熏炉一件，铭文

---

[1]《汉书》卷五一《枚乘传》，第2363页。

[2] 沈曾植认为"东山之府"，是说吴铜山之利，似误，当以如淳说为是。"沈曾植曰：《地理志》'吴东有海盐章山之铜'，此所谓东山，盖即章山也。"见〔汉〕班固撰，〔清〕王先谦补注，上海师范大学古籍整理研究所整理：《汉书补注》，上海古籍出版社2008年版，第3835页。

[3]《汉书·枚乘传》注："服虔曰：'吴苑。'孟康曰：'以江水洲为苑也。'韦昭曰：'长洲在吴东。'"《续汉书·郡国志》"广陵郡"："东阳故城临淮。有长洲泽，吴王濞太仓在此。""有长洲泽"前当脱"海陵故属临淮"六字。《〔嘉庆〕重修扬州府志》即云："盖传写有脱，而以海陵之长洲泽上缀东阳也。"刘宝楠在《宝应图经》中亦说："或以长洲泽、吴王濞太仓、麋畯、扶海洲皆在东阳，非！"参见曹金华：《后汉书稽疑》，中华书局2014年版，第1533页。

[4] 李步嘉校释：《越绝书校释》卷二《越绝外传记吴地传》，第41页。

为"孝文庙铜薰炉,容三升,重四斤十四两,五凤二年九月造"。应即汉宣帝五凤二年(前56),为文帝庙所作祭器。[1]1985年,邗江区杨寿镇宝女墩西汉墓中,出土"恭庙"铭铜灯一件。"恭庙",西汉第三代广陵王刘意,谥"共王",按谥法,"共""恭"音义全同,恭庙即共王之庙,此件铜灯即共王庙用器。[2]

广陵城的大规模营建,也受汉初营建长安城的影响。高帝八年(前199),萧何筑成未央宫,"宫阙壮甚",刘邦责以营治过度,萧何答曰"天下方未定……非壮丽无以重威"[3],可见都城营建与伸张皇权之关系。数百年后,广陵城毁于战火,鲍照登城怀古,留下著名的《芜城赋》,中云:

> 当昔全盛之时,车挂辖,人驾肩。廛闬扑地,歌吹沸天。孳货盐田,铲利铜山,才力雄富,士马精妍。故能侈秦法,佚周令,划崇墉,刳浚洫,图修世以休命。是以板筑雉堞之殷,井干烽橹之勤。格高五岳,袤广三坟。崒若断岸,矗似长云。制磁石以御冲,糊赪壤以飞文。观基扃之固护,将万祀而一君。[4]

鲍照对昔日刘濞广陵城作如此描述,可见当时广陵城人口众多、商铺林立、经济发达的繁荣景象。

(四)招诱怀抚

汉初为稳定社会秩序,恢复和发展经济,对关中以及郡国实行严格的人口控制。张家山汉简《奏谳书》记载了相关案例。高帝十年(前197),齐国临淄狱史阑监送故齐贵族田氏女南入徙长安,抵达长安后娶南为妻,并欲携南同返临淄,至函谷关被捕。断狱者援引汉律"律所以禁从诸侯来诱者,令它国毋得取(娶)它国人也",定阑罪为"从诸侯来诱",定南罪为"亡之诸侯"。[5]

---

[1] 李健广:《江苏省邗江县文管会收藏的一件纪年铜薰炉》,《文物》1997年第7期,第69页;扬州市文物局编:《韫玉凝晖——扬州地区博物馆藏文物精粹》,文物出版社2015年版,第115页。

[2] 扬州博物馆、邗江县图书馆:《江苏邗江县杨寿乡宝女墩新莽墓》,《文物》1991年第10期,第39—61页。

[3] 《史记》卷八《高祖本纪》,第481页。

[4] 〔梁〕萧统编,〔唐〕李善注:《文选》卷一一《芜城赋》,第503—504页。

[5] 张家山二四七号汉墓竹简整理小组编:《张家山汉墓竹简〔二四七号墓〕》,第215—216页。

《二年律令·贼律》残简"来诱及为间者,磔。亡之"[1],亦证诸侯人来"诱"及汉人"亡"入诸侯,汉律皆要予以重罚,如前案阑被"黥为城旦",捕得诸侯来间者,则拜爵一级并赐二万钱[2],可见汉初管控人口的严苛。

吴王刘濞为了给冶铜、铸钱、煮盐等招揽劳力,公然违背禁令,史载"佗郡国吏欲来捕亡人者,讼共禁弗予"[3]。即凡是来吴的外地"亡人",都由吴国加以庇护,禁止其他郡国官吏捕拿。刘濞所招诱的不同身份人口,《史记》《汉书》中有不同的表述:

表 4-3　　　　　　　　《史》《汉》刘濞招诱的相关史料

称　谓	原　文	出　处
天下亡命者	濞则招致天下亡命者盗铸钱,煮海水为盐	《史记·吴王濞列传》
天下豪桀	上(景帝)曰:吴王……诱天下豪桀	《史记·吴王濞列传》
无赖子弟 亡命、铸钱奸人	袁盎对曰:……吴所诱皆无赖子弟、亡命、铸钱奸人,故相率以反	《史记·吴王濞列传》
天下喜游子弟	王濞……招致天下之喜游子弟	《史记·货殖列传》
四方游士	吴王濞招致四方游士,阳与吴严忌、枚乘等俱仕吴,皆以文辩著名	《汉书·邹阳传》
天下娱游子弟	汉兴,高祖王兄子濞于吴,招致天下之娱游子弟,枚乘、邹阳、严夫子之徒兴于文、景之际	《汉书·地理志》
宾客	吴濞、淮南皆招宾客以千数	《汉书·游侠传》

归纳起来,大致可分为一般平民、武勇任侠与文学游说之士三类。

一般平民,即表中"天下亡命""无赖子弟"。汉代"亡命""无赖"的语意不同于今,均就身份而言,与品德无涉。亡命,崔浩注曰:"亡,无也。命,名也。逃匿则削除名籍,故以逃为亡命。"[4]即指擅自脱离原有户籍管理的逃亡者。刘邦称帝,对其父太公说"始大人常以臣无赖,不能治产业",注曰"许慎曰'赖,

---

[1]　张家山二四七号汉墓竹简整理小组编:《张家山汉墓竹简〔二四七号墓〕》,第 133—134 页。陈苏镇补其阙文为"从诸侯""诸侯",认为是禁止诸侯人来诱及汉人逃入诸侯国的律文,"此律在非战争状态下仍然适用"。陈苏镇:《汉初王国制度考述》,《两汉魏晋南北朝史探幽》,北京大学出版社 2013 年版,第 143—144 页。

[2]　张家山二四七号汉墓竹简整理小组编:《张家山汉墓竹简〔二四七号墓〕》,第 153—154 页。

[3]　《史记》卷一〇六《吴王濞列传》,第 3398 页。

[4]　《史记》卷八九《张耳陈余列传》,第 3104 页。

利也'。无利入于家也"[1]，无赖即指乏于生计者。百姓的逃亡，除非作奸犯科之徒，大多由困于生计所致，此类一般平民，是刘濞招致人口的主要部分。

经过秦汉间的多年战争，全国人口锐减，劳动力严重不足。刘濞兴利致富，有赖于煮盐、冶铜、铸钱等。开采矿山、冶铜煮盐以及开河、筑城等都需要投入大量的劳动力，所以吴国经济的发展，即得益于招徕"亡人"。经济的发展，又减轻了吴国百姓的负担，史称吴王刘濞"居国以铜盐故，百姓无赋"[2]，这又增强了对流亡人口的吸引力，促成了吴国"国用富饶"的繁荣局面。

与之同时，刘濞所招致的"四方游士"与"豪杰""宾客"等，对吴国政治、文化的发展，也起了重要的促进作用。春秋战国之际，由世袭贵族制的解体，"产生了没有任何门第背景的新游民阶层"，逐渐形成战国士阶层。依托于客卿制度与养客风气，"知识分子作为文学游说之士，以武行侠勇自夸的活跃分子则作为任侠好勇之士，分别被吸收到新的势力关系之中"，在民间亦形成了以"任侠"为纽带的新的民间社会结构。"王侯权贵的豪族招养大量客侠的风气，贯穿整个汉代，屡兴不绝"[3]。吴王刘濞"诱天下豪杰""娱游子弟"，"招宾客以千数"，就是这种社会风气的产物。

以武勇任侠之士而言，汉初最为闻名的是楚人季布、季心兄弟。楚地民谚云"得黄金百（斤），不如得季布一诺"。季心则"气盖关中"，"方数千里，士皆争为之死"。[4]季心因事杀人，畏汉法之诛，逃亡至吴，吴相袁盎藏于府中，颇得礼重。刘濞反叛时，悉发国中男丁，扩军至二十余万，"诸宾客皆得为将、校尉、候、司马"[5]，成为刘濞军事扩张中的骨干力量。如原楚国下邳人周丘，脱籍逃亡入吴，以"酤酒无行"未得任用。及上谒刘濞求得汉节，返还下邳杀其县令，遂尽招家族子弟及当地豪强，"一夜得三万人"，从吴反叛，略地至城阳（治今山东莒县），"兵十余万，破城阳中尉军"。[6]

---

［1］《史记》卷八《高祖本纪》，第482页。

［2］《史记》卷一〇六《吴王濞列传》，第3397页。

［3］〔日〕增渊龙夫著，吕静译：《汉代民间秩序的结构及其任侠习俗》，《中国古代的社会与国家》，上海古籍出版社2017年版，第63—92页。

［4］《史记》卷一〇〇《季布栾布列传》，第3290页。

［5］《史记》卷一〇六《吴王濞列传》，第3407页。

［6］《史记》卷一〇六《吴王濞列传》，第3408页。

　　以文学游说之士而言,吴国的最著名者,是齐人邹阳、吴人庄忌(即严忌,避汉明帝刘庄讳改)与淮阴人枚乘等。战国秦汉间,招致文学游士,与后世蓄养词章弄臣仍有所区别。齐宣王中兴,招文学游士七十余人,置稷下学宫,而为天下学术之渊薮。吕不韦相秦,招宾客游士,作《吕氏春秋》,以为"备天地万物古今之事"。[1]与吴王刘濞相前后,汉武帝宠任司马相如、东方朔、枚皋等,淮南王刘安蓄养宾客著《淮南子》,梁王刘武、燕王刘旦等皆养文学游士,当时均有借以提升政治影响力的寓意。枚乘所作《七发》,奠定了他在文学史上的地位,并成为汉赋"七体"的奠基。

　　总之,吴王刘濞干犯时禁的招诱政策,使吴国的人口大量增长,也积聚了不少文武干才。尤其是投入到采铜、煮盐等方面的劳动人口,为吴国"以故无赋,国用富饶"提供了发展的能量和动力。虽然西汉前期全国各地都实行了"轻徭薄赋"的政策,但像吴国在短时期之内,能够达到百姓"无赋"的理想效果,却是独一无二的。赋指田租,役指力役和兵役,在"役"方面,吴国虽然不能避免,但与朝廷政策相比,仍见优长。《史记·吴王濞列传》云:"卒践更,辄与平贾。"《汉书音义》云:"以当为更卒,出钱三百文,谓之'过更'。自行为卒,谓之'践更'。吴王欲得民心,为卒者顾其庸,随时月与平贾。"这种相对宽松的政策,自然得到百姓的拥护。此外,刘濞"岁时存问茂材,赏赐闾里"等[2],也是他为政四十余年"能使其众"的重要原因。

　　刘濞在吴国的统治,以反汉告终,对于汉朝自是罪臣;但以区域发展的视角而论,则功勋卓著。刘濞起事反汉时致书诸侯,自称"节衣食之用,积金钱,修兵革,聚谷食,夜以继日,三十余年矣"[3],虽不免夸大其词,但也大抵符合事实。汉代扬州地区初显辉煌,即与其治理有着非常密切的关系。

三、吴楚七国之乱及其影响

　　随着汉帝国国力的复苏以及关东诸侯王国的发展,汉廷与诸侯王国的矛盾也不断加剧。汉文帝前元二年(前178),朝廷采纳贾谊的建议,推行"易侯

---

[1]《史记》卷八五《吕不韦列传》,第3030页。
[2]《史记》卷一〇六《吴王濞列传》,第3397—3398页。
[3]《史记》卷一〇六《吴王濞列传》,第3403页。

邑"和"令列侯之国"的政策。[1]此举看似针对功臣侯,矛头所指实为淮南国与齐国,通过置换侯邑,二王的子弟、外戚被调离王国,移置于汉郡的监控之下,"分散和瓦解了这两支威胁最大的王国势力"[2],亦威慑了各诸侯王国。

不久,齐地与淮南相继爆发叛乱。文帝前元三年,济北王刘兴居发兵反叛,兵败国除。前元六年,淮南王刘长谋反,自杀。济北、淮南之诛,轰动一时。尤其淮南王刘长,既是文帝少弟,又是除文帝外,高帝诸子中唯一在世者。百姓作歌云:"一尺布,尚可缝。一斗粟,尚可舂。兄弟二人,不能相容。"[3]正在此时,一场意外,酿成了吴王刘濞与汉文帝之间的紧张态势。

文帝即位后,立十岁的刘启为太子,即后来的汉景帝。济北、淮南案后不久,吴王刘濞遣太子入朝长安,得与汉太子刘启宴饮博戏。吴太子在博戏中"争道,不恭",刘启盛怒之下,以棋盘误杀吴太子。吴太子死后,文帝遣使护丧至吴归葬,刘濞怒曰:"天下同宗,死长安即葬长安,何必来葬为!"此后"稍失藩臣之礼,称病不朝"。汉廷洞悉个中缘由,吴使者每至长安,辄予扣押。后来刘濞遣使秋请,文帝诘问使者,使者如实上言,并求更始。文帝以此为契机,尽数赦免在押吴使,遣还吴国,"赐吴王几杖,老,不朝。吴得释其罪,谋亦益解"。[4]由此,汉廷与吴国达成和解。文帝虽避免了汉廷与吴国矛盾的激化,但其削弱吴国的计划亦由此稍挫。

然而,好申韩刑名之学的太子刘启家令晁错,屡屡上言"削诸侯事","数从容言吴过可削"[5]。而贾谊上《治安策》,称天下局势"可为痛哭者一,可为流涕者二,可为长太息者六",特别强调那些诸侯王"一胫之大几如要(腰),一指之大几如股"[6],若不及早解决,势必后患无穷,故贾谊建策"众建诸侯而少其力":

---

[1]《史记》卷八四《屈原贾生列传》:"诸律令所更定,及列侯悉就国,其说皆自贾生发之。"第3005页。

[2] 陈苏镇:《〈春秋〉与"汉道":两汉政治与政治文化研究》,第122页。

[3]《史记》卷一一八《淮南衡山列传》,第3719页。

[4]《史记》卷一〇六《吴王濞列传》,第3397页。

[5]《史记》卷一〇六《吴王濞列传》,第3399页。

[6]《汉书》卷四八《贾谊传》,第2239页。

欲天下之治安,莫若众建诸侯而少其力。力少则易使以义,国小则亡邪心。令海内之势如身之使臂,臂之使指,莫不制从,诸侯之君不敢有异心,辐凑并进而归命天子。[1]

这种将大国分为若干小国,分王王族子弟的办法,与晁错的"削藩"之策有所不同,当时文帝皆未采纳。及文帝后来"思贾生之言",分齐国为六,淮南为三,而仍未及吴国之事。

景帝刘启即位后,先后任晁错为内史、御史大夫,遂使"削藩"提上日程。晁错上言景帝,诸侯王势力过大,"今削之亦反,不削之亦反。削之,其反亟,祸小。不削,反迟,祸大。"[2]于是一时之间,楚国削东海郡,赵国削河间郡,胶西国削六县,吴国则削鄣郡、会稽。显而易见,吴国三郡去其二,仅剩广陵。因此,吴王刘濞恐"削地无已",遂联合楚王刘戊、赵王刘遂、胶西王刘卬、胶东王刘雄渠、济南王刘辟光、淄川王刘贤,以"诛晁错""清君侧"为名,公然发动叛乱,史称"吴楚七国之乱"。

景帝前三年(前154)正月[3],吴王刘濞于广陵尽发国中男丁自十四岁至六十二岁,得众二十余万,号称五十万,举兵西向。又以反书遍告诸侯,称汉贼臣晁错侵削诸侯,蛊惑朝廷,危及汉室,因此兴兵伐罪。同时,昭布赏格,凡斩捕汉将,或汉臣来降者,依次赐予"爵金"。

面对强大的七国叛军,景帝一时不知所措,乃问计于曾任吴相的袁盎。袁盎与晁错本有旧怨,故称七国反叛专为诛杀晁错,恢复封地而已,若诛晁错,遣使赦免七国,归还削地,则兵祸自解。景帝"嘿然良久",终下决心诛杀晁错,称"吾不爱一人以谢天下"。景帝诛晁错于东市,以袁盎为太常,以刘濞弟子刘通为宗正,前往劝降刘濞。吴军此时方击破梁军,刘濞拒绝接见,笑曰:"我已为东帝,尚何谁拜?"[4]此时,齐孝王刘将闾本与吴楚同谋,犹豫未反,被胶西、胶东、济南、淄川国围困于齐都城临淄。

---

[1]《汉书》卷四八《贾谊传》,第2237页。

[2]《史记》卷一〇六《吴王濞列传》,第3399页。

[3]《史记·吴王濞列传》作"正月甲子",据历谱,景帝三年正月无甲子日。

[4]《史记》卷一〇六《吴王濞列传》,第3406页。

景帝闻之,自知失策,乃以名将周勃之子周亚夫为帅,领三十六将军击吴,又命郦寄击赵、栾布击齐,窦婴屯荥阳,为郦、栾后应。同时,梁孝王刘武据守梁国都城睢阳(今河南商丘市南),与吴、楚军相持对峙。

吴楚七国骤然起事,一度占据较大优势。但因战略部署不当,不久陷入困局。起兵伊始,吴大将军田禄伯请率五万人为奇军,别循江淮,收淮南、长沙,入武关,以与吴军主力会师,遭到吴太子的反对。吴太子认为,吴军的软肋在于叛汉兴兵,一旦分兵,其主将未必不会叛吴归汉,故吴王不许田禄伯之策。吴桓将军献策,以吴多步卒,汉多车骑,与其陷入一城一邑的争夺,不如径取洛阳,占据武库、敖仓,则大局可定。一些老将则以为"此少年推锋之计",又未采纳。最终,吴军由吴王刘濞"专并将其兵",以重兵集团缓缓西进,以求与汉军决战。[1]

针对吴军的战略,汉军主帅周亚夫采用重兵坚守、轻兵袭扰吴楚粮道的策略,使吴楚军不能持久作战。对于被吴军重围于睢阳的梁王刘武,则拒不往援,听任梁王与吴楚对峙。吴军屡攻睢阳不下,又不敢绕过睢阳西进,只得东向与周亚夫军决战。周亚夫与吴军对峙于下邑(今安徽砀山东),吴军屡欲决战,周亚夫坚壁不出。不久,吴军粮尽,夜袭汉营,周亚夫守御得法,"吴大败,士卒多饥死,乃畔散",刘濞仅率麾下数千人南逃。刘濞渡江逃至丹徒(今镇江丹徒东南),继而南遁东越(今浙江南部、福建北部地区),汉遣使利诱之,东越终杀刘濞,驰献首级于汉。[2]

《吴地记》《括地志》等文献,均记刘濞葬于"相唐"。相唐,或云在武进县南,或云在丹徒县南或县北,或云本在丹徒县东而沦没入江。据扬州地区诸侯王墓的发掘与勘探情况,学者推测位于今扬州仪征的庙山大墓,应为吴王刘濞墓。2013 年3 月 5 日,国务院印发《关于核

庙山汉墓俯瞰图
(方向:北偏西约 30°,扬州大学王磊摄)

[1]《史记》卷一〇六《吴王濞列传》,第 3407 页。
[2]《史记》卷一〇六《吴王濞列传》,第 3409 页。

定并公布第七批全国重点文物保护单位的通知》(国发〔2013〕13号),庙山汉墓名列其中。该墓位于仪征市新集镇庙山村,新张公路东侧,东距扬州12千米,南离仪征20千米。庙山海拔47米,其西北的团山和东南的周山,海拔30—40米,均有汉代墓葬分布。

刘濞在下邑战败以后,楚王刘戊自杀,胶西、胶东、济南、淄川攻齐都临淄不下,各自退兵,胶西王自杀,胶东、淄川、济南王被诛。七国之中,除赵王刘遂据守邯郸,至十月城破自杀之外,其余六国军队自正月起事,至三月均被平定。

吴楚七国之乱平定后,汉景帝挟战胜之威,对王国政策进行了大幅度调整。首先,"以亲易疏",大幅调整封国。对于吴国,景帝改封其子汝南王非为江都王,"治吴故地"。对于楚国,则以刘礼为楚王,除楚王刘戊祀,"奉元王宗庙"。而赵、胶西、胶东、淄川、济南五国,均遭废除。同时,景帝一再新置或改置王国,以诸皇子为王。及至景帝中元五年(前145),天下共有诸侯王国二十二,其中十国为景帝诸子封国,约占半数。其次,罢除王国支郡,割削其地。景帝中元六年,诸侯王国增至二十五,成为"西汉一代王国总数最高的年份",但王国领地日蹙,"除江都外,其他王国仅领一郡之地"。[1]原关东诸侯王国地区,约有半数入汉为郡。故《史记》称:"吴楚时,前后诸侯或以适削地,是以燕、代无北边郡,吴、淮南、长沙无南边郡,齐、赵、梁、楚支郡名山陂海咸纳于汉。诸侯稍微,大国不过十余城,小侯不过数十里……而汉郡八九十,形错诸侯间,犬牙相临。"由此,"强本干,弱枝叶之势,尊卑明而万事各得其所"[2],汉初以来诸侯王国跨郡连城的局面得以彻底改观。再次,剥夺诸侯王的自治权。汉初,诸侯王国仅置相权归汉朝廷,属下官吏自行任命。及景帝时,"令诸侯王不得复治国,天子为置吏",又"改丞相曰相,省御史大夫、廷尉、少府、宗正、博士官,大夫、谒者、郎诸官长丞皆损其员"[3],结束了王国官署"同制京师"的格局,"诸侯独得食租税"而已[4]。

---

[1] 周振鹤:《西汉政区地理》,商务印书馆2017年版,第14页。

[2] 《史记》卷一七《汉兴以来诸侯王年表》,第963页。

[3] 《汉书》卷一九《百官公卿表》,第741页。

[4] 《史记》卷五九《五宗世家》,第2545页。

第五节　西汉中期的江都国与广陵国

吴王刘濞败亡后,扬州地区先后建置江都国、广陵国。随着汉景帝、武帝进一步贯彻削藩政策,专为淫虐的江都王刘建以及卷入武帝身后继统风波的广陵王刘胥,先后以罪自杀。扬州地区一度较为强势的诸侯王统治,至此告一段落。

一、刘非与刘建:江都国的兴亡

吴楚七国之乱时,景帝子汝南王刘非年十五,"有材力",上书自请击吴,景帝赐以将军印,击吴有功。七国之乱平定后,景帝废吴国,徙汝南王刘非为江都王,"治吴故国"。[1]

刘非死于武帝元朔元年(前128)十二月,史无疑义。唯刘非徙封时间及其在位年数,史传有两说,须予辨明。《史记·孝景本纪》云"三年……六月乙亥……徙……汝南王非为江都王。"[2]《汉书》本传同此,云:"吴已破,徙王江都……二十七年薨。"[3]是刘非徙封于景帝三年(前154),至武帝元朔元年(前128)去世,在位二十七年说。《史记·五宗世家》云:"江都易王非,以孝景前二年用皇子为汝南王……吴已破,二岁,徙为江都王……立二十六年卒,子建立为王。"[4]《史记·汉兴以来诸侯王年表》同此,于孝景四年下记"初置江都。六月乙亥,汝南王非为江都王元年。是为易王",于元朔元年下记"(非)二十六(年)",次年记"王建元年"。[5]是刘非徙封于景帝四年,在位二十六年说。梁玉绳《史记志疑》于此已有考辨,以景帝三年徙封,在位二十七年说为是。[6]2009至2012年,经考古发掘清理的江苏盱眙大云山汉墓,证实为江都王刘非陵寝。1号墓(即刘非墓)出土的明器耳杯,外底针刻铭文"緒杯容一篇廿七年二月

[1]《史记》卷五九《五宗世家》,第2536页。

[2]《史记》卷一一《孝景本纪》,第555页。

[3]《汉书》卷五三《景十三王传》,第2414页。

[4]《史记》卷五九《五宗世家》,第2536页。

[5]《史记》卷一七《汉兴以来诸侯王年表》,第1002—1003、1018—1019页。

[6]〔清〕梁玉绳:《史记志疑》卷一〇,第490—491页。

南工官监延年大奴造"等[1],足证二十六年说为非。《春秋繁露·止雨》记董仲舒任江都王刘非相,有"二十一年八月甲申朔丙午"纪日[2]。按二十七年说,"二十一年"为武帝元光元年,查诸家朔闰表,此年八月皆作"乙酉朔",甲申、乙酉仅误差一日,似正相合。故此,刘非应以景帝三年六月乙亥,由汝南王徙为江都王,至武帝元朔元年死,在位二十七年,享年四十一,谥为易王。

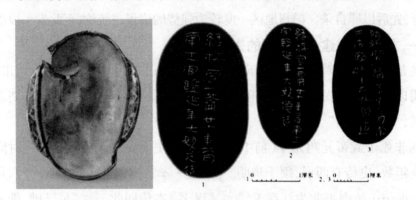

大云山一号汉墓出土明器耳杯及外底铭文摹本
资料来源:《江苏盱眙县大云山西汉江都王陵一号墓》,《考古》2013年第10期

　　平定七国之乱后,景帝削弱诸侯王国,各国皆领一郡之地。汉初荆、吴二国,并领东阳郡、鄣郡、会稽郡三郡五十三城。《汉书·地理志》广陵县下云"江都易王非、广陵厉王胥皆都此,并得鄣郡,而不得吴",丹扬郡下云"故鄣郡,属江都"。[3]《汉书·地理志》会稽郡下云"景帝四年属江都"[4],此说有误。淮南王刘安谋反,伍被献策"东收江都、会稽"[5],将江都、会稽并称,故会稽应为汉郡,不属江都。吴王刘濞起事前,景帝诏削吴会稽郡,吴平后即改属汉。故刘非江都国初封时,领东阳、鄣郡二郡,仍是最大的诸侯王国。刘非既是景帝亲子,又"好气力",故颇得景帝爱重,并"以军功赐天子旌旗"。

　　刘非在位,"治宫观,招四方豪桀,骄奢甚"[6],幸无大过,得以善终。其子

[1] 南京博物院、盱眙县文广新局:《江苏盱眙县大云山西汉江都王陵一号墓》,《考古》2013年第10期,第54—56页。

[2] 苏舆撰,钟哲点校:《春秋繁露义证》,中华书局1992年版,第438页。

[3]《汉书》卷二八《地理志》,第1638、1592页。

[4]《汉书》卷二八《地理志》,第1590页。

[5]《史记》卷一一八《淮南衡山列传》,第3731页。

[6]《史记》卷五九《五宗世家》,第2536页。

刘建在位期间,有游"章台宫""雷波(陂)"的记载,刘建在位仅七年,"章台宫""雷波"等宫池苑囿,当与刘非"治宫观"有关。自汉以降,"雷波",又称"雷陂""雷塘",是扬州的地理标识之一。[1]

刘非陵寝,在今江苏盱眙县马坝镇云山村大云山山顶,海拔 73.6 米。西距盱眙县城 30 千米,东距扬州 50 千米。2009 至 2012 年,南京博物院经抢救性发掘,揭露出一处比较完整的西汉诸侯王陵园。陵园内共发现主墓 3 座(M1、M2、M8)、陪葬墓 11 座、车马陪葬坑 2 座和兵器陪葬坑 2 座,以及陵园建筑设施等遗址。其中,1 号墓墓主为江都王刘非,墓葬为黄肠题凑结构,包括外回廊、题凑、前室、中回廊、内回廊等,并安放有内椁、外棺和内棺,出土陶器、铜器、金银器、玉器与漆木器等遗物 7092 件(套)。大量器物制作精美,质地华贵,如铜虎帐座、银质嵌宝石盖弓帽、鹿灯、带有鎏金龙纹铜虡的整套编钟、五格铜濡鼎、鎏金铜象、铜犀牛、玉贝带等,多为首次发现。2 号墓为刘非王后墓,与 1 号墓在同一封土堆中,出土随葬品 200 余件,其中,玉棺是最重要的发现,首次证实"玉柙""玉衣"应为二,玉棺即"玉柙"。从墓室所出大量漆器外底铭文"连",推测王后姓"连",可补史阙。2 号车马陪葬坑中出土 5 辆马车。7 号车马陪葬坑中清理出土 4 辆明器马车与大量木俑、铁兵器,推测原共 50 余辆明器马车,或表现汉代军阵。大云山一号墓是继河北满城中山王墓、广州南越王墓、徐州狮子山楚王墓之后,汉代诸侯王陵考古最为重大的考古发现之一。[2]

汉景帝至武帝之际,随着汉帝国国力的增强,汉初黄老"无为而治"的统

---

[1] 隋炀帝死后,葬于雷塘。2013 年,考古发掘清理的扬州西北郊曹庄大墓,确认为隋炀帝与萧皇后的异穴合葬墓。学者指出,"雷塘"的具体位置虽或有变迁,但其"地标性地点",即位于"城西北十五里"的今曹庄大墓一带。参张学锋《扬州曹庄隋炀帝墓研究六题》,《唐史论丛》第 21 辑,2015 年,第 76—77 页。目前,扬州汉代考古工作,尚未确认宫城及宫苑遗址,"曹庄—雷塘"的地理关系,仍须作进一步研究。

[2] 南京博物院、盱眙县文广新局:《江苏盱眙大云山汉墓》,《考古》2012 年第 7 期,第 53—59 页;南京博物院、盱眙县文广新局:《江苏盱眙大云山江都王陵二号墓发掘简报》,《文物》2013 年第 1 期,第 25—66 页;南京博物院、盱眙县文广新局:《江苏盱眙县大云山西汉江都王陵一号墓》,《考古》2013 年第 10 期,第 3—68 页;南京博物院、盱眙县文广新局:《江苏盱眙县大云山西汉江都王陵东区陪葬墓》,《考古》2013 年第 10 期,第 69—81 页;南京博物院、盱眙县文广新局:《江苏盱眙县大云山西汉江都王陵北区陪葬墓》,《考古》2014 年第 3 期,第 24—56 页。

治学说已经难以为继,儒家学说逐渐成为汉朝的统治思想。武帝元光元年(前134),董仲舒上"天人三策","对既毕,天子以仲舒为江都相,事易王"。[1]

汉武帝即位之初,在外戚窦婴、田蚡的推动下,任用赵绾、王臧,掀起儒学改制运动,因笃好黄老的窦太后的反对,赵绾、王臧自杀,改制失败。建元六年(前135),窦太后去世,改革旋即展开。次年,武帝召贤良文学对策,问"大道之要,至论之极",董仲舒以《天人三策》为对,倡言王者当奉天从事,更化改制,推行大一统的儒术思想,以及兴学选贤等等,为武帝所赞赏。于是"推明孔氏,抑黜百家",中国两千余年儒学独尊的局面,由此开启。班固称:"仲舒遭汉承秦灭学之后,《六经》离析,下帷发愤,潜心大业,令后学者有所统一,为群儒首。"[2]

董仲舒外任江都国相,几年后,公孙弘以儒术对策下第,武帝擢为第一,迅速升为丞相,并封平津侯,开丞相封侯之先河。公孙弘与董仲舒均治春秋公羊学,对策宏旨也大体相近,其仕途之迥异,原因在于武帝欲速致太平。董仲舒以为,必先任德更化,方能致太平。公孙弘先答以五年可致太平,后更放言"期年而变,臣弘尚窃迟之"。[3]公孙弘独得武帝青眼,董仲舒仅得一任国相,原因即在此。[4]这也正是董仲舒被誉称"为世儒宗",公孙弘则被汲黯当廷斥为"多诈而无情"的原因。徐复观指出,"董仲舒是一位严肃方正的人。他在汉代学术上的崇高地位,和他的崇高人格有密切的关系",或得其实。[5]

江都王刘非,史称"帝兄,素骄,好勇",董仲舒为相,正身行道,以礼谊匡正刘非,得到骄王刘非的敬重。刘非曾问董仲舒说:越王勾践与大夫泄庸、文种、范蠡灭吴,是否可以称为越国"三仁"? 董仲舒答道,仁人君子不当虑"伐国",何况越"设诈以伐吴",以儒家的价值观而论,越国"本无一仁"。由此引出了董氏名言"夫仁人者,正其谊不谋其利,明其道不计其功",刘非大为

---

[1]《汉书》卷五六《董仲舒传》,第2523页。

[2]《汉书》卷五六《董仲舒传》,第2526页。

[3]《汉书》卷五八《公孙弘传》,第2617—2618页。

[4] 参陈侃理:《何以论成败》,《儒学、数术与政治灾异的政治文化史》,北京大学出版社2015年版,第64—68页。

[5] 徐复观:《董仲舒的生平、人格及社会性》,《两汉思想史》,华东师范大学出版社2001年版,第185页。

称善。"正谊明道",也为后世儒者所宗。董仲舒为相,除以礼谊匡正其君,又正身率下,谆谆以兴致太平为期。故班固云:"凡相两国,辄事骄王,正身以率下,数上疏谏争,教令国中,所居而治。"[1]《汉书·董仲舒传》称:"立学校之官,州郡举茂材孝廉,皆自仲舒发之。"[2]风潮所向,时尚所及,扬州地区的经学传统也由此得到涵育。

武帝元朔元年(前128)刘非卒,其子刘建继位。时中大夫主父偃上奏武帝,言"今诸侯或连城数十,地方千里",对汉廷仍有很大威胁,如以法削地,难免重蹈晁错覆辙,"愿陛下令诸侯得推恩分子弟,以地侯之"。如此,诸侯王得封骨肉,人人自喜,武帝有德政之名,又使诸侯"自销弱"。[3]武帝用其策,于元朔二年下"推恩令",令诸侯王得自裂地封子弟为侯,"汉为定制封号","别属汉郡"。由此,"汉有厚恩,而诸侯地稍自分析弱小"。[4]武帝并颁布左官律、附益法,规定王国官为"左官",以压低王国官制,对其仕进予以限制;严禁朝廷官吏及士人、宾客与诸侯王交游。此外,武帝借宗庙祭祀之机,亲临受献,列侯所献"酎金"斤两、成色不合规定者,均削地夺爵。仅元鼎五年(前112),即以酎金免除侯爵一百零六人。"其后诸侯唯得衣食租税,贫者或乘牛车"[5],诸侯国势力再度削弱,中央集权进一步加强。

武帝元朔年间,刘非诸子先后得封为侯。元朔元年,封丹阳侯刘敢、盱眙侯刘象之、胡孰侯刘胥行、秣陵侯刘缠、淮陵侯刘定国。其时尚在"推恩令"颁行前,周振鹤认为:"这五个侯国不是依推恩令而封,故均在江都国内,不别属汉郡。"[6]后又认为秣陵、胡孰、丹阳县"别属会稽",即视同推恩令的规定。[7]这种说法并不矛盾,因为"推恩令"颁布后才有"别属汉郡"的规定。及后十数年间,丹阳、秣陵侯以无后除国,盱眙、淮陵侯坐酎金除国,胡孰侯坐罪免,其地或尽属汉。此外,《史记》记元朔二年,复封刘非子刘代为龙丘侯,

[1]《汉书》卷五六《董仲舒传》,第2523—2525页。

[2]《汉书》卷五六《董仲舒传》,第2525页。

[3]《史记》卷一一二《平津侯主父列传》,第3561页。

[4]《汉书》卷五三《景十三王传》,第2425页。

[5]《汉书》卷三八《高五王传》,第2002页。

[6]周振鹤:《西汉政区地理》,人民出版社1987年版,第38页。

[7]周振鹤主编,周振鹤、李晓杰、张莉著:《中国行政区划通史·秦汉卷》(第二版),第373页。

刘仁为张梁侯。《汉书》则以刘代为菑川懿王子,刘仁为梁共王子。未知孰是。

武帝元朔二年(前127),刘建继位为王,至元狩二年(前121)以罪自杀,前后在位七年。刘建"专为淫虐",其为太子时,邯郸人梁蚡献女于易王,刘建闻其美,因留不出,又杀梁蚡。蚡家上告,会赦不治。及父刘非薨而未葬,刘建召其父宠姬十人奸之。其妹徵臣嫁盖侯子,以丧事归,刘建复与之奸。后来,刘建屡遣使者请迎徵臣还国,其祖母鲁恭王太后传语徵臣,谓"国中口语籍籍,慎无复至江都",并让使者转告刘建,让他"自谨"。可刘建闻之,竟然大怒,斥弃使者。

刘建素以"淫虐"著名,宫人多受他的欺辱。刘建游章台宫,命女子四人同乘小船,刘建故意将船弄翻,致使二女溺水而死。后游雷波,遇天大风,刘建使郎二人乘小船入水,及船覆水随波沉浮,刘建大笑为乐,二人并溺亡。宫中嫔妃犯有过错,刘建则命其裸身击鼓,或裸立树上,以至三十日才可穿衣。有的则命髡钳如刑徒,以铅杵舂米,未及规定者加以考掠,有的则纵狼咬杀,而刘建皆旁观大笑。还有的被拘而闭之,使其活活饿死。凡此种种,无辜惨死者三十五人。更有甚者,刘建"欲令人与禽兽交而生子,强令宫人裸而四据,与牂羊及狗交"[1]。

刘建自知多为不法,国中又多欲告发,遂惊惶不安,但他不加收敛,却与王后成光谋逆,令越婢以巫术下神祝诅武帝,并扬言:"汉廷使者即复来覆我,我决不独死!"[2]

汉武帝元狩元年(前122),淮南王刘安、衡山王刘赐以谋反被诛,武帝穷治其狱,死者至数万人。其前,刘建闻知其事,即私署王后父胡应为将军,善骑射有材力的中大夫为"灵武君",私作汉朝使节、将军都尉印绶,具天下舆地图与军阵图,并作皇帝所用黄屋盖,私刻皇帝玺,预置军官品员和封侯拜爵之赏,又通使闽、越,赠以奇珍,相约为援应。及淮南王狱事大起,汉廷穷治,连及刘建,刘建对近臣曰:"我为王,诏狱岁至,生又无欢怡日,壮士不坐死,欲为人所不能为耳。"[3]不久,谋反事发,汉廷遣丞相长史至江都国,与江都相杂

[1]《汉书》卷五三《景十三王传》,第2415—2416页。
[2]《汉书》卷五三《景十三王传》,第2416页。
[3]《汉书》卷五三《景十三王传》,第2417页。

治其罪,刘建被迫自杀,王后成光等皆弃市,江都国除,入汉为广陵郡。

刘建死后,谋反一事被追罪彻查,株连甚广。武帝用法严酷,"禁网寖密"[1],酷吏张汤、宁成、王温舒等并得重用。史称廷尉张汤"治淮南、衡山、江都反狱,皆穷根本"[2],"淮南、衡山、江都王谋反迹见,而公卿寻端治之,竟其党与,而坐死者数万人,长吏益惨急而法令明察"[3],汉廷对诸侯王国的绝对威权,在武帝时最终确立。

二、刘胥与广陵国的兴废

元狩二年,江都国除。元狩六年(前117),汉武帝复置广陵国,以皇子刘胥为广陵王。刘胥在位六十四年,至宣帝五凤四年(前54)因罪自杀,广陵国除,更置为汉广陵郡。元帝初元二年(前47),复置广陵国,刘胥子霸绍封为王,传国至王莽时,计五世七王,凡127年。

元狩元年,武帝立嫡长子刘据为太子,即"戾太子"。元狩六年四月,武帝封建其余诸子,立次子刘闳为齐王、三子刘旦为燕王、四子刘胥为广陵王。其时太子刘据年十一,三王皆幼冲,仍居长安,于成年后就国。武帝并立三王,皆下策书,以所封"国土风俗"劝勉。其赐广陵王刘胥策书,见褚少孙所补《史记·三王世家》:

> 维六年四月乙巳,皇帝使御史大夫汤庙立子胥为广陵王。曰:於戏,小子胥,受兹赤社!朕承祖考,维稽古建尔国家,封于南土,世为汉藩辅。古人有言曰:"大江之南,五湖之间,其人轻心。杨州保疆,三代要服,不及以政。"於戏!悉尔心,战战兢兢,乃惠乃顺,毋侗好轶,毋迩宵人,维法维则。《书》云"臣不作威,不作福",靡有后羞。於戏,保国艾民,可不敬与!王其戒之。[4]

其时,经过景帝、武帝削藩,以及元狩初的三王反狱,诸侯王国皆地狭户

[1]《汉书》卷二三《刑法志》,第1101页。
[2]《史记》卷一二二《酷吏列传》,第3786页。
[3]《史记》卷三〇《平准书》,第1710页。
[4]《史记》卷六十《三王世家》,第2556页。

寡,地位大不如前。虽然武帝策书云"大江之南,五湖之间",但实际上广陵国的领地,较吴国、江都国已大为削减,仅领数县。据推断,广陵国领县,此时或在七县左右,即除广陵、江都、高邮、平安四县外,或再辖《汉志》所载临淮郡淮东数县。及昭帝始元元年(前86),益封刘胥万三千户;元凤五年(前76)又益封万一千户。或说所益封的是临淮郡内的广陵故地,约当三五县。[1]或说始元元年,所增为临淮郡的堂邑、舆二县,元凤元年所增为九江郡之全椒(今安徽全椒)、建阳(今安徽来安南)二县。[2]

汉武帝在位五十四年(前140—前87),在文化上,抑黜百家,独尊儒术;经济上,推行国家统制政策,实行盐铁官营,行均输法、平准法,将铸币权收归国有;政治上,强化专制集权,建立中朝,设置刺史监察制度,强化中央军力;对外则行反击与开边,东南制服三越,北击匈奴,使"漠南无王庭",西北凿通西域,西南制服且兰、滇王。凡此种种,标志着汉帝国进入全盛时期。但至武帝后期,随开边所带来的国力的损耗,史称武帝"有亡秦之迹""无德泽于民",汉帝国亦危机四伏。

武帝晚年,继承人问题成为汉帝国的危机。征和二年(前91),巫蛊之祸爆发,皇太子刘据自经而死。武帝共六子,太子刘据及三王外,尚有五子昌邑王刘髆和少子刘弗陵。

表4-4 **汉武帝诸子世系**

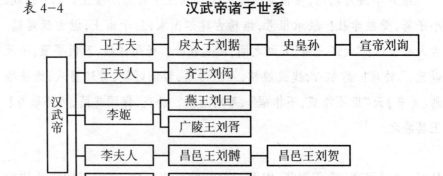

《汉书·外戚传》载,刘据死后,齐王刘闳、昌邑王刘髆皆早薨,而燕王刘

---

[1] 周振鹤:《西汉政区地理》,第41页。

[2] 周振鹤主编,周振鹤、李晓杰、张莉著:《中国行政区划通史·秦汉卷》(第二版),第166页。

旦、广陵王刘胥"多过失",唯独钩弋夫人所生少子刘弗陵,武帝常称"类我",加之生有异相,故武帝有立少子之意。[1]此时,燕王刘旦自度以次当立,遣使上书,求入长安宿卫宫省。武帝知其意,大怒,将使者下狱,后削三县,遂与储君之位无缘。广陵王刘胥,"好倡乐逸游",力能扛鼎,"空手搏熊罴猛兽",但"动作无法度",并非武帝所希求的继体守文之君,故"终不得为汉嗣"[2]。直至武帝死前两日,确立刘弗陵为嗣君,"似乎隐约反映武帝始终不放心将国家托付给这样一位幼子"[3],所以武帝立刘弗陵后,又杀其母钩弋夫人,以防后族专权,又以霍光辅政,金日磾、上官桀副之,共同辅佐昭帝。

昭帝始元元年(前86),益封燕王刘旦、广陵王刘胥各万三千户。燕王刘旦却与中山哀王子刘长、齐孝王孙刘泽等结谋,诈言昭帝非武帝子,图谋为乱。反事败露,刘泽等伏诛,诏以燕王刘旦为至亲,不治其罪。元凤元年(前80),燕王刘旦又与上官桀父子、桑弘羊等通谋,欲废昭帝自为新君。事情败露,桑弘羊、上官桀等族诛,燕王刘旦被迫自杀。至此,除昭帝外,武帝诸子唯广陵王刘胥在世。元凤五年(前76),刘胥入朝,为安抚之,"益国万一千户,赐钱二千万,黄金二百斤,剑二,安车一,乘马二驷"[4]。

元平元年(前74),汉昭帝崩,年轻无子,群臣皆议以广陵王刘胥为帝,霍光"内不自安"。及郎官上言"唯在所宜,虽废长立少可也。广陵王不可以承宗庙"[5],正合霍光意,遂立武帝孙昌邑王刘贺为帝。推其本意,除刘胥"本以行失道,先帝所不用"外,刘胥已年近五十,若立为帝,霍光再无辅政独断的可能。刘贺时年十九,好"行淫乱",在位仅二十七天,即被霍光所废。霍光又立刘据孙刘病已为帝,即汉宣帝,时年十八。

刘胥数度承望大统,皆被抑压,怨恨无已,朝臣亦多疑异。楚王刘延寿即以天下一旦有变,刘胥必得立为帝,故为后母弟娶刘胥之女,并致书曰:"愿长

[1]《汉书》卷九七《外戚传》,第3956页。

[2]《汉书》卷六三《武五子传》,第2760页。

[3] 韩树峰:《论巫蛊之狱的性质——以卫太子行巫蛊及汉武帝更换继嗣为中心》,《社会科学战线》2015年第9期,第85页。

[4]《汉书》卷七《昭帝纪》,第231页。

[5]《汉书》卷六八《霍光传》,第2937页。

耳目,毋后人有天下。"[1]为安抚刘胥,宣帝初即位,霍光即以宣帝名义再次大举封赏刘胥,"缘恩行义,以本始元年中,裂汉地,尽以封广陵王胥四子:一子为朝阳侯;一子为平曲侯;一子为南利侯;最爱少子弘,立以为高密王"[2]。此数侯所封,皆非广陵国辖地,实有悖推恩令而"裂汉地",是特别的恩遇。

但是,刘胥早生反意。昭帝时,刘胥求得楚女巫李女须,令其祝诅,及昭帝崩,刘贺又废,以为神验,奉若神明。及宣帝即位,刘胥日令祝诅。地节元年(前69),赵成告楚王刘延寿谋反,连及刘胥,宣帝既封赵成为爰戚侯,二千三百户;又特诏"无治广陵王",更赐黄金五千斤,以广恩义。及地节三年,宣帝立刘奭为皇太子,赐诸侯王十五人黄金各百斤,而独赐刘胥黄金千斤。至此,刘胥感于宽宥,又自知无望帝位,"乃止不诅"。不久,刘胥子南利侯宝坐罪废居广陵,因与刘胥姬妾通奸,事发弃市。广陵相胜之乘机上奏,夺去刘胥"射陂草田",刘胥遂故态复萌,再行祝诅。五凤四年(前54),其事败露,宣帝遣廷尉、大鸿胪至广陵案查,刘胥置酒显阳殿,咏歌为绝,以绶带自绞死。至此,刘胥在位六十四年,广陵国除,复为广陵郡。

1979年,在今高邮天山(地方志称"神居山"),因采石发现一座大型西汉木椁墓,经南京博物院、扬州博物馆等单位考古发掘,推断一号墓为广陵王刘胥墓,二号墓为王后墓。一号大墓,是大型石坑竖穴木椁黄肠题凑式墓。墓室深埋地下约24米,椁室面积221平方米,用木折合545.56立方米。椁室主体均使用繁复细密的榫卯结构相连结,体现出高超的建筑工艺。天山汉墓,是国内较少的保存完好的西汉大型黄肠题凑式木椁墓,早年虽经盗掘,仍出土文物约970件,半数为木器,此外有铜器、铁器、玉器、竹器及泥制麟趾金等等。墓葬中出土不少珍贵文字资料,如广陵国"中府""船官""食官""大官"等铭文,是西汉广陵国官署的如实反映。[3]墓葬发掘后,整体迁移至扬州市区蜀冈东南,现开放为汉广陵王墓博物馆。

刘胥自杀后,谥曰"厉王",其家属被宽宥,史称"天子加恩,赦王诸子皆

---

[1]《汉书》卷三六《楚元王传》,第1925页。

[2]《史记》卷六〇《三王世家》,第2559—2560页。

[3]梁白泉:《高邮天山一号汉墓发掘侧记》《高邮天山汉墓发掘的意义》,南京博物院编:《梁白泉文集·博物馆卷》,文物出版社2013年版,第164—177页。

为庶人"[1]。刘胥墓葬所用内外棺与陪葬品虽不免"潦草"[2]，但仍以王礼下葬，似亦证实了《汉书》的记载。

1973 年，在甘肃居延县肩水金关遗址出土简牍中，有三枚木牍（EJT1：1—3），后被命名为《甘露二年丞相御史书》。1974 年，在破城子遗址也出土了一枚残牍（EPT43：92），内容与肩水金关简册高度相似，被认为系同一文书的不同抄本。《甘露二年丞相御史书》，即宣帝甘露二年（前 52），由汉廷下发给郡国守相的名捕文书，张掖郡得书后又逐级下发至肩水候官。追捕的对象，是故广陵王刘胥的近侍亲信"惠"的妹妹，原鄂邑长公主的婢女"外人"。文书的开头这样写道：

> 甘露二年五月己丑朔甲辰，丞相少史充、御史守少史仁，以请诏，有逐验：大逆无道故广陵王胥御者惠同产弟，故长公主盖卿大婢外人，移郡太守逐得试（识）知。[3]

甘露二年，即刘胥自杀后两年，在汉廷的官文书中，刘胥被称为"大逆无道故广陵王胥"。大逆无道，是汉律对于"谋反""祝诅上"等最严重罪行的称谓。被追捕的"外人"，是刘胥之姊鄂邑盖长公主的奴婢。盖长公主于元凤元年（前 80）因涉燕王刘旦谋反案自杀，至甘露二年已近三十年，"外人"又因坐广陵王狱受逐捕，可见"宣帝时期，不仅对广陵王，而且对继续承办前代昭帝时发生的盖主事件，也是何等地坚决彻底"[4]。甘露年间，河间王刘元因胁迫"故广陵厉王、厉王太子"的姬妾入后宫，而受冀州刺史奏劾下狱[5]。厉王太子，即后来复封的广陵孝王刘霸，其免为庶人时宠姬见夺，可见宣帝于广陵国狱事的"恩赦"，并非不加惩处。

---

[1]《汉书》卷六三《武五子传》，第 2762 页。

[2] 梁白泉：《高邮天山汉墓发掘的意义》，第 174 页。

[3] 初仕宾：《居延简册〈甘露二年丞相御史律令〉考述》，《考古》1980 年第 2 期，第 179—184 页；裘锡圭：《关于新出甘露二年御史书》，《考古与文物》1981 年第 1 期，第 105—108 页。释文、标点有调整。

[4] 初仕宾：《居延简册〈甘露二年丞相御史律令〉考述》，第 184 页。

[5]《汉书》卷五三《景十三王传》，第 2411 页。

1930 年，中国瑞典联合西北科学考察团在额济纳河流域汉代烽燧遗址中，获得约万枚汉代简牍，因其地在汉属居延都尉，称居延汉简。其中，肩水金关遗址所出的 241·10 号残简，近年有了突破性的解读。李迎春比照《汉书·武五子传》，将其重新释读为：

久生无崇长不乐安穷
须臾∨黄泉下隧深□

残简内容，就是《汉书》所记广陵王刘胥临终哀歌的一份抄本：

王自歌曰："欲久生兮无终，长不乐兮安穷。奉天期兮不得须臾，千里马兮驻待路。黄泉下兮幽深，人生要死，何为苦心！何用为乐心所喜，出入无悰为乐亟。蒿里召兮郭门阅，死不得取代庸，身自逝。"[1]

引文标记文本，正与残简文字相合。残简虽无系年信息，但其发掘时编属的"241"包号，"简牍的时代很可能集中于宣元之际甘露、黄龙左右"，其上距刘胥自杀，短则一二年，长则五六年。

作为恶性政治事件中的宫廷秘闻，广陵王临终哀歌，得以在如此短的时间内流传到西北边塞，应当不是信息的自然传递，而"很可能是国家宣传的结果"。而参照前述对《甘露二年丞相御史书》的讨论，似乎揭示出，在广陵王刘胥自杀后，汉廷不仅穷治其狱，由丞相、御史二府下令在全国追捕逃犯，同时，汉廷亦将广陵王刘胥罪行的细节，文告天下，以儆效尤。241·10 号残简，或即西北边塞吏民抄录文告中的广陵王哀歌而来。[2]

---

[1]《汉书》卷六三《武五子传》，第 2762 页。

[2] 李迎春：《居延汉简所见广陵王临终歌诗及相关问题研究》，《国学学刊》2015 年第 4 期，第 28—34 页。

第六节　西汉后期的扬州地区

广陵国除以后,元、成时期,虽两度绍封,但此时的广陵王仅食租税,已丧失临民治国的权力。同时,广陵国的辖县、户口均大幅缩减,不复旧观。中央遣任的广陵郡国守相,成为地方的实际管理者,中央权力由此贯彻于扬州地区。

一、广陵国的绍封及辖县、户口

武帝晚年,下"轮台诏"罪己,将汉帝国的政治方针转向守文。及昭宣中兴,社会经济得到恢复和发展。《汉书》载:"(昭帝)承孝武奢侈余敝师旅之后,海内虚耗,户口减半。(霍)光知时务之要,轻繇薄赋,与民休息。至始元、元凤之间,匈奴和亲,百姓充实。"[1]故有"昭宣中兴"之美誉。随着社会经济的恢复,以及儒学的尊崇与发展,复古改制作为一种新的政治与社会思潮,逐渐流行开来。复古改制的内核,可以"纯任德教,用周政"概括。[2]质言之,即将儒学真正作为国家的意识形态与政治纲领,来改易武帝、宣帝时期"外儒内法"的统治政策。这种政治文化的变迁,早在元帝为太子时,即已萌生。元帝性格"柔仁",服膺儒术,见宣帝多用文法吏,好用刑名,吏治深刻,于是进言宜多用儒生,宣帝则曰:"汉家自有制度,本以霸王道杂之,奈何纯任德教,用周政乎!""乱我家者,太子也"。[3]及元帝即位,任用儒臣萧望之、周堪、刘向、金敞,"四人同心谋议,劝道上以古制"[4],兴起了儒学改制的浪潮。"存亡继绝",正是儒生所推崇的王道之政。因此,汉元帝初元二年(前47)三月,复置广陵国,以故广陵厉王刘胥太子刘霸绍封继绝,是为广陵孝王。广陵国在废除七年之后,重新得到恢复。

绍封制度,指因无后或因罪除国后,由绝封者的子孙或亲族成员继承原有爵位,或稍加升降的爵位继承制度,是继承制度的补充形式,其渊源可追溯

---

[1]《汉书》卷七《昭帝纪》,第233页。

[2]　陈苏镇:《〈春秋〉与"汉道":两汉政治与政治文化研究》,第307—378页。

[3]《汉书》卷九《元帝纪》,第277页。

[4]《汉书》卷七八《萧望之传》,第3283页。

至周代。《论语·尧曰》:"兴灭国,继绝世,举逸民,天下之民归心焉。"[1]《荀子·王制篇》:"存亡继绝,卫弱禁暴,而无兼并之心,则诸侯亲之矣。"[2]在秦末战争中,陈胜、刘邦均以恢复绝国,而得到"存亡继绝"的政治褒美。

绍封广陵国后,元帝于永光五年(前39),又以临淮郡襄平县,置为刘胥子譻的襄平侯国;建昭五年(前34),以临淮郡兰陵县,置为刘霸子宣的兰陵侯国;以临淮郡广平县,置为刘霸子德的广平侯国。及成帝鸿嘉四年(前17),广陵哀王刘护死,无子,广陵国复除为郡。但到成帝元延二年(前11),又以广陵孝王刘霸子刘守绍封,复置广陵国,传国至王莽时,广陵国除,以其地置郡。

表 4-5　　　　　　　　**元帝至王莽时期广陵王世系**

王	身　份	始	终	在位时间
广陵孝王霸	厉王子	元帝初元二年 (前47)	元帝建昭四年(前35),死	十三年
广陵共王意	孝王子	元帝建昭五年 (前34)	成帝建始元年(前32),死	十三年
广陵哀王护	共王子	成帝建始二年 (前31)	成帝鸿嘉四年(前17),亡后, 国绝	十五年
广陵靖王守	孝王子	成帝元延二年 (前11)	孺子婴居摄元年(6),死	十七年
广陵王宏	靖王子	孺子婴居摄二年(7)	王莽始建国元年(9),贬为公; 王莽始建国二年(10),废	四年
附:广世 王宫	江都王 非曾孙	平帝元始二年(2)	王莽始建国元年(9),贬为公; 王莽始建国二年(10),废	八年

资料来源:《汉书·武五子传》《汉书·诸侯王表》

西汉后期广陵国的王侯墓葬,在扬州地区亦有发现。宝女墩,位于扬州市西北18千米,北距杨寿镇2千米,南距曹家铺0.5千米,是人工夯筑的大型封土墩,南北边长约100米。1985年,因砖瓦厂取土,于宝女墩封土下中心偏西10米处,发现两座土坑木椁墓,遭到严重的人为破坏。经考古清理,在随葬品中发现带有"中官""广陵服食官""王家""乘舆"等铭文器,可确认两座墓葬应为宝女墩主墓的陪葬墓。宝女墩主墓,应为某位广陵王墓。据墓葬形

---

[1]〔宋〕朱熹:《论语集注》卷一〇《尧曰》,《四书章句集注》,中华书局1983年版,第194页。

[2]〔清〕王先谦撰,沈啸寰、王星贤点校:《荀子集解》卷五《王制》,中华书局2013年版,第185页。

制与出土器物推断,陪葬墓应属新莽时期。在出土的一件铜灯上,有"恭庙"铭文,应为广陵共王刘意庙所用器物。出土漆器刻铭中,又有"河平元年""元延三年"铭文,皆为成帝年号,河平元年为公元前28年,元延三年为公元前10年。据前表,元延三年后在位的广陵王,为广陵靖王刘守与末代广陵王刘宏,刘守在位17年,而刘宏在位3年即被贬废。故此,发掘者推断,宝女墩大墓,为广陵靖王刘守墓的可能性较大。[1]

西汉后期复置的广陵国,其辖地较前已大为缩减,所领户口数亦颇有限。《汉书·地理志》备载西汉后期行政建制及户口资料,其史料价值毋庸赘言。所据版籍的年代断限,以往多认为在平帝元始二年(2),近年有学者提出当在汉成帝元延三年(前10)九月。[2]其所记录的广陵国辖县、户口,应即广陵靖王刘守所绍封的广陵国情形。据此,全椒、建阳两县已回属于九江郡,堂邑、舆、海陵、盐渎等县则别属临淮郡。广陵国仅辖广陵(今扬州市西北)、江都(今扬州市邗江区西南)、高邮(今高邮市)、平安(今扬州市宝应县西南)四县。这一情形,很可能是元帝复置广陵国时的面貌。

《汉书·地理志》所记广陵国户口,户数36773,口数140722。当时全国总户数12233062,总口数59594978,广陵国分占0.3%与0.24%。全国郡国总数103,县级行政单位总数1587,广陵国4县占比约0.25%,与户口所占比例大致相当。换言之,广陵国户口数,大约与当时全国郡县平均户口数持平。

此外,有两宗出土简牍户口资料,可与广陵国进行对比。2004年发掘的天长纪庄M19汉墓《户口簿》,记载了东阳县的户口资料,时代约当西汉中期偏早。东阳,两汉或属广陵,或属临淮,治今江苏盱眙县东。据木牍,东阳县户数9169,口数40970。[3]对比广陵国四县的平均值,东阳户数约为99.73%,基本持平;东阳口数为116.46%,超出广陵均值不少。2016年发掘的青岛土山屯M147汉墓,墓主为西汉末堂邑县令刘赐,墓中出土有《堂邑元寿二年要

[1]　扬州博物馆、邗江县博物馆:《江苏邗江县杨寿乡宝女墩新莽墓》,《文物》1991年第10期,第39—61页。

[2]　马孟龙:《西汉侯国地理》,上海古籍出版社2013年版,第79—97页。

[3]　天长市文物管理所、天长市博物馆:《安徽天长西汉墓发掘报告》,《文物》2006年第11期,第4—21页。

具簿》木牍（M147：25-1）。堂邑县，两汉或属广陵，或属临淮，治今江苏南京六合区西北。元寿为西汉哀帝年号，元寿二年即公元前1年。堂邑毗邻广陵，木牍纪年与汉志版籍相近。据木牍，堂邑户数25007，口数132104。其一县之地，相比广陵一国四县的户口数，户数约占广陵国的68%，是一县均值的2.72倍；口数约占广陵国的93.86%，是一县均值的3.75倍。

以户均口数计，《汉志》广陵国户均3.83口，全国户均4.87口；据简牍资料，东阳户均4.47口，堂邑户均5.28口。广陵国户均口数低于全国平均水平1.04口，即平均每户要少一人，亦明显低于邻近两县。这或反映出当时广陵国一般家庭规模，相比全国及周边地区明显较小，其原因尚难合理解释。

据此可知，西汉后期以"存亡继绝"所复置的广陵国，不仅辖地缩减至四县，其所领户口亦不多。这说明西汉末期的广陵国，相较西汉前中期的情形已经衰落。广陵国的衰落，与西汉中后期诸侯王国地位的下降，有直接的关系。

二、西汉中后期的广陵守相

在西汉广陵国几度置废过程中，扬州地区曾三度短暂置郡，分别为武帝元狩二年至元狩五年（前121—前118），宣帝五凤四年至元帝初元二年（前54—前47），成帝鸿嘉四年至元延二年（前17—前11）。

汉景帝中元五年（前145），诏令诸侯王不得临民治国，并剥夺了诸侯王的置吏权。此后，诸侯王的权力一再被剥夺、抑损，只能享受封国租税，而丧失了行政职权。由中央所任命的诸侯国相，实际取代诸侯王主理地方政务。某种意义上，诸侯王国几乎与汉郡无别，只是一称郡太守、一称王国相而已。

随着中央集权制的不断加强，秦及汉初的郡县二级制，在汉武帝时发生了变化。武帝元封五年（前106），分全国为十三州部，各设刺史，直属汉廷。此时的州部，并非统辖郡国的更高一级政区，而是作为监察区存在。并于京师置司隶校尉，以纠察百官、三辅地区等。以秩六百石的刺史，监察秩二千石的地方守相，刺史秩卑权重，既可有效行使其监察权，又不至于干扰地方行政。刺史于每年八月巡行郡国，以六条问事："一条，强宗豪右，田宅逾制，以强陵弱，以众暴寡。二条，二千石不奉诏书，遵承典制，倍公向私，旁诏守利，侵渔百姓，聚敛为奸。三条，二千石不恤疑狱，风厉杀人，怒则任刑，喜则任赏，烦扰苛暴，剥戮黎元，为百姓所疾，山崩石裂，妖祥讹言。四条，二千石选署不平,苟阿所爱,蔽贤宠顽。五条,二千石子弟怙恃荣势,请托所监。六条,二千石违公下比,阿附豪强,通行货赂,割损政令。"[1]其中除一条针对"强宗豪右"外,都是监察二千石官吏。故汉宣帝说,欲使政平讼理,天下太平,"与我共此者,其唯良二千石乎!"[2]

西汉中后期,广陵郡国守相可考者,有以下数人:

□胜之。宣帝时,广陵王刘胥在位,胜之为相,奏夺广陵王射陂草田,以予贫民。[3]

□成。《汉书·百官公卿表》记宣帝本始元年(前73),"守京兆尹广陵相成"[4]。按,或以"相成"为人名,"广陵"为籍贯,不妥。《汉书》同卷有"守左冯翊渤海太守信",句式相同,知"成"为人名,由广陵相入守京兆尹。京兆尹后屡经更迭,但同卷宣帝甘露四年(前50)、元帝初元四年(前45)下皆记"京兆尹成",应为同一人。以其三典京兆而言,应为良吏。

闳孺。汉昭帝时,田延年为河东太守,以闳孺、尹翁归为督邮,分河东二十八县为南北两部,以闳孺监察汾北,由此知名。闳孺后至广陵相,史称"有治名"。任职时间无考,约在宣帝、元帝间。[5]

陈万年,字幼公,沛郡相人,以郡吏察举为县令。《汉书·陈万年传》与《百官公卿表》皆谓宣帝神爵元年(前61),由"广陵太守"考课优异迁右扶风太守,在位五年,迁太仆,再迁御史大夫,最终卒于任上。神爵元年,广陵王刘胥尚在位,"广陵太守"当为"广陵相"之讹。[6]陈万年为人,史称"廉平,内行修",以喜交结权贵而获讥。

王建。成帝元延元年(前12),由广陵太守迁京兆尹[7]。

---

[1]〔晋〕司马彪撰,〔梁〕刘昭注补:《续汉书》第二八《百官志五》注引蔡质《汉仪》,第3617—3618页。

[2]《汉书》卷八九《循吏传》,第3624页。

[3]《汉书》卷六三《武五子传》,第2761页。

[4]《汉书》卷一九《百官公卿表》,第800页。

[5]《汉书》卷七六《尹翁归传》,第3206—3209页。

[6]严耕望云:"表、传均作太守,考之诸侯王表,其时尚为国,言太守误也。"《两汉刺史太守表》,上海古籍出版社2007年版,第51页。

[7]严耕望云:"应作相,此作太守,盖误。"《两汉刺史太守表》,第52页。按,据前《元帝至王莽时期广陵王世系》表,元延元年广陵未置国,仍应作"太守"。

钱逊。哀平间为广陵太守,避王莽乱,徙居乌程。事见郑樵《通志·氏族略》,钱大昕据钱氏旧谱,以"钱逊"本当为"钱让",以避宋英宗父讳,改为"逊",陈垣从其说。[1]

此外,《汉书·百官公卿表》记成帝元延二年(前11),"广陵太守孙宝为京兆尹,一年免"[2]。《汉书·孙宝传》记成帝时益州有乱,"以宝著名西州,拜为广汉太守",后以蛮夷安辑,"征为京兆尹"[3]。因此,《百官公卿表》"广陵太守"应为"广汉太守"之误。

西汉中后期广陵守相,当不止以上数人,相关记载虽简略,但从整体来看,仍能得到如下认识:

第一,西汉中后期,扬州地区三度短暂置郡,置郡数年,又改易为诸侯王国,其郡、国之间更置的变动,是相对频繁的,不免带来行政建制上的反复变更。但是,此期诸侯王已完全丧失了行政职权,治理地方的权力归于郡国守相,不论置郡、封国,对于地方行政的扰动,毕竟有限。

第二,前举数人中,□成、陈万年、王建三人,均由广陵守相迁为三辅长官,□成、王建又皆任京兆尹。西汉三辅为京畿重地,权贵杂处其间,最难治理。其中,京兆尹典京师,"于三辅尤为剧",郡国守相必须以考课"高第",方才有入补的资格。因此,他们在广陵的治理,应当颇有政绩,亦有益于扬州地域社会。

第三,扬州地区置郡时间虽然不长,但国与郡的转换,以及所辖区域的缩小,反映出朝廷"纯任德教"与"存亡继绝"的王道之政风气的转向,预示着诸侯王国的统治在扬州地区的谢幕,是东汉时期扬州地区改国为郡的先声。

自秦崛起统一六国,迄于此后的反秦战争、楚汉相争,均是关东与关西的对抗。[4]在此格局下,扬州地区作为江淮东部的交通要津,虽僻处东极,远离

[1] 参陈垣:《史讳举例》,中华书局2004年版,第96页。

[2] 《汉书》卷一九《百官公卿表》,第839页。

[3] 《汉书》卷七七《孙宝传》,第3258—3259页。

[4] 参邢义田:《试释汉代的关东、关西与山东、山西》,收入氏著:《治国安邦:法制、行政与军事》,中华书局2011年版,第180—210页。

对抗中心,但其历史地位却不断得以提升。《史记·货殖列传》分越楚之地为西楚、东楚、南楚,广陵是东楚的核心城市之一。可见自战国以来,扬州地区整体处于不断上升的趋势,并逐渐成为区域性核心区(regional core)[1]。

扬州地区发展的动因,约有三点:第一,自秦统一至秦汉之际,楚在天下的政治、军事格局中,始终占据重要地位。田余庆指出,秦汉之际"号令三嬗","其实,三嬗皆楚","终于以楚的胜利宣告结束"。[2]受楚文化扩张的影响,扬州地区的区域地位亦相应上升。第二,战国后期楚地东蹙,都城不断东徙,楚东部地区的战略权重加大。扬州地区作为东楚腹地,日渐发展,楚扬州城遗址、楚怀王立都盱眙、项羽初都江都等,皆为明证。第三,扬州地区的地理区位优势,即作为长江南北交通的要津和沟通江淮的邗沟起点,是其地位上升的直接原因。顾炎武云"自古南北之津,上则由采石,下则由江乘"[3],江乘渡江则至广陵。秦始皇巡行渡江,召平自广陵至吴,项梁自吴北上至淮,灌婴南下广陵至吴,都依托于这一交通路线。隋炀帝诗云"借问扬州在何处,淮南江北海西头",其对扬州地理区位的把握,一语中的。

西汉时期,扬州地区先后归属楚、荆、吴、江都、广陵等诸侯王国,其间数次短暂置广陵郡。从地域上看,无论汉初所辖三郡五十三城,还是汉末广陵郡、国所辖四县,其都城、郡治都在今扬州市,奠定了扬州在历史上的突出地位。就政治关系而言,封建与削藩,郡国之更迭,既是郡国并行制的体现,也是中央集权与地方分权交互关系的影响。其深刻历史背景,是西周分封制与秦郡县制的结合,影响延及历史后期。西汉时期,正是大一统中央集权制度的确立时期,扬州地区呈现出的政治风貌,可见一斑。

周代分封制根植于宗法与封建,形成"天子建国,诸侯立家","封建亲戚以藩屏周"的局面。秦始皇统一全国,废封建,推行彻底的郡县制。秦汉之际,

[1]　参〔美〕施坚雅(G.William Skinner)著,王旭译:《中国封建社会晚期城市研究》,吉林教育出版社 1991 年版,第 1—24 页。并参鲁西奇:《中国历史上的"核心区":概念及其分析理路》,《中国历史的空间结构》,广西师范大学出版社 2014 年版,第 143—174 页。

[2]　田余庆:《说张楚——关于"亡秦必楚"问题的探讨》,《秦汉魏晋史探微》(重订本),第 28 页。

[3]　〔清〕顾炎武著,张京华校释:《日知录校释》卷三一"江乘"条,岳麓书社 2011 年版,第 1218—1219 页。

陈胜、楚怀王、项羽均恢复分封[1]，汉初分封异姓诸侯，延续了项羽的"军功王政"，扬州地区属韩信楚国。及汉高祖刘邦翦除异姓诸侯王，改封同姓诸侯王，也同时实行郡县制，形成了西部"奉汉法以治"、东部"从王法以治"的郡国并行制度。吴王刘濞以广陵为都，治吴四十二年，国富兵强，正是此期内诸侯王国强盛的反映。随着诸侯王国势力的强大，其与中央朝廷的矛盾也不断加剧。景帝时接受晁错"削藩策"的建议，对诸侯王予以沉重打击，导致了吴楚七国之乱，显现出封建同姓诸侯制度的局限性。经武帝"推恩令"以及对诸侯王的进一步打击，"诸侯惟得衣食租税"，中央集权大大加强。至西汉中后期，诸侯王国在国家秩序中的影响越发低落。

就区域发展而言，扬州长期作为诸侯王国都城，其所辖范围都得到了较快的发展。尤其是吴王刘濞时期，鉴于诸侯王国的"自治"形态，其治吴四十二年，经济上得到了迅速发展，迎来了扬州历史上的初度繁荣。及江都王刘非在位，名儒董仲舒任其国相，推动了扬州地区学术文化事业的发展。随江都王刘建、广陵王刘胥相继因罪失国，以"存亡继绝"而复置的广陵国，终辖广陵、江都、高邮、平安四县之地，以户口数目而言，在全国地方郡国中，仅占平均水平，扬州地区相比于西汉前期的繁荣，地位有所衰落。随着广陵郡国守相治政的展开，扬州地区虽仍建置王国，实际已与汉郡无异，开启东汉扬州改国为郡的先河。不论如何，西汉前期扬州地区经济、文化的繁荣气象，仍不同程度地影响着这一地区，显示出无穷活力与生机。

---

[1] 其内涵各有不同，或以陈胜为"平民王政"，楚怀王为"贵族王政"，项羽为"军功王政"，参李开元：《秦末汉初的王国》，《汉帝国的建立与刘邦集团——军功受益阶层研究》，第74—118页。

第五章　新莽与东汉时期的扬州地区

西汉后期，随着复古改制思潮的流行，以及外戚王氏家族的崛起，王莽于公元 9 年篡汉，建立"新"朝。随着王莽泥古改制所招致的种种混乱，新莽政权短促而亡。公元 25 年，光武帝刘秀"复高祖之业"，建立东汉王朝，社会秩序逐渐安定，社会经济得以恢复。东汉后期，外戚、宦官交相秉政，社会矛盾日益激化。公元 220 年，曹丕代汉。东汉时期，扬州地区除前期曾置广陵国外，以置郡立县为其主流。

第一节　王莽篡汉与"江平郡"

西汉后期，汉元帝皇后王政君"历汉四世为天下母，飨国六十余载"[1]，外戚王氏一门空前显贵，"五将十侯"，权倾朝野。出身王氏家族的王莽，最终代汉自立，建立了短暂的新莽王朝。

王莽的崛起，既有家族背景，也与他善于"要誉"有关。王氏子弟多以外戚之贵，奢侈不法，唯独王莽"年少孤贫"，恭俭自持，并且笃好儒术，"被服如儒生"；他敬事其母、寡嫂，抚养孤兄之子，将其所受爵禄家财，尽施宾客、名士；其子王获杀奴，切责之，逼令自杀。因此，王莽博取了朝野公卿和儒生的拥护。元寿二年（前 1）哀帝死后，王莽被举荐为大司马，迎立时年九岁的汉平帝即位，"太后临朝称制，委政于莽"。[2]元始五年（5），王莽鸩杀汉平帝，立年仅两岁的孺子婴为帝，次年改元"居摄"。始建国元年（9）正月朔，王莽行禅让礼，篡汉立新。

---

[1]《汉书》卷九八《元后传》，第 4035 页。
[2]《汉书》卷九九《王莽传》，第 4039—4044 页。

王莽执政,为宣示威惠、笼络人心,扩大了"兴亡继绝"的范围。元始二年,"新都侯王莽兴灭继绝",一时恢复王国六,侯国无算。其中,刘建死后遭废除的江都国,亦得以重建,因其故地已置广陵国,故别封以广世国,以存续江都国统。

西汉后期,广陵王国两度复置,传国至新莽初,但此时的广陵国已今非昔比。尤其到哀平之际,诸侯王国"皆继体苗裔,亲属疏远",又"生于帷墙之中,不为士民所尊",故"中外殚微,本末俱弱"。以至于王莽篡汉之际,不仅不能"世为藩辅",还"厥角稽首,奉上玺韍,惟恐在后,或乃称美颂德,以求容媚"[1]。始建国元年王莽登位,汉世诸侯王皆被贬为公,末代广陵王刘宏,以此为广陵公。次年王莽命"汉诸侯王为公者,悉上玺绶为民"[2],广陵公刘宏被贬为庶民,广陵国除。汉初以来扬州地区的诸侯王国,至此告终。

扬州地区经考古发现了相当数量的新莽时期墓葬。其中较具代表性的高等级墓葬,有邗江甘泉姚庄101、102号墓,仪征新集螃蟹地7号墓,墓主人身份推定为高级官员或广陵国王室。[3]姚庄101、102墓随葬品中,出土印章印面文字的磨锉,是特别的现象。101号墓为夫妻合葬墓,男性墓主被定为秩六百至二千石之间的广陵国中级武官,出土龟纽铜印一件,麒麟纽鎏金铜印一件,但印面均遭"磨锉",无文字。102号墓亦为夫妻合葬墓,男棺出土龟纽铜印一枚,"印面铭文被磨";女棺出土印章四枚,除琥珀质"常乐富贵"印外,其余龟纽铜印、鎏金麒麟铜印、虎纽玛瑙印,印文均被磨锉。[4]尤其值得注意的是,在汉印制度中,虎纽印层级较高,陕西咸阳曾出土一方西汉虎纽玉印,印文为"皇后之玺"[5],扬州甘泉二号汉墓曾出土虎纽玛瑙印一枚,墓主为东汉广陵王刘荆王后。[6]以此而言,姚庄101、102号墓出土印章文字遭磨锉的

[1]《汉书》卷一四《诸侯王表》,第396页。

[2]《汉书》卷九九《王莽传》,第4118页。

[3] 扬州博物馆:《江苏邗江姚庄101号西汉墓》,《文物》1988年第2期;扬州博物馆:《江苏邗江县姚庄102号汉墓》,《考古》2000年第4期;仪征市博物馆:《仪征新集螃蟹地七号汉墓发掘简报》,《东南文化》2009年第4期。

[4] 扬州博物馆:《江苏邗江县姚庄102号汉墓》,第57、65页。

[5] 秦波:《西汉皇后玉玺和甘露二年铜方炉的发现》,《文物》1973年第5期。

[6] 南京博物院:《江苏邗江甘泉二号汉墓》,《文物》1981年第11期,第9页。

现象,或是王莽篡汉贬黜汉爵的反映。

王莽本以"儒生"自居,其得以篡汉自立,也多少得益于西汉后期复古改制的社会思潮。王莽"每有所兴造,必欲依古得经文"[1],但其"托古改制",不仅不能解决西汉后期日益严重的社会矛盾,反而百弊丛生,最终导致新莽王朝的迅速灭亡。王莽改制,实包含礼制、官制、经济制度等诸多方面,这里就与扬州地区相关的官名、地名等,作简略的概述。

王莽拘泥于《周官》《王制》,改易爵制、官名以及州郡县地名,并重新调整行政区划。在爵制上,恢复了周制的五等爵制,置公、侯、伯、子、男爵。在中央,置四辅、三公、四将、四少秩、四羲和、九卿、六监等职官。新莽职官往往以古为号,如改汉大鸿胪为典客、改少府为共工等。郡县长官,改太守为卒正、连率、大尹,都尉为属令、属长。此外,依据《尧典》改十三州部为十二州,又据《禹贡》改为九州。又分天下为中部、四部、四域,于京畿及周边置六队郡、六尉郡。王莽更屡屡变更地名,"岁复变更,一郡至五易名,而还复其故。吏民不能纪,每下诏书,辄系其故名"[2]。其改名之法,或以音义通、义同、音通、义相反或加字改字者,如更曲逆为顺平,改无锡为有锡,改剡曰尽忠等等,几乎全无现实的意义。[3]

在此浪潮中,王莽改广陵郡为"江平郡"。据《汉书·地理志》,王莽并改平原郡为河平郡,临淮郡为淮平郡,定陶郡为济平郡。其余新改郡名带有四渎名的,如齐郡改"济南"等,并无统一形式。四郡皆以渎平为名,或取平水土之意,并与西汉后期频繁的水患有关。平原郡既改河平郡,其西毗的清河郡改平河郡,北面的勃海郡改迎河郡,皆以"河"为名。西汉后期,三郡所在的黄河下游流域,河水频繁决溢,始建国四年(12),"河决魏郡,泛清河以东数郡"[4]。王莽"征能治河者以百数",论者亦以"河决率常于平原、东郡左右","河入勃海"为言。[5]《汉书·王莽传》将王莽改易地名系于天凤元年(14)以后,

---

[1]《汉书》卷二四《食货志》,第1179页。

[2]《汉书》卷九九《王莽传》,第4137页。

[3]　参谭其骧:《新莽职方考》,原载《燕京学报》第15期(1934年);收入《谭其骧全集》,人民出版社2015年版,第72—75页。

[4]《汉书》卷九九《王莽传》,第4127页。

[5]《汉书》卷二九《沟洫志》,第1696—1697页。

故河平、平河、迎河的改名，应与西汉后期的黄河水患有关。汉成帝以黄河决溢而改元"河平"，已见先声。始建国三年，王莽以《禹贡》改十二州为九州；天凤元年，复定天下为九州、一百二十五郡、二千二百零三县。《汉书·食货志》云"禹平洪水，定九州"[1]；《帝王世记》云，"至尧遭洪水，分为十二州"，"及禹平水土，还为九州"[2]。从十二州到九州，亦有仿效大禹平治洪水的意味。因此，江平、淮平，皆在江、淮下游，应也以"平治水土"而并予更名。

新莽江平郡，汉志云领故广陵郡四县，其中江都、高邮二县仍用旧名，广陵县改曰安定，平安县改曰杜乡。新出新莽封泥有"江平舆城连率"[3]，连率"职如太守"，以"伯氏"出任，相当于汉代的郡县守令。[4]则新莽江平郡除《汉志》四县外，至少还应有舆城一县。舆城，或由西汉舆县更名或析置[5]，治今扬州仪征市北。舆城之外，是否还有他县并入江平郡，或要留待新资料的发现了。新近发掘的扬州蜀秀河六号新莽墓葬，出土木牍文字有"广陵、信陵乡、江平郡、江都县等地名"[6]，是王莽改易地名的确证，相关资料尚待公布。至于汉末广陵郡辖四县之前的广陵属县，此时也多更易地名，如《汉书·地理志》载，盱眙改曰武匡，射阳改曰监淮亭，淮阴改曰嘉信，海陵改曰亭间等等。

新见新莽"江平舆城连率"封泥

渎平郡内，王莽例改一县名为渎平亭，如河平郡（故平原）属县改河平亭，

　　[1]《汉书》卷二四《食货志》，第1117页。

　　[2]〔晋〕司马彪撰，〔梁〕刘昭注补：《续汉书》第一九《郡国志》，第3387页。

　　[3]任红雨编著：《中国封泥大系》第14068号，西泠印社出版社2018年版，第1176页。

　　[4]《汉书》卷九九《王莽传》，第4136页。

　　[5]周振鹤主编，周振鹤、李晓杰、张莉著：《中国行政区划通史·秦汉卷》（第二版）以为"舆城县不知为何县更名抑或析置"，第580—581页。按，谭其骧已揭王莽更名，有"加亭字"一类，谭其骧：《新莽职方考》，第72—75页。舆县在今仪征东北，正与广陵郡接壤，故疑由舆县更名或析置。又，《汉志》云"舆，莽曰美德"，舆县或多次更名。

　　[6]汪勃、王小迎：《扬州汉墓出土简牍文字中的汉代广陵与广陵城》，肖小勇主编：《聚才揽粹著新篇——孟凡人先生八秩华诞颂寿文集》，科学出版社2019年版，第195页。

济平郡(故定陶)冤句县改济平亭;淮平亭,《汉书》作泗水国泗阳县,或疑当改属淮平郡,应是。[1]但是,文献、简牍及封泥资料等均未见有"江平亭"之名,目前而言,江平郡五县,似以江都县为"江平亭"的可能性较大。唯江都是否确曾改名"江平亭",或未予改名,仍以"江都"喻指"江平亭",则只能留待新资料来解决。不论如何,江平郡的更名,或反映出广陵作为长江流域代表性都邑的认识,业已深入人心。

王莽的改制,还涉及到经济领域的方方面面,如禁止土地、奴婢买卖,恢复上古井田制度,实行五均、赊贷、六筦政策,以及改革币制等等。但这些政策,虽触及到当时社会重大问题,对豪民富商等起了限制作用,但大多不符合历史发展规律,反而造成"农商失业,食货俱废"的严重后果。尤其是他的币制改革,废除汉武帝以来长期使用的"五铢钱",改用"五物,六名,二十八品",并进行了数次更改,设以峻法,强制推行,更造成了社会经济秩序的混乱,史称"每一易钱,民用破业"[2]。"一刀平五千""大布值千""契刀五百""大泉五十""小泉值一"等王莽时期的钱币,均曾出土于扬州地区的新莽墓葬中。

王莽的泥古改制,既未能挽救社会危机,又加不断挑起对少数民族地区的战争,遂使百姓"力作所得,不足以给贡税。闭门自守,又坐邻伍铸钱挟铜,奸吏因以愁民。民穷,悉起为盗贼"[3]。王莽天凤四年(17),王匡、王凤率饥民六七千人聚集绿林山,号"绿林军"。次年,山东、苏北饥民推樊崇为首领,众至十余万,号"赤眉军"。在绿林军、赤眉军的影响下,天下反新莽而起事者,一时蔚为风潮。地皇四年(23)十月,绿林军攻入长安,王莽兵败被杀,新亡。

第二节　东汉广陵国与广陵郡

建武元年(25)六月,光武帝刘秀于鄗(今河北柏乡)即位,建立东汉。同年十月,攻克洛阳,以为都城。赵翼称:"是时人心思汉,举天下不谋而同。是

---

[1] 周振鹤主编,周振鹤、李晓杰、张莉著:《中国行政区划通史·秦汉卷》(第二版),第580页。

[2] 《汉书》卷二四《食货志》,第1184页。

[3] 《汉书》卷九九《王莽传》,第4151页。

以光武得天下之易,起兵不三年,遂登帝位。"[1]刘秀称帝后,逐步平定了各地的割据势力,至建武十二年(36)统一全国。在东汉的统一进程中,广陵所属的徐州刺史部,初为群雄割据,其中,张步割据琅邪、城阳,董宪割据东海,刘永割据鲁、楚,侯霸领临淮,广陵、泗水的归属不详。侯霸"保固自守,卒全一郡"[2],毗邻的广陵,或亦相较安定。建武四年,临淮、广陵、泗水先后归东汉,至建武六年,徐州刺史部尽入东汉版图。

一、广陵王刘荆与四王之狱

刘秀统一全国以后,面临长期社会动乱所造成的残破局面,在思想、政治和经济等方面颁布了一系列巩固和发展的政策。在思想上,刘秀以"柔道"治国,"纯任德教",倡导儒学,使东汉王朝朝野上下讲经诘义蔚然成风,强化了思想统治。在政治上,"退功臣而进文吏",加强尚书台,削弱三公权力,并组建了从中央到地方的监察机构,使州刺史有了固定治所,成为比郡高一级的行政长官,逐步形成了州、郡、县三级管理制度,废除了内地郡国都尉,削弱了诸侯王的权力,中央集权大大加强。在经济上,释放奴婢囚徒,假民公田,安辑流民,轻徭薄赋,鼓励生产,使社会经济得到了迅速恢复和发展,史称"光武中兴"。刘秀死后,明帝刘庄与章帝刘炟两朝,"朝无威福之臣,邑无豪桀之侠"[3],"吏称其官,民安其业"[4],"泽臻四表,远人慕化"[5],呈现出一派生机勃勃的气象,史称"明章之治"。

东汉初建,为巩固皇权,曾大封宗室。建武二年五月,刘秀以族父刘歙为泗水王,治凌县(今江苏泗阳西北)。建武十年,刘歙死,其小子刘燀为堂溪侯,奉歙后。建武十三年,光武帝省并西京诸王国,泗水国并入广陵郡。至建武十五年,初期所封宗室诸王,多以疏属贬为公、侯,而改封光武诸子为王。光武十一子,除一子早卒外,悉数封王。

建武二年,为巩固河北力量的支持,曾发愿"娶妻当得阴丽华"的刘秀,

[1]〔清〕赵翼撰,曹光甫点校:《廿二史札记》卷三"王莽时起兵皆称汉后"条,上海古籍出版社2011年版,第66页。

[2]《后汉书》卷二六《侯霸传》,第901页。

[3]《汉书》卷二三《刑法志》,第1110页。

[4]《后汉书》卷二《明帝纪》,第124页。

[5]《后汉书》卷三《章帝纪》,第131页。

终立河北实力派真定王刘杨的甥女郭圣通为后,以其子刘强为皇太子。至建武十七年,由于战争的结束,以及南阳派系在朝堂中的主导地位,出身河北的郭后以"宠衰""怨怼"的名义遭废黜,出身南阳新野的阴丽华被立为皇后。[1]两年后,太子刘强被废为东海王,改立阴丽华长子刘阳为太子,更名为庄,即汉明帝。

建武中元二年(57),光武帝刘秀去世,明帝刘庄继立。藩王问题,再度困扰明帝,始作俑者即同母弟刘荆。刘荆其人,"刻急隐害,有才能而喜文法"[2]。光武死未及葬,废太子东海王刘强入朝,留滞洛阳。刘荆诈以刘强舅郭况的口吻致书,称"君王无罪,猥被斥废","太后失职……远斥居边,海内深痛,观者鼻酸","今新帝人之所置,强者为右。愿君王为高祖、陛下所志,无为扶苏、将闾叫呼天也。"[3]刘强得书惶恐,随即上言明帝,不久还国病卒。

明帝知悉刘荆行事,"以荆母弟,秘其事",遣居于洛阳宫。永平元年,西羌生乱,刘荆冀望天下生变,私迎善天文星占者谋议,明帝闻之,徙刘荆为广陵王,并遣就国。刘荆在广陵,仍怀异志,召相者问曰:"我貌类先帝。先帝三十得天下,我今亦三十,可起兵未?"[4]相者告发其事,刘荆自投牢狱。明帝复加赦宥,不穷治其事,但令刘荆不得臣属吏民,唯食本国租税,使广陵国相、中尉严加监管。刘荆仍不思悔改,复使巫者祭祀祝诅,为有司告发。明帝命帝舅樊鯈与南阳任隗治其狱,考案之后,奏请诛之。明帝闻讯大怒,召见樊鯈于宣明殿,说:"诸卿以我弟故,欲诛之,即我子,卿等敢尔邪!"樊鯈对云:"天下高帝天下,非陛下之天下也。"[5]永平十年(67),刘荆自杀狱中,明帝赐谥"思王"。

刘荆屡为不法,明帝皆以"亲亲"宥之。但是,明帝在位,抑损诸侯王,甚至屡兴大狱,亦是事实。

楚王刘英,光武许美人子,在明帝为太子时,即依附明帝,明帝"特亲爱

[1]　参〔英〕崔瑞德、鲁惟一编,杨品泉等译:《剑桥中国秦汉史》第三章《王莽,汉之中兴,后汉》,本章由〔美〕毕汉斯执笔,杨品泉译,中国社会科学出版社1992年版,第255—257页。
[2]　《后汉书》卷四二《广陵思王荆传》,第1446页。
[3]　《后汉书》卷四二《广陵思王荆传》,第1446—1447页。
[4]　《后汉书》卷四二《广陵思王荆传》,第1448页。
[5]　《后汉书》卷三二《樊鯈传》,第1123页。

之"。楚王笃好黄老、浮屠，交通方士。至永平十三年，男子燕广告发楚王交结渔阳王平、颜忠等，"造作图书，有逆谋"，明帝废其王位，次年，刘英自杀国除。汉廷穷治，"楚狱遂至累年，其辞语相连，自京师亲戚诸侯州郡豪桀及考案吏，阿附相陷，坐死徙者以千数"[1]。

淮阳王刘延，光武郭后子，"性骄奢而遇下严烈"。永平十六年，或告其勾结姬兄谢弇、姊婿韩光，"招奸猾，作图谶，祠祭祝诅"。明帝诛杀谢弇、韩光，有司并请诛淮阳王，明帝以"延罪薄于楚王英"，故特加恩，"徙为阜陵王，食二县"。汉廷并治淮阳王狱，"辞所连及，死徙者甚众"。[2]

济南王刘康，光武郭后子，"在国不循法度，交通宾客"。明帝永平间，或告康招来"州郡奸猾"渔阳颜忠、刘子产等，"案图书，谋议不轨"。明帝"以亲亲故"，不穷治此狱，削其五县。[3]

光武帝十一子，除明帝外，废太子刘强死于明帝初年，又一子早夭，其余八王中，广陵王刘荆、楚王刘英、淮阳王刘延、济南王刘康皆蒙罪谴，恐非偶然。章帝初年，大旱谷贵，杨终以灾异起于"广陵、楚、淮阳、济南之狱，徙者万数，又远屯绝域，吏民怨旷"，上疏称："自永平以来，仍连大狱，有司穷考，转相牵引，掠考冤滥，家属徙边……愁困之民，足以感动天地，移变阴阳矣。"[4]广陵王刘荆案，实际是广陵、楚、淮阳、济南四王之狱的开端。可见明帝一朝，或有意抑损兄弟诸王的地位。这一政策，继承了光武帝后期对诸侯王力量的限制。永平十五年（72），明帝封诸子为王，亲案舆图，各减其半，"裁食数县"，其时正大治楚王英案，或取以为诫。[5]终东汉一朝，诸侯王权力大受限制，孙吴诸葛恪称："自光武以来，诸王有制，惟得自娱于宫内，不得临民，干与政事。其与交通，皆有重禁。"[6]永平十年的广陵王刘荆案，其所连及的广陵国吏民，今已全然不见史载。在家属徙边、远赴西羌的行列中，或许也有刘荆案的牵连者。湮没的历史细节，或许只能留待未来的考古资料来作解答。

---

[1]《后汉书》卷四二《楚王英传》，第1428—1430页。

[2]《后汉书》卷四二《阜陵质王延传》，第1444页。

[3]《后汉书》卷四二《济南安王康传》，第1431页。

[4]《后汉书》卷四八《杨终传》，第1597—1598页。

[5]《后汉书》卷一〇《明德马皇后纪》，第410页。

[6]《三国志》卷五九《吴书·孙奋传》，第1373页。

　　1975 年,在今扬州市邗江区甘泉镇北偏西约三千米,当地人称为"双山"处,被确认为两座东西相对的大型汉墓。由南京博物院及扬州博物馆主持,于1975、1980 年分别发掘了 M1、M2,基本确认为广陵王刘荆(M2)及其王后(M1)墓。王墓夯筑封土直径约 60 米,原高约 13 米,为券顶砖室墓。两座墓葬虽早期皆遭盗扰,但仍有众多文物出土。M2 出土错银铜牛灯,长 36.4 厘米,通高46.2 厘米,通体错银,铜牛雄浑壮硕,灯具设计精巧。M1、M2 均出土带铭铜雁足灯一件,M1 铭为"山阳邸铜雁足长镫建武廿八年造比廿",M2 灯铭同,末尾为"比十二",铭文中的"山阳",将墓主指向曾任山阳王的刘荆。1981 年,在 M2 墓侧发现"广陵王玺"金印,证实墓主为刘荆夫妇。此印长宽各 2.3 厘米,厚 0.9 厘米,上有龟纽,通纽高 2.1 厘米,重 123 克。迄今,传世与出土的汉代帝王印玺仍不多见,此枚金印极为珍贵。1784 年于日本发现的"汉委奴国王"金印,与此印相似度较高。"汉委奴国王"金印,或被认为制赐于光武帝建武中元二年(57),次年,即明帝永平元年,刘荆改封为广陵王,赐玺印。[1]

左：错银铜牛灯；右：广陵王玺(均藏南京博物院)

　　永平十四年(71),明帝为存亡继绝,封荆子元寿为广陵侯,服王玺绶,食荆故国六县;又封元寿弟三人为乡侯。次年,明帝东巡,征元寿兄弟会于东平,班赐御服器物,又取皇子舆马与之。章帝建初七年(82),诏元寿兄弟与诸王

　　[1]　南京博物院:《江苏邗江甘泉东汉墓清理简况》,《文物资料丛刊》第 4 辑,文物出版社 1981年版,第 116—120 页;南京博物院:《江苏邗江甘泉二号汉墓》,《文物》1981 年第 11 期,第 1—11 页。

俱朝京师。此后,刘元寿传子刘商,刘商传子刘条,传国于后,至晚于顺帝永和五年(140)前,广陵侯国除。实际上,永平十年(67)广陵国除后,广陵已入汉为郡。改国为郡,是东汉前期扬州地区最为显著的变化。

二、东汉广陵太守及其治政

东汉广陵改国为郡后,历经明、章、和、殇、安、顺、冲、质、桓、灵、少、献帝,未曾变更。广陵郡的辖县,却有明显变化。新莽时期,广陵郡除领《汉志》所载广陵、江都、高邮、平安四县外,舆县并来属,即至少领五县。

光武帝建武十三年(37),省并西京十王国,泗水国改属广陵郡,广陵郡辖县有大幅调整。明帝永平元年(58),更为刘荆广陵国。此期广陵郡国辖县,尚存争议。或以建武十三年,广陵郡得泗水国之凌县及临淮郡之东阳、射阳、盐渎、舆、堂邑、海陵六县,并《汉志》四县,共领十一县。[1]或以刘荆广陵国辖六县,即《汉志》四县,并泗水国凌县、泗阳县。[2]质言之,刘元寿绍封广陵侯,"食荆故国六县"[3],六县为刘荆广陵国全境或部分,尚难断言。据《续汉书·郡国志》,顺帝永和五年(140),广陵郡辖十一县,即广陵、江都、高邮、平安、凌、东阳、射阳、盐渎、舆、堂邑、海西,并漏载之海陵县,共计十二县。此后广陵郡辖县长期保持稳定,约至献帝建安初年,原属下邳郡的淮浦、淮阴二县,复改属广陵,广陵郡辖县增至十四县。

此年,广陵郡领户数83907,口数410190。当时全国总户数9698630,总口数49150220,广陵郡分占0.87%与0.84%。全国郡国总数105,县级行政单位总数1180,广陵郡12县占比约1%。换言之,广陵郡户口数,较全国郡县平均户口数要低一成有余。推测广陵郡所辖12县中,部分县户口数较低。以户均人口计,广陵郡户均4.89口,全国户均5.07口,广陵郡户均口数接近于全国平均水平,较西汉后期有明显改观。

东汉时期,东汉历任广陵太守,不乏以治绩而见载者。唯史料相对零散,严耕望《两汉刺史太守表》已作梳理,今稍作订补,表列如下:

[1] 周振鹤主编,周振鹤、李晓杰、张莉著:《中国行政区划通史·秦汉卷》(第二版),第776页。

[2] 参曹金华:《东汉广陵郡置县之谜》,《扬州大学学报》2005年第3期。

[3] 《后汉书》卷四二《广陵思王荆传》,第1448页。

表 5-1 　　　　　　　　**东汉广陵太守表**[1]

	姓　名	籍　贯	任　期	出　处
1	陆　稠	会稽吴人	约章帝时	《后汉书·陆续传》
2	马　棱	扶风茂陵人	章帝章和元年—三年	《后汉书·马援传》
3	朱　□		约和、安时	《隶释·幽州刺史朱龟碑》
4	桥　基	梁国睢阳人	约和、安时	《后汉书·桥玄传》
5	袁　良	陈留扶乐人	约安帝时	《隶释·国三老袁良碑》
6	张　纲	犍为武阳人	顺帝汉安元年—二年	《后汉书·张纲传》
7	王　喜		质帝本初元年	《后汉书·质帝纪》
8	□　□	东海郡人	约桓帝时	《隶释·堂邑令费凤碑》
9	荀　昙	颍川颍阴人	桓帝末	《后汉书·荀淑传》
10	张　超	东平寿张人	献帝初平元年	《后汉书·袁绍传》
11	赵　昱	琅邪人	献帝初平、兴平间	《三国志·陶谦传》
12	陈　登	下邳淮浦人	献帝建安二年—四年	《三国志·陈登传》
13	吴　景	吴人	建安初袁术所任	《三国志·徐夫人传》
14	张　载	豫章人		《说郛》引《豫章古今纪》

陆稠,会稽吴人,世为族姓。曾祖父闳,建武中为尚书令。父陆续,为会稽郡户曹史,辟太守尹兴别驾从事、郡门下掾。后受楚王刘英狱事牵连下狱,禁锢终身。陆稠约于汉章帝时在任,史称“有理名”[2]。

马棱,字伯威,扶风茂陵人,东汉开国名将马援族孙。章帝章和元年(87),马棱出任广陵太守。此时,广陵一郡,谷价昂贵,百姓饥困,马棱奏罢广陵盐官,使盐利复归百姓,同时赈济贫困,减免赋税,兴修水利,灌溉农田两万余顷。史称“棱在广陵,蝗虫入江海,化为鱼虾,兴复陂湖,增岁租十余万斛”[3],其说虽有夸大之辞,但治郡之功足以彰显。因此,百姓爱戴有加,并为马棱刻颂德碑。

汉武帝时,曾行盐铁官营之策,至昭帝后逐渐废弛,直到西汉末年,一直是

---

[1]　参严耕望:《两汉太守刺史表》,上海古籍出版社 2007 年版,第 173—175 页。笔者有增删:据《后汉书·桥玄传》增第 4 条,据《费凤碑》增第 8 条;又,严《表》有“何祗”条,亦见《华阳国志》,为蜀臣,实为广汉太守,非广陵,故删。

[2]　《后汉书》卷八一《陆续传》,第 2683 页。

[3]　《后汉书》卷二四《马棱传》注引《东观记》,第 863 页。

官、私并营。王莽时实行"五均六筦",盐铁官营又为主流。东汉初年,盐铁转归私营。章帝建初六年(81)"议复盐铁官",朝廷大臣各执己见,争论不休,及元和元年(84)终于施行。但数年之后,即被罢除。某种意义上,马棱奏罢广陵盐官,正是汉廷全面罢废盐铁官营的先声。故和帝初立(88),即下诏曰:

> 昔孝武皇帝致诛胡、越,故权收盐铁之利……(章帝)安不忘危,探观旧典,复收盐铁,欲以防备不虞,宁安边境。而吏多不良,动失其便,以违上意。先帝恨之,故遗戒郡国罢盐铁之禁,纵民煮铸,入税县官如故事。[1]

这一政策,直至东汉末年未改,皆以"纵民煮铸,入税县官"而已。广陵士民"刻石颂之",追怀马棱,正是因为他的功绩。

朱□,幽州刺史朱龟祖父,名字、事迹无考,约和帝、安帝时在任。《朱龟碑》云:"君系祖考之鸿轨","世载德不陨"[2],或亦为良吏。

桥基,梁国睢阳人,事迹无考,由其孙桥玄生年推之,桥基约和帝、安帝时在任。

袁良,字厚卿,陈留扶乐人,通《易》《诗》《礼》《乐》,以孝廉征为郎中、谒者,历任将作大匠、丞相令,约安帝时为广陵太守。在任期间,讨江贼张路等,声威震于徐州刺史部。顺帝永建六年(131)卒。

张纲,字文纪,犍为武阳人,顺帝朝司空张晧之子。顺帝任用宦官,政治黑暗,张纲慨叹:"秽恶满朝,不能奋身出命扫国家之难,虽生吾不愿也。"[3]汉安元年(142),顺帝选八使巡行天下,张纲独埋轮于洛阳都亭,叹曰:"豺狼当路,安问狐狸!"举奏外戚权臣大将军梁冀,京师震悚。不久,因广陵"剧贼"张婴声势浩大,梁冀以张纲为广陵太守,欲寻机治罪。张纲到任,与张婴等推心置腹,降服张婴等。及在任年余,纲卒于官,百姓哀切,顺帝下诏悼伤。唐《扬子图经》载:"六合县东三十里,从岱石湖入,四里至沟,中心与〔海〕陵分界。案《后汉书》,张纲为广陵太守,济惠于百姓,劝课农桑,于东陵村东开此沟,

---

[1]《后汉书》卷四《和帝纪》,第167页。

[2]〔宋〕洪适:《隶释》卷一〇《幽州刺史朱龟碑》,中华书局1986年版,第121页。

[3]《后汉书》卷五六《张纲传》,第1817页。

引湖水溉田,以此号为张纲沟。"[1]今扬州市江都区仍有张纲镇,即后人纪念张纲,迄今不改。

王喜,质帝本初元年(146)在任,因讨贼逗留,下狱死。

□□　姓名、事迹不传,仅知为东海郡人,约桓帝时在任。

荀昙,字元智,颍川颍阴人,出身名族颍川荀氏,名士荀淑兄子。在汉末清议中,昙与其兄沛相荀昱皆正身疾恶,志除宦官。桓帝末昙任广陵太守,郡中凡宦官支党宾客,虽犯小过,必加诛杀。后荀昱参与窦武谋诛宦官事,事败身死,荀昙亦遭党锢牵连,禁锢终身。

张超、赵昱、陈登、吴景,事见本卷魏晋南北朝部分。张载字仲子,生平不详。

郡太守为一郡之长,其在地方治理中担任着最主要的角色。汉宣帝有言,欲使百姓安居乐业,必先"政平讼理","与我共此者,其唯良二千石乎!"班固称,此语实因"太守,吏民之本也"[2]。东汉时期,任职广陵太守者,虽然记载并不全面,但大都为广陵郡的发展作出了程度不同的贡献,尤其是马棱、张纲、张超、陈登等,都是名垂青史的人物。

三、安顺以后扬州地区的动荡

历经"光武中兴"与"明章之治",自和帝以降,东汉王朝出现外戚、宦官递相执政的局面。一方面,光武帝的改革,使得皇权高度集中,外戚、宦官得以借机专擅朝政。同时,和帝以下诸帝皆年幼即位,女主临朝,外戚、宦官轮番执政,权力斗争激烈。在此背景下,东汉的社会危机不断加深,民不堪命,武装起事不断。

安帝永初三年(109),在山东沿海地区,张伯路率三千余人起事,冠赤帻、服绛衣,自称"将军",进攻滨海九郡,多杀太守、县令,被称作"海贼"。《国三老袁良碑》记袁良任广陵太守,"讨江贼张路等,威震徐方",可能就是指张伯路。[3]这说明广陵地区也卷入了抗争的洪流。

---

[1]〔宋〕李昉等撰:《太平御览》卷七五《地部四十》"张纲沟"条,中华书局1960年版,第350页。

[2]《汉书》卷八九《循吏传·序》,第3624页。

[3]曹庸:《汉碑中有关农民起义的一些材料》认为"张路"即"张伯路",《文物》1960年第8、9合期。方诗铭认为"张路不可能是张伯路,而是另一次起义的首领",参所著:《"海贼"张伯路起义》,《曹操·袁绍·黄巾》,上海社会科学院出版社1995年版,第235—236页。

顺帝阳嘉元年（132），"海贼"曾旌率众于会稽起事，攻杀句章（今浙江余姚东南）、鄞（今浙江奉化东）、鄮（今浙江镇海南）三县长吏。为此，顺帝特诏沿海各县屯兵戍卫。三月，"妖贼"章河起事，席卷扬州刺史部的六郡四十九县。广陵郡隔江为扬州刺史部，也受到起事影响。

此后，东南地方连遭饥荒、大旱，北部鲜卑、西北羌族、西南蛮夷等纷纷起事，各地形势动荡不安。永和三年（138）夏四月，九江郡蔡伯流率数百人起事，辗转到达广陵，烧其城郭，攻杀江都县长。及徐州刺史应志率兵镇压，蔡伯流方率众降汉。五月，吴郡（今江苏苏州）丞羊珍反，被太守王衡击破。

同时，广陵人张婴领导的反抗力量，以广陵为中心，纵横扬、徐十余年。汉安元年（142）九月，张婴率数万人攻击郡县，杀刺史、太守等地方官吏，声势煊赫。因梁冀的构陷，张纲临危受命为广陵太守。此前广陵太守赴任皆多求兵马，唯独张纲单车赴任。张纲到任后，率十余人亲赴张婴营垒，怀之以德，震之以威，与张婴订立盟誓。张婴大为感悟，次日尽率所部及妻子家属归降。张纲置酒欢会，遣散其部众，愿留者，张纲为其规划田宅，擢引子弟入仕，从而迅速平息了叛乱。顺帝论功拔擢张纲入朝，张婴等上书乞求张纲留任。汉安二年，张纲病笃，吏民皆为他祷祀祈福，称："千秋万岁，何时复见此君！"同年，张纲病卒，百姓感其恩德，扶老携幼，亲赴太守府吊唁者无数。张婴等五百余人为之赴丧，恭送灵柩还至犍为，亲为张纲负土成坟。顺帝诏称"故广陵太守张纲，大臣之苗"，对其治绩大加赞赏。[1]

顺帝末年，东南地区又起波澜。史称"扬、徐盗贼群起，磐牙连岁"[2]，"江淮盗贼群起，州郡不能禁"[3]。建康元年（144），九江范容、周生起事，屯据历阳（今安徽和县），为"江淮巨患"，汉廷遣刺史、太守征剿，反遭灭杀。九江徐凤、马勉等啸聚当涂（今安徽怀远东南）山中，徐凤衣绛衣，带黑绶，称"无上将军"；马勉皮冠黄衣，带玉印，称"黄帝"，建年号，置百官，并遣将攻没合肥。是年八月，顺帝死，年仅二岁的冲帝即位。次年正月，冲帝死，梁冀立八岁的质帝为帝，东汉政治日趋腐败，张婴再度聚众起事，占据广陵。汉廷遣九

---

［1］《后汉书》卷五六《张纲传》，第1818—1819页。

［2］《后汉书》卷三八《滕抚传》，第1279页。

［3］《后汉书》卷四三《朱穆传》，第1462页。

江都尉滕抚平叛，广开募赏，范容、周生、徐凤、马勉等均被剿杀。汉廷授滕抚中郎将都督扬州、徐州二州军事，进攻盱眙的庐江义军、攻杀九江太守的历阳华孟，以及占据广陵的张婴，皆被滕抚镇压，东南地方"悉告平定"。

长达十余年的战乱、灾荒，使广陵、九江等郡遭到严重破坏。本初元年（146）二月，质帝下诏云："九江、广陵二郡数离寇害，残夷最甚。生者失其资业，死者委尸原野。……方春戒节，赈济乏厄，掩骼埋胔之时。其调比郡见谷，出禀穷弱，收葬枯骸，务加埋恤，以称朕意。"[1]同年七月，桓帝即位数日，复下诏云："方今淮夷未殄，军师屡出，百姓疲悴，困于征发。庶望群吏，惠我劳民，蠲涤贪秽，以祈休祥。"[2]及梁冀一党攻讦清议领袖李固，罗织的罪名亦有"东南跋扈，两州数郡，千里萧条，兆人伤损，大化陵迟"。[3]

对于东汉顺帝以后的时局，史臣论曰：

> 安顺以后，风威稍薄，寇攘浸横，缘隙而生，剽人盗邑者不阕时月，假署皇王者盖以十数。或托验神道，或矫妄冕服。然其雄渠魁长，未有闻焉，犹至垒盈四郊，奔命首尾。……以此而推，政道难乎以免。[4]

外戚、宦官递相执政，加之灾害频仍，东汉王朝危机四伏。桓灵以降，东汉政权日益腐败，其统治岌岌可危。

四、扬州士人与清议党锢

延熹二年（159），桓帝借助宦官的力量，铲除了恶贯满盈的外戚梁冀，梁氏与妻孙氏家族及内外宾客，无少长皆弃市。桓帝旋即封宦官唐衡、单超等五人为侯，"五侯宗族宾客虐遍天下"[5]，引起清议士大夫的不满。史称"逮桓灵之间，主荒政缪，国命委于阉寺，士子羞与为伍，故匹夫抗愤，处士横议"。宦官与士人的矛盾，最终酿成两次"党锢之祸"，"海内涂炭，二十余年，诸所

---

[1]《后汉书》卷六《孝质帝纪》，第281页。

[2]《后汉书》卷七《孝桓帝纪》，第288页。

[3]《后汉书》卷六三《李固传》，第2084页。

[4]《后汉书》卷三八《张法滕冯度杨列传》，第1288—1289页。

[5]《后汉书》卷七八《宦者传》，第2521—2522页。

蔓衍,皆天下善士"[1]。

在东汉末"清议"与"党锢"的浪潮中,广陵士人也参与其间,声名最著者,有刘瑜、徐璆等。

刘瑜,字季节,广陵人。其高祖父,为汉成帝时广陵靖王刘守。其父刘辩,一说名祥,官至清河太守。刘瑜"少好经学,尤善图谶、天文、历算之术,州郡礼请不就"[2]。桓帝延熹八年(165),太尉杨秉举"贤良方正",刘瑜至京师,上书陈事。据《后汉书·刘瑜传》,约为四事:

第一事,言宦官不宜封爵。汉高祖有白马之盟,明令非有功而不侯。和帝以宦官郑众诛外戚窦氏,封巢乡侯,开宦官封侯之先例。"中官邪孽,比肩裂土,皆竞立胤嗣,继体传爵,或乞子疏属,或买儿市道,殆乖开国承家之义"。

第二事,言削减后宫女员。后宫女子过多,怨声满盈,这是皇帝不德之举。"女嬖令色,充积闺帏","从幼至长,幽藏殁身",以至"常侍、黄门,亦广妻娶","怨毒之气,结成妖眚",甚至强掠民女,"转相惊惧",致使百姓怨声载道。

第三事,言罢省扰民之事。由于皇帝、宦官等大治宫室宅第,"穷极奇巧,掘山攻石,不避时令,促以严刑,威以正法";上下官吏巧取豪夺,"奸情赇赂";民聚起事,"官辄兴兵,诛讨其罪";"父兄相代残身,妻孥相视分裂"。

第四事,言远宦官而近贤人。宦官之所以横暴为恶,皆由皇帝宠信而来。今陛下"微行近习之家,私幸宦者之舍",群臣畏死皆不敢言。愿能"广谏道","远佞邪之人",则"政致和平,德感祥风矣"。

桓帝览奏,特诏刘瑜问灾咎之征,更策以它事,刘瑜悉心以对,言辞激切,帝竟不能用,拜为议郎而已。次年,第一次党锢之祸爆发,南阳太守成瑨因笞杀宦官子弟下狱,刘瑜与议郎蔡衍上表援救成瑨,遭到牵连。灵帝继位,外戚窦武执政,与太傅陈蕃结盟定策诛杀宦官,乃以刘瑜为侍中,与尚书令尹勋共同谋划。建宁元年(168)八月,刘瑜力劝窦武、陈蕃及早举事,窦武命刘瑜草奏,请收宦官首领曹节等,但因机事不密,宦官连夜发动政变,窦武自杀、陈蕃遇害,刘瑜与尹勋等并被诛杀,第二次党锢之祸由此爆发。

广陵地区的部分官员,也卷入斗争的行列。前引荀淑兄子广陵太守荀昙,

---

[1]《后汉书》卷六七《党锢列传·序》,第2185—2189页。
[2]《后汉书》卷五七《刘瑜传》,第1854页。

其兄荀昱为沛相,兄弟二人志诛宦官,宦官子弟宾客有在二郡者,纤罪必诛。后来,荀昱与窦武共谋诛宦官,与李膺一同遇害,荀昙也被禁锢终身。又如东郡谢弼,建宁二年拜为郎中,后因事上言解除党锢,贬为广陵府丞,去官归家,被宦官曹节从子曹绍下狱诛杀。献帝初平二年(191),司隶校尉赵谦为谢弼鸣冤,"求报其怨魂",因收斩曹绍。

徐璆,字孟玉,广陵海西人。其父徐淑,通《孟氏易》《春秋公羊传》《礼记》《周官》,喜诵《太公六韬》,官至度辽将军。徐璆少时博学经义,三公辟举,擢升荆州刺史。其时,董太后姊子张忠为南阳太守,贪赃数亿,董太后命宦官以张忠相请托,徐璆答以"臣身为国,不敢闻命",举奏张忠"臧余一亿","使冠军县上簿诣大司农,以彰暴其事"。荆州五郡太守及各县属官,凡有贪赃,徐璆"悉征案罪,威风大行"[1]。此后,曹操奉献帝迁都许(今河南许昌),征徐璆为廷尉,途中被袁术劫持,守志不臣。及袁术败死,徐璆将传国玺携归许都,并献上其故官印,时人叹服。

刘瑜、徐璆,是汉末清议士大夫的代表。他们的人生遭际,既彰显了"东楚"之地"任气敢死"的传统风尚,也见证了汉帝国的崩溃。

王莽篡汉,尽废西汉诸侯王国,广陵改国为郡,后更名"江平郡",为新莽所置渎平四郡之一。据封泥资料,新莽时期,至少将舆城县并入广陵。西汉广陵王室的罢黜,得到扬州新莽墓葬考古的证实。

随着东汉王朝的建立,光武帝、明帝进一步遏抑宗室。明帝时,一度徙封刘荆为广陵王,刘荆因罪自杀后,明帝穷治其狱事,株连甚广,并再为压低王国权力。此后虽复置广陵侯国,但广陵实已改国为郡,入汉版图。不晚于顺帝永和五年,广陵郡形成辖十二县的稳定规模。不同于西汉,广陵郡守的选任及治政,是东汉扬州地区政治与历史的基本面貌。东汉历任广陵郡守中,不乏政声颇著者,陆稠、马棱、张纲以至汉末陈登,既多有惠政,并多以兴修水利、劝课农桑见称。马棱于广陵首献罢盐铁官营之议,张纲对广陵民变的妥善处置,尤可称述。

***

[1]《后汉书》卷四八《徐璆传》,第1620页。

东汉后期，经长期的外戚、宦官执政，其所引发的全国性社会动荡，亦波及扬州地区。频繁而猛烈的民变，既是百姓对于恶政的反抗，亦使得扬州地区"数离寇害，残夷最甚"。某种意义上，魏晋南北朝时期扬州地区的衰落，于此已初现端倪。

另一方面，在汉末的清议浪潮中，广陵士人刘瑜、徐璆，以及曾任广陵太守的荀昙，均参与了朝野名士的抗争活动。他们在清议、党锢中展现的士节、风尚，是东汉后期扬州士风的绝响。随着建安时代的开启，历史也步入了下一个篇章。

第六章　秦汉时期扬州地区的社会经济

秦汉时期,随着大一统局面的形成,秦汉统治者加强了对东部沿海地区的开发,扬州的区域政治地位有所上升。而扬州温润的气候、多水的环境等优良的自然条件,以及统治者推行的休养生息政策,也促进了扬州经济的迅速发展。

第一节　社会经济发展的条件

中国古代社会经济的主体是传统的农业经济,其得以运作的两大基本要素是土地和劳动力,或者说是自然条件与社会条件的结合。

一、自然条件

适宜的生态环境,是扬州经济得以发展的重要原因。扬州处于江苏省的中部,位于东经 119° 01′ 至 119° 54′、北纬 32° 15′ 至 33° 25′ 之间,兼采南北之长,有适宜的农作物生长环境,既有大面积的水稻种植,也有黍、稷、粟、麦等谷物以及蔬菜、瓜果等经济作物的种植。扬州地处黄海之滨、淮南江北,湖泊纵横,沼泽遍地,一直都是水资源发达的地区之一。特别是汹涌澎湃的长江,汉代今扬州、镇江间的江面宽达 40 余里,北岸达今广陵曲江,为江淮东部的经济发展带来了取之不尽、用之不竭的水利资源。而自长江通达淮河的邗沟运河,则经扬州贯穿于江淮之间,不仅成为南北交通的重要通道,也为水利灌溉事业提供了得天独厚的条件。

扬州地区所处的江淮东部,在气候带上属温暖的中温带,适宜各类农作物的栽培和各类植物的生长。由于扬州地区自蜀冈以南皆为江岸线的南移而形成,其土质也属松软的沙质土层,这从今扬州城北唐城遗址断面保留下来的历代红黄色土层即可看出。如仪征石碑村的汉代木椁墓 M1、M2，墓坑内填土为深灰色淤土，坑外则是黄色生土[1]。

扬州地区丰富的水资源和温暖的气候，以及临江近水所形成的松软沙质土质，为各种陆生植物和水生植物的生长提供了极佳的生态环境。如蒲草作为水生植物，就是扬州地区用途甚广的一种植物原材料，蒲草的编织物不仅在日常生活中普遍使用，并由于在墓葬中多作铺垫之用，其遗迹尚得以保留[2]。东风砖瓦厂八、九号汉墓的椁底使用了蒲席垫层，蒲席上并放有两根除去树皮的松木棍。从扬州发现的汉代木椁墓来看，大多以楠木为制作材料，且葬棺常用整段楠木斫成，足见楠木十分粗壮。这些楠木，有些是从外地输入，更多的可能是当地出产。楠木是一类树木的统称，扬州地区汉墓中所用楠木也非止一种，如高邮神居山二号汉墓所使用的材料，经过鉴定，即有梓树、桢楠等坚木，可见就地取材的可能性较大。其中棺枢架木栓、"题凑"木、"题凑"上下盖木、地龙、底木构造特征与外藏椁盖木基本相同，均为桢楠属之一种[3]。在目前发现的西汉时期诸侯王"黄肠题凑"木椁墓中，多数使用的是柏木材质的"黄肠题凑"，盱眙大云山汉墓所使用的则是楠木材料，与时代稍晚的江苏高邮天山汉墓类似，为营造"黄肠"的效果，天山汉墓的整个题凑墙还被涂刷了黄浆。"推测大云山汉墓与天山汉墓使用楠木材'黄肠题凑'的原因可能与当时当地的木材来源或材料加工因素有关"。[4]

［1］ 南京博物院：《江苏仪征石碑村汉代木椁墓》，《考古》1966 年第 1 期，第 14—20 页。

［2］ 参见扬州博物馆：《扬州东风砖瓦厂汉代木椁墓群》，《考古》1980 年第 5 期，第 417—425 页；扬州博物馆：《扬州东风砖瓦厂八、九号汉墓清理简报》，《考古》1982 年第 3 期，第 236—242、340—341 页。

［3］ 吴达期、徐永吉、邹厚本：《高邮神居山二号汉墓的木材鉴定》，《南京林学院学报》1985 年第 3 期，第 91—96 页。

［4］ 南京博物院、盱眙县文化广电和旅游局编著：《大云山——西汉江都王陵 1 号墓发掘报告》（二），文物出版社 2000 年版，第 584 页。

大云山江都王陵 1 号黄肠题凑墓清理后

资料来源:《大云山——西汉江都王陵 1 号墓发掘报告》彩版三〇

　　至于与农业发展密切相关的农作物品类,根据考古发掘可知,其植物种类也非常丰富。据不完全统计,就有水稻、小麦、粟、高粱、桑、麻、栗、梅、枣、杏、菠菜、蕹菜、荷叶、甜瓜和西瓜籽、芦苇、灯芯草[1]等,这些物品,有些还不只是出土于单一墓葬中,反映出扬州地区的生态多样性。

　　丰富的水资源,为水陆交通提供了有利条件。扬州地区临江近海,地处江苏中部,有极为发达的水系,很早以前即形成了发达的水陆交通网。从水上交通来说,春秋末年,吴王夫差为北上争霸开凿的邗沟,成为沟通长江、淮河南北两大水系的重要通道。邗沟,即今里运河的前身,又名渠水、韩江、邗溟沟、中渎水等。[2]该水道从今扬州西南长江以北,通往高邮,向东北进入射阳湖,再折

　　[1]　参见扬州博物馆:《扬州东风砖瓦厂汉代木椁墓群》,《考古》1980 年第 5 期,第 417—425 页;扬州博物馆:《扬州西汉“妾莫书”木椁墓》,《文物》1980 年第 12 期,第 1—6 页;扬州博物馆、邗江县文化馆:《扬州邗江县胡场汉墓》,《文物》1980 年第 3 期,第 1—10 页;扬州博物馆、邗江县图书馆:《江苏邗江胡场五号汉墓》,《文物》1981 年第 11 期,第 12—23 页;梁白泉:《高邮天山汉一号墓发掘侧记》,南京博物院编:《梁白泉文集·博物馆卷》,文物出版社 2013 年版,第 164—168 页;扬州博物馆:《江苏仪征胥浦 101 号西汉墓》,《文物》1987 年第 1 期,第 1—19 页;扬州博物馆:《江苏邗江姚庄 101 号西汉墓》,《文物》1988 年第 2 期,第 19—43 页;扬州博物馆、邗江县图书馆:《江苏邗江县杨寿乡宝女墩新莽墓》,《文物》1991 年第 10 期,第 39—61 页;南京博物院、仪征博物馆筹办备处:《仪征张集团山西汉墓》,《考古学报》1992 年第 4 期,第 477—507 页。

　　[2]　参王国维校,袁英光、刘寅生整理标点:《水经注校》,上海人民出版社 1984 年版,第 977 页。

向西北注入淮水。至吴王刘濞开运盐河，扬州的水运交通日益发达。

西汉初年，吴王刘濞都于广陵，下辖三郡五十三城，为了解决盐运问题，在疏通邗沟的基础上，开挖了邗沟东向的支流运河。前文已有讨论，刘濞所开运盐河中，似较信实的是"茱萸沟"，即自扬州茱萸湾东通海陵县以至如皋蟠溪的运盐河，其走势与后来的"通扬运河"大致相当。这条运盐河，初见于南朝阮昇之的《南兖州记》：吴王濞开此沟（即茱萸沟），通运至海陵仓，北有茱萸村，以村立名。[1]这是目前所能见到关于刘濞开凿此条水道的最初记录。

此运河从扬州东北黄金坝起始，引邗沟水东至海陵（今泰州），再至如皋蟠溪，构筑了扬州地区更为完善的交通渠道，后来成为通扬运河的一部分。及至吴楚七国之乱，汉将周亚夫受命平叛，亲率轻骑奔袭泗口（两汉时的泗口在今江苏洪泽县境），断绝叛军粮道，可见此时，邗沟依然是吴国北上中原的重要水道[2]。《〔万历〕扬州府志》说："黄浦堰，相传吴王濞置，白浦至黄浦五百余里，捍盐通商，今废。"[3]东汉末年，广陵太守陈登，因郡治于江淮水路的重要节点射阳（今宝应射阳镇），为解决水路交通问题，复以邗沟为基础，新开了从樊良湖向北穿渠至宝应津湖（今界首湖）、北达马濑（今白马湖），经中渎水至末口（淮安）入淮河的通道，这条水道后世被称为"夹耶渠"，又称"黄浦溪"。由于此渠在吴王夫差所开的邗沟之西，史称"邗沟西道"[4]。"邗沟西道"的开凿，拉直了樊良湖至末口的水道，不再经过东部的射阳湖，便利了航运交通。

古扬州不仅有通往北方的水道，南方的水道也很发达。扬州东部的泰州，早在战国时期就曾是楚越的临江港口，《左传·哀公十二年》杜预注云："海陵县东南有发繇口。"[5]西汉前期，吴王刘濞在开通运盐河后，又向江南开挖了另一条运河，名"盐铁塘"，史载："汉高祖兄子吴王濞为运盐铁而设，西接江阴，蒙洄屈曲，依冈身而连松江。分支白茆而入海，东西迢递，海舶巨

［1］〔宋〕乐史撰，王文楚等点校：《太平寰宇记》卷一二三《淮南道一》引阮昇之《记》，第2447页。

［2］戴甫青：《"邗沟十三变"综述》，《档案与建设》2019年第1期，第72页。

［3］〔明〕杨洵修，〔明〕徐銮等纂：《〔万历〕扬州府志》卷六《河渠志》下。

［4］戴甫青：《"邗沟十三变"综述》，第73页。

［5］〔战国〕左丘明著，〔晋〕杜预注：《左传》，上海古籍出版社2016年版，第1025页。

舰不绝。"[1]这条运河从今张家港市杨舍镇北开挖,也是为运输盐铁而开凿。由于该河经茱萸村后分为两道,一道向北至樊良湖,一道向东入运盐河(即今通扬运河),因此也被称为邗沟。[2]

扬州境内的重要水道还有张纲开凿的张纲沟。张纲在任广陵太守期间,劝课农桑,兴修水利,他所主持开凿的张纲沟,对后世影响深远。史载:"张纲沟在广陵县东三十里,从岱石湖入,四里至沟,中心与海陵(今泰州)分界。纲为广陵太守,劝课农桑,于东陵村东开此沟,引湖水灌田,以此立名。"[3]张纲发动百姓在广陵县东三十里的东陵村开渠,引岱石湖水灌溉了大片农田。这一系列措施,既使当地的生产力得到了发展,也便利了当地的水利交通。

扬州的陆路交通也很发达。先秦时期,长江至盱眙一带即有通路。秦统一天下后,为了加强对各地的控制,以首都咸阳为中心,修建了北达燕齐、南及吴楚的"驰道","驰道"宽广五十步,道旁每隔三丈植青松一株,规模宏大,异常壮观。虽然扬州偏处东部海滨,但也有道路与"驰道"相通。如1975 年在扬州甘泉汉墓中出土的《刘元台买地券》,其中即有"南至官道"一语,说明甘泉山附近存在过一条官道[4]。陆上交通的标志性建筑,是驿站的设立。秦王朝建立后,为保障重要交通路线的畅通,在交通线上设立交通中转站。高邮因其特殊的地理位置,也被选中为沟通江淮的一个站点,在此设置了邮亭,称为秦邮。总之,在汉代,扬州已经发展成为南北交通的一个重镇,正如南朝诗人鲍照追忆吴王濞时代的广陵景象时说:"浓沲平原,南驰苍梧涨海,北走紫塞雁门。柂以漕渠,轴以昆岗。重关复江之奥,四会五达之庄。"[5]《南兖州记》亦云:"公私商运,充实四远;舳舻往来,恒以千计。此吴土所以富国强兵而抗汉室也"。[6]

---

[1]〔清〕黄宗城:《梅李补志》,《常熟乡镇旧志集成》,广陵书社 2007 年版,第 143 页。

[2]参见徐炳顺:《扬州运河》,广陵书社 2011 年版,第 31 页;李晏墅、郭宇生主编:《泰州通史》上,第 136 页。

[3]〔宋〕李昉等撰:《太平御览》卷七五《地部四○》"张纲沟"条引《扬子图经》,王先谦:《后汉书集解》,中华书局 1984 年版,第 635 页。

[4]魏旭:《试论扬州汉甘泉山官道、唐蜀岗西峰驿道及其对陵墓选址的影响》,《文博》2019 年第 4 期,第 76—81 页。

[5]〔梁〕萧统编,〔唐〕李善注:《文选》卷一一《芜城赋》,第 504 页。

[6]〔宋〕乐史撰,王文楚等点校:《太平寰宇记》卷一二四,第 2464—2465 页。

二、社会条件

（一）吴王刘濞受封与汉初扬州区域地位的上升

区域地位的上升是扬州经济发展的重要原因之一。春秋战国时期，今扬州地区先后归属吴、齐、越、楚各国管辖，且都属于统治的边缘地区。虽然各国都曾将此地作为军事要地进行过建设，但无论从政治还是经济意义上看，都只是作为争霸称雄的一块跳板，而未见长期经营之方略及其具体成效。《左传·哀公九年》记载，吴王夫差时"吴城邗，沟通江、淮"，杜预注："于邗江筑城穿沟，东北通射阳湖，西北至末口入淮，通粮道也。今广陵韩江是。"但是邗沟的开凿和邗城的建立，都是出于军事目的，且随着吴国的迅速灭亡，很快便烟消云散了。及公元前319年"楚怀王城广陵"，仍不见置官设吏以加强管理，更遑论恢复、发展社会经济的具体措施了。战国末年，历经战乱，"其淮、泗夷皆散为民户"[1]，可见秦王朝统治期间，对东夷的民众曾有过短暂而有秩序的管理，但在整个春秋战国时期，扬州地区作为诸国的边缘地带，始终没有长期稳固建设与发展。

扬州区域地位的真正上升是在秦汉时期。秦始皇统一中国后，为加强对东南地区的统治，曾多次巡游齐鲁乃至江南地区，设立郡县，加强管理。如对江淮东部地区，秦设东海郡和九江郡予以管辖，秦末在此设东阳郡（扬州），下辖广陵、东阳、盱眙等县，但是不久，这里成为农民起义爆发的地区，秦王朝也在农民起义的浪潮中轰然崩塌。

西汉王朝建立以后，高祖刘邦"以故东阳郡、鄣郡、吴郡五十三县，立刘贾为荆王"[2]，统治江淮东部地区。但因黥布反乱，刘贾被杀，无子嗣可继承王位，刘邦遂"患吴、会稽轻悍，无壮王以填（镇）之"，[3]以荆国故地置吴国，以年富力强的侄子刘濞为吴王。此后，广陵长期作为江淮东部的政治中心之一，区域地位不断上升，也造就了扬州历史上的第一次繁荣局面。吴王刘濞治吴期间，顺应汉初国家推行的"休养生息"政策，对百姓采取了轻徭薄赋的政策，同时充分利用区域内丰富的铜、盐等自然资源，积极发展经济，出现了富比天

---

[1]《后汉书》卷八五《东夷列传》，第 2809 页。

[2]《汉书》卷一《高帝纪》下，第 61 页。

[3]《史记》卷一〇六《吴王濞列传》，第 3395 页。

子、百姓"无赋"的局面。

经过刘濞四十余年的励精图治,吴国成为中央分权体制下的成功典范。对此,当时的吴国郎中枚乘描述其发展状况说:"夫吴有诸侯之位,而实富于天子;有隐匿之名,而居过于中国。夫汉并二十四郡,十七诸侯,方输错出,运行数千里不绝于道,其珍怪不如东山之府。转粟西乡,陆行不绝,水行满河,不如海陵之仓。修治上林,杂以离宫,积聚玩好,圈守禽兽,不如长洲之苑。游曲台,临上路,不如朝夕之池。深壁高垒,副以关城,不如江淮之险。"[1]可见当时的吴国,已经成为全国经济发达的地区之一,扬州作为吴国的政治中心,其区域地位也日益彰显出来。

(二)中央政策的助力

汉初吴国经济的迅速发展,除了吴王刘濞的励精图治外,与汉初朝廷实行的宽松政策也不无关系。秦统一后,为了发展社会经济,曾颁布了"使黔首自实田"的诏令,在全国确立了土地私有制度,为经济的发展提供了条件,但是由于秦的暴政和农民战争的爆发,社会经济也遭到了严重的破坏。《史记·平准书》载:"汉兴,接秦之弊,丈夫从军旅,老弱转粮饷,作业剧而财匮,自天子不能具钧驷,而将相或乘牛车,齐民无藏盖。"[2]《汉书·食货志》亦说:"汉兴,接秦之敝,诸侯并起,民失作业,而大饥馑。凡米石五千,人相食,死者过半。"[3]在此局面下,汉初统治者采取了黄老无为、与民休息的积极政策,从总体上放松了对社会经济发展的制约。

汉高祖刘邦时,为了稳定社会秩序,恢复发展社会经济,采取了多方面的宽松措施。首先,在战事平息后,组织军队复员,减少国家的财政负担,同时增加劳动人口;第二,赐给军吏卒以爵位,使战士获得应有奖赏,也给地方发展注入了活力;第三,招抚流亡,释放奴婢、囚徒,使那些在战乱中失散的人口回到土地上进行耕种,并调动其生产的积极性;第四,约法省禁,减轻田租,以缓和阶级矛盾,安定社会秩序。这些措施对生产的恢复和发展都起到了立竿见影的效果。

---

[1]《汉书》卷五一《枚乘传》,第2363页。

[2]《史记》卷三〇《平准书》,第1703页。

[3]《汉书》卷二四《食货志》上,第1127页。

汉高祖刘邦去世后,继之以惠吕文景之治,社会经济获得了迅速发展。司马迁对惠吕政局曾评论说,其时"政不出房户,天下晏然。刑罚罕用,罪人是希。民务稼穑,衣食滋殖"[1]。文景时代继续实行轻徭薄赋、减省刑狱、发展经济的政策,至武帝时,经过数十年的发展,更达到了鼎盛时期。

在此期间,扬州地区的社会经济也获得了突出、迅速的发展,与中央政策有着密切的关系。史载:"(西汉)天下既定,……约法省禁,轻田租,什五而税一,量吏禄,度官用,以赋于民。而山川园池市肆租税之入,自天子以至封君汤沐邑,皆各为私奉养,不领于天子之经费。"[2]这就是说,国家的官俸史禄等财政支出皆源于民,而"山川园池市肆租税之入",则作为天子和封君的"私奉养"。换言之,诸侯王国的山川市肆之利,皆由诸侯王国自主支配,这就为诸侯王国独立发展经济提供了广阔自主的空间。

吴楚七国之乱平定以后,一方面诸侯王国的权力削弱,中央集权加强,诸侯王仅得"衣食租税",而由国相执掌大权。朝廷所颁布的许多以民为本、轻徭薄赋等惠民政策,进一步惠及到这个地区。同时,该地区农业、手工业等传统产业的基本面未变,仍然保持着继续发展的势头。西汉前期,朝廷允许郡国煮盐、铸钱,吴地铜、盐资源丰富,为吴王刘濞煮盐、铸钱提供了极其有利的条件。根据史书记载,当时天下郡国铸钱规模最大的,是吴王刘濞与巴蜀地区的邓通,而吴国铸钱的规模最大。刘濞当时就曾说过:"寡人金钱在天下者往往而有,非必取于吴,诸王日夜用之弗能尽。"吴国盐业的迅速发展,以及运盐河的开凿,更将吴地的海盐运销全国各地,成为吴国富可敌国的原因之一[3]。尽管吴国灭亡以后,景帝将铸币权收归中央,武帝和东汉章帝时实行了盐铁官营政策,但在两汉的其他时期,基本上是官营与民营并举。无论官营,还是民营,扬州地区的盐业经济都有着继续发展的条件。如章帝时广陵太守

---

[1]《史记》卷九《吕太后本纪》,第515页。

[2]《汉书》卷二四上《食货志》,第1127页。

[3]〔明〕杨洵修,〔明〕徐銮等纂:《〔万历〕扬州府志》卷五《河渠志》:"春秋之际,吴王夫差将北伐齐,霸中国,于邗江筑城穿沟,其东北通射阳,西北至末口,江淮之通,自此始。或云,北神堰亦夫差所筑也。是后,吴王濞开邗沟,自扬州茱萸湾,通海陵仓,及如皋蟠溪。濞以诸侯,专煮海为利,凿河通道,运海盐而已。"

马棱上书朝廷，"奏罢盐官，以利百姓"[1]，就反映出扬州盐业持续发展的状况。

此外，扬州地处东部滨海，在政治上少受干扰，西汉末年的绿林、赤眉农民起义和东汉末年的黄巾大起义，扬州地区受到波及较小，汉与北方匈奴、西北羌族、西南蛮夷发生的多次、长期战争，更使江淮东部相对成为一方乐土。因此，吴楚七国之乱以后，扬州地区的社会经济虽然受到一些挫折，但社会秩序相对安定，仍然保持着不断发展的势头。

（三）历任王侯和官员的经营

吴楚七国之乱以后，吴国的统治区域被不断削减，及为广陵郡、国，只辖江北淮南的部分地区了，作为朝廷命官的国相、太守等主事官员，对地方政局的稳定和经济的发展，起着至关重要的作用。虽然根据文献记载，在此担任地方长官的事迹颇略，但大多都对该地区的发展作出了积极的贡献。

从诸侯王国的治理情况来看，吴王刘濞之后，先后有江都、广陵国的设置。其中，西汉大儒董仲舒任江都相时，倡导以仁德治国，借阴阳灾异之说劝江都王求雨、止雨。虽然从方式上说，其多带有迷信色彩，但谓"阴雨太久，恐伤五谷"[2]等，却反映出对农业生产的关心和对民情的体恤。此外，如宣帝时"相胜之奏夺王射陂草田，以赋贫民[3]；闵孺任广陵相，"有治名"[4]；广陵相陈万年以考课优异迁右扶风太守[5]；成帝时王建由广陵太守迁京兆尹等，都说明他们对扬州的发展是作出了贡献的。

东汉时期，从明帝永平十年罢广陵国后，迄于汉末一直为广陵郡。章帝章和元年（87），马棱为广陵太守，"奏罢盐官，以利百姓"，又"兴复陂湖，溉田二万余顷"，令民感动，"刻石颂之"。[6]其奏罢盐官，不仅为扬州地区的经济发展带来了实际的利益，而且影响到了全国，使东汉官营盐铁的政策由此而转向，直至汉末未再变更。至于兴复陂湖，灌溉土地两万余顷，则反映出他对

---

[1]《后汉书》卷二四《马援列传附马棱传》，第862页。

[2]〔汉〕董仲舒著，陈蒲清校注：《春秋繁露·天人三策》，岳麓书社1997年版，第333页。

[3]《汉书》卷六三《武五子传》，第2761页。

[4]《汉书》卷七六《尹翁归传》，第3209页。

[5]《汉书》卷六六《陈万年传》："陈万年字幼公，沛郡相人也。为郡吏，察举，至县令，迁广陵太守，以高弟入为右扶风，迁太仆。"第2899页。

[6]《后汉书》卷二四《马棱传》，第862页。

扬州地区农业生产的高度重视。汉顺帝时,广陵"剧贼"张婴起义,朝廷以张纲为广陵太守。张纲到任后,迅速以和平的方式平定了叛乱。而根据唐《扬子图经》记载:"六合县东三十里,从岱石湖入,四里至沟,中心与〔海〕陵分界。案《后汉书》,张纲为广陵太守,惠济于百姓,劝课农桑,于东陵村东开此沟,引湖水溉田,以此号为张纲沟。"[1]说明张纲在任期间,对广陵地区的水利建设也作出了突出贡献。

如前所言,东汉末年,广陵太守陈登为解决水路交通问题,以邗沟为基础,新开了从樊良湖向北穿渠至宝应津湖(今界首湖)、北达马濑(今白马湖),经中渎水至末口(淮安)入淮河的通道,即"邗沟西道",便利了航运交通。除此之外,陈登还在"(广陵)城西浚上雷、下雷、小新、勾城、陈公五塘"[2]。五塘创建于汉代,并没有直接的证据,但都在陈登之前即已存在,陈登进行的疏浚沟通促进了水利事业的发展。

经过地方官员直接而有效的治理,扬州地区的经济得到了持续性的发展,人口不断增加,出现了繁荣的气象。

总之,扬州地区经济发展的条件,取决于当地适宜的生态环境、发达的水陆交通,取决于中央对地方实施的宽松政策和地方官员的不懈努力,更在于扬州地区的先民们艰苦卓绝的奋斗与牺牲。正因为上述条件的综合作用,才造就了扬州历史上的第一次繁荣局面。

第二节　农业生产

农业是古代社会经济体系中的决定性生产部门。史家认为,"正是在汉代,中国的统一在经过秦朝的短暂统治后得到了巩固;也是在汉代,中国文明似乎才确定了它发展的方向。……中国人自从走上了农业文明的道路,似乎就没有背离过这一方向"。[3]在两汉时期,中央政权特别重视农业生产的发

---

[1]　〔宋〕李昉等撰:《太平御览》卷七五《地部四〇》"张纲沟"条,第350页。

[2]　参见扬州市邗江区地方志编纂委员会编:《邗江县志》,方志出版社2009年版,第998页。

[3]　许倬云著,王勇译:《汉代农业:中国农业经济的起源及特性》,广西师范大学出版社2005年版,第3页。

展,强调"农,天下之本,务莫大焉"[1]。统治者采取了一系列安辑流民、释放奴婢、轻徭薄赋、鼓励生产等措施,使社会经济得到了迅速的恢复和发展,出现了中国封建社会经济发展的第一个繁荣时期。地处江淮东部的扬州地区,也以其独特的自然环境和发展优势,进入了区域经济发展的快车道,并经四百余年的持续发展,出现了繁荣昌盛的局面。

一、人口的增长与生产技术的提高

在社会经济发展的进程中,人口可谓决定性的因素之一,不仅直接关系到国家的财政收入,而且也是土地开发和利用程度的重要推动力。

两汉时期,江淮东部相对于其他地区社会秩序安定,又具经济发展的良好条件,早在吴王刘濞统治时期,即为达到"富国强兵"的政治目的,不断招徕外来流民,用以发展地方经济。除此之外,两汉时期通过朝廷诏令,迁至扬州及其邻近地区的外来人口也不在少数。如汉武帝建元三年(前138),东南沿海地区的闽越发兵围东瓯,武帝发兵浮海救之,及闽越引兵去后,"东瓯请举国徙中国,乃悉举众来,处江淮之间"。[2]及元封元年(前110),朝廷平定闽越国中东越王余善的叛乱,废除了与朝廷合作的闽越繇王,复"诏军吏皆将其民徙处江淮间"。而经过这样两次移民,"东越地遂虚"[3]。这些移民,人口不下二十万,大致分布在庐江、九江、临淮郡及荆襄一带。据史载,迁于庐江郡的有四万人,其他主要在临淮郡。《汉书·地理志》称"本吴、粤(越)与楚接比,数相并兼,故民俗略同"[4],说明至迟到西汉末年,迁入江淮间的越人已经不再作为汉人以外的民族而存在了。除此之外,中原地区因水旱之灾,也曾向这一地区移民。如《史记·平准书》载:汉武帝时,"山东被河灾,及岁不登数年,人或相食,方一二千里。天子怜之,诏曰:'江南火耕水耨,令饥民得流就食江淮间。欲留,留处。'遣使冠盖相属于道,护之"。[5]这次移民,因河灾严重,涉及范围广,移入江淮地区的人口也肯定不少。人口的大量迁入和

[1]《史记》卷一〇《孝文本纪》,第536页。
[2]《史记》卷一一四《东越列传》,第3586页。
[3]《史记》卷一一四《东越列传》,第3590页。
[4]《汉书》卷二八《地理志》,第1668页。
[5]《史记》卷三〇《平准书》,第1725页。

劳动力的大量增加,促进了江淮地区的经济发展[1]。

东汉时期,历经两汉之间的长期战乱,至光武帝中元二年(57),全国著籍人口由西汉平帝元始二年(2)的 59594978 人减少到 21007820 人,至顺帝永和五年(140),全国人口才恢复到 49150220 人。广陵郡的人口,则从元始二年所辖四县的 140722 人,变为永和五年所辖十二县的 410190 人,虽然按照每县的平均数字,由 35181 人变为 34183 人,[2]但是,县有大小,据新出青岛土山屯木牍,堂邑一县即有 13 万余人[3]。据研究,从汉初到元寿二年大约 200 年时间里,堂邑的户口也显著地增长到了原有户口的 13.89 倍,达到 25007 户[4]。由于两汉之间,临淮郡(王莽改为淮平郡)由王莽大尹侯霸自守,南部的广陵郡同样没有受到周边割据势力的侵扰,包括东汉并入广陵郡的原临淮郡数县,整体人口变动不大,呈基本平稳的态势发展。这是与其他地区不同的地方。也正因此之故,广陵郡的经济发展,从西汉末年至顺帝时,没有出现大起大落的状况。

从农业生产技术来看,广陵地区也有了很大的进步与提高。这主要表现在铁器和牛耕的推广以及水利灌溉事业的发展等方面。

铁器和牛耕的推广,是农业生产中的重要因素。中国最早的铁器出现于商代,早在公元前 1300 多年前,就能利用陨铁制作和使用铁器,至迟在公元前 800 年前后的西周晚期,随着中原地区冶铁术的发明,铁器成为社会生产力发展的重要标志,也引发了时代的急剧变革。春秋战国时期,铁器获得相当的发展,秦汉时期,冶铁获得全面发展并走向成熟,铁器工业成为当时事关国计民生的支柱性产业,铁器成为重要的生产资料和战略物资,在社会生产和生活中扮演了不可替代的角色。汉武帝时期实施"盐铁官营"政策,即是汉代铁器得到快速发展的表现。[5]

---

[1] 参见虞友谦、汤其领主编:《江苏通史·秦汉卷》,凤凰出版社 2011 年版,第 178—179 页。

[2] 《汉书》卷二八《地理志》下:"广陵国,……户三万六千七百七十三,口十四万七百二十二。"第 1638 页。《续汉书》第二一《郡国志》三"广陵郡"条:"户八万三千九百七,口四十一万百九十。"

[3] 参青岛土山屯木牍《堂邑元寿二年要具簿》:"户二万五千七,多前二百卅七;口十三万二千一百四,其三百卅奴婢,少前千六百八。"王彦辉:《从〈堂邑元寿二年要具簿〉解析秦汉徭役制度的几个概念——事、算与事算》,《古代文明》2021 年第 1 期,第 84 页。

[4] 参张梦晗:《从新出简牍看西汉后期南京的农业经济》,《中国农史》2020 年第 6 期,第 44 页。

[5] 参见白云翔:《先秦两汉铁器的考古学研究》,科学出版社 2005 年版,第 2 页。

春秋战国时期,全国各地已先后进入了铁器时代,江淮地区也不例外。如在今六合程桥 2 号墓发现的铁条为块炼铁锻成,1 号墓铁块为白口生铁[1],就说明了这个问题。到了汉代,铁制农具的使用更加普遍。如在今六合李岗楠木塘西汉建筑遗址中的吴王刘濞到武帝时期的作坊遗址中,发现了铜镞、铁斧、铁锛等器具。[2]在睢宁、淮安、扬州、江都等地也有不少铁器出土,最常见的就有铁刀、铁斧等铁农具,以及生活用具、兵器和机械构件等。这说明铁器的使用已较为普遍。[3]仅就扬州地区而言,则不仅出土有各类小型铁制农具,还有冶铁炉的出现。如邗江甘泉 2 号汉墓,曾出土小型铁器炉 1 件[4],反映出扬州已具备铸造铁器的能力。结合扬州汉墓出土的众多铁器来看,铁器制造已成为普及性的行业。汉代常见的农具铁锹、铁锄、铁耙等,在扬州多处汉墓中都有发现。此外,仪征烟袋山汉墓还出土有斧、削等[5]。江苏仪征胥浦 101 号西汉墓出土有铁刀 1 把,铁削 1 件[6]。邗江胡场汉墓 M2 在椁板底部拼缝处发现铁斧三件[7]。邗江姚庄 101 号汉墓头箱出土铁削 7 件[8],102 号汉墓出土铁削 2 件[9]。扬州平山养殖场汉墓、仪征新集螃蟹地七号汉墓、扬州东风砖瓦厂 8、9 号汉墓亦有铁刀和铁削出土。而用以翻土和牛耕的铁工具也偶有出土。如邗江甘泉老虎墩汉墓出土铁臿 1 件[10],高邮邵家沟遗址 18 号探方内出土的 V 字形铁犁铧。[11]上述出土的诸多铁器都表明,汉代扬州的冶铁业和铁器生产已较普遍。

牛耕的使用也逐步推广。西汉初年,经济凋敝,“将相或乘牛车”,一般农

[1]　南京博物院:《江苏六合程桥二号东周墓》,《考古》1974 年第 2 期,第 120 页。

[2]　吴学文:《江苏六合李岗楠木塘西汉建筑遗迹》,《考古》1978 年第 3 期,第 214 页。

[3]　参见虞友谦、汤其领主编:《江苏通史·秦汉卷》,第 179 页。

[4]　南京博物院:《江苏邗江甘泉二号汉墓》,《文物》1981 年第 11 期,第 1—12 页。

[5]　南京博物院:《江苏仪征烟袋山汉墓》,《考古学报》1987 年第 4 期,第 485—486 页。

[6]　扬州博物馆:《江苏仪征胥浦 101 号西汉墓》,《文物》1987 年第 1 期,第 2 页。

[7]　扬州博物馆、邗江县文化馆:《扬州邗江县胡场汉墓》,《文物》1980 年第 3 期,第 6 页。

[8]　扬州博物馆:《江苏邗江姚庄 101 号西汉墓》,《文物》1988 年第 2 期,第 29、42 页。

[9]　扬州博物馆:《江苏邗江县姚庄 102 号汉墓》,《考古》2000 年第 4 期,第 56 页。

[10]　扬州博物馆:《江苏邗江县甘泉老虎墩汉墓》,《文物》1991 年第 10 期,第 67 页。

[11]　江苏省文物管理委员会:《江苏高邮邵家沟汉代遗址的清理》,《考古》1960 年第 10 期,第 18 页。

民只能凭借人力耕作。为了促使耕畜的繁殖,朝廷屡令禁止杀牛,规定杀牛、盗牛者皆受重刑。而随着社会生产力的发展,江淮地区不仅有牛耕,耕作技术也不断改进。如在今泗洪重岗乡西汉墓葬中发现的画像石上,即刻有一幅《农耕图》,画面上共有农夫五人,上图牛耕,二犍牛抬杠,共拉一犁;前有一人用绳牵牛,后有一人扶犁;下图为播种,前一人左手挎笆斗,右手撒种,两人在后,用长柄耙子平整土地。五位农夫相互配合,使耕作、整地和播种等工序结合起来,形象地展现了汉代农业生产的图景。[1]

这种二牛抬杠式的犁耕,也称"耦犁",是西汉时期各地通常采用的犁耕方法。所用的铁犁铧,可能就是一种分量较重的大器。此外,在今江苏睢宁双沟出土的汉画像石表现农耕的画面中,则各有引车和拽犁之牛,耕作时引车牛即卸轭放逸。[2]可见当时耕牛在农业生产中的使用情况。《后汉书·和帝纪》载,永元十六年,徐州等四州连年灾荒,朝廷遣三府掾分行督察,令"贫民无以耕者,为雇犁牛直"[3],表明东汉时期江淮之间耕牛可以进行雇用。

与此同时,扬州地区水利事业的发达,也促进了农业的发展。扬州地区自古以来水道纵横,为农业发展提供了得天独厚的先天条件。春秋后期吴王夫差开凿的邗沟,吴王刘濞时开凿的"邗沟东道",东汉末年陈登开凿的"邗沟西道",除了便利交通运输外,又皆具水利灌溉的功能。此外,东汉章帝时广陵太守马棱"兴复陂湖,溉田二万余顷"[4];顺帝时广陵太守张纲开张纲沟"引湖水溉田"[5]等等,都是由政府主持的灌溉工程。至于民间小型的陂塘设施,在江淮东部也多有存在。如在仪征胥浦西汉墓中出土的竹简《先令券书》,记载墓主朱凌生前拥有桑田两处,稻田、陂田一处[6],以及广陵王刘胥时所开的"射陂草田"[7],就都属于这种性质。这些大小不同的水利灌溉设施,对广陵地区农业生产的发展,无疑都起到了积极作用。

[1] 南京博物院、泗洪县图书馆:《江苏泗洪重岗汉画象石墓》,《考古》1986 年第 7 期,第 620 页。
[2] 虞友谦、汤其领主编:《江苏通史·秦汉卷》,第 179 页。
[3] 《后汉书》卷四《和帝纪》,第 192 页。
[4] 《后汉书》卷二四《马棱传》,第 862 页。
[5] 〔宋〕李昉等撰:《太平御览》卷七五《地部四〇》"张纲沟"条,第 350 页。
[6] 扬州博物馆:《江苏仪征胥浦 101 号汉墓》,《文物》1987 年第 1 期,第 12 页。
[7] 《汉书》卷六三《武五子传》,第 2761 页。

这一时期,农业耕作技术也不断改进。汉武帝时,搜粟都尉赵过推广互换耕种位置、垅甽轮息的"代田法",还发明了称作"耧车"的播种机,大大提高了土地的利用率和播种速度。汉成帝时的《氾胜之书》,总结了我国南北方的耕作制度,概括出农民种植水旱作物的基本原则——趣时、和土、务粪泽和早锄早获等,并总结推行了新的耕作方法"区种法",对提高粮食产量起到了重要作用。睢宁双沟出土的东汉画像石《农耕图》,反映一家人在田地干活的场景,画面中的农活工序有举锄除草、开墒、扶犁耕耘、随墒播种、播种后追肥等,反映出江淮东部农耕技术的进步。[1]

二、丰富的农作物种类

从考古发掘资料来看,扬州地区的农作物品种十分丰富。如在邗江101号汉墓、胡场汉墓、邗江姚庄101号汉墓、东风砖瓦厂3号汉墓中,都发现了粟米;在"姜莫书"墓、胡场汉墓和胡场5号汉墓中都发现了水稻;在胡场汉墓中还出土有高粱、黍、枣核、梅核、荷叶;在胡场5号汉墓中出土了甜瓜、葫芦籽和枣核;枣核,在东风砖瓦厂M4、胡场汉墓、胡场5号汉墓、仪征胥浦101汉墓、邗江杨寿乡宝女墩新莽墓中,都有发现。同时,在东风砖瓦厂3号墓中出土了粟;在东风砖瓦厂3号汉墓、胡场汉墓、邗江胡场5号汉墓、邗江杨寿乡宝女墩新莽墓中,出土了梅核;在"姜莫书"墓中,发现了小麦、菠菜和蕹菜;在仪征胥浦101号西汉墓中出土了杏核。蓖麻作为一种经济作物,在扬州凤凰河汉墓、扬州七里甸汉代木椁墓、仪征石碑村汉代木椁墓中,也有发现。[2]

从已经发现的农作物遗存来看,粟是当时普遍种植的粮食作物。在东风砖瓦厂3号墓的棺木底下用于铺垫棺底的粟米,厚度竟达5厘米[3]。邗江姚庄101号西汉墓头厢的东北角,则摆放着一堆粟种。如此多的粟随葬于墓中,显然是当地的产出物,可见如今只在黄河流域等北方地区普遍生长的黄小米,在汉代扬州地区曾普遍

扬州东风砖瓦厂4号汉墓发现的枣核

［1］　朱江等:《江苏省哲学社会科学联合会1980年会论文选》考古学分册,1981年,第38页。

［2］　徐俊祥:《汉代扬州区域文明发展》,第42—43页。

［3］　扬州博物馆:《扬州东风砖瓦厂汉代木椁墓群》,《考古》1980年第5期,第418页。

种植,且具一定规模,这反映出古今温度、环境、物候的变迁。

水稻,是汉代扬州种植的另一种主要粮食作物。据仪征胥浦 101 号汉墓发现的《先令券书》记载,墓主人曾将一处稻田和二处桑田分予子女弱君,将二处稻田和二处桑田分给公文[1],可知水稻田和桑田是该户的主要田产。其时,不仅在扬州地区,在东南地区的郡县中也广泛种植水稻,且是民众的主要食粮。

在汉代水稻种植的地区,今泰州一带的"麋畯"颇有特色。《后汉书·郡国志》"广陵郡"载:"东阳(海陵)有长洲泽,吴王濞太仓在此。"注云:县多麋。《博物记》曰:"千千为群,掘食草根,其处成泥,名曰麋畯。民人随此畯种稻,不耕而获,其收百倍。"[2]由于这里生存着大量麋鹿,经过践踏,使土地与粪便混合在一起,故而在此种植水稻,能"不耕而获,其收百倍"。关于这种种植方法,东汉王充在《论衡·书虚篇》中说道:"传书言:舜葬于苍梧,象为之耕;

1992 年甘泉乡顺利东汉墓出土的明器谷仓(张元华主编:《邗江出土文物精萃》图版一一九,广陵书社 2005 年)

禹葬会稽,鸟为之田。……鸟田象耕,报祐舜、禹,非其实也。……象自蹈土,鸟自食草。土蹶草尽,若耕田状,壤靡泥易,人随种之,世俗则谓为舜、禹田。海陵麋田,若象耕状,何尝帝王葬海陵者邪?"[3]海陵稻米因其品质优良,被后人誉为"海陵红粟"或"泰州红"。晋左思《吴都赋》盛赞说:"煮海为盐,采山铸钱。国税再熟之稻,乡贡八蚕之绵。……郦海陵之仓,则红粟流衍。"[4]"国税再熟之稻"说明这种水稻的种植一年可种两季,应该有较大的产量。骆宾王《为徐敬业讨武曌叫檄》称:"海陵红粟,仓储之积靡穷。"宋代陆游说:"香粳炊熟泰州红,苣甲莼丝放箸空。"都是赞扬这一特色的,故被称为"天

[1] 扬州博物馆:《江苏仪征胥浦 101 号西汉墓》,《文物》1987 年第 1 期,第 12 页。

[2] 《后汉书》志第二一《郡国三》"广陵郡"条,第 3461 页。

[3] 黄晖:《论衡校释:附刘盼遂集解》卷四《书虚》,中华书局 1990 年版,第 177—180 页。

[4] 〔清〕严可钧校辑:《全上古三代秦汉三国六朝文》,中华书局 1958 年版,第 770 页。

下粮仓"。[1]

小麦也是扬州种植的主要农作物品种,新出《堂邑元寿二年要具簿》明确记载"民种宿麦七千四百二顷五十九亩",可见这是一种在当时被大规模种植的作物。[2]

由于扬州地处江淮之间,自然条件处于从江南温暖的地带向北偏冷地区的过渡区域,在农作物的种类方面,扬州地区占有得天独厚的地理优势。从扬州的多座汉墓资料来看,扬州地区种植旱地作物,是可以肯定的。

此外,汉代的粮食加工有了改进。随着农业生产的发展,汉代出现了大型石器——石磨。东汉桓谭在《新论》中记述了谷物加工工具的变化:"宓牺之制杵臼,万民以济;及后世加巧,因延力借身重以践碓,而利十倍杵舂;又复设机关,用驴、羸(骡)、牛、马及役水而舂,其利乃且百倍。"[3]水碓是大型的粮食加工器械,石磨则更适宜于平民家庭使用。在扬州多座汉墓中,都出土了石磨。如在仪征烟袋山(西汉中期)汉墓2号陪葬坑中就出土了碓和石磨一副。碓1件(K4:107),长方形底盘,周沿凸起。底盘右下方有一方座圆形臼窝,左下方与臼窝相对处为一长方形底座,底座中后部有一斜坡状槽便于碓杠下压。上下各立有侧板,侧板四周各有一柱状木棍,用以架设碓杠。碓头呈柱形。长65.5厘米,宽31厘米,高15厘米。磨1件(K4:106),正方形盘座,座上一侧有一较大的圆孔。磨盘呈圆形,分上、下两扇。上扇顶面有一凸起的圆形漏斗,斗内两侧对称分布两个较小的圆孔。下扇顶面中部隆起。长28厘米,宽28厘米,高11.7厘米。[4]仪征胥浦101号西汉末期墓葬中,也出土了石磨1副,砂石质。磨分上下两扇,上扇中间凸起一圈,圈内有两个长

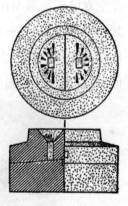

烟袋山汉墓出土的石磨(《江苏仪征烟袋山汉墓》,《考古学报》1987年第4期,第486页)

[1] 参见李晏墅、郭宁生主编:《泰州通史》上,第105页。

[2] 参张梦晗:《从新出简牍看西汉后期南京的农业经济》,《中国农史》,2020年第6期,第43页。

[3] 〔汉〕桓谭撰,朱谦之校辑:《新辑本桓谭新论》卷一一《离事》,中华书局2009年版,第50页。

[4] 扬州市文物考古研究所、仪征市博物馆:《江苏仪征市烟袋山西汉车马陪葬坑发掘简报》,《考古》2017年第11期,第63页。

方形小孔。上扇径 16.4 厘米,下扇径 15.6 厘米。石磨的普遍出现,反映出农产品加工技术的改进。[1]

江淮北部的徐州地区也出土了大量"磨",根据徐州博物馆的众多发掘报告或简报,在徐州地区的西汉前中期汉墓中都有陶磨即"磨"的明器发现,还有实用石磨的出土,这些"磨"明器的出土,足可印证江淮地区粮食生产的发达以及小麦种植和面食的推广。[2]

三、畜牧业、渔业

汉代扬州与农业密切相关的畜牧、渔业,也得到了较大发展。

在畜牧业中,猪的养殖最为普遍。在汉代扬州墓葬遗址中,曾发现多件陶猪圈、木猪圈和猪的明器,还有大量骨器。其中,邗江胡场汉墓出土猪圈明器 1 件、木雕猪 1 件。邗江西汉刘毌智墓出土了骨笄 4 件和外藏椁内的兽骨两处,分别是猪的胫骨和肋骨[3]。在邗江甘泉 2 号汉墓中,出土了陶猪圈和陶猪 1 件。在宝女墩新莽墓 M104 中出土玉猪 2 件。泰州新庄汉墓出土物中有珉石猪 7 件,其中 6 件通长 9.1—11 厘米,是在长条珉石料上稍加琢磨,用简单的线条刻划出猪的形象,鼻和尾根有小穿孔。同时,还在墓中出土釉陶狗 1 件和釉陶鸭 2 件,可以反映出禽畜饲养在汉代社会经济生活中占据重要地位。[4]

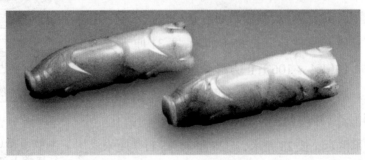

邗江甘泉乡姚庄 102 号西汉墓出土的猪造型玉握(《邗江出土文物精萃》图版四七)

---

[1] 扬州博物馆:《江苏仪征胥浦 101 号西汉墓》,《文物》1987 年第 1 期,第 9 页。

[2] 参见晋文:《从考古发掘看秦及汉初"磨"在徐州地区的使用——兼论小麦种植与小麦面食在西汉时期的推广》,学术报告文稿(未刊),第 1—7 页。

[3] 扬州市文物考古研究所:《江苏扬州西汉刘毌智墓发掘简报》,《文物》2010 年第 3 期,第 19—36 页。

[4] 江苏省博物馆、泰州县博物馆:《江苏泰州新庄汉墓》,《考古》1962 年第 10 期,第 540—543 页。

而在墓葬材料中,不仅有猪及与生猪有关的明器,同时也发现有羊、鸡、鸽等明器或实物遗迹。如姚庄102号汉墓中出土了琥珀羊、琉璃鸽子等工艺造型[1]。邗江甘泉顺利东汉墓曾出土陶猪圈1件,出土时围墙内立一体型健硕的猪,同墓出土的还有陶仓房,顶上有一只造型逼真的凤凰,与仓房相映成趣。[2]除了小型家畜外,汉代扬州地区亦存在一定数量的耕牛,如前所说犁铧的发现,可证明汉代扬州地区牛耕的存在。在汉广陵国的附近,安徽天长三角圩27号汉墓曾出土一批陶制动物明器,器型有马、牛、山羊、绵羊,雕塑的形象惟妙惟肖,证明当时的羊也存在着两个品种。[3]汉代扬州地区,也有马的养殖,如盐城建湖县沿岗地区汉墓群中,曾出土楠木制的马食槽1件和马俑2件。[4]盐城汉代称盐渎县,东汉时期属广陵郡。

在汉代扬州墓葬中,还出土了大量骨器。如邗江胡场汉墓M1出土骨笄1件,M2出土骨尺1件[5],邗江胡场五号汉墓中于男棺头部出土骨簪三件[6],江苏仪征胥浦101号西汉墓中出土骨笄1件[7],邗江姚庄101号西汉墓中出土骨尺1件[8]。姚庄102号汉墓中出土的骨器,则超过其他的同类墓,有骨笄1根、骨摘2根、骨钗1根[9]。邗江甘泉老虎墩汉墓中出土骨钗1件[10]。这些骨制笄、簪、尺、钗,在多座墓内出现,且式样和风格一致,可见汉代扬州地区骨器制造业的发达。骨器制造业赖以生存的基础是丰富的动物骨骼,这从侧面反映出畜牧业的发展状况。

此外,在邗江"妾莫书"墓中出土的漆器,动物纹饰种类颇多,如鹦鹉、孔

[1] 扬州博物馆:《江苏邗江县姚庄102号汉墓》,《考古》2000年第4期,第50—65页。

[2] 李健广:《江苏邗江甘泉顺利东汉墓清理简报》,《东南文化》2009年第4期,第53—54页。

[3] 天长市文物管理所、天长市博物馆:《安徽天长三角圩27号西汉墓发掘简报》,《文物》2010年第12期,第17—25页。

[4] 建湖县博物馆:《建湖县沿岗地区出土汉墓群》,《东南文化》1996年第1期,第55—63页。

[5] 扬州博物馆、邗江县文化馆:《扬州邗江县胡场汉墓》,《文物》1980年第3期,第1—10页。

[6] 扬州博物馆、邗江县图书馆:《江苏邗江胡场五号汉墓》,《文物》1981年第11期,第12—23页。

[7] 扬州博物馆:《江苏仪征胥浦101号西汉墓》,《文物》1987年第1期,第1—19页。

[8] 扬州博物馆:《江苏邗江姚庄101号西汉墓》,《文物》1988年第2期,第19—43页。

[9] 扬州博物馆:《江苏邗江县姚庄102号汉墓》,《考古》2000年第4期,第50—65页。

[10] 扬州博物馆:《江苏邗江县甘泉老虎墩汉墓》,《文物》1991第10期,第62—70页。

雀、大雁、鸳鸯、天鹅、鹿、虎、豹、猪、猴、狐狸等。同样作为艺术品形象出现的还有姚庄 102 号汉墓出土的玉猪 4 件、紫晶葫芦、琥珀羊、琉璃鸽子、玛瑙枣核形串管等。

扬州地区水道纵横,渔业经济一直颇为发达。司马迁在《史记·货殖列传》中载:"楚越之地,地广人希,饭稻羹鱼,或火耕而水耨,果隋嬴蛤,不待贾而足……无冻饿之人,亦无千金之家。"[1]《汉书·地理志》亦载:"民食鱼稻,以渔猎山伐为业,果蓏嬴蛤,食物常足。故告窳偷生,而无积聚,饮食还给,不忧冻饿,亦亡千金之家。"[2]虽然鱼类在考古发掘中较为罕见,但是由于扬州地区水资源丰富,各种鱼类品种颇多,又为百姓日常生活中的美味,因此渔业的发达是不言而喻的。

第三节　手工业生产

手工业也是国民经济体系中的重要部门。春秋战国时期,出现了独立的手工业者和商人。手工业分为官营、民营两种形式。秦汉时期,天下一统,朝廷对手工业的发展日益重视,在中央有专门设立的工官体系,如少府下设左右司空,宗正下设司空长等。在地方上,各个郡、国也往往设有工官,如盐官、铁官等,在扬州汉墓中出土的文物中,即屡见工官的名称。此外,在民间有地主豪强、工商业主和家庭手工业者,他们有的专门经营手工业,更多的是与农业结合起来进行,统称为民营手工业。扬州地区自然资源十分丰富,地方官营和民营手工业都得到了不断发展,主要表现在青铜铸造业、冶铁业、煮盐业、纺织业、漆器玉器制造业等各个方面。秦汉时期扬州地区出现了历史上的第一次繁荣局面,就主要表现在手工业方面。

一、冶铸业

中国的冶铸业起源很早,冶铜业起源于新石器时代,已是不争的事实,冶铁业起源则相对较晚。考古资料和学者研究表明,早在公元前 1300 多年前的商代,人们对铁就有了初步的认识,出现了铁刃铜钺等陨铁制品。人工冶

---

[1]《史记》卷一二九《货殖列传》,第 3940 页。

[2]《汉书》卷二八《地理志下》,第 1666 页。

铁制品，至迟分别出现于公元前 1000 年前后的新疆地区和公元前 800 年前后的中原地区。此后，在古代文明社会的进程中，铁器成为社会生产力发展的重要标志。春秋战国时期，铁器获得长足进步，而到了秦汉时期，冶铁获得全面发展并走向成熟。汉武帝实行"盐铁官营"，标志着国家对冶铁的重视和全面掌控。到东汉时期，我国古代的铁器工业已全面成熟。[1]扬州地区的冶铸业，在春秋战国时期已颇发达。秦汉时期，随着技术的不断提高，又有了跨越式的发展。

（一）冶铜业

扬州曾是重要的矿产地之一。根据现代地质勘探资料，中国的铜矿资源主要分布在长江中下游及西南地区，尤其是沿江铜矿带，群山环抱，水系纵横，优越的成矿地质环境，使其蕴藏量丰富，且矿石埋藏较浅，距地表较近，便于古人开采与冶炼。[2]20 世纪 80 年代以来，这一地区先后发现了大量的古铜矿遗址，类型多样，采、冶、铸兼备。目前可以分为皖南铜矿采冶遗址群、江淮古铜矿采冶遗址带。其中南陵、铜陵两地铜矿遗址分布最为密集，并形成大工山、狮子山、凤凰山、铜官山等若干个规模巨大的古代冶炼中心，构成目前国内最大的铜矿遗址群，时代包括商周、春秋战国、两汉、唐宋等历史时期。[3]

吴王刘濞以"铜盐"兴，唐宋以后的地理书中，多将仪征境内的大小铜山看作刘濞冶铜的遗迹。《元和郡县图志》云："大铜山，在（江都）县西北七十二里，《汉书》吴王濞即山铸钱，此其处也。"[4]其地在今仪征市境内。《太平寰宇记》"江都县"云："大铜山，在县西七十二里，即《汉书》称吴王濞即山铸钱，此其处也。"[5]"西北"与"西"略有差别。此外，《太平寰宇记》在"永

［1］　白云翔：《先秦两汉铁器的考古学研究》，科学出版社 2005 年版，第 2 页。

［2］　华觉明、卢本珊：《长江中下游铜矿带的早期开发和中国青铜文明》，《自然科学史研究》1996 年第 1 期，第 1—16 页。

［3］　裘士京：《江南铜研究——中国古代青铜铜源的探索》，黄山书社 2004 年版，第 25—32 页；疏仁华、柯志强：《皖南古代铜矿业开发及其社会影响》，《铜陵学院学报》2014 年第 5 期，第 92 页。

［4］　〔唐〕李吉甫撰，贺次君校点：《元和郡县图志·阙卷逸文卷二·淮南道》，第 1072 页。

［5］　〔宋〕乐史撰，王文楚等点校：《太平寰宇记》卷一二三《淮南道一》，第 2443 页。

贞县"（今仪征市白沙镇）下云："铜山及小铜山,并在县西北八十里。"[1]永贞县铜山,即前江都县西北的铜山。《方舆胜览》云："小铜山,去扬子县二十里,相传吴王鼓铸之所。"[2]大铜山即今六合境内的冶山,如今仍在开采,为江苏冶山铁矿,是一座铁伴生铜的中型矿山,春秋时期已开采冶炼[3],1964年考古发现的六合程桥春秋墓葬,即有生铁丸和铁条出土,比欧洲出现最早生铁早一千九百多年。[4]

2007年,南京市博物馆在南京市六合区雄州镇冶铺村,即汉代的堂邑县境内,发掘了一处大型西汉遗址,综合聚落遗址形态、出土铜器、周边地名等因素,发掘者判断此处的走马岭汉代遗址"有可能为一处与冶铸有关的大型聚落"。近年来在南京江宁、镇江、句容等地也发现了古铜矿遗址,该区域内汉代铸铜业的面貌日渐显现。[5]这从扬州汉墓出土的大量精美铜器和铁器中,也得到了充分证明。

西汉早期,扬州地区的铜器就显示出品种繁多、纹饰丰富、制作精良的特征。刘毋智墓和农科所汉墓群出土铜器计有11种27件,主要为日常生活用器及兵器等,器物种类显示出西汉早期铜器制作类别的多样性。两墓在铜器制作方面皆出现包金、错银、宝石镶嵌、鎏金等工艺。

烟袋山汉墓出土的铜承弓器、刷把、四叶形铜片皆使用鎏金工艺。张集团山汉墓M1出土的43件铜铃和1件铜钲,显示出铜乐器已能批量生产。烟袋山汉墓出土的1件薰炉,采用了铜银复合的生产工艺。随着社会生产的恢复和发展,以及富有阶层的需要,铜明器生产逐渐增多,如烟袋山汉墓出土的10件铜镦,除1件为实用器外,其余均为明器。所出土的铁制车马器形制较小,

[1]〔宋〕乐史撰,王文楚等点校:《太平寰宇记》卷一三〇《淮南道八》,第2574页。

[2]〔宋〕祝穆撰,祝洙增订,施和金点校:《方舆胜览》卷四五,中华书局2003年版,第807页。

[3]吴王刘濞铸钱之处,除大、小铜山之外,还有一些不同说法。如《六合县志》《甘泉县续志》《应天府志》《〔嘉庆〕重刊江宁府志》等谓"冶山";《〔成化〕湖州府志》谓"岷山",又谓"官山""铜官山";《〔嘉靖〕皇明天长志》谓"铜城";《〔嘉庆〕备修天长县志稿》谓"铜山";《〔嘉靖〕武康县志》亦谓"铜官山";《〔弘治〕吴江志》称"铸钱坎"等,这些不同的名称似应因各地方言习惯而有不同或是转抄而成。

[4]参见赵昌智主编:《扬州文化通论》,第183页。

[5]陈大海:《六合走马岭汉代遗址考古勘探收获及初步认识》,《学耕文获集——南京市博物馆论文选》,江苏人民出版社2008年版,第156—159页。

亦为明器。专家根据其数量组合,推测原葬有车 3 辆,马 10 匹。这些成套车马器的制作反映出明器生产已具相当规模。[1]

西汉晚期至东汉初期,器物种类不断增多,出现了一些新的器种。除常见器物外,邗江姚庄 101 号汉墓的宝石镶嵌铜杖首[2]、邗江姚庄 102 号汉墓出土的染炉和阳燧[3]、扬州平山养殖场汉墓出土铜器的铜井[4]、杨寿乡宝女墩新莽墓 M104 出土的齿轮、宝女墩新莽墓 M105 附近发现的方耳锅[5]等皆是少见的器类。该时期鎏金工艺也得到更加广泛的运用,"姜莫书"墓出土的铜器、邗江姚庄 101 号汉墓头箱出土的铜奁和铜熏炉、邗江姚庄 101 号汉墓女棺出土的铜碗、邗江姚庄 102 号汉墓出土的铜盆皆通体鎏金。

东汉时期,铜制造业进一步发展,新的器种不断出现。在扬州七里甸汉代木椁墓、邗江甘泉 2 号汉墓、邗江甘泉老虎墩汉墓、邗江甘泉 1 号汉墓、仪征石碑村汉墓、邗江槐泗桥汉代多耳室拱顶砖室墓、宰家墩汉墓等都出土了多件铜器。[6]七里甸木椁墓发现铜指环 1 件。仪征石碑村汉代木椁墓出土的铜器种类有:樽,带钩,镜,量,碟形器 1 件,过滤器 1 件,还有尺、铜刷、铜剑格等,这批器物被认为与道教有关。邗江甘泉 2 号汉墓出土铜器 18 件,器类有牛灯、雁足灯、盒形灯、博山炉、熨斗、带钩、铜印、龙头形器柄、铺首衔环等。此外在墓室内还发现不少铜器的碎片和构件,如合页、支架、鎏金小铺首铜泡等。

汉墓中出现的铜染炉、齿轮、轮盘,标志着扬州冶铜业已超越了生产简单的日用生活器皿,向生产铜质工具的方向发展。

染炉发现于邗江姚庄 102 号汉墓,由承盘、炉和染杯三部分组成。染杯形如耳杯,长 15.4 厘米,宽 12 厘米,高 4.4 厘米。炉身呈长方形,口大底小,

[1]　参见南京博物院:《江苏仪征烟袋山汉墓》,《考古学报》1987 年第 4 期,第 471—501 页。

[2]　扬州博物馆:《江苏邗江姚庄 101 号西汉墓》,《文物》1988 年第 2 期,第 19—43 页。

[3]　扬州博物馆:《江苏邗江县姚庄 102 号汉墓》,《考古》2000 年第 4 期,第 50—65 页。

[4]　扬州博物馆:《扬州平山养殖场汉墓清理简报》,《文物》1987 年第 1 期,第 26—36 页。

[5]　扬州博物馆、邗江县图书馆:《江苏邗江县杨寿乡宝女墩新莽墓》,《文物》1991 年第 10 期,第 39—61 页。

[6]　参见南京博物院、扬州博物馆:《江苏扬州七里甸汉代木椁墓》,《考古》1962 年第 8 期,第 400—403 页;李健广:《江苏邗江甘泉顺利东汉墓清理简报》,《东南文化》2009 年第 4 期,第 51—58 页;扬州博物馆:《邗江县两座汉代砖室墓发掘简报》,《东南文化》1986 年第 1 期,第 26—31 页;南京博物院:《江苏仪征石碑村汉代木椁墓》,《考古》1966 年第 1 期,第 14 页。

邗江姚庄 102 号汉墓出土的铜染炉
（《邗江出土文物精萃》图版三九）

斜直壁，平底，镂空。炉身腰部有宽平方边的腰沿，腰沿上方为镂空博山式支边，悬空支撑着染杯，腰沿下为炉膛。炉壁四周有 14 道竖条状气孔，炉底亦有条状气孔 10 道，炉下有一横穿炉底的长方形孔道，炉底两侧置四蹄足。炉下为长方形宽平沿承盘。染炉长 16.6 厘米，宽 12 厘米，通高 14.2 厘米。

齿轮出土于宝女墩新莽墓 M104，出土时齿轮分为 6 件 3 组，每组中心穿孔一方一圆，方孔边长 0.6 厘米，为主动轮，圆孔径 0.4 厘米，为被动轮。齿为人字状，中心偏一侧，咬合紧密。第 1 组 26 齿，各一面孔边刻"八"，第 2 组 41 齿，各一面孔边刻"九"；第 3 组 44 齿，1 件的一面孔边刻"十"，不太清晰。齿轮大小相同，直径 1.6 厘米，厚 0.8 厘米。锁形器略作长方体，底方上圆，上部偏一端开一方缺，大小恰适置一齿轮。另一端中部偏上横穿一小圆孔。端面上部一圆穿，直径 1 厘米；下部一方穿，边长 0.8 厘米。

邗江宝女墩新莽墓出土的齿轮及
锁形器（《邗江出土文物精萃》图版四）

　　轮盘出现于邗江郭庄汉墓女棺底部，四角各有一只铜制的棺轮。轮盘固定在长 30 厘米，宽 8 厘米，高 8 厘米的方木上，然后分置于棺底四角，似便于推动棺木。棺轮上涂有棕色漆，铜轮盘直径为 6.8 厘米，厚 1.8 厘米。中间有一圆孔，孔径 1.7 厘米。孔中插有方头圆轴一根，轴长 7.4 厘米，径 1.6 厘米，与孔径吻合隙度只有 0.1 厘米，加工精密，可载重约 300 公斤。

　　染炉、齿轮和轮盘等铜制设备的发现，不仅显示出其时高超的冶铸水平，更能说明当时科技文化的发展。

生活用器的铸造至后期更为精美。邗江甘泉 1 号汉墓铜雁足灯 1 件,通体饰以精细的错银纹饰。金银饰制作工艺更加成熟,器物普遍鎏金,出现更多的铜工艺品。宰家墩汉墓北耳室出土铜珠 5 粒,当为饰件。雁鱼灯均为鸿雁衔鱼造型,应该是出自相同的工艺。但牛灯却各不相同,虽然同以牛为造型,却各具其地方特色。长沙西汉墓的铜牛灯灯体似水牛,睢宁刘楼东汉墓的铜牛灯为当地青牛造型,扬州邗江东汉墓的错银铜牛灯为黄牛形象[1]。由于生产釭灯的基本原理相同,皆有固定的烟道收集烟炱,这一技术在汉代得到了广泛传播。1991 年,扬州甘泉乡巴家墩西汉墓也曾出土 1 件鼎形铜釭灯,该灯装饰虽然简洁,但设计精巧,烟道安排十分合理,亦不失为汉代釭灯中的精品。[2]

扬州的铜器制造中,铸镜业是一大行业,扬州汉墓中出土的铜镜数量相当多,据统计,仅仪征博物馆就收藏有汉墓出土的铜镜 300 多面[3]。西汉早期,扬州地区的铜镜制作就已显示出高超的制造工艺。至西汉中期,铜器种类增多,数量增加,纹饰更加复杂,鎏金工艺得到发展。在铜器制造工艺方面,铜镜的纹饰更加复杂。张集团山汉墓出土的铜镜,除传统的蟠螭纹外,还有呈狐狸状的怪兽、虬龙等神兽图案,极富动感[4]。仪征胥浦 101 号西汉墓亦出土有神兽镜[5]。这些铜镜上的花纹都经过精心构思,神秘的动物纹与几何形纹交织在一起,给人以灵动鲜活的艺术享受。西汉中期,铜镜得到广泛使用,进入铜镜制造的高峰期。"武帝前后时期,扬州铜镜生产走向鼎盛,出土

邗江刘毋智墓出土的西汉早期蟠螭纹铜镜(《邗江出土文物精萃》图版九九)

[1]　陈跃:《浅论汉代釭灯》,《文博》2008 年第 6 期,第 23—27 页。

[2]　张元华主编:《邗江出土文物精萃》,广陵书社 2005 年版,第 86 页。

[3]　仪征博物馆编:《仪征馆藏铜镜》,江苏美术出版社 2010 年版,第 13 页。

[4]　南京博物院、仪征博物馆筹备办公室:《仪征张集团山西汉墓》,《考古学报》1992 年第 4 期,第 477—507 页。

[5]　扬州博物馆:《江苏仪征胥浦 101 号西汉墓》,《文物》1987 年第 1 期,第 1—19 页。

的四乳禽兽纹镜类,是以四乳为基点,采用四分法布局,间饰螭,或魑,或飞禽走兽,或四神等组成主题纹饰。……就其四乳四神纹镜来说,常见青龙、白虎、朱雀、玄武四种之外,或四神配以羽人、蟾蜍、羊和鸟等,使得纹饰繁缛,更加丰富,尤其是羽人,人物线条流畅,形神生动逼真,艺术水平颇高,彰显出铸镜已达到空前繁荣的程度。"[1]

《三国志·吴书》注引晋葛洪《抱朴子》说:"吴景帝时,戍将于广陵掘诸冢,取版以治城,所坏甚多。复发一大冢,内有重阁,户扇皆枢转可开闭,四周为徼道通车,其高可以乘马。又铸铜为人数十枚,长五尺,皆大冠朱衣,执剑列侍灵座,皆刻铜人背后石壁,言殿中将军,或言侍郎、常侍。似公主之冢。破其棺,棺中有人,发已斑白,衣冠鲜明,面体如生人。棺中云母厚尺许,以白玉璧三十枚藉尸。兵人辈共举出死人,以倚冢壁。有一玉长一尺许,形似冬瓜,从死人怀中透出堕地。两耳及鼻孔中,皆有黄金如枣许大,此则骸骨有假物而不朽之效也。"[2]

从葛洪的记载来看,该墓显然是一座汉代墓葬。"大冢"指高大的坟丘,"重阁"指有多重棺椁结构,"户扇皆枢转可开闭"指通向椁室的棺室有木门结构,"徼道"即有宽大的墓道,墓中有朱衣大冠的铜人"执剑列侍灵座",实际上就是铜俑,不仅墓葬形制似汉代的一大型木椁墓,且该墓"以白玉璧三十枚藉尸",可见自春秋战国以来发展起来的以玉敛尸的葬俗已相当成熟。"侍郎""常侍"都是汉官名,如"侍郎"不但于中央设置,诸侯王国亦设,荀悦《汉纪》述梁孝王事,有"梁王侍郎、谒者着金貂,出入天子殿门,与汉官无异"之语[3]。"似公主之冢"指此墓为身份极高的女性冢,此说亦较符合历史事实。汉时诸侯王的女儿被称为"翁主"或者"王主",一般受封为乡、亭侯,领有六百户至千户的食邑,且其下还设有属员,分别为傅、仆、家丞,傅、仆俸禄为六百石,家丞俸禄为三百石[4],再加上翁主或王主自身就有俸禄,以及诸侯王

[1] 徐忠文、刘勤、周长源:《广被丘陵铸铜镜——扬州出土汉代铜镜概说》,徐忠文、周长源主编:《汉广陵国铜镜》,文物出版社 2013 年版,第 10 页。

[2] 《三国志·吴书·三嗣主传》注引葛洪《抱朴子》,第 1162 页。

[3] 张烈点校:《两汉纪》,中华书局 2002 年版,第 141 页。

[4] 钟一鸣:《两汉翁主考》,《益阳师专学报(哲社版)》1988 年第 4 期,第 74—76 页。

的赏赐,故在去世后可能留下较高规格的厚葬墓。广陵遗冢出土五尺铜人数十枚,或提示扬州已具备生产大型铜器的能力。

（二）铁器制造业

就目前所知,我国自矿石冶炼而成的铁器最早见于河南三门峡市上村岭西周虢国墓,至西周末,还处在用铁的早期阶段。春秋时发明了铸铁工艺。及至战国时代,块炼渗碳钢、铸铁、韧性铸铁均已非罕见之物,这就为冶铁手工业在汉代的大发展打下了基础。[1]汉代,青铜器制造日趋精致化,铁器在生产中的地位则渐趋上升。铸造工艺的重点已转移到铸铁工具、农具、车马具以及铸钱等方面,相应地发展起一系列为这些项目服务的技术,从而使汉代的铸造工艺具有新的特色。[2]

西汉早期扬州的铁器制造业,从邗江西汉刘毋智墓和扬州地区农科所汉墓群中发现的灯、短剑、环首铁刀来看,这个时期的铁器似乎主要用于生产一些小型的生活用器如农具、灯等以及兵器如剑等。大云山汉墓出土了较多的铁镰,"西回廊北部四 B 区上层主要放置明器车马,明器漆车马已朽尽,仅存车马器构件及明器兵器等各类文物 244 件(组),包括铜器、铁器等。在四 B 区中部出土一套伞柄,伞柄周围有呈伞状分布的盖弓帽同出,部分盖弓帽上残存有漆木盖弓,在其东北部有车轮朽痕,还有成捆的铁镰"[3]。

至西汉中期,铁器的发现增多(前已详),在仪征烟袋山汉墓、邗江胡场五号汉墓、仪征胥浦 101 号西汉墓和高邮天山汉墓中都发现有铁器。从西汉中期的铁器来看,铁器制造业已逐步发达,器物的种类较早期增多。除制造生活用器外,还出现更多的兵器和车马器。且在铁器制造中较普遍地使用了鎏金工艺。此后,铁器制造更加广泛,至西汉晚期直至东汉一代,各墓皆有铁器出土,且工艺水平不断提高。

扬州地区汉墓中出土的众多铁器,反映出两汉时期扬州地区铁器制造业的发达。汉代曾在多处设置过铁官,据学者统计,"汉代郡国诸县铁官共49所,

---

[1] 参孙机:《汉代物质文化资料图说》(增订本),上海古籍出版社 2011 年版,第 49 页。

[2] 参孙机:《汉代物质文化资料图说》(增订本),第 59 页。

[3] 南京博物院、盱眙县文化广电和旅游局编著,李则斌主编:《大云山——西汉江都王陵 1 号墓发掘报告》(一),文物出版社 2020 年版,第 245 页。

其中山东(12)、江苏(7)、河南(6)、陕西(5)、山西(5)、河北(4)、四川(3)、安徽(1)、甘肃(1)、北京(1)、辽宁(1),东北至辽宁、西至甘肃、西南至四川,基本覆盖了全国的大部分地区,而又以河北、山东、江苏沿海一线为核心区,共有23所,占总数的近一半"[1]。《汉书·地理志》载:西汉时期临淮郡的盐渎、堂邑及广陵国都设有"铁官",经营冶铁手工业生产。东汉时,盐渎、堂邑都属于广陵郡管辖。江都王刘建时,就利用冶铁大作"兵器"。在六合李岗楠木塘西汉建筑遗址、泗洪县小峰山等地,也都发现了汉代的冶铁遗址和铁器。

有资料表明,扬州的铁器曾输往异地,在福建崇安城村的汉城遗址中,曾出土铁器71件,农具18件,其中一件铁犁,其形制与北方的铁犁完全相同,估计是通过淮河流域的郡县而输入的。大量的铁器输入外地,正说明该地区冶铁业的发展。[2]从考古发掘材料来看,扬州地区的铁器种类十分齐全,有农业生产工具,有兵器,有日常生活用品,反映出铁器制造业已成为扬州手工业的重要支柱,铁器中的铁锄、铁耙、铁舌和铁犁铧,更对扬州地区农业的发展起到了极大的促进作用。

二、煮盐业

中国古代的食盐生产历史久远,最早可追溯到夏商时期。在长期的生产实践中,形成了多个食盐种类,主要有井盐、海盐、池盐等。两汉时期,因海域宽广,资源较其他食盐种类丰富,再加上制作技术的进步,海盐的生产占据了更高的比重。武帝时期,全国共设置盐官38处,沿海地区有18处,扬州也是设置盐官的地区之一。《汉书·地理志》记载,吴国为加强盐业生产,在会稽郡设有盐官,专门管理盐场事务,地方志书也记述吴王曾在今浙江设立"司盐校尉"主管盐务,盱眙东阳汉墓曾出土"园山高陵里吴王会稽盐官诸鬼神"铭文[3],可与互证。扬州地区不仅有数百千米的海岸线,还有自春秋以来就形成的海水制盐传统。司马迁在《史记·货殖列传》中说:"夫吴自阖庐、春申、王濞三人招致天下之喜游子弟,东有海盐之饶,章山之铜,三江、五湖之利,亦江东一都会也。"说明春秋时期扬州即已盛产海盐,到吴王刘濞时盐业生产更达

[1] 孔祥军:《汉代铁官制度的设立和考索》,《江苏商论》2009年第4期,第174—176页。

[2] 参见虞友谦、汤其领主编:《江苏通史·秦汉卷》,第182页。

[3] 南京博物院:《江苏盱眙东阳汉墓》,《考古》1979年第5期,第412—426页。

到了新的高度。

汉初扬州是吴王刘濞的领地,刘濞统治期间,积极发展经济,充分利用吴国境内的资源,开山采铜,煮海水为盐,为便于食盐等物资的运输,还下令开挖了被后世称为运盐河的"吴王沟"和通往江南的"盐铁塘"。《盐铁论·错币》载:其时"纵民得铸钱、冶铁、煮盐"。[1]又据张家山汉简:"诸私为卤盐,煮济、汉,及有私盐井煮者,税之,县官取一,主取五。"[2]可见在没有实行盐铁专卖制度之前,地方百姓可以自由从事食盐生产,但官府要征税,汉初的盐税是由地方主事者征收的,直接管理盐业生产的县官只收取十分之一的税收,侯国则收取一半的盐业收入,从事盐业生产的生产者仅得四成,故吴国因此成为区域经济发展的佼佼者,经过四十余年的经营,出现了"以铜盐故,百姓无赋""国用富饶"的强盛局面。

吴王刘濞时期的盐业生产,从南到北有着广阔的地域分布。向南,今浙江海盐是吴国重要的产盐区,往北,盐渎县(今盐城市)一带也是重要的产盐地区。西汉初年,盐渎曾是射阳侯项伯的封地,项伯死后地属射阳县。其时的广陵则成为盐的集散地,北自盐渎、南至海盐生产的盐,多自海陵(今泰州市)经"茱萸沟"、邗沟运往内地。"茱萸沟"在广陵东北20里处,东通海陵仓及如皋蟠溪,西衔邗沟运河,是一条十分重要的盐运通道。及汉武帝封子刘胥为广陵王时,曾因吴越之地"三江、五湖有鱼盐之利,铜山之富,天下所仰"[3],对刘胥很不放心,可见该地区煮盐业的发达。

汉初盐业由诸侯王自由经营。汉武帝即位后,面对北方少数民族的威胁,对匈奴族展开大规模的反击,急需增加财政收入,于是采纳桑弘羊的建议,实行盐铁官营政策,即《史记·平准书》所载招募盐民,"自给费,因官器作煮盐,官与牢盆"。官营政策实行后,丰厚的盐业利润虽然支撑了国家军需,但这一政府对盐业实施的垄断政策,给社会经济、民众生活造成诸多隐患,汉昭帝时期,召开盐铁会议,国家被迫对富商大贾做出让步,对汉武帝的盐铁官营政策

---

[1]　王利器校注:《盐铁论校注》卷一四《错币》,第57页。

[2]　张家山二四七号汉墓竹简整理小组:《张家山汉墓竹简〔二四七号墓〕释文》(修订本),文物出版社2006年版,第68页。

[3]　《史记》卷六〇《三王世家》,第2559页。

做了限制和修正。此后采取官营与民营相结合的政策。及至西汉末王莽篡位，建立新朝，采取"五均、赊贷和六筦"的政策，盐业生产再次被纳入官营状态，然因"新朝"国祚不长，这一政策旋即收场。

东汉前期，鉴于经济恢复和发展的需要，统治者采取了一系列惠民措施，盐铁依然实行民营与官营兼行的政策。汉章帝建初六年（81），召集群臣"议复盐铁官"，当时争论颇大，但到元和元年（84），终以"于国诚便，帝然之，有诏施行"[1]。但是此时的官营体制与西汉不同。《续汉书·百官志》云："凡郡县出盐多者置盐官，主盐税。出铁多者置铁官，主鼓铸。""郡国盐官、铁官本属司农，中兴皆属郡县。"说明"光武中兴"以后，东汉的盐、铁官改属郡县，不再属于中央管辖，朝廷主要负责征收盐、铁税。由于这项政策的推行，得不到社会的普遍支持，加上官吏从中渔利，仅四五年时间，就又下令废止。

盐铁官营政策的废止，得力于广陵太守马棱，是他特别考察了该地区的盐业生产及其存在的弊端之后，上书朝廷而罢除的。章和元年（87），马棱任广陵太守，"时谷贵民饥，奏罢盐官，以利百姓"[2]。次年，章帝未及改弦更张而辞世，遗诏罢除盐铁之禁。《后汉书·和帝纪》载章和二年四月诏曰："昔孝武皇帝致诛胡越，故权收盐铁之利，以奉师旅之费。……（章帝）安不忘危，探观旧典，复收盐铁，欲以防备不虞，宁安边境。而吏多不良，动失其便，以违上意。先帝恨之，故遗戒郡国罢盐铁之禁，纵民煮铸，入税县官如故事。"[3]由此可见，广陵太守马棱的上书，乃是促使这一政策更张的关键，也说明扬州地区当时盐业生产的状况。

和帝罢黜盐铁官营之禁以后，直到东汉末年再未恢复盐铁官营，实行"纵民煮铸"的政策。也正因为如此，《续汉书·郡国志》仅仅记载广陵郡堂邑"有铁"、东海郡朐县"有铁"等，而不载有盐、铁官的设置。而事实上，这些重要的盐铁生产基地，都由私人在经营着，只是向国家缴纳税收而已。[4]如在盐城三羊墩等地，就发现了不少冶铁遗址和铁器，技术也比西汉进步。当然，由于

［1］《后汉书》卷四三《朱晖传》，第 1460 页。

［2］《后汉书》卷二四《马棱传》，第 862 页。

［3］《后汉书》卷四《和帝纪》，第 167 页。

［4］参见虞友谦、汤其领主编：《江苏通史·秦汉卷》，第 226 页。

盐铁私营,史书中记载十分罕见,具体情况尚待考察。

扬州地区的食盐产量究竟有多大,具体情况已难确考。但从地名的变迁可以推测相关情形。浙江和江淮之间都是重要的产盐区。史称"汉初吴王濞置司盐校尉于马嘶城以煮海富"[1],在江淮之地则开运盐河即"邗沟东道"以运盐。吴楚七国之乱平定后,扬州地区先后置江都国、广陵国或广陵郡,不再管辖苏南地区,但苏北的煮盐业一直较为发达。《太平寰宇记》引南朝阮昇之的《南兖州记》曰:"上有南兖州盐亭一百二十三所。县人以渔、盐为业,略不耕种;擅利巨海,能致饶沃。公、私商运,充实四远;舳舻往来,恒以千计。"[2]这是汉代苏北地区煮盐业长期发展的结果。尤其是在汉代盐渎、海陵等靠近海边的地区。

汉代煮盐业的兴盛,从煮海为盐的工具上,也可见其进步。如在东台三灶出土的1件古铁镬,即有学者通过查阅相关资料及分析实物照片判断,该器物应为汉代的煮盐牢盆。理由有三:一是现存铁镬的地方古名为三灶,直至民国初年废灶兴垦前,这里的人们自古以来就一直以煮盐为生,在盛产海盐的地方出现古代煎盐器物极有可能。二是《汉书·食货志》《史记·平准书》中均有"因官器作煮盐,官与牢盆"之语。清代光绪年间的《两淮盐法志》中,也有"汉制煮盐,官给牢盆"的记载。通过这些记载可知,我国古代曾以"牢盆"作为煎盐工具。三是根据考古发现及史料记载,我国煮卤为盐的工具演变大致是这样的:史前为盔形器(陶器);汉代为牢盆;到了唐宋元时期,则是盘铁;明清主要是锅镢。由此可见,汉代扬州地区的冶铁作坊已能生产如铁镬这样的大型铁器[3],扬州地区在汉代的盐业生产,也是重要的产业支柱。

由上可见,自吴王刘濞大力发展盐业生产以来,盐业成为江淮地区的主要产业,直至明清时期,扬州时期的繁盛和盐商云集的状况都与盐业有关。

三、纺织与编织

在我国古代,蚕桑业在历史上起源很早,先秦时期江淮东部即多有种植。纺织业一直是传统的生产部门,汉代纺织品的原料主要是丝和麻。我国是世

---

[1]〔清〕吕化龙修,董钦德撰:《〔康熙〕会稽县志》。

[2]〔宋〕乐史撰,王文楚等点校:《太平寰宇记》卷一二四《淮南道二·楚州》,第2464页。

[3]曹爱生:《东台古铁镬考》,《盐业史研究》2009年第3期,第52—56页。

界上最早饲养家蚕和生产丝织品的国家。新石器时代晚期的良渚文化遗址中已发现丝织物残片。到了汉代,由于养蚕和缫丝技术的改进,已能生产出质地优良的蚕丝。[1]前引仪征胥浦 101 号汉墓发现的《先令券书》,记载墓主人将二处桑田分予子女,反映出汉代植桑养蚕的具体情况。麻的种植更加普遍。如凤凰河汉墓中,发现在墓主人尸体腰侧有用于包裹五铢钱的麻布,在七里甸汉代木椁墓中,则用在漆器的口沿上以加固沿边,在仪征石碑村汉墓中,被用于包裹铁刀。[2]农桑则是自然经济发展的基础,因此,两汉皇帝的诏书中往往蚕织和农耕并提。如汉景帝后元二年诏曰:"欲天下务农蚕。"明帝永平三年诏曰:"有司勉顺时气,劝督农桑。"章帝建初元年诏曰:"二千石勉劝农桑。"等等。根据《西汉会要》和《东汉会要》中的记载统计,历代皇帝发布的劝课农桑诏令有 50 余条。[3]

一般认为,秦汉时期纺织业最发达的是四川和山东,古史传说中蜀人的先祖蚕丛氏就是因教民纺织而受到民众拥戴的。纺织业发达的原因,往往与该地区能否提供足够的原料有关。扬州地处江淮东部,虽然纺织业不如四川、山东发达,但因气候湿润,林莽茂密,却也非常适宜桑、麻等植物的生长。因此,纺织业也是扬州地区传统手工业部门之一。如春秋末年吴楚之间爆发的"鸡父之战",就是由两国女子在边界(今天长)采桑嬉戏而引发的。及至秦汉,江淮东部的纺织业日益发达,不仅在农村普遍种植桑麻,养蚕织帛,种麻织布,而且城市中也有不少纺织作坊。秦汉之际,淮阴人韩信等出身贫贱者称为"布衣",还有"以水击絮"的"漂母"[4]。刘建为江都王时,数与越繇王闽侯通使往来,"遗以锦帛奇珍"。[5]

江淮地区的纺织技术也不断提高。如在泗洪县曹庄出土的汉画像石上

[1] 参见孙机:《汉代物质文化资料图说》(增订本),第 64 页。

[2] 屠思华:《江苏凤凰河汉、隋、宋、明墓的清理》,《考古通讯》1958 年第 2 期,第 45—47 页;南京博物院、扬州市博物馆:《江苏扬州七里甸汉代木椁墓》,《考古》1968 年第 8 期,第 400—403 页。江苏仪征石碑村汉代木椁墓发现的铁刀,外表留有木纹痕、麻布以及褐色漆皮。南京博物院:《江苏仪征石碑村汉代木椁墓》,《考古》1966 年第 1 期,第 14—20 页。

[3] 杨运秀:《南阳汉画像与汉代经济研究》,河南大学出版社 2017 年版,第 136 页。

[4] 《史记》卷九二《淮阴侯列传》,第 3147 页。

[5] 《汉书》卷五三《景十三王传·江都易王传》,第 2417 页。

刻画的"慈母投杼图",图上有斜织机的形制,经面与水平机器呈五六十度的倾角。在织工面前,有一突起的横木,可能是幅撑装置或卷布的帛轴。图上的空心梭子与满管杼子并存,反映出杼子纳入飞梭专门行使引纬织布的作用,另外再用竹筘打纬。此外,在仪征等一些汉墓中,还发现了随葬的衣物券,载明随葬衣物的质料有绮、绢、绫、锦、缣等丝织品,花色则有白、皂、红、黄、绿、青等色,说明江淮地区的纺织业已经达到了相当高的技术水平[1]。扬州地区的纺织业也有新的发展,根据考古发现,扬州地区的纺织业有麻布纺织和丝绸纺织。麻布发现于凤凰河第三期工程和七里甸汉代木椁墓。在凤凰河第三期工程发现的 9 座汉墓中,随葬的五铢钱都用细木条串着,再用麻布包缠放在墓主人腰部两侧。七里甸汉代木椁墓发现 11 件耳杯,部分耳杯在口沿处用一段麻布缠绕再髹漆,说明麻布在当时得到普遍使用。

编织业获得相应发展。其中有蒲编、草编、苇编、竹编等。编织物原料在扬州汉代考古遗址中有大量发现。芦编、草编、蒲编、竹编等物品发现于扬州东风砖瓦厂汉代木椁墓群、七里甸木椁墓、邗江胡场汉墓、邗江胡场五号汉墓、邗江姚庄 101 号西汉墓、高邮天山汉墓。扬州东风砖瓦厂汉代木椁墓群以 M3 为代表的第二类墓,椁底下面有芦席铺垫的痕迹。M1 女棺内的底部,清理时发现有一块草席。七里甸木椁墓下葬时,在棺底板与椁底板的夹层之间垫有一张尺寸与棺相同的蒲席。邗江胡场汉墓侧厢中部发现编织品残片,邗江胡场五号汉墓头箱中也发现有编织物。邗江姚庄 101 号西汉墓,在墓主人尸骨下垫有席类编织物。邗江县姚庄 102 号汉墓,出土长方形竹笥 1 件,用细竹丝编织而成。高邮天山汉墓在"题凑"和外藏椁之上,普遍铺设数层织席,编制品有竹器三四件,有竹篮、竹簸箕等,学者认为这是考古发现中的一个新收获,是当时工人筑墓用的工具。仪征胥浦 101 号西汉墓出土纱面罩 1 件,由两层翼纱用漆粘连定形,再用竹片作边框相夹,出土时罩在死者头部。此外,在扬州地区出土的漆器中,出现大量夹纻胎漆器,势必对纺织品有大量需求,也会促进纺织业的发展。

丝织物,在七里甸木椁墓、扬州东风砖瓦厂汉代木椁墓、邗江姚庄 101 号

---

[1] 参见虞友谦、汤其领主编:《江苏通史·秦汉卷》,第 180 页。

汉墓、邗江甘泉 2 号汉墓皆有发现。七里甸木椁墓出土残丝绢一片,已腐蚀殆尽,但留存有网状痕迹,仍可见丝绢的编织十分工整,经纬均匀。同墓出土两件漆勺,其中一件采用了在口沿部先绕一段绢然后再髹漆的制作工艺。扬州东风砖瓦厂汉代木椁墓 M3 在男棺人骨架头部底下,发现有几小片丝织物的残迹。邗江姚庄 101 号汉墓在足箱出土漆盒 2 件。在标本 M101：191 的方漆盒内发现有黑色呈折叠状的丝织品,推断是方形帽。邗江甘泉 2 号汉墓出土九子奁一件,在奁内上层放置着一面铁镜,铁镜由丝织物包裹。邗江胡场五号汉墓出土箭缴 17 件,其中出于竹箕内的 1 件,器上绕有丝线团。

最能说明扬州汉代丝织业发展的,是仪征胥浦 101 号西汉墓出土的简牍文字,内容可分为"先令券书"、何贺山钱、赗赠记录、衣物券。"先令券书"记述墓主朱凌遗嘱,谓:"姬言……以稻田一处、桑田二处分予弱君；波田一处分予仙君。于至十二月,公文伤人为徒,贫无产业,于至十二月十一日,仙君弱君各归田于姬,让予公文。姬即受田,以田分予公文,稻田二处,桑田二处。田界易如故,公文不得移卖田予他人。"[1]从该文牍可知,汉代扬州地区的一般百姓家庭中,拥有的田地一部分属于桑田,桑田的主要作用是用于养蚕,蚕丝是重要的经济来源,蚕茧和蚕丝可以直接售卖变现,桑田的遗赠体现了死者临终前对公文在财力上的大力支持。

桑田的大量存在,也说明当时扬州地区的纺织业较为发达。同墓出土的木牍衣物券一块,有隶体墨书四行:高都里朱君衣:绮被一领,禅衣二领,禅裳一领,素绢一领,绿袷一领,绫袍一领,红袍二领,复裳二领,禅襦二领,青袍二领,绿被一领,绣襦一领,红襦一领,小缬三领,绵袍三领,褚被一领,绪绞一,绹一两,凡衣禅复廿五领。据木牍遣册记载,胥浦 101 号墓共随葬衣物二十五件(领),惜实物已全部朽坏,不能对照印证。此墓出土的衣物券,所载衣物名称有绮被、禅衣、禅裳、绿袷、绫袍、红袍、禅襦、青袍、绣襦、红襦、小缬、绵袍、褚被、绹、绪绞、禅复;衣物质地有绮、绢、绫、绵等;颜色有素、青、红、绿、五彩。从中也反映出西汉晚期扬州地区织物的丰富。

结合所见朱凌拥有的桑田来看,扬州地区盛产蚕茧,当地应该有发达的

---

[1] 扬州博物馆:《江苏仪征胥浦 101 号西汉墓》,《文物》1987 年第 1 期,第 1—19 页。

缫丝业和纺织业,惜未能发现纺织机械等实物。但从邗江姚庄 102 号汉墓出土的一件染炉来看,扬州地区存在纺织手工业作坊是肯定的。该染炉由承盘、炉和染杯三部分组成。染杯形如耳杯,长 15.4 厘米,宽 12 厘米,高 4.4 厘米。炉身呈长方形,口大底小,斜直壁,平底,镂空。炉身腰部有宽平方边的腰沿,腰沿上方为镂空博山式支边,悬空支撑着染杯,腰沿下为炉膛。炉壁四周有 14 道竖条状气孔,炉底亦有条状气孔 10 道,炉下有一横穿炉底的长方形孔道,炉底两侧置四蹄足。炉下为长方形宽平沿承盘。染炉长 16.6 厘米,宽 12 厘米,通高 14.2 厘米。该染炉于今看来似乎在形制上偏小,但汉人衣物多由丝绸面料制成,丝绸面料自身就不占体积,另外,亦不排除该染炉是为随葬而特意制作的明器。这件染色工具套件的出现,大体能反映当时纺织业在扬州地区的发展。

四、漆器制造业

漆器制造业始于商代,战国时期得到发展,汉代步入其兴盛期。"到了汉代,漆器已基本取代青铜器占据了人们日常生活用具的绝大部分,从饮食盛器、化妆用具、兵器、文具到丧葬明器,几乎无所不包。汉代从中央到地方都设有工官专门管理和制用漆器,著名的就有广汉、蜀郡、河内、河南、颍川、南阳、济南、泰山等八大工官;每年所费以数百万计,制造的产品成千上万,是当时最为重要的手工业之一"[1]。汉代漆器中不仅有一批精品,更重要的是,其总体水平在战国时已达到的高度上又前进了一步。不仅如此,在漆器大流行的时代,各地出土的漆器在风格上有惊人的相似之处,"在大流通的背景下,必然伴随着技术上的互相促进和艺术上的互相借鉴,同时也反映出人们对漆器的需求和喜爱"[2]。因此,随着统一局面的形成,漆器制作的技术应该在各地得到了推广。"虽然《汉书·地理志》中没有在广陵设立工官制作漆器的记载,汉广陵国本地制作的漆器也未见工官有关的铭文,从汉代出土漆器数量众多、制作工艺精良等方向考察,汉代广陵应是东南地区漆器制作的一个中心,这已成为人们的共识"[3]。

---

[1] 扬州博物馆编:《汉广陵国漆器》,文物出版社 2004 年版,第 8 页。

[2] 参孙机:《汉代物质文化资料图说》(增订本),第 93—94 页。

[3] 扬州博物馆编:《汉广陵国漆器》,第 9 页。

　　汉代漆器的胎质,有木胎、夹纻胎,偶用竹胎,但无论哪种胎质,一般都在漆器上施加各种纹饰,漆绘和油彩是常见的装饰方法,针刻是更为复杂的方法,即先上漆,再刻花纹。漆器上常见的花纹有龙凤纹、云气纹、花草纹、动物纹等。漆器上亦常附有饰物,西汉中期,在漆器上常镶有镀金或镀银的铜箍,在漆杯的双耳上有镀金的铜壳,俗称"银口黄牙",更高级的镶有水晶或琉璃珠。总之,汉代的漆器工序复杂,做工精良,色彩鲜艳,装饰精致,价格远超铜器,史称"一文杯得铜杯十","一杯桊用百人之力,一屏风就万人之功"。[1]正因为此,漆器生产迅速步入兴盛期。

　　汉代扬州的漆器业非常发达。扬州、邗江、江都、高邮、盐城、盱眙、泗阳及安徽天长等地,都曾出土大量的汉代精美漆器。如盱眙汉墓出土漆器114件,天长汉墓出土漆器123件等等。尤其是在广陵国境内,出土漆器最多,最为精致。仅在邗江姚庄101号西汉墓中,就出土各种漆器131件,其中有案、几、奁、枕、盘、樽、碗、勺、耳杯、砚、黛板、六博局等生活用具,还有盾、弓、弩、箭缴轴、箭杆等兵器和漆面罩之类的葬具。在高邮天山西汉广陵王刘胥墓中,出土有彩绘漆棺以及成套的漆耳杯和漆盘,有的盘上书写隶书"食官"铭文。扬州甘泉山西汉"妾莫书"墓出土的100多件漆器中,有许多器面用铜、银装饰,加贴用金箔制成的纹饰图案,用朱、黑、黄、绿颜色彩绘,成为鎏金铜扣、银扣或金银平脱器。特别值得注意的是,在不少出土的漆器上,往往刻有漆书铭文,如"田长君""程长卿"等姓名,还有的书"工冬""工克"等款字。这些漆器制品上或铭有买主姓名,或有工匠的落款,似可说明广陵国具备相当数量的生产作坊和规模较大的市场。若是把视野扩展到周边地区,就会发现今连云港、盐城、盱眙和安徽天长等地出土的汉代漆器,其造型、胎质乃至图纹、色彩等,都与扬州的漆器十分相似。这表明广陵国生产的漆器,其技术已流传到较为广大的地区。从质量来看,江淮地区尤其是广陵国的漆器,不仅工艺水平很高,而且有地方特色。如这里的漆器,往往在黑漆或朱漆底上,使用朱红、赭红、土黄、金黄、乳白、银白、粉绿、暗绿、蓝紫等多种色彩,线条细腻。在奁、盒类漆器的盖顶,则盛行银平脱柿蒂纹、变形柿蒂纹或三叶纹,并

　　[1]　王利器校注:《盐铁论校注》卷六《散不足》,第351、356页。

常在四叶之间镶嵌珠玉；有的平脱器，在器身周围用金银箔剪贴出山水流云、人物、禽兽等复杂图样。在造型上，有些样式颇为独特。如在今扬州汉墓出土的好几件漆面罩，罩在死者的面部，形状为长方形，三面立墙，立墙壁上开有圆孔，这在其他地方是颇为少见的。此外，在胎骨制作、针刻技术、平脱工艺等方面，也都显示出其高超的技术水平，使之富丽堂皇，精美光洁，价比金玉，表现出当地鲜明的地方特色。[1]

从考古发掘来看，全国漆器大量出土的地区并不多，据中国社科院中国考古网站的漆器资料库[2]，全国范围内出土汉代漆器较多的地区有湖北、湖南、江苏、安徽、山东、广东等省，而在江苏境内出土的漆器集中在扬州地区，在一个不大的区域范围内，扬州地区竟有多达14处地点出土有漆器，且从数量上看，扬州地区出土的漆器，也远超出其他地区，仅据盱眙县博物馆统计数据，出土的漆器已达千件之多[3]，汉代于广陵国所在地虽无明文记载设置工官，但该区域出土的漆器除部分来自赏赐和贸易所得，其余大部分都应是地产的。"扬州市胡场发现汉代广陵国的墓葬群，出土了一批制作精良、风格独特的漆器，器类有常见的杯、盘、卮、勺、樽、壶、筒、案等盛食用器，有奁、盒、梳、篦等化妆用具，有刀、剑、削、矛等兵器，还有文具、度量衡、溺器等；胎质多木胎与夹纻胎；普遍使用铜扣、银扣镶嵌等装饰手法；画面构图或粗犷奔放，大幅写意，或构思严谨，细腻规整。有一件银扣漆奁在彩绘画面上贴饰以金银箔片剪制的羽人、狩猎、马戏图案，极为精致，可代表汉代漆器工艺的最高水平。出土漆器的数量之多和制作之精再一次说明，汉代广陵国是一处重要的漆器产地。"[4]

研究发现，江苏仪征烟袋山汉墓出土的漆器与蜀郡、广汉工官系统的风格明显不同，与扬州地区多个汉墓出土的为同一风格[5]，又："汉代漆器的生产制作在长江下游亦形成一定的规模。今扬州一带的汉墓中，发现的漆器

---

[1] 虞友谦、汤其领主编：《江苏通史·秦汉卷》，第183—184页。

[2] 资料来源：http：//kaogu.cssn.cn/zwb/xsz/kgsjk/qqsjk。

[3] 盱眙县博物馆：《江苏东阳小云山一号汉墓》，《文物》2004年第5期，第38—49页。

[4] 南京博物院：《江苏省考古事业五十年》，载《新中国考古五十年》，文物出版社1999年版，第158页。

[5] 南京博物院：《江苏仪征烟袋山汉墓》，《考古学报》1987年第4期，第471—501页。

众多,估计这一地区应为当时的漆器生产制作中心之一。仪征团山四座汉墓皆有漆器随葬。漆器上的绘画风格,以抽象变形为主,少见写实题材,其线条流畅不滞,漆绘技巧十分娴熟。四子奁及其内的小盒,盖与器身十分吻合,表明其造型准确;形体较大的漆案、漆奁等,造型优美,代表了当时漆器制作的较高水平。"[1]汉代广陵国属地东阳,在战国时代就已是制造中心,兵器上有"东阳上库"[2],至汉代也生产漆器。其生产程序是:先在器具漆上一层薄薄的灰地,漆灰由生漆调和填料制成,此道工序既可以对漆胎进行找平补缺,又可增强漆膜的附着力,所用填料以石英和钠长石为主,经筛选和研磨后变成细小的粉末作为漆灰中的填料物质。[3]论者认为,扬州地区在当时应当是一漆器制造业中心[4]。

扬州出土了大量漆器珍品,"妾莫书"墓出土的针刻和贴金银箔漆器,在扬州初次发现。其造型优美,彩绘工细,是汉代漆器的代表作。说明贴金箔漆器工艺,到西汉已经达到了相当高的水平,尤其是圆形琉璃衣片有纹饰和贴金,是前所未见的。扬州东风砖瓦厂八、九号汉墓出土漆器比以往发现的同类漆器的制作工艺更为精良,漆面罩的出土在全国颇为少见。该墓出土大批漆器,为探讨漆器产地分布增添了资料。从仪征张集团山汉墓出土的丰富漆器来看,这一地区应为当时的漆器生产制作中心之一。具体说,东阳县应为西汉时期的漆器产地之一,耳杯底部的烙印可作印证。邗江杨寿乡宝女墩新莽墓出土器物中带"中官""服食官""王家"等铭文的银、漆器,和3件带纪年铭文的漆器,都是不可多得的珍品。丰富的漆器对于研究汉代漆器的生产、流通及工艺水平等方面,有重要的参考价值,也反映了广陵国对

[1] 南京博物院、仪征博物馆筹备办公室:《仪征张集团山西汉墓》,《考古学报》1992年第4期,第477—507页。

[2] 李龙俊、秦让平:《安徽六安出土"廿三年东阳"戈考》,《东南文化》2017年第1期,第86—89页。

[3] 金普军等:《盱眙东阳汉墓两件木胎漆器髹漆工艺探讨》,《文物保护与考古科学》2009年第3期,第53—58页。

[4] 扬州汉墓漆器的资深研究者张燕基于多年对扬州漆器的研究,认为扬州汉墓漆器多数应为扬州本地所产。笔者赞同她的观点。参见张燕:《扬州汉墓漆器研究》,《中国汉画学会第十二届年会论文集》,(香港)中国国际文化出版社2010年版,第203—208页。

外经济交流的发达,为探索汉代扬州地区的漆器手工生产提供了资料。邗江姚庄102号汉墓尤其是女棺内出土了白玉蝉、金银贴箔彩绘漆面罩、阳隧、错金刀币、虎纽玛瑙印等一批具有较高历史价值和艺术价值的随葬物品。邗江杨庙乡仓颉西汉墓位于扬州市西部杨庙镇境内,1994年清理,为双椁双棺形制的土坑木椁墓,随葬器物有铜、漆器20余件。其特色器物为一套制作精巧的5件组合金银平脱漆奁,证明汉代扬州地区不仅有如"姜莫书"墓等大型墓葬中才有使用金银平脱技术的漆器,地方平民中的富户也拥有此种看似奢华的漆器,更可说明汉代的扬州也是当时的一大漆器中心。

　　从漆器制造技术来看,扬州地区出土的漆器中,有部分漆器的铭文直接标示为广汉郡工官所作,漆器制造技术十分精湛,邗江胡场汉墓和邗江姚庄101号汉墓出土的七子奁,均未采用描金技法[1],应该是当地生产。扬州地区出土的汉代漆器中,虽有少量工官标志,但不排除是由工官监制生产的漆器。论者对汉代漆器制造业进行过划分,有三种类型:一是各类官府手工业生产的漆器;二是私营漆器作坊所产的漆器;三是工官监制私人作坊承制的漆器。在漆器上有工匠铭文的应该是私人作坊的标志。[2]因此,从扬州地区的整体情况看,这三种作坊都有可能存在。扬州汉墓出土的许多漆器上,都有针刻铭文如"工冬""工克""中氏"等,应是私人作坊在扬州普遍存在的表现。

　　扬州西湖高南汉墓出土的三百多件竹木漆器,保存完好或较好的占较大比例。木器主要为木俑,有说唱俑、母子俑、坐侍俑、立侍俑等,这些木俑雕刻栩栩如生,形态各异,表情多样,表面施粉彩。漆器种类十分丰富,主要有漆面罩、漆笥、漆箱、漆案、漆几、漆耳杯、漆樽、漆奁、漆碗、漆勺、漆盘、漆壶等。漆器做工精细,装饰技法复杂,主要有彩绘、针刻、金箔贴花、镶嵌、银扣等工艺,体现出汉代扬州漆器工艺的最高水平,在全国也是独树一帜,具有重要的文物价值和艺术价值。[3]

---

　　[1]　杨海涛:《罕见的西汉描金七子奁盒》,《文物世界》2005年第5期,第11—13页。

　　[2]　宋治民:《汉代的漆器制造手工业》,《四川大学学报(哲学社会科学版)》1982年第2期,第84—89页。

　　[3]　王子尧:《扬州西湖高南汉墓出土竹木漆器腐蚀病害与机理分析》,扬州博物馆编:《江淮文化论丛》第3辑,第265—270页。

从盱眙大云山"江都王"刘非墓出土的"南工官"铭漆器来看,均为尺寸很小的漆耳杯,当是刘非徙王江都后逐年定制的随葬明器,而综合已发现的"南工官"漆器分析检测结果,其工艺与"妾莫书"墓出土漆器极为相近,如均未添加桐油作为漆液助剂,夹纻胎体与各漆层的厚度相近等。通过观测,两者的纹饰特征也极为相似。由此可见,"妾莫书"墓出土的 3 件夹纻胎漆器的制作过程为:以麻布类物质为胎,其上糊褙添加了经筛选的小颗

西汉刘毋智墓出土的漆卮(《邗江出土文物精萃》图版九六)

粒石英和羟基磷灰石类物质的漆灰,所使用的漆料为传统的中国大漆,不含桐油,表面直接髹饰面漆及彩绘。这样的工艺特点,证明该时期广陵生产漆器的工艺水准已经达到相当高的水平。一方面,漆灰层做工考究,大大提高了胎体的质量;另一方面,正因为胎体与漆灰层的严格把关,故在髹漆时直接施以面漆与彩绘即可达到很好的实用与装饰效果,不需要髹以底漆层,从而缩短了每件漆器的制作时间,进一步满足当时富足的广陵国内强大的漆器消费需求。[1]

杨庙乡仓颉西汉墓出土的银扣金银贴饰云气纹五子奁
(《邗江出土文物精萃》图版八八)

---

[1]　王子尧等:《扬州"妾莫书"墓出土漆器制造工艺的研究与思考》),《文物保护与考古科学》2019 年第 1 期,第 70—85 页。

五、玉石器生产

对玉的利用最早可追溯到原始社会的新石器时代,如在海安青墩遗址[1]和兴化蒋庄遗址[2]中都曾发现属于良渚文化时期的玉器,说明扬州地区的玉器使用起源很早。随着玉石加工的日益发达,装饰作用和显示身份的作用得到增强,玉也被附会出所谓"六德",成为"温润如玉"的"君子"的随身佩物。及至汉代,形成了特殊的玉敛葬俗,玉衣敛葬除显示死者的高贵身份外,还被认为可起到"防朽"的作用。这与道家升仙思想相关,如头罩顶部中央连缀一块有大孔的璧形玉片,是需要留下孔隙,使灵魂出窍有升天之道。[3]

两汉时期,扬州地区的中高等级墓葬中大多有玉、石器陪葬。1949 年后,南京博物院和扬州博物馆在扬州市郊和邻近县市的汉代考古发掘中,发现了大量精美的玉器。"出土玉器的汉墓,墓主身份尊贵、地位较高,其中有一些墓的墓主可以确定为王侯及其家族成员,小型汉墓中则极少有玉器出土。出土玉器的汉墓年代,相当于西汉中期至东汉前期,也有其他时期的少数玉器出土。虽然扬州的大型汉墓大多早年遭盗,随葬玉器详情不明,但劫后所余仍不乏精品,表现出很高的琢玉水平"[4]。

从西汉早期来看,邗江的刘毋智墓和扬州地区农科所汉墓群,都发现了玉、石器。其中代表性的玉器,是玉质印章和用于敛尸的葬玉系列。西汉中期,玉器品种大为增加,不仅限于敛尸用的葬玉,还可能包括墓主生前使用过的玉饰。该时期的代表性玉器有玉璜、玉瑱、玉璧、玉耳琪、玉瑗、玉衣片等。仪征张集团山汉墓 M1 出土的玉器有玉璜、料器,M2 出土玉饰 1 件,玉饰残片 1 件,与圆形玉饰叠放在一起,可能作为玉珌。仪征烟袋山汉墓出土的玉、石器有青玉璧 1 件、白玉耳瑱 1 对。在高邮天山汉墓出土的玉器有璧、瑗、玉片。

————————

　[1]　南京博物院:《江苏海安青墩遗址》,《考古学报》1983 年第 2 期,第 179 页。

　[2]　南京博物院:《江苏兴化、东台市蒋庄遗址良渚文化遗存》,《考古》2016 年第 7 期,第 19—31 页。

　[3]　罗波:《汉代玉衣与升仙思想初探》,《文物春秋》1994 年第 3 期,第 55—56 页。

　[4]　扬州博物馆、天长市博物馆编:《汉广陵国玉器》,文物出版社 2003 年版,第 8 页。

西汉晚期至东汉初期,玉石器发现的数量更多,种类又有增加,出土玉器更多的是墓主生前的佩饰与把玩的物品。在邗江"妾莫书"墓中出土的玉、石器有:玉璧6件,质地有青玉和白玉。玉璜6件,质地亦分为青玉和白玉。玉饰佩件10件,皆用白玉制成,其中玉觿3件,螭虎形玉器1件,玉贝饰9粒,白色。"妾莫书"墓还出有琉璃近六百片[1]。邗江姚庄101号汉墓女棺中亦出土串饰。出土于颈、胸部,共9颗。质地有玛瑙、玉等。种类有珠、管、壶及羊、鸟形饰等,皆穿孔。邗江县姚庄102号汉墓出土玉、石器16件,主要有石磨、玉蝉、玉猪、串饰、带钩等。扬州平山养殖场汉墓玉石器有玉琀2件,玉饰2件,琉璃塞4件。宝女墩新莽墓M104出土玉猪2件,玉塞2件,还出土玻璃衣片约19片。邗江郭庄汉墓出土琉璃璧1件,直径为11厘米,璧面涂有墨色,饰方格纹,出土时已破碎。扬州城北地区的甘泉乡境内姚湾村墓葬,当地有3个土墩,三墩东汉墓因此得名。20世纪70年代清理三墩中的一座,为砖室墓,随葬器物主要为玉器,特色器物有玉严卯、司南玉佩、司南形琥珀佩等。[2]凤凰河第三期工程出土了石磨。扬州东风砖瓦厂的汉代木椁墓群,出土玉蝉1件,石唅2件,石磨2副。东风砖瓦厂八、九号汉墓出土料珠7颗,在M9男棺头部还发现石质小棒1根,穿孔饰件2块。

邗江县姚庄102号汉墓出土的玉带钩
(《邗江出土文物精萃》图版四六)

东汉中晚期,玉器制造工艺更加复杂,质料取材更加广泛。最具代表性的墓葬是邗江甘泉2号汉墓和邗江甘泉老虎墩汉墓。甘泉2号汉墓出土珠玉珍宝,包括各种软玉(阳起石和透闪石)、玛瑙、琥珀、珍

[1] 关于琉璃,有学者认为在中国古代琉璃与玻璃其实属同一种产品,只是透明度不同。但在我国传统考古学中则习惯根据透明度来区分,不透明的称"料器",半透明的称"琉璃",透明度与现代玻璃接近的称"玻璃"。参见黄启善:《广西古代玻璃制品的发现及其研究》,《考古》1988年第3期,第264—276页。

[2] 扬州博物馆、天长市博物馆编:《汉广陵国玉器》,第12页。

珠、绿松石等制作的饰物和印章等,共 17 件,计有玉人、珍珠、玉珠、玉管、绿松石小珠、玛瑙管、虎钮玛瑙印等。还出土有玻璃、琉璃制品。玻璃器现只余 3 个残片,原为平底钵、盆之类的器皿。玻璃片为紫黑色和乳白色相间的透明体,其花纹似用两种不同颜色的玻璃熔成乳胶状,然后搅拌而成。器物用模铸法制作,外壁有模印的辐射形凸棱为饰。此玻璃器皿,与中国传统的玻璃(琉璃)器有较大的区别。此外尚有玻璃珠和散在墓空前部、盗洞内多已风化的琉璃片。邗江甘泉 2 号汉墓墓内还发现象牙尖、滑石猪等。另有一鼓形石,扁圆形,砂石制成,表面粗糙,且凹凸不平,直径 53 厘米,厚 20 厘米,用途不明。邗江甘泉老虎墩汉墓出土玉飞熊砚滴 1 件,同时还出土绿松石珠 3 颗,云母片约 18 片,椭圆形琉璃珠 10 余颗。仪征新集螃蟹地 7 号汉墓出土玟瑁环 1 件,置棺内,环小而轻薄,利用玟瑁天然纹理做成装饰品。邗江槐泗桥汉代多耳室拱顶砖室墓出土有蜜蜡坠、水晶珠等,均出于墓室内。

据统计,扬州地区出土的汉代玉器数量约有 200 件,20 多个品种[1],不仅如此,在安徽天长三角圩一座汉墓中,一次出土玉器就达 90 件之多,墓主人桓平,其身份为汉广陵国的谒者。[2]可见汉代扬州玉器的制造颇为发达,使用广泛。在玉石器和玻璃工艺方面,邗江甘泉老虎墩汉墓出土的玉飞熊砚滴体现了扬州玉工高超的制作技术。砚滴使用了玉质较纯的新疆和田白玉制作,有圆形银盖,盖顶置一小环。盖高1.6 厘米,径 2 厘米。作立体圆雕,造型为一飞熊作跪坐状。中空,顶部开圆口。熊张口,卷舌,有双翼,右前掌平托灵芝仙草,左前掌垂直,后双足聚拢于身下,底部雕有

邗江甘泉老虎墩汉墓出土的玉飞熊砚滴(玉壶)(《邗江出土文物精萃》图版一一一)

---

[1] 周长源:《西汉广陵国精美微雕串饰》,《艺术市场》2004 年第 3 期,第 73—75 页。

[2] 赵树新:《天长三角圩桓平墓玉器》,扬州博物馆、天长市博物馆编:《汉广陵国玉器》,第17—19 页。

卷曲的长尾。砚滴雕琢精细,造型优美,是一件珍贵的实用工艺品[1]。

扬州当地工匠除吸收汉代一般的制作方法外,突出的成就是引入了漆器上常用的金银箔技术,生产出美轮美奂的包银箔玻璃蝉和嵌贴银箔玻璃蝉。1988年出土于扬州市发电厂汉墓男棺内的嵌贴银箔玻璃蝉一件,高5.2厘米,宽2.9厘米,灰白色玻璃质地,背部突出,腹部低凹明显。平头,头颈之间以一道浅阴线分隔。身部双翼有阴槽加以分隔。头颈中部和双翼上均分别贴有大菱形纹饰一组;每组纹饰均用正方形小银箔5片均匀规律地分贴组合而成。银箔的每一个菱角皆统一向上,整体组合形成一个大菱形纹,所贴银箔略高于平面。在肩和身部阴槽内则分别嵌贴条形银箔。蝉眼处留有贴银箔的明显痕迹[2]。

扬州发电厂出土的玻璃蝉　　杨庙乡王庙101号西汉墓出土的玉蝉

(《邗江出土文物精萃》图版五二)

两汉时期,玉器的流行地区一般都是经济发达的地区,扬州地区众多玉石器的出土,也反映出该地区经济发展的繁荣。据研究,"汉广陵国玉器多是当地生产的,当然也不排除有外地生产的可能性,因汉代玉器有用于赏赐、馈赠的情况。汉代京都生产玉器,各较大的诸侯国也生产玉器,这些均能从考古发现中得到证实。如广州南越王墓、河北满城中山王刘胜夫妇墓、北京大堡台汉墓、徐州楚王墓,均有大批玉器出土,其中一些玉器的造型及艺术风格等反映出一定的共性,但也有一些玉器工艺品具有明显的地方特色,如广陵

---

[1]　扬州博物馆:《江苏邗江县甘泉老虎墩汉墓》,《文物》1991年第10期,第66、70页。

[2]　周长源:《扬州出土的汉代玉蝉和玻璃蝉》,《艺术市场》2004年第9期,第73—74页。

玉器与相近的徐州楚王墓出土的玉器相比,便呈现出一些不同的特色:首先是制玉用料不同,徐州楚王陵出土的玉器大多用料较大,而扬州汉广陵国出土玉器大多用料较小;第二是琢刻的风格不同,徐州楚国玉器的琢刻风格一般雄浑豪放,体现出北方人的豪壮之气,而扬州汉广陵国玉器则大多琢刻精细,体现出秀而巧的水乡特色。扬州汉广陵国经济富强,是百工聚集的手工业生产基地,这些从汉墓中出土的漆器、玉器、铜器、金器等都可以得到证明。一些汉墓中出土许多殉葬碎玉,也正是手工业制作的旁证。"[1]桓平墓中出土的玉器用材质量参差不齐,有的玉器是材质上等的羊脂玉,而有的则质地较差,还有许多玉器是墓主收集的战国古玉改制而成,反映了墓主生前喜好古玉的习惯[2],这些经大量改制的古玉,也从侧面揭示出广陵国玉器制造业的发达和特色。

汉代广陵及周边地区不但有发达的玉器制造业,而且与此相近的玻璃制造业也初露端倪。地质学者对玉器展开的地质考古学研究发现,汉代玉器的来源明显不同于新石器时代良渚文化等地玉器"就近取材"的原则,新石器时代的玉器往往有比较单一的来源,而汉代玉器的来源则为多源。扬州高邮神居山二号汉墓的"软玉器原料的多源特征,不同于邻近的江南史前玉器原料来源相对简单而可能系就近取材,是符合中央集权专制王朝皇族的供需特征的"。经过鉴定,高邮神居山二号汉墓所用玉,按今天的标准大都属真玉,即俗称质量上称的软玉,但有些则使用了今天所说的假玉,即琉璃或玻璃制品。专家发现,汉代王侯用玉使用假玉的现象不是孤例,不但南越王墓中使用了一定数量的假玉,高邮神居山二号汉墓、扬州西汉"姜莫书"墓"玉衣"的琉璃衣片、河北定县东汉中山穆王刘畅夫人铜缕玉衣的白大理石衣片都是明证。为什么诸侯王葬制中会使用假玉呢? 在我国古代的《周礼·冬官·考工记》中,早就对用玉进行过分等,只有天子才能用全玉,诸侯只能用瓒(三玉二石),所以汉代诸侯王用玉中杂有假玉,这是出于以避用全

---

[1]　徐良玉:《论扬州汉墓出土玉器》,扬州博物馆、天长市博物馆编:《汉广陵国玉器》,第14页。

[2]　赵树新:《天长三角圩桓平墓玉器》,扬州博物馆、天长市博物馆编:《汉广陵国玉器》,第17—19页。

的古代礼制。[1]玻璃制品在汉代许多墓葬中都有发现,虽然学界认为中国汉代的玻璃制品有相当一批是从国外传入我国的,但在一些中小型墓葬中出现的玻璃可能为本地铸造,如安徽天长县杨村汉代墓葬群中发现的一件玻璃璧,为标本 M1∶5,背面平整光滑,正面饰小方块凸点,可见到明显的浇铸痕迹,璧面上有许多气孔。[2]天长曾是汉广陵国的故地,不排除当地生产的可能。扬州地区是否是一个古代玻璃的产地,有待于今后继续探讨,但对玻璃原材料进行加工,就扬州地区的技术条件而言是没有问题的。因此,结合汉代扬州地区出土大量玉器中有如玻璃等所谓"假玉"的存在,从该地区发达的玉制造业来看,不仅玉器有广阔的市场,而且玻璃和琉璃的制造加工业亦很发达。

六、木器制造

扬州的木器制造业,有着悠久的历史。春秋战国时期,战乱频仍,吴、越、楚地的造船业即非常发达。到了汉代,扬州地处江淮要冲,水网密布,水上交通非常发达,吴王刘濞开运盐河和盐铁塘等,注重水上运输,也势必刺激木器制造业尤其是造船业的发展。史载:"马头江,吴王造战舰处也。名吴舰头。因名县吴航。汉吴王濞反,独东瓯王摇从之,故濞于此造舰。"[3]此说虽晚出,当据地方传说,但当时的吴国,不仅造船业发达,而且有实力制造出规模宏大的战船。扬州出土汉墓中发现的众多制作精良的木棺椁,也反映出汉代扬州匠人的木工技术达到了相当高的水平。

《史记》曾描绘吴王刘濞治广陵时期的盛大气象说:"(吴王)内铸消铜以为钱,东煮海水以为盐,上取江陵木以为船,一船之载当中国数十两车,国富民众。"[4]可见吴王刘濞为运送铜、盐等重要物资,曾从江陵之地获取优质木材建造大型船只,其装载量可抵得上几十辆陆运马车。而从高邮天山汉墓出土物品来看,其木构件上有"船官"和"食官"字样,应当就是广陵国内专设的

[1] 闻广:《高邮神居山二号汉墓玉器地质考古学研究》,《文物》1994 年第 5 期,第 83—94 页。

[2] 安徽省文物考古研究所、天长县文物管理所:《安徽省天长县杨村汉墓》,《东南文化》1992年第 6 期,第 138—141 页。

[3] 〔明〕何乔远纂,厦门大学古籍整理研究所、历史系古籍整理研究室《闽书》校点组校点:《闽书》卷四《方域志》,福建人民出版社 1994 年版,第 102 页。

[4] 《史记》卷一一八《淮南衡山列传》,第 3725 页。

机构,字样出现在外藏椁的棺木盖板和挡板上,有 19 块刻字板,内容多为"广陵船官材板广二尺四""厚尺二寸丈四尺一板",挡板一块,259×55×12 厘米,刻"广陵船官材板,广四尺,厚十寸,长丈四尺"16 字等[1],这是汉代扬州地区有造船业的确证。从板材的长度和厚度来看,所用木料尺寸巨大,原先应当是拟用于制造船只,因为造棺椁所需,才调集来充作板材,所以恰恰可以印证史书对吴王时期曾建造大船的记述。

汉代扬州之所以能建造大型船只,与扬州发达的木作工艺技术有关。这在神居山广陵王墓(天山汉墓)的棺椁制作上,得到了充分的验证。广陵王墓中的"黄肠题凑",用楠木作构件,每块题凑尺寸一般为截面边长 40—42 厘米,长度 90 厘米,四面企口高低错落有序,块块紧扣,层层相叠,坚固细密,宛如魔方,放错一块,即无法复原。与全国出土的其他"黄肠题凑"墓葬相比,其用料最大、制作最精、结构最严密、保存最好,堪称"惊世之作"。同时,"这种构筑形式,年代虽晚于北京大葆台汉墓、长沙象鼻嘴西汉墓、长沙望城坡古坟垅'黄肠题凑'木椁墓,但将地面建筑手法用于地下尚属首次发现"。又:"从木作技术的微观层面上看,神居山西汉广陵王一、二号汉墓除了采用榫卯、栓卯接合外,还把接合面做成裁口、企口、子口、错缝等各种线型线脚,在应用各种不同工艺结构中灵活组合,充分发挥了材料力学的性能。从中也可看出,早在汉代建筑工匠师们对砖、石、木等各种建材已能熟练地运用,即采用什么建材,就会有相应的结构方法。宋《营造法式》所载的木作制度,如'勾头搭掌'之类的榫型,早在西汉时代就已经运用,这要比宋代提前了 1100 多年,充分表明西汉时代木结构建筑技术的娴熟程度。"[2]

扬州仪征烟袋山车马陪葬坑中,发现了木船明器 1 只,尽管是明器,但《简报》称这是仪征地区首次发现木船实物。该船制作式样为船体,以整木刳制而成,长 70 厘米,宽 15.8 厘米,高 8.5 厘米,平底且首尾两端微上翘,尾部设舵,两边船舷上有用于安装帮板的卯孔。从伴出的 10 个小人俑看,船上应有船员 10 人,分别为操桨者和掌舵者,从残留的痕迹看,船身上原本有舱室

[1]　参见夏梅珍:《汉陵苑》,南京出版社 2006 年版,第 85 页。

[2]　古建:《试析西汉广陵王墓的题凑棺椁结构》,袁淮主编:《扬州文博研究集》,广陵书社 2009 年版,第 94 页。

结构,船只的用途应为内河航行的货船。[1]从船的尺寸看,放大十倍后,该船的长度可至 7 米,船可载船员 10 人,且船上还需装载货物,可能实物还应该更大些,可见汉代扬州水运的发达。

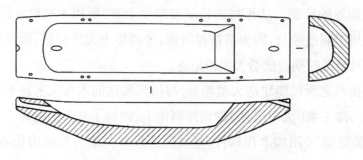

仪征烟袋山车马陪葬坑发现的木船

大云山 1 号汉墓使用的黄肠题凑技术代表着江淮地区木作技术的最高水平,其葬制与毗邻稍晚的天山汉墓(广陵王汉墓)中出土的"黄肠题凑"的木作技术属同一体系,两者在木作榫卯技术上较其他地域"黄肠题凑"木椁墓更为复杂和精密,水平高超。在其他地区发现的同类葬制中的"题凑"用木往往是层层垒叠成墙体,各题凑木之间多数没有关联,而这两座汉墓中的题凑墙,均是由多面带榫卯的题凑木上下左右嵌合,极为牢固,使得题凑墙整体强度大为增加,不易损毁。与此同时,对木作工艺也提出了非常高的要求,大云山 1 号墓、天山汉墓与其他同类型"黄肠题凑"墓对于题凑墙四个转角的处理方法截然不同,主要有三种形式:第一种是东西向与南北向题凑墙体分别层层叠垒,最后交汇直碰,其间不用榫卯,如北京大葆台汉墓;第二种是两侧题凑墙交汇时采用南北纵向和东西横向分层叠垒,也不用榫卯,有的有立柱框架维护,如北京老山汉墓;第三种是两侧题凑墙交汇时,以内角为圆心,将转角处的题凑划分成多个三角形构件小块拼装,整体如同辐射状的中国传统建筑的转角铺作(角科)或翼角椽,转角题凑各面相碰处同样作榫卯处理,如天山汉墓,这也是目前发现最为复杂的题凑墙做法,大云山 1 号墓的做法便属于第三种,而且时代更早。这两座墓皆是汉代长江下游地区高水平木

―――――――――――

[1] 扬州市文物考古研究所、仪征市博物馆:《江苏仪征市烟袋山西汉车马陪葬坑发掘简报》,《考古》2017 年第 11 期,第 45—65 页。

作技术优良传统的重要体现。[1]

七、陶、瓷器制造

扬州地区的陶器制造业历史久远,考古发现表明,陶瓷制造业是扬州地区传统的手工业生产部门,到了汉代则有长足的发展。邗江甘泉乡巴家墩汉墓出土有许多春秋战国时期的器物,显示了广陵国上层的好古风尚。从墓葬的形制来看,扬州地区的墓葬形制与中原地区相比,也有一定的迟滞性。[2]

扬州汉墓用陶、瓷器随葬几乎是当时的普遍行为。

西汉早期的陶器制造主要是釉陶器。代表性墓葬有邗江刘毋智墓和扬州地区农科所汉墓群,从种类看,前者有鼎、盒、壶、瓿、熏、勺等,后者有鼎、钫、甑、胆瓶、香熏等,可见釉陶器的种类较多。从制作工艺上看,刘毋智墓的釉陶器用料考究,胎质坚硬细密,烧制温度颇高,器表上部施泛绿或泛黄色青釉。农科所墓出土的釉陶鼎,器身半施菜绿釉,且同一种器物有许多不同的造型。刘毋智墓和农科所墓的釉陶鼎都分为两式。由于处于西汉早期,器物上的纹饰仍以几何纹为主,刘毋智墓常见纹饰有弦纹、卷云纹、蕉叶纹、双圈纹、戳点纹、水波纹等,农科所墓常见纹饰有水波纹、刺纹、斜方格纹、圆纹、圆圈刺纹。纹饰虽然朴实简单,但这一时期的陶器制作已开始有了更为复杂的装饰效果。刘毋智墓出土的一件熏炉的器盖顶层立一鸟,作振翅欲飞状,中层沿面卧伏3只小鸟。上腹饰一周凹弦纹,并且墨书"苍颉"二字。农科所墓的一件釉陶香熏盖上亦饰一鸟形纽,可见已有了更为强烈的艺术效果。农科所墓出土的一件釉陶瓿,瓿口残缺,曾有用生漆粘补的痕迹,这为我们展现了汉初修补陶器的方法,也从另一侧面说明当时陶器作为一种日常生活器皿和其余物品的相对价格较贵,所以才有修补的价值。

西汉中期,陶器制造业进一步发展,器物种类更多。仪征张集团山汉墓四座墓中均出土了大量陶器。M1出土的釉陶器,主要器型有鼎、盒、壶、钫、豆、罐、钟、盆、洗、匜、熏、卮、釜、釜甑等;M2出土的釉陶器,主要器型有鼎、盒、壶、

---

[1]　南京博物院、盱眙县文化广电和旅游局编著:《大云山——西汉江都王陵1号墓发掘报告》(二),第586页。

[2]　陶瓷器一节内容所涉扬州各墓葬恕不一一出注。参见徐俊祥:《汉代扬州区域文明发展》,第53—61页,第144—146页。

勺等；M4 出土的釉陶器，有鼎、盒、壶、勺等。仪征烟袋山汉墓出土的釉陶器，器型有鼎、盒、壶、瓶、瓿、钫、罐等。邗江胡场五号汉墓釉陶器的主要器型有壶、瓿、盒、鼎等。仪征胥浦 101 号西汉墓釉陶器主要器型有瓶、瓿、壶、罐等，其中，釉陶居多，灰陶次之，还有少量硬陶，反映出釉陶器皿的使用日趋广泛。

西汉中期，陶器制造工艺有了明显进步，在釉色方面也有了新的发展，出现了制作难度更高的大型陶器。在仪征张集团山汉墓中，出土的陶器釉色多样，除传统的黄色釉和青色釉外，还有青绿色釉和青灰色釉；仪征烟袋山汉墓中出土的陶器，釉色为青里泛绿和青里泛黄两种；仪征胥浦 101 号西汉墓的陶器，除有传统的黄绿色釉外，还有 1 件硬陶罐底部施墨绿色釉。器型也变得更为高大，大型的釉陶瓿瓶高 30.1 厘米，腹径 31.4 厘米，釉陶壶则高达 40 厘米以上。在纹饰方面，装饰性纹饰效果更加进步，出现了一些造型新颖别致的器物。在釉陶瓿瓶的肩部饰对称兽面叶脉纹耳，上有羊角状堆塑。张集团山汉墓 M1 出土的壶、罐等盖呈圆弧形，上有蘑菇状捉手；M2 出土的鼎为半球形盖，盖上立三钮，钮的下部有圆孔。壶盖上部圆弧，上立三钮，钮下部有圆孔，上部作鸟头形。仪征烟袋山汉墓出土的鼎其中的一式为球面形盖，盖顶有 3 个乳钉状钮。出有造型复杂的壶，其中 I 式壶肩部设一对铺首衔环，铺首为兽面，耳饰蕉叶纹；II 式壶肩部饰三道凸绳纹，两侧施铺首衔环一对，耳饰蕉叶纹，铺首为兽面浮雕，造型古朴典雅，形象生动；III 式壶肩部两侧附蕉叶纹耳一对。三式壶皆质地坚硬，火候高。出土的陶瓿，I 式在肩部设三道凸绳纹，绳纹下各有三组刻划波浪纹。肩两侧设铺首衔环一对，铺首为一方形兽面，印有眼、鼻、耳、嘴和卷曲的毛发，耳部作人面形，刻有眉、眼、鼻、口、发、须，上腹至口施青绿色釉；II 式于肩部设兽耳一对，耳上模印有眉、眼、鼻、发、嘴和网状胡须。造型复杂独特。邗江胡场五号汉墓出土的陶瓿肩部有两兽面纹耳，陶鼎肩有蟠螭纹铺首装饰。仪征胥浦 101 号西汉墓出土的釉陶瓶瓿，大型器肩部饰对称兽面叶脉纹耳，上有羊角状堆塑，间饰凸弦纹三组，每组二道。小型器肩部饰对称兽面纹耳，腹部饰弦纹数道。

西汉中期的陶器制造业，除了上述实用器外，明器的制造生产也日趋专业化。与西汉初期相比，明器制作更为发达，已经开始制作更为复杂的器物。张集团山汉墓 M1 出土的明器，有泥质灰陶器与泥半两，泥质灰陶器有编钟、编盘。编钟9件，置头箱和东边箱内。长方纽，舞面饰盘龙纹，篆四排，饰云雷纹，枚二排至四排不等。泥半两钱多达10000余枚，保存完好的有6000多枚，全部为模制，可见其时的明器生产已专业化。团山M2出土泥质灰陶器有罐2件，高达26.4厘米。团山M3出土有泥质灰陶器16件，有鼎、盒、壶、豆、杯、罐等。除豆、杯外，其余器形皆较大，壶的通高达32.8厘米。除罐外，其余诸器均用红彩带和白彩带装饰。仪征烟袋山汉墓出土的泥质灰陶器，有陶井、汲水罐、水盆、陶灶、釜等，皆火候低，质地松软，但都做得比较专业，陶井、汲水罐、水盆为成套生活设施与用具，灶、釜亦自成一套。尤其是陶灶，风火墙、火门、灶眼、烟囱、烟孔道、灶内火眼后将灶内分成前、后两段的小隔墙等，一应俱全。高邮天山汉墓中，陶、泥制品有瓿、五铢钱和麟趾金。仪征胥浦101号西汉墓出土的陶明器，有灰陶井1件，井内放置1个小陶罐。灰陶灶1件，双灶眼。出土时小灶眼上放置双耳小铜锅1件，大灶眼上放置铜甗，上甑下釜。

西汉晚期至东汉初期，扬州的釉陶制作和使用更为普遍，制作工艺更加考究，而灰陶则逐渐淡出人们的生活。邗江"妾莫书"墓出土陶器30件，主要以釉陶为主。邗江胡场汉墓出土陶器10件，均施青黄釉。邗江姚庄101号汉墓侧厢出土陶壶5件，其中的Ⅱ式、Ⅲ式均上半部施青釉。邗江县姚庄102号汉墓出土陶器虽少，仅见2件，分别为碗、罐，但均为釉陶。扬州平山养殖场汉墓陶器有釉陶壶47件、釉陶瓿2件、釉陶罐4件、釉陶鼎2件，而灰陶器只有3件，分别为灰陶灶、灰陶盘、灰陶井。宝女墩新莽墓M104出土陶器27件，分施釉硬陶和泥质灰陶，不施釉的泥质灰陶只有2件。扬州东风砖瓦厂汉代木椁墓群随葬陶器共42件，除个别残破外，绝大部分保存完好，有釉陶28件，灰陶12件，红陶、硬陶各1件。扬州东风砖瓦厂八、九号汉墓陶器共12件，其中釉陶器有7件。仪征新集螃蟹地七号汉墓出土釉陶器12件，灰陶仅有1件。这些都说明釉陶的制作和使用更为普遍，灰陶已逐渐淡出人们的生活。

杨庙乡王庙101号西汉墓出土的青釉陶瓿（《邗江出土文物精萃》图版四九）

但由于釉陶器的价格高,所以人们对于残破的釉陶器仍作修补,邗江郭庄汉墓出土釉陶壶1件,高45厘米,腹径37厘米,在口沿有用生漆粘修过的痕迹。

新莽时期,陶器的器型更加复杂。宝女墩新莽墓 M104 出土陶器盘口壶,Ⅰ式壶肩部饰二对称蕨叶纹耳,耳上部堆贴羊角形饰,下部堆贴半圆环。器上半部施黄色釉。Ⅱ式其中一件,盘口和颈部各饰一周水波纹,肩腹部各饰数道弦纹,肩部饰二对称蕨叶纹半环耳,耳上堆贴羊角饰,器上半部施黄釉。还有1件釉陶壶,耳上部堆贴羊角饰及五乳丁,下部堆贴半圆环。可见陶器上如羊角形堆饰和环耳等装饰,比西汉初期更加复杂化。釉色中出现了酱褐色釉和黑釉,是在传统的青、黄和黄绿釉色泽上发生的重要变化。扬州东风砖瓦厂汉代木椁墓群陶器上的釉色,为青里泛绿和青里泛黄两种。扬州东风砖瓦厂八、九号汉墓出土陶器共 12 件,釉色为灰绿色釉。

明器的制作更加专业化。邗江胡场汉墓 M1 陶明器类,有马蹄金和五铢(均陶制)若干,马蹄金形如饼,表面涂黄色。扬州平山养殖场汉墓陶饼金 8 枚,M1∶20 断面呈弧形,直径 6.5 厘米,高 2.5 厘米。宝女墩新莽墓 M104 出土马蹄金 3 件,M104∶72 中间突出,四周饰对称卷云纹,施黄色釉,直径 5 厘米,高 2.4 厘米。扬州东风砖瓦厂汉代木椁墓群有陶灶 5 件,均属明器,呈船形,上有三火眼。

东汉时期的陶器制造业,从制作工艺看,釉陶继续发展,器物越来越精美,后期出现了青瓷。扬州七里甸汉代木椁墓出土釉陶壶 2 件,器身肩腹间及腹部由弦纹和波浪纹构成。左右肩部有两耳,饰芭蕉纹。大的口径 16.5 厘米,高 42.5 厘米;小的口径 10 厘米,高 21 厘米。这两件壶均带有黄绿色釉。邗江甘泉 2 号汉墓出土釉陶壶 13 件。瓷器有罐 4 件,均为小口,短直缘。肩部均有四系,其中一件 M2∶1 的腹下部还有一对小环耳。胎均为白瓷土烧成,施青绿色或黄褐色釉,腹下部及底部无釉。颈下有细网格纹。口径 10.4 厘米,高 22 厘米。宰家墩汉墓出土青瓷罐 2 件,完整,一件直口短唇,有肩,鼓腹,平底,上腹部附有四系,器身内外施青褐釉,色泽深浅相同,似瓜棱,外唇边一道弦纹。另一件高唇,腹微鼓,施淡青黄釉,色泽明亮,有开片,余同前者。釉陶的表面施一层黄绿色釉,火候很高,釉层已呈玻璃状,与战国、西汉时期的釉陶有所不同,其质量已相当接近西晋的青瓷。

在釉色方面,除传统的黄绿釉外,邗江甘泉一号汉墓出土的釉陶窗棂纹罐1件,高30厘米,器表满饰拍印窗棂纹,腹以上施灰白釉;釉陶直口双系罐1件,直口外饰弦楞纹三道,肩有桥形耳一对,器身上半部施灰白间青黄色釉。

釉陶器器型更为复杂。邗江甘泉一号汉墓出土的陶器有釉陶五支灯1件,为灯树,底座为一圈足盘,盘中立一根空心圆柱,柱上交互伸出两对对称的牛头,牛头上各承一灯盏,圆柱顶端踞一熊,头顶灯盏。通体施黄绿色釉。

陶明器制作更加考究。该时期的墓葬中,使用明器代替实物随葬成为普遍的风气。邗江槐泗桥汉代多耳室拱顶砖室墓中,出土陶器有井、仓、灶、案、盘、盆、勺、篮、钵、烛台、灯、耳杯、纺轮等,均为泥质灰陶明器。其中陶仓1件,由盖和身组成,盖作圆攒尖顶,顶上立一动物,似鸡。全身近圆筒形,敞口圆壁,束腰平底,腰上部开一方窗,上部和腰部各饰两道弦纹,腰部两道尤深。通高27厘米,全身口径16.5厘米,腰径14厘米,底径15.5厘米,出于甬道两耳室。宰家墩汉墓出土陶器,有罐、案、盘、魁、杯、勺、灯等,除罐为釉陶外,余皆为泥质灰陶。邗江甘泉二号汉墓的泥质灰陶器15件,除灶、猪圈和房屋外,其余陶器表面均施一层白衣,炉的外表施加红衣。有陶猪圈1件,方框形墙,其一角上部有一厕所,悬山顶,内部有蹲坑和脚踏,圈内还有1只陶猪。房屋1件,形体甚大,通高70厘米,面宽81厘米。上为庑殿式房顶,四壁上部开有3个长方形门洞。

邗江甘泉老虎墩汉墓出土陶楼一件,虽是明器,但显示出其复杂的制作工艺。该土楼分上下两层,单开间,米黄色胎,通体施黄釉。下层正面有两扇半开着的大门,饰对称铺首衔环,两侧及上方刻划出门框,下边置三级台阶。中部出檐,塑出瓦垄。上层正面开两扇对称窗,窗之间的隔墙上饰兽面铺首衔环。四阿式顶,上盖筒瓦。楼面阔20厘米,进深15厘米,通高38.5厘米。附属建筑有陶畜圈一件,青灰色胎较坚细,器身通体施青黄釉。由台阶、厕所和围墙组成。围墙平面略呈椭圆形,高8.5厘米。正面有九级台阶,两侧置栏杆。畜圈前部置厕所一间,正面有单扇虚掩的门,门周围刻有门框,下置门坎。高10.5厘米,宽12.5厘米,进深7厘米。在厕所两侧墙和后墙的中央均开一圆形窗孔,直径1厘米。门的右上角开一方形窗孔。厕所内地面的中央开一长径3厘米、短径2厘米的椭圆形孔,直通圈内。厕顶作四阿式,前墙搭在围墙之上,与台阶相接,后墙下有支撑桩立在围墙之内。围墙上沿置4个对称的圆形饼状物,径2.5厘米。下方内侧卧一猪。畜圈前宽19厘米,后宽16厘米,进深27厘米。陶井1件,米黄色胎,通体施青黄釉,由井栏、井身组成。井栏为圆形,直壁,外部上下各有2至3道弦纹,中间有数道水波纹。内口径6厘米,外径12.4厘米,高3.5厘米,井身向下渐鼓出。近栏处有5个小圆孔,向下表面用弦纹、水波纹和乳丁纹相间交叉,构成菱形纹组合图案。井底径18厘米,通高12厘米。可见设计颇为用心,细节考虑十分周全。

总之,汉代扬州地区的陶器制造业分为两支在发展,一是实用器,一是明器。从西汉初期至东汉后期,无论实用器还是明器的制作水平,都经历了由简单至复杂的过程,至东汉后期,已出现了用瓷土烧制的瓷器,在中国陶瓷发展史上,扬州地区是一个重要的发生地。

有学者发现,今江苏地区的西汉釉陶器主要分布于徐州、连云港、扬州、南京地区,盐城、盱眙、安徽天长一带也偶有发现,其中连云港至扬州一带的漆器特别引人注目,而且釉陶器的种类相当丰富,质量也高,苏南地区正好与之相反。他们认为,尽管釉陶器的生产地点现在还不清楚,但江苏地区釉陶器的数量、质量明显高于长江下游的其他地区。这一结论的主要依据是基于对扬州地区大量墓葬材料的分析,对扬州地区是否是当时陶器手工业的重要地区心存疑虑,同时又认为釉陶器的中心区域究竟在哪里,今扬州地区显然是个重要的地区。[1]笔者认为,扬州地区出土的釉陶器序列完整,工艺精良,如果说扬州地区的釉陶器来自远处的浙江一带,则何以说苏南一带的长江中下游地区出土的釉陶器质量不如扬州地区,按常理判断,苏南离浙江更近,从文化的传播看,更应该受到浙江的影响,而非舍近求远。所以,扬州地区的釉陶器质量高于苏南,恰好可以证明这一地区在西汉时期的陶器手工业较为发达。

---

[1]　汪维寅、汪俊明:《江苏西汉墓葬二题》,《东南文化》2005年第2期,第44—48页。

第四节　城市和商业的发展

农业和手工业的发展,大大地促进了商业的发展和商品经济的繁荣。西汉前期,为迅速恢复发展经济,采用"黄老无为"的指导思想,全国各地"交易之物莫不通,得其所欲"。虽然"法律贱商人",严禁商人衣丝、乘车、骑马和当官为吏,但经济发展的需要,山泽禁令的放弛,毕竟为他们创造了优越的经商条件。故其时的王侯和富商大贾"周流天下",相当活跃,以至吴国"富埒天子",而吴国与邓通"钱布天下"[1],势力很大。汉武帝时,由于对匈奴的战争使财政吃紧,实行了盐铁官营等一系列"抑商"政策,但至汉末商业又迅速地发展起来。东汉时期,为了恢复和发展经济,长期实行"非抑商"政策,使商业和商品经济又得到了快速发展。而与之同时,城市建设历经两汉四百余年,也不断地发展起来。扬州地区以其得天独厚的自然条件,经过诸侯王和地方官员的励精图治,也出现了繁荣的景象。

扬州地处江淮东部,其城市建设早在春秋末年已经开始。吴王夫差所筑邗城,既是沟通南北的交通枢纽,也促进了商业的发展。战国时期,楚灭越国,建广陵城,城市规模有所扩大。及至汉初,吴王刘濞在此基础上进一步扩建,成为地辖三郡五十三县的王国都城。史称吴国"东有海盐之饶,章山之铜,三江、五湖之利,亦江东一都会也"[2]。

西汉初年,出于改革秦朝弊政的需要,统治者以"黄老无为"思想为指导,采取了一系列与民休息、轻徭薄赋、约法省禁的措施。这些政策,革除了秦朝统治的弊端,对稳定政权、发展经济文化等起到了很大的积极作用。

广陵在吴王刘濞的治理下,有了长足的发展。司马迁在分析刘濞治吴以致富强时曾说:"会孝惠、高后时,天下初定,郡国诸侯各务自拊循其民。"[3]又说:"吴有豫章郡铜山,濞则招致天下亡命者盗铸钱,煮海水为盐,以故无赋,

[1]《汉书》卷二四《食货志》下,第1157页。

[2]《史记》卷一二九《货殖列传》,第3936页。

[3]《史记》卷一〇六《吴王濞列传》,第3396页。

国用富饶。"[1]可见,吴国经济的发展原因得益于宽松的社会政治环境和丰富的自然资源,也归功于刘濞的潜心经营。

随着财富的日渐累积,吴地也顺应了汉初的城建高潮,对广陵城进行了大规模的修筑。汉王朝建立之初,天下刚经历战争,城邑残破,统治者曾下令各地官府修复被毁坏的城池,《汉书·高帝纪》载:高帝"六年冬十月,令天下县邑城",注引颜师古曰:"县之与邑,皆令筑城。"[2]吴王刘濞在位时期,曾对广陵城进行了大规模的修筑,东汉王逸著《广陵郡图经》明确说"郡城,吴王濞所筑"[3],梁刘昭注《续汉书·郡国志》也记载了广陵城的规模:"吴王濞所都,城周十四里半。"[4]北魏郦道元于《水经注·淮水注》中云:"广陵城……高祖六年为荆国,十一年为吴城,即吴王濞所筑也。"[5]上述记载已明言刘濞治吴期间曾对广陵城进行扩建,且广陵城具有较大的规模。吴王濞修建的广陵城于今也得到了考古资料的印证,20世纪80年代后期90年代以后,考古发现基本确定了汉代广陵城的位置,是在蜀冈唐子城范围内,面积约3平方千米。同时亦可确认汉广陵城应是在楚广陵城的基础上修缮而成的。还发现西汉广陵城的北门与北城墙,不仅为此后的东晋南朝所沿用,甚至晚至南宋时期,仍延续了西汉以来的传统。

吴王刘濞不但对广陵城进行了扩建,还修建有"东山之府""海陵之仓""长洲之苑""朝夕之池"[6]等府藏建筑和池苑,亦有宗庙建筑以供奉历代祖先,"太公、高祖在西,孝文在东"[7]。数百年后,鲍照面对被战火烧毁的广陵城,追思昔日广陵的繁华,留下著名的《芜城赋》曰:

当昔全盛之时,车挂辖,人驾肩。廛闬扑地,歌吹沸天。孳货盐田,

［1］《史记》卷一〇六《吴王濞列传》,第3396—3397页。

［2］《汉书》卷一《高帝纪》,第59页。

［3］〔梁〕萧统编,〔唐〕李善注:《文选》卷一一《芜城赋》注,第504页。

［4］〔晋〕司马彪撰,〔梁〕刘昭注补:《续汉书·郡国志三》"广陵"条注,第3461页。

［5］〔北魏〕郦道元著,陈桥驿校证:《水经注校证》卷三〇《淮水注》"又东过淮阴县北"条注,第714页。

［6］《汉书》卷五一《枚乘传》,第2363页。

［7］李步嘉校释:《越绝书校释》卷二《越绝外传记吴地传》,第41页。

铲利铜山。才力雄富,士马精妍。故能侈秦法,佚周令,划崇墉,刳浚洫,图修世以休命。是以板筑雉堞之殷,井干烽橹之勤,格高五岳,袤广三坟,崒若断岸,矗似长云。制磁石以御冲,糊赪壤以飞文。观基局之固护,将万祀而一君。[1]

可见在鲍照的笔下,昔日刘濞所建的广陵城,全盛之时,街市上轻车并进,路人比肩,民宅稠密,鼓乐喧天,一片街市林立、众商云集的繁荣景象。

吴王濞之后,江都王刘非主政期间,亦"治宫观,招四方豪桀"[2],江都王刘建曾游"章台宫""雷池",可见王国都城的功能也比较完善,逐步发展成政治、经济、文化中心以及商品集散地,成为江淮东部的重镇。此后江都、广陵城在两汉的发展,虽然具体史料罕见,但无论江都还是广陵,都没有经历过大的战争浩劫,西汉、东汉末的两次大规模农民战争,都没有影响到广陵城的安危。王莽时期侯霸任淮平(临淮)大尹,独守一郡,广陵郡未受周边割据势力的影响,东汉顺帝时张婴起义发生在扬州一带,广陵受影响较大。但是,两汉时期,扬州地区一直在不断发展,始终是江淮东部的政治、经济和文化中心,没有变化。

江都、广陵之外,县级城市也得到了发展。如前所述,师古注"县之与邑,皆令筑城",当时的广陵郡辖县,自然都得到了一定规模的建设。吴王领三郡五十三城,东阳(后称广陵)郡辖县未详,但江都国所辖东阳郡县城十七,东汉时广陵郡辖县十二[3]。《春秋繁露·止雨》:"二十一年八月甲申,朔,丙午,江都相仲舒告内史中尉:阴雨太久,恐伤五谷,趣止雨。止雨之礼,废阴起阳。书十七县,八十离乡,及都官吏千石以下,夫妇在官者,咸遣妇归。女子不得至市,市无诣,井盖之,勿令泄。鼓用牲于社。祝之曰:'雨以太多,五谷不和,敬进肥牲,以请社灵,社灵幸为止雨,除民所苦,无使阴灭阳。阴灭阳,不顺于天。天意常在于利民,愿止雨。敢告。'鼓用牲于社,皆壹以辛亥之日,书到

[1]〔梁〕萧统编,〔唐〕李善注:《文选》卷一一《芜城赋》,第503—504页。

[2]《史记》卷五九《五宗世家》,第2536页。

[3]曹金华:《东汉广陵郡领县确数考》,《扬州大学学报(人文社科版)》2005年第3期,第93—96页。

即起,县社令长若丞尉官长,各城邑社啬夫,里吏正里人皆出,至于社下,餔而罢。三日而止。未至三日,天大暒(晴),亦止。"[1]可见其时江都国下辖"十七县,八十离乡",反映出"市"作为交换场所在其时普遍设立,平时集市人应该是人员密集之地,除商业从业人员外,在集市上购物和闲逛人员也很多,如"淮阴少年又侮信曰,……于是信孰视,俯出跨下,一市皆笑信,以为怯"[2]。商业活动的开展使这些中小城市都不断地发展起来。

城市建设有力地推动了汉代扬州地区的商业活动。一地商业的发展需要有强大的购买力,吴王利用境内铜资源铸造货币无疑是广陵商业发展的基础。前文已言及,吴国境内,饶有铜产。"汉吴王濞铸钱"成为西汉初年世人关注的重要问题,《史记·平准书》云:"吴,诸侯也,以即山铸钱,富埒天子,其后卒以叛逆。"[3]汉景帝于平吴后所下诏书,也切责刘濞"乱天下币"[4]。可见吴王刘濞采铜铸钱,"富埒天子","乱天下币",在当时影响之剧烈。其时还有蜀人邓通,为汉文帝宠信,赐以蜀郡严道铜山,"得自铸钱",造成"吴、邓氏钱布天下"[5]的局面。及景帝时祸乱初起,刘濞致书诸侯,联络起兵,谓:"寡人金钱在天下者往往而有,非必取于吴,诸王日夜用之弗能尽。有当赐者告寡人,寡人且往遗之。"[6]可见刘濞铸钱之多及对朝廷造成的影响之巨。也正因为这样,汉景帝在平定吴楚七国之乱后,以濞"乱天下币"而逐渐将铸币权收归中央,废除了"更令民铸钱"的政策。吴王所称"金钱在天下者往往而有,非必取于吴",也说明吴在异地开展商贸活动规模很大,资金充裕,财力雄厚。

食盐是吴在异地开展商贸活动的重要物资,如前引汉简《二年律令·金布律》所见盐税"税之,县官取一,主取五"之语,[7]可见汉初准许民间私营盐业,对盐产盐运,按六分之一的比率征税。吴国地处江淮之间,漫长的海岸线为其提供了极为丰富的盐业资源,从南方的海盐(今浙江平湖东)到北

---

[1]〔汉〕董仲舒:《春秋繁露》卷一六《止雨》,上海古籍出版社1995年版,第90页。

[2]《汉书》卷三四《韩信传》,第1861页。

[3]《史记》卷三〇《平准书》,第1705页。

[4]《史记》卷一〇六《吴王濞列传》,第3408页。

[5]《史记》卷三〇《平准书》,第1705页。

[6]《史记》卷一〇六《吴王濞列传》,第3403页。

[7]陈剑:《张家山汉简〈二年律令·金布律〉"煮济潦"探微》,《出土文献》2020年第1期。

部的盐渎(今江苏盐城),都有吴王盐业生产的场地。《汉书·地理志》载海盐县有"盐官",《水经注》云:"谷水之右有马皋城,故司盐都尉城,吴王濞煮海为盐于此县也。"[1]吴国既以盐为利,势必借助于水运和陆路将盐运送到全国各地以出售,为此,吴王不但开挖和疏浚了河道,还大力发展造船业,"上取江陵木以为船,一船之载当中国数十两车,国富民众"[2],可见盐业的生产和大规模商业运输的开展,已成为吴王聚集财富的重要途径。

除食盐外,扬州与异地的商业活动已涉及日常生活所需的方方面面。商业活动除坐商售卖外,常见的方式就是贩运贸易,据《史记·货殖列传》记载,当时商人贩卖的种类很广泛,从农林牧副渔等各地的土特产品,到地方作坊生产的工业品,皆是商人贩卖的对象。农业和手工业的发展也促成了商品构成因素的扩大,使原来许多不是商品的地方产品成为商品,大大丰富了人民的生活。如日常生活所需的铁器,有不少由江淮之地输入了江南。《汉书》记载:西汉初年,江都王刘建"遣人通越繇王闽侯,遗以锦帛奇珍。繇王闽侯亦遗建荃、葛、珠玑、犀甲、翠羽、蝯熊奇兽,数通使往来,约有急相助"[3]。东汉广陵王刘荆墓出土的错银铜牛灯,被认为与全国各地出土的铜灯出自相同的工艺[4],可能是由外地制造而输入扬州的。从邗江宝女墩新莽墓出土的铜鼎上有"广陵服食官"铭文和仪征国庆路螃蟹地汉墓出土的铜钫上有

宝女墩新莽墓出土的"广陵服食官"铜鼎(《邗江出土文物精萃》图版二)

"食官"铭文来看,扬州还是一个铜器制造业中心,因扬州境内有丰富的铜资源,生产的铜器不仅满足当地所需,亦应输往他地。

[1]〔北魏〕郦道元著,陈桥驿校证:《水经注校证》卷二九《沔水注》"分为二,其一东北流"条注,第687页。

[2]《史记》卷一一八《淮南衡山列传》,第3725页。

[3]《汉书》卷五三《江都易王传》,第2414页。

[4]陈跃:《浅论汉代釭灯》,《文博》2008年第6期,第23—27页。

随着社会经济的不断发展和大中城市的兴起,扬州地区的交通运输业也发达起来。扬州成为"重关复江之奥,四会五达之庄"[1],交通的便利为扬州的异地贸易创造了绝佳的条件。有汉一代,扬州地区的物资和商品源源不断地输往中原地区,异地的物资和商品也频繁地输入扬州。扬州与异地的商路,首推与京师间的商业通道。汉朝廷规定诸侯王可以在自己的封国内独立经营,征收赋税,但要向中央缴纳"献费",这个费用可以是物资,亦可以是钱币。吴国以及其后的广陵国、广陵郡当然也必须向中央所在的西部运送物资,物资的运输有"官道"和水道。

南北方的商路也是非常繁忙的。早在春秋战国时期,扬州与长江以南的交往就非常频繁,仪征胥浦与丹徒县、句容县隔江相望,发现了属于同一时段的考古遗存,"甘草山遗址出土的 I 式陶缸,Ⅳ式陶豆,与丹徒县丁岗公社断山墩湖熟文化遗址 T206 第七层及 T203、T204 第六层出土的如出一辙。原始瓷豆与句容浮山果园土墩墓出土的也极为相似。长江两岸有如此相同的古代文化遗存的发现,这说明当时长江两岸文化交往是比较密切的"[2]。刘濞治吴期间,在与异地的交往中,与南方的越地关系最为密切,如前所说,吴王濞曾在今浙江等地设立司盐校尉管理盐业,建立养马基地为军事和运输提供工具,同时在浙江开山采铜,这些措施不仅使吴国的财富迅速增加,同时也促进了当地经济的发展,广陵与今浙江地区在物资上的交流必然非常频繁。吴王濞谋反之时,南方的越地成为吴国重要的支撑,后来也成为吴王濞的退守之地。吴王起兵之时曾说:"寡人素事南越三十余年,其王君皆不辞分其卒以随寡人,又可得三十余万。"[3]吴王谋反时亦曾说他的钱在其他地区"往往而有",可以从侧面反映出吴国经济与其他地区之间的联系非常紧密。不仅是浙江的东瓯和闽越,吴国其时与南方的南越国也关系较好。汉武帝同时封自己的三子为王,分别是广陵王、齐王和燕王,齐、燕皆在广陵国之北。因此,自扬州往北,最远是燕王刘旦的封国,刘胥时代就曾与齐、燕

---

[1]〔梁〕萧统编,〔唐〕李善注:《文选》卷一一《芜城赋》,第 504 页。

[2] 江苏省驻仪征化纤公司文物工作队:《仪征胥浦甘草山遗址的发掘》,《东南文化》1986 年第 1 期,第 13 页。

[3]《史记》卷一〇六《吴王濞列传》,第 3403 页。

交往频繁。

吴国的商路首推与京师间的商业通道。汉代的流通商品中,漆器和玉器是大宗。当时的漆器主产地是四川,但扬州也是一个重要的产品副中心。由工官生产的漆器主要负责向皇室输送,而由扬州生产的漆器则更多地成为民间流通的重要商品,不但漆器如此,玉器亦然。不仅是南越,江都王刘非墓中出土了一组摆件,为铜象和驯象人,学者认为,"由此我们可以推断出当时江淮地区已通过广陵(今扬州)与南亚、东南亚有了海上交通,也为海上丝绸之路的研究提供了宝贵的资料"[1],足可见吴国物资传送之远。自吴国开始,扬州逐渐形成了发达的陆路和水路交通线,域外制品在墓葬中时而出现。

大云山西汉江都王陵 1 号墓出土的驯象和驯象俑
(《大云山——西汉江都王陵 1 号墓发掘报告》彩版九三、九四)

秦汉时期扬州经济的发展,归因于适宜的生态环境,发达的水陆交通,加之在汉初宽松的政治环境下吴王刘濞有效的治理和历任王侯、地方官员的经营,经四百余年的持续发展,终于出现了繁荣昌盛的局面。

该时期农业与手工业经济取得了长足的发展,突出的经济成就是在手工业方面,吴王濞即山铸钱,影响深远。盐业生产更达到了新的高度。两汉时期,盐政曾一度收归国家,但在广陵太守马棱的坚持下,汉和帝最终废除

[1] 李默默:《江都王陵出土的带钩》,《大众考古》2013 年第 3 期,第 46—49 页。

了盐铁官营政策,直到东汉末年再未恢复盐铁官营,实行"纵民煮铸"的政策。由上可见,自吴王刘濞大力发展盐业生产以来,盐业生产无论是私营还是官营,都成为江淮地区的主要产业,直至明清时期,扬州地区的繁盛和盐商云集的状况都与盐业有关。汉代扬州的漆器业也非常发达。广陵国的漆器,不仅工艺水平很高,而且有地方特色。不仅如此,广陵国生产的漆器,其技术已流传到较为广大的地区。玉石器生产应当是秦汉时期扬州主要的手工业生产领域之一,据统计,扬州地区出土的汉代玉器数量约有 200 件,20多个品种[1],可见汉代扬州玉器的制造颇为发达,而且使用广泛。

农业和手工业的发展,极大地促进了城市的发展和商品经济的繁荣。广陵在吴王刘濞时期进行了扩建,江都王刘非主政期间,亦"治宫观,招四方豪桀",城市的功能日趋完善。此后,广陵或江都逐步发展成政治、经济、文化中心,商品的集散地,成为江淮东部的重镇。扬州生产的日常生活所需的铁器,有不少由江淮之地输入了江南。异地的物资和商品也频繁地输入扬州地区。从大云山汉墓出土的物品推知,商路所及,可至今天的南亚和东南亚。

---

[1]　周长源:《西汉广陵国精美微雕串饰》,《艺术市场》2004 年第 3 期,第 73—75 页。

第七章　秦汉时期扬州地区的文化与对外交流

先秦时期,江淮东部先后隶属齐、吴、越、楚等诸国管辖,文化发展相对落后,民风尚武。西汉时,吴王刘濞招致宾客游士,形成吴地文人集团,其后逐渐向尚文转化,民众的整体文化素质得到提高,扬州地区的文化面貌焕然一新,形成扬州历史上第一次文化"繁荣"。而邹阳、庄忌、枚乘、董仲舒以及后来的张无故、徐襄等在广陵的活动,为以后广陵地区的文学创作和学术研究的发展奠定了基础。到了东汉,广陵籍的各种人才不断涌现出来。

第一节　扬州地区的思想文化

思想文化的发展是一个地区历史文化发展的晴雨表,汉代扬州在社会经济蓬勃发展的同时,思想文化也得到了快速的发展。

一、董仲舒与扬州文教

西汉前期,为了恢复发展经济,统治者采用"无为而治"的道家思想作为指导,这对经济的恢复和发展起到了积极作用,但在"吴楚七国之乱"和对匈奴"和亲"政策失败后,"黄老"思想的局限性也日益暴露出来,遂使主张"大一统"和"德主刑辅"的儒家思想登上了历史舞台,并成为此后整个封建社会统治思想的主流。而这一变革的倡导者,就是秦汉新儒家的代表人物、江都相董仲舒。

董仲舒(前179—前104年),广川(今属河北景县)人。《汉书·董仲舒传》记载:仲舒少时研习《春秋》,攻"公羊学",汉景帝时担任博士,潜心于学术,三年不窥园中之事,做事则中规中矩,恪守礼仪,故许多士人争相拜他为师。及汉武帝即位,"黄老"思想日益暴露出其局限性,遂为"独尊儒术"提供了历史的契机和条件。董仲舒不仅首倡儒学,而且把孔子的学说宗教化,把封建专制制度的理论系统化,形成了一套完整的思想体系。故在元光元年(前134)武帝亲自主持的贤良对策中,以其所上《天人三策》而名居榜首,后被汉武帝任命为江都相。

董仲舒的思想,"是由先秦到两宋的儒家唯心主义发展过程中,作为承前启后的一个环节的产物"[1]。其代表作是《春秋繁露》,顺应汉代多民族国家发展的实际,其理论主要围绕天人关系、社会政治、道德秩序以及人伦关系进行了新的思考:

一是认为君权受命于天,他把自然界的"天"塑造成为有意志的人格神,把人间的一切都说成是上天的安排。认为自然界和社会的一切变化和国家的兴亡,都是上天意志的表现。皇帝的政治权力直接受命于天,皇帝之所以被称为"天子",是因为"德侔天地者,皇天右而子之,号称天子"[2]。

二是认为"三纲""五常"等伦理秩序也来源于天。董仲舒在提出君权神授的同时,还极力宣扬孔孟"君君、臣臣、父父、子子"的等级观念,并提出了"三纲""五常"的伦理规范。他在《春秋繁露·基义》中说:"王道之三纲,可求于天。"[3]把"三纲""五常"看作是"天"的安排,是"天"的意志。"三纲"加上有意志的"天",就构成了封建政权、族权、神权、夫权四种统治权力。

三是认为人性有三品,同样也来源于天,是为"性三品"说。董仲舒认为,人性是有等级的,对不同等级的人性,应该采取不同的态度。他把人性分为三等,认为圣人生来性善,小人生来性恶,中人之性,可善可恶。上等的圣人,是天生的统治者;中人经过"教化"可以变善;惟有下等小人,是命中注定的低微卑贱,只能永远当牛做马。

四是强调帝王治天下应"德主刑辅"。董仲舒从他的天人关系理论和人性论出发,要求帝王的道德可比天地,实际上强调了统治者必须"以德治天下"的政治理念。这一理念也是得到汉武帝的认同的,史载,武帝"甚嘉之",同时采纳了董仲舒的"诸不在六艺之科、孔子之术者,皆绝其道,勿使并进"

---

[1]　金春峰:《汉代思想史》(修订增补第四版),中国社会科学出版社 2018 年版,第 130 页。

[2]　〔汉〕董仲舒:《春秋繁露》卷一五《顺命》,第 85 页。

[3]　〔汉〕董仲舒:《春秋繁露》卷一三,第 74 页。

建议,如此则确立了儒家思想的统治地位,董仲舒自身在中国学术史上的地位也得以确立,成为一代大儒。

董仲舒的思想当然有唯心的成分和维护社会秩序的目的,但是,在其思想认识中,"天人关系不再是自然物之间的关系,而是人与人化了的自然之间的关系。因此自然与文化(人)不是对立的,而是同一的。人既是天的发展的最高表现,又是它的终极目的","这样,人的文化(其主要内容即真、善、美及其物化的表现)就不仅不是与人的发展相矛盾的,而恰恰是人的发展完善所必需的;不仅不是与自然相矛盾的,而恰恰是符合自然发展的本性和要求的"[1]。

董仲舒的思想也代表了秦汉之际的士人对社会改造方案的新的认知。"先秦儒家与其他诸子百家不同之一,在于儒家思想,始终系环绕六艺而展开……但董仲舒出,由其公羊春秋学对《春秋》的解释,发生了一大转折,影响到西汉其他经学在解释上的转折,乃至影响到先秦儒家思想在发展中全面的转折,在思想史上的意义特为重大。而此一转折,与董氏天的哲学系统是密切相关的"[2]。因此,董仲舒的贡献首先是他对儒学进行了改造,形成了"顺应历史发展的哲学思想",其对策"顺应了历史的需要,儒家思想从此得以独尊。……董仲舒的儒术虽然包含了法家的法治思想和阴阳家的五行观念,主要内容还是儒家的仁政思想和大一统思想。这种思想作为进步的意识形态,一直积极地影响了以后的中国政治。从此历代有作为、有建树的政治家无不强调实施仁政;大一统的政治观念则对于维护国家统一产生了积极影响,历代人们深信大一统是'天地之常经,古今之通义',国家的统一是正常的,分裂是反常的。儒家的大一统思想在历史上对维护国家的统一起到了积极作用"[3]。

作为一位对中国历史产生巨大影响的思想家,董仲舒对扬州的政治与文化教育也产生过巨大影响。

首先,董仲舒的德治理念,对江都王的治绩产生了影响。董仲舒曾被朝

---

[1]　金春峰:《汉代思想史》(修订增补第四版),第 137 页。

[2]　徐复观:《两汉思想史》(第 2 卷),华东师范大学出版社 2001 年版,第 182 页。

[3]　参见赵昌智主编:《扬州文化通论》,第 39 页。

廷任命为江都相,辅佐江都王,史载江都易王刘非,是武帝同父异母兄,"好气力,治宫馆,招四方豪桀,骄奢甚"[1],是一个桀骜不驯之人,一生从不循规蹈矩,死后被谥为"易",意谓"好易旧",显然,董仲舒被任命为江都相,正是汉武帝对他寄予厚望,希望他能对江都王有所匡扶。董仲舒至江都后,果然不负重托,"以礼谊匡正,王敬重焉"[2],即借助礼义劝说刘非改变自身的言谈举止,立贤王形象,昌明一方教化,得到了刘非的认可和尊敬。史载刘非曾与董仲舒讨论历史人物之优劣,刘非认为,孔子曾说殷有三仁,越王勾践的三位大夫泄庸、文种、范蠡也应该属于"越之三仁",董仲舒认为越王诸臣不能与孔子所称的仁人相比,理由是,"夫仁人者,正其谊不谋其利,明其道不计其功。是以仲尼之门,五尺之童羞称五伯,为其先诈力而后仁谊也。苟为诈而已,故不足称于大君子之门也。五伯比于他诸侯为贤,其比三王,犹武夫之与美玉也。"[3]结果使刘非折服。可见,董仲舒认为,道德境界才是历史和现实中的人物追求的最高目标。因此,董仲舒任江都相期间,作为江都王的近臣,对江都王的个人性格和治国理政都产生过积极的影响。《汉书》本传载,董仲舒还善于求雨和止雨,说是他的方法"行之一国,未尝不得所欲"[4]。也许是巧合,也许是神化的描述,反映了董仲舒在汉代已成为人们心目中的侯国的贤相。故班固又记述道,董仲舒的一生"凡相两国,辄事骄王,正身以率下,数上疏谏争,教令国中,所居而治"[5],正是对他的公允之论。

第二,董仲舒的阴阳灾异学说不在于"方术"本身,而在于隐藏在背后的对社会政治的"警醒"之意,也为扬州地方官员提供了民本的视角。汉景帝时,董仲舒已仕为博士,史称其专意于学,有"三年不窥园"的美誉。至武帝用以为江都国相,则是董仲舒首度将其学说付诸政治实践。其中,最为关键的,是董仲舒阴阳灾异学说的政治实践与理论再完善,由此不仅开创了汉代儒家的灾异学说,更成为垂范中国两千余年独特的灾异政治文化与社会思想。

---

[1]《汉书》卷五三《景十三王传・江都易王非》,第2414页。

[2]《汉书》卷五六《董仲舒传》,第2523页。

[3]《汉书》卷五六《董仲舒传》,第2523—2524页。

[4]《汉书》卷五六《董仲舒传》,第2524页。

[5]《汉书》卷五六《董仲舒传》,第2525页。

汉儒说"非常曰异,害物曰灾"。灾异学说,即认为灾、异实质都是上天对人事的预兆或者谴告,是天意的表现。灾异尤其针对的是邦国、君王,具有明显的政治性。[1]灾异学说,源出阴阳五行学说,尤以古代数术为源头,作为时代思潮,深刻影响了春秋战国诸子之学的各个流派。阴阳家言灾异,阴与阳大体对等,都是天道的垂鉴。到董仲舒这里,则将"基于自然秩序的阴阳对等论,调整为基于人伦秩序的阴阳尊卑论,也就是把天人关系中的'天'由服从自然规律的天换成了主持儒家伦理的天"。经董仲舒改造的儒家学说下的阴阳灾异论,由此创说,此即班固所云:"董仲舒治《公羊春秋》,始推阴阳,为儒者宗"。[2]

因此,今人或以为虚妄的阴阳灾异学说,尤其是董仲舒于江都国所行的求雨、止雨之术,迅速进入到国家礼仪制度中去。汉武帝元封元年(前110),"是岁小旱,上令官求雨"[3],就是由武帝所主导的王朝层面的求雨活动。《汉书·艺文志》则在"杂占"下著录有"《请雨止雨》二十六卷",李零将其与前面的《禳祀天文》十八卷、《请祷致福》十九卷归于一组,称之为"祷祠书三种",于此可见请雨、止雨在阴阳灾异说中的地位。[4]东汉以后,由皇帝使者、公卿大臣、郡县长官甚至由皇帝本人行求雨、止雨事,更成为国家遭逢水、旱灾害时的惯例。《续汉书·礼仪志》专立"请雨"一项:

> 自立春至立夏尽立秋,郡国上雨泽。若少,郡县各扫除社稷。其旱也,公卿官长以次行雩礼求雨。闭诸阳,衣皂,兴土龙,立土人舞僮二佾,七日一变如故事。反拘朱索萦社,伐朱鼓。祷赛以少牢如礼。[5]

自立春至立秋,即百姓农耕期当中,郡国须各自掌握降雨情形。一旦有旱情,则公卿官长需按一定的章程行礼求雨。以其理性层面而言,保障农耕,

---

[1]　陈侃理:《儒学、数术与政治灾异的政治文化史》"序论",第2页。

[2]　陈侃理:《儒学、数术与政治灾异的政治文化史》,第48—55页。

[3]　《史记》卷三〇《平准书》,第1730页。

[4]　《汉书》卷三〇《艺文志》,第1772页;李零:《兰台万卷:读〈汉书·艺文志〉》(修订版),生活·读书·新知三联书店2013年版,第193—194页。

[5]　〔晋〕司马彪撰,〔梁〕刘昭注补:《续汉书》志第五《礼仪志中》,第3117页。

而非某种神秘因素,是请雨活动制度化、礼仪化的最根本因素。汉代石刻资料中,亦保存有"请雨"的历史记录。东汉《祀三公山碑》云"吏民祷祀,兴云肤寸,遍雨四维",《堂溪典嵩高山石阙铭》云"来请雨嵩高庙"[1],新出《石龙山请雨铭》云"吴房长平阴张汜……以诏请雨"[2]。凡此种种,均为董仲舒江都相任上求雨、止雨之遗绪。

自此以后,国家祭祀制度以及地方社会中的请雨、止雨,自汉迄清,绵延不绝。而董仲舒的阴阳灾异学说,更经刘向、刘歆父子而形成班固的《汉书·五行志》,不仅影响了历代正史的编撰,更使其天人之学"历二千年而不绝",至今中国文化仍不免受其影响。以此而言,董仲舒治江都,不单有地方区域的意义,更有着全国性的乃至自古迄今的宏大影响。

其三,影响了扬州的文化教育。董仲舒一生著作丰富,有一些应该是在江都相期间所作,可惜佚失太多。其《天人三策》保存于《史记》和《汉书》中,另有《春秋繁露》得以传于后世。其著述的主旨大抵是"皆明经术之意","而说《春秋》事得失",到汉武帝时"罢黜百家,独尊儒术",且正式设立五经博士,实际上从国家层面承认了儒学为治国安邦之学,经学从此以不可阻挡之势向前发展,形成了西汉经学兴盛的局面,至此,经学终于凸显为中国封建社会最主流的学问。在这个政策转变的过程中,董仲舒起到了关键性的作用。

董仲舒主张通过设置太学和庠序来推广教化,因此班固曾说:"仲舒对策,推明孔氏,抑黜百家,立学校之官,州郡举茂才孝廉,皆自仲舒发之。"[3]在教学内容上,主张以儒家经典为基本教材,在教学方法上则充分吸收了先儒孔子提倡的许多先进的教学理念。因此,在他的推动下,经学教育便蓬勃发展起来。在全国重视教育的情形下,在董仲舒的影响下,扬州也成为汉代教育领域的一个重要地区,教育成就斐然,两汉时期产生了大量杰出人才。两汉时期的官员一般都具有良好的经学素养,据《后汉书·刘瑜传》载:"刘

[1] 高文:《汉碑集释》,河南大学出版社 2008 年版,第 32、421 页。

[2] 常德生、王峰、李广新:《〈汉·张春孙石龙山请雨铭〉考释与简析》,《许昌学院学报》2017 年第 4 期,第 83 页。

[3]《汉书》卷五六《董仲舒传》,第 2525 页。

瑜字季节,广陵人也。高祖父广陵靖王。父辩,清河太守。瑜少好经学,尤善图谶、天文、历算之术,州郡礼请不就。"表现出深厚的学养。

二、宗教与天文学

(一)浓厚的巫风

秦汉时期,扬州儒学的传播虽然使读经改化成为潮流,文化教育不断发展,但是,由先秦时期传承下来的吴楚之地尚巫术崇淫祀的文化氛围依然浓厚,这在广陵(江都)诸王阴谋造逆的种种行为上可以充分体现出来。

进入汉代,随着社会经济的发展,自西汉立国伊始,汉代的巫风便愈演愈烈,大有复兴商代巫风之势,巫风得到统治者的提倡,表现在朝廷主动设置巫官,从政治上认可巫师的地位,达官贵人也对巫师有诸多的礼遇,对之恩养[1]。因而,汉代巫风在丧葬领域也有所体现。

在汉代浓郁的巫风氛围中,扬州地区也发生过几次对汉代政治产生重大影响的与巫术有关的历史事件,先是有汉武帝时发生的"巫蛊之祸",后有广陵王刘胥因祝诅被杀,再有东汉广陵王刘荆因祝诅被废之事。一代大儒董仲舒在任江都相期间曾大规模地进行求雨活动,更是对扬州地区的巫风起过推动作用,汉代皇帝在祭祀名山大川时,江都也是一个重要的祭祀场所,宣帝时,"制诏太常:夫江海,百川之大者也……自是五岳、四渎皆有常礼。……河于临晋,江于江都,淮于平氏,济于临邑界中,皆使者持节侍祠。唯泰山与河岁五祠,江水四,余皆一祷而三祠云。"[2]可知一年四次的官方主持的盛大祭江活动,体现了扬州地区从官方到民间巫风的盛行,而扬州地区丰富的墓葬资料也充分证明了汉代扬州区域的巫风之盛。

时人相信,用巫术诅咒或用木偶人埋在地下可以害人,称为"巫蛊"。汉武帝晚年,出于对死期将近的恐惧,非常害怕有人用巫蛊害他,就派巫师江充在宫中寻查,征和元年(前92),丞相公孙贺被发现用巫术诅咒,埋木偶人于驰道,死于狱中。次年,江充诬告太子宫中有木偶人,太子刘据大惧,杀江充及胡巫,武帝发兵追捕,太子亦发兵,父子俩在长安城外激战五日,死数万人,

---

[1] 孙家洲:《汉代巫术巫风探幽》,《社会科学战线》1994年第5期,第110—119页。
[2]《汉书》卷二五《郊祀志》,第1249页。

结果太子兵败自杀。事后,武帝经过调查,才发现江充陷害太子的事实,但太子已死,后悔莫及。

刘胥是汉武帝刘彻之子,武帝元狩六年(前117)受封为广陵王,定都广陵,在位64年。汉武帝去世后,先是由霍光辅政,昌邑王刘贺被立为太子,旋即被废,后昭帝和宣帝相继执政,在此期间,每当皇位交替之际,刘胥便心思萌动,屡屡表露其觊觎天子之位的心迹,昭帝念其长辈,虽有察觉却不追究,但宣帝时刘胥变本加厉,曾召用巫师女须作法诅咒皇帝,结果案发,宣帝五凤四年(前54)被朝廷追责,不得已自缢而死。死后被赐谥号"厉王"。宣帝念其帝室之胄,赐给他"黄肠题凑",仍以诸侯王之礼卒葬。

刘荆是东汉光武帝刘秀之子,建武十七年受封山阳王(今山东金乡县西北)。明帝永平元年(58)置广陵国,徙封刘荆为广陵王,都于广陵。徙封的原因是,其时西部羌人发动起义,刘荆则自感郁郁不得志,盼望天下因为羌人起事而生变,于是私下找来善看星象的方士与之商议,事被明帝发觉。刘荆到广陵后,再次询问方士说:我长得和先帝很像,先帝三十岁得到天下,我现在适逢三十,能否起兵?结果遭方士告发,刘荆在惶恐中主动投案,被削去权力,但仍保持原有的经济权力,后刘荆不改其行,让巫祝进行祝诅,永平十年(67),因刘荆屡行反逆(祝诅)被迫自杀,广陵国也被降为郡。

汉朝伊始,扬州地区地位上升,进入扬州历史上第一个繁荣时期。西汉王朝虽然完成了统一,但原先就为东楚之地的扬州文化在汉文化重构过程中依然呈现出深厚的楚文化底蕴。

(二)秦汉扬州道教的传播

一般认为中国的道教始于东汉末年,这是从道教有完善的组织结构意义上说的[1]。道教的产生也是多源的:第一,来源于原始宗教和民间巫术。第二,来源于战国至秦汉的神仙传说与方士方术。第三,来源于先秦老庄哲学和秦汉道家学说。第四,来源于儒学与阴阳五行思想。第五,来源于古代医学与生理知识。[2]在道教发展的多个源头中,神仙思想和方士方术又占了重要的

---

[1] 卿希泰主编:《中国道教史(修订本)》(第一卷),四川人民出版社1996年版,第2页。
[2] 任继愈主编:《中国道教史》,上海人民出版社1990年版,第8—16页。

部分,汉代社会已深深打上神仙思想的烙印。汉代神仙学说在扬州地区早有传播,刘向《列仙传》载:"朱璜者,广陵人也。少病毒瘕,就睢山上道士阮丘,丘怜之,言:'卿除腹中三尸,有真人之业,可度教也。'璜曰:'病愈,当为君作客三十年,不敢自还。'丘与璜七物药,日服九丸,百日病下如肝脾者数斗,养之数十日,肥健,心意日更开朗。与老君《黄庭经》,令日读三过,通之,能思其意。丘遂与璜俱入浮阳山玉女祠,且八十年,复见故处,白发尽黑,鬓更长三尺余。过家食止,数年复去。如此至武帝末,故在焉。"[1]可知汉初就有广陵人朱璜去徐州学道之传说。东汉时期还流传着关于广陵东陵圣母的传说。[2]江都有江水祠,王国维《水经注校》引应劭《地理风俗记》:"县有江水祠,俗谓之伍相庙也,子胥但配食耳,岁三祭,与五岳同。"[3]可见江水祠的祭祀规格参照祭祀五岳的标准。

扬州汉代墓葬材料也充分反映了其时的早期道教思想。

首先是器物上所表现的升仙意识。如东风砖瓦厂汉墓群出土了极为丰富的漆器样本,漆器上多绘有云气纹、羽人、鸟兽纹,有多组操琴或骑鹤的羽人活跃于云气中间,周围有许多鸟兽在云气中与羽人一起漫步,俨然就是一人间向往的仙境。[4]器物上描绘这一神仙境界的还有扬州东风砖瓦厂89号汉墓、邗江"妾莫书"墓、邗江郭庄汉墓等。葬具中还时有带谶语的器物随葬,如邗江西湖胡场22号墓中出土的3根漆杖,其杖柄为八角形,杖身为四方体执杖式,长1.2米,四面饰四神图案,并有鸟篆体书写的各种谶语。[5]

其二是道士用器的发现。仪征石碑村汉墓出土的随葬品除常见器物外还出土了一批特殊的器物,发现了"铜尺"、铜量、过滤器、碟形器以及铁臼和铁杵等物。简报作者认为可能与道教有关,是一批炼丹的器具。"铜尺可能是炼丹前许多准备工作中都需要用到的器具。铜量可用以计算丹药原料的分量,故也可能是炼丹时常用的器具。碟形器的内表面特别光滑,或许就是

[1] 〔西汉〕刘向:《列仙传》卷下,明正统道藏本,第15页。

[2] 江苏省政协文史资料委员会等编:《扬州宗教》,江苏文史资料编辑部1999年版,第23页。

[3] 王国维校,袁英光、刘寅生整理:《水经注校》,上海人民出版社1984年版,第977页。

[4] 扬州博物馆:《扬州东风砖瓦厂汉代木椁墓群》,《考古》1980年第5期,第417—425页。

[5] 扬州博物馆编:《汉广陵国漆器》,第11页。

器盖。炼丹书上所指的利用'升华'(即古人所称的'飞''飞升''飞炼')原理取丹,可能就是用的这种器盖。"又,"过滤器的使用方法可能有两种,一是上下两段套合使用,两漏斗间置塞料,以过滤溶液;一是两段单独使用。铁臼和杵则可能是用以捣研药物的,在铜量及过滤器的内壁及底部留下一层朱红色物质,而碟形器的器背上也染有一块红色,色泽与铜量及过滤器上完全相同。[1]后经专家进一步探索,这件"铜尺"实际上是一件"圭表",是测量日影的工具,但这些器物的确与道教有关。[2]高邮邵家沟汉墓出土了带符箓铭文"天帝神"的木片和带有"天帝使者"的封泥,还有大量的有铭灰陶器,《简报》执笔者认为,这些都应当属于道教遗物,"这批道教的遗物,是研究我国道教史的物质资料。从这些实物和它文字内容上看,当时道教已进入神化方士的境地"[3]。通过对邵家沟遗址出土的木片刻文进行深入研究,认为这是一篇劾鬼文,其文字内容为:"乙巳日死者鬼名为天光,天帝神师已知汝名,疾去三千里,汝不即去,南山□□令来食汝,急如律令。"又,"《道藏》中载六十甲子每一日所死之鬼都有专名,其中就有以'光'为名的,如甲子日鬼名为元光,甲戌日鬼名为甲光即是。《道藏》载乙巳日鬼名为'晶元',与上揭劾鬼文谓乙巳日鬼名天光不同,应是另一个命名系统。'天帝神师'又称'天帝使者',多见于道书和出土的道家印和朱书陶罐,是古人观念中上帝派遣沟通天地的神仙,可除魔降鬼,神通广大。"又指出"南山"的"𪊙□"二字,就是云梦睡虎地秦简《日书》中出现的"豽蜻"和《日书》乙种中的"宛奇",亦即《山海经》一书中的"穷奇",传说中专门食鬼的厉神。[4]可见道教在东汉后期的扬州已发展出比较成熟的天地神明系统。

(三)道教传播与天文学的发展

天文学的产生有多个源头,先民早有观天察象的活动,秦简《日书》表明,正是在人们对天象的长期观察中产生了方术信仰。在古代天文学发展的过

---

[1] 南京博物院:《江苏仪征石碑村汉代木椁墓》,《考古》1966年第1期,第14—20页。

[2] 李强:《仪征汉墓出土铜圭表属于道家用器》,《文物》1991年第1期,第80—81页。

[3] 江苏省文物管理委员会:《江苏高邮邵家沟汉代遗址的清理》,《考古》1960年第10期,第18—23页。

[4] 刘钊:《江苏高邮邵家沟汉代遗址出土木简神名考释》,《东南文化》2003年第1期,第69—70页。

程中，"有汉一代在历法、仪象（即天文观测仪器）、观测、理论以及天文学著述方面，都取得了显著成绩，可以说汉代是我国古代天文学的黄金时代"[1]。

仪征出土的铜圭表，说明其时扬州地区的方士已对天象进行观测。铜圭表是 1965 年 5 月在仪征石碑村一号木椁墓中出土的，墓葬的时代约当东汉中期。随葬器物除铜圭表外，还有铜过滤器、铜碟形器、铜量以及铁臼和铁杵等 15 件，简报发表时称铜圭表为铜尺，论者认为此外形为"铜尺"的器具，实际上是一件造型比较别致的铜圭表，与同时代的实物形制相同。仪征石碑村出土的八寸铜圭表非常小巧，只有当时圭表的十分之一，这是因为圭表使用日益普遍，将体积缩小，并把圭表合制一体，便于随身携带，说明这种圭表并非专为国家所掌握，民间已经普及。根据这座墓葬的特点和出土的其他遗物分析，墓主人很可能是方士之流。上述表明，汉代天文注重实用，仪征石碑村出土的这件铜圭表，提供了汉代圭表的形制和用法，是目前考古资料中最早的一件天文仪器，为了解我国天文发展史，特别是早期的天文史提供了实物依据，弥补了以往文献记载中的不足。[2]因其小巧，论者认为可能并不是一件能完整测量时间的工具，只是在特定的时间作测量之用，因而更应该是道家（即道士）随身的工具，这一说法也有一定道理。[3]

仪征烟袋山汉墓的星象图，也可证明汉代扬州天文学的发展。值得一提的是女棺盖内侧用鎏金小铜泡布置出北斗星象图。[4]战国时期的天文学专著《甘石星经》云："北斗星谓之七政，天之诸侯，亦为帝车。"[5]意谓黄帝坐着北斗七星视察四方，根据斗柄方向的变化以区分四时和寒暑。又曰："北斗七星，主天子寿命，也主宰相爵禄之位。"[6]《史记·天官书》亦云："北斗七星，所谓'旋、玑、玉衡，以齐七政'……斗为帝车，运于中央，临制四乡。分

[1]　陈遵妫：《中国天文学史》（上），上海人民出版社 2016 年版，第 143 页。

[2]　南京博物院：《东汉铜圭表》，《考古》1977 年第 6 期，第 407—408 页。

[3]　李强：《仪征汉墓出土铜圭表属于道家用器》，《文物》1991 年第 1 期，第 80—81 页。

[4]　南京博物院：《江苏仪征烟袋山汉墓》，《考古学报》1987 年第 4 期，第 471—501、537—540 页。

[5]　〔战国〕甘公、石申：《甘石星经》卷上"北斗"条。载雒启坤、张彦修主编：《中华百科经典全书》，青海人民出版社 1999 年版，第 5098 页。

[6]　〔战国〕甘公、石申：《甘石星经》卷下"斗宿"条。载雒启坤、张彦修主编：《中华百科经典全书》，第 5111 页。

阴阳,建四时,均五行,移节度,定诸纪,皆系于斗。"[1]同样阐发了北斗星对自然界的主宰之意,认为自然界的冷暖、四季变化以及世事吉凶,皆取决于北斗。

北斗图案还常见于汉代方士所用的"式盘"中,仪征刘集联营10号墓曾出土有一件这样的"占卜盘"[2]。1977年7月,在安徽阜阳县罗庄大队汉汝阴侯墓中发现了西汉初期六壬式盘,其结构是"有上下两盘,上面圆的叫天盘,下面方的叫地盘。在天盘上面,中部有北斗星……外圈是二十八宿。周圈表示周天三百六十五度又四分之一,每天太阳走一度。把它分属于十二个月将",使用时转动圆盘用于求得时辰。[3]但仪征刘集联营10号墓出土的占卜盘,与以往出土的式盘既有相似之处,又有不同之处。它与所发现的式盘中的地盘相仿,它的内层列天干,代表五行……次列十二地支、十二月;外层列二十八宿,每边七宿,分别为奎、娄、胃、昴、毕、觜、参,代表西方白虎。角、亢、氐、房、心、尾、箕,代表东方苍龙。斗、牛、女、虚、危、室、壁,代表北方玄武。井、鬼、柳、星、张、翼、轸,代表南方朱鸟。从图案上看,与式盘的区别是,式盘中的地盘多刻四维八道联通四角,而联营出土的占卜盘只绘有十字纹和方框纹,布局十分规整有序[4]。可见,联营出土的占卜盘是对传统式盘的改进型,和铜圭表相同,皆更加注重实用性。

由上可见,汉代天文学快速发展的过程中,扬州作为东部发达地区,天文学知识或有较迅速的传播,天文测量器具也在日常生活中得到了改进。

（四）佛教的传播

佛教产生于公元前六至五世纪古北印度迦毗罗卫国(今尼泊尔南部),汉武帝时代张骞通西域后,在加强与西域诸国经济文化交流的同时,也打通了汉与域外的交流通道,佛教因之得以渐次传入。一般认为佛教传入我国

---

[1]《史记》卷二七《天官书》,第1536页。

[2] 仪征博物馆:《江苏仪征刘集联营西汉墓出土占卜漆盘》,《东南文化》2007年第6期,第19—22页。

[3] 严敦杰:《关于西汉初期的式盘和占盘》,《考古》1978年第5期,第334—337页。

[4] 仪征博物馆:《江苏仪征刘集联营西汉墓出土占卜漆盘》,《东南文化》2007年第6期,第19—22页。

的时间在西汉末年。[1]比较信实的记载见于《魏略》,曰:"昔汉哀帝元寿元年,博士弟子景卢受大月氏王使伊存口受《浮屠经》。"[2]东汉初年,汉明帝崇奉佛教,并且派人西去求取佛经,在洛阳建立白马寺后,佛教在东汉的传播终变得合法化。身处徐州的楚王刘英"学为浮屠斋戒祭祀","尚浮屠之仁祠"[3],正由于楚王刘英"始信其术","中国因此颇有奉其道者。后桓帝好神,数祀浮图、老子,百姓稍有奉者,后遂转盛"[4]。汉灵帝时江淮东部有正式出家的佛教徒"严(佛)调"与安息僧人安玄合作翻译了《法镜经》[5],据研究,严佛调与笮融同时,临淮(今安徽泗县东南)人,东汉灵帝时的沙门,汉代著名译经家安世高的徒弟。从现存史料来看,他是中国汉地第一个正式出家的僧人。他的出家对推动汉地僧侣集团的形成起了重要作用。严佛调出家,是出于对佛教的信仰。[6]佛教经典经汉译后更有利于民间传播,在佛教传入后,东部的江淮地区亦成为佛教重要的传播地。

从现有的文献资料看,当时佛教传播规模最大的地区当数徐州至广陵,其代表人物则是丹阳人笮融。《三国志·吴书·刘繇传》载:

笮融者,丹杨人。初,聚众数百,往依徐州牧陶谦,谦使督广陵、彭城运漕,遂放纵擅杀,坐断三郡委输以自入。乃大起浮屠祠,以铜为人,黄金涂身,衣以锦采,垂铜槃九重,下为重楼阁道,可容三千余人,悉课读佛经,令界内及旁郡人有好佛者听受道,复其他役以招致之。由此远近前后至者五千余人户。每浴佛,多设酒饭,布席于路,经数十里,民人来观及就食

[1] 大云山汉墓出土石造像 1 件,青灰色砂石质。左手平托,右手贴身下垂,身材比例适中,头部残损。同时还出土陶造像 1 件,灰陶质。作站立菩萨状。面容饱满,神态安详,双手合并。内部中空,下半身残损。残高 19.4 厘米,宽 9.6 厘米。

[2] 裴松之《三国志注》引鱼豢《魏略·西戎传》,《三国志》卷三〇《魏书·乌丸鲜卑东夷传》,第 859 页。

[3] 《后汉书》卷四二《光武十王列传·楚王英》,第 1428 页。

[4] 《后汉书》卷八八《西域传》,第 2922 页。

[5] 《碛砂大藏经》卷一〇(影印宋元版),落款为"后汉安息优婆塞安玄共沙门严调译",线装书局 2005 年版,第 167 页。

[6] 余秉颐主编:《安徽宗教》,安徽文艺出版社 2015 年版,第 6 页。

且万人，费以巨亿计。[1]

论者认为，笮融之事分见《三国志·吴书·刘繇传》和《后汉书·陶谦传》，两传文字略有不同，但可以互补。据《三国志》和《后汉书》，约可推知两传史实皆出袁晔《献帝春秋》。晔晋人，曾祖绥，汉末曾领广陵事，所记广陵轶闻应可征信。[2]笮融作为丹阳陶谦的同乡，督运漕粮，于徐州至扬州一线，在各郡大起浮屠，建寺铸像，诵读佛经，免除信徒力役，令郡人事佛受道，佛徒众达五千余人户，特别是浴佛时的盛况，绝非昔日刘英可比，由此可见，东汉末年江淮地区佛教流传之盛。[3]

笮融对佛教传播的贡献主要是建造佛寺和修造佛像，通过这些方法吸引百姓前来信佛，与此同时，他还承诺对信佛的民众免除力役，所以信者众多。相关笮融的记载足以说明：虽然史书上提及的成千上万的民众难以判断是否是真正的佛教信徒，但至迟在东汉末年，佛教已在民间具备了广泛传播的基础，佛教寺庙建筑和造像的修建以及用铜塑佛并涂以黄金的方法恰在后世得以沿用，虽然现有的资料还难以判定笮融是否是首创者，但与楚王英时期相比，佛教礼仪已具备了较为规范的成法。[4]

东汉末年江淮地区成为佛教传播的重要区域，原因是多方面的。一是江淮地区是汉室分封的重地，易受汉室最高统治者如明帝和桓帝的影响，佛教始在东部开始传播。二是江淮发达的水陆交通，为佛教传播提供了便利的交通条件，笮融能在较短的时间聚集起大量民众便是明证。三是社会动荡为佛教传播提供了社会基础。四是徐扬地区相对发达的经济，为佛教文化的传播提供了物质基础。

---

[1] 《三国志》卷四九《吴书·刘繇传》，第1185页。

[2] 赵朴初、周绍良主编：《梵宫——中国佛教建筑艺术》，上海辞书出版社2004年版，第2页。

[3] 参见虞友谦、汤其领主编：《江苏通史·秦汉卷》，第295—298页。

[4] 参见谢路军：《中国佛教脉络》，中国财富出版社2013年版，第116页。

第二节 扬州地区的文学艺术

一、辞赋与歌诗

汉代吴地文学集团的形成是该时期令人瞩目的文化现象。战国时代,诸侯国君就已形成养士之风,这一风气延续至汉代,形成了众多的文学集团,扬州地区在吴王刘濞主政期间曾聚集了一批文士,史载:"汉兴,诸侯王皆自治民聘贤,吴王濞招致四方游士,阳与吴严忌、枚乘等俱仕吴,皆以文辩著名。"[1]阳即邹阳,严忌即庄忌,本姓庄,史书因避汉明帝刘庄之讳而改姓严,他们都曾是吴王刘濞的文学侍从。邹阳曾委婉曲折地劝说吴王刘濞"为其事尚隐,恶指斥言,故先引秦为谕,因道胡、越、齐、赵、淮南之难,然后乃至其意"。枚乘亦曾劝说吴王放弃与朝廷争斗,但吴王刘濞并未采纳他们的主张。"是时,景帝少弟梁孝王贵盛,亦待士。于是邹阳、枚乘、严忌知吴不可说,皆去之梁,从孝王游。"[2]这一文学集团的形成,为汉初文学尤其是汉赋的发展奠定了基础。赋是先秦时期就已经出现的一种新文学体裁,介于诗歌与散文之间,兼讲究文采和韵节,一般认为,最早的赋是荀子写的《赋篇》,发展至汉代则形成了赋体创作的高峰。

严忌又称严夫子,著有辞赋二十四篇,今仅存《哀时命》一篇,为悼念屈原、感叹自己怀才不遇的命运而作。其文曰"骋骐骥于中庭兮,焉能极夫远道",表达了空有才华却得不到施展的愤激之情;又"子胥死而成义兮,屈原沈(沉)于汩罗"之句,借评述古代忠烈,隐晦地表达了自己的志向。[3]风格源自《楚辞》,语言朴实,情真意切。

汉代大赋的首创者则是曾与严忌游事吴王的枚乘。枚乘为淮阴人,吴楚七国兵败,乘因曾上《谏吴王书》受到世人重视。曾作赋九篇,留传至今的有《七发》等三篇。在梁期间,梁孝王身边的文士"皆善属辞赋",但是"乘

[1]《汉书》卷五一《邹阳传》,第2338页。

[2]《汉书》卷五一《邹阳传》,第2343页。

[3]〔汉〕刘向辑,〔汉〕王逸注,〔宋〕洪兴祖补注:《楚辞》,上海古籍出版社2015年版,第341—344页。

尤高"，足见枚乘的文学水平在当时就得到了众人的认可。汉景帝时，司马相如正因"景帝不好辞赋"而心情烦闷，适逢"梁孝王来朝，从游说之士齐人邹阳、淮阴枚乘、吴严忌夫子之徒，相如见而说之，因病免，客游梁，得与诸侯游士居，数岁，乃著《子虚之赋》"[1]，可见其因文学才华与司马相如十分投缘。汉武帝时代，枚乘的文学才能终于得到赏识，被朝廷征召，但不幸卒于途中，乘子枚皋获得召见，"上得之大喜，召入见待诏。皋因赋殿中。诏使赋平乐馆，善之。拜为郎，使匈奴"[2]。《七发》假设楚太子有病，吴客探问，为太子述说音乐、饮食、车马、游观、田猎、观涛、论道等七事，以启发讽谏太子。赋文中劝说吴太子的生活说："洞房清宫，命曰寒热之媒；皓齿蛾眉，命曰伐性之斧；甘脆肥脓，命曰腐肠之药。"形容食物之美时说："熊蹯之臑，勺药之酱。薄耆之炙，鲜鲤之鲙。秋黄之苏，白露之茹。兰英之酒，酌以涤口。山梁之餐，豢豹之胎。"[3]其文辞华丽，多用排比和铺张的手法展开，具有强烈的感染力。枚乘《七发》不仅开创了汉代大赋的先河，而且他所利用的"七事"文体对汉晋士人亦产生了示范的作用，晋傅玄评论说："昔枚乘作《七发》，而属文之士，若傅毅、刘广世、崔骃、李尤、桓麟、崔琦、刘梁、桓彬之徒，承其流而作之者，纷焉《七激》《七兴》《七依》《七疑》《七说》《七蠲》《七举》《七设》之篇。于是通儒大才马季长、张平子亦引其源而广之。"[4]鲁迅亦认为"刘勰谓赋萌于《骚》，荀卿宋玉，乃锡专名，与诗划境，蔚成大国；又谓宋玉含才，始造对问，于是枚乘《七发》，扬雄《连珠》，抒愤之文，郁然盛起。然则《骚》者，固亦受三百篇之泽，而特由其时游说之风而恢宏，因荆楚之俗而奇伟；赋与对问，又其长流之漫于后代者也"[5]。又："然乘于文林，业绩之伟，乃在略依《楚辞》《七谏》之法，并取《招魂》《大招》之意，自造《七发》"，"由是遂有'七'体，后之文士，仿作者众……《文选》又有《古诗十九首》，皆五言，无撰人名。唐李善曰：'并云古诗，盖不知作者；或云枚乘，疑不能明也。'然

［1］《汉书》卷五七上《司马相如传》，第 2529 页。

［2］《汉书》卷五一《枚乘传》，第 2365—2366 页。

［3］陈振鹏、章培恒主编：《古文鉴赏辞典》上（第 1 版），上海辞书出版社 2014 年版，第 224 页。

［4］〔晋〕傅玄：《七谟序》，载〔清〕严可均校辑：《全上古三代秦汉三国六朝文》，中华书局 1958 年版，第 1723 页。

［5］鲁迅：《汉文学史纲要》，《鲁迅全集》第九卷，人民文学出版社 2005 年版，第 388 页。

陈徐陵所集《玉台新咏》,则其中九首,明题乘名。审如是,乘乃不特始创七体,且亦肇开五古者矣。"[1]"稍后李陵与苏武赠答,亦为五言,盖文景以后,渐多此体,而天质自然,终当以乘为独绝矣。"[2]可见诸如傅毅的《七激》、刘广的《七兴》、崔骃的《七依》、张衡的《七辨》皆受其影响而作。

秦汉时期,除上述声名卓著的文学士人外,扬州在文学史上产生影响的还有刘胥和刘细君。

广陵王刘胥因祝诅之事,害怕朝廷追究,被迫自杀。死前亦曾留下诗文《瑟歌》一首,一题《广陵王歌》:"欲久生兮无终,长不乐兮安穷?奉天期兮不得须臾,千里马兮驻待路。黄泉下兮幽深,人生要死,何为苦心。何用为乐心所喜,出入无憀为乐亟。蒿里召兮郭门阅,死不得取代庸,身自逝。"[3]歌诗慷慨凄怆,情至意切,反映出深厚的文学功力。史载江都公主刘细君正是在广陵王刘胥的宫中长大成人的,自幼受广陵宫的文化熏陶,在她远嫁乌孙期间,因难解思乡之苦,叹命运之不公,曾作《悲愁(歌)诗》传于后世,歌曰:

> 吾家嫁我兮天一方,远托异国兮乌孙王。穹庐为室兮旃为墙,以肉为食兮酪为浆。居常土思兮心内伤,愿为黄鹄兮归故乡![4]

诗行虽短,一个被逼无奈,不得不远离家乡,内心充满着愤懑,常怀对故土刻骨铭心思念的形象跃然纸上。

刘胥和刘细君的作品,是中国文学史上重要的一环,论者认为"早期的'歌'诗往往有感而发,言心志以抒情","这些感情或是无奈,……或是痛苦与悲伤,如《麦秀歌》《悲歌》《幽歌》《广陵王歌》《刘旦歌》《乌孙公主歌》"[5],这些即景抒怀、赋物言志的歌诗,都成为中国文学史上经久不衰的作

[1]　鲁迅:《汉文学史纲要》,《鲁迅全集》第九卷,第 411,412 页。

[2]　鲁迅:《汉文学史纲要》,《鲁迅全集》第九卷,第 413 页。

[3]　《汉书》卷六三《刘胥传》,第 2762 页。

[4]　《汉书》卷九六《西域传下》,第 3903 页。

[5]　陈洪编:《汉唐乐府的文化阐释》,凤凰出版社 2015 年版,第 239 页。

品。刘细君的作品不但被宋代郭茂倩收入了《乐府诗集》,而且也被收录进了《四库全书》的集部,可见其文学价值得到了后世的肯定。

虽然由于史料缺乏的关系,汉代扬州有明确史载的在文学创作领域内做出建树的文人不多,但是扬州文学的发展是一个不争的事实,尤其是吴地文学集团的形成,不但促进了扬州文化的发展,活跃在吴王身边的文人后来去了梁国,对梁地的文化风气也有促进。

二、雕刻绘画

汉代扬州长期为广陵国的国都所在地,在此地考古发掘的众多汉墓中,木雕、画像石、印章和玉雕为我们呈现出一个五彩斑斓的雕刻与绘画艺术世界。

木雕艺术方面,扬州汉墓中出土了大量木雕艺术品,如邗江胡场汉墓出土木俑计30件,有侍俑、舞俑、乐俑、说唱俑等,还有木雕猪1件、木楼梯1件。仪征烟袋山汉墓也出土了大量车马器和木俑。烟袋山车马陪葬坑亦发现木俑114件,分为动物俑和人物俑两类,动物俑16件,皆施彩绘,有马、牛两类。人物俑98件。邗江姚庄101号汉墓头箱木俑11件,扬州平山养殖场汉墓出土23件彩绘木俑。

扬州出土的俑不但种类齐全,有文吏俑、立侍俑、立兵俑、执盾立兵俑、行走俑、骑马俑、蹲跪俑、踞坐俑、小木俑等,也表现出精湛的雕刻技术。

动物俑的形象十分逼真。如马雕分雌、雄,形态基本相同,四蹄站立,低头颔首,作张口嘶鸣状,双目怒睁,鼻孔圆张,双耳向后耸立,马尾成束后扬,动感十足,十分传神。牛雕长角上弯,双耳贴于颈部,低首瞪目,鼻孔圆张,肩脚隆起,腹部浑圆,四腿短而粗,呈现出一种肌肉强劲、敦实有力的形象。

人俑技法更加高超,形象各异,特征分明。文吏俑小高髻,长圆脸,用阴线细刻眉、目、鼻、口和服装。身着宽长袖曲裾,衣右衽,双手拱抱于胸前,突出了文吏的儒雅气质。立侍俑则通过双手向前的变化体现出侍者的身份,执兵俑往往有手持兵器的姿势,或执利器,或执盾牌,栩栩如生。如侍俑的手臂有双手拱于腹前、肘部贴于腰际、小臂微弯向上、自然下垂等姿势,舞俑有小臂向上、右臂弯曲向上者,乐俑的表情有一件面有忧虑,两件面带笑容,说唱俑无论什么姿势,均喜形于色。说唱俑雕刻精细,五官清晰,表现出高超的木雕技法。特别是邗江县姚庄102号汉墓出土木刻人面像,为一开口微笑的老妇形象,眉弓高耸,双眼内凹,颧骨较高,下颌圆,额前发脚呈连弧式,形同活人,十分传神。胡场汉墓M1出土的木雕建筑板画,据南京工学院建筑系鉴定,三块木雕建筑板画,内容分别为一对阙、厅堂和大门,较以往汉墓出土有关建筑方面的资料时代要早。[1]

印章雕刻方面,需要更加专门的技术,需要对不同的质地进行加工。邗江县姚庄102号汉墓出土5枚印章,分别为铜印、玛瑙印、琉璃印。铜印3枚,其中两枚皆以龟造型作印身,一枚雕作爬行状龟,头上昂,龟背刻细棱纹,龟腹下的台面上刻水波纹和涡纹,另一枚在龟背上刻有细棱纹。第三枚的印纽则雕刻为一只作半蹲状仰天长啸的麒麟,角、牙、口、须、翼、尾造型完整,细节到位,连须发都雕刻清晰。通体鎏金。琥珀印雕成卧兽,玛瑙印雕成虎钮,工艺皆十分精良。

安徽天长三角圩出土的桓平墓发现印章5枚,其中银印2枚,玉、铜、木质印章各一枚。两枚银印,一枚为瓦纽白文"臣平"印,另一枚为龟纽朱文"桓平私印"。玉印上有白文篆书,印文为"桓平之印",论者认为在秦汉官印系统中,玉印是身份地位的绝对象征,但一般人的身份不可能拥有玉质官印,所以这个时期的玉质官印都不可能是实用印,应是作为殉葬印出现的。木印印文为"广陵宦谒"。[2]

玉器雕刻方面,虽然西汉前期葬玉居多,雕刻较粗糙,但至西汉晚期、新莽时期至东汉初期,玉石器发现的数量更多,种类也有所增加。该时期墓葬出土的玉器更多的是墓主生前的佩饰与把玩的物品,因而制作精良,在用料与技法上都十分考究。如邗江"妾莫书"墓出土的玉璧、玉璜和玉璧饰件用材为青玉和白玉,玉璧纹饰复杂,表面纹饰有浅刻织蒲底纹上加刻涡纹,或内圈刻织蒲纹,外围刻夔龙纹。一件白玉璜扁平呈弧形,双面浅刻,在两端浅刻兽头纹。一件青玉璜浅刻蚕纹,中间均穿一孔。玉饰佩件10件,皆用白玉制成,其中玉觿3件,均浅刻云纹,一端为兽头状。螭虎形玉器上浅刻云纹、豕鱼和云纹等。邗江县姚庄102号汉墓出土的白玉带钩被雕刻成一只曲颈回

[1] 扬州博物馆、邗江县文化馆:《扬州邗江县胡场汉墓》,《文物》1980年第3期,第1—10页。

[2] 赵树新:《天长三角圩桓平墓玉器》,扬州博物馆、天长市博物馆编:《汉广陵国玉器》,第17—19页。

首的鹅造型,鹅首作钩头,鹅掌作钩钮。出土玉器器型丰富,有八角棱形柱状、紫晶葫芦、琥珀羊、琉璃鸽子、玛瑙枣核形串管、墨玉兽、玉猪等。邗江甘泉老虎墩汉墓出土玉飞熊砚滴1件,为罕见之珍品。玉质较纯,为新疆和田白玉。有圆形银盖,盖顶置一小环。盖高1.6厘米,径2厘米。砚滴作立体圆雕,造型为一飞熊作跪坐状。中空,顶部开圆口。熊张口,卷舌,有双翼,右前掌平托灵芝仙草,左前掌垂直,后双足聚拢于身下,底部雕有卷曲的长尾。砚滴雕琢精细,造型优美,是一件珍贵的实用工艺品。

三、音乐舞蹈

楚地音乐风尚由来已久,据论者统计,文献记载中楚国的乐器就有钟、鼓、竽、瑟、排箫(参差)、篪、磬、琴、笙等9种[1],东楚之地扬州,继承了浓郁的楚风,宴乐也成为人们生活中不可缺少的一部分,扬州汉墓出土了大量珍贵的乐器明器,为我们展现了一幅幅汉代扬州的乐舞生活场景。

扬州汉墓中出土物反映出其时乐器种类较多,有二十五弦瑟、笙、琴、铃、钲等。邗江胡场汉墓M1发现的主要是弦乐乐器,为3件乐器明器,分别为二十五弦瑟、五弦乐器和三弦乐器。邗江胡场M5也出土了二十五弦瑟明器1件。值得注意的是,在胡场的两处汉墓中都出现了弦乐器,似可说明胡场可能是一个家族的墓地,这个家族中的人物不但喜爱音乐,音乐生活也构成了他们日常生活的一部分。

邗江胡场汉墓除出土3件弦乐器明器外,还出土有一幅"墓主人生活图",下半部分的画面描绘出一幅宴乐场景,画面右部为一乐队,由弹瑟和吹笙等艺人组成。无独有偶,扬州平山养殖场汉墓出土铜带钩2件,其中一件为七弦瑟造型,瑟旁坐二人,一人鼓瑟,一人吹笙。邗江姚庄101号西汉墓男棺中出土的一件银扣嵌玛瑙七子漆奁上也有听琴和弹瑟的图案,可知以瑟为代表的二十五弦、七弦、五弦、三弦等弦乐器是汉代扬州地区比较流行的乐器。扬州汉墓中不仅出现了弦乐器明器,还出土了其他铜制实用乐器,张集团山汉墓M1出土有铜铃43件,上有半环形扁钮,内有铃舌,两面饰以网纹,网格内填小乳丁。出土钲1件,扣之声音清脆。这些是在举行乐舞活动时配

---

[1]　参见楚文化研究会编:《楚文化研究论集》(第2集),湖北人民出版社1991年版,第204页。

合弦乐演奏的辅助性器具。

木制二十五弦瑟等明器的出现,应该皆依实用器制作而来,制作实用器时不仅要有高超的木工技艺,而且需要有专业的乐理知识修养,不但器内中空的器壁要符合乐律,不能有丝毫偏差,而且内部的制作亦需光滑,因此是极为精细的木工活。

伎乐俑的出现亦可印证其时流行于富贵之家的音乐表演活动。仪征烟袋山汉墓出土木俑共126件,人俑就有115个,人俑又可分成仪仗俑、侍俑、伎乐俑、杂耍及优倡俑等。伎乐俑的出土,似可说明墓主人生前生活场景中应该有音乐活动。

论者已注意到,先秦时期楚地的音乐风尚虽然在汉初得以延续,但已发生较大变化。先秦时期占主导地位的钟磬等打击乐器,其地位至汉代已被弹弦乐器和吹管乐器所取代,汉代画像石中出现的乐器,据不完全统计,建鼓出现32次,排箫26次,琴26次,竽12次,箫10次,埙7次,笙6次,瑟和各种笛5次,管4次,磬3次,钟1次,其中以管弦乐器为最多。而这些管弦乐器除了中国原有的外,竖吹的箫、横吹的笛(羌笛)、胡笳、角、竖笙模等都是汉代以后,随着对外交流的扩大,丝绸之路的开拓,从西域传入的新乐器。这些乐器与钟磬等传统打击乐器明显不同,其音色特点是纤细、清脆、柔婉,更擅长"新声"的演奏。[1]可见瑟和各种笛在汉画像石中仅出现5次,但扬州地区汉墓中仅出现瑟造型明器就有5件,图案出现的次数也有3次,邻近的泗阳县三庄乡陈墩汉墓的一座女性墓中也曾出土二十五古瑟实物1件[2],在扬州及其邻近地区出土较多的乐器明器和图案,可证明扬州地区管弦乐的使用情况较为普遍。

邗江胡场汉墓M1除出土常见器物外,出土的特殊物件有木板彩画计两幅,一幅为"人物图",另一幅是"墓主人生活图",其中墓主人生活图虽然为制作简单的工笔画,但却较真实地反映了墓主人生前的生活场景。

人物图由坐于榻座之上的主人、佩剑者二人和踞坐者一人构成,表明了汉代世家大族形成后,封建地主田庄中的等级秩序。武士和踞坐的奴仆皆面

[1] 翟麦玲:《汉代"新声"初探》,《学术研究》2011年第3期,第122—127页。

[2] 史文贵:《汉墓古瑟》,《华夏文化》2003年第2期,第64页。

向墓主人而侍,勾画出墓主人在闲居之时与家中武士和奴仆共处一室的图景,显示出等级秩序和主人的威严。

该图的下部刻有宴乐场面,在活动现场出现的人物有墓主人、侍女、伶者(演员)、宾客、观众、乐师等。墓主人依旧端坐于床榻之上,榻前置放有几、案,案上有杯盘,几下放香熏。墓主人身后,有跪着的侍女随时侍候。面前正中位置,则有两名伶者正在为墓主人表演节目,一人作倒立,一人作反弓,观众只能坐在侧席。表演场地与墓主人相对的对面,是宾客席,有两名客人对坐共饮,中设杯盏,从华美的衣着看,宾客亦应有一定的身份。画面的右部为乐师席,尽管画面已十分模糊,但仍可辨认出乐师中有人在弹瑟,有人在吹笙。整个画面既突出了主人的身份,又表现出对宾客的尊重。画中宾客的出现说明这是主人的一次宴请,反映出扬州地区汉代贵族在生活中宴请宾客的礼节。从图中可知,主人不但招待宾客宴饮,而且还为宾客安排乐舞活动[1]。

从扬州汉墓中出土较多乐器明器和墓主人生活图展现的复杂的活动情景可知,汉代扬州上承楚风,带有娱乐性质的乐舞活动已融入扬州的社会生活。可见,"歌吹是扬州"有其历史渊源。

汉代扬州的乐舞时尚,还可从江都宫所出成帝皇后赵飞燕之事得以验证。据《汉书·外戚传》记载,汉成帝皇后赵飞燕,"学歌舞,号曰飞燕。……贵倾后宫"。《赵飞燕外传》亦载,赵飞燕原是江都王孙女姑苏公主的女儿,能歌善舞。《外传》所传虽不可谓信史,但赵飞燕自幼就受到了江都宫中乐舞文化的熏染,当是事实。

第三节　扬州地区的对外文化交流

秦汉时期,交通有了很大发展,驰道与直道的修建促进了陆路交通。史称秦始皇的驰道可"东穷燕、齐,南极吴、楚,江湖之上,濒海之观毕至"[2]。驰道之外,秦始皇还修建了直达咸阳的"直道"。"直道"不同于"驰道"的地方,在于其路线直、距离近和行驶快,所以修建时必须"堑山堙谷"。汉代的陆路

---

[1] 扬州博物馆、邗江县文化馆:《扬州邗江县胡场汉墓》,《文物》1980年第3期,第1—10页。

[2] 《汉书》卷五一《贾山传》,第2328页。

交通线,除继承和维修了秦的驰道、直道外,还新修了一些交通线。随着交通的发展,汉代扬州与海内外的交往也日渐增多,吴王"取江陵木以为船,一船之载当中国数十两车",足证吴地水运的发达。

一、异域珍器的考古印证

在扬州多处汉墓中出土有早期的玻璃制品。邗江甘泉老虎墩汉墓曾出土玻璃杯残片,甘泉双山2号汉墓出土玻璃杯、玻璃,"妾莫书"墓和宝女墩新莽墓皆出土有玻璃衣片,宝女墩4号墓出土了19块完整可拼接的玻璃衣片。对于宝女墩4号墓的衣片,论者认为:"从玻璃片的制作风格上看,衣片呈正方形,一般都四角带穿孔,上贴金箔,与河北邢台和山东五莲张仲崮汉墓出土玉衣片的装饰相同,目前在汉墓中出土玉质衣片的很少,而玻璃衣片则更少,扬州这两处发现似乎是仅见的发现。两处玻璃衣片都属于铅钡玻璃,在世界其他地方没有发现过,应该是中国自产的独特产品,代表了一种用玻璃衣片来代替玉质衣片的趋势。"[1]既然这些玻璃衣片的制作风格与河北、山东等地的发现相似,应可以说明,这些衣片是贸易活动的产物。老虎墩汉墓出土的玻璃,则被认为是我国目前已发现的最早的外来玻璃实物。老虎墩汉墓的玻璃杯残片经上海硅酸盐研究所作的化学分析,与甘泉双山2号汉墓的玻璃片和古罗马暗蓝色玻璃的化学成分基本相同,均属钠钙玻璃(Na_2O—CaO—SIO_2)系统,与中国传统的铅钡玻璃不同。这为研究古代国外输入的玻璃提供了重要实例,也可说明,其时扬州可能已与海外有一定的商业往来。[2]盱眙大云山汉墓中盗坑下层出土遗物1902件(组),除汉墓常见器物外,引人注目的有银器14件,含纯银质合页,即铰链3件,银兵器镦4件,还有制作规整的裂瓣纹银盒、铜象、铜犀牛等。[3]出土的银器,论者认为这是来自异域文化的产物,或是直接来自安息制造的实物,也有可能是本土制造的受异域文化影响带有外来文化特征的器物。[4]

［1］周长源、张福康:《对扬州宝女墩出土汉代玻璃衣片的研究》,《文物》1991年第10期,第71—75页。

［2］扬州博物馆:《江苏邗江县甘泉老虎墩汉墓》,《文物》1991年第10期,第62—70页。

［3］南京博物院、盱眙县文化广电和旅游局编著:《大云山——西汉江都王陵1号墓发掘报告》(一),第137—140页。

［4］参见单爱美:《江苏大云山江都王陵出土文物研究》,西北师范大学硕士学位论文(2014年),第40—44页。

大云山西汉江都王陵 1 号墓出土的铜犀牛
(《大云山——西汉江都王陵 1 号墓发掘报告》彩版八九)

大云山西汉江都王陵 1 号
墓出土的裂瓣纹银盒
(《大云山——西汉江都王陵 1
号墓发掘报告》彩版一一九)

仪征刘集联营 10 号西汉墓位于仪征市刘集镇联营村赵庄组,东北距扬州市区约 12 千米,西南距仪征市区约 20 千米,该地属蜀冈丘陵地带。与周边的庙山汉墓、盘古山汉墓、胡场汉墓、甘泉汉墓等相距不远。墓葬形制为竖穴土坑木椁墓。现存出土器物 11 件(组),有漆木器、铜铁、石器等。漆木器有奁、枕、占卜板(又称占卜漆盘)等,铜器有铜镜、器盖、铜弩机、铜殳,铅器有铅球,铁器有铁镞、铁矛。论者根据墓葬材料,推断此墓所在葬区是西汉江都国至广陵国高中级官吏的墓地,该墓的时代为西汉早期,占卜漆盘应该是从异地传入的。[1]

扬州市西湖镇蚕桑砖瓦厂汉墓位于扬州北郊蜀冈上,距汉广陵城西 2.5 千米处,墓葬地点为西湖镇蚕桑砖瓦厂取土工地,2007 年 8 月 26 日至 9 月 29 日,扬州市文物考古研究所进行了清理发掘,为西汉土坑木椁夫妇合葬墓,由主墓室和外藏椁构成,主墓室包括前室、主棺室、南侧厢、北侧厢、后厢五部分。随葬器物有玉器、琉璃器、金器、铜器、铁器、漆器、木器、釉陶器等 942 件(套),其中金缕琉璃匣、舆轿、角壶等器物在扬州考古发掘中都属首次发现,甚至在全国也极为少见。西湖镇蚕桑汉墓,曾被称为是新中国成立以来扬州市墓葬考古发掘收获最大的一座。男墓主姓董名汉,字子翁。虽史无记载,但该墓葬制

[1] 仪征博物馆:《江苏仪征刘集联营西汉墓出土占卜漆盘》,《东南文化》2007 年第 6 期,第 19—22 页。

较复杂,加之随葬器物的组合形制,论者认为女墓主享有金缕琉璃匣的礼遇,证明了她身份显赫,已达列侯级别,这些琉璃物品亦应是从异地传入的。

甘泉镇位于扬州西北约 12 千米,镇北偏西约 3 千米的地方,有两座东西相对的大型汉墓,当地人称之为"双山"。1980 年此地发掘了甘泉 2 号汉墓,出土的 3 块搅胎玻璃钵残片,紫色和乳白色相间,类似大理石花纹,模压成型,外壁有辐射形竖凸棱作为装饰。经中国科学院上海硅酸盐研究所分析认定为钠钙玻璃,这是比较典型的古罗马玻璃,在我国出土汉代玻璃器中很少见到,实为珍贵。另外,距离甘泉双山 2 号墓较近的老虎墩东汉墓出土一件玻璃杯,经中国科学院上海硅酸盐研究所鉴定分析也属钠钙玻璃系统,化学测定的结果表明,玻璃钵和杯的化学成分都与古罗马玻璃成分相近,而明显不同于当时我国自制的铅钡玻璃成分,因此进一步证明扬州出土的这两件玻璃器均是从古罗马输入的,这是我国已经发现的为数极少的早期输入的外国玻璃器皿。[1]

二、江都公主刘细君"和亲"与文化传播

"和亲"是中原王朝处理少数民族关系的一项重要政策。汉代,随着大统一局面的重新形成,中原地区与周边少数族的关系得到了空前的加强,在处理少数民族关系方面,汉政府采取军事打击与怀柔并举的政策。西汉王朝建立后,汉高祖刘邦想对匈奴进行彻底打击,带领三十万大军亲征,但是他错误估计了匈奴的实力,结果陷入了匈奴的重围,被包围在平城白登山(今山西大同东南)达七天七夜,史称"平城之围"或"白登之围"。平安脱身后,汉高祖认识到匈奴强大的军事实力,不得不采纳娄敬的建议,与匈奴"和亲"。"和亲"政策就此形成。汉初"和亲"的具体内容是:西汉的公主嫁给单于,且每年要向单于送去大批的丝绸、粮食和酒等。其后的文、景时期进行了积极的备战,到汉武帝时,经济实力和军事实力都增强了,经过三次打击,匈奴势力遭到重创,解除了匈奴对中原王朝的威胁。

细君远嫁正是发生在汉武帝反击匈奴时期,是不同于汉初的另一种意义上的"和亲",从本质上说,是通过联姻形成民族联盟,用汉武帝的话说是要

---

[1] 周长源:《扬州出土汉代玉器替代品——玻璃器的研究》,扬州博物馆、天长市博物馆编:《汉广陵国玉器》,第 20 页。

求细君"从其国俗,欲与乌孙共灭胡"。这一新"和亲"策略源于张骞,为打击匈奴,张骞受命于公元前138年和公元前119年两次出使西域,第一次是联络大月氏,第二次是联合乌孙,劝说乌孙东归,虽然两次出使并未达到最初"共击胡"的目的,但他向汉武帝进言:"蛮夷(乌孙)恋故地,又贪汉物,诚以此时厚赂乌孙,招以东居故地,汉遣公主为夫人,结昆弟,其势宜听,则是断匈奴右臂也。既连乌孙,自其西大夏之属皆可招来而为外臣。"[1]其策略被汉武帝采纳。在张骞的影响下,受匈奴逼迫的乌孙国也决意与汉朝亲近,终"以千匹马聘汉女"。正是在这一政治和军事背景下,汉武帝元封年间,派遣江都王刘建之女刘细君作为汉室的公主远嫁乌孙。关于细君远嫁,《汉书·西域传》记载较详:"汉元封中,遣江都王建女细君为公主,以妻焉。赐乘舆服御物,为备官属宦官侍御数百人,赠送甚盛。乌孙昆莫以为右夫人。匈奴亦遣女妻昆莫,昆莫以为左夫人。""昆莫年老,欲使其孙岑陬尚公主。公主不听,上书言状,天子报曰:'从其国俗,欲与乌孙共灭胡。'岑陬遂妻公主。……岑陬尚江都公主,生一女少夫。公主死,汉复以楚王戊之孙解忧为公主,妻岑陬。"[2]细君入匈奴,标志着汉朝与乌孙"和亲"政策的正式实施。

刘细君是江都王刘建之女,刘建因罪国除,细君因政治需要被汉武帝选派至乌孙,当然承担着汉朝与乌孙间结盟的重任。从政治意义上看,刘细君嫁至乌孙后,先嫁给昆莫猎骄靡,后嫁给岑陬军须靡,虽然没有达到让乌孙直接参加对匈奴联合夹击的目的,但至少可以稳定汉朝与乌孙的关系,不至于在汉朝反击匈奴的过程中节外生枝,遭受除匈奴以外的外部力量的攻击,在一定程度上为汉朝对匈奴的战争营造了有利的外部环境。从经济意义上看,刘细君入乌孙,带去了朝廷赐给她的车马、服饰、器皿等物品,促进了中原和西域的文化交流。与刘细君远嫁乌孙同行的有侍从、宦官等上百人,其中不乏照顾她生活的裁缝、工匠、乐师等能工巧匠,还有一些具备较高文化素养的低阶属官及宦者等,这些都促进了中原文化的传播。细君临行前,汉武帝特命工匠为她制作了"马上乐器",即一种能在马背上演奏的乐器,据考证,这一乐器可能是在筝、筑篌等乐器原理的基础之上制作而成的直项琵琶。如今

---

[1]《汉书》卷六一《张骞传》第2692页。
[2]《汉书》卷九六下《西域传下》,第3903—3904页。

所说,刘细君和她留下的《悲愁诗》也成为后世的文学母题,该诗一名《悲愁歌》,又名《黄鹄歌》,讲述自己的悲愁之情:"吾家嫁我兮天一方,远托异国兮乌孙王。穹庐为室兮旃为墙,以肉为食兮酪为浆。居常土思兮心内伤,愿为黄鹄兮归故乡。"南朝徐陵所编《玉台新咏》卷九"乌孙公主"条下,录有歌诗一首,其序云:"汉武元封中,以江都王女细君为公主,嫁与乌孙昆弥。至国,而自治室宫,岁时一再会,言语不通,公主悲愁,自作歌曰……"[1]《汉书·西域传》中也录有公主之歌。正因为一首《悲愁诗》将一个弱女子的奇谲多变的命运与心意难平的形象淋漓尽致地刻画出来,不但成为不朽的文学作品,刘细君的形象也跃然纸上。虽然前后有两位乌孙公主,但刘细君是中国历史上第一个远嫁异域的公主,她是中原王朝与周边少数族和亲政策的首位殉道者,从这一意义上看,她对后世文化的影响显然要比解忧公主丰满得多。

经学在秦代遭受打击,汉初"无为而治",而至汉武帝时代,"大一统"的儒家思想登上历史舞台,新儒家的代表人物、江都相董仲舒居功至伟。

董仲舒不仅首倡儒学,而且把孔子的学说宗教化,把封建专制制度的理论系统化,形成了一套完整的思想体系。"儒家的大一统思想在历史上对维护国家的统一起到了积极作用"[2]。作为一位对中国历史都曾产生巨大影响的思想家,董仲舒对扬州的政治与学术文化也产生过巨大影响。其思想对江都王的治绩产生了正面影响,也影响了扬州的文化教育,从这一意义上说,董仲舒治江都,不单有地方区域的意义,更有着全国性的乃至自古迄今的宏大影响。

仪征出土的铜圭表、仪征烟袋山汉墓的星象图和仪征刘集联营 10 号墓出土的"占卜盘"等的发现,表明汉代道教神仙学说在扬州地区的传播,可见在东汉后期的扬州已发展出比较成熟的天地神明系统,也足以证明汉代扬州的天文学已发展到较高的水平。

一般认为佛教传入我国的时间在西汉末年。佛教传入后,东部的江淮地

---

[1]〔陈〕徐陵编,〔清〕程琰删补,〔清〕吴兆宜注,穆克宏点校:《玉台新咏笺注》下册,中华书局2017年版,第437页。

[2] 参见赵昌智主编:《扬州文化通论》,第39页。

区亦成为佛教重要的传播地。相关文献可反映出,当时佛教传播规模最大的地区当数徐州至广陵,其代表人物则是丹阳人笮融,他举办的规模可至数万人的浴佛活动,则反映出佛教在该地区传播的盛况。

文学方面,在吴王刘濞主政期间曾聚集了一批文士,形成以枚乘为代表的文学集团,为汉初文学尤其是汉赋的发展奠定了基础。刘胥、刘细君也在文学史上产生了较大的影响。

雕刻绘画方面,考古发掘的众多汉墓中,木雕、画像石、印章和玉雕为我们呈现出一个五彩缤纷的雕刻与绘画艺术世界。出土的人俑和动物俑的形象十分逼真,印章和玉雕工艺皆十分精良。

音乐舞蹈方面,东楚之地扬州继承了浓郁的楚风,宴乐也成为人们生活中不可缺少的一部分,扬州汉墓出土了大量珍贵的乐器明器,有二十五弦瑟、笙、琴、铃、钲等。邗江胡场汉墓出土的"人物图"和"墓主人生活图",反映出日常生活中,主人不但招待宾客宴饮,还为宾客安排乐舞活动。可知,汉代扬州上承楚风,带有娱乐性质的乐舞活动已融入扬州的社会生活。

汉代扬州与海内外的交往也日渐增多,吴王"取江陵木以为船,一船之载当中国数十两车",水运和陆路交通的发达为扬州与外界的交往提供了条件。在扬州与异地的文化交流中,江都公主刘细君的"和亲"与文化传播是汉代历史上的重要事件,细君远嫁原本是通过联姻形成民族联盟,从政治意义上看,刘细君嫁至乌孙后,在一定程度上为汉朝对匈奴的战争营造了有利的外部环境;从经济意义上看,刘细君入乌孙,带去了朝廷赐给她的车马、服饰、器皿等物品,促进了中原和西域的文化交流。

第八章　秦汉时期扬州地区的社会生活与风俗

秦汉时期扬州地区的社会生活与风俗,深受楚文化影响,在民间信仰、丧葬观念等方面,体现得尤为明显。随着秦汉国家祭祀体系的确立,居于江海之会的江都县,在宣帝时期,成为江水祠的祷祠之所。七十年来,扬州汉代考古工作取得了巨大成就,在文献不足征的情形下,直观反映出秦汉时期扬州地区的生活与风俗。

第一节　江渎祠与广陵潮

秦汉时期,江淮东部的海岸线较当今深入内陆,长江在今扬州、镇江之间入海,江面平阔。职此之故,汉宣帝时,国家对江水的祭祀由蜀中改祠于江都。广陵潮亦享盛名,八月十五日观涛广陵,是汉代扬州地区社会风俗中的重要部分,并有相关文学佳作传世。

一、江水祠与秦汉山川祭祀制度

中国古代国家祭祀体系中,山川祭祀,即以"岳、镇、海、渎"为代表的名山大川的祭祀。

战国后期,"天下一统"的观念呼之欲出。在《周礼》《礼记》《仪礼》等先秦文献中,业已出现"五岳""四镇""四渎""四海"的语辞,可见时人观念中,大一统的山川祭祀格局已初现端倪。

秦始皇统一六国后,整合战国时代纷杂的地域祭祀传统,建立起统一帝国的国家祭祀体系。司马迁称:"及秦并天下,令祠官所常奉天地名山大川鬼神可得而序也。"[1]"可得而序",按《史记·封禅书》的记载,秦以东、西两分,"自崤以东,名山五,大川祠二","自华以西,名山七,名川四"[2],共祠祀名山十二、大川六。这是中国国家祭祀制度的雏形。

汉承秦制,秦的国家山川祭祀制度,也为汉帝国所继承。至汉武帝时期,伴随政治、经济、文化的全面改革,国家祭祀制度也迎来了变更秦制以立汉制度的革新高潮。武帝历次东巡封禅泰山,"建汉家封禅,五年一修封"[3]。元封四年(前107),武帝作明堂,祭祀太一、五帝,并祀汉高祖、景帝于明堂。天汉元年(前100),武帝于正月郊泰畤、三月祠后土,确立了汉代祭祀天地的仪轨,对后世产生了深远的影响。武帝并将文献中的"五岳""四渎"祭祀逐渐制度化,以之取代秦东、西两分的格局。《史记·封禅书》云:"今上封禅,其后十二岁而还,遍于五岳、四渎矣。"[4]即其明证。

汉宣帝时,因亲祠河东后土祠,有神雀云集,改元称神爵元年(前61),宣帝并下诏书,定四渎四时祠祀:

> 制诏太常:"夫江海,百川之大者也,今阙焉无祠。其令祠官以礼为岁事,以四时祠江海雒水,祈为天下丰年焉。"自是五岳、四渎皆有常礼。东岳泰山于博,中岳泰室于嵩高,南岳灊山于灊,西岳华山于华阴,北岳常山于上曲阳,河于临晋,江于江都,淮于平氏,济于临邑界中,皆使者持节侍祠。唯泰山与河岁五祠,江水四,余皆一祷而三祠云。[5]

有论者认为,四渎祭祀至此才真正制度化。[6]尤为重要的是,江庙明确置于广陵之江都县,即"祠江于江都"。在五岳、四渎的祭祀序列中,以泰山、黄河为第一层级,一岁五祠;江水为第二层级,一岁四祠;其余山川则一祷三祠。由此可见江水祭祀在宣帝山川祭祀格局中所处的特殊地位。

[1]《史记》卷二八《封禅书》,第1641页。
[2]《史记》卷二八《封禅书》,第1641—1642页。
[3]《史记》卷二八《封禅书》,第1676页。
[4]《史记》卷二八《封禅书》,第1676页。
[5]《汉书》卷二五《郊祀志》,第1249页。
[6] 田天:《秦汉国家祭祀史稿》,生活·读书·新知三联书店2015年版,第318页。

须指出的是,江水祠渊源有自,非始于武、宣,初亦不在江都。据《史记·封禅书》,秦并天下,其所祠山川,明确称"江水,祠蜀",即初祠江于蜀郡。这一传统,据说始于战国后期,秦蜀郡守李冰"于彭门阙立江神祠三所"。《史记正义》引《括地志》云:"江渎祠在益州成都县南八里。秦并天下,江水祠蜀。"故《史记索隐》称:"《风俗通》云'江出岷山,岷山庙在江都'。《地理志》江都有江水祠。盖汉初祠之于源,后祠之于委也。"[1]即认为江水发源于岷山,而至江都入海,是秦及汉初于江源蜀郡立祠,宣帝以后则移至江尾江都立祠。

再向前追溯,春秋晚期,楚昭王有疾,卜者称河神为祟,昭王称"江、汉、睢、漳,楚之望也"[2],拒绝祭祀河神。可见对于江水的信仰,至晚在春秋晚期,已是楚国山川祭祀的重要部分。近几十年,在不断出土的战国楚简中,包山楚简、望山楚简、天星观 M1 楚简、新蔡楚简等,均有祭祷"大水""江"的多枚简牍记录,试举两例:

举祷大水一牺马。（包山简 248）
刉于江一羖,祷一冢。（新蔡甲三 180）

学者指出,"楚人祭祷长江固无所疑","大水""江"即长江或汉水的专名。[3]可见,江水神的信仰,是流行于楚地的。

1980 年,在今扬州市邗江区胡场村一带,经考古发掘了胡场五号汉墓。在男棺盖板北部,出土了一方独特的木牍,分为五栏,细密书写了约 50 个神名,整理者称之为"神灵名位牍"。[4]在这些纷繁的神名当中,虽然有"仓天""天公"这些普祀神灵的存在,但列于第一栏第一位的,则是"江君",反映出当时扬州地区江水神信仰的炽烈。据同墓所出木牍,墓葬的卒葬年代,基本可断定为宣帝本始四年（前 70）。十年之后,宣帝下诏,祠江于江都。所以,

---

[1]《史记》卷二八《封禅书》,第 1644 页。

[2] 杨伯峻编著:《春秋左传注·哀公六年》"初,昭王有疾"条,中华书局 1990 年版,第 1636 页。

[3] 杨华:《楚地水神研究》,《古礼新研》,商务印书馆 2012 年版,第 289—291 页。

[4] 扬州博物馆、邗江县图书馆:《江苏邗江胡场五号汉墓》,《文物》1981 年第 11 期,第 12—23 页。

宣帝祠江于江都,或许不是在江都另立新祠,以奉祠江水,而是将江都本有的江水祠祀,擢升为国家层面的江渎祭祀场所。这可反映出,战国后期以来,作为"东楚之地"的扬州地区,愈发成为楚文化的中心区域之一。

江渎祠的神主名号,在文献中有不同的记录。或说神主名"奇相",一说"奇相"原是常人,后得道于江,故为江神。一说"奇相"为帝女,是上古帝王"震蒙氏"之女,因盗窃黄帝"元珠",沉江而死,故为江神。一说神主为伍子胥,郦道元已辨伍子胥为配食江渎祠,并非神主。[1]今扬州西南仍有地名"胥浦",或即由此而来。以上诸说,不免有后世的附会造作。按,汉祀名山多有称君者,如《白石神君碑》等等。以此而言,"神灵名位牍"中"江君"的称谓,不仅是更原初的史料,亦符合汉代山川祭祀的一般规则。

宣帝为何要将原祀于蜀地的江渎祠,移祀于江都呢?

神爵元年(前61),江都并不隶属汉郡,而属广陵国辖地。其时,约当广陵王刘胥(在位64年)统治的后期。至五凤四年(前54),刘胥自杀国除。神爵元年,刘胥既是武帝诸子中唯一的在世者,他的诸多不法之举,也早为宣帝所知。宣帝将汉帝国的江渎祠移至广陵国的辖县中,是否具有某种政治上的特殊意味,囿于史料,不得而知。自宣帝"祠江于江都"后,下迄东汉晚季,汉帝国的江渎祠,似一直置于江都而未改。《汉书·地理志》云"江都有江水祠"。《史记索隐》引东汉应劭《风俗通》云"江出岷山,岷山庙在江都"。[2]《续汉书·郡国志》亦云"江都有江水祠"。足见宣帝以后,江都长期是江渎祠的奉祀之地。

有一种意见,因《史记·汉兴以来诸侯王年表》有"初置江都。六月乙亥,汝南王非为江都王元年"[3],而将"初置江都"理解为"江都"得名之始,即江都得名于景帝三年(前154)。案,同《表》有"初置中山""初置泗水"等记录,可知此处"初置",指初置国,如江都国、中山国、泗水国之类。其国名,中山、泗水皆由先秦、秦旧名而来,则江都的得名,亦未必在此时,而或由旧名而来。前文曾论及,项羽初有建都江都一事,则此时应已有"江都"之名。《水经注》

————————

[1]〔北魏〕郦道元著,陈桥驿校证:《水经注校证》卷三〇《淮水》"又东过淮阴县北"条注,第713页。

[2]《史记》卷二六《封禅书》"江水,祠蜀"条注,第1644页。

[3]《史记》卷一七《汉兴以来诸侯王年表》,第1002—1003页。

云："县城临江,应劭《地理风俗记》曰:'县为一都之会,故曰江都也。'……旧江水道也。"[1]如此,将国家的江渎祠立于时人观念中的江水之都,也就是自然而然的事情了。此外,"祠江于江都",或许也和广陵潮的奇景以及汉人"观涛于广陵"的风尚有关。

二、广陵潮与汉代民间风俗

由于汉代扬州地区独特的地理环境,不仅江渎祠立于此地,而且汉唐间人所艳称的"广陵潮",亦由此而来。

中国东部地区,海岸线蜿蜒漫长。末次冰盛期以来,海平面的升降,对沿海地区的地貌以及沿海人民的生活、风俗,都有着至关重要的影响。距今一万年左右,受海侵影响,海岸线深入陆地。距今七千年左右至两汉时期,今江苏北部、中部海岸线,约自今连云港赣榆发端,东南行至今南通海安,而后西折经今泰州、江都、扬州,而与长江入海口相界。长江约在今镇江、江都一带入海,江口宽达180千米,形成喇叭状河口,从而出现"广陵潮"的奇观。[2]

当时风俗,常以八月十五日于广陵曲江观涛。广陵涛的奇景,约至唐大历(唐代宗李豫年号,766—779)后消失。东汉王充在《论衡》中说:"广陵曲江有涛,文人赋之。"[3]可见自汉代起,即出现广陵涛为主题的文人辞赋,最为著名的,当属西汉枚乘《七发》当中"观涛"一节。假托客与太子的对话,枚乘极言广陵涛的壮阔,称其初起时"若白鹭之下翔",稍进则"如素车白马帷盖之张",极盛时则"波涌而云乱,扰扰焉如三军之腾装",堪称"天下怪异诡观"。唐人李白诗云"因夸楚太子,便睹广陵潮",即用此典故。

与江渎祠相类似,至晚在东汉王充生活的时代,亦有将广陵涛当作伍子胥神验的社会意识。对此,王充在《论衡·书虚篇》中作了细致的反驳。如入水身死而为涛,则未闻屈原等化身为涛。吴越一带,多祀伍子胥,广陵以外,尚有数江有涛,不能尽为伍子胥神验。吴王杀伍子胥于吴(今江苏苏州),而至广陵为涛,"子胥之神,竟无知也"。又涛、濑为一,如伍子胥为涛,谁又为濑?

---

[1]〔北魏〕郦道元著,陈桥驿校证:《水经注校证》,第713页。

[2] 潘凤英:《试论全新世以来江苏平原地貌的变迁》,《南京师院学报(自然科学版)》1979年第1期,第8—15页。

[3] 黄晖:《论衡校释:附刘盼遂集解》卷四《书虚》,第185页。

又海潮之起,以一月为盛衰周期(今称"月球潮汐"),则"如子胥为涛,子胥之怒,以月为节也"? 故此,王充总结说,民间"子胥之神为涛"的说法,就像秦始皇渡湘水遇风,而归罪于湘山所祠的舜之二妻,是不可采信的。王充的论难,自然颇中情理,同时,这正反映出在广陵涛与伍子胥之间建立联系的社会意识。这一情形,与江渎祠祭祀伍子胥的说法若合符节。因此,或可认为,江渎祠、广陵潮,在时人的精神世界中是有着紧密联系的,而最关键的连接点,则是广陵地处江海之会的地理环境。

广陵潮,不仅深深影响了汉代扬州地区的社会风俗,同时,在我国古代文学艺术中,也出现了以此为母题的诸多经典。琴曲《广陵散》,以曲声激越著称,宋元以后,多认为其本事为聂政刺韩相,琴谱小题有《别姊》《取韩相》之类。元人张崇已指出,聂政刺韩相,"特无与扬州事相近者","广陵"两字无从落实。杨宗稷、王世襄则认为,《广陵散》得名于扬州民间乐曲。[1]以其激越的曲调而言,《广陵散》与广陵潮之间,或亦有所关联。《乐府诗集》收录有古辞《长干曲》一首,谨迻录作结:

> 逆浪故相邀,菱舟不怕摇。妾家扬子住,便弄广陵潮。[2]

第二节　扬州地区的社会信仰

秦汉时期,社会信仰呈现出多元而活跃的态势。巫祝卜相,活跃于社会各阶层,扬州地区上承楚俗重巫的影响,表现尤为突出。随着人神之祠的流行,广陵朱璜与东陵圣母,成为扬州地区重要的信仰对象。扬州汉墓出土的文字资料,反映出汉代扬州地区社会信仰多元的鲜活侧面。

一、秦汉扬州的巫祝卜相

巫者及其巫术活动,几乎是人类各个早期文明当中的共同现象。中国早期国家起源的进程,同样活跃着巫的身影。陈梦家即曾指出,作为政治领袖

---

[1]　参韦明铧:《辨"广陵散"——〈广陵散〉绝响了吗? 》,《扬州文化研究论丛》第5辑,广陵书社2010年版,第170—171页。

[2]　〔南朝宋〕郭茂倩编:《乐府诗集》卷七二《杂曲歌辞十二》,中华书局2017年版,第1496页。

的商王,同时也扮演着"群巫之长"[1]。出土的十余万片殷墟甲骨,即是商人重卜的孑遗。至秦汉时期,虽已不再作为政治事务的决定者,但巫者及其巫术活动,仍然活跃于政治、社会的各个阶层及方方面面中。

以国家与皇室而言,汉武帝信用李少君、少翁、栾大等方士巫者,致神仙、招鬼神,司马迁云"今天子初即位,尤敬鬼神之祠",于此不无非议。武帝晚年的政治危机——"巫蛊之祸",亦与巫术活动牵系甚大。

以乡里社会而言,盐铁会议中,贤良文学便有这样的提法:"街巷有巫,闾里有祝。"[2]社会生活中普遍的巫的活动,也日益为新出土的秦汉墓葬、简牍资料所证实。

巫者及其巫术活动,同样活跃于秦汉时期的扬州地区。

高祖封刘濞为吴王,封拜之际,《史记》留下了这样的记录:

> 已拜受印,高帝召濞相之,谓曰:"若状有反相。"心独悔,业已拜,因拊其背,告曰:"汉后五十年东南有乱者,岂若邪? 然天下同姓为一家也,慎无反。"濞顿首曰:"不敢。"[3]

今人自然不再相信此种超验的政治预言。不过,刘濞受封,不仅有相者的活动,高祖"后五十年东南有乱"的预言,也被历代注家解作"占气者"所言。抛开神秘超验的叙事,吴王刘濞的封拜,与相者、占气者的关联可见一斑。

汉武帝时期,董仲舒为江都相,在他上奏给刘非的求雨之法中,提及"愿大王无收广陵女子为人祝者一月租,赐诸巫者。诸巫毋大小皆相聚于郭门,为小坛,以脯酒祭"[4],可知在当时的江都国都城,应活跃着相当数量的"女祝"与"诸巫"。从免除女祝租税而言,他们的巫祝身份,甚至可能会登记在相应的文书簿籍上,并受到江都国官府的管辖。每逢官方祠祀,则由官府征召相关巫祝,从事祭祷。

---

[1] 陈梦家:《商代的神话与巫术》,《燕京学报》第20期,1926年,第535页。

[2] 王利器校注:《盐铁论校注》卷六《散不足》,第352页。

[3] 《史记》卷一〇六《吴王濞列传》,第3395—3396页。

[4] 〔晋〕司马彪撰,〔梁〕刘昭注补:《续汉书》志第五《礼仪志中》,第3117—3118页。

江都王刘建在位,"专为淫虐",引起国中不满,国人多有意告发刘建。刘建惶恐不安,担心因罪受诛,与其王后成光密谋,"共使越婢下神,祝诅上"[1]。所谓越婢,或指南越巫女。刘建死后约十年,汉武帝平定南越,越人上言武帝,称"越人俗信鬼,而其祠皆见鬼,数有效。昔东瓯王敬鬼,寿至百六十岁"。武帝因令"越巫立越祝祠","祠天神上帝百鬼"。[2]大约正是因为越巫的名声,越婢亦得以在江都王宫登堂入室。

汉代扬州地区历任诸侯王,信用巫者的,绝非刘建一人。在刘建之后继任的广陵王刘胥,因觊觎帝位,最终自杀身死。《汉书》本传叙事的主体部分,就是刘胥所行诸祝诅事:

> 始,昭帝时,胥见上年少无子,有觊欲心。而楚地巫鬼,胥迎女巫李女须,使下神祝诅。女须泣曰:"孝武帝下我。"左右皆伏。言"吾必令胥为天子"。胥多赐女须钱,使祷巫山。会昭帝崩,胥曰:"女须良巫也。"杀牛塞祷。
>
> 及昌邑王征,复使巫祝诅之。后王废,胥寝信女须等,数赐予钱物。
>
> 宣帝即位,胥曰:"太子孙何以反得立?"复令女须祝诅如前。[3]

通篇所记,无外乎巫术祝诅事。尤可关注的,是所谓"楚地巫鬼"。战国楚文化中,巫风弥漫,楚辞《九歌》,所祷如东皇太一、云中君、湘君、湘夫人、大司命、少司命、东君、河伯、山鬼等等,是楚人遍祷群神的翔实反映。流风所及,号为"东楚之地"的扬州地区,浸染其风俗,也在情理之中。

因此,觊觎帝位的广陵王刘胥,特别将楚巫中或负盛名的女巫李女须迎至宫廷,下神祝诅。李女须假托武帝神魂,大言刘胥当为天子,自然迎合了刘胥的冀望。刘胥随之使李女须"祷巫山",巫山本就是楚地信仰中的望祀神山。后来,昭帝的早逝,昌邑王的短暂统治,在刘胥眼中,似乎都是李女须巫术祝诅的神验。直至宣帝册立太子,刘胥心知难登九五,一度中止了巫术祝

[1]《汉书》卷五三《景十三王传》,第 2416 页。

[2]《史记》卷一二《孝武本纪》,第 600 页。

[3]《汉书》卷六三《武五子传》,第 2760—2761 页。

诅。不久之后，刘胥因罪受谴，恚恨之余，"复使巫祝诅如前"，终因事情败露而自杀国除。

下逮东汉，流风未息。明帝朝，刘荆由山阳王徙为广陵王，就国之后：

> 荆复呼相工谓曰："我貌类先帝。先帝三十得天下，我今亦三十，可起兵未？"相者诣吏告之，荆惶恐，自系狱……其后使巫祭祀祝诅。有司举奏，请诛之，荆自杀。[1]

在刘荆因谋反而自杀国除的事件中，同样活跃着相者与巫者的身影。史传中的汉代王国史事，多详于其建国及谋反的过程。但像扬州地区这样，王国屡绝屡兴，而江都王刘建、广陵王刘胥、广陵王刘荆先后图谋反逆，使巫者祝诅而致自杀国除的情形，在两汉诸王国当中，也是并不多见的情形。这一现象，或许也反映出受楚人风俗影响，两汉扬州地区巫者及其巫术活动的活跃。

二、广陵朱璜与东陵圣母

风行草偃，不仅汉代扬州历任诸侯王是巫术信仰的拥趸，民众中也形成了一些独特的信仰或祷祠对象。文献可征的，则有广陵朱璜与东陵圣母。

广陵朱璜事迹，见于《列仙记》。此书旧题西汉末刘向所撰，《四库提要》疑"或魏晋间方士为之"，王叔岷则认为此书"自是汉人口吻"，"或有魏、晋间人附益者耳"，似得其实。[2]朱璜本事，传云：

> 朱璜者，广陵人也。少病毒瘕，就睢山上道士阮邱，邱怜之，言："卿腹中三尸，有真人之业可度教也。"璜曰："病愈，当为君作客三十年，不敢自还。"邱与璜七物药，日服九丸，百日病下如肝脾者数斗，养之数十日肥健，心意日更开朗，与《老君》《黄庭经》，令日读三过，通之，能思其意。遂与璜俱入浮阳山玉女祠，且八十年，后见故处。白发尽黑，鬓更长三尺余，过

[1]《后汉书》卷四二《光武十王传》，第1448页。
[2] 王叔岷：《列仙传校笺·序》，中华书局2007年版，第2页。

家，食止数年复去。如此，至武帝末故在焉。[1]

传中所谓"武帝末"，同书多见"高后时""武帝时""成帝时"，一般认为指汉武帝。但《黄庭经》似非西汉所能有，或出后人手笔。道士阮邱，同书亦有传，除种种奇术外，因"地动、山崩、道绝，预戒下人"，而为"世共奉祠之"。[2]朱璜故事中，璜因病而得阮邱医治，痊愈后随阮邱修习道术，亦登遐龄。由阮邱、朱璜修行于浮阳山玉女祠，以及阮邱为世所奉祠，朱璜故事的流行，应与盛行民间的祠祀之风关系密切。

朱璜之外，尚有东陵圣母。《续汉书·郡国志》"广陵"条云："有东陵亭。"刘昭注云：

> 《博物记》曰："女子杜姜，左道通神，县以为妖，闭狱桎梏，卒变形莫知所极。以状上，因以其处为庙祠，号曰东陵圣母。"[3]

东晋葛洪《神仙传》亦记其本末，事亦相近：

> 东陵圣母者，广陵海陵人也。适杜氏，师事刘纲学道，能易形变化，隐显无方。杜不信道，常恚怒之。圣母或行理疾救人，或有所之诣，杜恚之愈甚，告官讼之，云："圣母奸妖，不理家务。"官收圣母付狱，顷之，已从狱窗中飞去，众望见之，转高入云中，留所著履一两在窗下，自此升天。[4]

按，东陵亭，以《续汉书》的记录，其地应属广陵郡广陵县，《博物记》所云"因以其处为庙祠"，庙祠亦在广陵县东陵亭。清代阮元有《〈禹贡〉东陵考》，以为《禹贡》所记"大"东陵首起庐州舒城，经滁州清流关、六合、天长，至扬州甘泉、江都为尽。扬州之东陵，则在扬州西门外至古井寺、陈家集、衡山、冶山

[1]　王叔岷：《列仙传校笺·朱璜》，第153页。
[2]　王叔岷：《列仙传校笺·黄阮邱》，第155页。
[3]　〔晋〕司马彪撰，〔梁〕刘昭注补：《续汉书》第二一《郡国志三》，第3461页。
[4]　〔晋〕葛洪撰，胡守为校释：《神仙传校释》，中华书局2010年版，第228—230页。

一带,约即今蜀冈西麓,与今扬州西北的新扬高速走向大致相当。阮元之说,或备一说。所谓"左道通神",汉律有"执左道"的罪名,多与行巫术道术有关。《神仙传》则径称其"学道""信道",亦将其视作早期道教的代表之一。

东陵圣母的祠祀与信仰,绵延久远。《太平寰宇记》引刘遵之《神异录》,云南朝梁普通年间(520—526),东陵圣母显神,托梦于商人,立祠于江阴县南,至唐初毁于火。[1]唐段成式《酉阳杂俎》记祠中女道士康紫霞侍奉殷勤,亦得道化去,此后祠中常祠杜、康二女。今江都区原为仙女庙镇,仙女庙,说云即由此而来。唐怀素过江都,作草书《东陵圣母帖》,一名《圣母帖》,宋元祐三年(1088)摹刻刊石,石今藏陕西西安碑林第二室。今江都宜陵文星街戴氏家族,尚存一方后世所立《东陵圣母碑》。[2]

三、邗江胡场五号汉墓"神灵名位牍"

1980年4月,在距扬州市西郊约七千米的邗江县西湖公社胡场大队一带,发掘清理一座西汉中晚期木椁墓,编号为胡场五号汉墓(M5)。墓葬出土器物较丰富,其中有木牍13件(5件可释读),铜印3件等,知墓主王奉世,曾任广陵国官吏,卒于广陵王刘胥四十七年(宣帝本始三年,前71)。出土木牍中,有一件较为特殊,分五栏书写,通篇所记,全为神灵名号,共计30余条,99字,《简报》命名为"神灵名位牍"。[3]

因木牍迄今未有红外图版,部分文字释读尚存疑义,故以《简报》为主,参照田天释文[4],迻录如下。凡重文号、文字异写等,悉更为正字,以便阅读。

神灵名位牍彩色、红外图版[5]

[1]〔宋〕乐史撰,王文楚等点校:《太平寰宇记》卷九二《江南东道四·江阴县》"圣母祠"条,第1852—1853页。

[2]陈锴竑、姜龙、卢桂平主编:《扬州历史文化大辞典》,广陵书社2017年版,第118页。

[3]扬州博物馆、邗江县图书馆:《江苏邗江胡场五号汉墓》《文物》1981年11期,第12—23页。

[4]田天:《江苏邗江胡场五号汉墓木牍的再认识》《出土文献(第三辑)》,中西书局2012年版,第291—304页。

[5]彩色图版,为笔者近年所摄。红外图版,见连云港市博物馆、扬州博物馆等编:《江苏连云港·扬州新出土简牍选》,〔日〕每日新闻社2000年版,第188—190页。

表 8-1　　　　　　　　　　　　　神灵名位牍释文

1	2	3	4	5
江君　仓天	大翁	石里里主	当路君	宫司空
上蒲神君　天公	赵长夫所祷	宫春姬石之君祷	荆主	社
高邮君大王	淮河	大王　宫中菜氾	奚丘君	□邑
满君	瑜君	吴王　□□神社	水上	塞
庐相氾君	石里神社	□王	宫君王	
中外王父母	城阳荃君	氾扬神王	□社	
神魂		大后垂		

上表所见神灵名位，切近而如实地展现出宣帝本始年间，广陵国官吏王奉世及其家人的信仰世界的图景，是尤可珍贵的资料。以下就其中可以辨识的神名，稍作解读。

第一组：仓天、天公。仓天、天公是汉代信仰世界中位阶较高的神祇。20世纪 70 年代，安徽亳县曹氏宗族墓出土带有"仓天乃死"的字砖，已为学界所

邵家沟 T29H2 出土封泥，篆书阳文"天帝使者"

熟知。1957 年，扬州高邮邵家沟汉代遗址中，出土有"天帝使者"封泥一件，同出一方符箓木牍中，亦有"天帝神师"的文字，"天帝"，或是相类似的神名。[1]

第二组：江君、淮河等。此类即山川神祇，宣帝时将江水祠移置江都，已见前文。此牍将江君拔置群神之首，可见在汉帝国的江水祠移置江都前，江神的信仰，已盛行于扬州地区。淮河，宣帝时祠于平氏（今河南桐柏平氏镇）。此外，如奚丘君、庐相氾君等，或亦属此类。总体呈现出的，仍是带有楚地色彩的山川谱系。

第三组：石里里主、石里神社等。同墓所出告地策，称"石里男子王奉世"，可知石里为王奉世傅籍或生活的里。里主、神社，应为王奉世所生活的乡里

---

[1]　江苏省文物管理委员会：《江苏高邮邵家沟汉代遗址的清理》，《考古》1960 年第 10 期，第 18—23 页。

共同体所祷祀的神祇,神社或专指石里土地神。

第四组:中外王父母。秦汉时期的"王父母",即指今"祖父母"。中外王父母,即家族祖先神。

第五组:大王、吴王等。此类即人神。大王所指不明。吴王,或指吴王夫差,或指吴王刘濞,均与扬州地区关系较深。疑此处的吴王指夫差,大王或指吴太伯。此外,刘濞虽非善终,但汉人亦有祀"恶神"的风俗,六朝盛行于广陵、建康等地区的蒋子文信仰,亦如此类。

第六组:当路君、水上。《盐铁论·散不足》云"今富者祈名岳,望山川,鼓牛击鼓,戏倡舞像。中者南居、当路、水上、云台……",亦将当路、水上并举。有学者认为,与出行禁忌,或祈求水、陆交通的顺遂有关。[1]水上,亦多见于战国楚简当中,是楚地的代表神祇。[2]

第七组:宫中菜氾、宫君王、宫司空。此类神名,均带"宫"字。据同墓所出"日记牍",王奉世生前当任职于广陵国官署。则此处与"宫"相关的神灵,或与他用事王宫的经历有关。

上面的简单梳理,或可帮助我们进一步认识王奉世——一位卒于公元前71年的广陵国官吏——的信仰世界。有理由相信,在丧葬的情境下,王奉世及其家人所祷祠的群神,大多都活跃于汉代扬州地区的信仰世界当中。"神灵名位牍"也是迄今为止,得以窥见汉代扬州地区社会信仰面貌的最为鲜活的资料。

四、出土符咒牍、买地券与漆式盘

扬州地区的汉代考古资料中,与汉代巫术与早期道教相关联的,或者说,反映出汉代扬州地区社会信仰的,似可以"地不爱宝"来概括。最为关键的,当属邵家沟符咒木牍、仪征联营漆式盘、刘元台买地券3件。

1957年,在当时高邮县城以北约8千米的里运河东岸,发掘清理了邵家沟汉代遗址。在第2号灰沟中出土了一件汉代木牍,长28厘米,宽3.8厘米,因其上带有早期符画,一般称为"符箓木牍"或"符咒木牍",为早期道教研

---

[1]　参王子今:《胡场汉牍研究》,《考古与文物研究——纪念西北大学考古专业成立四十周年文集》,三秦出版社1996年版,第343—347页。

[2]　参杨华:《楚地水神研究》,《古礼新研》,第287—312页。

究者所重视。[1]木牍现藏南京博物院,迄今仅刊布过60年代的缩印摹本,不得不称为遗憾。

木牍左上角,《简报》原释"符君",并称下为"七星符画"。按汉代七星为北斗,六星为南斗,基于摹本"符"字上部的两"口",刘乐贤将其更释为"北斗君",认为其下所绘,应即北斗七星图(摹本仅六星)。

"北斗君"与北斗图以下,是一道早期道符,即"遵循一定的宗教思维逻辑,通过文字和图象表达特定思想的符号"[2]。符中约第三字处,大致为"鬼"字,据以下所附咒文,此通道符或即表"劾鬼"之意。

咒文部分,综合《简报》与刘钊、刘乐贤的意见,可释为:

> 乙巳日死者,鬼名为天光。天帝神师已知汝名,疾去三千里。汝不即去,南山豻琦令来食汝。急如律令。[3]

邵家沟符咒木牍

通过鬼神名字以劾鬼的办法,在战国时期《日书》的文本中,已有所记录。后世道藏中的《女青鬼律》等著述中,亦有收罗各类鬼名的记录。此即牍文所谓"乙巳日死者,鬼名为天光"。

天帝神师,前文已有论及,可解为天帝所派遣的使者,如同见于邵家沟遗址的"天帝使者"封泥。

豻琦,刘钊认为即曾出现于睡虎地秦简中的一种专门吃鬼的神,或也写作"宛奇",约即文献中的"穷奇"。其形象,多以虎的面目出现。

最后的"急如律令",是早期道教文书对汉代行政文书用语的模拟。总

---

[1] 江苏省文物管理委员会:《江苏高邮邵家沟汉代遗址的清理》,《考古》1960年第10期,第18—23页。

[2] 参王育成:《东汉道符释例》,《考古学报》1991年第1期,第55页。

[3] 参刘钊:《江苏高邮邵家沟汉代遗址出土木简神名考释》,《东南文化》2003年第1期,第69—70页;刘乐贤:《邵家沟汉代木牍上的符咒及相关问题》,《简帛数术文献探论》(增订版),中国人民大学出版社2012年版,第200—211页。

体而言,此道符咒木牍的主旨,即挟天帝使者与豼猗之威,劾退名为天光的鬼祟。

据文献记载,符的出现,渊源较早。而考古实物所见的符,均不早于东汉中晚期。邵家沟符咒木牍,是使我们窥探其早期形态的实物证据。刘乐贤指出,邵家沟符咒木牍的研究价值,至少有三点较为特别:第一,考古所见汉代符画,多书于墓葬中的陶瓶上。邵家沟木牍,则是迄今唯一一件书于简牍上的。第二,目前所见汉代符画,绝大多数出土于北方地区。南方地区,仅此一件。这对我们理解该地区早期的巫风炽盛及以后魏晋天师道的兴起,均有裨益。第三,已知的汉代符画中,符画、咒辞均与后世道藏文本最为接近的,或者说关系最为紧密的,也是这一件邵家沟木牍。[1]

1975 年,在扬州甘泉山以南、老虎墩以西的地方,发现一座汉代砖室墓,出土一件东汉熹平五年刘元台买地券。学者指出,作为汉代随葬明器的买地券,并非实在的土地买卖文书,而是冥世土地买卖契约。[2]目前,可靠的汉代买地券,约共 13 件,多数为铅质,少数为砖质或玉质。刘元台买地券为砖质,形制较为特殊,外为七角柱形,内为中空圆形。券有七面,每面宽约 1.9 厘米,各刻隶书券文一行,内填朱砂,计 102 字。[3]券文内容为:

> 熹平五年七月庚寅朔十四日癸卯,广□
> 乡乐成里刘元台,从同县刘文平妻[买得]
> 代夷里冢地一处,贾钱二万,即日钱毕。[南]
> 至官道,西尽坟漢,东与房亲、北与刘景□
> 为冢。时临知者刘元泥、枕安居,共为券书,
> 平执。不当卖而卖,幸为左右所禁,同平□
> 为是。他如律令。[4]

---

[1]　刘乐贤:《邵家沟汉代木牍上的符咒及相关问题》,第 210—211 页。

[2]　鲁西奇:《中国古代买地券研究》,厦门大学出版社 2014 年版,第 51 页。

[3]　蒋华:《扬州甘泉山出土东汉刘元台买地砖券》,《文物》1980 年第 6 期,第 57—58 页。

[4]　释文参鲁西奇:《中国古代买地券研究》,第 33 页。

刘元台买地券

熹平五年,是东汉末灵帝年号,即公元176年。"广□乡乐成里",即刘元台傅籍或所居的乡里。"广□乡",蒋华据方志补为"广武乡",鲁西奇补为"广陵都乡"。"同县代夷里",代夷里,今冢墓所在,应即东汉末代夷里辖地。所谓同县,以地望而言,当属广陵县。则前"广□乡",似以广陵某乡为宜,鲁说或是。"贾钱二万",指冢地地价,以往多被视为汉代土地交易的实际证据。鲁西奇援引许倬云的研究,认为汉代中等之家的总财产,包括土地、宅院等,在二万钱左右。因此,买地券中所记地价,恐怕是出自虚构,即"虚构的冥世田亩数与冥钱数,并非实指"。[1]以下言冢地四至,官道、坟垄,或为地理标识,"东与房亲、北与刘景□为冢",似指与房氏、刘氏墓地为邻。"临知者",即订立此件契约时的见证者,或也在虚实之间。"券书",是战国秦汉契约文书的一种,往往由立券双方各执其一,以便核验,除券书上的文字外,亦往往刻有券齿,以防诈伪。而之所以在墓中安置此件买地券,即特别向冥府声明墓主对冢墓土地的所有权。

丧葬情境下的买地券的制作与随葬,至晚始于东汉时期,以后根植于中国古代丧葬文化当中,直至明清时期,丧葬时仍多有使用。同时,在历史后期,汉唐间以砖、铅等为载体的买地券,也逐渐开始使用纸质文书为载体,有时亦在营葬时一并焚化。

一个有趣的巧合是,向前追溯,买地券的起源,一般认为至少与汉初墓葬所出现的"告地策"有着密切的关系。汉初告地策,目前可考者亦不足十件。而在前揭胡场五号汉墓中,亦出土有一件告地策,文为:

卅七年十二月丙子朔辛卯,广陵宫司空长前、丞能敢告/土主:广陵

---

[1] 鲁西奇:《中国古代买地券研究》,第51页。

石里男子王奉世有狱事,事已,复故郡乡 / 里,遣自致移梠穴。卅八年,狱计承书从事,如律令。[1]

《简报》认为,墓主王奉世,因事下狱物故,故随葬此牍,向地下世界的统治者"土主"移籍。在秦汉时期,随着"编户齐民"政策的贯彻,户籍制度渗透在汉人日常生活的方方面面。因此,在王奉世死后,家人特别模拟阳世转移户籍的文书,拟托广陵宫司空长、丞,向"土主"递呈文书,告知王奉世身死,从此徙居冢穴,祈求地下世界的官吏"承书从事",接纳王奉世成为地下世界的一员。从"告地策"到"买地券",显示出汉人丧葬仪式中的一大变化。但不论如何,使死者安神后土,大概是神灵名位牍、告地策、买地券等丧葬文书为丧家所制作随葬的共同原因。

总之,买地券是中国古代丧葬文化中源远流长的组成部分。鲁西奇总结道:"它向地下神祇宣告亡人在阳世的生命已经结束,从而正式成为冥世的一分子,并通过'买地'取得了在阴间的居留权和居住地,而且此种权力受到诸如《女青律令》之类冥世法律的保护。同时,它还意味着亡人魂灵不得再回到人世间……从而将生人与亡魂阻隔开来。"[2]

2006 年 3 月,在仪征市刘集镇联营村赵庄组,经抢救清理一座西汉早期墓葬(YLM10),墓葬出土一件保存完好的漆式盘,为研究古代式占提供了实物证据。[3]联营漆式盘,不仅是扬州地区的首次出土,以全国而言,刊布著录的式盘,总数亦不多。

式占,是以式——"一种模仿宇宙结构的工具"来进行占卜。以所用方法、工具的不同,式占有所谓六壬式、太乙式、遁甲式和雷公式等等。[4]联营出土的漆式盘,大致可认为是六壬式所用式盘。唯不同于后来有明确区分的天盘、地盘(如安徽阜阳双古堆汉墓 M1 出土漆木式),联营漆式盘因时代较早,

---

[1] 扬州博物馆、邗江县图书馆:《江苏邗江胡场五号汉墓》,《文物》1981 年 11 期,第 17—18 页。

[2] 鲁西奇:《中国古代买地券研究》,第 20 页。

[3] 仪征博物馆:《江苏仪征刘集联营西汉墓出土占卜漆盘》,《东南文化》2007 年第 6 期,第 19—22 页。

[4] 李零:《中国方术考·式占》,中华书局 2019 年版,第 30 页。

尚未作明显的区分。

　　联营漆式盘上的文字,内层所列,为天干,按五方五行排列,分别为:中央"戊己土",东方"甲乙木",南方"丙丁火",西方"庚辛金",北方"壬癸水"。四方将式盘大致分割为四个相等的三角区域(由方形的两条对角线交叉划分),分别对应十二地支、十二月与二十八宿的相应部分。最外层的二十八宿,每边七宿,分别为奎、娄=(娄女)、胃、昴、毕、觜=(觜觿)、参,代表西方白虎;角、亢、氐、房、心、尾、箕,代表东方苍龙;斗、牵=(牵牛)、婺=(婺女)、虚、危、营=(营室)、东=(东壁),代表北方玄武;东井、舆=(舆鬼)、柳、七星、张、翼、

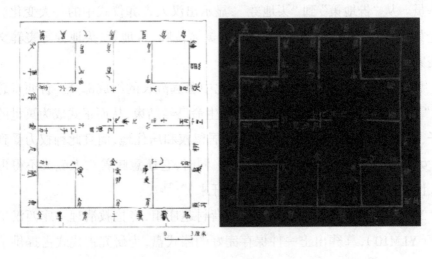

扬州仪征联营出土的漆式盘

轸,代表南方朱雀。二十八宿名中,式盘上多见重文号"="的写法,实际就是双名宿名的省略,如"娄="即"娄女","营="即"营室"等等。

　　联营漆式盘的面貌,虽然与已出土的汉代式盘似乎均有差异,但一个特别的情形是,北京大学藏西汉竹书中,有自名为"揕舆"(即"堪舆")的篇目,是一种古代选择类数术文献,全篇存2000余字。其中,在简册上所绘制的式图,与联营漆式盘几乎如出一辙,有着惊人的相似性。[1]简册的书写方向是明确的,因此,将上图中的联营漆式盘,沿逆时针方向旋转90度以后,其形制与文字,均与北大简《揕舆》中的式图,高度一致。以西方庚辛金为例,《揕舆》

----

[1]　北京大学出土文献研究所编:《北京大学藏西汉竹书(伍)·揕舆》,上海古籍出版社2014年版,第89—146页。

式图由内向外,逐层书写"庚辛金""寅卯辰""七月八月九月""奎、娄女、胃、昴、毕、觜、参",与联营漆式盘几乎完全一致。甚至,部分双名宿名,以重文号省略的情形,也与联营漆式盘高度相似。

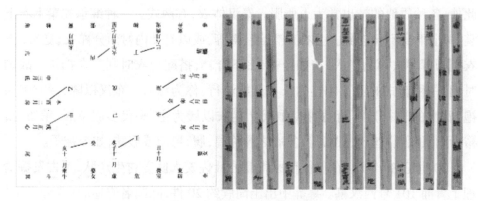

北京大学藏西汉竹书《揕舆》

由此应可认为,联营漆式盘与北大《揕舆》篇,共同呈现出了西汉早期式占之法的面貌。两者之间的高度一致性,或反映出其时代与地域上的相近。而篇帙较详的北大简《揕舆》篇,无疑为联营漆式盘的进一步研究提供了可能。将二者相联系,对于早期方术的知识传播,或许也可得出一些有趣的新见。

第三节　扬州地区的社会生活

《汉书·食货志》云:"《洪范》八政,一曰食,二曰货。食谓农殖嘉谷可食之物,货谓布帛可衣,及金刀龟贝,所以分财布利通有无者也。二者,生民之本。"[1]食、货二者,自古以来为生民之本,时至今日,粮棉生产与经营,仍是关乎民生的重中之重。这里围绕衣、食、住、行来管窥秦汉时期扬州地区的社会生活。

一、服饰

秦汉时期,随着统一国家的出现以及社会经济的繁荣,人们的服饰日益丰富多彩。以材质而言,不仅流行葛布、麻布,种类纷繁的丝织物以及动物皮

[1]《汉书》卷二四《食货志》,第1117页。

毛也进入人们生活。

秦汉时期,男子束发,施以头衣,视其身份、地位,各有不同。劳动者或戴笠、帽,士阶层以上则戴冠,武士则戴弁,在重要的礼仪场合,高级贵族则戴冕。此外,各种质地的帻也常为人所服。秦汉体衣,有两式。一种继承先秦上衣下裳,即上下身不相连属。上衣有襦、袭、褐等,或以有无内衬而分禅衣、复衣;下衣则为裈、袴,裈为里衣,袴如今裤,多不合裆,搭配短衣时则穿合裆袴。战国时期,一种新式的上下相连的长衣开始流行,称为深衣。东汉以降,深衣多为袍(宽大的长衣)、襜褕(宽袍)取代。足衣以履为主,平民多服草履、苇履,富裕者则服漆履、丝履、锦履等,复底之履称舄,履、舄内或服袜,如今袜子。

20世纪80年代,在仪征市原胥浦公社佐安大队姜村生产队,考古发掘清理了胥浦101号西汉墓。墓葬中出土简牍约20件,除闻名遐迩的"先令券书"外,《简报》中称作"木牍衣物券"(M101:82)及"赗赠木方"(M101:86)的两件木牍,均保留了时人服饰的讯息。[1]

木牍衣物券(M101:82):

> 高都里朱君衣:绮被一领,禅衣二领,禅裳一领,素绢一领,绿袷一领,绫袍一领,红袍二领,复裳二领,禅襦二领,青袍二领,绿被一领,绣襦一领,红襦一领,小缣三领,绵被一领,绮被一领,绪绞一,绅一两,凡衣禅复廿五领。

按,"木牍衣物券"中,衣物共25件,牍末称"凡衣禅复廿五领"。复,牍中作"複",与"襌(禅)"相对。据《说文》,"衣不重",即单层衣,为"襌";"重衣",即多层衣,为"複(复)"。《三国志·管宁传》称管宁"随时单、复",即随天气寒暖更换单衣、复衣。牍中此句,是以单衣、复衣,总括牍中所载衣物。

牍中所见衣物种类较多,以质地而言,有绮(有纹饰的丝织物)、绢(粗丝织物)、绫(细布帛)、绵(丝絮)、绪(粗麻)等;以颜色而言,有素、绿、红、青、绣(五彩)等,从中大致可见西汉晚期纺织业的水平,以及汉人的厚葬风

---

[1] 扬州博物馆:《江苏仪征胥浦101号西汉墓》,《文物》1987年第1期,第1—19页。

俗。唯各项衣物名称较为复杂,各自含义也与现代字义有所差别,以下略作说明。

被。《说文》云:"寝衣,长一身有半。"按,当时大被称"衾","被"则指所谓"小卧被"。长一身有半,其长至膝。

襌衣、襌裳。《说文》云:"上曰衣,下曰裳。"所谓衣裳,即上衣下裳,是一种上下身不相连属的服制。此处襌衣、襌裳相连,当即搭配使用。

袷。《说文》:"衣无絮。"一说为"衣领"。

袍。先秦的袍,指内衣,《诗·无衣》"与子同袍",即用此义。东汉以后,袍则为外衣,《释名·释衣服》:"袍,丈夫着,下至跗者也。"按,牍中有青、红、绫诸袍,似应指外衣,是一种宽大的长衣。[1]

襦。《说文》:"短衣也。"襦有单、复之分,单襦与衫相近,复襦则与袄相近。汉人服短襦时,下装常配以一种两裆缝合的合裆袴(裤)。"赗赠木方"中亦见"长襦",则多与长袴搭配使用。

绋。棺绳。疑释读有误,或当为"练",通"袜","袜一两"是简牍中的常见语,字形亦较相近。

此外,如缇、绞,尚难解明。

赗赠木方(M101:86):

> 又取布六丈、褐一匹、履一两,凡直钱千一百卌……又取缣二匹,直钱千一百于舆;又取三千钱,罢采用为衣……又取长襦一领,直钱千二百……

赗赠木方所记录的衣物价格,或可与西北边塞的相关记录相参验。布价,居延汉简308.7A云"布一匹,直四百",一丈约四十钱。履价,居延新简ESC:85云"履一两,直百五十"。长襦价,居延汉简116.40云"偿居延卒李明长襦钱二千六百"。据此,胥浦赗赠木方,或是西汉扬州地区衣物价格的如实反映。

---

[1]　孙机:《汉代物质文化资料图说》(增订本),第279页。

胥浦 101 号西汉墓的墓主人朱凌,据《简报》推测,"当是一个身份较低而拥有一定田产的小地主或小土地所有者"。[1]其所随葬的"衣物券"与"赗赠木方",大致展现出在乡里拥有一定财富者的服饰情形。衣物疏,在江苏连云港尹湾汉墓中亦有所发现,以所记录的内容而言,部分是较为相近的。扬州地区,近来亦有新出土的衣物疏的发现,相关资料的全面公布,或许会进一步加深我们的相关认识。

传世文献中,直接反映秦汉扬州地区服饰的资料较少。《汉书》在记叙江都王刘建种种不法之举时,云:

> 繇王闽侯亦遗建荃、葛、珠玑、犀甲、翠羽、猿熊奇兽,数通使往来,约有急相助。
>
> 颜师古注云:许慎云"荃,细布也"……盖今南方箈布之属皆为荃也。葛即今之葛布也。以荃及葛遗建也。[2]

可知随着政治、经济交流的展开,南方地区所产的一些服布品类,也进入到汉代扬州贵族生活当中。

二、饮食

汉代人的饮食,仍和中国早期农业起源的情形一致,主食以五谷为主,即稻(水稻)、黍(糜子)、稷(粟,谷子)、麦(小麦)、菽(大豆),其中,稻、黍、稷、麦是日常主粮,菽则是最常见的油料作物。

汉代编户齐民的饮食,《四民月令》中有所记载,以栽培作物及畜养禽兽为主。据西北汉简所见戍卒廪食资料,汉代丁男口粮合每月二石,折合每日六升,约合今 1.5 市斤;每月配盐三升,约合今 360 毫升。佐食所用调味品,以姜、芥、豉、酱为主。蔬菜的食用较少,只有韭、葵、葱、芥、芜菁等几种。酒与肉食的消费,多见于官吏阶层及官府接待,一般吏卒的消费比例较低。[3]相比一般平民,帝王公卿,列鼎而食,食物种类丰富,烹饪考究。马王堆汉墓遣

---

[1] 扬州博物馆:《江苏仪征胥浦 101 号西汉墓》,第 13 页。
[2]《汉书》卷五三《景十三王传》,第 2417 页。
[3] 赵宠亮:《行役戍备:河西汉塞吏卒的屯戍生活》,科学出版社 2012 年版,第 165—239 页。

册显示，种种野物，也成为富贵人家的珍馐。就秦汉扬州地区而言，传世文献与考古资料，或多或少地遗留下一些讯息，其中，既展现出汉人饮食的时代图景，也透露出一些地域性的饮食风尚。

《诗经·葛屦》最末一句，为"彼汾一曲，言采其葂"，注疏云：

> 葂，水舄也。郭璞引《毛诗传》曰：水蕮也，如续断，寸寸有节，拔之可复。陆机疏云：今泽蕮也。其叶如车前草大，其味亦相似，徐州广陵人食之。[1]

葂，是一种水生植物，一般认为即"泽泻"。其茎高约六十至九十厘米，叶椭圆形，夏季开小白花。按晋人陆机的记录，食用这样一种水生植物的饮食习惯，似乎流行于汉晋间的扬州地区。

《续汉书·郡国志》广陵郡"东阳县"条，注云：

> 县多麋。《博物记》曰："千千为群，掘食草根，其处成泥，名曰麋畯。民人随此畯种稻，不耕而获，其收百倍。"又扶海洲上有草名蒒，其实食之如大麦，从七月稔熟，民敛获至冬乃讫，名曰自然谷，或曰禹余粮。[2]

在今扬州市西北四五十千米，经考古调查，发现有秦汉时期东阳城遗址，东汉为广陵郡辖县。[3]据上述引文，东阳县由于麋鹿的蕃息，土壤肥沃，百姓种植稻谷，"不耕而获"。而在东阳县所属"扶海洲"，应即海中沙洲上，有名为"蒒"的草本植物，其籽实与大麦相近，自农历七月成熟，可一直采食至冬，因有"自然谷""禹余粮"的别名。

食葂、食蒒的饮食传统，体现出作为农耕传统的补充，渔采狩猎，尤其是以采集的方式获取食物，不仅见于秦汉时期扬州地区的社会生活当中，并且形成了一种带有地域饮食文化特色的风尚，从而为文献所特别记录。

---

［1］《毛诗正义》，〔清〕阮元校刻：《十三经注疏》（清嘉庆刊本），第758页。

［2］〔晋〕司马彪撰，〔梁〕刘昭注补：《续汉书》第二一《郡国三》，第3461页。

［3］尹焕章、赵青芳：《淮阴地区考古调查》，《考古》1963年第1期，第1—8页。

此外,因江海之利,鱼类的食用,特别是"鱼脍"这样的饮食方式,也盛行于扬州地区。《后汉书·方术传》云:

> 广陵太守陈登忽患匈中烦懑,面赤,不食。(华)佗脉之,曰:"府君胃中有虫,欲成内疽,腥物所为也。"即作汤二升,再服,须臾,吐出三升许虫,头赤而动,半身犹是生鱼脍,所苦便愈。佗曰:"此病后三期当发,遇良医可救。"登至期疾动,时佗不在,遂死。[1]

"脍"作为一种饮食习惯,先秦时代即已流行。《论语·乡党》云"食不厌精,脍不厌细",即指此。《说文》:"脍也,细切肉也。"即将肉食细切食用,常用作牛、羊、鱼、鹿等的处理办法。《礼记·内则》:"脍,春用葱,秋用芥。"即以葱、芥等辛香料佐食。因脍食以食用生肉为多,所以,上述华佗、陈登的故事,或出于方术家的拟托,未必是实录。但是,因长期食用生鱼肉,而使腹内有寄生虫,因而致病致死的情形,应当是一项切实的记录。其所以拟托于广陵太守陈登,或也反映出扬州地区因地近江、海,而尤其盛行此种饮食风尚。

西汉枚乘的《七发》当中,借客与太子的对谈,历数了当时扬州地区的美食,誉之为"天下之至美":

> 客曰:犓牛之腴,菜以笋蒲。肥狗之和,冒以山肤。楚苗之食,安胡之飰,抟之不解,一啜而散。于是使伊尹煎熬,易牙调和。熊蹯之臑,勺药之酱。薄耆之炙,鲜鲤之鲙。秋黄之苏,白露之茹。兰英之酒,酌以涤口。山梁之餐,豢豹之胎。小饭大歠,如汤沃雪。此亦天下之至美也。太子能强起尝之乎?[2]

其中所胪列的美食,有将草饲的丰腴牛肉,佐以笋、蒲;将肥美的狗肉,佐以石耳;将楚地之禾,佐以菰米为羹;将熟制的熊掌,佐以五味调料;将薄切的兽肉,炙烤食用;将新鲜的鲤鱼,细切生食。时令蔬菜,又有秋黄之苏,与白露之

---

[1]《后汉书》卷八二《方术传·华佗》,第2738页。

[2]〔梁〕萧统编,〔唐〕李善注:《文选》卷三四《七发》,第1563—1564页。

茹。佐餐之酒,芬芳馥郁。山间的野禽,及与熊掌齐名的豹胎,列作珍馐。谷物、羹汤,仿佛入口即化。

上述记录,和马王堆汉墓遣册所见食用品类纷繁的野味珍馐的情形,是大致相近的。毫无疑问,这绝非一般编户齐民所能享用的菜肴,而是贵族阶层的饮食风尚。

扬州汉代墓葬中,也出土有相当数量的文字与实物的饮食资料。

1979 年,在邗江胡场一号汉墓中,出土漆笥 14 件,作长方盒形,分大、中、小三种,纹饰均用朱红和暗绿二色描绘,主体纹饰为流云纹。在盖壁一端,书有藏物名称计 13 种,分别为“肉一笥”“脯一笥”“鲍一笥”“梅一笥”“饧一笥”“䏻一笥”“钱金一笥”“居女一笥”“诸遮一笥”等。[1]

1980 年,在邗江胡场五号汉墓中,出土一批木签、木瓠,大多是随葬食物的记录。其中,木签 6 件,出土于“侧厢北部装食品的草包附近,长方形圆头,圆头涂黑”[2]。据后来公布的彩色图版,木签上部,都钻有两个小孔,应是以细绳穿系捆扎于相应的“笥”(即《简报》所云“草包”)。其文字为“集台月笥”“饧䅤居女笥”“枏𣞤笥”“金钱笥”“鲍笋笥”“脯脩腊笥”。除“金钱笥”外,分别略述如下。

集台月笥。集,一般认为指“雜(杂)”。台,《中国简牍集成》释“旨”,通“脂”。月,即肉字。集台月笥,指盛放脂与肉类的竹笥。[3]一说台指“鲐”,即河豚。[4]

饧䅤居女笥。饧,即糖。䅤(zú),《集韵》:“吴俗谓熬米为饵曰䅤。”即熬米所制小食。居女,即“粔籹”,一种以蜜糖和面所做的饼,先秦时期即已流行。

枏𣞤笥。枏,即梅。𣞤(ruǎn),是一种黑枣。

鲍笋笥。鲍,《集成》释“瓠”,《简报》、毛静释“鲍”,应是。鲍,指盐渍

---

[1]　扬州博物馆、邗江县文化馆:《扬州邗江县胡场汉墓》,《文物》1980 年第 3 期,第 1—10 页。

[2]　扬州博物馆、邗江县图书馆:《江苏邗江胡场五号汉墓》,第 19 页。

[3]　中国简牍集成编辑委员会编:《中国简牍集成》第十九册,敦煌文艺出版社 2005 年版,第 1866 页。

[4]　毛静:《汉墓遣策校注》,西南大学硕士学位论文,2011 年,第 82 页。

鱼或干鱼,将鲍与笋一并烹调,是汉代常见的饮食。

脯脩腊笥。脯、脩、腊,均指干肉。一说"腊"应释"腦",指肥肉。[1]

同墓所出木觚,共7件。上部为封泥斗,封泥上有"王"字,指王家为王奉世夫妇所作。其中,与饮食相关的有6件,分别为"五种橐""粱米橐""黄芩橐""粧米橐""酒米橐""蘖鞠橐"。橐,字形从㯱从巾,应指盛放东西的布囊。将木觚捆缚在布囊上,并钤印封泥,用以随葬。

五种橐。五种,即稻、黍、稷、麦、菽五谷。

粱米橐。粱米,即粟,小米。

黄芩橐。黄芩,一种草药,可以清热解毒。

粧米橐。粧,即今"饼"字。粧米,指做饼的米。

酒米橐。酒米,酿酒的米。

蘖鞠橐。鞠,通"麴"。蘖鞠,即酿酒所用的酒曲。

1983年,扬州西北郊的平山养殖场汉墓,亦出土木签三枚,形制与胡场五号汉墓木签相似,上部亦钻有两个小孔。唯迄无图版公布,仅见早期的摹本。其文为"大食笥""大集笥""鲍笋一笥",均曾见于胡场M5木签、木觚。

2015年,由南京博物院与扬州市文物考古研究所等单位,在宿扬高速扬州胡场段,即原胡场汉墓周边,重新启动了汉墓考古发掘工作。其中,五号墓出土了几件自名为"械"的漆盒。[2]在其侧立面的黑色底漆上,髹以朱漆,亦作长方形、圆首,其中有墨书文字。其髹漆及墨书文字的情形,与胡场五号汉墓所出木签较为相似,或即模仿木签的使用而来。其文字为"檽械",即单独盛放黑枣的漆盒。

此外,扬州地区汉代考古工作,亦发现过一些汉代籽实遗物。1974年,在扬州肖家山一带的东风砖瓦厂四号汉墓中,出土有栗核与枣核多枚。[3]1975年,在邗江甘泉一号汉墓中,据称出土有"釉陶泡菜罐"一件,判断依据不明。[4]1979年,在邗江胡场五号汉墓的随葬漆笥中,出土有甜瓜和

---

[1] 赵宁:《散见汉晋简牍的搜集与整理》,吉林大学硕士学位论文,2014年,第194—195页。

[2] 秦宗林、闫璘:《扬州胡场汉代墓葬》,《大众考古》2015年第11期,第14—15页。

[3] 扬州博物馆:《扬州东风砖瓦厂汉代木椁墓群》,《考古》1980年第5期,第405页。

[4] 南京博物院:《江苏邗江甘泉东汉墓清理简况》,《文物资料丛刊》第4期,第118页。

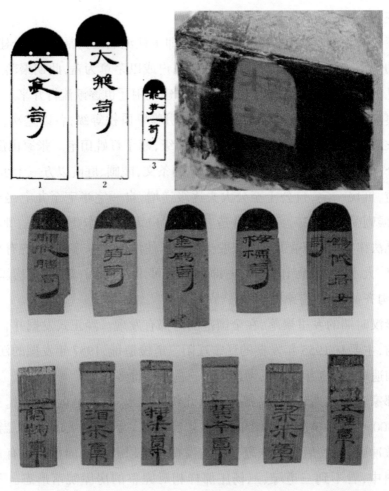

扬州汉墓出土的饮食相关资料（左上：1983 年平山养殖场汉墓出土 3 件木牍摹本；右上：2015 年宿扬高速扬州胡场段五号墓出土漆櫑械朱底墨书；下：1980 年邗江西湖胡场五号墓出土木签、木觚）

西瓜籽等夏熟植物。[1]80 年代，在胥浦 101 号汉墓中，出土有枣核、杏核及粟等。[2]总之，以汉代一般编户齐民的饮食而言，以五谷为主，辅以菜蔬及肉干、鱼脍，是较普遍的情形。以贵族饮食而言，则远较平民丰富，且多有食用野味的情形。因江海之利，"食荚""食蒱"，大概是扬州地区的独特风俗。

---

[1] 扬州博物馆、邗江县图书馆：《江苏邗江胡场五号汉墓》，《文物》1981 年第 11 期，第 19 页。

[2] 扬州博物馆：《江苏仪征胥浦 101 号西汉墓》，《文物》1987 年第 1 期，第 11 页。

三、居住

秦汉时期的房屋建筑,以土木建筑,即木柱泥墙最为常见,部分建筑亦有用砖的情形。视家庭地位与财富,一般民户或以茅草为盖,此期聚落遗址中,亦多见板瓦、筒瓦、瓦当的出土,可知民户建筑用瓦也逐渐流行开来。

秦商鞅变法,建立军功爵制,已有"明尊卑爵秩等级,各以差次;名田宅臣妾衣服以家次"的记载[1],即按军功爵级,赐予百姓田宅。张家山汉简《二年律令·秩律》中,见有依准爵级赐田宅的条文,园圃、庭院以方三十步的"宅"为单位,庶民一宅,自公士至公大夫逐级递增,自一宅半宅至九宅,公乘二十宅,彻侯则受百五宅。[2]官府并造"民宅园户籍",以作登载管理。睡虎地秦简所见法律案例,记录了当时一般士伍的居住情形,"一宇二内,各有户,内室皆瓦具,大木具,门桑十木"——即堂屋一间,卧室两间,都有门,房屋都用瓦盖,木构齐备,门前有桑树十株。[3]

秦汉时期的乡里聚落,在全国范围内都有发现。经正式发掘并刊布相关资料的,主要有1955年发掘的辽宁辽阳三道壕遗址、1957年发掘的江苏高邮邵家沟遗址、2003年发掘的河南内黄三杨庄遗址等。

邵家沟汉代遗址,在高邮县城以北约8千米,位于里运河东岸。发掘面积约400平方米。遗址使用年代,在东汉晚期。因为水灾的缘故,当时的聚落曾被冲毁,在灾后重新恢复。或与发掘较早以及发掘面积较小有关,已公布资料中,看不到三道壕、三杨庄那样相对完整的房屋院落形态。不过,在T23偏西北处,清理出一座地窖,深2.4米,自窖口向下收缩,窖内出土有陶缸、灰陶壶、漆碗、竹篾编织物、小陶鸡、乌鱼头骨及西瓜籽等,还有两个头盖骨。

在遗址2号井井底,铺满绳纹砖。在遗址中,也出土不少瓦当、半筒瓦和板瓦:

[1] 《史记》卷六八《商君列传》,第2696页。

[2] 彭浩、陈伟、〔日〕工藤元男主编:《二年律令与奏谳书——张家山二四七号汉墓出土法律文献释读》,第218页。

[3] 睡虎地秦墓竹简整理小组编:《睡虎地秦墓竹简·封诊式·封守》,文物出版社1990年版,第149页。

瓦当的花纹多为如意云纹。半筒瓦面上,有鱼尾纹,有的在鱼尾纹间印 Ⅹ♤Ｔ＊ 钱纹(按,简报释为"五铢泉□"),有的则印成"申"字。板瓦多为粗布纹,观其用途,板瓦做底,凹面向上,以流雨水,半筒瓦盖缝,再以瓦当勾头。[1]

邵家沟遗址中,较多地用砖、用瓦的情形,与三道壕、三杨庄的情况相似,反映出汉代一般聚落建筑中砖、瓦的普遍使用。瓦当、瓦面上的云纹、钱纹等,也反映出人们在房屋建筑中借以祈福的情形。

扬州汉代考古当中,曾发现过明确的木构建筑遗址。1973 年 4 月,于扬州城北黄金坝东风砖瓦厂取土工地 C 区,发现两组西汉木构建筑遗址。其一号房址(肖·C·F1),是呈长方形的单体木构建筑。F1 以剥去木皮的楠木圆柱为支架骨干,残存高度均约在 225 厘米,木柱间距约为 320 厘米。圆木柱下,均有略大于柱的方形木板垫脚,或是早期木构建筑柱础的雏形。在土层堆积中,发现一定数量的板瓦。F1 的墙体,是以带皮小树段分层堆砌而成。东西两面圆木墙,均砌在两列圆木柱的外侧,东侧墙尚存 10 列,每列多为 4 根圆木顺长平砌而成。该房址地坪为坚硬的泥地。二号房址(肖·C·F2),也是呈长方形的单体木构建筑。其东头紧挨在 F1 的西侧圆木墙上,西口壁面平整,未见有门户残迹。F2 的南壁由 3 根扁方柱和柱间平板构成,方柱间距为 92 厘米,推测原应有 5 柱。北壁则由 18—30 厘米的平板构成,南北壁间距 165 厘米,北壁长约 223 厘米。F2 木构建筑的柱与板壁都进行过二次加工,其顶面结构也坍塌无存。遗址所出土的货币,均为半两钱,可推断遗址时代为西汉初期。这两座房屋遗址,对于认识秦汉时期扬州地区的房屋建筑具有非凡的价值与意义。[2]

这两座西汉初木构建筑的营建方式,与 1979—1980 年发掘的高邮天山一号汉墓(广陵王刘胥墓),亦有相似之处。天山一号汉墓,先于坑底积石积炭五层构筑基础,而后在其上营造"题凑之室"。先从南向北铺方形垫木(11.2×0.4×0.4 米)两至三层,数在 60 根以上,其上东西两边各竖立柱 5 根,

[1] 江苏省文物管理委员会:《江苏高邮邵家沟汉代遗址的清理》,第 23 页。

[2] 朱江:《记西汉木构建筑遗址》,见朱江"美国中文网"博客,网址为 http://www.sinovision.net/home/space/do/blog/uid/31643/id/116463.html。

高 2.1 米,南北两面边沿各置门框(均两重),在立柱之间和南北门框中间,以"题凑"方木(0.94×0.4×0.4 米)层层嵌砌。[1]

先置立柱,再围以树段或方板的办法,在黄金坝房址与天山汉墓的营建中,是一致的。当然,这也是中国传统木构建筑的基本营造法式之一。营建所用木料的一些基本数据,如黄金坝的 220 厘米与天山汉墓的 2.10 米,以及前者的 92 厘米和后者的 0.94 米,均相接近。汉初一尺长约 23.1 厘米,则上述两组数据,前者或取近一丈,后者则与汉制四尺,即 92.4 厘米,尤其相近。这一点,或许也呈现出西汉前期,扬州地区木构建筑营造法式的一些情形。

汉代一般人民的居所,多为庭院式建筑,即文献与简牍所言"一丈为内""一宇二内"[2]。富贵之家,则多有楼阁式建筑,即所谓"高台层榭,接屋连阁"[3]。这两种建筑形态,在扬州地区汉代墓葬出土明器中,也有所体现。

扬州汉墓出土的陶楼、陶仓

(图左:1984 年邗江县甘泉乡老虎墩东汉砖室墓出土黄釉陶楼;图中:1992 年邗江甘泉镇姚湾村顺利组东汉砖室墓出土绿釉陶仓;图右:陶仓铭文拓片[4])

老虎墩汉墓出土陶楼(图左),通高 38.5 厘米,面阔 20 厘米,进深 15 厘米,

[1] 梁白泉:《高邮天山汉墓发掘的意义》,《梁白泉文集·博物馆卷》,第 170—171 页。

[2] 黄晖:《论衡校释:附刘盼遂集释》卷一三《别通》,第 689 页;《睡虎地秦墓竹简·封诊式》,第 149 页。

[3] 刘文典撰,冯逸、乔华点校:《淮南鸿烈集解》卷九《主术训》,第 367 页。

[4] 图左、图中引自扬州博物馆官网。图右引自李健广:《江苏邗江甘泉顺利东汉墓清理简报》,《东南文化》2009 年第 4 期,第 54 页。

米黄色胎,通体施黄釉。陶楼为上下两层,下层正面有两扇半开着的大门,门上饰有兽衔环铺首各一件,两侧及上方刻划出门框,下边置三级台阶。上下两层间出檐,塑出瓦垄。上层正面,开两扇对称的窗,窗之间的隔墙上饰兽面衔环铺首。楼顶作四阿式顶,上盖筒瓦。[1]

　　顺利组汉墓出土陶仓(图中),通高 29.7 厘米,腹径 18.2 厘米,台座长19.8 厘米,宽 19.5 厘米,泥质红陶胎,满施绿釉。陶仓由可拆分的屋盖和仓房两部分构成。屋盖呈圆伞状,中部为十字形屋脊,翘角,中央有一圆形小孔,顶面饰有凸起的瓦垄纹,如车辐状。仓房呈圆筒形,上部略收,中下部稍大,直壁,平底,下连方形台座。仓房的中部设有一单扇窗口,阴线刻窗框,窗扇微开,窗下伸出一平台。窗的两侧各用阴文隶书字体刻有一竖排铭文,左侧铭文为"屯(囤)耑(端)大吉利,内(纳)谷",右侧铭文为"屯(囤)上鸟,名凤皇(凰),宜富昌,辟(避)央(殃)"[2]。

　　这两件陶楼、陶仓,是为丧葬特别制作的明器,是现世建筑的缩影,直观反映了汉代房屋式样、结构、风格等。陶仓上的铭文,亦反映出汉人祈求富贵吉祥的社会意识。

扬州胡场 20 号汉墓木椁板[3]

　　2015 年宿扬高速扬州胡场段 20 号汉墓出土的木椁板,也反映出汉代木构建筑的面貌。左侧的画面,是一座建筑的外视面,屋盖所刻绘的或为庑殿。左右各有两立柱,上枋下础。外墙上的纹饰,即画像石中常见的"穿壁纹",

[1]　扬州博物馆:《江苏邗江县甘泉老虎墩汉墓》,《文物》1991 年第 10 期,第 65 页。

[2]　李健广:《江苏邗江甘泉顺利东汉墓清理简报》,《东南文化》2009 年第 4 期,第 54 页。

[3]　扬州博物馆《华美再现——汉代木漆器保护成果展》陈展文物,扬州大学王磊摄。

或称"琐纹"。中间的画面,是建筑的大门,门开两扇,上为门楼,门楼上有窗,左为直棂窗,右为格棂窗。门楼顶部,左右刻绘玄武、朱雀的形象,表示祥瑞来集。右侧上部的画面,刻绘有左右双阙,中有二人扬槌敲打建鼓。其整体所欲表现的,是希望墓主人在地下世界中,能够享用高规格的庭院户宇,享受富足的冥世生活。在墓室椁板上的此类刻绘,在扬州地区的汉墓中是较为常见的。

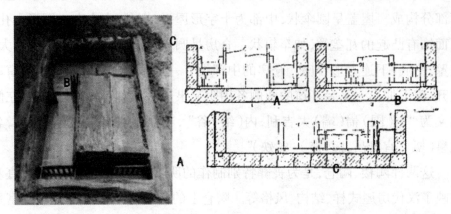

江苏邗江姚庄 101 号西汉墓椁室结构

1985 在扬州市西北甘泉乡姚庄村发掘的 101 号西汉墓,墓主人被认为是西汉晚期广陵国的中级武官。[1]较为特别的,是墓葬中用以分隔厢室的隔墙以及南北两端,均镂刻为较写实的门墙。这三道门墙,及其在椁室中用以分隔的情形,也反映出汉代扬州地区现世建筑的样貌。

四、出行

秦汉时期,各种形制的车辆既是陆路交通的主体部分,也是社会等级与财富的象征。西汉枚乘在《七发》中写道:"驯骐骥之马,驾飞轮之舆,乘牡骏之乘……游涉乎云林,周驰乎兰泽,弭节乎江浔"[2],极言富贵之家车马游幸的欢愉,就绝非一般编户齐民所能负担的。

扬州地区汉代车马遗迹与遗物,不断有所发现。

1979—1980 年发掘的高邮天山汉墓,有明器车马出土,但相关资料尚未公布。

---

[1] 扬州博物馆:《江苏邗江姚庄 101 号西汉墓》,《文物》1988 年第 2 期,第 19—43 页。

[2] 〔梁〕萧统编,〔唐〕李善注:《文选》卷三四《七发》,第 1567 页。

1985年,在仪征新城镇丁冲村南发掘清理了烟袋山西汉墓。2007年,在烟袋山汉墓西北50米处发现4座车马陪葬坑,被认为附属于烟袋山汉墓。4座车马陪葬坑中,K1—K3遭盗掘严重,出土铜车马器共约80件,推测K1葬有1辆马车,K2、K3均葬2辆马车。4号坑保存较完好,出土木质及鎏金铜质车马器共计349件,按器物组合,分属于6辆车。根据同坑所出人俑及动物俑等,《简报》认为,K4应葬有"马车4辆、牛车2辆、马俑14匹、牛俑2头、人俑88个,人俑有文吏俑、立兵俑、立侍俑、骑马俑、跽坐俑等,组成了一组声势浩大的车马仪仗队"。进一步复原后,《简报》认为,2辆马车为双辕单马的"轺车",即四面敞露的马车;另外2辆马车,可能为"戎车"或"猎车";2辆牛车,则规格较低。[1]

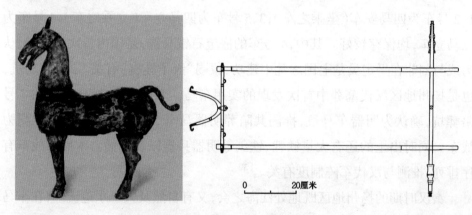

K4出土木马俑及双辕"轺车"复原图

2009—2012年,在江苏盱眙县马坝镇云山村大云山山顶发现的大云山汉墓,即西汉江都王刘非的陵寝中,出土了大量的车马器。大云山一号墓(M1,王墓)的外回廊保存较好,分为上下两层,上层放置明器车马20余辆,车厢内大多放置各类兵器等,此外,北回廊下层为车马明器区。M1中,共出土铜车马器2742件(组),器类有盖弓帽、伞柄箍饰、车軎、辖、釭、锏、轴饰、伏兔、兽首构件、帽饰、马蹄形管饰、管、辕首、门轴饰、衡末、轭足饰、轙、当卢、马衔镳、节约等。其中,铜辕首7件,均为龙首状,通体鎏金。此外,尚有出土多件金、银、铁及嵌

[1]　扬州市文物考古研究所、仪征市博物馆:《江苏仪征市烟袋山西汉车马陪葬坑发掘简报》,《考古》2017年第11期,第45—65页。

宝石车马器,包括银制伞柄箍饰一件,满嵌玛瑙、绿松石珠饰的盖弓帽若干。[1]

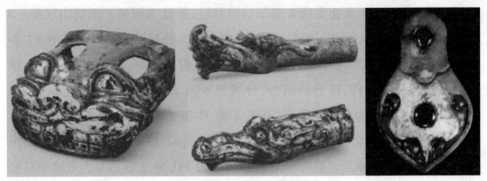

大云山 M1 鎏金铜辕首与 K2 嵌宝石银马饰

除 M1 外,在大云山江都王陵内 2 号车马坑中,出土 5 辆实用马车。其中,1、2 号车为四马安车(坐乘之车),3、5 号车为四马立车(立乘之车),4 号车为三马立车,均保存较好。其中,4 号车的嵌宝石银马饰,是国内首次出土,被认为或与刘非在平定吴楚七国之乱中建功,蒙赐"天子旌旗"有关。2 号车马坑,也是扬州地区汉代墓葬中首次发现的实用车马。[2]此外,在陵区东南的 7 号陪葬坑,确认为明器车马坑,推测共陪葬明器马车 50 余辆,车辆形制推测为战车。同时出土的还有大量铁戟、铁剑等明器兵器以及木俑。木俑和战车有序排列,推测与汉代军阵制度有关。[3]

秦汉时期的扬州地区既地处江海之会,又有自然及人工水道流经,在车马之外,舟船亦是扬州地区流行的交通工具。《汉书》所记江都王刘建事迹,有:

> 建游章台宫,令四女子乘小船,建以足蹈覆其船,四人皆溺,二人死。后游雷波,天大风,建使郎二人乘小船入波中。船覆,两郎溺,攀船,乍见乍没。建临观大笑,令皆死。[4]

---

[1] 南京博物院、盱眙县文广新局:《江苏盱眙县大云山西汉江都王陵一号墓》,《考古》2013 年第 10 期,第 3—68 页。

[2] 南京博物院编:《长毋相忘:读盱眙大云山江都王陵》,译林出版社 2013 年版,第 71—77 页。

[3] 中国社会科学院考古研究所文化遗产保护研究中心、南京博物院考古研究所大云山考古队:《江苏盱眙县大云山汉墓七号陪葬坑实验室考古清理》,《考古》2017 年第 8 期,第 52—58 页。

[4]《汉书》卷五三《景十三王传》,第 2415—2416 页。

可知江都王宫建章宫内,有专供行船的池苑。扬州历史上著名的"雷塘",也曾是汉代诸侯王游幸行船的所在。

高邮天山一号汉墓外藏椁的盖板、挡板中,部分刻有"广陵船官材板广二尺四""广陵船官材板,广四尺,厚十寸,长丈四尺"等文字。"广陵船官",不见于史籍,梁白泉认为"很可能是广陵国专为王室提供舟船的属官"[1]。不论其说是否可信,汉代扬州地区存在专门以造船为业的官方机构,是确定无疑的事实。

2007年,仪征烟袋山西汉车马陪葬坑4号坑中,出土明器木船一件,形制与广州、江陵出土的汉代明器木船较为接近。其船面较平,平底,首尾两端微上翘,尾部设舵,两舷上的卯孔用于安装帮板。同出10件小型人俑,应为操桨、掌舵者。船身应有舱室结构,但已无法复原。据推测,木船的用途,应为内河航行的货船。[2]

2015年,宿扬高速扬州胡场段20号汉墓的木椁板画,在画面的右下角,也刻绘有船只的形象。船身有明确的舱室结构,其顶檐、立柱及格棂窗,均有清晰的刻绘。尤为特别的,是在船尾刻有一个较大的船舵,并有操舵者立于其侧。船舵雏形的出现,一般认为在西汉时期。到东汉时期,船舵逐渐发展成熟,有些在船尾处还有专设的舵楼。胡场M20木椁板上的船舵,大概正在其演变的轨迹之中。[3]

烟袋山K4出土明器木船与胡场M20木椁板上刻绘的船只

［1］梁白泉:《高邮天山一号汉墓发掘侧记》,《梁白泉文集·博物馆卷》,第165页。

［2］扬州市文物考古研究所、仪征市博物馆:《江苏仪征市烟袋山西汉车马陪葬坑发掘简报》,第64—65页。

［3］参孙机:《汉代物质文化资料图说》,第141页。

第四节　扬州地区的婚丧节庆

婚丧节庆是社会生活的重要组成部分。秦汉时期,扬州地区的相关礼俗,既浸染在全国性的"大传统"之中,也呈现出一定的地域特色,扬州地区的汉代考古资料提示出诸多鲜活个案。

一、婚姻

婚姻家庭关系,是人类社会的重要方面。秦汉时期,以血缘、婚姻为纽带的小家庭,也是法律意义上构成帝国编户的基本单元。

秦汉时期,男女的始婚年龄较小。战国后期以来的长期战争,使得人口严重减少,社会经济凋敝不堪。因此,国家通过颁布行政法令,鼓励年轻男女婚配,以推动人口滋殖。汉惠帝六年(前189),诏曰:"女子年十五以上至三十不嫁,五算。"[1]汉代女性的初婚年龄,一般在十三四岁至十六七岁;男子的初婚年龄,与女性大致相当,一般不超过二十岁。王莽将其女嫁与汉平帝为后,时帝年十二,后年十三。西北边塞遗简所见永光四年(前40)吞胡隧长张彭祖符(29.2),记其子辅年十九,辅妻南来年十五。[2]当然,受战乱与社会动荡、家庭经济状况以及其人相貌、品行等因素的影响,始婚年龄也存在或早或晚的情形。

男女为婚,先须议婚。议婚,一般多由夫家或介者请于女家,由女家决定是否许嫁。或由女家提议为婚,如吕公奇刘邦状貌,遂以女妻之。也有女子自主婚者的,如平阳主请婚卫青、孟光愿配梁鸿等。大体来说,男女婚姻的缔结,常以容止、才德、门第、财富等为考量因素。

秦汉时期男女婚仪,尚部分依循古礼,多参照《仪礼·士昏礼》,行纳采、问名、纳吉、纳征、请期、亲迎等。夫家遣媒人向女家求婚,称"纳采",贽礼多用雁,贵者尚须璧、羊、酒等凡三十种,并撰谒文。女家许婚受礼,答以"奉酒肉若干,再拜反命"。纳采之后,夫家问女子姓名生辰,称"问名"。归以之卜吉,称"纳吉"。占卜得吉,即由夫家向女家"纳征",约同今聘礼。唯汉人奢

---

[1]《汉书》卷二《惠帝纪》,第91页。

[2]　简牍整理小组编:《居延汉简(壹)》,"中央研究院"历史语言研究所2014年版,第91页。

侈,最重聘礼,皇帝聘后黄金万斤,一般平民或以致饥困。次则择定婚期吉日,
称"请期",尤以仲春二月与仲秋八月为良辰。至婚期,由新郎亲往迎娶。汉初,
以民生凋敝,"郡国二千石或擅为苛禁,禁民嫁娶不得具酒食相贺召",至宣帝
五凤二年,特下诏皆准,令郡国"勿行苛政"。[1]至婚后三月,新妇谒拜夫家祖
庙,婚礼告成。

　　不同于历史后期,秦汉婚姻形态的一个特别现象,即出妇改嫁、寡女再嫁
之风盛行,并涵盖社会各个阶层。东汉光武帝之姊湖阳公主"新寡",光武帝
即与"共论朝臣",并诏引公主所属意的大司空宋弘,宋弘乃答以"贫贱之知
不可忘,糟糠之妻不下堂"。[2]汉宣帝皇后许平君,当宣帝微时,初嫁内者令
欧侯氏子为妇,未成礼而寡居,再嫁宣帝。至宣帝即位,不立霍光之女,而必
立许平君为皇后。

　　西汉江都王刘非有所宠美人淖姬,刘非死而未葬,其子刘建于丧中取与行
奸。及刘建以罪自杀后,赵王刘彭祖再纳淖姬,"甚爱之,生一男,号淖子"[3]。
2009 至 2012 年间,江苏盱眙大云山江都王刘非陵寝考古工作中,其陪葬墓
M10 出土十余件带有"淖氏""淖"铭文的器物,参考其墓葬等级与卒葬时间,
发掘者认为,M10 墓主人即为文献记载中的淖姬。[4]淖姬的生平行止,或可显
示出汉代婚姻形态中的相对自由,至少贞节观念远不及后世那般严格禁锢。

　　1984 年,仪征胥浦 101 号西汉墓出土的"先令券书",亦提供了相关认识。
券书写成于汉平帝元始五年(5),是老妪向子女交代身世并析分财产的文书,
也是迄今保存最早的完整的遗嘱文书。文书提及:

> 有三父,子男女六人,皆不同父。欲令子各知其父家次,子女以君、
> 子真、子方、仙君,父为朱孙;弟公文,父吴衰近君;女弟弱君,父曲阿病
> 长宾。[5]

---

　[1]《汉书》卷八《宣帝纪》,第 265 页。

　[2]《后汉书》卷二六《宋弘传》,第 905 页。

　[3]《汉书》卷五三《景十三王传》,第 2421 页。

　[4] 李则斌、陈刚:《江苏大云山江都王陵 10 号墓墓主人初步研究》,《东南文化》2013 年第 1 期,
第 70—73 页。

　[5] 扬州博物馆:《江苏仪征胥浦 101 号西汉墓》,《文物》1987 年第 1 期,第 1—19 页。

　　老妪先后嫁与朱孙、衰近君、病长宾,并生子女六人,可见汉代扬州地区女子再嫁之风。尤其特别的是,老妪竟要向诸子女交代各自生父,可知其再婚所生之公文、弱君,并未从各自父姓衰、病,而是以朱为姓。换言之,至晚在朱孙去世后,老妪已成为该户的女户主,而衰近君、病长宾的身份,或皆为赘婿。按,《二年律令·置后律》规定:"死毋子男代户,令父若母,毋父母令寡,毋寡令女,毋女令孙,毋孙令耳孙,毋耳孙令大父母,毋大父母令同产子代户",并有对"女子为户"者的相关规定。[1]即在法律规定中,寡妻有代为户主的权利。时代稍晚的走马楼吴简中,亦可见到 80 余例明确的女性户主。

二、丧葬

　　丧葬活动在中国古代社会生活中举足轻重,它既根基于宗族血缘纽带与祖先崇拜,对编户齐民而言,也是维系乡里社会的重要环节。

　　确认死亡后,由丧家沐浴尸身,敛以衣物,平民以布服,贵者以锦衣,帝王或用玉衣。并加饭含,秦汉多用玉蝉,纳于死者口中,以蝉能蜕化升遐,有不朽、复生之意。两手则持以玉握,多作玉猪形,或认为与"家"的观念有关,或认为象征财富。此外,人体孔窍,皆填以玉塞,称九窍塞,东晋葛洪云"金玉在九窍,则死人为之不朽"[2]。

　　丧家发丧,将死讯告知亲友故旧。汉代重孝,故凡长辈谢世,亲属在外者皆要赴丧。女子已嫁者也要归来奔丧,故江都王刘非死,其女徵臣为盖侯子妇,以丧来归。其知旧前来吊唁,或不避远道。不恤丧事者,不仅受到责难,有时甚或身陷罪法。东汉以后,官僚居位者如遇父母丧事,多去官还家,自居庐墓服三年丧。安帝时,邓太后诏"长吏以下不为亲行服者,不得典城选举",又命州牧郡守同此制度。[3]顺帝初年,左雄上书,建议郡县守令不宜频繁调任,"可就增秩,勿使移徙,非父母丧不得去官"。[4]随着儒学的兴盛,门生故吏亦多为其故主、老师奔丧,并有以"师丧"去官者。

　　[1] 彭浩、陈伟、〔日〕工藤元男主编:《二年律令与奏谳书——张家山二四七号汉墓出土法律文献释读》,第 238—239 页。

　　[2] 王明:《抱朴子内篇校释》卷三《对俗》,中华书局 1980 年版,第 51 页。

　　[3]《后汉书》卷三九《刘恺传》,第 1307 页。

　　[4]《后汉书》卷六一《左雄传》,第 2018 页。

赴丧吊唁,丧主须朝夕哭临,吊唁者哭泣如仪。亲友故旧赠送助丧财物,如赙钱、衣物、车马等,称作"赙赠"。湖北江陵凤凰山汉墓出土的赙赠木牍,正面记录了乡里成员各送赙钱,自四十至七十钱不等,背面则写道"不予者,陈黑、宋则齐"。换言之,乡里社会的成员,被认为有履行赴丧吊唁并赠送财物的责任,是汉代乡里秩序的重要部分。仪征胥浦 101 号西汉墓出土的赙赠木牍,记录了为丧事所取致的钱、衣物、布匹等,"凡直钱五万七千"。[1]

汉人卜葬,有相地、择日之术。葬地一般在高缓傍山处,以避水患。王充《论衡·讥日》引《葬历》云:"葬避……日之刚柔,月之奇耦。"[2]睡虎地秦简日书、放马滩秦简日书中,按男女阴阳,有"男女日""刚柔日""阴阳日""牝牡日"的不同称谓,语意相近。"避日之刚柔",指女日死者,当以男日葬,"女日葬,必复之"[3],即必有重丧。吊唁结束,则以葬日出殡。出殡时,置灵柩于丧车上,亲属随行至葬地,或有哀乐、挽歌、鼓吹等,以致哀苦。

汉人事死如事生,厚葬之风,弥漫朝野。东汉时,明帝下诏云:"今百姓送终之制,竞为奢靡。生者无担石之储,而财力尽于坟土。伏腊无糟糠,而牲牢兼于一奠。糜破积世之业,以供终朝之费,子孙饥寒,绝命于此。……有司其申明科禁,宜于今者,宜下郡国。"[4]汉人厚葬,靡费无已,恐非善俗,但同时也为后人留下了珍贵的实物资料。

近七十年的扬州汉代考古工作,共发掘汉墓逾 3000 座,取得了丰硕的成果。扬州汉墓的分布,大致依蜀冈地势东西蜿蜒。自今扬州市区北部蜀冈平山堂一线,向西经邗江七里甸、司徒庙,仪征新集、胥浦,西通南京六合方山;向东经扬州北郊黄金坝、湾头、凤凰河,江都太平河、金湾河、仙女庙,至土山坝附近隐没,复东起马桥、砖桥、塘头,向东至泰州逐渐消失,境内全长约 110 千米。扬州汉代墓葬,也主要随蜀冈走势而分布在这个广阔区域内。秦汉时期,是中国古代墓葬制度的变革与定型期,其特征可概括为从竖穴墓到横穴

[1]　扬州博物馆:《江苏仪征胥浦 101 号西汉墓》,《文物》1987 年第 1 期,第 12—13 页。

[2]　黄晖:《论衡校释:附刘盼遂集解》卷二四《讥日》,第 1149—1150 页。

[3]　武汉大学简帛研究中心、湖北省文物考古研究所、四川省文物考古研究院编,陈伟主编:《秦简牍合集》释文注释修订本(贰)《睡虎地 11 号秦墓竹简·日书甲种·葬日》,武汉大学出版社 2016 年版,第 353 页。

[4]　《后汉书》卷二《明帝纪》,第 114 页。

墓,从土坑木椁墓到砖室墓。扬州地区汉墓的形制与分期,与秦汉墓葬的宏观变化大致同步,具体或分为五期:

1. 西汉前期,约汉高祖至汉武帝,以单葬木椁墓为主,一棺一椁葬制流行,厚葬之风尚未流行。

2. 西汉后期,约汉昭帝至孺子婴,以夫妇合葬墓为主,葬具由椁墓向室墓演进,椁内开通,并多带有装饰性隔墙,随葬品由礼器向日用器皿过渡。

3. 新莽时期,葬式基本承袭旧制,葬具有所简化,随葬器物特征显著。

4. 东汉前期,约光武帝至章帝,砖室墓开始在扬州出现,但数量不多。

5. 东汉后期,约和帝至灵帝,砖室墓流行,木椁墓趋于简陋,随政治、经济的动荡,随葬品整体有所衰落。[1]

从竖穴墓到横穴墓,从土坑木椁墓到砖室墓的变化,既与厚葬之风有所关联,更关乎汉人生死观的重大变化。巫鸿指出:"室墓的出现因此暗示了对黄泉世界的一个新概念:地下世界不再完全与生人隔绝,(墓志)可被重新打开以接纳后死的家庭成员。"[2]

三、节日

随着秦汉政治上的大一统,先秦时期带有地域性差异的岁时节日,在走向成熟的同时,也逐渐整合为统一的"帝国时间"。

作为早期中国的时宪之书,战国秦汉的月令文献,日益进入人们的视野。《大戴礼记》所载《夏小正》,逐月记录物候与农桑活动,是今见最为古老的历法。战国末年,秦相吕不韦命门客撰成《吕氏春秋》,其"十二纪"的内容,是先秦月令知识的大整合。汉初以降,《礼记·月令》《淮南子·时则训》均沿袭了《吕氏春秋》的传统。此外,长沙子弹库战国楚帛书,清华大学藏战国竹简《四时》,银雀山汉简《迎四时》《五令》《四时令》,北京大学藏西汉竹书《节》《阴阳家言》,敦煌悬泉《四时月令诏条》泥墙题记等出土资料,进一步丰富了相关认识。

秦至汉初,行颛顼历,以十月为岁首,岁终置闰。至汉武帝太初元年(前

---

[1] 参印志华:《扬州地区汉墓的型制与分期》,《文博通讯》1981年第2期,第7—12页。

[2] 〔美〕巫鸿著,施杰译:《黄泉下的美术——宏观中国古代墓葬》,生活·读书·新知三联书店2010年版,第23页。

104），改行太初历，以正月为岁首，并将二十四节气订入历法。《淮南子·天文训》所记录的二十四节气，冬至、小寒、大寒、立春、雨水、雷惊蛰、春分、清明风至、谷雨、立夏、小满、芒种、夏至、小暑、大暑、立秋、处暑、白露降、秋分、寒露、霜降、立冬、小雪、大雪，标志着二十四节气的基本定型。

观时授历，以作为生产、生活的基准，在中国起源较早，并影响到国家制度、社会节庆等方面。《续汉书·礼仪志》云："每月朔旦，太史上其月历，有司、侍郎、尚书见读其令，奉行其政。"[1]即朝廷按月颁行"月历"，以作为官僚行政的指导。《史记·天官书》云："凡候岁美恶，谨候岁始。岁始或冬至日，产气始萌。腊明日，人众卒岁，一会饮食，发阳气，故曰初岁。正月旦，王者岁首。立春日，四时之始也。四始者，候之日。"[2]由物候节气转化而来的社会节庆，其中的相当部分，至今仍延续在人们的社会生活中。

每年的第一天，即秦至汉初的十月初一，武帝太初以后的正月初一，被称作"正旦"或"正日"，是秦汉迄今中国文化传统中最重要的年节。正旦当日，朝廷举行隆重的庆典，"大朝受贺"，皇帝于德阳殿接受公卿百官、远方四夷、郡国计吏的朝贺，规模在万人以上。宫城内会上演盛大的百戏杂伎，民间流行燃放爆竹以"辟山魈恶鬼"。正旦的前一天，即除夕，百姓逐傩驱疫，在家中安置桃梗、桃人，或于门上施神荼、郁垒，并悬挂苇索，以驱邪辟鬼。此外，正月十五日，祠祭太一神，张灯结彩。东汉以后，正月上丁日，行祠南郊；正月上亥日，皇帝行籍田礼，并祠先农。

三月上旬的第一个巳日，即"上巳"日，或称"大絜"。西汉时期，已有帝、后于灞水被除的记载。东汉以后，于三月上巳沐浴濯除，渐成风俗。司马彪云，三月上巳日，"宫人皆洁于东流水上"，又"官民皆絜于东流水上，曰洗濯被除去宿垢疢为大絜。絜者，言阳气布畅，万物讫出，始絜之矣"[3]。沐浴之外，亦常于是日设盛大宴会，歌咏祈福。

五月五日，即后世的"端午节"，亦是夏季的重要节庆。应劭《风俗通》云："五月五日，以五彩丝系臂者，辟（避）兵及鬼，令人不病温（瘟）。"又云："亦因

---

［1］〔晋〕司马彪撰，〔梁〕刘昭注补：《续汉书》志第四《礼仪志中》，第3101页。

［2］《史记》卷二七《天官书》，第1590—1591页。

［3］《后汉书》卷六一《周举传》，第2028页；《续汉书》志第四《礼仪志上》，第3110页。

屈原,一名长命缕。"[1]即至东汉末,人们已将五月五日与屈原联系起来,并着五彩丝以避瘟祈福。

夏至、冬至,汉人已有"阴阳暑景长短之极"的认识。[2]这两天,也是国家的法定节假日,百官休沐,不听政。按《四民月令》的记录,夏至日,民间常有宴请,并具肴膳,祠祀先祖。冬至日,则以黍、羔等祭祀玄冥、先祖。

汉人常以"伏腊"并称,指伏日、腊日,杨恽云:"田家作苦,岁时伏腊,亨羊炰羔,斗酒自劳。"[3]王莽改制,亦特别"改汉正朔伏腊日"[4],足见其在汉世影响之大。伏日在六月间,汉武帝曾于伏日赐从官肉食。至东汉时期,又有伏日万鬼行,须尽日闭门的风俗。民间或亦于此日祭祀祖先。腊日,一般在冬至后的第三个戌日。因时间与正旦相近,汉人或以"正腊"连称,并将其作为辞旧迎新的序幕,极为重视。腊日并是汉人家庭团聚的重要节庆,如西汉河南太守严延年,其母"从东海来","从延年腊";第五伦母老,不堪远行,"至腊日常悲恋垂涕"。[5]腊日,意味着丰盛的饮食、光鲜的衣服以及频繁的社交活动,如蔡邕《独断》所说,"腊者,岁终大祭,纵吏民宴饮"。[6]

秦汉时期的岁时节庆,国家也常颁行赏赐。就西北汉简的材料而言,一般戍卒,于腊日或得领腊钱、腊肉等等。[7]吴王刘濞在位,"岁时存问茂材,赏赐闾里",也被视作他得以受吴人拥戴的重要原因。[8]

秦汉时期扬州地区的社会生活与风俗,既受到全国性"大传统"的影响,也部分地呈现出区域性"小传统"的独特面貌,并与"大传统"有所互动交融。

由于秦汉时期扬州地区的自然地理条件,特别是今苏北海岸线与长江入海口的位置,宣帝神爵元年,徙江水祠于江都,位秩仅次于黄河、泰山。中

---

[1]〔宋〕李昉等撰:《太平御览》卷三一《时序部》,第 147 页。

[2]〔晋〕司马彪撰,〔梁〕刘昭注补:《续汉书》志第四《礼仪志中》,第 3125 页。

[3]《汉书》卷六六《杨恽传》,第 2896 页。

[4]《汉书》卷九八《元后传》,第 4035 页。

[5]《汉书》卷九〇《酷吏传》,第 3672 页;《太平御览》卷三三《时序部》,第 155 页。

[6]〔宋〕李昉等撰:《太平御览》卷三三《时序部》,第 157 页。

[7] 赵宠亮:《行役戍备:河西汉塞吏卒的屯戍生活》,第 98 页。

[8]《史记》卷一〇六《吴王濞列传》,第 3397—3398 页。

国古代国家祭祀体系中"岳镇海渎"的系统,最终确立,影响深远。同时,独特地理环境所带来的广陵潮的自然奇观,使汉唐间人观涛广陵的风俗绵延未歇,带来一大批文学佳作的传世。

以扬州地区的社会信仰而言,受到战国楚文化的深远影响,这既与扬州地区"东楚之中"的区域文化地位有关,亦与战国秦汉间楚文化的扩张("三嬗皆楚")渊源颇深。汉代扬州地区诸侯王宫廷中,活跃着一批巫祝卜相式的人物,他们的活动甚至对现实政治亦产生了影响。得益于简牍资料,我们得以见到扬州地区神灵信仰的谱系,其中亦反映出浓厚的楚文化的色彩。此外,汉代所流行的一些方术与早期道教的遗物,也在扬州地区有所发现。

以扬州地区的衣食住行而言,扬州汉墓出土的简牍衣物疏、遣册,以及图像、实物资料,呈现出汉代扬州社会生活的鲜活一面。结合文献资料,秦汉扬州地区的社会生活,既浸染于汉代流行全国的"大传统"中,也部分地体现出了扬州地区独特的社会面貌。

以扬州地区的婚丧节庆而言,基本浸染在秦汉时期全国性"大传统"的浪潮当中,亦部分呈现出地域性"小传统"的独特面貌。

第九章　魏晋南北朝时期扬州地区的区划沿革

魏晋南北朝时期的历史主题是战争与分裂。除了西晋短暂的统一以外，地处长江下游沿江北岸的广陵郡处于南北拉锯的中间地带。总而言之，广陵郡在三国时属曹魏；两晋时属西晋、东晋；南朝前期属宋、齐、梁；后期属北齐、北周。魏晋南北朝时期，广陵郡非但隶属之政权每每不同，即广陵郡辖境及其所辖的县级行政区也变动靡定。这些都决定着扬州地区的政治走向与历史地位。

第一节　魏晋广陵郡沿革

一、曹魏广陵郡沿革

东汉末年军阀割据，战乱频仍。及建安十八年（213）曹操平关中，终于统一北方，乃与西蜀刘备、江东孙权南北对峙。当年，曹操与孙权相持于濡须口，曹操"恐滨江郡县为孙权所略，欲徙令近内……既而民转相惊，自庐江、九江、蕲春、广陵，户十余万皆东渡江，江西遂虚，合淝以南，唯有皖城。"[1]孙权称帝，"淮南滨江屯候皆徹兵远徙，徐、泗、江、淮之地，不居者各数百里"[2]。于是曹氏江北诸地为之虚耗，不立郡县，成为弃地，而曹魏时期广陵郡的辖境也因此大为退缩。曹魏广陵郡及其辖县沿革如下：

广陵郡：据《续汉书·郡国志》，东汉时期广陵郡隶徐州，治广陵县。由于江北为魏、吴弃地，所以广陵郡乃北徙。汉末陈登为广陵郡太守，治射阳。[3]

---

[1]〔宋〕司马光编著，〔元〕胡三省音注，"标点资治通鉴小组"校点：《资治通鉴》卷六六"汉献帝建安十八年四月"条，中华书局1956年版，第2118—2119页。

[2]《三国志》卷五一《吴书·孙韶传》，第1216页。

[3]《三国志》卷四六《吴书·孙策传》裴注引《江表传》"广陵太守陈登治射阳"，第1111页。

及曹魏建国，广陵郡仍隶徐州。胡三省以为：曹魏“广陵属徐州……盖魏广陵郡治淮阴故城”[1]；《读史方舆纪要》：“三国魏移郡治淮阴，而以故城为边邑”[2]；《水经注》“淮水又东迳广陵淮阳城南”，《水经》：淮水“又东北至下邳淮阴县西，泗水从西北来流注之”[3]。淮阴县在曹魏隶下邳郡。由此可知，曹魏广陵郡治淮阴故城（今江苏淮安市淮阴区），地处淮南泗口以西处。

由于东汉广陵郡江北之地大多废弃，所以原广陵郡所辖堂邑、舆、东阳、安平、盐渎五县在曹魏时皆废。曹魏广陵郡仅领海西、淮浦二县。

（一）海西（220—265）：据《续汉书·郡国志》，海西县在东汉时即为广陵郡属县。《三国志·魏书·徐宣传》：“徐宣字宝坚，广陵海西人也。”[4]《宋书·州郡志》南徐州刺史临淮太守：“海西令，前汉属东海，后汉、晋属广陵。”[5]则曹魏时海西县属广陵郡。

（二）淮浦（220—265）：据《续汉书·郡国志》，淮浦县在东汉时属下邳郡。《三国志·魏书·徐宣传》：徐宣“避乱江东，又辞孙策之命，还本郡。与陈矫并为纲纪……海西、淮浦二县民作乱，都尉卫弥、令梁习夜奔宣家，密送免之”[6]。由此可知，曹魏淮浦县隶广陵郡。

二、西晋广陵郡沿革

《宋书·州郡志·南兖州刺史》：“广陵太守……晋武帝太康三年，治淮阴故城，后又治射阳。”说明西晋之初承曹魏旧制，广陵郡治淮阴故城。后改治射阳（今江苏宝应县东）。

西晋取代曹魏后，广陵郡仍隶徐州，淮阴县来属，加之曹魏广陵郡旧县，西晋初年广陵郡乃领海西、淮浦、淮阴三县。太康元年（280）晋武帝平吴，复立射阳、舆、海陵、广陵四县，至此，广陵郡领七县。太康二年（281），又置凌、盐渎

[1]〔宋〕司马光编著，〔元〕胡三省音注，"标点资治通鉴小组"校点：《资治通鉴》卷七八"魏元帝景元四年十二月"条胡注，第2477页。

[2]〔清〕顾祖禹撰，贺次君、施和金点校：《读史方舆纪要》卷二三《南直·扬州府》"江都县"，第1114页。

[3]〔北魏〕郦道元著，陈桥驿校证：《水经注校证》卷三〇《淮水注》，第713页。

[4]《三国志》卷二二《魏书·徐宣传》，第645页。

[5]《宋书》卷三五《州郡志一》，第1042页。

[6]《三国志》卷二二《魏书·徐宣传》，第645页。

二县,于是广陵郡乃领九县。太康六年(285)又置江都县,广陵郡乃领十县。

(一)海西(265—317):海西县在曹魏时属广陵郡。《宋书·符瑞志》:"太康三年六月,木连理生广陵海西。"[1]则晋太康三年广陵郡有海西县。又《宋书·州郡志·南徐州刺史·临淮太守》:"海西令,前汉属东海,后汉、晋属广陵。"[2]则西晋有海西县属广陵郡。

(二)淮浦(265—317):淮浦县在曹魏时属广陵郡,《晋书·地理志》中广陵郡列淮浦县为其属县。可知西晋承旧,淮浦县隶广陵郡。

(三)淮阴(265—317):魏淮阴县属下邳郡,《晋书·地理志》载淮阴县属广陵郡。《宋书·州郡志·南徐州刺史·临淮太守》:"淮阴令,前汉属临淮,后汉属下邳,《晋太康地志》属广陵。"[3]则太康三年(282)广陵郡有淮阴县。[4]当是晋初淮阴自下邳郡移属广陵郡。

(四)射阳(280—317):曹魏无射阳县,《晋书·地理志》列射阳县属广陵郡。《宋书·州郡志·南徐州刺史·临淮太守》:"射阳令,前汉属临淮,后汉属广陵,三国时废,晋武帝太康元年复立。"[5]由此可知射阳县于武帝太康元年复置,且属广陵郡。

(五)舆(280—317):曹魏无舆县,《晋书·地理志》列舆县属广陵郡。三国时舆县之地为魏、吴间弃地,则舆县似于武帝太康元年平吴后所置。

(六)海陵(280—317):曹魏无海陵县,《宋书·州郡志·南兖州刺史·广陵太守》:"海陵令,前汉属临淮,后汉、晋属广陵,三国时废,晋武帝太康元年复立。"[6]则武帝太康元年复立海陵县。又《左传·哀公十二年》经文杜注有广陵海陵县,则太康元年海陵县复置时即属广陵郡。

---

[1]《宋书》卷二九《符瑞志下》,第855页。

[2]《宋书》卷三五《州郡志一》,第1042页。

[3]《宋书》卷三五《州郡志一》,第1042页。

[4] 清代毕沅《太康三年地志》以为《晋太康地志》断限为太康三年。今从之。

[5]《宋书》卷三五《州郡志一》,第1042页。

[6]《宋书》卷三五《州郡志一》,第1054页《续汉书·郡国志》广陵郡无海陵县。又据《舆地广记》卷二〇《淮南东路》上"泰州望海陵县"条:"汉属临淮郡……东汉省之,晋复置,属广陵郡。"四川大学出版社2003年版,第584页。则所谓"后汉、晋属广陵"当为"后汉省,晋属广陵",中华书局标点本《宋书》失校。又,《晋书·地理志》作以"海阳"属广陵郡,中华书局标点本《晋书》校勘记据马与龙《晋书地理志注》改为"海陵",甚是,当从之。

（七）广陵（280—317）：曹魏无广陵县，《晋书·地理志》广陵郡列广陵县为其属县。三国时广陵地为魏、吴间弃地，则广陵县当于武帝太康元年平吴后所置。

（八）盐渎（281—317）：曹魏无盐渎县，《晋书·地理志》广陵郡列盐渎县为其属县。《宋书·州郡志·南兖州刺史·山阳太守》："盐城令，旧曰盐渎，前汉属临淮，后汉、晋属广陵，三国时废，晋武帝太康二年复立。晋安帝更名。"[1]可知太康二年复立盐渎县，且当属广陵郡。

（九）凌（281—317）：《宋书·州郡志·南徐州刺史·临淮太守》："凌令，前汉属泗水，后汉属广陵，三国时废，晋武帝太康二年又立，属广陵。"[2]则太康二年复立凌县，且属广陵郡。

（十）江都（285—317）：曹魏无江都县，《晋书·地理志》广陵郡列江都县为其属县。《宋书·州郡志·南兖州刺史·广陵太守》："江都令，汉旧县，三国时废，晋武帝太康六年复立。"[3]则太康六年复立江都县，且当属广陵郡，其后似仍属焉。

三、东晋广陵郡沿革

东晋广陵郡仍属徐州，《宋书·州郡志·南兖州刺史·广陵太守》"江左治广陵"[4]，则东晋时广陵郡治广陵（今扬州市西北蜀冈上）。

东晋广陵郡所领县锐减，西晋末所领之海西、淮浦、射阳、淮阴、凌县并无考，或已沦陷十六国，或已废。《宋书·州郡志·南兖州刺史·广陵太守》："江都令……江左又省并舆县"[5]，说明江都县省并入舆县。又，高邮县自临淮郡析出，改隶广陵郡。义熙九年（413）土断，山阳、海陵二郡自广陵郡析出，[6]盐渎县改属山阳郡。

（一）广陵（317—420）：西晋末广陵县为广陵郡属县，《宋书·州郡志》

---

[1]《宋书》卷三五《州郡志一》，第1055—1056页。

[2]《宋书》卷三五《州郡志一》，第1042页。

[3]《宋书》卷三五《州郡志一》，第1055页。

[4]《宋书》卷三五《州郡志一》，第1054页。

[5]《宋书》卷三五《州郡志一》，第1055页。

[6]《宋书》卷三五《州郡志一·南兖州刺史》：海陵太守，"晋安帝分广陵立"；山阳太守："晋安帝义熙中土断分广陵立。"第1055页。

广陵郡列广陵县,则广陵县在东晋当属广陵郡。

（二）海陵（317—420）：西晋末海陵县为广陵郡属县,《宋书·州郡志》广陵郡列海陵县,则广陵县在东晋当属广陵郡。

（三）高邮（317—420）：《晋书·地理志》临淮郡列高邮县,《宋书·州郡志》广陵郡列高邮县。洪亮吉《东晋疆域志》列高邮为广陵郡属县,今从之。

（四）舆（317—420）：西晋末舆县为广陵郡属县,刘宋《永初郡国志》广陵郡列舆县。《晋书·桓彝传》:"王敦擅权,嫌忌士望,彝以疾去职。尝过舆县,县宰徐宁字安期,通朗博涉,彝遇之,欣然停留累日,结交而别。"[1]则东晋广陵郡有舆县。

（五）江都（317—?）：西晋末广陵郡有江都县。《宋书·州郡志·南兖州刺史·广陵郡》:"江左又省并舆县。"则江都县东晋废,并入舆县。

（六）盐渎（317—413）:盐渎县在西晋末为广陵郡属县。《宋书·州郡志·南兖州刺史·山阳太守》:"晋安帝义熙中土断分广陵立",所列盐城令:"旧曰盐渎,前汉属临淮,后汉、晋属广陵,三国时废,晋武帝太康二年复立。晋安帝更名。"[2]可知盐渎县在义熙九年土断时自广陵郡改属山阳郡,并更名盐城。

（七）肥如（?—420）：刘宋《永初二年郡国志》广陵郡辖有肥如县,查《晋书·地理志》,幽州辽西郡有肥如县,当是永嘉后侨置肥如县,隶属广陵。

（八）潞（?—420）:刘宋《永初二年郡国志》广陵郡辖有潞县,查《晋书·地理志》,幽州燕国、并州上党郡皆有潞县,当是永嘉后侨置潞县,隶属广陵。

（九）真定（?—420）：刘宋《永初郡国》记载广陵郡又辖有真定、新市二县。据《晋书·地理志》,冀州常山郡有真定,冀州中山国有新市。则永嘉之后,真定、新市二县侨置江北,隶属广陵郡。此二侨县至刘宋元嘉中方废。

（十）新市（?—420）：详见"真定"。

（十一）高平（?—388—?）：查《晋书·地理志》,高平县为西晋兖州高平郡属县,《宋书·五行志》:"晋孝武太元十三年四月,广陵高平阎嵩家雄鸡,生无右翅。"[3]则东晋广陵有高平侨县,其始置、罢废时间并不明。

---

[1]〔唐〕房玄龄等撰:《晋书》卷七四《桓彝传》,中华书局1974年版,第1939页。

[2]《宋书》卷三五《州郡志一》,第1055—1056页。

[3]《宋书》卷三〇《五行志一》,第892页。

第二节 南北朝广陵郡沿革

一、刘宋广陵郡沿革

刘宋之初,承东晋末区划,广陵郡隶属徐州。及宋武帝永初二年(421)徐州分为南徐、北徐,广陵郡乃隶属南徐州,至宋文帝元嘉八年(431),又以江北之地为南兖州,则广陵郡又隶南兖州。[1]元嘉三十年(453),南兖州省并入治京口之南徐州,广陵郡乃改隶南徐州。[2]及孝建元年(454),复置南兖州,广陵郡乃仍隶南兖州。[3]

刘宋广陵郡依旧治于广陵。东晋之末,广陵郡领广陵、海陵、高邮、舆、肥如、潞、真定、新市八县。其中广陵、海陵、高邮也为《宋书·州郡志》广陵郡所列,终宋世未变。元嘉十三年(436)立江都县,省舆县。大明八年(464)前,肥如、潞、真定、新市四侨县废。于是刘宋后期之广陵郡领广陵、海陵、高邮、江都四县。

(一)广陵(420—479):东晋之末有广陵县,《宋书·州郡志》《南齐书·州郡志》广陵郡皆列广陵县,为郡治。

(二)海陵(420—479):东晋之末有海陵县,《宋书·州郡志》《南齐书·州郡志》广陵郡皆列海陵县,终刘宋之世未变。

(三)高邮(420—479):东晋之末有高邮县,《宋书·州郡志》《南齐书·州郡志》广陵郡皆列高邮县,终刘宋之世未变。

(四)舆(420—436,? —448—?):晋末广陵郡有舆县,《宋书·州郡志·南兖州刺史·广陵太守》:"江都令,汉旧县。三国时废,晋武帝太康六年复立。江左又省并舆县,元嘉十三年复立,以并江都。"[4]由此可知,元嘉十三年(436)立江都县,并以舆县并入江都县。然《宋书·符瑞志》载:"文帝元嘉

---

[1]《宋书》卷三五《州郡志一·南徐州刺史》:"武帝永初二年,加徐州曰南徐,而淮北但曰徐。文帝元嘉八年,更以江北为南兖州,江南为南徐州,治京口,割扬州之晋陵、兖州之九郡侨在江南者属焉。"第1038页。

[2]《宋书》卷三五《州郡志一·南兖州刺史》:"元嘉二十八年,南兖州徙治盱眙。三十年,省南兖州并南徐,其后复立,还治广陵。"第1054页。

[3]参《宋书·孝武帝纪》及《沈庆之传》。

[4]《宋书》卷三五《州郡志一》,第1055页。

二十五年五月,征北长史、广陵太守范邈上言:'所领舆县,前有大浦,控引潮流,水常淤浊。自比以来,源流清洁,纤鳞呈形。古老相传,以为休瑞。'"[1]则元嘉末年广陵郡又一度领舆县。

(五)江都(436—479):元嘉十三年(436)复立江都县,至萧齐犹存,则刘宋中后期广陵郡当领江都县。

(六)肥如(420—464前):晋末广陵郡有侨肥如、潞、真定、新市四县。《宋书·符瑞志》:"元嘉十九年九月戊申,广陵肥如石梁涧中出石钟九口,大小行次,引列南向,南兖州刺史临川王义庆以献。"[2]何承天所撰国史《州郡志》断自文帝元嘉二十年(443),时广陵郡尚领肥如、潞、真定、新市四侨县,而徐爰所撰断自孝武帝大明八年(464)的国史《州郡志》,广陵郡已无此四侨县。则此四侨县当省于文帝末至孝武帝末。

(七)潞(420—464前)

(八)真定(420—464前)

(九)新市(420—464前)

二、萧齐广陵郡沿革

萧齐广陵郡依旧隶南兖州,治广陵。《南齐书·州郡志》南兖州广陵郡:"建元四年,罢北淮阳、北下邳、北济阴、东莞四郡并。"[3]然此四郡皆是侨郡,所领之县未载于《南齐书·州郡志》广陵郡之下。

宋末广陵郡领广陵、海陵、高邮、江都四县,《南齐书·州郡志》南兖州广陵郡列此四县。永明元年(483)置齐宁县,中兴元年(501)废。于是齐末广陵郡仍领广陵、海陵、高邮、江都四县,同刘宋末年建置。

(一)广陵(479—502)

(二)海陵(479—502)

(三)高邮(479—502)

(四)江都(479—502)

(五)齐宁(483—501):《南齐书·州郡志》广陵郡齐宁:"永明元年置。"[4]

---

[1]《宋书》卷二九《符瑞志下》,第 872 页。

[2]《宋书》卷二九《符瑞志下》,第 868 页。

[3]〔梁〕萧子显撰:《南齐书》卷一四《州郡志》,中华书局 1972 年版,第 256 页。

[4]《南齐书》卷一四《州郡志上》,第 256 页。

《太平寰宇记》卷一二三《淮南道一》扬州江都县故齐宁县条："按阮昇之记云：'齐高宗建武五年遏艾陵湖水立裘塘屯，移县于万岁村。中兴元年废县，西南去州城六十一里。'"[1]则此县永明元年置，中兴元年废。

三、萧梁广陵郡沿革

萧梁广陵郡承萧齐之旧，隶南兖州，治广陵（502—551）。《陈书·高祖纪》：大宝三年七月，"会齐人来聘，求割广陵之地，王僧辩许焉，仍报高祖，高祖于是引军还南徐州，江北人随军而南者万余口。"[2]则南兖州及所属之广陵郡于大宝三年（552）为北齐所占，所属诸郡县亦当随之入北。所领诸县考述于下：

（一）广陵（502—552）：南齐南兖州广陵郡领有广陵县，梁承之。《梁书·侯景传》载有"广陵令霍隽"[3]，则梁有广陵县。《陈书·高祖纪》：大宝三年七月，"会齐人来聘，求割广陵之地，王僧辩许焉"[4]。则大宝三年，南兖州没，广陵县随之陷没。

（二）江都（502—552）：南齐南兖州广陵郡领有江都县。《梁书·侯景传》：大宝元年正月，"前江都令祖皓起兵于广陵"[5]云云，则梁亦有江都县，属广陵郡。大宝三年没。

（三）高邮（502—？）：南齐南兖州广陵郡领有高邮县。《通典·州郡典》广陵郡高邮："汉旧县。"[6]此县至唐仍存之，则梁亦当有高邮县。《隋书·地理志》江都郡高邮："梁析置竹塘、三归二县，及置广业郡，寻以有嘉禾，为神农郡。开皇初郡废，又并竹塘、三归、临泽三县入焉。"[7]则萧梁时析高邮县分置广业郡。

（四）海陵（502—？）：南齐南兖州广陵郡领有海陵县。《通典·州郡典》广陵郡海陵："汉旧县。"[8]至唐仍存之，则梁亦当有海陵县。但《读史方舆纪

［１］〔宋〕乐史撰，王文楚等点校：《太平寰宇记》卷一二三《淮南道一》，第2446页。

［２］〔唐〕姚思廉撰：《陈书》卷一《高祖纪上》，中华书局1972年版，第6页。

［３］〔唐〕姚思廉撰：《梁书》卷五六《侯景传》，中华书局1973年版，第844页。

［４］《陈书》卷一《高祖纪上》，第6页。

［５］《梁书》卷五六《侯景传》，第853页。

［６］〔唐〕杜佑撰，王文锦、王永兴等点校：《通典》卷一八一《州郡典》，第4802页。

［７］〔唐〕魏徵、令狐德棻撰：《隋书》卷三一《地理志》，中华书局1973年版，第873页。

［８］〔唐〕杜佑撰，王文锦、王永兴等点校：《通典》卷一八一《州郡典》，第4802页。

要》载："宋、齐时海陵县皆属广陵郡,而海陵郡治建陵县,梁时始为郡治。"[1]
则梁时海陵县自广陵郡析出,改为海陵郡治。

由此可知,萧梁广陵郡在入北齐前领广陵、江都二县。

四、北齐广陵、江阳二郡沿革

北齐天保三年(552)取梁南兖州及其所属广陵郡。《隋书·地理志》江都
郡:"梁置南兖州,后齐改为东广州。"[2]隋代之江都郡即北齐之广陵郡。由此
可知,北齐广陵郡隶东广州。陈太建五年(573)北伐,取北齐江淮间之地。此
后广陵郡乃为陈所有。

《隋书·地理志》江都郡江阳:"旧曰广陵,后齐置广陵、江阳二郡。开皇
初郡废。"[3]杨守敬以为"当是合二郡为双头郡"[4]。由此可知,北齐广陵郡迥
异于前代,乃与江阳郡合为双头郡。

北齐广陵、江阳二郡依旧治广陵,领广陵、江都二县。[5]

(一)广陵(552—573)

(二)江都(552—573)

五、陈广陵郡沿革

陈太建五年(573)北伐,取北齐江淮间之地。复置南兖州及所属广陵
郡。[6]《陈书·宣帝纪》:太建十一年十二月,陈不敌北周,"乙丑,南北兖、晋
三州,及盱眙、山阳、阳平、马头、秦、历阳、沛、北谯、南梁等九郡,并自拔还京
师"[7]。则南兖州于太建十一年(579)末为北周所得,广陵郡当随之入北周。

陈广陵郡承旧治广陵,其所领县考述于下:

(一)广陵(574—579):梁、齐广陵郡领有广陵县,《隋书·地理志》江都

---

[1] 〔清〕顾祖禹撰,贺次君、施和金点校:《读史方舆纪要》卷二三《南直·扬州府》泰州,第
1144页。

[2] 《隋书》卷三一《地理志》,第873页。

[3] 《隋书》卷三一《地理志》,第873页。

[4] 〔清〕杨守敬:《隋书地理志考证》,二十五史刊行委员会编:《二十五史补编》,中华书局
1955年版,第4856页。

[5] 施和金:《北齐地理志》卷五《淮南地区》"广陵、江阳二郡"条,中华书局2008年版,第546页。

[6] 《陈书》卷五《宣帝纪》:太建五年九月,"戊子,割南兖州之盱眙郡属谯州。"第85页。又,《嘉
庆重修一统志》卷九六《扬州府表》广陵郡至陈末犹存。今从之。

[7] 《陈书》卷五《宣帝纪》,第95页。

郡江阳："旧曰广陵……（开皇）十八年改县为邗江，大业初更名江阳。"[1]陈一度复得广陵县。

（二）江都（574—579）：梁、齐广陵郡领有江都县，《隋书·地理志》江都郡江都："自梁及隋，或废或置。"[2]则陈或有江都县。今姑列于此。

六、北周广陵、江阳二郡沿革

北周大象元年（579）取陈淮南之地。《隋书·地理志》江都郡："陈复曰南兖，后周改为吴州。"[3]据王仲荦《北周地理志》，北周仍置广陵、江阳二郡，依北齐之旧为双头郡，所领仍为广陵、江都二县。

至大定元年（581），杨坚篡周，北周灭亡，广陵郡乃为隋所有。

（一）广陵（579—581）

（二）江都（579—581）

今将魏晋南北朝时期今扬州市辖区县沿革与魏晋南北朝时期之广陵郡领县沿革各立一表，以见今扬州市区划变迁及彼时广陵郡辖境盈缩、区划变更之梗概。

表 9-1　　　　　　**魏晋南北朝时期今扬州市区实县沿革表**

时　间		扬州市辖区县					
		邗江	广陵	江都	仪征	宝应	高邮	
曹魏	220—264							
西晋	265—279							
	280—284		广陵		舆		高邮	
	285—316		广陵	江都	舆		高邮	
东晋	317—419		广陵	舆			高邮	
宋	420—435		广陵	舆			高邮	
	436—471		广陵	江都			高邮	
	472—478		广陵	江都			高邮	临泽

---

[1]《隋书》卷三一《地理志》，第 873 页。

[2]《隋书》卷三一《地理志》，第 873 页。

[3]《隋书》卷三一《地理志》，第 873 页。

续表 9-1

时间		扬州市辖区县								
		邗江	广陵	江都	仪征	宝应	高邮			
齐	479—481		广陵	江都			高邮			临泽
	483—500		广陵	齐宁	江都	安宜	高邮			临泽
	501		广陵	江都		安宜	高邮			临泽
梁	502—551		广陵	江都		安宜	高邮	三归	竹塘	临泽
北齐	552—573		广陵	江都		安宜	高邮	三归	竹塘	临泽
北周	580—581		广陵	江都		安宜 石鳖	高邮	三归	竹塘	临泽

表 9-2　　　　　　魏晋南北朝广陵郡区划沿革表

时间		广陵郡属县											
朝代	公元纪年	海西	淮浦	淮阴	射阳	舆	海陵	广陵	盐渎	凌	江都	高邮	齐宁
曹魏	220—264												
西晋	265—279												
	280												
	281—284												
	285—316												
东晋	317—412												
	413—419												
宋	420—435												
	436—478												
齐	479—482												
	483—500												
	501												
梁	502—551												
北齐	552—573												
陈	574—579												
北周	580—581												

第十章　三国西晋时期扬州地区的军政局势

东汉末年，天下扰攘，昔日颇为繁盛的广陵由此进入衰落时期。[1]而由此导致大量广陵人口的南迁，则无论对立足于江东的孙吴政权，还是北方的曹魏政权，都产生了深远影响。尤其是广陵北邻淮河、南濒长江的区位特点，使之在长期的南北对峙中，非但于社会经济等诸多方面得不到恢复，反而成为魏、吴双方的弃地。如孙策跨江北征以解后顾之忧；孙峻筑城广陵妄图经略青、徐；曹丕三次南征，亲至广陵；邓艾屯田淮南，招徕南方百姓等，无不说明南北双方都曾着眼于广陵之地。于是，广陵作为历史上的一颗明珠，在南北分裂时期黯然失色，从此进入了衰落时期。

第一节　汉末动乱与广陵凋敝

东汉中平六年（189），凉州刺史董卓应大将军何进之召，以诛杀宦官为名，率兵进入洛阳。接着废杀何太后、少帝，擅立九岁的献帝刘协，自领太尉、相国，独揽朝廷大权。董卓的将领部曲也公然劫掠，奸淫妇女，盗挖皇陵，杀良冒功，以至悉收洛阳、长安铜人、钟虡、飞廉、铜马等以"更铸小钱"，将洛阳和周围数百万百姓迁于长安。董卓的倒行逆施，不仅使百姓"人情崩恐，不保朝夕"，也使百官群僚望而生畏，"莫能自固"[2]。及至次年，关东牧、守及豪强

---

[1]　世人常以刘宋大明三年（459）沈庆之屠广陵后鲍照作《芜城赋》以伤其事，广陵遂有"芜城"之称，实则不尽然。《太平寰宇记》卷一二三《淮南道一》扬州江都县："芜城，即州城。古为邗沟城也。汉已后荒毁。宋文士鲍明远为赋，即此。"第2443页。《资治通鉴》卷七〇"魏文帝黄初六年十月"条：魏文帝"如广陵故城"，胡三省注曰："广陵故城谓之芜城。"第2225页。《读史方舆纪要》《嘉庆重修一统志》皆踵其说。说明广陵之称"芜城"始于汉末，不待刘宋鲍照作赋之时。

[2]　《后汉书》卷七二《董卓传》，第2325页。

大姓共推袁绍为盟主,一场大规模的武装倒董战争旋即拉开了序幕。

一、广陵臧洪缔谋伐董

董卓独揽朝政之后,东汉政权名存实亡。为了维护东汉王朝的统治,一些开明的官僚士大夫和豪强大姓,纷纷举起讨伐董卓的大旗,但一时间并未形成团结一致的抗衡力量。于是臧洪向广陵太守张超提出了联盟伐董、声援朝廷的建议。

臧洪,广陵射阳(治今宝应射阳镇)人,其父臧旻"有干事才"[1],曾任扬州刺史、虎贲中郎将。臧洪十五岁时,即以父功拜童子郎,知名太学,后举孝廉,补即丘长。灵帝末年,宦官专权,朝政失衡,臧洪弃官还乡,旋被广陵太守张超聘为功曹。由于臧洪颇有才略,张超对他格外信任,"政教威恩,不由己出,动任臧洪"[2]。臧洪看到东汉王朝面临覆亡的危险,遂向张超建议说:"明府历世受恩,兄弟并据大郡,今王室将危,贼臣未枭,此诚天下义烈报恩效命之秋也。今郡境尚全,吏民殷富,若动枹鼓,可得二万人,以此诛除国贼,为天下倡先,义之大者也。"[3]张超分析了当时的形势,十分赞同他的建议,于是积极联络关东各支讨伐董卓的势力,以形成倒董的统一阵线。

缔谋伐董决定之后,张超和臧洪一面为起兵做好准备,一面赴陈留郡(治今河南开封陈留镇),说服张超之兄张邈加入斗争行列。张邈为汉末党人"八厨"之一,对除掉董卓"亦素有心"[4],遂与之达成了伐董共识。其时,曹操为张邈属下,也正积极招兵买马,准备伐董;袁绍在河北已做好了伐董准备;兖州刺史刘岱、豫州刺史孔伷和东郡(治今河南濮阳市西南)太守桥瑁等,也都表现出倒董倾向。于是臧洪只身前往,说服刘岱和孔伷等共同伐董。经过臧洪一番努力,刘、孔二人"与洪亲善"[5],并约定立即联合其他势力,共同举兵征伐董卓。于是,通过张超、臧洪的联络、发动,关东诸州连成一体,讨伐董卓的统一阵线便初步建立起来了。

---

[1]《三国志》卷七《魏书·臧洪传》裴注引谢承《后汉书》,第231页。

[2]《三国志》卷七《魏书·臧洪传》,第231页。

[3]《三国志》卷七《魏书·臧洪传》,第231页。

[4]《三国志》卷七《魏书·臧洪传》,第231页。

[5]《三国志》卷七《魏书·臧洪传》,第232页。

汉献帝初平元年(190)正月,关东数路兵马集结于酸枣(今河南延津县西南,时属陈留郡),并在此举行了大规模的盟会。由于臧洪在缔结军事联盟的过程中,既是"为天下倡先"的关键人物,又是斡旋其间的联络、发动者,故其虽为一郡功曹,各州牧郡守仍"更相让,莫敢当,咸共推洪"[1],让他主持这次盟会。于是臧洪亲自操盘歃血,主持了盟会,并在会上"辞气慷慨,涕泣横下",使"闻其言者,虽卒伍厮养,莫不激扬,人思致节"[2],极大地鼓舞了士卒的斗志。而鉴于袁绍在诛除宦官时功劳最大,在朝臣中名望最高,故虽未到会,仍被推为盟主。从此揭开了联合倒董战争的序幕。

关东联军的浩大声势使董卓惶惶不安,而河北地区的黄巾余党白波贼众十余万,也对他形成了严重威胁。于是,董卓一面派遣重兵据关把守,一面挟持汉献帝迁都长安,以避关东联军的兵锋。此时,关东联军若能抓住战机乘势西进,形势必然对其有利,但因袁绍等"各怀迟疑,莫适先进"[3],擅自出兵的曹操兵至荥阳汴水,便被董卓打得大败,及至回军酸枣,"诸军兵十余万,日置酒高会,不图进取"[4],遂使"粮储单竭,兵众乖散"[5]。轰轰烈烈的联军讨伐董卓的浪潮,不足三个月便烟消云散了,此后长达数十年之久的军阀混战,也便由此拉开了序幕。

在关东联军讨伐董卓的过程中,幽州的公孙瓒与大司马刘虞产生矛盾,张超和臧洪为了扩大联盟,商定由臧洪前往幽州,说服刘虞"共谋其难"[6]。然因"幽冀交兵,行涂阻绝",臧洪行至河北被阻,被迫暂时"寓于袁绍"[7]。袁绍见臧洪人才出众,"奇重之,与结分合好"[8],并使臧洪领青州刺史,又迁东郡太守,治东武阳(今山东莘县莘城镇)。张超则"奉辞奔走,卒使韩牧让印",[9]迫使韩馥把冀州牧的位子让与袁绍。董卓死后,军阀混战,硝烟四起。及兴

---

[1]《三国志》卷七《魏书·臧洪传》,第232页。
[2]《三国志》卷七《魏书·臧洪传》,第232页。
[3]《后汉书》卷五八《臧洪传》,第1886页。
[4]《三国志》卷一《魏书·太祖纪》,第7页。
[5]《后汉书》卷五八《臧洪传》,第1886页。
[6]《后汉书》卷五八《臧洪传》,第1886页。
[7]《后汉书》卷五八《臧洪传》,第1886页。
[8]《三国志》卷七《魏书·臧洪传》,第232页。
[9]《后汉书》卷五八《臧洪传》,第1888页。

平二年(195)八月,张超被曹操围困于雍丘(今河南杞县),乃遣使求救于臧洪。而袁绍坚决不许,至年底"超遂族灭",臧洪也"由是怨绍,绝不与通"[1]。

袁绍见臧洪与己为敌,兴兵伐之,而历年不下,乃使臧洪同乡广陵人陈琳写信给他,"喻以祸福,责以恩义"[2],而臧洪则以满腔义愤,作书反驳袁绍不义。其内容大体是说:我与袁绍本"恩深分厚",受任之始望能"志同大事,扫清寇逆,共尊王室",未料"主人"不尽心伐董,反使志士"受夷灭之祸",故"述叙祸福,公私切至",不得不"收泪告绝","忍悲挥戈",宁愿"投命于君亲","策名于长安"[3],也决不向袁绍投降。袁绍知道臧洪无降意,增兵急攻。及城中粮尽,外无援救,臧洪自度不免,遂欲遣散士卒,令其出城逃命。但因将士皆为不忍,与相坚守,至"掘鼠煮筋角"[4]为食,臧洪甚至"杀其爱妾以食将士"[5]。而"将士咸流涕,无能仰视者。男女七八千人相枕而死,莫有离叛"[6],以至所遣求救于吕布的司马二人,"比还,城已陷,皆赴敌死"[7]。

东武阳失陷后,臧洪被俘,袁绍大会诸将见洪,臧洪瞋目说:"诸袁事汉,四世五公,可谓受恩。今王室衰弱,无扶翼之意,欲因际会,希冀非望,多杀忠良以立奸威。洪亲见呼张陈留为兄,则洪府君亦宜为弟,同共戮力,为国除害,何为拥众观人屠灭!惜洪力劣,不能推刃为天下报仇,何谓服乎!"[8]袁绍见臧洪终不为己用,乃命杀之。东郡郡丞广陵人陈容怒而谏曰:"将军举大事,欲为天下除暴,……臧洪发举为郡将,奈何杀之!"[9]结果二人皆被杀害。诸将见之无不叹息,窃相谓曰:"如何一日杀二烈士!"[10]

臧洪终年36岁,他和广陵太守张超一起联络、发动的关东联军讨伐董卓的斗争,至此画上了一个极不圆满的句号,但是臧洪敢"为天下倡先"的斗

---

[1]《三国志》卷七《魏书·臧洪传》,第233页。

[2]《三国志》卷七《魏书·臧洪传》,第233页。

[3]《后汉书》卷五八《臧洪传》,第1887—1890页。

[4]《三国志》卷七《魏书·臧洪传》,第236页。

[5]《三国志》卷七《魏书·臧洪传》,第236页。

[6]《三国志》卷七《魏书·臧洪传》,第236页。

[7]《三国志》卷七《魏书·臧洪传》,第237页。

[8]《三国志》卷七《魏书·臧洪传》,第236页。

[9]《三国志》卷七《魏书·臧洪传》,第236—237页。

[10]《三国志》卷七《魏书·臧洪传》,第237页。

争精神,却起到了重大的推动作用,其忠烈节义也为后世贤人志士广为传颂。正如东晋温峤所说:"皇汉之季,董卓作乱,劫迁献帝,虐害忠良,关东州郡相率同盟。广陵功曹臧洪,郡之小吏耳,登坛唁血,涕泪横流,慷慨之节,实厉群后。"[1]后世论此,以为"其死节别有一种真精神存乎其间,未可以个人或阶级之利害说之,固不待论。……是名之本身即人生之一至高之目的,虽舍生以求之亦可以无憾也"。而"士大夫重生前与身后之名,正是个体自觉高度发展之结果"。尤其是当时那个时代,"士大夫以天下为己任的精神逐渐为家族与个人之意识所淹没"[2],"群体自觉"的精神早已向一己的小天地回归,其"个人自觉"的意识与"气节",就更显得弥足珍贵了。

二、汉魏之际广陵之乱

东汉末年关东联军讨伐董卓失败以后,接着便是长期的军阀混战。汉献帝初平二年(191),陶谦出任徐州刺史,击破境内黄巾军残部,江淮地区尚且安定,史称"徐州百姓殷盛,谷米封赡,流民多归之"[3]。徐州属下的广陵郡,也依然表现出"郡境尚全,吏民殷富"[4]的繁荣景象。但是随着军阀混战的逐步展开,江淮东部的平静局面便被很快地打破了。当时曹操与袁绍在黄河流域激烈争战;稍后袁术为了占领南阳,乃与刘表争夺荆州,进而占领淮南地区;刘备则自青州南下,与吕布等争夺徐州,又与袁术争夺江淮。战乱遂波及江淮东部。

陶谦主政徐州之后,面对复杂的斗争形势,志在保境安民而无宏规远图。他深知对于徐州的威胁,在于盘踞兖州的曹操、割据淮南的袁术等军阀的觊觎,而把那些为躲避战乱自黄河流域南下的北方流民,看成是影响徐州安定的因素。如汝南名士许劭率众避乱到达广陵,一开始陶谦"礼之甚厚",但当察觉到陶谦"外慕声名,内非真正"时,便毅然自广陵南下,投靠了扬州刺史刘繇,而不久便发生了陶谦"捕诸寓士"[5]的事件。又如当时依附袁术的孙策,

[1]《晋书》卷六七《温峤传》,第1791页。

[2] 余英时:《汉晋之际士之新自觉与新思潮》,氏著《士与中国文化》,上海人民出版社2003年版,第271、272、318页。

[3]《三国志》卷八《魏书·陶谦传》,第248页。

[4]《三国志》卷七《魏书·臧洪传》,第231页。

[5]《后汉书》卷六八《许劭传》,第2235页。

派遣吕范到江都迎母,陶谦即以"范为袁氏觇候,讽县掠考范"[1]。这说明陶谦对侨寓徐州的外来人士,一直采取排斥的态度。而对内部的贤人志士,陶谦也不能持重对待,如其别驾从事赵昱,可谓当时知名之士,竟然"以忠直见疏,出为广陵太守"[2]。至于陶谦"信用非所,刑政不理",亲任"曹宏等谗慝小人",致使"良善多被其害"[3],更为历来贤士所贬。也正因为这样,史家范晔一针见血地指出:"徐方歼耗,实谦为梗。"[4]

陶谦虽然采取了排外政策以确保徐州境内平稳,但是他毕竟无法阻拦周边军阀对徐州的觊觎。徐州的大规模战乱,始于初平四年(193)兖州刺史曹操以报父仇为名对徐州的攻击。战火主要在以彭城为中心的淮北地区展开,谦兵败走,"死者万数,泗水为之不流"[5]。这一在淮北地区发生的战乱直接引起了广陵所在的江淮地区的动荡。

陶谦原令同郡人丹阳笮融为下邳相,使之督运广陵、下邳、彭城粮草。笮融驻守邗沟与淮水交汇处的临淮,所部漕运兵借助邗沟、淮水沟通三郡。徐州局势不稳,笮融放纵所部截断漕运,将三郡粮草纳入私囊。及曹操攻打徐州,徐州北部陷于兵燹,淮北涂炭,彭城、下邳已成胶着之势,笮融乃率所部士卒男女万余口,马三千匹,南下广陵。笮融看到广陵富庶,既"利广陵资货"[6],又"利广陵之众"[7],便袭杀广陵太守赵昱,"放兵大掠,因以过江"[8],广陵由此遭到重创。

汉献帝兴平元年(194),陶谦病故,刘备代领徐州,屯驻寿春的袁术与刘备对徐州的争夺随即展开。寿春处淮南水畔,袁术与刘备的徐州之争主要在盱眙、淮阴一线展开。袁术又任命吴景为广陵太守,以在江淮间牵制刘备。此即张纮日后所说的"刘备争盟淮隅"[9]。献帝建安元年(196),吕布突袭下邳,

---

[1]《三国志》卷五六《吴书·吕范传》,第 1309 页。

[2]《后汉书》卷七三《陶谦传》,第 2366—2367 页。

[3]《后汉书》卷七三《陶谦传》,第 2366—2367 页。

[4]《后汉书》卷七三赞,第 2369 页。

[5]《三国志》卷八《魏书·陶谦传》,第 249 页。

[6]《后汉书》卷七三《陶谦传》,第 2368 页。

[7]《三国志》卷四九《吴书·刘繇传》,第 1185 页。

[8]《后汉书》卷七三《陶谦传》,第 2368 页。

[9]《三国志》卷四六《吴书·孙策传》裴注引《吴录》,第 1105 页。

占据徐州。身在淮水前线与袁术作战的刘备由此进退失据,不得不收拢残部南取广陵海西(今江苏省泰州市境内),与袁术相持。广陵此前经笮融纵兵劫掠,又经刘、袁之争,凋敝不堪,无复往日繁盛。刘备所部困顿广陵,又逢吕布部将杨奉、韩暹的骚扰,"穷饿侵逼",乃至"吏士大小自相啖食"[1]。幸赖刘备得大商人麋竺以奴客、财帛接济,并与吕布讲和,方才度过此厄。此后,吕布攻刘备,刘备往投曹操。建安二年曹操命陈登为广陵太守,用以夹击吕布。陈登在广陵,"明审赏罚,威信宣布",剿灭海寇,"百姓畏而爱之"。建安三年,曹操进军徐州,陈登"率郡兵为军先驱"[2],最终曹氏夺取徐州,斩杀吕布;建安四年刘备复领徐州,继而反曹;建安五年,曹操破刘备,再占徐州。自此,广陵所属的徐州最终为曹氏所得。

就广陵而言,自初平四年至建安五年,此八年之间,广陵迭经战乱。笮融之劫掠,刘备、袁术之争斗,杨奉、韩暹之骚扰,广陵不复汉代繁盛之旧。此后,曹、孙隔江对峙,广陵又成为两属之中间地带,终三国之世,广陵迄未平复。

第二节 汉末广陵徙民与孙吴政权

从初平四年至建安五年间的徐州战乱,迫使江淮士民纷纷南下避难,此即史称"汉末大乱,徐方士民多避难扬土"[3]。仅就广陵士民而言,南迁后仕于孙吴的名士即有吴硕、卫旌、张纮、皇象、华融、刘颖、吕岱等[4],至于民间下层百姓,更是不计其数。这对汉末江东政局以及此后的孙吴政权,无疑都产生了深远影响。[5]

一、广陵士民南渡

关于广陵士民南渡,主要表现在部分士人的记载,下层百姓难以留下记

---

[1] 《三国志》卷三二《蜀书·先主传》裴注引《英雄记》,第873、874页。

[2] 《三国志》卷七《魏书·吕布传》裴注引《先贤行状》,第230页。

[3] 《三国志》卷五二《吴书·张昭传》,第1219页。

[4] 葛剑雄主编:《中国移民史》(第二卷)第八章《汉人南下的序幕和分裂中的内聚迁移》,福建人民出版社1997年版,第280页。

[5] 参见王永平:《汉末流寓江东之广陵人士与孙吴政权之关系考述》,氏著《孙吴政治与文化史论》,上海古籍出版社2005年版,第319—337页。

载。通过这些记载,可以看出这些士人在其原籍的经济基础和由此形成的政治倾向。从地域方面来看,陈矫为本郡东阳人,徐宣为本郡海西人,吕岱为本郡东阳人,华融、皇象为本郡江都人,张纮、袁迪为本郡广陵人,可谓遍及广陵诸县。其中多为郡县官吏,或地方豪绅之类,但史书大多不载其南迁的契机。如后来寓居江东孙氏治下的广陵郡人秦松、陈端、刘颖、徐彪、范慎、王靖、吴硕、杨穆、杨竺等,虽然具体情况不详,但也多是汉末南渡迁来的。他们携家带口,在战乱之时南渡长江,客居异乡,其艰难困苦可想而知。因此其在南奔之初,都不能不有所依附。而当时所能依附的,主要是这样两股势力:一是盘踞在三吴地区的土著豪族;二是以扬州牧刘繇及其下属王朗、华歆等北方名士任官于江东者。概而言之,寒士大多依附于前者,世家名士多依附于后者。

就其单寒之士来说,来到江南,所能从事的职业基本都是下层士人所为。如淮阴步骘避居会稽,"单身穷困,与广陵卫旌同年相善,俱以种瓜自给"[1]。为了能够安居其地,不被当地豪强欺辱,二人将瓜果献给当地豪强焦矫,但仍难免受到侮慢。广陵人杨穆、杨竺兄弟南渡后,与吴郡陆逊往来甚密,但在陆逊品鉴人伦时,仍认为杨竺终当败家,力劝杨穆与其分家别居。广陵人袁迪"单贫有志",与陈国陈融、陈留濮阳逸、沛郡蒋纂等依附于陆逊之弟陆瑁,陆瑁"割少分甘,与同丰约"[2]。江都华融、皇象寓居山阴,吴郡张温从其就学。凡此种种,都表现出北方寒士渡江之后与三吴豪族间的密切关系。

至于世家名士,则多依刘繇、华歆、王朗等。刘繇,东莱人,出身皇族,家世儒学,一门公卿,世代为官。兴平元年(194),朝廷任命他为扬州刺史,镇守曲阿(今江苏丹阳),抵御屯驻淮南、图谋僭立的袁术。刘繇为人"藻厉名行,好尚臧否,至于扰攘之时,据万里之土,非其长也"[3],但他高举拥戴汉室的旗帜,礼敬世族名士,故能得到南下流寓世族名士的青睐。如许劭不容于徐州刺史陶谦,南投刘繇;被孔融誉为"廊庙才"的北海孙邵,也南奔刘繇。[4]由于东莱隶属青州,刘繇又重乡谊,所以不少青州的单寒之士也投靠他,如是

[1]《三国志》卷五二《吴书·步骘传》,第1236页。

[2]《三国志》卷五七《吴书·陆瑁传》,第1336—1337页。

[3]《三国志》卷四九评,第1194页。

[4]《三国志》卷四七《吴书·吴主传》裴注引《吴录》,第1131页。

仪、滕胤等皆如此。史称"中国丧乱，士友多南奔，繇携接收养，与同优剧，甚得名称"[1]。又如华歆，时任豫章太守，"四方贤士大夫避地江南者甚众，皆出其下，人人望风"[2]。王朗时任会稽太守，汝南名士许靖与桓晔、袁忠等往投之。而以广陵士人而言，东阳陈矫、海西徐宣、广陵刘颖等避乱江东，皆为心向汉室名士，其投奔刘繇、华歆、王朗等也是理所当然之事。

当然，需要说明的是，由于自汉灵帝末至献帝初年北方战乱频仍，因此南渡江东的流民众多，广陵人士只是其中一部分而已。这些流寓江南的北方人士，往往声气相通，互相联络。如南渡的广陵刘颖与避乱江东的彭城严畯有旧交，而严畯与琅邪诸葛瑾、临淮步骘友善，步骘则与广陵卫旌同居于会稽，以种瓜度日。[3]由此足见汉末江东侨寓人士实为一个松散的流民群体。

由于刘繇、华歆、王朗等人身为儒学与官僚世家的特性，所以他们普遍不重单寒之人。曾有人向刘繇推荐单家太史慈为将军，刘繇竟然说，如若启用太史慈，将为许劭所笑。刘繇的这种态度，当然不会为心怀抱负的南下单寒之士所接受。这也就直接促使了孙策以单寒之人率众入江东后，造成了刘繇与孙策在军事、政治、文化上的多重对立，也导致了包括广陵流寓之士在内的侨寄江东的士人在孙、刘对峙时作出不同的政治抉择。

二、张纮定策与孙策江东立业

孙策，吴郡富春人。其父孙坚，曾以长沙太守参与讨伐董卓，稍后投靠袁术，并于初平二年与荆州牧刘表作战时阵亡。孙坚未亡时，孙策将母亲从富春迁至淮南庐江郡舒县（今安徽庐江县柯坦镇），并结交周瑜，"收合士大夫，江、淮间人咸向之"[4]。孙坚死后，孙策将母亲徙居曲阿，依其舅父吴景，自己则近居江都，仍处江淮之间。可见孙策起初之志向并不在江东，而是在江淮间广收民望，以为基业。

江都隶属徐州刺史陶谦管辖，袁术对徐州久怀觊觎之心，孙策之父的兵将部曲，皆在袁术那里，陶谦当然不能容忍孙策盘踞江都，因此"徐州牧陶谦

---

[1]《后汉书》卷七六《刘宠传》，第 2479 页。

[2]《三国志》卷一三《魏书·华歆传》裴注引华峤《谱叙》，第 402 页。

[3]《三国志》卷五二《吴书·严畯传》，第 1247—1248 页。

[4]《三国志》卷四六《吴书·孙策传》，第 1101 页。

深忌(孙)策"[1]。孙策明了自己的尴尬处境,自觉势单力薄,难与陶谦、袁术抗衡,于是萌发了另辟江东为基业的意图。而恰在此时,遇见了广陵名士张纮,就此定下了进取江东之策。

张纮,广陵人,早年游学洛阳太学,博通儒家经典,但其父祖无闻,是典型的单家寒士。兴平元年(194)孙策寓居江都时,数次拜谒张纮,咨询当世之务。孙策坦言自己的意图:从袁术处求取其父孙坚余部,"东据吴会,报雠雪耻,为朝廷外藩"。张纮自谦才劣,"无以奉赞盛略",孙策则称"今日事计,决之于君",于是对其恳切陈词,答孙策曰:

> 今君绍先侯之轨,有骁武之名,若投丹杨,收兵吴会,则荆、扬可一,雠敌可报。据长江,奋威德,诛除群秽,匡辅汉室,功业侔于桓、文,岂徒外藩而已哉? 方今世乱多难,若功成事立,当与同好俱南济也。[2]

张纮肯定了孙策渡江南下、进取江东的战略意图,并提出了进而西向吞并荆州的图谋。虽然他们都打出了"匡辅汉室"和"为朝廷外藩"的旗号,但实际上路人皆知,不过是力图建立起类似齐桓、晋文公那样的霸业而已。因此,张纮与孙策的"江都对",孙策感叹"一与君同符合契,有永固之分"[3],可谓奠定了孙氏政权占踞江东、跨有荆扬的战略格局,同时也拉开了孙策与广陵人士合作的序幕。

兴平二年(195),孙策以助袁术取江东为名,得到其父兵将部曲,横渡长江,进取江东。袁术之所以允诺其出兵,是因为看他力量寡弱,尚不足与江东为敌。即便孙策也感到此时力量不足,欲待渡江后再招募兵士三万人。[4]但未想到进兵颇为顺利,尤其是得到了扬州刺史刘繇与笮融所部降卒的补充。

笮融自初平四年以漕运兵劫掠广陵资财、裹挟民众渡江后,一直在发展、壮大势力。及孙策渡江后,乃推刘繇为盟主,企图共同抵御孙氏。但孙策以

[1]《三国志》卷四六《吴书·孙策传》,第1101页。

[2]《三国志》卷四六《吴书·孙策传》裴注引《吴历》,第1102页。

[3]《三国志》卷四六《吴书·孙策传》裴注引《吴历》,第1102页。

[4]《三国志》卷四六《吴书·孙策传》裴注引《江表传》,第1103页。

迅雷不及掩耳之势,先在牛渚打败刘繇,接着在秣陵打败笮融,挺进曲阿,并发布告令:"刘繇、笮融等故乡部曲来降首者,一无所问。"于是,"旬日之间,四面云集,得见兵二万余人,马千余匹,威震江东,形势转盛"[1]。孙策自言"吾以此众取吴会、平山越已足"[2]。显而易见,在这数以万计的降卒中,有不少是笮融南下时所裹挟的广陵之众。

刘繇、王朗、华歆等不敌孙策,于是孙策尽得江东之地。但因孙策所部大多为淮泗与渡江后招纳的江淮流人,且有依附袁术僭逆之名,自然得不到世家大族与侨寓之士的大力支持。他们有的南投岭表,有的返回江北,纷纷逃离江东地区。[3]如寓居江东的广陵人士,陈矫"辞孙策、袁术之命,还本郡"[4],徐宣"又辞孙策之命,还本郡"[5]等。之所以如此,一是出于对孙策的敌视态度,二是北方战乱渐息。有的士人北返无路,但也不愿配合孙氏。如广陵人刘颖,滞留江东,矢志不仕,孙权屡屡辟之,皆称病而不往。[6]因此直到建安五年孙策去世之前,仍然担心"宾旅寄寓之士以安危去就为意,未有君臣之固"[7]。

由于刘繇屯驻的曲阿、王朗屯驻的会稽,都离江海不远,因此所属士人的南投、北归,大体都沿水路而行。他们或以江北广陵作为北返终点,或沿海南下到达交州。如汝南许靖,初投会稽太守王朗,及朗战败,便与侨寓会稽的诸多名士一起,自海路南走交州。[8]而王朗也因不敌孙策,"流移穷困,朝不谋夕",为孙策稽留。及至曹操以书召之,方自曲阿(今江苏丹阳)"展转江海"[9],

---

[1] 《三国志》卷四六《吴书·孙策传》裴注引《江表传》,第1104—1105页。

[2] 《三国志》卷五四《吴书·周瑜传》,第1260页。

[3] 参田余庆:《孙吴建国的道路》,氏著《秦汉魏晋史探微》,中华书局2004年版,第262—295页。

[4] 《三国志》卷二二《魏书·陈矫传》,第642页。

[5] 《三国志》卷二二《魏书·徐宣传》,第645页。

[6] 《三国志》卷五二《吴书·严畯传》,第1247—1248页。

[7] 《三国志》卷四七《吴书·吴主传》,第1116页。

[8] 据《三国志》卷三八《蜀书·许靖传》:"与袁沛、邓子孝等浮涉沧海,南至交州。经历东瓯、闽、越之国,行经万里,不见汉地,漂薄风波,绝粮茹草,饥殍荐臻,死者大半。……靖寻循渚岸五千余里,复遇疾疠,伯母陨命,并及群从,自诸妻子,一时略尽。复相扶侍,前到此郡,计为兵害及病亡者,十遗一二。"第964页。

[9] 《三国志》卷一三《魏书·王朗传》,第407页。

历时年余到达广陵。孔融在给王朗的信中,也说他"棹舟浮海,息驾广陵"[1]。因此,当日广陵正以所处长江入海口的地理位置,成为北方接纳南方侨寓名士北归的前站。

对于许靖等浮舟南去,历经艰辛以避孙策,史学家裴松之有独到见解,认为许靖虽寓居会稽,但却并非汉室官员,孙策渡江东进也与许靖无涉,何苦泛海南走? 倒不如"安时处顺,端拱吴、越",像张昭、张纮那样投靠孙策以保全富贵。[2]而实际上,裴松之所言正是单寒士人与世家名士对孙氏政权的不同态度。

三、孙氏政权中的广陵士人

既然世家名士不愿归附孙策,那么在孙氏集团早期投靠而来的士人,除了周瑜这样的故旧,主要就是单家寒士,这种情况在渡江前即是如此。如汝南细阳人吕范,单家寒士,早年曾为县吏,后避乱于寿春,便投靠了当时尚未渡江的孙策。史称"唯范与孙河常从策,跋涉辛苦,危难不避"[3]。及孙策渡江后,前来投附者主要是以彭城张昭、广陵张纮为代表的侨寓之士。张昭博学善书,家世无闻,为寒士代表,孙策征讨江东时来奔,被委任为长史、抚军中郎将。[4]张纮则在孙策渡江前与之谋划,允诺孙策立足江东,即与同好渡江来投。及策入江东,遂与同郡秦松、陈端等来附,史称秦松、陈端二人,"与纮见待于孙策,参与谋谟"[5],"彭城张昭,广陵张纮、秦松、陈端等为(策)谋主"[6]。这说明孙策初入江东时,孙氏集团中活跃着不少与之参议谋划的寒士。

张昭、张纮不仅积极拥戴孙氏,而且在鼓动江淮士人参与政权建设方面,也起到了重要作用。如张昭在渡江前,即与琅邪赵昱、东海王朗友善,赵昱为广陵太守时,还察举张纮为孝廉。及至渡江,张昭"绥抚百姓,诸侯宾旅寄寓之士,得用自安"[7];张纮与秦松、陈端南附孙策后,广陵士人袁迪、杨竺、杨

[1]《三国志》卷一三《魏书·王朗传》裴注,第408页。

[2]《三国志》卷三八《蜀书·许靖传》裴注,第966页。

[3]《三国志》卷五六《吴书·吕范传》,第1309页。

[4]《三国志》卷五二《吴书·张昭传》,第1219页。

[5]《三国志》卷五三《吴书·张纮传》,第1247页。

[6]《三国志》卷四六《吴书·孙策传》,第1104页。

[7]《三国志》卷五二《吴书·张昭传》裴注引《吴书》,第1221页。

穆、吕岱等寒士，也都陆续投归孙氏。清代学者何焯即认为，孙策虽然"以勇锐摧破繇、朗"，但"能系属士民，修其政理，遂创霸图，亦子布三四公之助"[1]也。也正因为这样，张昭、张纮在孙氏集团中的地位颇高，平时二人"并与参谋"，遇有战事，则"一人居守，一人从征讨"[2]。孙策死后，孙权即位，也对二人异常尊重。孙对臣下一般都称字，唯独称张昭为张公，称张纮为东部，"所以重二人也"[3]。当然，他们对孙氏也都起到了股肱作用。如建安四年（199）张纮出使许昌，游说曹操不因孙策之丧伐吴；建安十四年（209）谏孙权当"广开播殖，任贤使能"[4]，尽量不再出师北征；建安十七年（212）病逝之前，又建议孙权以秣陵为都等，都说明了这个问题。

　　世族名士对孙氏的敌视，主要在于孙氏出身门第卑微与其起初依附于逆臣袁术。因此，世族名士与孙氏的对立，既有家世文化上的冲突，也有政治态度上的矛盾。而张纮等单家寒士，则较少有这些顾忌。如孙策困顿江都，在江淮间难有施展，意欲南下时，张纮即以齐桓、晋文之霸业为例，主张武力夺取江东，即与世习经学的世家名士主张扶持汉室、仁孝治国不同。又如孙策渡江后，张纮、张昭与秦松等"共论四海未泰，须当用武治而平之"，唯吴郡陆绩引经据典说：

　　　　昔管夷吾相齐桓公，九合诸侯，一匡天下，不用兵车。孔子曰："远人
　　　不服，则修文德以来之。"今论者不务道德怀取之术，而惟尚武，绩虽童蒙，
　　　窃所未安也。[5]

由此可见单家寒士与世家名士之间的差别和是否归心孙氏的态度。侨寓寒

---

　　[1]〔清〕何焯著，崔高维点校：《义门读书记》卷二八《三国志·吴志》"彭城张昭、广陵张纮、秦松、陈端等为谋主"条，中华书局1987年版，第474页。
　　[2]《三国志》卷五三《吴书·张纮传》，第1243页。
　　[3]《三国志》卷五三《吴书·张纮传》裴注引《江表传》，第1244页。又，《三国志》卷五三《吴书·张纮传》裴注引《吴书》，孙权"以（张）纮有镇守之劳，欲论功加赏"云云，第1244页。说明张纮常居守。张纮曾为会稽东部都尉，孙权以官称称张纮以表礼敬之意。
　　[4]《三国志》卷五三《吴书·张纮传》，第1245页。
　　[5]《三国志》卷五七《吴书·陆绩传》，第1328页。

士力劝孙策武力征伐,有着强烈的建功意识,而在讲求个人品行、家世的察举制度下难以仕进。如广陵名士陈矫从江东返回广陵后,在颍川陈群的推荐下,很快成为曹操的"名臣"[1],而张纮等寒士则无此际遇。故其日后在对曹操南下时或降或战的政治态度,以及卷入孙权的二宫之争、暨艳案等,都与他们的单家寒士身份相关。

建安七年(202),曹操在平定袁绍后责令孙权遣送质子,孙权召集群僚商议,"张昭、秦松等犹豫不能决"。孙权最后采纳周瑜意见,继续保持独立割据的政治地位,而不遣送质子于曹。[2]建安十三年(208)曹操统一北方后,南取荆襄,兵临江东,写信恫吓孙权,孙权召集臣僚商议,张昭、秦松等"俱言宜遣使修檄迎之",唯鲁肃、周瑜等竭力主战。[3]此两次重要决策中,张昭、秦松所秉持的都是投降态度。究其缘由,除了当时北强南弱的政治态势外,主要就是张昭、秦松等"各顾妻子,挟持私虑"[4],而鲁肃等则认为:欲降曹操实为大误,像自己这样的江东僚属如若降曹,当"还付乡党,品其名位,犹不失下曹从事,乘犊车,从吏卒,交游士林,累官故不失州郡",而孙权若降曹,则名位、基业尽失。[5]这种截然不同的政治态度,实为两种政治势力在文化与社会背景等方面的差异使然。孙权称帝后的"暨艳案"与"二宫之争",其表现尤其明显。

"暨艳案"发生在孙权黄武三年(224),起源于选曹尚书暨艳检核三署郎时分别清浊,由此打击了吴姓大族子弟,堵塞了他们的入仕之途。但其结果,竟是暨艳与选曹郎广陵徐彪均被诬杀,名士吴郡张温受此牵连废黜终生。[6]而之所以如此了结,就在于孙氏在渡江三十年后,江北的淮泗集团与侨寓之士日渐凋落,起用江东本土人士成为维持孙吴政权的必然趋势。因此,暨艳、徐彪等被赐死,一方面是因为在孙吴政治转型中昧于大势而自蹈覆辙,另一方面,也是两种政治势力权益之争的重要表现。

---

[1]《三国志》卷二二《魏书·陈群传》,第633页。

[2]《三国志》卷五四《吴书·周瑜传》裴注,第1260—1261页。

[3]《三国志》卷五四《吴书·周瑜传》,第1261—1262页。

[4]《三国志》卷五四《吴书·周瑜传》裴注引《江表传》,第1262页。

[5]《三国志》卷五四《吴书·鲁肃传》,第1270页。

[6]《三国志》卷五七《张温传》,第1330—1331页。参田余庆:《暨艳案及相关问题》,氏著《秦汉魏晋史探微》,第296—327页。

"二宫之争"也是如此。孙权早年,曾立孙登为太子,然未及即位,孙登死去,次子孙虑也已亡故。于是在赤乌五年(242)立第三子孙和为太子,同时又封第四子孙霸为鲁王,并"宠爱崇特,与和无殊"[1]。这就形成了储位相互争夺之势。及赤乌十三年(250)孙权废黜孙和、赐死孙霸,另立幼子孙亮,其事方算结束。而在这场历经多年的纷争中,从宫廷到朝野,也大体分为拥戴孙和或孙霸的两派势力。前者是以陆逊为代表的儒学礼法之士,后者则是全公主为幕后主使的寒士势力。[2]而就拥戴孙霸者来说,曾寓居会稽以种瓜自给的临淮步骘,因与全公主之母步夫人同族,成为该党的中坚人物。广陵杨竺、吕岱等也是其中的活跃分子。他们代表着江淮寒士的普遍心态。然而对陆逊等大族来说,立嫡以长乃儒家礼法,而不该迎合孙权宠爱孙霸的心理,以图寒士政治前途的伸张。所以当杨竺向孙权"深述霸有文武英姿,宜为嫡嗣"[3]之时,吴郡吾粲立即联合陆逊上奏孙权,"欲使鲁王霸出驻夏口,遣杨竺不得令在都邑"。[4]虽然最终吾粲等"为霸、竺等所谮害,下狱诛"[5],但在孙和被废、孙霸赐死之后,杨竺也被连带处死。

总之,在孙吴政权的架构中,始终存在着吴姓大族与侨寓寒士两派之间的冲突和斗争。以陆逊为代表的世家大族,始终以礼法维持门户为第一要务,而不会公然违背儒家伦理,进行政治上的投机。而单家寒士,却只重妻儿与自己的政治前途,无门户之计。因此,他们在许多重大事件中所表现出的政治倾向和种种分歧,皆具深刻的历史背景和深层的社会原因。

第三节 魏、吴对峙下的广陵

建安五年(200),曹操占领徐州以后,江淮东部的广陵地区,便成为曹、孙对峙的前沿,这种格局一直延续到西晋太康元年(280)平吴统一中国。在此

---

[1] 《三国志》卷五九《吴书·孙霸传》,第1371页。

[2] 参王永平:《孙权立嗣问题考论》,氏著《孙吴政治与文化史论》,第120—142页。

[3] 《三国志》卷六一《吴书·陆凯传附陆胤传》裴注引《吴录》,第1409页。

[4] 《三国志》卷五七《吴书·吾粲传》,第1339页。

[5] 《三国志》卷五七《吴书·吾粲传》,第1339页。

期间,广陵虽然经历了废弃、回迁等历史进程,但因南北隔江对峙,其间江河、湖泊纵横,魏、吴双方皆无占领该地的实力,因此包括广陵在内的江淮东部,始终难成主要战场。尽管如此,曹魏屯田于北,孙吴筑城于南,一直都在暗流涌动,双方长期对峙、较量始终存在着。

一、曹氏弃守广陵与孙氏"跨有江外"

自孙策放弃江淮转而攻取江东之后,广陵便成为中原政权牵制江东的前哨。早在兴平二年(195)孙策渡江之初,因扬州刺史刘繇部署兵力于江北海陵,孙策在击败笮融暂时稳住阵脚之后,即渡江北进"攻破繇别将于海陵",随后再次渡江,"转攻湖孰、江乘"[1]。及孙策占据江东,挟天子以令诸侯的曹操虽然尚未得到徐州,但却假借汉献帝之名,令孙策与徐州牧吕布、行吴郡太守陈瑀共图袁术。当时,陈瑀屯驻广陵海西,阴谋袭击立足未稳的孙策,遂派都尉万演等秘密渡江,授印绶予丹杨、宣城、泾、陵阳、始安、黟、歙等地豪族首领祖郎、焦已与吴郡乌程严白虎等以为内应,伺机攻取江东诸郡。严白虎等为江南土著山越豪帅,是孙策平定江东之初的主要阻力。于是孙策再次渡江,北攻陈瑀,虏获吏士妻子四千余人。[2]但是孙策并不就此占据广陵,而是撤兵南归。由此可见,孙策志在江东,暂时并无染指江北广陵之意,只是为解除后顾之忧,迁其民入江南而已。[3]

建安三年(198),曹操攻破徐州,以陈瑀从兄子陈登为广陵太守。陈登在广陵兴修水利,积极备战,不仅是要扼守广陵,以使孙氏难以染指,更欲将广陵经营成为进取江东的前沿阵地,进而实现其"吞灭江南之志"[4]。于是广陵成为江东孙氏的一大威胁,双方争战狼烟又起。为了避免江东水军攻击广陵,陈登将广陵郡治所北移于射阳(今宝应县射阳镇),而孙策则派遣重兵,沿

---

[1]　《三国志》卷四六《吴书·孙策传》裴注引《江表传》,第1104页。

[2]　《三国志》卷四六《吴书·孙策传》裴注引《江表传》,第1107页。关于汉末江东山越问题,详参唐长孺:《孙吴建国及江南的宗部与山越》,氏著《魏晋南北朝史论丛》,中华书局2011年版。

[3]　此后,孙权亦无攻取广陵之意。《三国志》卷五三《吴书·张纮传》裴注引《献帝春秋》载孙权对刘备言其欲进图徐州,当屯驻秣陵。裴松之以为:孙权"欲窥徐州,贪秣陵近下,非其理也"。第1246页。孙权意不在徐州与广陵,其对刘备所言,当是虚与委蛇。当日孙权主要规划在荆州。

[4]　《三国志》卷七《魏书·吕布传》裴注引《先贤行状》,第230页。

邗沟北进,进攻陈登于匡琦城。[1]当时,孙氏部众十倍于守军,来势凶猛,故陈登先避其兵锋,待拂晓时突然开城,直扑孙军大营,结果斩获万数。及孙策复起大军来争,陈登一面遣陈矫求救于曹操,一面于城外举火,造成援兵到来之状。于是孙军大惊奔溃,陈登乘机出击,再次歼敌一万余人。稍后,陈登延续陈瑀联合山越袭扰孙策的战略方针,私下派遣使者,以印绶授予严白虎等余党,以造成孙氏内部恐慌。而孙策则在准备再次渡江北讨之时,行至丹阳遇刺身亡。[2]

陈登在广陵的英勇奋战,使孙氏损兵两万余人。可见孙氏虽无意于江北之地,广陵仍为心腹之患。诚如陈矫说曹操曰:广陵稳固,则"吴人剉谋,徐方永安"[3]。不过,陈登虽然立足广陵,但"吞灭江南之志"却未能实现。因为建安五年之后,曹操与袁绍的河北之争日益吃紧,并无实力顾及江东,而江东孙策新丧不久,继位的孙权致力于肃清荆州黄祖对他的威胁,还要安抚侨寓之士,弥平吴姓士族与孙氏集团间的隔阂。因此南北双方纷争暂息,广陵局势得到缓和。

随着袁氏集团的覆灭,北方得以统一,曹操再次将进攻的矛头指向南方,荆襄之地首当其冲。从曹、孙军事冲突的区域来看,由于荆州江北地区为曹氏所占,主力屯驻于荆襄一带,与孙权、刘备隔江相望,所以南北冲突暂时聚焦到了长江中游,下游则成为军事策应地区。如建安十三年(208)的赤壁大战,曹、孙主力相持于荆襄,孙权仅自率偏师围困合肥,别遣张昭攻匡琦以牵制曹军。此后,曹、孙相争的主战场,便大体集中在淮河、汉水一线,上游以襄

---

[1]　匡琦城,今详址难以确知,卢弼以为当与射阳相近。详参《三国志集解》卷七《魏书·吕布传》集解,中华书局1982年版,第240页上右。另,据《三国志》卷七《魏书·吕布传》裴注引《先贤行状》,孙军攻匡琦,"旌甲覆水",陈登部将所言"水人居陆,不能久处"之语,当知匡琦即在邗沟水边。第230页。姚乐以为:"琦"字上古音,与"家"字上古、中古音接近,"匡琦"遂讹误为"管家"二字。《读史方舆纪要》卷二二《南直》淮安府山阳县:"管家湖,在府城西望云门外。宋嘉定间郡守应纯之言:'本州向西一带,湖荡相连,可以设险。'"第1078页。管家湖在今江苏淮安城西,元代以后为泥沙淤塞。匡琦城当处其侧。姚乐又以为,陈登移广陵郡治于射阳,非今日宝应射阳镇,实乃匡琦城,当日称淮城,即《水经》卷三〇《淮水注》所称之"射阳故城"([北魏]郦道元著,陈桥驿校证:《水经注校证》,第714页),今附识于此。

[2]　《三国志》卷四六《吴书·孙策传》裴注引《江表传》,第1111页。

[3]　《三国志》卷二二《魏书·陈矫传》,第643页。

阳为中心,下游以合肥为中心。而广陵的军事地位便显得不太重要了。

赤壁战败后,曹操被迫北归。建安十八年(213),曹操再次率军南下,至濡须口,与孙权相持一月有余而不能进,只能撤军。至此,南北双方势力平衡,对峙的局面最终形成。曹操无法在短时间内进取江淮,又"恐江滨郡县为权所略,征令内移。民转相惊,自庐江、九江、蕲春、广陵户十余万皆东渡江,江西遂虚,合肥以南惟有皖城"[1]。于是"徐、泗、江、淮之地,不居者各数百里"[2],"虚其地,无复民户"[3]。广陵郡治射阳以及广陵、海陵、堂邑、舆、东阳、安平、盐渎等县行政并废,原来的广陵郡治所广陵县,更是沦为荒芜之地,称为"芜城"。不久,广陵郡治所被迫迁至淮阴故城。

曹操对江北淮南坚壁清野政策的实施,原本意在迁其民于淮北,但事实上却导致了"民转相惊",使广陵、庐江、九江、蕲春等郡数十万户转而渡江南迁的后果,这在客观上等于驱民户于孙吴,所以事后曹操在与扬州别驾蒋济论对时也自嘲说:"本但欲使避贼,乃更驱尽之。"[4]不过,从整体情况来看,曹操弃守淮南滨江郡县的原因,并非仅仅是担心孙权袭扰此地,还有更重要的原因所在。如曹魏齐王曹芳在位时,袁准即据孙权十多年来窥伺江北、用兵江淮而无所得的情况,对大将军曹爽说:孙氏"敢远其水,陆次平土,此中国所愿闻也","宜捐淮、汉以南,退却避之",盖"置之无益于国,亡之不足为辱"[5]。因此,即便曹氏势力撤出滨江地区使得孙权"跨有江外"[6],但从此后数十年的情况来看,孙吴几番渡江经营广陵而不能立足,足见曹操弃守滨江郡县的实际功效。

二、魏初广陵之役与青徐豪霸的解体

自汉末曹、孙对峙开始,均以长江中游荆襄和下游合肥为军事中心,广陵则退居于次要地位。但因曹操于建安后期数次欲以淮南为跳板渡江而不能,

[1]《三国志》卷四七《吴书·吴主传》,第1118页。

[2]《三国志》卷五一《吴书·孙韶传》,第1216页。

[3]《宋书》卷三五《州郡志一》"扬州刺史·淮南太守"条,第1033页。

[4]〔宋〕司马光编著,〔元〕胡三省音注,"标点资治通鉴小组"校点:《资治通鉴》卷六六"汉建安十八年四月"条,第2119页。

[5]《三国志》卷四《魏书·齐王芳纪》裴注引习凿齿《汉晋春秋》,第122页。

[6]《三国志》卷七《魏书·吕布传》裴注引《先贤行状》,第230页。

即《后出师表》所说"四越巢湖不成"[1]，故在曹丕代汉即位后，针对新的形势变化，于黄初三年、五年和六年，三次亲临广陵，拟在此开辟新的战场，改变过去的战略格局。

黄初三年（222）九月，孙吴于大败蜀汉刘备于猇亭后随即叛魏，曹丕以其主力尽在荆州，遂兵分三路开始伐吴。其中，曹仁兵出濡须，曹真、夏侯尚、张郃等围南郡，曹休、张辽、臧霸等至广陵洞浦（今安徽和县南）。但因双方互有胜负，军中疫情严重，双方相持至次年三月后，终于罢兵。这次征伐，从广陵一路的情况来看，实面临着内外矛盾。如曹休进军至洞浦时，曾上表曹丕"愿将锐卒虎步江南，因敌取资"[2]，但此意见旋被制止。因为谋臣董昭说得清楚：于广陵渡江难者有二：一是"人情所难"，即长江天险，非能凭一时意气而横渡；二是即便顺利过江，其后续部队如青徐豪族臧霸等未必能奉命。因此，欲从广陵南征，必须解决这些问题。

曹、孙由于长江天险，其军事对抗主要是水军。而曹魏水军主要分为两个部分：一是荆州水军，一是青徐水军。青徐水军，早在赤壁战前即可游弋于长江下游，与孙氏共得长江之利，但这支水军掌控在以臧霸为首的地方势力手中，又以青、徐、兖州为后方基地，一直与曹氏貌合神离。因此，董昭认为即便曹休渡江顺利，若得不到臧霸的积极配合，仍然难以取得胜利。所以这次广陵之役，目的之一就是借此解除青徐豪霸的武装力量，并在江淮之间截断青徐势力与孙氏交通的可能[3]，而并非实质性的交战。

黄初三年后，臧霸被调离青徐之地，征至洛阳为执金吾，但青徐势力仍然存在。黄初五年（224），曹丕自领军至许昌，沿颍水至淮，再至广陵（治淮阴），"赦青、徐二州，改易诸将守"[4]，接着由泗口至广陵故城，兵临大江。

面对曹魏的大兵压境，孙吴虽然未知虚实，但肯定要沿江设备。于是接受吴将徐盛的建议，从建业至江乘，沿江以树木、芦苇等作疑城假楼，绵延数百里，并于江边盛列楼船舟舰以防备。曹丕于广陵故城隔江南眺，见孙吴战

---

［1］《三国志》卷三五《蜀书·诸葛亮传》裴注引《汉晋春秋》，第923页。

［2］《三国志》卷一四《魏书·董昭传》，第441页。

［3］　此事考证，详参田余庆：《汉魏之际的青徐豪霸》，氏著《秦汉魏晋史探微》，第97—128页。

［4］《三国志》卷二《魏书·文帝纪》，第84页。

舰、敌楼连绵不绝,适值此时"江水盛长",连自己所乘的龙舟,也因遇暴风几乎覆没,乃叹息说:"魏虽有武骑千群,无所用也"[1],"彼有人焉,未可图也"[2]。曹丕又问群臣,孙权是否会亲临前线,群臣皆谓孙权必至,唯刘晔说孙权会认为领兵渡江攻击者为别将,不会亲临。于是"大驾停住积日,权果不至,帝乃旋师"[3]。然而曹丕兴师动众,岂能望江兴叹而退? 曹氏多次被阻于长江,又岂不知长江难渡? 战争自古知己知彼,何能以"彼有人焉"而缓征伐? 又自古以来,何有因敌酋不亲临战阵而自退兵的道理呢? 其不过以渡江为名,借以处理青徐豪霸罢了。

黄初六年(225),曹丕自谯郡沿涡水入淮,在解决了青徐豪霸发动的利城兵变后,再次率水师到达广陵,"亲御甲胄,跨马观兵"[4],"临江观兵,兵有十余万"。但因孙权严防固守,曹丕叹息道:"嗟乎! 固天所以隔南北也!"[5]刘宋江夏王刘义宣言及此事曰:"长江险阔,风波难期,……昔魏文济江,遂有遗州之名。"[6]尤其是孙吴孙韶所部的袭扰,使曹丕不得不在当年末退兵。

曹丕三次亲临广陵故城观兵,均未与孙吴主力交锋,但却彻底铲除了以臧霸为首的青徐势力。同时,曹丕对孙吴军事上的试探,也是出于新战略的考量,至少在真假虚实难辨的情况下,起到了对孙吴的震慑作用,并在此后,将广陵与荆襄、淮南两大军事重心连成一线,形成了隔江对峙、分而治之的较稳定状态。后世扬州的龙舟堰故迹,即因"魏文帝临江,试龙舟于此,因以名堰"[7]。

三、孙吴经略广陵及其失败

虽然江淮之间曹、孙各不居者达数百里,但曹氏南征、孙氏北征都没有将广陵地区作为主攻方向,原因就是广陵至京口江面宽阔,兵源、后勤难以为继。曹操也正是看到了这一点,才弃守江滨诸地,徙广陵民于淮阴,力守淮水

---

[1]《三国志》卷五五《吴书·徐盛传》并裴松之注引《魏氏春秋》,第1299页。

[2]《三国志》卷四七《吴书·吴主传》,第1131页。

[3]《三国志》卷一四《魏书·刘晔传》,第446页。

[4]《宋书》卷二三《天文志一》,第682页。

[5]《三国志》卷四七《吴书·吴主传》裴注引《吴录》,第1132页。

[6]《宋书》卷七九《文五王·竟陵王诞传》,第2036页。

[7]〔宋〕王象之原著,李勇先校点:《舆地纪胜》卷三七《淮南东路》扬州引《十道志》,四川大学出版社2005年版,第1646页。

一线,并坚壁清野,使吴军进无所得;而孙权虽"跨有江外",也未对曹魏造成实质性的威胁。不过,使广陵地区成为废墟,阻断曹魏南下通道,却是孙吴的战略方针。《述征记》云:"兴浦,旧魏步道,吴揭水灌之,今绝道为浦。"[1]可见双方都采取了一些措施,故意为对方制造麻烦,使对方在广陵无立足之地。也正因为这样,双方始终没有在广陵建立起稳固的郡县组织。

然而,曹、孙长期胶着在荆襄、巢湖一线,得不到实质性的进展,又不得不考虑从广陵地区打开新的局面。尤其是孙吴政权,即便在曹丕黄初六年(225)后放弃了经营江淮之地,也依然对江北进行骚扰。以至魏帝曹芳初年,袁淮还对大将军曹爽说:"孙权自十数年以来,大咉江北,缮治甲兵,精其守御,数出盗窃。"[2]

早在称帝之前,孙权即派孙韶为广陵太守、镇北将军,数十年间屯驻京口,"以警疆场、远斥候为务"。也正因此之故,"青、徐、汝、沛颇来归附","青、徐诸屯要害,远近人马众寡,魏将帅姓名,尽具识之"[3]。及黄初六年曹丕南征,部众至津湖,魏、吴两军隔水相对,吴军竟乘夜色袭击魏军大营。及曹丕自广陵故城北还,孙韶又遣部将高寿率敢死之士五百,"于径路夜要之",俘获曹丕副车羽盖,迫使曹丕大惊而逃。[4]由此可见,孙吴用兵袭扰江北,还是起到了某些作用的。孙权黄武七年(魏太和二年,228),吴鄱阳太守周鲂以诈降书予魏扬州刺史(治寿春)曹休,请求接应,其书有言:"东主顷者潜部分诸将,图欲北进。吕范、孙韶等入淮,全琮、朱桓趋合肥,诸葛瑾、步骘、朱然到襄阳,陆议、潘璋等讨梅敷。东主中营自掩石阳,别遣从弟孙奂治安陆城,修立邸阁,辇赍运粮,以为军储,又命诸葛亮进指关西,江边诸将无复在者,才留三千所兵守武昌耳。"[5]其中说到"吕范、孙韶等入淮"事,并能以此取信于曹魏,说明孙吴自广陵沿中渎水北进的可能性是存在的。这是孙吴建国以后从未在江淮间进行过的大规模攻势。

---

[1] 〔唐〕欧阳询等撰,汪绍楹校:《艺文类聚》卷九《水部下·浦》,上海古籍出版社1998年版,第177页。

[2] 《三国志》卷四《魏书·齐王芳纪》裴注引习凿齿《汉晋春秋》,第122页。

[3] 《三国志》卷五一《吴书·孙韶传》,第1216页。

[4] 《三国志》卷四七《吴书·吴主传》裴注引《吴录》,第1132页。

[5] 《三国志》卷六〇《吴书·周鲂传》,第1388页。

孙吴对广陵的首次军事行动,出现在孙权嘉禾三年(魏青龙二年,234)。是年蜀汉诸葛亮伐魏,约同孙权东西并举。五月,孙权率主力出巢湖口,直指合肥新城;陆逊、诸葛瑾出江夏、沔口,直指襄阳;孙韶、张承则向广陵,沿中渎水入淮。[1]但至七月劳而无功,孙权自巢湖口退兵,孙韶也自中渎水退回。显而易见,这次征伐,巢湖、襄阳一线为孙吴北进主力,而广陵仍为偏师。但不管怎样,这毕竟是孙吴建国后在江淮地区的首次北进。

孙吴对江淮地区大规模的经略出现在吴主孙亮五凤年间。五凤二年(魏正元二年,255),魏扬州刺史文钦、镇东将军毌丘俭踞寿春以讨司马师。时吴国丞相、大将军孙峻欲遣兵至寿春,以作接应。但毌丘俭不久兵败身死,文钦南投孙吴,孙峻接应不及。孙峻感觉到曹魏淮南地区在内有叛臣、外有接应的情况下尚不能攻取,加之此前从孙权至诸葛恪多次进抵合肥而不能有任何进展,这就坚定了其实施从广陵一路北进的计划。

孙吴经略广陵的第一步,就是解决建安十八年(213)后江淮间荒芜导致大军北上后无法立足的问题。五凤二年三月,孙峻"使卫尉冯朝城广陵,拜将军吴穰为广陵太守,留略为东海太守"[2]。对于如此兴师动众的经略计划,朝臣中当然会出现不同的意见,但又畏惧孙峻而不敢言,唯有滕胤谏止,但孙峻没有听从。

然而,要在无人之地建广陵城,其中困难可想而知。而且即便建好城池,若不能得到军事保障,仍然难以据城而守,只能成为曹魏的进攻目标而已。因此到这年年底,孙峻又使"冯朝为监军使者,督徐州诸军事",为进取江淮作战略部署。但是随着军队的增加,却迅即出现了"民饥,军士怨畔"[3]的问题。因此至次年八月,文钦向孙峻建议伐魏,采取以攻为守的策略。孙峻乃遣文钦及骠骑将军吕据、车骑将军刘纂、镇南将军朱异、前将军唐咨军"自江都入淮、泗"[4],"以图青、徐"[5]。但是吕据甫至江都,孙峻病逝,其弟孙綝辅政,吕

---

[1]〔宋〕司马光编著,〔元〕胡三省音注,"标点资治通鉴小组"校点:《资治通鉴》卷七二"魏青龙二年五月"条,第2292—2293页。

[2]《三国志》卷四八《吴书·孙亮传》,第1152页。

[3]《三国志》卷四八《吴书·孙亮传》,第1153页。

[4]《三国志》卷四八《吴书·孙亮传》,第1153页。

[5]《三国志》卷六四《吴书·孙峻传》,第1446页。

据等联名上表欲拥滕胤为相,滕胤反为孙綝所杀,吕据也自杀于江都,此次北伐遂罢。

孙吴此次对广陵的经略有始无终,不但在于戍守江北将士的"怨畔",还在于高层政治更迭对北伐战略所带来的影响。此后,再未见孙吴对江淮地区进行大规模的军事行动,但需要肯定的,孙吴从未忘记对广陵的经略。如葛洪在《抱朴子》中记载:"吴景帝时,戍将于广陵掘诸冢,取版以治城,所坏甚多。"[1]足见对于此地未曾一日忘怀,只是可惜力有不逮,无从建功。

当然,针对孙吴的战略取向,曹魏也改变了以前坚壁清野的策略,采取了积极防御的措施。如曹魏后期,邓艾在今宝应、盱眙屯田的成功,即预示着孙吴对江淮间威胁的减弱,并为日后的军事攻势作了前期的积极部署。但是,邓艾建议重开广陵故城、于此招徕吴人进行屯田的计划,同样没有成功。因此,作为中间地带的广陵地区,也就只能成为双方争夺而不能得的弃地,直到西晋南北统一后才迎来了新的历程。

第四节　西晋广陵局势与广陵士人之境遇

在以广陵为中心的江淮地区,魏、吴双方进不能攻、退不能守的僵持状态,一直持续到晋、吴对峙时期。魏景元四年(263),曹魏灭蜀汉,两年后的咸熙二年(265),晋武帝司马炎代魏建晋,建元泰始,史称西晋。此后十五年间,晋、吴隔江对峙,南北双方似乎都放弃了对广陵一线的经略。即便是西晋太康元年的灭吴之战中,西晋六路进军,或自巴蜀、武昌、江陵顺流而下,或自横江南渡,皆未属意于广陵。此种军事格局,大体上即为延续三国时期的广陵态势而来。孙吴灭亡,西晋统一中国,但广陵作为南北对峙数十年的缓冲地带,其分裂时期所特有的烙印及遗留问题在短暂的西晋一朝并没有完全消失。

就宏观而言,汉末动乱与三国分裂,给广陵带来的影响有二:一为广陵城的废弃与荒芜使得广陵郡治所北移至淮阴一带;二为大量广陵人士渡江而南,仕于孙吴。就前者而言,西晋统一之后,广陵郡于"晋武帝太康三年,治淮

---

[1]《三国志》卷四八《吴书·孙休传》裴注,第1162页。

阴故城,后又治射阳"[1],并没有回徙至汉广陵郡旧治。很显然,广陵数十年的战乱与荒芜无法在短时间内得以平复。这就导致广陵郡的地缘政治格局仍存曹魏之旧,治所始终徘徊在淮水南侧,而不会南迁至长江北岸。

一、广陵、江东一体化格局的形成

汉末三国时期,大量广陵人士仕于孙吴,导致西晋统一之后,直接将这些人称为吴人、南人。如广陵闵鸿曾在孙吴担任尚书,赏识吴郡陆云,并荐举他为贤良方正。晋平吴后,闵鸿与丹阳薛兼、纪瞻、吴郡顾荣、会稽贺循齐名,时称"五俊"。[2]薛兼、顾荣、贺循等皆为吴地名士,而世人将闵鸿与吴人相提并论,说明在当时人看来,他们已经并无轩轾。朝野的这种认知,也使西晋一朝,两者表现出颇为相似的政治命运。

晋灭吴后,虽然统治者也曾试图采取措施,绥慰吴地人士之心,但南北的文化差异与地域歧视,并不可能因国家的统一而就此消亡,尤其是那些中州人士,将江南看作征服之地,以南士为"亡国之余"。如晋将王浑在灭吴后置酒高会,对吴人道:"诸君亡国之余,得无戚乎?"义兴周处唇齿相讥:"汉末分崩,三国鼎立,魏灭于前,吴亡于后,亡国之戚,岂惟一人!"[3]周氏世代居于江南,此种说法固不足论,但寓居于吴国的广陵人士,同样会发生类似遭遇。如广陵华谭,自祖父华融三代仕吴,"以才学为东土所推",被扬州刺史嵇绍举为秀才,但当入洛阳对策之时,博士王济竟当众嘲弄说:"君吴、楚之人,亡国之余,有何秀异而应斯举?"[4]可见这种地域歧视与亡国之辱对他们的伤害是多么严重。

至于汉晋之间未曾南渡或南渡后又返回的广陵人士则无此境遇。如广陵刘颂为汉广陵王刘胥之后,与父刘观未曾南渡,刘观仕魏为平阳太守,刘颂则为司马昭相府掾,历仕魏晋。华谭入洛阳对策时,时任廷尉的刘颂叹息说:"不悟乡里乃有如此才也!"[5]说明由于数十年的南北分裂,已经形同路人,尽

[1]《宋书》卷三五《州郡志一》南兖州,第1054页。
[2]《晋书》卷六八《薛兼传》,第1832页。
[3]《晋书》卷五八《周处传》,第1570页。
[4]《晋书》卷五二《华谭传》,第1452页。
[5]《晋书》卷五二《华谭传》,第1452页。

失汉代乡举里选、人伦鉴评之意。至于广陵陈矫、陈骞父子,仕魏晋为高官,当然也不会遭受"亡国之余"之讥了。

也正因为这样,西晋一朝,包括广陵人士在内的江东人士沉滞乡里,难于仕进者颇多,以至出现了"扬州无郎,而荆州江南乃无一人为京城职者"[1]的状况。在吴郡陆云太康年间的书信当中,即多次表露出其对江东人士难于仕进的不满与无奈。[2]尤其是"吴土之化为晋域,南民之变成北隶"[3]的局面形成后,最受刺激的三吴大姓豪族,更是对现实表示不满。虽然他们曾因政治诉求与淮泗势力进行了长期的政治斗争,但因孙吴中后期所采取的江东化国策,二者的矛盾总是多少有些缓和[4],及吴亡后,作为同样的"亡国之余",自然也是兔死狐悲,同病相怜。何况他们广有部曲,根深叶茂,在地位上还等而下之呢?因此,自吴亡开始,这些豪强大姓便不断地制造舆论,煽风点火,甚至进行武装暴乱。[5]如当时江南童谣说:"局缩肉,数横目,中国当败吴当复";"宫门柱,且当朽,吴当复,在三十年后";"鸡鸣不拊翼,吴复不用力"等,从而造成了"吴人皆谓在孙氏子孙,故窃发为乱者相继"的后果[6],连当时的望气者也声称"广陵有天子气"。这说明无论三吴大姓,还是广陵士人,都对西晋政权表示出了极大愤慨。也正因此之故,晋武帝乃封其爱孙司马遹为广陵王

---

[1]《晋书》卷六八《贺循传》,第 1825 页。周一良《魏晋南北朝史札记》"西晋王朝对待吴人"条列举扬州诸人为郎之例,以为"扬州未始无郎也"。中华书局 2007 年版,第 72 页。又,查清陆心源辑《千甓亭古砖图释》卷五录晋太康砖文曰:"太康七年岁在丙","广陵尚□□曹"。陆心源释曰:此砖"出乌程,按《晋书·职官志》,尚书郎置三十五曹,此当是广陵人官尚书郎曹而葬于吴兴者"。浙江古籍出版社 2019 年版,第 167 页。此人郡望为广陵而葬吴兴,极有可能是汉末南渡之广陵士人后裔。及晋平吴,乃出仕于洛阳尚书省为郎。则晋武帝对彼时吴地士人仕途受压制的政策已有调整。

[2] 对陆云信札所见江东人士难以仕进的分析,详参周一良《魏晋南北朝史札记》"西晋王朝对待吴人"条,第 72—73 页。

[3] 杨明照:《抱朴子外篇校笺》下册卷三四《吴失》,中华书局 1997 年版,第 166 页。

[4] 田余庆:《孙吴建国的道路——论孙吴政权的江东化》暨艳案及相关问题——再论孙吴政权的江东化》,氏著《秦汉魏晋史探微》。

[5]《晋书》卷三《武帝纪》载太康三年九月,"吴故将莞恭、帛奉举兵反,攻害建邺令,遂围扬州,徐州刺史嵇喜讨平之",第 74 页;太康八年十二月,"吴兴人蒋迪聚党反,围阳羡县,州郡捕讨,皆伏诛",第 78 页。惠帝、愍帝、元帝诸本纪也无不载有吴人暴动之史实。

[6]《晋书》卷二八《五行志中》,第 844 页。

以魇之[1]，试图平息这股来之凶猛的浪潮。

通过上述曾经仕于孙吴的广陵人士与江东大姓豪族的共同境遇与政治倾向，可以看出其间存在着诸多同质化的历史现象。一方面，由于孙吴中后期的江东化国策，使他们之间的鸿沟得到了某种程度的弥合；另一方面，则是汉末三国遗留下来的历史问题，在西晋时仍然没有得到妥善的解决。也正因为这样，他们在共同的境遇与利益诉求面前，形成了近似于一体化的格局。从此，"寿阳以东皆是吴人"[2]，广陵等地被入列为吴地的观念，逐渐深入人心。如以华谭为代表的广陵士人要求西晋取士于江东，陈敏欲效仿孙策据广陵进取江左，王敦欲起用广陵戴若思而后杀之等等，均与这一格局相关。

二、西晋广陵人士的政治态度及其境遇

华谭，广陵江都人。其祖华融汉末渡江，仕于孙吴，任左将军、录尚书事，其父华諝，仕吴为黄门郎。[3]晋灭吴后，华谭入扬州刺史周浚幕府，为从事史。太康中，刺史嵇绍荐为秀才，临别之时，扬州别驾陈总以"何仲舒不仕武帝之朝，贾谊失分汉文之时"问之，华谭答道："白起有云：'非得贤之难，用之难。非用之难，信之难。'得贤而不能用，用而不能信，功业岂可得而成哉！"[4]陈总所问，实因西晋不用吴人，以窥华谭持何态度。而华谭的回答，则是坚信朝廷欲成功业，必当不计地域，举贤而任能也。这在当时，的确代表着吴地士人的普遍心态。

华谭至洛阳后，晋武帝召见了他，并就西北少数民族、东南稳定、法令更张、制度兴废等一系列重大时务对其策问，而从双方的问答当中，足见二人的用人态度。如武帝针对"北有未羁之虏，西有丑施之氐"，致使"谋夫未得高

---

[1]《晋书》卷五三《愍怀太子传》，第1457页。

[2]《晋书》卷五二《袁甫传》，第1455页。王永平《论华谭——以两晋之际江东地域政局的走向为中心的考察》(《南京晓庄学院学报》2011年第5期)认为孙吴灭亡之后，西晋曾徙江东将吏、百姓于淮南寿春一带，以至于袁甫言"寿阳已东皆是吴人"。

[3] 华氏世系，见《晋书·华谭传》，然据《三国志》卷六四《吴书·孙綝传》注引《文士传》，华融与孙吴名士张温往来问学，华諝为华融长子，华谭为华融次子。然王永平《论华谭——以两晋之际江东地域政局的走向为中心的考察》认为"从华融与张温交往的情况看，其时当在汉末与孙吴立国之初，这距西晋灭吴、华谭入晋有数十年或近百年之遥，故推测华谭为华融之孙、华諝之子的可能性比较大，似应以《晋书》所载为准，《文士传》则恐误"，今从之。

[4]《晋书》卷五二《华谭传》，第1449页。

枕,边人未获晏然",提出了如何才能"长弭斯患,混清六合"的问题,华谭答曰:"劳谦日昃,务在择才,宣明岩穴,垂光隐滞。俊乂龙跃,帝道以光;清德凤翔,王化克举。"[1]当武帝策问魏平蜀汉、孙吴以后,"蜀人服化,无携贰之心",而"吴人越睢,屡作妖寇",是否因为"蜀人敦朴,易可化诱;吴人轻锐,难安易动"?如欲平息吴地动荡,又当如何?华谭便说:与其入晋时间相关,即"蜀染化日久,风教遂成;吴始初附,未改其化,非为蜀人敦愁而吴人易动也"。虽然吴、蜀差异的根本原因,在于吴、蜀两地土著势力及社会基础的强弱不同,但与江东豪强大族在入晋后受到歧视也密切相关。故华谭进一步禀明武帝:"所安之计,当先筹其人士,使云翔阊阖,进其贤才,待以异礼;明选牧伯,致以威风;轻其赋敛,将顺咸悦,可以永保无穷,长为人臣者也。"[2]尤其是武帝策问华谭:西晋有贡举之法,为何始终未获得"出群卓越"之人?华谭答道:"州郡贡秀孝,台府简良才,以八纮之广,兆庶之众",定会有"卓越俊逸之才"。只要"圣朝礼亡国之士,接遐裔之人",则"贤俊之出,可企踵而待也"[3]。这就说得非常明白,只要朝廷重视选拔吴国的"亡国之士""遐裔之人",就可以选拔出"卓越俊逸之才",只有选拔出才俊乂,帝王之道才能光大,王化才能波及四夷。

　　华谭与晋武帝的对策,既反映出故吴之士要求朝廷消除地域偏见、大力起用吴地士人的客观诉求,也与朝廷渴盼人才以长治久安的愿望契合。因此,广陵刘颂父子虽俱仕于魏晋,与孙吴并无瓜葛,但在选拔吴地人士的态度上,也与他们大体相同。如刘颂在为淮南国相时,即在上疏中说:

　　　　自吴平以来,东南六州将士更守江表,此时之至患也。又内兵外守,吴人有不自信之心,宜得壮主以镇抚之,使内外各安其旧。又孙氏为国,文武众职,数拟天朝,一旦埋替,同于编户。不识所蒙更生之恩,而灾困逼身,自谓失地,用怀不靖。今得长王以临其国,随才授任,文武并叙,士卒百役不出其乡,求富贵者取之于国内。内兵得散,新邦乂安,两获其所,于

---

[1]《晋书》卷五二《华谭传》,第1449页。
[2]《晋书》卷五二《华谭传》,第1450页。
[3]《晋书》卷五二《华谭传》,第1452页。

事为宜。[1]

由此可见,由于西晋灭吴之后,给江东豪族造成了巨大的军事压力,致使"吴人有不自信之心",遂激起了反抗情绪,同时对国家和民众也带来了沉重负担。尤其是吴灭亡之后,文武官员地位尽失,"一旦埋替,同于编户",自然也就心怀不满。所以,他建议武帝封年长之王镇抚东南,行藩国自治之道,"随才授任,文武并叙,士卒百役不出其乡,求富贵者取之于国内",从根本上改善江东士人的仕进与生活处境,以使"内兵得散,新邦乂安,两获其所,于事为宜"。刘颂作为武帝重臣,建议从封国体制、地方自治等层面解决问题,比华谭对策更进一步。故吕思勉先生曾评价说:"吴平之后,拔用其人,尤为不尽,刘颂除淮南相,上疏曰……'此其事机,可谓极紧急矣。'"[2]

以华谭为代表的故吴人士与以刘颂为代表的中州有识之士,在对待吴人的策略上存在着共通之处,与朝廷渴盼贤者、长治久安的愿望也颇契合,于是便促使了西晋政权对吴地士人政策的改变。史载,武帝太康中下诏:"伪尚书陆喜等十五人,南士归称,并以贞洁不容(孙)晧朝,或忠而获罪,或退身修志,放在草野。主者可皆随本位就下拜除,敕所在以礼发遣,须到随才授用。"[3]陆喜为江东一流大族吴郡陆氏之代表人物,晋武帝将其征入朝廷,显然是要笼络这些名士,用以稳定地方社会。又据《通典》记载,毗陵内史论江南贡举事云:"江表初附,未与华夏同。贡士之宜,与中国法异。前举孝廉不避丧孝,亦受行不辞。以为宜访问余郡,多有此举。"[4]周一良先生以为"足见对江南贡

---

[1]《晋书》卷四六《刘颂传》,第1294—1295页。关于西晋灭吴后,对江南施以军事高压政策,《华阳国志》卷一一《后贤志》也载蜀人何攀平吴有功,任扬州刺史,"石崇表东南有兵气,不宜用远人,征拜大司农"。〔晋〕常璩撰,任乃强校注:《华阳国志校补图注》,上海古籍出版社2007年版,第651页。周一良先生《魏晋南北朝史札记》"西晋王朝对待吴人"条就此指出:"西晋王朝对于蜀人任高位者,亦颇警惕。……大抵西晋平吴以后,对吴蜀旧地固多防范。"第72页。

[2]《吕思勉读史札记》丙帙"魏晋南北朝"部分之"用人以抚绥新附"条,上海古籍出版社2005年版,第871页。

[3]《晋书》卷五四《陆云传附陆喜传》,第1487页。

[4]〔唐〕杜佑撰,王文锦、王永兴等点校:《通典》卷一〇一《礼》,中华书局1988年版,第2673页。

士尽量放宽,与中原不同,有丧仍行"[1]。可见,晋武帝为了稳定江东局势,曾采取了一系列绥靖吴人的用人政策。

故吴人士得以仕进,一方面要有国家政策作为保障,另一方面在察举制向九品官人法转型的过程中,需要同乡中正的荐举或名士的评鉴。在具体荐举旧吴人士入仕的努力中,起决定性作用的是吴地士族的领袖——吴郡陆机、陆云兄弟,仕吴广陵人士便是其中的得益者。

《太平寰宇记》记载广陵有四大姓:戴、高、盛、游。[2]《太平寰宇记》所载当为唐宋间史实。然汉晋之时,盛氏、戴氏已为广陵著姓。如盛彦与戴昌皆为广陵人,曾仕于吴。盛彦少年时便显异才。史载戴昌为吴太尉,盛彦当时只有八岁,昌赠诗以观其能,盛彦"于坐答之,辞甚慷慨"。及盛彦年长,仕吴至中书侍郎。晋灭吴后,陆云"荐之于刺史周浚",同郡人刘颂时为大中正,又举盛彦为小中正。[3]足见盛彦于西晋入仕,一赖陆云之举荐,二赖刘颂之提携。与盛彦出仕情形类似的,是戴昌之子戴若思。戴若思祖父戴烈,仕吴为左将军,父戴昌历仕吴、晋。戴若思"少好游侠,不拘操行",看到陆机前赴洛阳,"船装甚盛,遂与其徒掠之。若思登岸,据胡床,指麾同旅,皆得其宜。机察见之,知非常人,在舫屋上遥谓之曰:'卿才器如此,乃复作劫邪!'若思感悟,因流涕,投剑就之。机与言,深加赏异,遂与定交焉。"及举孝廉,陆机荐之于宰执赵王司马伦,后"累转东海王越军谘祭酒,出补豫章太守"[4],又为琅邪王司马睿之亲信。可见戴若思之发迹,与陆机之荐举也是密不可分的。[5]

总之,广陵与江东的一体化格局,使仕吴广陵人士于西晋之仕进,得到了江东大族朝野的呼吁和荐举,并且形成几乎与之共进退的一股风气。而陆机、

---

[1] 周一良:《魏晋南北朝史札记》"西晋王朝对待吴人"条,第72页。

[2] 〔宋〕乐史撰,王文楚等点校:《太平寰宇记》卷一二三《淮南道》扬州,第2443页。汉晋广陵大族又有刘氏、华氏、高氏等,并见下文。

[3] 《晋书》卷八八《孝友·盛彦传》,第2276—2277页。

[4] 《晋书》卷六九《戴若思传》,第1846页。

[5] 当然,作为亡国之余,仕于孙吴的广陵士人亦有坚持隐居,不仕于晋者。《晋书》卷九四《隐逸·韩绩传》:"韩绩,字兴齐,广陵人也。其先避乱,居于吴之嘉兴。父建,仕吴至大鸿胪。绩少好文学,以潜退为操,布衣蔬食,不交当世,由是东土并宗敬焉。司徒王导闻其名,辟以为掾,不就。咸康末,会稽内史孔愉上疏荐之,诏以安车束帛征之。尚书令诸葛恢奏绩名望犹轻,未宜备礼,于是召拜博士。称老病不起,卒于家。"第2443页。

陆云兄弟作为吴地著名大族,又是举荐旧吴人士出仕西晋的领袖人物。但是,这种态势为时短暂,并没有长时间维持下去,随着西晋的八王相争,北人南下,中原即刻陷于战乱,陆机、陆云兄弟也因卷入司马氏内争,一时俱亡,吴地士族群龙无首,又面临着新的抉择。

三、陈敏之乱与广陵

西晋太熙元年(290),晋武帝离世,太子司马衷即位,是为惠帝。晋惠帝秉性痴呆,皇后贾氏操弄政局,诛杀惠帝外祖杨骏全族,数年之后,又废杀太子。永康元年(300),赵王司马伦勾结齐王司马冏诛杀贾后,司马伦遂执大柄,专断朝政,废帝自立之势已迫在眉睫。次年,齐王司马冏起兵于许昌,成都王司马颖起兵于邺,河间王司马颙起兵关中,围攻都城洛阳。于是,西晋的宫廷混乱,逐步由外戚庙堂之争演变成司马氏宗室之间的军事冲突,史称"八王之乱"。加之北方匈奴、鲜卑等少数族势力蠢蠢欲动,南下牧马,中原地区遂兵连祸结。相对而言,当日江淮之间尚属安定,以至于陈郡袁瓌、袁猷兄弟,"欲奉母避乱,求为江淮间县",遂先后为广陵郡江都令。[1] 然广陵郡亦不能长久置身动乱之外,难免不受波及。

惠帝永康二年(301),齐王司马冏、成都王司马颖、河间王司马颙率军围攻赵王司马伦于洛阳。数万部众集聚于洛阳周边,洛阳城中仓廪皆空。时任尚书仓部令史的陈敏向赵王司马伦建议,可将吴会地区的米谷漕运至洛阳以救燃眉之急。赵王司马伦乃委任陈敏为合肥度支,不久又转任广陵度支,全权负责南粮北运事宜。

陈敏既立足广陵,疏通江淮水道,主持漕运,手头便拥有了一支护卫漕运,进而可以左右江淮局势的武装力量。吴郡顾荣曾言陈敏"带甲数万,舳舻山积"[2],足见陈敏所部水军之强盛。

晋惠帝太安二年(303),义阳人张昌以巫术聚众起兵于江夏,所部石冰进犯扬州(治寿春)。扬州刺史陈徽弃寿阳而逃,扬州都督刘准惶恐无计。适陈敏统漕运兵在寿春,陈敏遂言于刘准:石冰所部乃"乌合之众,其势易离。敏

---

[1]《晋书》卷八三《袁瓌传》,第2166页。

[2]《晋书》卷六八《顾荣传》,第1812页。

请合率运兵,公分配众力,破之必矣"[1]。于是刘准乃以扬州部众以益陈敏所属漕运兵,共攻石冰。陈敏乃转战淮南,频频告捷,大江以北遂告底定。

时石冰已威胁江东诸郡。义兴豪族周玘暗中勾结"前南平内史王矩,共推吴兴太守顾秘都督扬州九郡军事,及江东人士同起义兵"[2]以拒石冰。惠帝建武元年(304),陈敏又自广陵率众南下江东,与周玘合兵一处,于建邺再获大胜。江东平定,石冰不得已北投张昌部将封云于徐州。陈敏再率军北返,讨封云于徐州。封云所部在情势所迫下发生内讧,封云、石冰皆为部将所杀。于是扬州、徐州皆平。陈敏因功而为广陵相。至此,陈敏非但手握重兵,掌控江淮漕运,且借广陵以为根基,俨然一方诸侯。

陈敏之所以转战南北,支持扬州都督刘准与江东豪强周玘平定石冰,除了手握强兵的有利条件外,更在于石冰侵入淮南、江东,对漕运航道与吴会粮源都存在着威胁。因此,刘准平石冰,在于守土职责;周玘平石冰,在于护卫桑梓;陈敏平石冰,在于护卫漕运以供给洛阳,三者可谓殊途同归。

当时西晋诸王混战方酣,建武元年,河间王司马颙挟持晋惠帝西幸长安,欲挟天子以令诸侯。于是洛阳无主,中原宗王相争。陈敏既扫灭石冰,绥靖徐、扬,且以重兵镇江淮,逐渐萌生割据江东之志[3]。同年,陈敏以父丧,不得不去职返乡守孝。然事有难以逆料者,徐州都督东海王司马越自下邳起兵勤王,移檄诸州郡,为幽州、青州、许昌诸镇奉为盟主,声讨司马颙。司马越乃命陈敏从征长安。惜司马越军败于灵璧(今安徽灵璧县),陈敏乃自请东归,以收聚旧部,重壮声势为名,再至江淮。及陈敏行至历阳,即以漕运兵发动叛乱。

陈敏之所以发动叛乱,固然与其个人政治野心有关。但从客观形势分析,割据江东并非不可能之事。其一,自西晋灭吴以来,吴地局势不稳,骚乱频仍,南北矛盾始终存在,孙吴复国之舆论迄未停息。其二,陈敏立足广陵,主持漕运,深知吴会粮谷对维持洛阳政权的重要性。一旦江东自立,阻断漕运,等于断绝洛阳政权之鼻息。加之中原宗王相争,兵源不足,乃至命陈敏东返召兵,可见西晋政权自顾尚且不暇,无法遣兵南下江东。其三,江东水网交错,与江

[1]《晋书》卷一○○《陈敏传》,第2614页。
[2]《晋书》卷五八《周处传附周玘传》,第1572页。
[3]《晋书》卷一○○《陈敏传》,第2615页。

北有大江阻隔。而陈敏所部漕运兵即以水军为主，足可划江而治；至于吴会粮谷可支持江东政权，庶使粮饷无忧。其四，陈敏曾助周玘扫平石冰，安定江东，护其桑梓，有恩于江东世族。有此四端，足以诱发陈敏觊觎江东之心。而此后陈敏经略江东及其失败之原因，大体也可在这四个方面找寻。

陈敏率众渡江后，随即兵分两路，一路经略江东，欲定吴会，一路西上，经略荆、江二州。史称当时"陈敏作乱，江扬震荡"[1]。江州随即为陈敏之弟陈赞所夺取，陈敏进而命其弟陈恢为荆州刺史，寇武昌，规取荆州。时荆州刺史刘弘"统江夏太守陶侃、武陵太守苗光，以大众屯于夏口"[2]以作防御。陶侃部将朱伺擅于水战，陶侃遣其修治大型船舰，又将运船改装为战舰，击破陈恢于武昌，遏止了陈敏西上的势头。从此，陈敏西进受挫，不敢再窥荆州之境。

陈敏甫渡江，即急于经略荆、江二州，盖陈敏所部以漕运水军为主，如果迁延时日，荆州得大兴水师，顺流而下，则胜负难以逆料。当时江夏太守陶侃临时修造船舰，乃至以运船改装为战舰，足见荆州水军之薄弱。陈敏正是欲以其水师优势，先发制人。惜疆场之上，情势逆转，陈恢战败，无力再染指荆州。而荆州水军也无力沿江东下，双方只能相持于武昌江面。此种情形，非但为陈敏所不能料及，更为重要的是，陈敏所部水军主力被牵制于荆州前线，导致下游兵力空虚。由此，三吴世族的政治向背成为决定陈敏兴亡的决定性因素。

陈敏自历阳渡江南下后，"逐扬州刺史刘机、丹阳内史王旷，阻兵据州，分置子弟为列郡，收礼豪桀，有孙氏鼎峙之计"[3]。这里所说的豪杰，所指即为三吴世族。史载，陈敏广任三吴世族，"以顾荣为右将军，贺循为丹杨内史，周玘为安丰太守，凡江东豪杰、名士，咸加收礼，为将军、郡守者四十余人"[4]，三吴

---

[1]《晋书》卷八九《忠义·嵇绍传附从子嵇含传》，第2302页。

[2]《晋书》卷六六《刘弘传》，第1766页。

[3]《晋书》卷六八《顾荣传》，第1812页。

[4]〔宋〕司马光编著，〔元〕胡三省音注，"标点资治通鉴小组"校点：《资治通鉴》卷八六"晋惠帝永兴二年十二月"条，第2715页。

"豪杰皆见维絷,或有老疾,就加秩命"[1],"陈敏作逆,江东名豪并见羁絷"[2]。可见陈敏占据江东后的政策是:分置子弟控制地方,羁縻三吴世族以笼络江东人心。

但是陈敏"收礼豪杰"只是权宜之计,部分吴会世族并不应陈敏之命。义兴周玘为吴会豪族,陈敏曾助周玘剿除石冰,二人本有旧谊,陈敏任命周玘为安丰太守,"玘称疾不行"[3];陈敏任会稽贺循为丹阳内史,贺循"辞以脚疾,手不制笔,又服寒食散,露发袒身,示不可用"。鉴于周玘、贺循在吴会的人望,陈敏"竟不敢逼"[4]。此外,吴郡朱诞、临海任旭皆不应陈敏之命,陈敏"卒不能屈"[5]。于是陈敏"疑诸名士终不为己用,欲尽诛之"[6]。在此危亡之际,已经依附于陈敏的吴郡顾荣又向陈敏进言:"若能委信君子,各得尽怀,散蒂芥之恨,塞谗谄之口,则大事可图"。这又使得陈敏"悉引诸豪族委任之"[7]。

何以陈敏在对待三吴世族的态度上举棋不定?那就是因为,陈敏以陈氏子弟控制地方,而又笼络三吴世族,待以虚礼的政策存在着固有的矛盾。直观表现就是陈敏"兄弟姻娅盘固州郡,威逼士庶以为臣仆",加之陈敏"子弟各已骄矜"[8],这与三吴世族的利益存在着无法调和的矛盾。而陈敏在平定石冰之乱时,深悉三吴世族的乡党宗族势力,一旦处置失措,必生激变。

而三吴世族与陈敏若即若离的态度,更值得玩味。吴亡之后,吴地士人与司马氏政权本存芥蒂,复国割据之心未尝一日忘怀。及八王相争,胡人南下,中原沦没已成定局,仕于中原的吴人,或返乡,或隐居。丹阳甘卓"见天下大乱,弃官东归,前至历阳,与陈敏相遇。敏甚悦,共图纵横之计"[9]。晋惠帝永康初年,"博求清节俊异之士",临海郡荐举任旭赴京,任旭"以朝廷多故,志

［1］《晋书》卷六八《贺循传》,第 1825 页。

［2］《晋书》卷九四《隐逸·任旭传》,第 2439 页。

［3］《晋书》卷五八《周处传附子周玘传》,第 1572 页。

［4］《晋书》卷六八《贺循传》,第 1825 页。

［5］《晋书》卷九四《隐逸·任旭传》,第 2439 页。

［6］〔宋〕司马光编著,〔元〕胡三省音注,"标点资治通鉴小组"校点:《资治通鉴》卷八六"晋惠帝永兴二年十二月"条,第 2715 页。

［7］《晋书》卷六八《顾荣传》,第 1812—1813 页。

［8］《晋书》卷六八《顾荣传》,第 1813—1814 页。

［9］《晋书》卷七〇《甘卓传》,第 1862 页。

尚隐遁,辞疾不行"[1]。这种吴人返乡,或蛰居观望,或伺机而起的情形,为江东割据提供了极好的机缘。时人陈眕曾问术士戴洋:"人言江南当有贵人,顾彦先、周宣珮当是不?"顾彦先即吴郡顾荣,周宣珮即义兴周玘。戴洋以"顾不及腊,周不见来年八月"[2]作答。很显然,陈眕所问其实涉及时人对局势的两种认识:其一,西晋末年,中原动乱,江东必当自立;其二,三吴世族大姓如吴郡顾氏、义兴周氏存在统领江东的可能。

从魏晋易代司马氏攫取皇位的史实可知,自东汉末年以来,某一世家大族取得皇统并非不可能之事。既然中原纷争,五胡乱华,保有江东已成为时人共识。那么,以三吴世族中某一家族统领江东最为顺理成章。以当时情势论之,吴郡陆机、陆云兄弟乃孙吴丞相陆逊之孙,大司马陆抗之子,于江东声望最著,实为吴人领袖。因此,当中原纷扰之际,广陵戴若思、吴郡顾荣曾劝陆机返乡,但陆机"负其才望,而志匡世难,故不从"[3],遂与陆云于太安二年(303)遭谗遇害,被夷三族。

揆顾荣、戴若思劝陆机返乡还吴之意,无非是欲使其统领江东,领袖群伦。但是陆机志在中原,非但导致家族罹难,更使得江东群龙无首,任何一家世族豪强均难孚众望。因此,南人孙惠在与同乡朱诞的书信中提及陆机、陆云之死时,认为这是"国丧俊望,悲岂一人"[4]。永嘉四年(310),东海王司马越命吴兴钱璯率乡兵援救洛阳,钱璯至广陵,畏匈奴刘聪,乃率军南返,自立于江东。义兴周玘乃"率合乡里义众"讨平之。[5]钱璯作为江东本土豪强被义兴周氏平定,可见三吴世族豪强各不相服。刘宋时袁淑对吴郡顾觊之所言"卿南人怯懦,岂办作贼"[6]实乃似是而非之言。西晋末年,吴地世族豪强非因"怯懦"而不欲"作贼"自立,实乃缺乏领袖人物,势所不能。

吴人既不能自立,不得不退而求其次,拥戴外来者保有江东,护其桑梓,营造一种以外来者居帝位,吴地世族豪强掌控实权的政治格局。陈敏以江北

---

[1]《晋书》卷九四《隐逸·任旭传》,第2439页。
[2]《晋书》九五《艺术·戴洋传》,第2470页。
[3]《晋书》卷五四《陆机传》,第1473页。
[4]《晋书》卷五四《陆云传》,第1486页。
[5]《晋书》卷五八《周玘传》,第1573页。
[6]《宋书》卷八一《顾觊之传》,第2079页。

漕运兵南下江东,适逢其会。但陈敏"兄弟姻娅盘固州郡,威逼士庶以为臣仆"
的政策非但与三吴世族的期望相去甚远,甚至外来者与三吴世族的冲突已迫
在眉睫。此时,已任东海王司马越军谘祭酒的广陵华谭乃遗书顾荣,径直点
破其中的利害关系:

其一,陈敏叛逆,"上负朝廷宠授之荣,下孤宰辅过礼之惠",三吴世族"屈
节附逆,义士所耻","辱身奸人之朝,降节逆叛之党,稽颡屈膝,不亦羞乎!"[1]
这是从忠孝节义的角度谴责顾荣等人附逆背国,为义士所不齿。

其二,陈敏"阻兵作威,盗据吴会,内用凶弟,外委军吏"[2]。这是将陈敏任
用兄弟亲族以控制江东的实情明白说出。言下之意,即陈敏一旦坐稳江东,
三吴世族将为其所制。华谭此论,实际上也就是三吴世族所切身感受到的。

其三,鉴于陈敏入江东,"有孙氏鼎峙之计",华谭将陈敏之情势与孙氏立
国进行比较:

> 昔吴之武烈,称美一代,虽奋奇宛叶,亦受折襄阳。讨逆雄气,志存中
> 夏,临江发怒,命讫丹徒。赖先主承运,雄谋天挺,尚内倚慈母仁明之教,
> 外杖子布廷争之忠,又有诸葛、顾、步、张、朱、陆、全之族,故能鞭笞百越,
> 称制南州。然兵家之兴,不出三世,运未盈百,归命入臣。今以陈敏仓部
> 令史,七第顽冗,六品下才,欲蹑桓王之高踪,蹈大皇之绝轨,远度诸贤,犹
> 当未许也。[3]

揣摩华谭之言,个中深意颇值得玩味。华谭认为以孙策、孙权之雄略定
鼎江东,尤为"兵家之兴,不出三世,运未盈百,归命入臣",何况陈敏出身寒
微,"七第顽冗,六品下才",更不足以与孙策比肩。其言外之意,即陈敏若
能长期保有江东,传之后世,使江东地区免遭涂炭,则不妨依附之。这其实
也是当时人的普遍态度,如历阳术士陈训对乡人言道:"陈家无王气,不久当

---

[1]《晋书》卷一〇〇《陈敏传》,第 2616 页。
[2]《晋书》卷一〇〇《陈敏传》,第 2616 页。
[3]《晋书》卷一〇〇《陈敏传》,第 2616—2617 页。

灭。"[1]可见,在野之人所关注的,并不是陈敏对西晋朝廷所持之忠顺或叛逆之态度,而在于其能否成事,是否能够稳固地保有江东,维护三吴世族的家族利益。

华谭此信,"显然是受命于司马越、王衍,目的是告诫南士,如果要保障江东士族利益,只有反戈一击,消灭陈敏,与司马越合作。顾荣、甘卓、纪瞻同华谭一样,都曾居司马越幕府,与越有旧,遂与周玘定策灭敏"[2]。因此,华谭此信具有官方背景,代表着西晋洛阳政权的态度。但另一方面,华谭作为入晋的旧吴人士,其政治处境与三吴世族相似,对江东局势知之甚深,也最能体察三吴世族的心境。此信由华谭执笔,绝非偶然。论者以为:"这时倡议反对陈敏的关键人物,恰是与南士有广泛交往,又居东海王越府为军谘祭酒的广陵华谭。"[3]

陈敏初入江东,虽受阻于荆州,但在军事上并未出现败亡之迹。然而陈敏在江东的施政,却违背了三吴世族豪强的意愿。史称陈敏"凡才无远略,一旦据有江东,刑政无章,不为英俊所服,且子弟凶暴,所在为患"[4]。因此,在三吴世族看来,陈敏渡江,"刑政无章",其政权势难以持久,如顾荣即认为陈敏"既常才,本无大略,政令反覆,计无所定"[5],非但不能安定江东,护其桑梓,且极易招致朝廷或某一军阀以平叛为名,用兵江东。因此,"周玘、顾荣之徒常惧祸败"[6]。顾荣劝甘卓起兵反抗陈敏时所言"若江东之事可济,当共成之。然卿观事势当有济理不"[7],适足以证明三吴世族对陈敏能否立足

[1]《晋书》九五《艺术·陈训传》,第2468页。

[2] 田余庆:《释"王与马共天下"》,《东晋门阀政治》,北京大学出版社2012年版,第20页。

[3]《释"王与马共天下"》,前揭《东晋门阀政治》,第20页。关于华谭与江东人士的密切关系,可由其与甘卓的关系略作说明。《晋书》卷七〇《甘卓传》载"东海王越引为参军,出补离狐令。卓见天下大乱,弃官东归"云云。《晋书》卷五二《华谭传》载:"甘卓尝为东海王越所捕,下令敢有匿者诛之,卓投谭而免。"后华谭为庐江太守,追随镇东将军、扬州刺史周馥,陈敏之乱后,甘卓受琅邪王司马睿命攻击周馥,"及甘卓讨馥,百姓奔散,馥谓谭已去,遣人视之,而更移近馥。(中略)及此役也,卓遣人求之曰:'华侯安在? 吾甘扬威使也。'谭答不知,遗绢二匹以遣之。使反,告卓。卓曰:'此华侯也。'复求之,谭已亡矣。"由此可见华谭素来与江东人物交往密切。

[4]《晋书》卷一〇〇《陈敏传》,第2617页。

[5]《晋书》卷六八《顾荣传》,第1813页。

[6]《晋书》卷一〇〇《陈敏传》,第2617页。

[7]《晋书》卷六八《顾荣传》,第1813页。

江东,并无乐观的预期。

更有甚者,陈氏兄弟占高位,掌实权,三吴世族的地位、权益乃至身家性命岌岌可危,陈敏数次欲诛杀三吴世族就是明证。《晋书·顾荣传》记载当时吴郡顾荣如履薄冰的情态:

（荣）数践危亡之际,恒以恭逊自勉。[1]

顾荣少年仕吴,自当洞悉当初孙策以淮泗之众入主江东"屠戮英豪"与数十年来孙氏屡兴大狱对吴姓世族的打压。吴亡之后,顾荣入洛,适逢八王之乱,顾荣涉身其中,数度身临险境,对政治斗争的波谲云诡有着切身感悟。无论是当初的孙策,抑或是眼前的陈敏,都是以外来的寒门武装进入江东。三吴世族豪强本有自立之心,不过苦于缺乏深孚众望的领袖人物而难以成事,其对外来势力的警惕是一直存在的。而陈敏在"收礼豪杰"而又"欲诛诸士人"的态度间摇摆不定,极易转化成孙策的"屠戮英豪"。三吴世族豪强为身家性命计,不得不群起而攻之。华谭致顾荣之信,恰恰促使了三吴世族最终决定对陈敏反戈一击。

永嘉元年（307）,义兴周玘暗中联系屯于寿春的镇东将军刘准,令其"发兵临江,己为内应",并与吴郡顾荣、丹阳甘卓等纠集宗族武装,起兵征讨陈敏。陈敏因主力在武昌与陶侃相持,江东部众大败奔溃。陈敏随即被俘,斩首于建康,其欲借江淮漕运兵割据江东的谋略就此破产。

四、两晋之交广陵人士之境遇

面对陈敏败亡,江淮漕运受挫,以及江东趋于割据的紧急情形,西晋政权不得不遣重臣南下以靖宁江东。永嘉元年（307）陈敏败后不久,东海王司马越即遣琅邪王司马睿与王导南渡,到达建康。"司马睿、王导受命过江,从军事、政治上说,是为了填补陈敏被消灭后江左的真空,使之同江淮、荆楚呼应,保障徐州,并为中原犄角。……从经济上说,很可能有替坚守中原的司马越、王衍搜刮江南财富,特别是漕运江南粮食的目的。"[2]这也就为十一年后东晋

---

[1]《晋书》卷六八《顾荣传》,第1812页。

[2] 田余庆:《释"王与马共天下"》,前揭《东晋门阀政治》,第13页。

政权的建立奠定了基础。但是,司马睿入主江东,仍然不能真正改变西晋以来长期存在的中原人士歧视吴人的状况。三吴世族豪强群起驱逐陈敏,并不是表明他们对司马睿的支持,因为对于他们来说,司马睿同样是外来势力,就这一点而言,司马睿与陈敏并无区别。因此,当司马睿入江东时,出现"吴人不附","士庶莫有至者"[1]的情形,也就一点不意外了。广陵人士大多都曾仕于孙吴,与三吴世族豪强有着千丝万缕的联系,二者的政治态度颇为一致。因此,这种情形也就大体上决定了广陵人士在两晋之际的悲惨境遇。其中,戴若思与华谭二人,可以看作典型的代表。

（一）"东南之美"的凋零——戴若思之死

戴若思,广陵人,生于西晋泰始七年(271),祖、父皆曾仕孙吴为高官。后由陆机举荐,赵王司马伦辟之,入仕中朝。此后历经迁转,为东海王司马越的军谘祭酒,成为司马越的亲信党羽。及永嘉元年(307),司马睿奉司马越之命,以镇东将军、扬州刺史驻守建康,任命戴若思为镇东将军府司马,仍然属于一个阵营。

司马睿镇建康后不久,洛阳、长安先后被匈奴刘聪、刘曜攻陷,西晋对中原的统治彻底瓦解,江东地区成为北人南下的目标。建武元年(317),司马睿称晋王,为晋元帝,东晋政权建立起来。当时江左存在着两股大的势力,一是三吴世族豪强,二是司马越的党羽,至于永嘉后南迁的士族,则以琅邪王导、王敦对建康政权最具功勋。[2]而在吴、晋交替,广陵、江东一体化的格局下,戴若思既是司马越和司马睿的党羽亲信,又与三吴世族豪强有着密切的关系,这样的双重身份,也就决定了其在两晋之际的命运。

司马睿之所以能够立足江东,与琅邪王氏在一定程度上缓和三吴世族与南来北人的隔阂,对司马睿的鼎力支持颇有关系,以至当时有"王与马共天下"的说法。[3]由此形成东晋时期"祭则司马,政在士族"的门阀政治模式。[4]

---

[1]《晋书》卷六五《王导传》,第1745页。

[2] 关于王导对东晋建立所起的作用,详参陈寅恪:《述东晋王导之功业》,《金明馆丛稿初编》,生活·读书·新知三联书店2001年版。

[3] 详参前揭陈寅恪《述东晋王导之功业》与田余庆《释"王与马共天下"》二文。

[4] 田余庆:《释"王与马共天下"》,《东晋门阀政治》,第6页。

但是司马睿"又不安于自己的地位,力图表现他自己,使士族感到他的存在,因此,在一定程度上他和他的扶植者王氏又处于政策对立地位,终于导致王敦起兵这场斗争"[1]。于是,以司马睿为代表的帝党,以琅邪王氏为代表的门阀士族,与三吴世族豪强之间便形成了错综复杂的关系。而戴若思身处其间,自然不能置之度外,最终卷入了政治纷争之中。

司马睿为了打击琅邪王氏,一反世家大族所秉持的儒家治国传统,起用刘隗、刁协等寒人,行申韩之法、刻碎之政。而王敦屯兵于荆州之地,虎视建康,又使司马睿惴惴不安。于是在太兴四年(321)七月,司马睿命戴若思为征西将军、都督兖豫幽冀雍并六州诸军事、司州刺史,"发投刺王官千人为军吏,调扬州百姓家奴万人为兵配之"[2],使镇合肥;以刘隗为镇北将军、都督青徐幽平四州诸军事、青州刺史,屯镇淮阴。"皆假节领兵,名为讨胡,实备王敦也"[3]。

永昌元年(322),王敦以讨刘隗、刁协为名,起兵于武昌,东下建康。戴若思、刘隗还军入卫,为王敦所败,建康沦陷。而在王敦入建康之前,即对陈郡谢鲲言道:"吾当以周伯仁为尚书令,戴若思为仆射。"[4]周伯仁即周颙,为汝南名士、安东将军周浚之子,少年便得大名。及王敦入建康,王敦又对其从弟王导说:"周颙、戴若思南北之望,当登三司,无所疑也。"然而王导不作回答,王敦又言:"若不三司,便应令仆邪?"王导又未作答语。于是王敦复又说道:"若不尔,正当诛尔。"[5]

王敦、王导为何对周颙和戴若思持此态度呢? 个中缘由,颇值得玩味。周颙、戴若思皆曾为东海王司马越之幕僚,在政治上与司马睿、王氏兄弟本出一源。但是周颙自南迁后,对司马睿任用刘隗、刁协等寒人,行申韩刑法不以为然,这与王敦、王导等士族的政治态度是一致的。但他坚决反对王敦举兵向阙,便与王氏兄弟产生了冲突。及至王敦举兵之后,丞相王导率领宗族诣

---

[1]　唐长孺:《王敦之乱与所谓刻碎之政》,氏著《魏晋南北朝史论拾遗》,第152—153页。

[2]　《晋书》卷六九《戴若思传》,第1847页。

[3]　〔宋〕司马光编著,〔元〕胡三省音注,"标点资治通鉴小组"校点:《资治通鉴》卷九一"晋元帝太兴四年七月"条,第2888页。

[4]　《晋书》卷四九《谢鲲传》,第1378页。

[5]　《晋书》卷六九《周颙传》,第1853页。

阙请罪，便请入觐元帝的周𫖮予以周旋，为之开脱。虽然周𫖮未及其事，但还是陈说王导忠诚。而王导不知周𫖮用心，反而由此衔恨在心。因此，当王敦数次向王导征询安置周𫖮的意见时，王导始终不作回答，最终将其置于死地。而戴若思则与周𫖮有所不同，王敦初欲重用他，盖因其为南、北之民望所在，当时堪称"东南之美"[1]。王敦笼络他，非但可联络三吴世族，且其出于司马越幕府，在政治上与王氏兄弟同出一脉，是南北双方都能接受的理想人物。然而"东南之美"的声名，亦是他的致命之处。

自从陈敏被平定后，司马睿虽为江东之主，但南北矛盾并未消亡。特别是永嘉南渡后，北方士人大量南下，尤为吴姓士族所忌，史称："时中国亡官失守之士避乱来者，多居显位，驾御吴人，吴人颇怨。"[2]这就加剧了原有南人与北人之间的隔阂。此与当初陈敏以外来势力入主江东、凌驾吴人之上的情形相仿。如当时名士范阳祖逖，即评价戴若思说："是吴人，虽有才望，无弘致远识。"[3]祖逖与王敦虽非一党，但同为北迁南方之人，其轻视南人的态度是一致的。而三吴世族豪强，则视戴若思为吴人中坚，只因群龙无首，才不得已迎奉司马氏为江东之主，意欲成就以外来者居帝位而吴地世族豪强掌控实权的政治格局，戴若思作为"东南之美"，正是吴人理想中的股肱人物。因此，早在永嘉之末北人大规模南迁之际，义兴周玘与其党人王恢等，就"阴谋诛诸执政，推玘及戴若思与诸南士共奉帝以经纬世事"[4]。戴若思在吴人中的这种地位，正是王敦和王导启用抑或诛杀措施的重要原因。

不过，导致戴若思之死的直接原因，则是王敦参军吕猗与戴氏之间的个人恩怨。吕猗看到王氏与戴氏间的矛盾见深，乃进言王敦说："周𫖮、戴若思皆有高名，足以惑众，近者之言曾无愧色。公若不除，恐有再举之患，为将来之忧耳。"[5]戴若思既有"东南之美"的"高名"，又是司马睿之帝党，因此成为政治斗争中的牺牲品，也就不足为怪了。

---

［1］《晋书》卷六九《周𫖮传》，第1850页。

［2］《晋书》卷五八《周处传附周𫖦传》，第1574页。

［3］《晋书》卷六二《祖逖传》，第1697页。

［4］《晋书》卷五八《周玘传》，第1573页。

［5］《晋书》卷六九《戴若思传》，第1847页。

（二）两晋之际华谭"怏怏不得志"

广陵人华谭,在西晋诸王相争、胡人南侵之际,竭力促成了三吴世族豪强政治态度的转变,驱逐陈敏,安定江东,可谓为此后的东晋立国提供了难得的机缘,自应得到朝廷重用,但实际上并非如此。[1]

平定陈敏以后,司马睿以镇东将军驻守建康,入主江东。鉴于华谭于三吴世族豪强的影响,司马睿以华谭为镇东军谘祭酒。但因此官为闲散之职,华谭终日"在府无事",显而易见,司马睿是不会重用了。华谭见此,上书求退说:"谭无古人之贤,窃有怀远之慕。自登清显,出入二载,执笔无赞事之功,拾遗无补阙之绩;过在纳言,闇于举善;狂寇未宾,复乏谋策。年向七十,志力日衰,素餐无劳,实宜辞退。"可司马睿又不允许。及睿称晋王,东晋建立,授华谭为秘书监,华谭"固让不拜"。至太兴年间,"拜前军,以疾复转秘书监。自负宿名,恒怏怏不得志"[2]。可见东晋南渡诸事草创、百废待兴之际,华谭竟基本上处于闲散状态,故而失落。

其实,华谭对东晋的初建,还是抱着殷切期望并想大有作为的。《晋书》本传载:"谭每怀触望,尝从容言于帝曰:'臣已老矣,将待死秘阁。汲黯之言,复存于今。'帝不怿。"但是结果终未受重用。对此,《晋书》"史臣"曾论曰:华谭"行己徇义,志笃周甘,仁者必勇,抑斯之谓! 虽才行夙章,而待终秘阁,积薪之恨,岂独古人乎!"[3]这是为华谭鸣冤叫屈。但为何晋元帝持之不用呢?这主要有两方面的原因:

其一,华谭受到顾荣、戴若思等人的压制。对此,《晋书·华谭传》载:"陈敏之乱,吴士多为其所逼。……谭不悟荣旨,露檄远近,极言其非,由此为荣所怨。"这就是说,华谭对顾荣等附逆感到不满,认为有违士族品格,由此引起了顾荣的反感。虽然后来顾荣等又离敏反正,但对华谭的"极言其非"仍耿耿于怀。故当顾荣以南士代表受到晋元帝的重用并负荐举南人之责时,对华谭持冷落态度。也正因为这样,纪瞻举荐华谭,"而为顾荣所止退,遂数

[1] 对于华谭的历史地位,详参王永平《论华谭——以两晋之际江东地域政局的走向为中心的考察》,《南京晓庄学院学报》2011 年第 5 期。

[2] 以上并见《晋书》卷五二《华谭传》,第 1453—1454 页。

[3]《晋书》卷五二《华谭传》,第 1454—1455 页。

年不得调"。戴若思受到晋元帝重用,对华谭也持类似态度。如《晋书·华谭传》载:"戴若思弟邈,则谭女婿也。谭平生时常抑若思而进邈,若思每衔之。殆用事,恒毁谭于帝,由是官涂不至。"[1]由此可见,华谭不被晋元帝重用并非没有原因。

其二,晋元帝司马睿对于华谭也有偏见。早在西晋永嘉年间,周馥出任平东将军、都督扬州诸军事,与周玘等讨灭陈敏,由此一度成为江淮地区的最高军政长官。而华谭适任庐江太守,正在周馥管辖范围。周馥看到中原将乱,深知洛阳必然不保,于是提出迁都寿春的动议。《晋书·周馥传》载:"馥自经世故,每欲维正朝廷,忠情恳至。以东海王越不尽臣节,每言论厉然,越深惮之。馥睹群贼孔炽,洛阳孤危,乃建策迎天子迁都寿春。"及永嘉四年(310),周馥与长史吴思、司马殷识等正式上书,再次向朝廷提出建议,谓:"戎狄交侵,畿甸危逼。臣辄与祖纳、裴宪、华谭、孙惠等三十人伏思大计,……于今平夷,东南为愈。淮扬之地,北阻涂山,南抗灵岳,名川四带,有重险之固。是以楚人东迁,遂宅寿春,徐、邳、东海,亦足戍御。且运漕四通,无患空乏。……臣谨选精卒三万,奉迎皇驾。"[2]可见这次上书迁都,华谭也是支持者之一。但因周馥与当时朝廷执政者东海王司马越关系不谐,上书之前未告知越,便引起了司马越的不满。故而史称"献策迁都,乖忤于东海"[3],使"越大怒"。于是,司马越召周馥返朝,并策动下属淮南太守裴硕"奉越密旨图馥"。及硕失利,求救于坐镇江东的司马睿,"旬日而馥众溃"[4],华谭由此归晋元帝。可见华谭并非司马睿的亲信。

周馥死后,华谭归晋元帝,对于周馥之事曾经有过辩解,但反而进一步引起元帝不满。对此,《晋书·周馥传》载:

---

[1]《晋书》卷五二《华谭传》,第 1454 页。

[2]《晋书》卷六一《周浚传附周馥传》,第 1663—1664 页。

[3]《晋书》卷六一《周浚传附周馥传》,第 1667 页。《晋书》卷二九《五行志下》"豕祸"条载:"怀帝永嘉中,寿春城内有豕生两头而不活,周馥取而观之。时识者云:'……天戒若曰,勿生专利之谋,将自致倾覆也。'周馥不寤,遂欲迎天子令诸侯,俄为元帝所败,是其应也。"第 882 页。怪异物象云云未必真实,但说周馥"欲迎天子令诸侯",则体现了当时不同军政集团间的权力斗争。

[4]《晋书》卷六一《周浚传附周馥传》,第 1664 页。

帝问："周祖宣何至于反？"谭对曰："周馥虽死，天下尚有直言之士。馥见寇贼滋蔓，王威不振，故欲移都以纾国难。方伯不同，遂致其伐。曾不逾时，而京都沦没。若使从馥之谋，或可后亡也。原情求实，何得为反！"帝曰："馥位为征镇，握兵方隅，召而不入，危而不持，亦天下之罪人也。"谭曰："然。馥振缨中朝，素有俊彦之称；出据方岳，实有偏任之重，而高略不举，往往失和，危而不持，当与天下共受其责。然谓之反，不亦诬乎！"帝意始解。[1]

对于周馥上书迁都，华谭也是参与者之一，为馥辩解，自然也是为自己辩解。但是司马睿一见华谭，便以周馥反叛定性，而华谭还竟为周馥开脱。因此，华谭所说虽有道理，使"帝意始解"，但其中的这道鸿沟，对于好自猜疑的司马睿来说，仍是不可能就此填平的。这也正是华谭"恒怏怏不得志"的原因所在。

纵观从汉末笮融乱广陵至三国后期邓艾屯田，孙吴对广陵经营的失败，汉时广陵的繁盛局面遭到严重破坏。导致这种局面形成的直接原因，是汉末战乱的波及此后长时间的南北对峙。可以说，曹、孙对广陵的经略，都是从军事方面着眼，这就决定了三国时期的广陵在社会、经济、文化上很难恢复到两汉时期的水平。鉴于广陵之北的中渎水道航道不畅，广陵之南的长江水面辽阔，无论是曹军南下抑或是吴军北上，均非易事。对南北双方而言，广陵处于进则难以固守，退则为敌所乘的尴尬境地。曹魏为防御孙吴袭扰而在江淮间施行坚壁清野政策，曹丕、孙吴为打开南北僵持局面数次经营广陵而未果，都充分说明了广陵作为弃地是维持南北势力均衡的重要表征。

当曹魏逐步在广陵左近屯田储粮乃至招徕吴国降人时，实际预示着南北均衡的态势出现了松动的迹象，天平逐渐向曹魏倾斜。在江淮地区，曹魏取得了对孙吴的军事优势，因此其不必再株守坚壁清野的方针。这也就为此后的西晋平吴奠定了军事基础。

---

[1]《晋书》卷六一《周浚传附周馥传》，第1665页。

就汉末动乱所导致的广陵人士迁移来看,由联军讨董卓所导致的割据战争萌发在黄河流域,并逐渐由北向南蔓延,因此广陵人士的迁移方向首选是向江东。这也就导致广陵人士与日后盘踞江东数十年的孙氏政权尤为密切,如张纮、吕岱等都为孙吴名臣。但是从社会阶层角度考察,仕于孙吴政权的广陵侨寓之士大多为注重建功立业,力求保身安家的单家寒士。他们的寒士身份也决定了他们在孙吴政权中表现出力主降曹,支持暨艳打压吴姓士族,扶持孙霸夺嫡等政治态度。反之,如陈矫、徐宣、刘颖等讲求礼法、心向汉室的广陵名士,在北方战乱渐息,孙策进取江东之后,往往避之不及,或蛰伏不仕,或北返乡里。广陵不同阶层的士人在南北对峙下出现了大相径庭的人生轨迹,尤为后世读史者所徜徉品味。

如果用最简洁的语言来表述西晋时期广陵的地位与特质,那就是广陵、江东一体化格局。这种格局的形成,并不是司马氏政权主导的,而是从汉末三国以来,南北近百年分裂对峙演变的结果,西晋只不过承其遗绪而无力变更而已。

西晋广陵、江东一体化格局的具体表现,一为广陵郡承曹魏之旧,仍以淮阴为治所,近淮而不近江,由此导致西晋政权对广陵的控制呈现出重北轻南的状态;二为广陵人士大体为汉末南渡,仕于孙吴之士人子孙。因此,西晋广陵人士在政治取向上大体与三吴世族豪强、孙吴旧人趋同。这也就导致了西晋广陵人士的境遇与江东吴姓士族息息相关,乃至同声共气。若径直称西晋广陵人士为吴人,亦未尝不可。

由此,当吴亡之后,北人轻视南人,阻隔其入仕之途,除吴郡陆氏、义兴周氏等三吴世族豪强对此政策愤懑不满而屡屡向西晋执政者提出政治诉求外,广陵人士如华谭之辈亦为此奔走呼号。当晋武帝在某种程度上改弦更张,起用吴人时,吴人相互举荐,有着浓郁的地方势力相互提携的色彩,广陵人士亦在此一群体之中,如广陵闵鸿举荐陆云,陆云又举荐广陵盛彦,陆机举荐广陵戴若思。凡此种种,皆足以说明,仕吴之广陵人士及其子弟的政治境遇与江东人士呈现出一体化倾向。

随着永嘉南渡,大量北人流移江左,司马睿入主江东,笼络吴人,协和南北,但汉末以来长期存在的南北矛盾并未消失,且逐步转化为侨旧矛盾。义兴周氏起初驱逐陈敏而迎司马睿入南,又因侨寄北人占据高位,排斥南人而起兵。此固不足论,但两晋之际吴人之尴尬处境可见一斑。广陵人士因与吴人一体,其境遇亦难以摆脱此一情势。戴若思因"东南之美"的声名而殒命于琅邪王敦之手,华谭因为三吴士族的排斥而被晋元帝闲弃。个中缘由,皆本于此。在南渡北人对江东士族既需笼络,又予排斥、防范的背景下,众多广陵人士作为吴地势力的成员,在政治中拿捏分寸之难,可以想见。

第十一章　东晋南北朝时期扬州地区的军政局势

西晋八王之乱导致中原陷入全面的战乱,蠢蠢欲动的匈奴、鲜卑、羯、氐、羌趁西晋诸王相争,或由阴山、辽东一线南下山西、河北、河南,或自陇上东下关中、河南,逐鹿中原,最终导致了西晋的覆灭。鉴于中原战乱持续不息,自西晋惠帝时始,北方民众陆陆续续南下避难,至怀帝永嘉年间,遂蔚为大观。由于北方诸胡相争,战乱频仍,故北人南下贯穿整个东晋一朝。直至南朝刘宋丢失淮北之后,大规模的人口南迁才逐步停息。因此,流民是东晋政权面对的主要问题之一,以至于后世将东晋一朝的政治结构概括为"皇帝垂拱、士族当权,流民出力"[1]。广陵正是永嘉南渡流民南迁过程中处于长江下游的重要集结地。

第一节　永嘉南渡与"京口—广陵"的战略格局

永嘉以后绵延百余年的移民浪潮,虽然间有起伏,也可分作多个阶段,但北方流民南迁的路线,前后大致相同,基本上可分为西、中、东三线。[2]西线大体由凉、秦、雍州,经秦岭迁至汉中、巴蜀一带;中线大体为洛阳和关中流民,经南阳盆地到达荆、襄;而广陵所在的邗沟一路,则成为淮河以北、黄河中下游地区流民南下的主干线。

一、永嘉南渡东线与南迁重镇广陵

永嘉南渡之东线以淮河及其支流汝、颍、沙、涡、睢、汴、泗、沂、沭等水与

---

[1] 田余庆:《东晋门阀政治》"后论",第333页。

[2] 谭其骧《晋永嘉丧乱后之民族迁徙》(氏著《长水集》,人民出版社2007年版)分作东、西二线,胡阿祥《东晋南朝侨州郡县的设置及其地理分布》(氏著《六朝疆域与政区研究》第七章,学苑出版社2005年版)分作五线。详酌诸家之说,大体相似,唯线路分合有异。今据葛剑雄《中国移民史》(第二卷)。

沟通江淮之间的邗沟为主要水路,辅以各水间的陆路。不仅在今河南、山东与安徽、江苏北部的司、豫、兖、青、徐诸州移民大多由此线南渡,即便在今陕西、河北与淮北的并、冀、幽等州之流民亦大多在南渡黄河后,循此线路进而南迁。流民南迁,或侨居淮河流域,或继续南下,留驻于淮南,或沿邗沟至广陵,乃至进而渡江至京口,聚居于江南。如清河东武城张沈,于"石季龙末,自广陵六合度江家焉"[1];河东裴盾,永嘉中为徐州刺史,后与长史司马奥俱奔淮阴,准备一旦时机成熟,再沿邗沟自广陵渡江。

从永嘉南渡、南北分裂始,以邗沟为主干的航道一跃而成为北方移民南下、北军南征、南方罪臣向北逃亡、东晋南朝北伐的重要路线。如王敦于永昌元年(322)克石头城,晋元帝亲信刘隗出逃,"至淮阴","携妻子及亲信二百余人奔于石勒"[2],很显然,刘隗的北奔就是借邗沟而行的;晋末义熙十年(414),亡命司马国璠兄弟于淮北聚众数百人,潜渡过淮,竟因夜晚阴暗,径入广陵;[3]刘宋大明八年(464),义阳王刘昶自建康出任徐州刺史,欲赴彭城,"道经广陵"[4];萧梁时,南兖州刺史萧综镇广陵,潜通于北魏萧宝寅,"综求得北来道人释法鸾使入北通问于宝寅","法鸾在广陵,往来通魏尤数,每舍淮阴苗文宠家"[5]。由此可见,淮阴为淮河与邗沟交汇处,自广陵向淮北,邗沟为官私通行路线。

至于南北征伐,邗沟更是军事行进的主要通道。如东晋义熙六年(410),刘裕率主力北征南燕,攻破广固,天师道教徒卢循、徐道覆等自广州乘虚北上,兵锋直指都城建康。刘裕闻之,急忙率军南返,"至下邳,以船运辎重,自率精锐步归"[6]。由此可知,当日江淮间陆路与邗沟水路是并存的。航运可载辎重,然其航速较缓,陆路通行步骑,行进速度较快。这也说明,江淮间大规模的军事行动,必须仰仗邗沟以通后勤补给,否则必定不能持久。北魏太武帝南伐至瓜步而不能渡江,其原因也在于此。

---

[1]〔唐〕李延寿撰:《北史》卷七八《张彝传》,中华书局1974年版,第2632页。

[2]《晋书》卷六九《刘隗传》,第1838页。

[3]《宋书》卷四七《檀祗传》,第1416页。

[4]《宋书》卷七九《文五王·竟陵王诞传》,第2037页。

[5]〔唐〕李延寿撰:《南史》卷五三《梁武帝诸子·豫章王萧综传》,中华书局1975年版,第1317页。

[6]《宋书》卷一《武帝纪上》,第18页。

　　除了运输辎重,邗沟航线也是南北大规模运兵的主要通道。如东晋义熙十二年(416),刘裕率军自建康北伐后秦于关中,行至彭城,晋安帝遣黄门侍郎谢灵运前去慰劳。谢作《撰征赋》颂刘裕功绩,其在序中历数刘裕于江淮间之行军路线:"爰薄方舆,乃届欧阳。入夫江都之域,次乎广陵之乡。易千里之曼曼,溯江流之汤汤。……发津潭而迥迈,逗白马以憩轳。贯射阳而望邗沟,济通淮而薄角城。"[1]将邗沟自南而北之航线坦叙无遗:即大军自长江入邗沟,必经欧阳埭,自此北上,方能"入夫江都之域,次乎广陵之乡",然后北上至邗沟干线,经津湖、白马湖而历射阳,最终到达淮水。

　　当然,除了邗沟之外,也有少数人由北方海滨航海至广陵或江南者,此可称为广陵海路。如汉末王朗自南方北返,正是借海路到达广陵。及永嘉之乱,"百姓流亡,所在屯聚",更有人自山东滨海浮海至此。如山东半岛的长广掖人苏峻,"纠合得数千家,结垒于本县",后为后赵青州刺史曹嶷所逼,遂"率其所部数百家泛海南渡。既到广陵,朝廷嘉其远至,转鹰扬将军"[2]。东晋中后期谢安镇守广陵,也曾计划在北伐成功后自广陵浮海还会稽山阴东山。[3]可见,海路也是南北往来的重要通道。

　　就永嘉南渡之东线而言,其起点是西晋至北朝经济文化最为发达、人口最为稠密的地区,终点则是东晋南朝的政治中心所在和经济文化颇为发达的江左地区。因此,这条线路也就成为永嘉南渡之诸条线路中的首要通道。也正因为这样,谭其骧先生明确指出:"邗沟已凿,穿通江、淮,故沟南段之江都及其对岸之镇江、武进,遂为山东及苏北移民之集合地。"[4]尤其是那些宗室贵族、文武大臣和世家大族,大多都由此线迁来。而江淮之间和苏南、皖南,也就成为侨州郡县的主要设置区,北方移民也主要集中于这些地方。

　　然而由于长江天险,加上北方移民尚有暂且躲避战乱、一旦平复速回北方老家的打算,广陵等江淮下游地区,仍是北方移民聚集的重要地区。又由于邗沟的交通便利,移居于广陵的人数可观,史称"晋大兴中,北人流播广陵,

---

[1]　《宋书》卷六七《谢灵运传》,第1748—1749页。

[2]　《晋书》卷一〇〇《苏峻传》,第2628页。

[3]　《晋书》卷七九《谢安传》,第2076页。

[4]　前揭谭其骧:《晋永嘉丧乱后之民族迁徙》,第226页。

日有千数"[1]。如刘宋名将彭城到彦之，"家在广陵"[2]；沛国刘敏，"以永嘉丧乱，徙居广陵"；[3]齐梁之际的名臣吕僧珍，"东平范人也，世居广陵"[4]。直至南朝宋齐之际，时人尤称"江右土沃，流民所归"[5]；南朝萧梁时，曾仕北魏的南阳来成，"归梁，徙居广陵，因家焉"[6]。虽然史书中并未记载永嘉之后的百余年间，究竟有多少人侨居广陵，但据《晋书》所说"自中原乱离，遗黎南渡，并侨置牧司在广陵，丹徒南城，非旧土也"[7]。其在东晋南朝所设置的侨州郡县，仍能反映出其大体状况。

二、广陵郡境内的侨州郡县

北方流民的大量南下，使东晋南朝政权设置侨州郡县以处之。关于侨州郡县的定义，目前被普遍认可的是《中国历史大辞典·历史地理》中的"侨州郡县"条，谓："我国历史上以流亡人民原籍的州郡县旧名设置在所寄居之地的州郡县。汉、魏已有侨州郡县的记载，但大规模设置，却在东晋南北朝。西晋亡后，中原战乱，人民流徙，西起凉州，东至辽东，均有设置，尤以秦岭、江淮以南，东晋、南朝境内为最多。……至隋统一南北，遂完全废除。此后各代也有在边地设置侨州郡县的，但其规模、作用和影响都不如东晋南北朝。"[8]诚如《隋书·食货志》记载："晋自中原丧乱，元帝寓居江左，百姓之自拔南奔者，并谓之侨人。皆取旧壤之名，侨立郡县，往往散居，无有土著。"[9]仅就广陵所在的江北地区而言，就有如下线索可寻。《宋书·州郡志》载："晋永嘉大乱，幽、冀、青、并、兖州及徐州之淮北流民，相率过淮，亦有过江在晋陵郡界者。""徐、兖二州或治江北，江北又侨立幽、冀、青、并四州。"及至晋末，"以幽、冀合徐，青、

[1]〔唐〕释道世著，周叔迦、苏晋仁校注：《法苑珠林校注》卷四〇《舍利篇》，中华书局2003年版，第1270页。

[2]《南史》卷二五《到彦之传》，第674页。

[3]〔唐〕令狐德棻等撰：《周书》卷四二《刘璠传》，中华书局1971年版，第760页。

[4]《梁书》卷一一《吕僧珍传》，第211页。

[5]《南齐书》卷五三《良政·刘怀慰传》，第917页。

[6]《北史》卷七六《来护儿传》，第2589页。

[7]《晋书》卷一五《地理志下》"扬州"，第463页。

[8]中国历史大辞典·历史地理卷编纂委员会编：《中国历史大辞典·历史地理》，上海辞书出版社1996年版，第514—515页。

[9]《隋书》卷二四《食货志》，第673页。

并合兖"[1]。由此可见,东晋广陵郡虽仍延续魏晋之旧,隶属徐州,但幽、冀、青、并四州则侨置于江北,徐、兖二州,或治江北,或治江南。具体情况如下:

（一）幽州

东晋何时侨置幽州于原广陵郡,已难确考,但其侨置于广陵郡内则无疑。东晋太元四年（379）,前秦将领彭超"围幽州刺史田洛于三阿"[2],《舆地纪胜》又载:高邮军"汉为高邮县,属广陵国。三国时荒废。晋复立为高邮县,隶临淮郡。东晋有三阿"[3]。此三阿即东晋幽州侨置之地,清代顾祖禹《读史方舆纪要》高邮州详考曰:

> 北阿镇,州西八十里。亦曰三阿。三阿者,镇之南有平阿湖,又南有
> 下阿溪也。东晋尝侨置幽州于此。太元四年苻秦将俱难、彭超围幽州刺
> 史田洛于三阿,去广陵百里,朝廷大震。谢玄自广陵驰救,难、超战败,退
> 保盱眙。或云平阿湖侧有平阿村,村有故平阿县,魏收《志》谯州高塘郡
> 领平阿县,此三阿也。平阿盖梁置,后魏因之,后周废。今下阿入天长县。[4]

由此可知,东晋幽州大抵侨置于今天长、高邮一带。至晋末"幽、冀合徐",幽州废入徐州。

除幽州侨置于三阿外,所属诸县亦有侨置于广陵附近者。刘宋初年的《永初郡国》即记载广陵郡辖有肥如、潞二县,查《晋书・地理志》,幽州辽西郡有肥如县,幽州燕国有潞县,此二县至刘宋元嘉中尚存。[5]

（二）冀州

东晋侨置冀州始末,已难详考。然"当在扬州、高邮、泰州一带,后并入徐州。又晋义熙中刘裕平南燕,乃移冀州治青州"[6]。

[1]《宋书》卷三五《州郡志一》"南徐州",第1038页。

[2]《晋书》卷七九《谢安附谢玄传》,第2081页。

[3]〔宋〕王象之原著,李勇先校点:《舆地纪胜》卷四三《高邮军》,第1837—1838页。

[4]〔清〕顾祖禹撰,贺次君、施和金点校:《读史方舆纪要》卷二三《南直》"扬州府・高邮州",第1137页。

[5]《宋书》卷三五《州郡志一》"南兖州・广陵郡",第1054页。

[6] 胡阿祥:《东晋南朝侨州郡县与侨流人口研究》,江苏教育出版社2008年版,第201页。

刘宋《永初郡国》记载：广陵郡内辖有真定、新市二县。据《晋书·地理志》，冀州常山国有真定，冀州中山国有新市。至刘宋元嘉中，此二侨县方废。[1]由此可知东晋侨置冀州于原广陵境内，可无悬念。

（三）并州

东晋侨置并州的时间亦不可考，但据前引《宋书·州郡志》，东晋侨置并州于江北则无疑。刘宋武帝永初元年（420），"省并并南兖"[2]。并州或侨置于今"扬州、高邮、泰州一带"[3]。

刘宋《永初郡国》记载广陵郡辖有潞县。检《晋书·地理志》，幽州燕国、并州上党郡皆有潞县，东晋侨置于广陵郡之潞县原属幽州，抑或属并州，今尚难以遽断，姑附于此，以俟后考。

（四）青州

《晋书·地理志》载："自元帝渡江，于广陵侨置青州。"[4]但东晋一朝，青州并非始终镇于广陵。晋元帝大兴四年（321），以刘隗为镇北将军、都督青徐幽平四州诸军事、青州刺史，镇淮阴；孝武帝太元十二年（387），朱序为青、兖二州刺史，镇淮阴；义熙二年（406），诸葛长民出任青州刺史，徙镇山阳，又以山阳荒残，乃改镇京口。[5]不过，这些皆为特例，青州还是以镇广陵为常态。义熙五年（409），东晋平南燕，收复青州故地，乃称北青州，镇东阳城，而镇于广陵之青州不废。[6]

东晋青州的另一个特色为青、兖同镇。即《南齐书·州郡志》所谓"晋末以广陵控接三齐，故青、兖同镇"[7]。钱大昕《廿二史考异》对此解释道："太元十二年，朱序以青、兖二州刺史镇淮阴，此青、兖同镇之始。序移镇，而谯王恬、王恭相代为青、兖二州刺史，皆镇京口，不闻治广陵也。桓玄以桓弘为青州刺

[1]《宋书》卷三五《州郡志一》"南兖州·广陵郡"，第1054页。
[2]《宋书》卷三五《州郡志一》"南兖州"，第1053页。
[3] 胡阿祥：《东晋南朝侨州郡县与侨流人口研究》，第210页。
[4]《晋书》卷一五《地理志下》"青州"，第451页。
[5]《晋书》卷六《元帝纪》"元帝大兴四年"条，第154页；《晋书》卷九《孝武帝纪》，第236页；《南齐书》卷一四《州郡志上》"南兖州"，第255页。
[6]《宋书》卷三六《州郡志二》，第1093页。
[7]《南齐书》卷一四《州郡志上》"南兖州"，第255页。

史,治广陵,不兼兖州。及刘裕平桓氏,自领徐、青、兖三州。后又以兖州授刘藩,青州授诸葛长民,两镇仍分,而长民还治京口。及刘藩诛,而刘道怜复为青、兖二州刺史,镇京口。义熙八年,檀祗为青州刺史,镇广陵,又不兼兖州。祗卒,而刘怀慎代之,亦不兼兖州。此云'青兖同镇'者,谓义熙末两刺史同治广陵,非以一人兼领也。宋初省青入兖,而广陵常为南兖州治所矣。"[1]钱氏所说极是。至刘宋永初元年,"罢青并兖"[2],侨青州始废。

（五）兖州

东晋侨置兖州于长江南北,《晋书·地理志》载其始末甚为扼要:

> 元帝侨置兖州,寄居京口。明帝以郗鉴为刺史,寄居广陵,置濮阳、济阴、高平、太山等郡。后改为南兖州,或还江南,或居盱眙,或居山阳。后始割地为境,常居广陵,南与京口对岸。[3]

东晋兖州侨郡遍布长江两岸,而兖州治所则迁移不定,始治京口,再治广陵,或在江南,或在江北。除了兖州、青州常同镇外,兖州、徐州亦常同镇。[4]

据刘宋何承天所撰国史《州郡志》,南兖州所属有东平郡,领范、朝阳、历城三县,宋孝武大明五年,"以东平并广陵"[5]。检《晋书·地理志》,兖州所属有东平国,前述梁将吕僧珍即为东平人而"世居广陵"者。由此可见兖州所属郡县侨置于广陵境内者。

（六）徐州

西晋时广陵郡本属徐州,永嘉之乱淮河流域尽失,"元帝渡江之后,徐州

［1］〔清〕钱大昕著,方诗铭、周殿杰校点:《廿二史考异》卷二五《南齐书》,上海古籍出版社2004年版,第425页。

［2］《南齐书》卷一四《州郡志上》"南兖州",第255页。

［3］《晋书》卷一四《地理志上》兖州,第420页。此处言兖州"后改为南兖州",不确。钱大昕《廿二史考异》卷二三《宋书》:"晋时侨立诸州本无'南'字。"第390页;又曰:"晋世侨置郡县,皆无南名。……诸'南'字皆永初以后所加,而(沈)休文追称之,非晋时已有此名也。……唐人修《晋史》者,误仞为晋制,殊愦愦矣。"第391页。又,《宋书》卷三五《州郡志一》载:"晋成帝立南兖州,寄治京口。"第1053页,其说亦误。

［4］详参下列《东晋侨置广陵诸州治所、刺史年表》。

［5］《宋书》卷三五《州郡志一》"南兖州",第1053—1054页。

所得惟半"，"是时，幽、冀、青、并、兖五州及徐州之淮北流人相帅过江淮，帝并侨立郡县以司牧之"。东晋徐州，"初或居江南，或居江北，或以兖州领州"[1]。徐州之淮北郡县于江淮之南另立，自当为侨郡县。但以广陵为中心的淮南地区，本为徐州旧土，所以在某种程度上，当徐州治江北时，只是治所之迁移，不能算作侨州。当然，东晋徐州常治京口，则为侨州无疑。正是由于兖州、徐州侨郡散处长江南北，故而东晋徐、兖常会同镇。

东晋徐州治江北时，以镇广陵、淮阴最为常见，镇江南时，以处京口为常态。徐州属县常有侨置广陵者。宋初《永初郡国志》载有符离、洨、竹邑三侨县，"并治广陵"[2]。检《晋书·地理志》，此三县皆为徐州沛国属县，由此足见徐州淮北属县侨治广陵者。

上述六州，并、幽、冀州并不常见，难以梳理，今将东晋青、兖、徐三州以年为经，以治所、刺史为纬，总为一表，其或镇江北，或镇江南，何时同镇，清晰可见。

表 11-1　　　　　　东晋侨置广陵诸州治所、刺史年表

时间		青州		兖州		徐州	
公元	年号	治所	刺史	治所	刺史	治所	刺史
317 至 319	建武元年至太兴二年			邹山	郗鉴		蔡豹
320	太兴三年			邹山	郗鉴	广陵	蔡豹
						泗口	卞敦
						盱眙	
321	太兴四年	淮阴	刘隗	邹山	郗鉴	盱眙	卞敦
322	永昌元年			彭城	刘遐	下邳	卞敦
323	永昌二年					下邳	卞敦
	太宁元年			泗口	刘遐	盱眙	卞敦
						淮阴	王邃
324	太宁二年			泗口	檀斌	淮阴	刘遐
325	太宁三年			泗口	檀斌	淮阴	刘遐
				广陵	郗鉴		
326	太宁四年			广陵	郗鉴	淮阴	刘遐

[1]《晋书》卷一五《地理志下》"徐州"，第452—453页。

[2]《宋书》卷三五《州郡志一》"南兖州·南沛郡"，第1057页。

续表 11-1

时间		青州		兖州		徐州	
公元	年号	治所	刺史	治所	刺史	治所	刺史
326	咸和元年			广陵	郗鉴	广陵	郗鉴
327	咸和二年			广陵	郗鉴	广陵	郗鉴
328	咸和三年			广陵	郗鉴	广陵	郗鉴
329 至 338	咸和四年至咸康四年			京口	郗鉴	京口	郗鉴
339	咸康五年			京口	郗鉴	京口	郗鉴
				广陵	郗迈	京口	蔡谟
340	咸康六年			广陵	郗迈	京口	蔡谟
341	咸康七年			广陵	郗迈	京口	蔡谟
342	咸康八年			广陵	郗迈	京口	蔡谟
						京口	何充
343	建元元年			广陵	郗迈	京口	何充
						京口	桓温
344	建元二年			金城	褚裒	京口	桓温
345	永和元年			金城	褚裒	京口	桓温
				京口	褚裒	京口	褚裒
346 至 348	永和二年至永和四年			京口	褚裒	京口	褚裒
349	永和五年			京口	褚裒	京口	褚裒
				？	蔡裔	京口	荀羡
350	永和六年			？	蔡裔	京口	荀羡
351	永和七年			？	蔡裔	京口	荀羡
352 至 357	永和八年至昇平元年			淮阴	荀羡	淮阴	荀羡
358 至 360	昇平二年至昇平四年			下邳	郗昙	下邳	郗昙
361	昇平五年			下邳	郗昙	下邳	郗昙
				下邳	范汪	下邳	范汪
362 至 366	隆和元年至太和元年			下邳	庾希	下邳	庾希

续表 11-1

时间		青州		兖州		徐州	
公元	年号	治所	刺史	治所	刺史	治所	刺史
367	太和二年			下邳	庾希	下邳	庾希
				京口	郗愔	京口	郗愔
368	太和三年			京口	郗愔	京口	郗愔
369	太和四年			京口	郗愔	京口	郗愔
				广陵	桓温	广陵	桓温
370 至 372	太和五年至咸安二年	广陵	武沈	广陵	桓温	广陵	桓温
373	宁康元年			广陵	桓温	广陵	桓温
				广陵	刁彝	广陵	刁彝
374	宁康二年			广陵	刁彝	广陵	刁彝
				广陵	王坦之	广陵	王坦之
375	宁康三年			广陵	王坦之	广陵	王坦之
				?	朱序	京口	桓冲
376	太元元年			?	朱序	京口	桓冲
377	太元二年			?	朱序	京口	桓冲
				广陵	谢玄	京口	王蕴
378	太元三年			广陵	谢玄	京口	王蕴
379	太元四年			广陵	谢玄	京口	王蕴
						广陵	谢玄
380 至 383	太元五年至太元八年			广陵	谢玄	广陵	谢玄
384	太元九年			彭城	谢玄	彭城	谢玄
385	太元十年			彭城	谢玄	彭城	谢玄
386	太元十一年			淮阴	谢玄	淮阴	谢玄
387	太元十二年	淮阴	朱序	淮阴	朱序	建康	司马道子
388	太元十三年	淮阴	朱序	淮阴	朱序	建康	司马道子
		京口	司马恬	京口	司马恬		
389	太元十四年	京口	司马恬	京口	司马恬	建康	司马道子
390 至 395	太元十五年至太元二十年	京口	王恭	京口	王恭	建康	司马道子

续表 11-1

时间		青州		兖州		徐州	
公元	年号	治所	刺史	治所	刺史	治所	刺史
396	太元二十一年	京口	王恭	京口	王恭	建康	司马道子
						鄄城	刘该
397	隆安元年	京口	王恭	京口	王恭	鄄城	刘该
398	隆安二年	京口	王恭	京口	王恭	?	谢琰
		京口	刘牢之				
399	隆安三年			京口	刘牢之	?	谢琰
400	隆安四年			京口	刘牢之	建康	司马元显
401	隆安五年			京口	刘牢之	建康	司马元显
402	元兴元年			京口	刘牢之	建康	司马元显
		广陵	桓弘	丹徒	桓修	丹徒	桓修
403	元兴二年	广陵	桓弘	丹徒	桓修	丹徒	桓修
404	元兴三年	广陵	桓弘	京口	辛禺	丹徒	刘裕
		广陵	刘毅				
		丹徒	刘裕				
405 至 407	义熙元年至义熙三年			丹徒	刘裕	丹徒	刘裕
408 至 411	义熙四年至义熙七年	京口	诸葛长民	?	刘藩	建康	刘裕
412	义熙八年	京口	诸葛长民	?	刘藩	建康	刘裕
		广陵	檀祗	京口	刘道怜		
413	义熙九年	广陵	檀祗	京口	刘道怜	建康	刘裕
414	义熙十年	广陵	檀祗	京口	刘道怜	建康	刘裕
415	义熙十一年	广陵	檀祗	京口	刘道怜	建康	刘裕
		广陵	檀祗	建康	刘义符		
416	义熙十二年	广陵	檀祗	建康	刘义符	建康	刘裕
				建康	刘义符	建康	刘义符
417	义熙十三年	广陵	檀祗	建康	刘义符	建康	刘义符
418	义熙十四年	广陵	檀祗	建康	刘道怜	建康	刘道怜
419	元熙元年			京口	刘道怜	京口	刘道怜
420	元熙二年			京口	刘道怜	京口	刘道怜

说明：本表以万斯同《东晋方镇年表》、吴廷燮《东晋方镇年表》为基础，参以《晋书》《宋书》相关记载制作而成。为免繁复，资料出处从略。

三、东晋广陵立镇与流民

自汉末至西晋,广陵郡多治于淮阴。而自东晋至南北朝,广陵郡治所皆回迁到广陵郡旧治之广陵县。究其原因:一是淮河以北沦陷,淮阴数闻金鼓之声,此地已经难成郡治;二是东晋迁都建康,广陵与之隔江相望,战略地位不断提高;三是广陵为北方流民的集聚之地。诚如《南齐书·州郡志》所说:"晋元帝过江,建兴四年,扬声北讨,遣宣城公裒督徐、兖二州,镇广陵。其后或还江南,然立镇自此始也。"[1]虽然此说仅就建康与广陵之关系而言,然流民的大批南下,确是促成广陵成为军事重镇的重要原因。

司马睿南渡之初,主要兵力大体掌控在江州王敦、荆州陶侃与豫州祖逖、祖约等强藩手中,朝廷所能直接控制的兵力相对寡弱。而这正是贯穿于东晋一朝士族掌兵与上下游之间矛盾的开端。朝廷兵力既然寡弱,不得不征发流民为兵,但这些流民,大多由世家大族率领而来,依递于各种势力或政权之间,形成了一股股流民势力,在政治态度上也晦暗难辨,因此,建康政权能否对其有效控制,尚且是个难题。诚如田余庆先生所说:这些流民武装"多少具有私兵性质","东晋朝廷不得不重视他们,又不敢放心大胆地使用他们。他们是东晋的一支唯一可用的兵力,可又是朝廷不能完全信赖的兵力"[2]。

也正因此之故,东晋之初对流民采取了两手策略:一是征发分散渡江且已庇托于大姓、著籍当地的流民为兵;[3]二是对那些为流民帅所统且成建制的流民武装,授其统领为将军、刺史、太守之号,羁縻于江北,阻断其南下渡江之路。如范阳祖逖率众南迁,行至泗口,被司马睿任命为徐州刺史。后祖逖率众一度过江居于京口,但其不久即"自京口济广陵"[4],率众沿邗沟北伐中原;长广苏峻率众自山东浮海南下,"既到广陵,朝廷嘉其远至,转鹰扬将军。会周坚反于彭城,峻助讨之,有功,除淮陵内史,迁兰陵相"[5],都说明了这个问

---

［1］《南齐书》卷一四《州郡志上》"南兖州",第255页。

［2］田余庆:《论郗鉴》,《东晋门阀政治》,第46页。

［3］《南齐书》卷一四《州郡志上》"南兖州":"元帝太兴四年,诏以流民失籍,使条名上有司,为给客制度。"第255页。

［4］〔清〕顾祖禹撰,贺次君、施和金点校:《读史方舆纪要》卷二三《南直》"扬州府·江都县",第1117页。

［5］《晋书》卷一〇〇《苏峻传》,第2628页。

题。而与此同时,广陵既是流民南下的聚集之地,司马睿在甫镇江东之时,即于广陵立镇驻兵,以干涉、抑止流民帅继续南下渡江。

西晋建兴元年(313),司马睿尚以琅邪王、丞相、扬州刺史驻兵建康,即命嫡长子司马绍为东中郎将,镇守广陵。[1]揆其本意,永嘉五年(311)东海王越及王衍死,西晋主力被消灭殆尽,同年洛阳沦陷,羯族石勒所部南进至淮河流域。次年石勒略地到达淮南,谋欲南下进攻建业,只是因为遇天大雨,所部饥疫,方返襄国(今河北邢台市西南、南部)。因此,司马睿才在建兴元年(313)命其子绍出镇广陵,扼守邗沟之要,其遏制流民的因素尚不明显。及建兴四年(316)匈奴围攻长安,随时有沦陷的危险,司马睿更命其子司马裒镇守广陵。史载:“晋元帝过江,建兴四年,扬声北讨,遣宣城公裒督徐、兖二州,镇广陵。”[2]由此可见,司马睿以裒镇守广陵只是“扬声北讨”而已。及至年底,司马睿丞相府斩“督运令史淳于伯,血逆流上柱二丈三尺”,淳于伯之子竟上诉称:

> 伯督运事讫,无所稽乏,受赇役使,罪不及死。兵家之势,先声后实,实是屯戍,非为征军。自四年以来,运漕稽停,皆不以军兴法论。[3]

由此可见,处死淳于伯的真正原因,并非督运军需稽留与受赇之事,而是丞相府为了制造“征伐”舆论,故弄玄虚,故“依征军法戮之”。正如朱熹所说:“晋元帝无意复中原,却托言粮运不继,诛督运令史淳于伯而还。行刑者以血拭柱,血为之逆流。天人幽显,不隔丝毫。”[4]也就是说,淳于伯为督运令史,“实是屯戍,非为征军”,真正的原因是晋元帝根本没有“复中原”之意。

再从当时的形势来看,司马绍以东中郎将镇广陵时,“妙选上佐,以(王)舒为司马”,及司马裒以车骑将军镇广陵,“复以(王)舒为车骑司马”。建兴五年,司马裒亡故,王舒“遂代裒镇,除北中郎将、监青徐二州军事”[5],因东晋

[1]《晋书》卷六《明帝纪》,第159页。
[2]《南齐书》卷一四《州郡志上》“南兖州”,第255页。
[3]《宋书》卷三二《五行志三》,第946页。
[4]〔宋〕黎靖德编,王星贤点校:《朱子语类》卷一三六《历代》,中华书局1986年版,第3241页。
[5]《晋书》卷七六《王舒传》,第1999页。

一朝徐州督将相沿以"北"为号，因此徐州督府乃习称为北府。王舒虽不为徐州，但其以北中郎将镇广陵即为北府镇广陵。司马绍、司马裒皆为司马睿之子，王舒为琅邪王导之从弟，从这个角度来说，王舒在广陵与司马氏兄弟的合作，就是司马睿与王导在建康结合的重要支脉。

王舒在广陵，严格节制流民帅南渡。如陈留蔡豹以清河太守率众南行，司马睿命其随同祖逖北伐作战，后又任徐州刺史，长期在淮北、河南与徐龛、石虎相持。晋元帝太兴三年（320），蔡豹为石虎、徐龛击败于下邳，率残部沿邗沟南下至广陵，欲归建康。"北中郎王舒止之，曰：'胡寇方至，使君且当摄职，为百姓障扞。贼退谢罪，不晚也。'"蔡豹所部遂停留于广陵。晋元帝"闻（蔡）豹退，使收之。使者至，王舒夜以兵围豹，豹以为他难，率麾下击之，闻有诏乃止。舒执豹，送至建康，斩之"[1]。很显然，晋元帝非但没有接纳自淮北败退的蔡豹所部渡江，反而令王舒围剿困顿于广陵的蔡豹残部。由此可知东晋之初立镇广陵，并在广陵屯兵的用意。

但是，东晋这种征发分散渡江、著籍当地之流民为僮客者为兵，而将流民帅阻隔于江北的政策，并不可能维持太久。因为于江南强行征发的流民僮客，根本不习行伍，其在晋元帝命刘隗、戴若思率领抵抗王敦首次东下时即一战击溃，而且这些僮客本庇护于门阀士族，征发他们还引起了士族的普遍不满。因此，当王敦再次举兵向阙时，晋明帝便不得不利用江北的流民帅势力与之抗衡。而建此谋议者，就是身为流民帅的郗鉴。

四、从广陵到京口——郗鉴及其流民武装

郗鉴，兖州高平金乡人，其家为东汉以来儒学旧族，曾被东海王司马越辟为主簿，为后来晋元帝和明帝父子与琅邪王氏接纳他创造了有利条件。西晋洛阳沦陷时，郗鉴先是回到了乡里。《晋书·郗鉴传》载：

> 于时所在饥荒，州中之士素有感其恩义者，相与资赡。鉴复分所得，以恤宗族及乡曲孤老，赖而全济者甚多……遂共推鉴为主，举千余家俱避难于鲁之峄山。[2]

---

[1]《晋书》卷八一《蔡豹传》，第2112页。
[2]《晋书》卷六七《郗鉴传》，第1797页。

及司马睿初入江东，承制拜他为兖州刺史，仍镇峄山。虽然郗鉴面临徐龛、石勒的步步进逼，"外无救援，百姓饥馑，或掘野鼠蛰燕而食之"，然"终无叛者，三年间，众至数万"[1]。太兴四年（321），率军北伐的祖逖病逝，河南局势崩坏，已无可守之势，郗鉴遂在次年率部南徙，退保合肥。由于郗鉴曾为东海王司马越之僚佐，又掌控着数万流民武装，晋元帝乃征他入建康为尚书，而将其所部留处江外。因此在元帝后期，身处建康的郗鉴难以有所作为。

及明帝初年，王敦再次准备起兵，移镇姑孰，明帝鉴于元帝时征发的僮客无力抵挡王敦攻势，遂命郗鉴返回合肥，以其流民武装为外援。但王敦知道明帝用意，乃表郗鉴为尚书令，郗鉴只得返回建康。而随着王敦的阴谋败露，郗鉴乃与明帝达成共识，"遂与帝谋灭敦"[2]。

郗鉴既不能回到合肥，便征召南渡靖难的江北流民武装苏峻、刘遐所部。《晋书·苏峻传》载："王敦复肆逆，尚书令郗鉴议召峻及刘遐援京都"[3]。及太宁二年（324）王敦病死，苏峻、刘遐遂率部击败王敦余部，平定了王敦之乱，而苏峻也因此任历阳内史，率部回到江北。太宁三年（325），郗鉴出任兖州刺史、都督青兖二州诸军事，镇守广陵，其在合肥的流民武装旧部也移至此。及成帝咸和元年（326）徐州刺史刘遐病故，郗鉴再加领徐州刺史，都督徐州。由此可见，明帝虽借江北流民武装平定了王敦，但对其防范仍未消除。

平定王敦之乱后，明帝逐渐疏远王导，亲近于颍川庾亮。郗鉴虽反对王敦逆乱犯上，但也不赞成晋元帝当初任用刘隗、戴若思以与琅邪王氏为敌，力求江东政局稳定。及成帝即位，庾亮以帝舅之尊与王导的矛盾加剧，庾氏一度凌驾于王氏之上，郗鉴仍想维持朝中王、庾二者势力的平衡，然而不久，曾被朝廷安插在郗鉴身边的异己势力、广陵相曹浑"有罪，下狱死"[4]，接着又发生了咸和二年（327）的苏峻之乱。而苏峻之乱，不仅成为庾亮退处外镇的主要原因，也是郗鉴率部进驻京口以支持王导这一政治变局的导火索。而由此

---

[1]《晋书》卷六七《郗鉴传》，第 1797 页。

[2]《晋书》卷六七《郗鉴传》，第 1798 页。关于明帝引流民武装平定王敦之乱的史实，参田余庆：《论郗鉴》，《东晋门阀政治》，第 41 页。

[3]《晋书》卷一〇〇《苏峻传》，第 2628 页。

[4]《晋书》卷七《成帝纪》"太宁三年冬十一月"，第 169 页。

形成的京口、广陵一体化的战略格局,对后世更产生了深远影响。

苏峻本以单家寒人率流民武装镇守历阳,"有锐卒万人,器械甚精",但他因平王敦之功,"颇怀骄溢,自负其众,潜有异志,抚纳亡命,得罪之家有逃死者,峻辄藏匿之",而对朝廷供他所部粮饷的漕运者,却"稍有不如意,便肆忿言"。因此晋廷视之,无异于养痈遗患,遂在咸和二年(327),被庾亮征入为大司农,以其弟苏逸"代领部曲"[1]。苏峻见此,不应朝命,乃与屯驻寿春的流民帅祖约共同起兵。

苏峻、祖约围攻建康,使郗鉴的处境颇为尴尬。郗鉴曾以流民帅平王敦之功,得以率部镇守广陵,甚至还是明帝遗诏辅政大臣之一,但其流民帅的身份,却一直为庾亮等所忌,且苏峻发迹也曾得益于郗鉴举荐,郗鉴所部粮饷也同样由朝廷自南方供给。所以庾亮征苏峻入朝以及苏峻叛乱之事,可谓他的前车之鉴。何况苏峻叛乱之后,建康周边陷于混乱,江南漕运随即断绝,广陵已出现了"城孤粮绝,人情业业,莫有固志"[2]的困境呢? 于是,郗鉴决定出兵建康,上弥都城之乱,下解广陵之困。但因"诏以北寇不许",郗鉴仅遣广陵相、军府司马刘矩领三千人宿卫京师,[3]而刘矩还未至建康,京师已经陷没,刘矩不得不退还广陵。

咸和三年(328),荆州刺史陶侃联结庾亮、江州刺史温峤,起兵东下靖难。庾亮情急之下遣使广陵,"宣太后口诏",令郗鉴率部南下。郗鉴"奉诏流涕,设坛场,刑白马,大誓三军",并遣将军夏侯长对温峤说:苏峻图谋挟持成帝东入会稽,今宜屯兵要害之处,"既防其越逸,又断贼粮运,然后静镇京口,清壁以待贼。贼攻城不拔,野无所掠,东道既断,粮运自绝,不过百日,必自溃矣。"[4]显然,郗鉴是想占据京口,阻断苏峻东下之路,使三吴粮谷为己所用。及至得到温峤赞同,郗鉴遂率所部流民武装"静镇京口",并与陶侃东西夹击,平定了苏峻、祖约之乱。

郗鉴率军移镇京口,本为临时济用之策,但就京口的地缘政治而言,东向

---

[1]《晋书》卷一〇〇《苏峻传》,第2629页。

[2]《晋书》卷六七《郗鉴传》,第1799页。

[3] 参《晋书》卷六七《郗鉴传》,第1779页;《晋书》卷七《成帝纪》"咸和二年",第171—172页。

[4]《晋书》卷六七《郗鉴传》,第1779页。

可控吴会粮谷,西向可保建康无虞,的确是个战略重镇。适逢咸和五年(330)后赵将领刘征自青州"浮海抄东南诸县,鉴遂城京口,加都督扬州之晋陵、吴郡诸军事,率众讨平之"[1],遂促使了东晋政权对京口的重点防御,并成为日后东晋南朝两百多年的地缘政治格局。而北府之名也由广陵移至京口,使广陵的地位悄然改变。

五、东晋南朝"京口—广陵"之战略格局

郗鉴自太宁三年(325)镇守广陵,四年后改镇京口,复经十年,于成帝咸康四年(338)去世。其间,郗鉴收纳北方流民,平衡朝中各家门阀势力,使都城建康得以稳定。而这一切,皆得益于他不仅以徐州刺史、都督镇京口,兼都督兖州、江北诸军事,而且还都督扬州晋陵、吴郡之诸军事,遂使江南与江北合为一个军政防区。[2]从交通地理的角度来看,这个区域"南北津济,广陵、京口实为襟要"[3]。故东晋"都督徐州者多兼督兖州,而且例带扬州之晋陵诸军事",使"京口、广陵得以连为一气",遂为东晋之"成法"也[4]。

当然,在"京口—广陵"之战略体系中,京口为主,广陵为次,广陵所在的淮南江北只是徐州都督区的防区之一而已。尽管如此,广陵仍为京口之副贰。如成帝咸康元年(335),后赵石虎寇掠历阳,逼迫建康,时镇京口的郗鉴便"使广陵相陈光帅众卫京师",而未出动京口的部队,这说明在整个防御体系中,广陵仍是徐州都督区内屯驻江北的重要军事力量。又如康帝建元元年(343),桓温以徐州刺史镇京口,命其亲信袁乔"为司马,领广陵相";晋安帝初年刘牢之以徐州都督镇京口,命其婿高雅之为广陵相[5]等,都说明广陵在徐州都督区中的军事地位。这也就是顾炎武所说东晋"以扬州为江左外郛"[6]的原因。

---

[1]《晋书》卷六七《郗鉴传》,第1800页。

[2] 周振鹤主编,胡阿祥、孔祥军、徐成著:《中国行政区划通史·三国两晋南朝卷》,复旦大学出版社2014年版,第220—223页。

[3]〔清〕顾祖禹撰,贺次君、施和金点校:《读史方舆纪要》卷二三《南直五》"扬州府·江都县",第1117页。

[4] 田余庆:《陈郡谢氏与淝水之战》,《东晋门阀政治》,第94、203页。

[5]《晋书》卷七《成帝纪》"咸康元年四月"条,第179页;《晋书》卷八三《袁瓌传附子袁乔传》,第2167页;《晋书》卷八四《刘牢之传》,第2191页。

[6]〔清〕顾炎武撰,黄珅等校点:《天下郡国利病书》扬州府备录兵防考,上海古籍出版社2012年版,第1259页。

从当时的政局来看,成帝以降至孝武帝初的四十余年,朝中颍川庾氏、谯国桓氏先后执政,东晋门阀之争以上游荆州,中游豫、江二州为焦点,下游局势相对稳定。加上郗鉴亡故之后,朝廷为安抚流民武装,仍以郗氏家族势力支配京口、广陵地区,这就保证了"京口—广陵"战略格局的延续。而在南北分裂、胡人窥伺江淮的大背景下,保证下游"京口—广陵"战略格局的稳定性与有效性,也是东晋政权据保江东、伺机北伐的基本国策。如康帝建元元年(343),执政庾翼欲东西并起,大举北伐,自率荆州部众自襄阳北进安陆,以临许昌、洛阳,命镇京口之徐州刺史桓温"渡戍广陵"[1],就是借助徐州军府戍守广陵而欲图北进之一种态势。

至于北进失利,亦有退守广陵以图再举者。穆帝永和五年(349),为对抗上游之桓温,康献皇后之父、曾任郗鉴参军的褚裒趁后赵石虎亡,国中争储,又自建康起兵北伐。同年七月,所部徐龛兵败于代陂,《晋书·褚裒传》载:

> 裒以《春秋》责帅,授任失所,威略亏损,上疏自贬,以征北将军行事,求留镇广陵。诏以偏帅之责,不应引咎,遄寇未殄,方镇任重,不宜贬降,使还镇京口,解征讨都督。[2]

鉴于此次北伐军败,朝议以为当罢兵休战,所以令褚裒还镇京口,而不使他留镇广陵。又如穆帝永和后期,桓温以北伐为手段,欲篡夺皇位,逐步控制长江上游,并在永和十年(354)征伐前秦、永和十二年(356)征伐姚襄的战争中取得大胜。及晋废帝太和四年(369),桓温为控制豫州和徐州,再度自姑孰北伐,驱逐郗鉴之子郗愔,自领徐兖二州刺史。但因桓温进至枋头(今河南浚县西南淇门渡),被前燕慕容垂打得大败,被迫退至广陵,"城广陵而居之","将谋后举"[3]。从而进一步证明徐州都督镇广陵所表现出来的进取态势。

及太和六年(371),桓温自广陵移镇白石,东晋政权岌岌可危。但因枋头之败,桓温望实俱损,加之陈郡谢安、太原王坦之等多方抑制,桓温于孝武帝

[1]《晋书》卷七三《庾亮传附庾翼传》,第1933页。

[2]《晋书》卷九三《外戚·褚裒传》,第2417页。

[3]《晋书》卷八《海西公纪》"太和四年",第213页。

宁康元年（373）忧郁而死，陈郡谢氏开始执政。此时，北方已统一于前秦，南下意图日趋明显，广陵作为邗沟入江的战略重镇，金鼓之声又起。

第二节　东晋后期的北府兵与广陵

晋孝武帝初，陈郡谢安执政，初步将染指下游的桓冲驱逐出徐兖，形成桓冲居上游荆楚，谢氏居下游徐兖的东西平衡之势。谢安执政之初，为抵御北方前秦，抗衡上游桓冲，必须在下游掌控一支可供驱驰的武装力量。孝武帝太元二年（377）十月，谢安命其侄谢玄以兖州刺史、广陵相，镇广陵，监江北诸军，孝武帝王皇后之父王蕴为徐州刺史镇京口，督江南晋陵诸军。[1]谢安的战略规划，一者以谢玄逐步占据徐、兖，二者命谢玄重组北府兵。这支部队日后便成为淝水败前秦、义熙复晋室、刘裕移晋鼎的主要军事力量。

一、陈郡谢氏重建北府兵

自郗鉴率领流民武装从广陵南渡京口之后，北府也迁移到了京口。而郗鉴所掌控的北府兵，也就成为护卫建康、维持门阀势力均衡的重要军事力量。但是郗鉴亡故之后，这支流民武装虽仍基本控制在郗氏家族势力之下，却因郗氏后继乏人，鲜能参预中枢机构，于是逐渐成为门阀士族争斗的工具。尤其是穆帝永和中褚裒以徐兖都督、殷浩以扬豫徐兖青五州都督北伐，皆失败而归，桓温以徐、兖二州都督征伐前燕，北府军又战败于枋头，都使北府兵力遭到重创。因此，当桓温亡故，桓冲、谢安分据上、下游，前秦压境之时，谢氏为御秦抗桓，急需重组北府兵。

谢玄驻守广陵重组北府兵，仍以流民武装为主。《晋书·刘牢之传》载：

> 刘牢之字道坚，彭城人也。曾祖羲，以善射事武帝，历北地、雁门太守。父建，有武干，为征虏将军。世以壮勇称。……太元初，谢玄北镇广陵，时符坚方盛，玄多募劲勇，牢之与东海何谦、琅邪诸葛侃、乐安高衡、东平刘轨、西河田洛及晋陵孙无终等以骁猛应选。玄以牢之为参军，领精锐为前

---

[1]《晋书》卷九《孝武帝纪》，第229页。

锋,百战百胜,号为"北府兵",敌人畏之。[1]

观谢玄于广陵所招募诸人,刘牢之为徐州彭城人,何谦为徐州东海人,诸葛侃为徐州琅邪人,高衡为青州乐安人,刘轨为兖州东平人,田洛为并州清河人,孙无终为扬州晋陵人。由此可知,谢玄所募诸人,大体为徐、兖、青、并等州等流移江淮之侨人。加之在谢玄出任兖州刺史的前一年,即太元元年(376),曾有"移淮北流人于淮南"[2]之诏。因此大体可以确知,谢玄所重组之北府兵,以流民为主要兵源。

从记载来看,虽然谢玄招募的主要是将领,但据一般情形来说,这些人往往都是率领原籍流民南迁的流民帅,而自永嘉南渡以来,流民杂处又成为江淮间的常态。早在元帝太兴四年(321),朝廷核检流移江南、庇于士族大姓为客者,以定给客制度,然因"江北荒残,不可检实"[3]。如永和九年(353),殷浩北伐大败后欲再起兵北进,王羲之劝阻他说:"长江以外,羁縻而已。"[4]及王羲之友人出任广陵,王羲之又说:

> 见子卿,具一一。荒民惠怀,最要也。甚以欣慰,唯愿不倦为善。承留此生当广陵任,佳,此生处事以验。[5]

所谓"荒残""荒民",实即未被政府户籍著录之民。由于江淮之间,常为争战之地,流民众多,政府仍难控制,只能羁縻而已。因此,谢玄重组的北府兵源,主要就是这些流民。当然,这些荒民,也包括一些亡命蒲泽、逃避赋税之人,他们甚至成为强行征发的对象。[6]

至于谢玄所招募的流民帅,其投军前的个人履历多不可考,然东海何谦

---

[1]《晋书》卷八四《刘牢之传》,第2188页。

[2]《晋书》卷九《孝武帝纪》,第228页。

[3]《南齐书》卷一四《州郡志上》"南兖州",第255页。

[4]《晋书》卷八〇《王羲之传》,第2095页。

[5]〔唐〕张彦远撰,武良成、周旭点校:《法书要录》卷一〇《右军书记》,浙江人民美术出版社2012年版,第323—324页。

[6] 详参田余庆:《北府兵始末》,氏著《秦汉魏晋史探微》(重订本),第349页。

的情况尚属清晰。史载哀帝隆和中北府镇将庾希镇守下邳,何谦为其部将,庾希后被桓温罢废,何谦或由此流散于此,及桓氏势力退出北府,谢玄重组北府兵,何谦再入谢玄军中。[1]又如谯国戴逯,原为北府镇将荀羡参军,此时投奔谢玄,其间亦当在荀羡死后脱离北府建制,拥众于江淮之间。[2]由此,后人推测:"他们不只是凭个人骁猛应募,而是各有所统武力。北府将卒因主帅变易或因溃败而散在江淮者,往往还是将卒相随,共求生存。这就是说,他们由东晋官兵变成了流民和流民帅;谢玄招募,他们又由流民和流民帅重新成为东晋北府官兵。他们或者还须作一些兵员补充,才能投入战斗,而补充兵员也是来自流民。从数十年的历史过程来看,这些北府将卒和流民、流民帅,其基本成员本来是一回事,只是名义上时有变化而已。由于有此历史背景,谢玄北府兵才会那样容易组成,组成后不须整编训练,只须授予名号,就成为闻名的北府兵。"[3]

除了江淮间流民之外,谢氏旧部更是重点招募的对象。谢安之弟谢万曾任豫州刺史、都督,刘牢之之父刘建就是谢万的豫州旧将。故刘牢之应募的原因,以及为谢玄参军、前锋,乃至后来掌控北府兵,都当与此有关。

北府兵重组的重要原因,其中之一为防御前秦。故太元三年(378)前秦苻丕围攻东晋上游襄阳,荆州都督桓冲出屯上明(今湖北松滋西)时,朝廷遂"诏玄发三州人丁,遣彭城内史何谦游军淮泗,以为形援"[4]。及同年七月,前秦一面继续围攻襄阳,一面遣将领彭超围攻彭城,北府兵遂首发临敌。

太元四年,前秦彭超攻北府将戴逯于彭城,谢玄率高衡、何谦自广陵北进。彭超见状乃舍彭城,自陆路南下攻陷盱眙,而句难、毛当自襄阳东进,与超合兵一处,以六万之众围幽州刺史田洛于三阿,直指广陵。三阿离广陵仅仅百里,故"京都大震,临江列戍"[5],"逼徙江、淮民悉令南渡,三州失业,道馑

---

[1]《晋书》卷八《哀帝纪》"隆和元年七月"条,第207页。

[2]《晋书》卷七五《荀崧传附荀羡传》,第1981页。

[3]　田余庆:《北府兵始末》,氏著《秦汉魏晋史探微》(重订本),第351页。

[4]《晋书》卷七九《谢安传附谢玄传》,第2081页。

[5]《晋书》卷一一三《苻坚载记上》,第2901页。

相望"[1]。广陵所在的江北"征戍仍出,兵连不解"[2],沦为纷争之地。

面对前秦的军事压力,晋遣谢安之弟谢石率领水军到达涂中(今安徽滁州一带),将军毛安之、河间王昙之屯于堂邑(今江苏六合),以卫建康。谢玄则率军三万北上,斩杀秦将都颜于白马塘[3],直指三阿。彭超撤军北还盱眙,三阿围解。谢玄率何谦、戴逯、田洛等进次石梁,攻盱眙君川,复败彭超,彭超被迫北退淮阴。不久,何谦、诸葛侃率领水军乘潮而上,焚烧淮桥,刘牢之攻破淮上浮航,俘获停泊盱眙之辎重船只。[4]彭超不得不北退淮北。

谢玄此次获胜,固然在于北府兵之精悍善战,但其水军亦功不可没。前秦军之南下,不沿邗沟而进,而先陷盱眙,并将辎重尽储于此,可见是以步骑为主,船舶只用于辎重运输。而北府兵则沿邗沟北上,焚断淮桥,劫其船只,断其归路,使水军发挥了重要作用。后来北魏太武帝南征,不能尽得江淮之地,也是因为没有水军。

其实,以广陵水军控扼江淮的这一战术,自西晋陈敏任广陵度支时已经形成。陈敏以漕运兵护卫吴会粮谷自广陵沿邗沟、淮水以至寿春,正是借水军而称雄。永嘉之后,这一战术为北府继承。如太和四年(369),出任徐、兖都督屯驻广陵的桓温,以枋头之败归罪于镇守寿春的豫州史袁真,袁真被迫投降前燕。及真病死,其将朱辅立真子瑾以嗣事,慕容暐、苻坚并遣军授瑾。桓温"使督护竺瑶、矫阳之等与水军击之。时暐军已至,瑶等与战于武丘,破之。温率二万人自广陵又至,瑾婴城固守,温筑长围守之"[5],可见北府水军在军事上的功用。这在日后北府兵对孙恩的近海作战时,仍会得到优越体现。

由于对前秦作战获胜,谢玄加领徐州刺史,仍镇广陵,其原任之广陵相授刘牢之,至此徐兖复合为一镇,并为此后淝水之战北府兵大胜奠定了基础。

---

[1]《宋书》卷三三《五行志四》,第955页。

[2]《宋书》卷三一《五行志二》,第924页。

[3]〔清〕顾祖禹撰,贺次君、施和金点校:《读史方舆纪要》卷二三《南直五》"扬州府·高邮州":"白马塘,州西南七十里。北近北阿镇。晋太元中谢玄自广陵救三阿,次于白马塘,即此。《通释》:'塘阻三阿溪,谢玄破苻秦将都颜、俱难,李孝逸破徐敬业处也。'"第1136页。

[4]《晋书》卷七九《谢安传附谢玄传》,第2081页;《晋书》卷一一三《苻坚载记上》,第2901页。

[5]《晋书》卷九八《桓温传》,第2577页。

太元八年(383),前秦苻坚大举南侵,东西并进,苻坚亲至寿阳,晋命谢玄统北府兵为前锋,前往迎敌,秦晋两军于淝水决战,晋军取得重大胜利。由此,苻坚北归后北方分裂,前秦对东晋的军事压力顿失。

太元十一年(386),谢安亡故,晋以司马道子为扬州刺史、录尚书事、都督中外诸军事,完全将谢氏排斥于中枢之外。谢玄以北伐失利与疾病的原因,于太元十二年辞去北府都督,转为会稽内史,次年去世。谢安、谢玄的先后谢世,标志着谢氏家族的衰落,但其重组的北府兵对政权的影响则未中断,以至二十余年后的代晋建宋,仍须依靠这支力量。

二、桓玄篡逆与刘裕复晋中的广陵

在淝水之战以前,晋孝武帝即借其弟司马道子之势压制陈郡谢氏。及至战后,谢安、谢玄、谢石与桓冲等先后亡故,门阀子弟腐朽堕落难以为继,东晋士族出现了人才断档之势,遂为孝武帝伸张皇权、打击门阀势力提供了极好的契机。但因司马氏皇族同样腐朽,孝武帝欲拔擢宗族对抗门阀的愿望,足以挑起与司马道子之间的主相之争,而主相之争的表现之一,就是对上下游重镇的争夺。

谢玄卸任北府都督后,司马道子加领徐州,但其不驻广陵、京口,而是于都城建康遥领。太元十三年(388),孝武帝任谯王司马恬为兖、青二州刺史,镇守京口,以替代前徐州刺史驻镇京口的功能。司马恬以其子司马尚之为广陵相,与其隔江相望,企图控制下游,以为建康保障。司马恬死后,孝武帝又以皇后之兄太原王恭为青、兖二州刺史,以镇京口。但及太元十四年,司马道子以其妃兄太原王忱出刺荆州,驻镇江陵,取得长江上游之势,孝武帝与司马道子之间的主相之争,便呈现出了抗衡之势。只不过由王恭率领的北府兵,此时尚控制在孝武帝之手。

太元十七年(392),荆州刺史王忱病死,为孝武帝夺取上游的控制权提供了机遇,于是其派遣宠臣殷仲堪出刺荆州,与下游王恭相互依恃,形成了对司马道子的绝对优势。但至太元二十一年(396)孝武帝暴死,安帝即位,中枢权力被司马道子攫取,原先的主相矛盾便转化为上、下游方镇与建康的矛盾,东晋内部兵戈再起。

晋安帝隆安元年(397),荆州刺史殷仲堪、青兖刺史王恭各自江陵、京口起兵,声讨司马道子党羽王国宝,司马道子被迫杀国宝以弭乱。但因司马道子转以司马尚之、司马休之兄弟为腹心,殷仲堪用杨佺期、桓玄,王恭用北府帅刘牢之,于隆安二年再次起兵。然而未料,刘牢之被司马道子收买,竟反戈一击而杀王恭,并以刘牢之为北府镇将,迫使下游不得不罢兵。此后,司马道子又以桓温之子桓玄为江州刺史,杨佺期为雍州刺史,上游也被瓦解。及隆安三年(399),司马道子离间殷仲堪、杨佺期与桓玄,桓玄击杀殷仲堪和杨佺期,遂以荆、江二州刺史总领上游,由此形成了桓玄居上游荆楚、刘牢之居下游徐兖的格局。

刘牢之本为北府旧将,在王恭麾下时,即为北府兵的实际统帅。及刘牢之为北府镇将,便标志着北府兵由士族的工具转变为一支独立的力量。史称安帝初年,"京口暨于江北皆兖州刺史刘牢之等所制"[1],可见当时淮南江北及江南地区都为北府刘牢之所控制。安帝元兴元年(402),朝廷与桓玄的矛盾日益凸显,司马道子以其子司马元显为征讨大都督,刘牢之为前锋,征伐桓玄。桓玄举兵东下,刘牢之首鼠两端,与桓玄暗通款曲,按兵不动,遂致建康沦陷。及桓玄进入建康,放逐司马道子,杀司马元显,遂改任刘牢之为会稽内史,欲将其调离北府。对此,《晋书·刘牢之传》载:

> 元显既败,玄以牢之为征东将军、会稽太守,牢之乃叹曰:"始尔,便夺我兵,祸将至矣!"时玄屯相府,(刘)敬宣劝牢之袭玄,犹豫不决,移屯班渎,将北奔广陵相高雅之,欲据江北以距玄,集众大议。参军刘袭曰:"事不可者莫大于反,而将军往年反王兖州,近日反司马郎君,今复欲反桓公。一人而三反,岂得立也。"语毕,趋出,佐吏多散走。而敬宣先还京口拔其家,失期不到。牢之谓其为刘袭所杀,乃自缢而死。俄而敬宣至,不遑哭,奔于高雅之。[2]

由此可知,在桓玄反目欲夺刘牢之北府兵时,刘牢之理应自京口北渡广陵,依其女婿广陵相高雅之,于广陵起兵讨伐桓玄。可惜事机有失,稍有差池,

[1]〔北齐〕魏收撰:《魏书》卷九六《司马睿传》,中华书局1974年版,第2107页。

[2]《晋书》卷八四《刘牢之传》,第2191页。

竟落了个穷途自缢的下场。诚如田余庆先生所言,在司马道子的宗室名分与桓玄门阀士族的社会影响下,刘牢之以寒门武人掌兵,"惶惶然不辨方向,举措失常,一变再变",其"败于政治而不是败于军事"[1]。

刘牢之死后,北府兵顿时群龙无首。桓玄则利用桓温、桓冲兄弟荆楚势力之崛起,谋欲篡晋自立。而要达其目的,首先要解决的便是北府兵的问题。《晋书·慕容德载记》云:

> 时桓玄将行篡逆,诛不附己者。冀州刺史刘轨、襄城太守司马休之、征房将军刘敬宣、广陵相高雅之、江都长张诞并内不自安,皆奔于德。[2]

这里所说的"不附己者",除司马休之为东晋宗室、司马道子一党外,刘轨为谢玄招募之旧将,刘敬宣为刘牢之之子,高雅之为刘牢之女婿,大体皆为北府兵的高级将领。他如北府将孙无终,曾受桓玄之命"讨冀州刺史刘轨",并被任命为冀州刺史,但及元兴二年,终为"桓玄所害"[3]。可见,诛杀北府高级将领,乃是桓玄欲谋帝位的重要举措。当然,对于北府中下层的将官与兵士,桓玄则"曲赦广陵、彭城大逆以下"[4],予以尽力安抚,以图为己所用。

为了控制这支军队和镇抚北府所辖地区,桓玄在清除了北府异己将领之后,以从兄桓修为徐、兖二州刺史,镇丹徒,以桓弘为青州刺史,镇广陵,以亲信刁逵为豫州刺史,镇历阳,形成拱卫建康之势。但是,桓修等所属之北府兵,大体仍为原北府中的下级军官及其士卒。如彭城刘裕本为孙无终的部将,孙被桓玄诛杀后,乃任徐州刺史、都督桓修所部之中兵参军、下邳太守;刘裕之弟为青州刺史桓弘所部中兵参军。[5]另外,桓玄从弟桓谦为录尚书事、卫将军,可谓建康中坚力量,然其士卒也"多北府人"[6]。而这些旧府属吏,虽得到了暂时赦免,但对桓氏图谋篡位毕竟不满,因此并没有真正为桓氏所用,以致后来

---

[1] 田余庆:《刘裕与孙恩》,《东晋门阀政治》,第284页。

[2]《晋书》卷一二七《慕容德载记》,第3171页。

[3]《晋书》卷一○《安帝纪》"元兴二年二月"条,第255页。

[4]《晋书》卷一○《安帝纪》"元兴元年十二月"条,第255页。

[5]《宋书》卷一《武帝纪上》,第4页。

[6]《晋书》卷八五《刘毅传》,第2205页。

竟成为倾覆桓玄大楚政权的重要力量。

元兴三年(404),刘裕等起兵讨桓复晋。事前,刘裕与何无忌收集义徒,"凡同谋何无忌、魏咏之、咏之弟欣之、顺之、檀凭之、凭之从子韶、韶弟祗、隆与叔道济、道济从兄范之、高祖弟道怜、刘毅、毅从弟藩、孟昶、昶族弟怀玉、河内向弥、管义之、陈留周安穆、临淮刘蔚、从弟珪之、东莞臧熹、从弟宝符、从子穆生、童茂宗、陈郡周道民、渔阳田演、谯国范清等二十七人,愿从者百余人","与弟道规、沛郡刘毅、平昌孟昶、任城魏咏之、高平檀凭之、琅邪诸葛长民、太原王元德、陇西辛扈兴、东莞童厚之,并同义谋"[1]。而这些人,大体都是北方流移江淮间的流民。他如刘裕乡里、部下侨居于广陵的到彦之,也自然成为义从者。[2]

元兴三年二月初一,刘裕之兵在建康、京口、广陵、历阳同时并举。刘裕与何无忌等起兵于京口,斩杀桓修;彭城刘毅、平昌孟昶率众起事于广陵,斩杀桓弘;太原王元德、东莞童厚之起事于建康。唯琅邪诸葛长民未能如约起事于历阳,被豫州刺史刁逵捕系。[3]尽管如此,京口、广陵起事的成功已成定局,桓玄也不得不退出建康,西还江陵,不久即败死于益州。

但是不久,刘毅与刘裕产生了矛盾。刘毅为彭城沛人,曾祖父刘矩曾为郗鉴所部司马和广陵相[4],刘毅后"仕为州从事"。及桓弘以青州刺史镇广陵,刘毅为中兵参军属。其时,刘裕弟刘道规为桓弘的中兵参军,孟昶为主簿,同与谋议。刘裕起兵时,孟昶劝桓弘出城狩猎,刘毅、孟昶、刘道规等率领壮士径直入城,遂杀桓弘。不久,刘毅等率众进至京口,与刘裕会合共攻建康。[5]及桓玄西奔,刘裕遂命刘毅为青州刺史,以代桓弘,暂时维持了广陵局面。

京口、广陵起事的成功,决定了桓楚灭亡的命运,也是刘裕代宋历程的第一步。但这也为日后刘裕、刘毅之争埋下了伏笔。史称刘毅"刚猛沈断,而专

---

[1]《宋书》卷一《武帝纪上》,第5—6页。

[2]《南史》卷二五《到彦之传》,第674页。

[3]《宋书》卷一《武帝纪上》,第4、9页。

[4]《晋书》卷八五《刘毅传》载,刘毅"曾祖距,广陵相",第2205页。然《晋书》卷七《成帝纪》"咸和二年"、《晋书》卷六七《郗鉴传》,皆载为"刘矩"。观其履历、职官,当为同一人。

[5]《宋书》卷一《武帝纪上》,第4—5页。

肆很愎,与刘裕协成大业,而功居其次,深自矜伐,不相推伏"[1]。刘毅也常说"京城、广陵,功业足以相抗"[2]。所以最终导致了二人反目成仇,毅于义熙八年(412)兵败自杀。刘毅与刘裕的隔阂,原因固然非此一端[3],但在义熙起兵时刘毅的广陵之功,对覆桓复晋的重要作用也是其中必有之因素。

三、东晋广陵之浦泽、海滨逃民与义熙土断

永嘉之后,北方流民南迁,遍布于江淮之间,东晋南朝设侨州郡县以处之。但是随着斗转星移,这些侨州郡县,往往"省置交加,日回月徙,寄寓迁流,迄无定托,邦名邑号,难或详书"[4],加之侨民不税不役[5],遂对政府加强管控、增加财政收入等带来不便,故施行土断(即划定侨寄政区,侨民就地入籍)势在必行。根据记载,东晋南朝明确记载的土断大约十次,而包括广陵在内的江淮东部为流民渊薮,加上该地区浦泽众多,藏匿多有,因此更成为土断的焦点。其中,东晋义熙九年(413)太尉刘裕主持的义熙土断,对江淮地区的影响尤为重要。

就其自然环境而言,谢灵运称"江都之野,彼虽有江湖而乏山岩"[6];至南齐武帝时,犹称江淮间"草窃充斥,互相侵夺,依阻山湖,成此逋逃"[7]。可见这种生态环境,为政府管控带来了多么大的压力。尤其是广陵地区,河湖浦泽可谓众多,仅载于史册的就有公路浦、兴浦、前浦等等。晋末伏滔《北征记》曰:"广陵西一里,水名公路浦。袁术自九江东奔袁谭于下邳,由此浦渡,因名也。"《述征记》曰:"兴浦,旧魏步道,吴揭水灌之,今绝道为浦。"刘宋王弘《广陵前浦开表》中云:"伏闻广陵前浦,榛芜历久,近复开除。"[8]广陵郡所属舆县(今仪征),则"前有大浦,控引潮流,水常淤浊"[9]。西汉时,吴王刘濞开邗沟自茱

[1]《晋书》卷八五《刘毅传》,第2210页。

[2]《宋书》卷二《武帝纪中》"晋安帝义熙八年四月"条,第28页。

[3] 王永平《刘裕、刘毅之争与晋宋变革》(《江海学刊》2012年第2期)认为刘毅以其学术文化修养和名士化气质获得以谢混为代表的高门名士阶层的拥戴,是刘裕、刘毅之争的重要原因。

[4]《宋书》卷一一《志序》,第205页。

[5] 胡阿祥:《论"土断"》,《南京大学学报》2001年第2期。

[6]《宋书》卷六七《谢灵运传》,第1757页。

[7]《南齐书》卷三《武帝纪》,第61页。

[8]〔唐〕欧阳询等撰,汪绍楹校:《艺文类聚》卷九《水部下·浦》,第177页。

[9]《宋书》卷二九《符瑞志下》,第872页。

莤湾通海陵仓以运盐,"三国以后,道湮塞"[1],遂为荒泽。

由于广陵郡港汊、沼泽、陂池纵横,杂草丛生,尤为逃民聚匿之所。如晋海西公时,桓温欲诛颍川庾希,庾希即与弟庾邈、子庾攸之等自晋陵暨阳(今江苏常州一带)北渡,"逃于海陵陂泽中",而时任青州刺史、镇广陵的庾希从母兄武沈,则多年予以暗中资助。及桓温知悉,遣兵前来抓捕庾希,武沈之子武遵与庾希等遂"聚众于海滨,略渔人船,夜入京口城"[2],终被桓温擒杀。广陵周边也是如此,如广陵西不远的滁中(亦称涂中,今安徽滁州),因水泽遍布,亦为逃民集聚之地。义熙十二年(416),青州刺史檀祗镇广陵,"时滁中结聚亡命,祗率众掩之"[3]。由此可见广陵及其周边地区逃民之大概。

逃亡于陂泽之地的荒民,既不承担政府赋税,也不利于政府兵源。如谢玄重组北府兵后,北府兵力一向不足,以至于前秦围北府将领戴遁于彭城时,不得不"发三州民配何谦救遁"[4]。及淝水战后,谯王司马恬为北府,毛璩为军府司马,遂对聚集于海陵一带的逃民采取行动。对此,《晋书·毛宝传附孙毛璩传》载:

> 海陵县界地名青蒲,四面湖泽,皆是菰葑,逃亡所聚,威令不能及。(毛)璩建议率千人讨之。时大旱,璩因放火,菰葑尽然,亡户窘迫,悉出诣璩自首,近有万户,皆以补兵,朝廷嘉之。[5]

但是,这种行动只能奏效一时,而解决不了根本问题。只有建立起严格的户籍管制制度,使之成为编户齐民,才能使流亡问题得以解决。因此,刘裕主持的义熙九年土断的施政对象,就不仅针对侨州郡县的流民,也包括集聚陂泽湖浦的藏匿之人。

据《宋书·州郡志》,在义熙土断中,广陵郡又分置山阳和海陵二郡。山

---

[1]〔清〕顾炎武撰,黄珅等校点:《天下郡国利病书》扬州府备录,第1216页。
[2]《晋书》卷七三《庾亮传附庾希传》,第1930页。
[3]《宋书》卷四六《张邵传》,第1394页。
[4]《宋书》卷三一《五行志二》,第910页。
[5]《晋书》卷八一《毛宝传附孙毛璩传》,第2126页。

阳郡在广陵之北，原属广陵郡的盐城县即改属山阳郡。至于海陵郡，其所领建陵、临江、如皋、宁海和蒲涛县，皆为土断时新置。如蒲涛县，或即为当初之青蒲地区，刘宋明帝时又在此立临泽县。这些新置郡、县，都与此地流亡人口众多有着密切关系。如《太平寰宇记》卷一三○载：

> 胡逗洲，在（海陵）县东南二百三十八里海中。东西八十里，南北三十五里。上多流人，煮盐为业。梁太清六年，侯景败走，将北赴此洲，为王僧辩军人所获。[1]

梁末侯景兵败建康，"下海欲向蒙山"[2]，"自沪渎入海至胡豆洲"[3]。由此可知，东晋南朝逃亡蒲泽乃至滨海岛屿者颇多。也正因为这样，这些流民不仅脱离了政府的管制，而且还常会被某些反政府武装所利用。如魏晋时期天师道广泛传播于滨海地区[4]，其首领孙泰即借此煽动流民，准备发动大规模叛乱，及孙泰被司马道子所诛，其侄孙恩继续发展自己的势力。对此，《晋书·孙恩传》载：

> 恩逃于海。众闻泰死，惑之，皆谓蝉蜕登仙，故就海中资给。恩聚合亡命得百余人，志欲复仇。[5]

到了后来，竟发展为大规模的反政府势力。

东晋安帝隆安五年（401），孙恩率众从三吴地区沿海北上，进入长江，欲攻建康，刘裕率步骑沿江海岸昼夜兼程，与孙恩战于丹徒蒜山（今镇江蒜山），而北府将领刘牢之也自江南还至京口。及孙恩恃众直扑建康，因"楼船高大，值风不得进，旬日乃至白石"[6]，东晋已隔断秦淮河的入江水道。于是，孙恩沿

---

　［1］〔宋〕乐史撰，王文楚等点校：《太平寰宇记》卷一三○《淮南道八》"海陵县"，第2565页。

　［2］《梁书》卷三九《羊侃传附羊鹍传》，第562页。

　［3］《南史》卷八○《贼臣·侯景传》，第2015页。

　［4］关于孙恩叛乱与滨海地域，参陈寅恪：《天师道与滨海地域之关系》，氏著《金明馆丛稿初编》。

　［5］《晋书》卷一○○《孙恩传》，第2632页。

　［6］《宋书》卷一《武帝纪》"晋安帝隆安五年六月"条，第3页。

江东还,使其部将卢循攻陷广陵,死者三千余人[1]。及孙恩率军"浮海而北",刘裕与刘敬宣"领水军追讨至郁洲"[2],孙恩被迫沿海南逃,并在刘裕等"寻海要截,复大破恩于扈渎"[3]后不久自杀。

孙恩的叛乱,说明当时江淮东部的流民众多,也说明政府对该地区的控制不力,因此刘裕推行义熙土断,加强对该地区的管理,也就显得十分必要了。也正因为这样,到晋恭帝元熙二年(420)刘裕代晋建宋,江淮东部的局面便发生了微妙的变化。

第三节　南兖州的确立与广陵战略地位的变化

刘裕的代晋建宋,标志着历史进入了南北朝时期。如果说东晋时期的广陵局势,与北方流民大量南迁江淮相关,并由此导致了北府兵、侨州郡县、土断、"京口—广陵"战略格局的出现和形成,那么,到南北朝时期,则在此基础上又有改观。一方面随着流民南下浪潮的日趋平缓,土断政策的实施和侨州郡县的整顿,刘宋北府势力对广陵的控制越来越弱;另一方面,由于南北长期对峙,"京口—广陵"的战略格局也趋于定型,直到萧梁末年北齐夺取江淮地区,广陵入北,这一格局才发生了实质性变化。

东晋时期,幽、并、冀、青等州皆曾侨置于江淮之间,兖、徐二州则或侨江南,或侨江北。及经晋末义熙土断至刘宋初年的整顿,最终确立了南朝时期南兖州镇广陵的格局。史载晋宋之际"以幽、冀合徐,青、并合兖"[4],宋武帝永初元年(420),罢青、并二侨州,并入兖州。[5]由此可见,进入刘宋时,江淮东部的侨州就只剩下徐州与兖州。早在晋安帝义熙七年(411),"始分淮北为北徐,淮南犹为徐州",兖州仍侨置于徐州境内。至武帝永初二年(421),"加

---

[1]《晋书》卷一〇《安帝纪》"隆安四年六月"条,第253页。

[2]《晋书》卷一〇〇《孙恩传》,第2633页;《宋书》卷一《武帝纪》"晋安帝隆安五年六月"条,第3页。

[3]《晋书》卷一〇〇《孙恩传》,第2634页。扈渎,即今上海苏州河。

[4]《宋书》卷三五《州郡志一》"南徐州",第1038页。

[5]参《南齐书》卷一四《州郡志上》"南兖州",第255页;《宋书》卷三五《州郡志一》"南兖州",第1053页。

徐州曰南徐,而淮北但曰徐"。自此,侨置政区普加"南"字,广陵乃隶属于淮南之南徐州,侨置于南徐州境内的兖州称南兖州。及文帝元嘉八年(431),刘宋又以江北为南兖州,镇广陵,江南为南徐州,镇京口。前属南徐州的"南沛、广陵、海陵、山阳、盱眙、钟离割属南兖"[1]。其中,侨寄广陵的南沛郡,还成为双头郡。如张永于元嘉二十三年(446)、刘怀之于元嘉二十八年(451),皆曾任广陵、南沛二郡太守,[2]南沛郡所属符离、洨、竹邑三县"并治广陵"[3]。自此,南兖州领淮南江北,治于广陵,广陵局势便与南兖州密切相关。

一、檀道济出镇广陵

西晋永嘉以降,广陵为州治所。司马睿时命其子司马裒镇广陵,督徐、兖二州,东晋时徐、兖、青州皆曾治于广陵,但因治所屡迁,并不固定。《南齐书·州郡志》载刘宋永初三年(422)"檀道济始为南兖州,广陵因此为州镇"[4],自此南兖州便以镇广陵为常态。

檀道济,高平金乡人,其先世于永嘉乱后寓居京口。晋末刘裕起兵反桓,檀道济与兄檀韶、檀祗追随刘裕,并有大功,檀氏一门为北府中坚。义熙中,檀祗长期任青州刺史,镇广陵。檀道济在刘裕北伐后秦时为前锋,连克许昌、成皋、洛阳、潼关、长安。时值滁中结聚亡命,青州刺史檀祗率军讨之,留镇建康的刘穆之恐祗生变,将发兵为备,张邵对刘穆之说:檀韶为江州刺史,据长江中流,檀道济又为北伐先锋,"若疑状发露,恐生大变。宜且遣慰劳,以观其意"[5]。由此可见檀氏兄弟在晋末政局中的地位。

刘宋代晋后,檀道济"转护军,加散骑常侍,领石头戍事,听直入殿省"[6],成为卫戍建康与宫省的军事长官。永初三年(422),宋武帝刘裕病笃,檀道济与太尉长沙王刘道怜司空徐羡之、中书监傅亮、领军将军谢晦并侍医药,武帝临终时遗命:"以荆州上流形胜,地广兵强,遗诏诸子次第居之"[7],"京口要地,

---

[1]《宋书》卷三五《州郡志一》"南徐州",第1038页。

[2]《宋书》卷五三《张茂度传附张永传》,第1511页;《宋书》卷九五《索虏传》,第2352页。

[3]《宋书》卷三五《州郡志一》"南兖州",第1057页。

[4]《南齐书》卷一四《州郡志上》"南兖州",第255页。

[5]《宋书》卷四六《张邵传》,第1394页。

[6]《宋书》卷四三《檀道济传》,第1342页。

[7]《宋书》卷六八《武二王·南郡王义宣传》,第1798页。

去都邑密迩,自非宗室近戚,不得居之。"[1]这就改变了东晋门阀居于重镇控制建康的局面,开启了南朝宗室子弟出镇的格局。与此同时,武帝令檀道济出监南徐、兖之江北淮南诸郡军事、镇北将军、南兖州刺史,镇于广陵,意在使北府勋将居此,维护刘氏皇权,以备建康缓急之用。

刘裕崩后,徐羡之、傅亮、谢晦、檀道济同被顾命,世子刘义符立为少帝。不久,徐羡之等专权日甚,欲废少帝而另立之。但其谋议欲废少帝,必当先废少帝之弟、依次当立的庐陵王刘义真,于是徐羡之等征求檀道济的意见。檀道济虽然反对,"屡陈不可",但"不见纳"[2],刘义真终被罢黜。景平二年(424),徐羡之等废杀少帝及刘义真,改立荆州刺史刘义隆为帝,是为文帝。此时,檀道济以南兖州刺史、都督,又增督青州、徐州之淮阳下邳琅邪东莞五郡诸军事,尽辖江淮、淮北之地。[3]徐羡之等则为"自全之计",以谢晦为荆州刺史、都督、南蛮校尉代刘义隆,"精兵旧将,悉以配之",使之"居外为援",从而形成了"晦据上流,而檀道济镇广陵,各有强兵,以制持朝廷;羡之、亮于中秉权"[4]的局面。然而这样的安排,固然有利于徐羡之等长久弄权,却违背了荆州必以诸皇子居之的武帝遗命,为文帝所不满。故至元嘉三年(426),文帝以徐羡之等弑少帝与刘义真之罪,诛杀了徐、傅二人,并遣旧属到彦之、檀道济讨谢晦于荆州。同年,谢晦兵败,终被擒杀。

在徐羡之等废少帝时,檀道济虽持反对态度,但毕竟未坚决制止;及徐羡之等废杀少帝,檀道济又应招去了建康。故文帝责徐羡之等人弑君之罪时,虽未提及檀道济的名字,并在后来还招他出兵讨伐谢晦,但实际上王华等人均认为"道济不可信",文帝也对王华等说:"道济止于胁从,本非事主。杀害之事,又所不关。吾召而问之,必异。"所以还是重用了他。谢晦听闻徐、傅被诛,认为道济"必不独全",未料文帝竟命他西上,以致谢晦"惶惧无计"[5],终至败亡。

宋文帝遣檀道济征伐谢晦,主要在于对他试探,如若征伐谢晦失败,便找

---

[1]《宋书》卷七八《刘延孙传》,第2019页。

[2]《宋书》卷四三《檀道济传》,第1342页。

[3]《宋书》卷四三《檀道济传》,第1343页。

[4]分参《宋书》卷四四《谢晦传》,第1358页、第1348页、第1358页。

[5]《宋书》卷四四《谢晦传》,第1358页。

到了治罪之责。而即便他取得成功,北府军对都城建康的制约也得以解除。故不久后,宋文帝便将檀道济调离广陵,改任江州刺史,镇寻阳,使北府势力改由皇室子弟把控。同时,文帝又以旧属到彦之为南豫州刺史,镇历阳,使建康与寻阳之间多了道屏障,以防檀道济顺流而下兵犯建康。

元嘉十三年(436),宋文帝重病,屡经危殆,而檀道济"立功前朝,威名甚重;左右腹心,并经百战,诸子又有才气,朝廷疑畏之",执掌中枢的彭城王刘义康"虑宫车晏驾,道济不可复制",乃招入建康收付廷尉,檀道济之子给事黄门侍郎檀植、司徒从事中郎檀粲、太子舍人檀隰、征北主簿檀承伯、秘书郎檀遵等八人一并伏诛。接着,又捕檀道济所部司空参军薛彤,檀道济之子檀夷、檀邕、檀演及司空参军高进之于寻阳,诛之。薛彤、高进之皆是道济腹心,有勇力,时以比张飞、关羽。初,道济见收,即脱帻投地曰:"乃复坏汝万里之长城!"[1]宋文帝杀檀道济及子弟旧属,固然是因为政治原因,但在客观上也剪除了北府势力的中坚力量。这与北府兵的没落也是同步的。[2]

二、南朝"京口—广陵"格局的演变与南兖州都督区

东晋时期,京口、广陵遍布流民,郗鉴、谢玄、刘裕等借此组织起北府兵武装,成为屯驻大江南北的重要军事力量,京口、广陵也由此呈现出军事一体化的格局。大体而言,北府所镇广陵或京口,与当时的形势相关,其意图北进,则镇广陵;重于防守,则镇京口。但至刘裕建宋之后,为加强京口对建康的防卫,便发生了一些变化。即在宋齐时期,广陵为治所的南兖州都督区,以受辖于治于京口的南徐都督区为常态,从而导致了东晋京口、广陵并重转化为重京口、轻广陵的格局。直至萧梁时北魏势力逐渐转弱,对南方的威胁减轻,南兖、南徐二州方互不统属。[3]

京口与广陵,从东晋时的一体并行格局,转变为宋齐时期的统属关系,再转变为萧梁时期的并行关系,标志着下游格局演进的各个阶段。就晋宋间的变革而言,东晋时期京口、广陵的一体化格局,使北府兵以及属下的流

---

[1]《宋书》卷四三《檀道济传》,第 1343—1344 页。

[2] 详参田余庆:《北府兵始末》一文,收入氏著《秦汉魏晋史探微》。

[3] 详参周振鹤主编,胡阿祥、孔祥军、徐成著:《中国行政区划通史·三国两晋南朝卷》第二编第四章、第五章。

民武装控制力过强,以至于郗鉴足以借此左右琅邪王氏与颍川庾氏的平衡,刘裕能借此而革晋鼎。因此,在宋武帝遗命以宗室子弟任南徐州刺史、都督以镇京口的基础上,别任他人为隶属南徐而又足以独立的南兖都督区以镇广陵,便形成了为防止某一力量独控大江南北的局面。而这一若即若离的格局,虽然没有改变广陵、京口一体化的军事态势,却已难收一体化的功效。

就南兖州都督区的情况来看,其辖境虽不甚稳定,但大体上说,刘宋前期是以江北淮南之南兖、淮北之徐、兖、青、冀、幽六州为常态;及宋明帝于泰始中失淮北至于萧齐,南兖州都督区之所辖,则以淮南江北之南兖、徐、兖、青、冀五州为常态。今以吴廷燮《宋齐梁陈方镇年表》为蓝本,参以《宋书》《南齐书》《梁书》《南史》等相关记载,将宋(自永初三年南兖镇广陵始)、齐、梁(迄承圣元年北齐占据广陵)之三朝南兖州刺史、都督辖境逐年排列,分别制表,以见南兖州治所、都督区辖境之演变。

表 11-2　　　　　　宋南兖州刺史、都督辖区沿革年表

时间		刺史、都督	都督辖区	备注
公元	帝王年号			
422	永初三年	檀道济	南徐、兖之江北淮南	
423	景平元年	檀道济	同上	
424	景平二年	檀道济	同上	
	元嘉元年	檀道济	南徐兖之江北淮南、青州、徐州之淮阳下邳琅邪东莞	
425	元嘉二年	檀道济	同上	
426	元嘉三年	檀道济	同上	
		长沙王义欣		
427 至 430	元嘉四年至元嘉七年	长沙王义欣		
431	元嘉八年	刘遵考	南徐、兖州之江北淮南	领广陵太守
		竟陵王义宣	南兖、兖	当镇山阳,未行
432 至 439	元嘉九年至元嘉十六年	江夏王义恭	南兖、徐、兖、青、冀、幽、豫州之梁郡	
440	元嘉十七年	江夏王义恭	同上	
		临川王义庆	南兖、徐、兖、青、冀、幽	

续表 11-2

时间		刺史、都督	都督辖区	备注
公元	帝王年号			
441 至 443	元嘉十八年至元嘉二十年	临川王义庆	南兖、徐、兖、青、冀、幽	
444	元嘉二十一年	临川王义庆	同上	
		刘义宗		
		广陵王诞	南兖州	
		衡阳王义季	南兖、徐、兖、青、冀、幽	
445	元嘉二十二年	衡阳王义季	南兖、徐、兖、青、冀、幽，豫州之梁郡	当年镇彭城
446	元嘉二十三年	刘义宾		
447	元嘉二十四年	刘义宾		
		徐湛之		
448	元嘉二十五年	徐湛之		
449	元嘉二十六年	徐湛之		
		始兴王濬	南徐、南兖	刘濬时任南徐、南兖二州刺史
450	元嘉二十七年	始兴王濬	同上	
451	元嘉二十八年	始兴王濬	同上	
		江夏王义恭	扬、南徐、南兖、豫、徐、兖、青、冀、司、雍、秦、幽、并	镇盱眙
452	元嘉二十九年	江夏王义恭	同上	镇盱眙
453	元嘉三十年	沈庆之	南兖、豫、徐、兖	镇盱眙,后还广陵
454	孝建元年	沈庆之	南兖、豫、徐、兖、青、冀、幽	
455	孝建二年	沈庆之	同上	
		刘延孙		
		檀和之		
456	孝建三年	檀和之		
		西阳王子尚	南兖、徐	
		建安王休仁	南兖、徐	
457	大明元年	建安王休仁	南兖、徐	
		竟陵王诞	南兖、徐、兖、青、冀、幽	

续表 11-2

时间		刺史、都督	都督辖区	备注
公元	帝王年号			
458	大明二年	竟陵王诞	南兖、徐、兖、青、冀、幽	
459	大明三年	竟陵王诞	同上	
		沈庆之	南兖、徐、兖	
460	大明四年	沈庆之	南兖、徐、兖	
		晋安王子勋	南兖、徐州之东海郡	
461	大明五年	晋安王子勋	同上	
462	大明六年	晋安王子勋	同上	
463	大明七年	晋安王子勋	同上	
		柳元景		不置都督，留卫京师
464	大明八年	柳元景		
		永嘉王子仁		
465	永光元年	永嘉王子仁		
	景和元年	始安王子真		
	泰始元年	始安王子真		
466	泰始二年	始安王子真		
		刘祗		
		桂阳王休范	督北讨诸军事	
		张永	南兖、徐	
		建平王景素		
467	泰始三年	建平王景素		
		沈攸之	南兖、豫、徐、兖	盱眙
468	泰始四年	沈攸之	同上	
		刘韫		
		萧道成	南兖、徐	
469	泰始五年	萧道成	南兖、徐、兖、青、冀	
470	泰始六年	萧道成	同上	
471	泰始七年	萧道成	同上	
		沈怀明		
472	泰豫元年	沈怀明		
473	元徽元年	沈怀明		

续表 11-2

时间		刺史、都督	都督辖区	备注
公元	帝王年号			
474	元徽二年	沈怀明		
		张永	南兖、徐、兖、青、冀	
		萧道成	同上	萧道成驻建康
475	元徽三年	萧道成	同上	同上
476	元徽四年	萧道成	同上	同上
477	元徽五年	萧道成	南兖、徐、兖、青、冀、南徐、豫、司	同上,加领南徐州刺史
	昇明元年	李安民	督北讨诸军事	
478	昇明二年	李安民		
		黄回	南兖、徐、兖、青、冀	
		萧映	同上	
479	昇明三年	萧映	同上	

表 11-3　　齐南兖州刺史、都督辖区沿革年表

时间		刺史、都督	都督辖区	备注
公元	帝王年号			
479	建元元年	王敬则	南兖、兖、徐、青、冀	
480	建元二年	王敬则	同上	
		陈显达	同上	
481	建元三年	陈显达	同上	
		柳世隆	同上	
482	建元四年	柳世隆	同上	
483	永明元年	竟陵王子良	同上	
484	永明二年	竟陵王子良	同上	
		吕安国	同上	
		张岱		未拜
		安陆王子敬	南兖、兖、徐、青、冀	
485	永明三年	安陆王子敬	同上	
486	永明四年	安陆王子敬	同上	
487	永明五年	安陆王子敬	南兖、兖、徐、青、冀	
		晋安王子懋	同上	

续表 11-3

时间		刺史、都督	都督辖区	备注
公元	帝王年号			
488	永明六年	晋安王子懋	南兖、兖、徐、青、冀	
		西阳王子明	同上	
489	永明七年	西阳王子明	同上	
490	永明八年	西阳王子明	同上	
491	永明九年	西阳王子明	同上	
492	永明十年	西阳王子明	同上	
		南海王子罕	同上	
493	永明十一年	南海王子罕	同上	
494	隆昌元年	安陆王子敬	同上	
	延兴元年	安陆王子敬	同上	
	建武元年	王玄邈	同上	
495	建武二年	王玄邈	同上	
		庐陵王宝源	同上	
496	建武三年	庐陵王宝源	同上	
497	建武四年	庐陵王宝源	同上	
498	建武五年	庐陵王宝源	同上	
	永泰元年	萧颖胄	同上	
499	永元元年	萧颖胄	同上	
		邵陵王宝攸	同上	未拜
500	永元二年	张冲	同上	未拜
		陆慧晓	同上	
		张稷	南兖、兖、南徐、徐、青、冀	
501	永元三年	张稷	同上	
	中兴元年	萧景		行南兖州事
502	中兴二年	萧景	南兖	

表 11-4　　　**梁南兖州刺史、都督辖区沿革年表**

时间		刺史	都督辖区	备注
公元	帝王年号			
502 至 506	天监元年至天监五年	萧景	南北兖、青、冀	
507	天监六年	昌义之	南兖、兖、徐、青、冀	
		吕僧珍	同上	
508	天监七年	吕僧珍	同上	
		长沙王渊业	同上	
509	天监八年	长沙王渊业	同上	
		始兴王憺	同上	
510	天监九年	始兴王憺	同上	
		晋安王纲	同上	
511	天监十年	晋安王纲	同上	
512	天监十一年	晋安王纲	同上	
513	天监十二年	晋安王纲	同上	
		萧景	同上	
514	天监十三年	萧景	同上	
		萧昂	同上	
515 至 517	天监十四年至天监十六年	萧昂	同上	
518 至 522	天监十七年至普通三年	南康王绩	同上	
523	普通四年	南康王绩	同上	
		豫章王综	同上	
524	普通五年	豫章王综	同上	
525	普通六年	豫章王综	同上	
526 至 530	普通七年至中大通二年			
531 至 534	中大通三年至中大通六年	萧渊藻		
535 至 537	大同元年至大同三年	临贺王正德		
538 至 542	大同四年至大同八年			

续表 11-4

时间		刺史	都督辖区	备注
公元	帝王年号			
543 至 548	大同九年至太清二年	南康王会理	南兖、北兖、北徐、青、冀、东徐、谯	
549	太清三年	南康王会理	同上	
		董绍先(侯景署)		
550	大宝元年	董绍先(侯景署)		
		侯子鉴(侯景署)		
551	大宝二年	侯子鉴(侯景署)		
		郭元建(侯景署)		
552	承圣元年	郭元建(侯景署)		陷北齐

由上列年表可知,在宋、齐、梁三代,南兖州都督区始终是长江下游对北方的战略前沿。事实表明,东晋视"长江以外,羁縻而已"[1]的态势,在南朝仍未有实质性的转变。因此,以广陵为中心的江淮东部,也就只能成为南北的缓冲地带和疆场所在,社会秩序难以安定,社会经济难以发展。如宋元嘉七年(430),到彦之北伐大败而归,"青、齐搔扰",南兖州刺史刘义欣时驻彭城,其属下因"虑寇大至",皆劝义欣"委镇还都"[2]。可见即便淮北有警,广陵亦非安居之地,唯有渡江方得偏安。及宋明帝泰始中失淮北,广陵更是形同边地。萧齐建元元年(479),北魏南寇淮、泗,南兖州刺史王敬则惶恐无计,"委镇还都,百姓皆惊散奔走"[3];次年北魏南寇寿阳,"淮南江北百姓搔动"[4];及建元三年,竟出现了"江北畏虏寇,搔动不安"[5]的情形。齐明帝时,北魏扬言"饮马长江",明帝大惧,敕广陵太守、行南兖州府州事萧颖胄"移居民入城","百姓惊恐,席卷欲南渡",幸萧颖胄以静制动,广陵才未出现大乱。[6]

————————

［１］《晋书》卷八〇《王羲之传》,第 2095 页。

［２］《宋书》卷五一《宗室·刘道怜传附刘义欣传》,第 1464 页。

［３］《南齐书》卷二六《王敬则传》,第 481 页。

［４］《南齐书》卷二六《陈显达传》,第 489 页。

［５］《南齐书》卷二四《柳世隆传》,第 451 页。

［６］《南齐书》卷三八《萧赤斧传附萧颖胄传》,第 666 页。

在这种情势下,江淮之间仍以军事为主,民政为次,江淮间的凋敝遂不可避免。在地方官员的任命上,元嘉中期,"淮西、江北长吏,悉叙劳人武夫,多无政术",刘义欣称"江淮左右,土瘠民疏,顷年以来,荐饥相袭,百城凋弊,于今为甚","况宾接荒垂,而可辑柔顿阙"[1];元嘉二十六年(449),宋文帝"以广陵凋弊"[2],改封广陵王刘诞为随郡王。至元嘉二十八年(451),北魏太武帝拓跋焘南侵后,广陵地区凋弊更甚。齐末萧衍自襄阳起兵,围攻建康时,"江北伧楚各据坞壁"[3]。因此,以广陵为中心的江淮区域实为南朝对北边陲,为晚渡士族、寒门武人及有意事功的部分士族向往的建功立业之所。吴郡张永于宋元徽二年(474)出任南兖州刺史、都督,张永"少便驱驰,志在宣力,年虽已老,志气未衰,优游闲任,意甚不乐,及有此授,喜悦非常"[4];至梁天监中,朝命河东裴邃自广陵太守迁始安太守,裴邃"志欲立功边陲,不愿闲远"[5]。南朝广陵之情势由此可见一斑。

尽管如此,大凡出征、戍守、修筑城垣等兵役、力役,还是要不断地征发,这在魏晋时已成常态。逮至南朝,此类事件更是频发,有增而无减。如刘宋元嘉二十七年(450)举兵北伐,乃征发南兖州三五民丁;[6]萧齐建元三年(481),命南兖州刺史柳世隆修筑广陵外郭,"发民治之,无嫌","民间若有丁多而细口少者,悉令戍,非疑也"[7]。以至齐时,"广陵年常递出千人以助淮戍,劳扰为烦"[8]。

三、魏太武帝的江淮战略

从宏观角度考察,北魏太武帝南侵,标志着北强南弱局势的形成。及泰始中宋明帝失去淮北,则促成了南朝对北处于守势的战略态势。在此过程中,以广陵为中心的江淮东部遭到了严重破坏,南兖州是否改镇盱眙成为争论的焦

---

[1]《宋书》卷五一《宗室·刘道怜传附刘义欣传》,第1465页。

[2]《宋书》卷七九《文五王·竟陵王诞传》,第2025页。

[3]《梁书》卷二四《萧景传》,第368页。

[4]《宋书》卷五三《张永传》,第1514页。

[5]《梁书》卷二八《裴邃传》,第414页。

[6]《宋书》卷九五《索虏传》,第2349页。

[7]《南齐书》卷二四《柳世隆传》,第451页。

[8]《南齐书》卷五《海陵王纪》"延兴元年十月"条,第79页。

点。及至淮北诸州沦陷,南北隔淮对峙成定局,淮阴的军事地位又日益凸显。

宋元嘉二十七年(450),文帝遣王玄谟北征河南大败而还,北魏太武帝乘势率军渡河南下,连陷悬瓠、项城,进逼寿阳、彭城。接着,魏征西大将军、永昌王拓跋仁自洛阳出寿春,尚书长孙真趋马头,楚王拓跋建趋钟离,高凉王拓跋那趋下邳,数路大军一并南征。及十二月,太武帝至淮水北岸,"诏刘藿苇,泛筏数万而济",直扑重镇盱眙,刘宋盱眙守将臧质闭门拒守,淮南陷入战乱。至太武帝车驾临江,筑行宫于瓜步山,拓跋仁自历阳至江西,拓跋那自山阳至广陵,三支兵马"同日临江,所过城邑,莫不望尘奔溃,其降者不可胜数"[1]。

面对魏军南下之势,宋文帝在广陵及其南边江面进行设防:一是在白水塘决水以灌魏军。此塘本为曹魏时邓艾所筑,用以"屯田积谷以制吴人"[2]。刘宋决其陂以阻魏军步骑南下,正是援引孙吴以水灌曹魏步道而成兴浦之故智。二是令焚毁广陵船只,使广陵、南沛二郡太守刘怀之率众渡江。这是采取曹操毁弃广陵、迁其民众、坚壁清野、以促敌退的战略措施。山阳、盱眙亦是如此,如山阳太守萧僧珍即"敛居民及流奔百姓,悉入城"[3]。三是戍守历阳至广陵一线江中诸洲。《宋书·索虏传》载:"左军将军尹弘守横江,少府刘兴祖守白下,建威将军、黄门侍郎萧元邕守裨洲,羽林左监孟宗嗣守新洲上,建武将军泰容守新洲下,征北中兵参军事向柳守贵洲,司马到元度守蒜山,谘议参军沈昙庆守北固,尚书褚湛之先行京陵,仍守西津,徐州从事史萧尚之守练壁,征北参军管法祖守谯山,徐州从事武仲河守博落,尚书左丞刘伯龙守采石。"[4]其中新洲、谯山适处京口、广陵之间的江面上。[5]宋廷此举意在扼守长

　[1]《魏书》卷四下《世祖纪下》,第104—105页。

　[2]〔清〕顾炎武撰,黄珅等校点:《天下郡国利病书》扬州府备录仪真,第1239页。

　[3]《宋书》卷九五《索虏传》,第2352页。

　[4]《宋书》卷九五《索虏传》,第2351页。

　[5]〔宋〕周应合:《景定建康志》卷一九《洲浦》"新洲":"一名薛家洲,在城北四十里,今幕府山相对,有上新洲、下新洲。"《宋元方志丛刊》,中华书局1990年版,第1615页下右。〔清〕穆彰阿、潘锡恩等:《大清一统志》卷七三《江宁府》"新洲":"在上元县北。《三国志》:孙绁使其党孙卢袭执朱据于新洲。《晋书》:孙恩至白石,欲掩建康不备,闻刘牢之引军还至新洲,不敢进而去。《宋书》:武帝微时尝伐荻新洲。《建康志》:新洲一名薛家洲,在县北四十里,与幕府山相对,有上新洲、下新洲。胡三省《通鉴注》:洲在京口西大江中,意即今之之金珠沙也。"上海古籍出版社2008年版,第274页下右。可见新洲是扼守建康东门的水道门户。

江水道,以防魏军渡江。

北魏大军屯驻江北,得不到渡江船只,又"后无资粮,唯以百姓为命"[1],因此在元嘉二十八年(451)正月,不得不自江北退还,而江淮东部,则在此过程中遭到了空前的破坏。《宋书·索虏传》称魏军"凡破南兖、徐、兖、豫、青、冀六州,杀略不可称计"[2],《宋书·天文志》谓魏军"残破青、冀、徐、兖、南兖、豫六州,民死太半"[3]。

除此之外,北魏大军在北返时,还将民众虏掠入北。如《宋书·索虏传》载,魏北撤时"掠民户,烧邑屋而去"[4];《魏书·刘裕传》载"江北之民归降者数十万计"[5]。这些百姓,被掠至彭城时,镇守彭城的刘义恭与刘骏,畏懦而不敢击,唯闭城自守而已。至有民报刘义恭说:"虏驱广陵民万余口,夕应宿安王陂,去城数十里。今追之,可悉得。"刘义恭仍不敢出城。及至宋文帝遣使敦促,刘义恭乃遣兵出城,而魏军得知后,"乃尽杀所驱广陵民,轻骑引去"[6]。如北魏后来的文明冯太后,在当时南方就流传着"本江都人,佛狸元嘉二十七年南侵,略得冯氏,(拓跋)浚以为妾,独得全焉"的流言。[7]在这一系列的杀戮、掳掠下,包括广陵在内的江北地区一片狼藉,史称"义隆江北萧条,境内骚扰"[8]。

北魏南征临江退还,其实在一开始就决定了这个结局,因为北魏没有足够强大的水军,所以未沿邗沟而南下。因此,此后北魏对淮南的军事攻势,也只能局限在淮阴、钟离、寿阳等沿淮一线,而未敢再逼近广陵。北魏孝文帝迁都洛阳后,再行征伐,"攻钟离未克,将于淮南修故城而置镇戍,以抚新附之民",魏臣高闾即反对说:当初太武帝"以回山倒海之威,步骑数十万南临瓜

[1]《宋书》卷七四《臧质传》,第 1912 页。

[2]《宋书》卷九五《索虏传》,第 2353 页。

[3]《宋书》卷二六《天文志四》,第 748 页。

[4]《宋书》卷九五《索虏传》,第 2352 页。

[5]《魏书》卷九七《刘裕传》,第 2140 页。

[6]《宋书》卷六一《武三王·刘义恭传》,第 1644 页。

[7]《南齐书》卷五七《魏虏传》,第 986 页。关于文明冯太后之始末,《魏书》卷一三《文成文明皇后冯氏》载之甚详,为长乐信都人。此言冯太后本江都人,为太武帝南侵所虏,盖南朝本之传闻。这其实也就说明了当日拓跋焘从广陵北迁人口颇众。

[8]《魏书》卷九七《刘裕传》,第 2140 页。

步,诸郡尽降,而盱眙小城,攻而弗克。班师之日,兵不戍一郡,土不辟一廛”,
原因就在于“寿阳、盱眙、淮阴,淮南之源本也。三镇不克其一,而留兵守郡,
不可自全明矣。既逼敌之大镇,隔深淮之险,少置兵不足以自固,多留众粮运
难可充。又欲修渠通漕,路必由于泗口;溯淮而上,须经角城。淮阴大镇,舟
船素畜,敌因先积之资,以拒始行之路”,而“淮阴东接山阳,南通江表,兼近
江都、海西之资,西有盱眙、寿阳之镇”[1],因此,南朝凭借着江淮之资、邗沟之
利,足以固守淮南之地,而北魏却难以在此立足。

至萧梁初,北魏扬州刺史、任城王元澄欲自寿春再行南征,魏廷遣范绍到
达寿春,共商进止,元澄设想“须兵十万,往还百日。涡阳、钟离、广陵、庐江,
欲数道俱进,但粮仗军资,须朝廷速遣”,范绍则说:“兵仗可集,恐粮难至。有
兵无粮,何以克敌?”[2]故虽北魏已据寿春,粮草供给仍是难以解决的问题。
及梁天监五年(506),北魏宣武帝命中山王元英进攻钟离,邢峦渡淮进取广
陵,邢峦也持反对意见。他认为萧梁“野战非人敌,守城足有余”,“广陵悬远,
去江四十里;钟离、淮阴介在淮外,假其归顺而来,犹恐无粮艰守;况加攻讨,
劳兵士乎?”[3]又说:“若能为得失之计,不顾万全,直袭广陵,入其内地,出其
不备,或未可知”,但“遣臣赴彼,粮何以致? 夏来之兵,不赍冬服,脱遇冰雪,
取济何方?”[4]显然,还是一个粮运艰难、难以固守的老问题。

总之,北魏对淮南广陵等地的战略态势,从太武帝至宣武帝迄未改变。
这不仅暴露出北魏政权对江淮地区经营的短板,即没有一支足够强大的水
军,更没有军需供给和运输的能力,而且也反映出南方政权所采取的迁徙民
众、坚壁清野等策略的功效,反映出长江、邗沟等在支撑政权相对稳定中的地
理优势。

四、沿淮军事格局与广陵地位的变动

北魏太武帝南侵对刘宋的影响,不仅仅在于对广陵地区的破坏,更在于
刘宋对江北、淮南战略格局的调整。从西晋末年广陵立镇开始,广陵即作为

---

[1]《魏书》卷五四《高闾传》,第1207页。
[2]《魏书》卷七九《范绍传》,第1755—1756页。
[3]《魏书》卷六五《邢峦传》,第1444页。
[4]《魏书》卷六五《邢峦传》,第1445页。

江北淮南的重镇,一直负责江淮东部的军事防卫。其所以能遥控淮水南岸的广大地区,就在于邗沟将广陵与淮阴、山阳和盱眙等地的镇戍联系在一起,可将士卒、粮草、器械等输送到沿淮一线。即以北魏太武帝南侵,刘宋支援沿淮镇戍之事论之,便可知悉。《宋书·索虏传》载:

> 山阳太守萧僧珍亦敛居民及流奔百姓,悉入城。台送粮仗给盱眙,贼逼,分留山阳。又有数万人攻具,当往滑台,亦留付郡。[1]

这说明当时从建康向盱眙的运输,是经广陵沿邗沟北上,抵淮后再逆流转向盱眙。只不过北魏围攻盱眙,无法送达,只能暂时留存于邗沟的入淮处山阳。至于为支援北伐而运往滑台的攻城器械,因无法经过盱眙北上,也一并滞留在山阳郡内。而这条通往淮水的运输路线,其实就是西晋陈敏开辟的邗沟水运线,对广陵把控沿淮地区起着至关重要的作用。

但是,从北魏太武帝南侵事件中可以发现,广陵在把控江淮地区的局势时,并未能起到足够的作用。尤其是广陵、南沛二郡太守刘怀之率民渡江后,没有再给南兖都督区内的其他镇戍带来多少军事支持,以至于盱眙、山阳等沿淮镇戍,在北魏步骑迅速推进的情况下,只能坚壁清野,固守孤城,使魏军如入无人之境,暴露出南兖州治所广陵鞭长莫及和仅仅依靠邗沟运输的局限性。

就南北军事路线而言,无论是刘宋北伐,抑或魏军南下,都要经过邗沟和盱眙。因此,元嘉二十七年(450)初北伐时,以其兵力不足,尚书左仆射何尚之即建议南兖州五丁征三,三丁取二,"缘江五郡集广陵,缘淮三郡集盱眙"[2],然后由盱眙西上进军钟离、寿春,由广陵北上进取淮北。但及北魏太武帝进军江淮,却因无足够强大的水军而舍弃水路,发挥步骑迅速优势进攻盱眙,广陵和邗沟就都难以发挥其应有的作用了。对此,《宋书·臧质传》载:

> 虏初南出,后无资粮,唯以百姓为命。及过淮,食平越、石鳖二屯谷,

---

[1]《宋书》卷九五《索虏传》,第 2352 页。

[2]《宋书》卷九五《索虏传》,第 2349 页。

至是抄掠无所,人马饥困,闻盱眙有积粟,欲以为归路之资。……(元嘉)
二十八年正月初,(拓跋)焘自广陵北返,便悉力攻盱眙。[1]

由此可见,北魏的推进也曾到达广陵境内,但因没有水军为继,而盱眙则有
"积粟"之资,故而在食尽平越、石鳖二屯谷而"抄掠无所"后,便集中大军悉
攻盱眙。[2]因此,从防淮的军事意图考虑,盱眙的军事地位就高于广陵了。诚
如顾炎武所说:南朝"阻淮为守,自广陵而抵淮阴,为全淮右臂,京口、秣陵藉
捍蔽,故战守诸策,往往急淮泗而缓江海者,亦其势也。"[3]

也正因为这样,宋文帝在北魏大军北撤后,即令刘义恭领南兖州刺史,移
镇盱眙,都督扬、南徐、南兖、豫、徐、兖、青、冀、司、雍、秦、幽、并十三州[4],形
成了以盱眙为中心而管控整个江淮地区的统一都督区。及元嘉三十年(453),
宋文帝"以兖土凋荒,罢南兖并南徐州,当别置淮南都督住盱眙,开创屯田,应
接远近,欲以授(刘)铄"[5],拟将南兖州并入治京口的南徐州,别置淮南都督
于盱眙,"开创屯田,应接远近"。但因不久宋文帝为太子劭所弒,"以南兖州
并南徐州"[6]事虽行,刘铄未至盱眙赴任。

宋文帝死后,其第三子刘骏起兵于襄阳,东下建康靖难。接着刘骏称帝,
为孝武帝。刘劭时遣刘铄"巡行抚劳",以南兖州授刘铄[7],及刘骏入建康杀
劭平乱,劭之所立南兖州未变。至元嘉三十年六月庚午"还分南徐,立南兖
州"[8],使亲信沈庆之为南兖州刺史,南兖州仍治盱眙,而非广陵。但因孝武帝
初入建康,需要一支军事力量就近拱卫,所以不久,便命江夏王刘义恭为南徐

---

[1]《宋书》卷七四《臧质传》,第1912页。

[2]〔清〕顾炎武撰,谭其骧、王文楚、朱惠荣等校点:《肇域志》"扬州府·宝应县":"石鳖城,在
县西八十里。隋时为石鳖县。魏邓艾筑以营田。晋荀羡镇淮阴,屯田于东阳之石鳖。北齐苏珍之又
议修石鳖等屯。《通典》载:山阳重镇守险,有阳平石鳖,田稻丰饶。盖历代屯田之地。"上海古籍出
版社2012年版,第81页。

[3]〔清〕顾炎武撰,黄珅等校点:《天下郡国利病书》"扬州府备录兵防考",第1259页。

[4]《宋书》卷六一《武三王·刘义恭传》,第1644页。

[5]《宋书》卷七二《文九王·南平王铄传》,第1857页。

[6]《宋书》卷五《文帝纪》,第102页。

[7]《宋书》卷七二《文九王·南平穆王铄传》,第1857页。

[8]《宋书》卷六《孝武帝纪》,第112页。

州刺史,镇京口,而"使庆之自盱眙还镇广陵"[1],于是南兖州的治所重新恢复到元嘉前中期的状态。

从后来南北之争的情形来看,宋文帝在元嘉末欲以盱眙取代广陵,可谓适应了形势变化,而孝武帝将南兖州的治所重新迁回广陵,则显然是失策。因此,至宋明帝泰始中,便尽失了淮北之地,并使淮河防线的巩固成为当时的燃眉之急。于是,南兖州之镇盱眙抑或广陵之议再起。萧齐高帝建元二年(480),北魏寇寿阳,"淮南江北百姓搔动",齐高帝乃敕镇守广陵的南兖州刺史陈显达曰:"但国家边防,自应过存备豫。宋元嘉二十七年后,江夏王作南兖,徙镇盱眙,沈司空亦以孝建初镇彼,政当以淮上要于广陵耳。卿谓前代此处分云何?今佥议皆云卿应据彼地,吾未能决。乃当以扰动文武为劳。若是公计,不得惮之。"显然,这正是当初宋文帝所考虑的,即"淮上要于广陵"也。但是齐高帝的这种说法,仅局限于朝中"佥议",结果"事竟不行"[2],并未付诸实施。广陵作为南兖州的治所,也便长期维持下去,直至江北淮南为北齐占领为止。

第四节　宋、齐内争与广陵政局

宋、齐两朝内争频繁。从地域的角度来看,自东晋出现的上下游之争在南朝仍不断浮现。从内争的目的而言,南朝皇权在复苏后,各朝宗室内部为争帝位相互猜忌,骨肉相残者不绝于史册。方镇权臣则恃势凌上,与皇帝之冲突也在在可见。而在这一连串的政治、军事斗争中,广陵自不能置身于外。宋竟陵王刘诞之叛,招致沈庆之屠广陵;齐崔慧景借南兖州"伧楚"兵围攻建康,由此广陵深陷灾难;至于宋明帝的篡夺皇位,更导致了淮北入魏的严重后果。也正因为这样,淮北流民被迫南下,江淮地区新一轮的侨郡县设置和土断再次出现,出任南兖州刺史的萧道成,借集聚淮阴之流民得势,并由此带来了宋、齐鼎革的深刻变化。

---

[1]《宋书》卷七七《沈庆之传》,2001页。
[2]《南齐书》卷二六《陈显达传》,第489页。

一、刘诞叛乱与沈庆之屠城

竟陵王刘诞为宋文帝第六子,曾任南兖、南徐州刺史。元嘉二十六年(449),刘诞出任雍州刺史、都督时,宋文帝"欲大举北讨,以襄阳外接关、河,欲广其资力,乃罢江州军府,文武悉配雍州,湘州入台税租杂物,悉给襄阳"。及次年北伐,两路出军:一路以王玄谟为帅,出河南;一路以刘诞雍州府中兵参军柳元景为帅,出关中。然"诸蕃并出师,莫不奔败;唯诞中兵参军柳元景先克弘农、关、陕三城,多获首级,关、洛震动"[1]。因此,刘诞的势力和声望都得以不断提高。

元嘉末年,太子刘劭屡拂帝意,文帝"颇以后事为念",遂与亲信尚书仆射徐湛之、吏部尚书江湛等密议新的储君人选。宋文帝认为刘宏适意,徐湛之谓当立刘诞,江湛则以为当立其妹婿刘铄。其事未决,刘劭竟率军攻入寝宫,使宋文帝、徐湛之双双遇害。接着,文帝第三子雍州刺史刘骏,从襄阳起兵,入京靖难[2],并诛杀刘劭、刘濬党羽,即位为孝武帝。然刘骏其时虽在诸皇子中为长,但却不是储君人选,因此在即位后便"抑黜诸弟"[3],深怕夺取他的帝位。而在这时,原议储君刘铄因从刘劭之乱而伏诛,刘宏则在不久后病死,与他争位最可能的就是刘诞。特别是刘诞为雍州刺史,在北伐中立有大功,又在讨伐刘劭和荆州刺史刘义宣叛乱中功勋卓著,势力强大,因此"上性多猜,颇相疑惮"[4]也就不在话下了。

孝武帝之初,刘诞为扬州刺史(治建康),藉其功劳,颇为奢侈。史载其"造立第舍,穷极工巧,园池之美,冠于一时。多聚才力之士,实之第内,精甲利器,莫非上品",孝武帝见之"意愈不平"[5],遂在孝建二年(455)将其调离,出任南徐州刺史、都督。但因"京口去都密迩",帝"犹疑之",复在大明元年(457)调任南兖州刺史、都督,镇广陵。[6]对此,《宋书·刘延孙传》载:

---

[1]《宋书》卷七九《文五王·竟陵王诞传》,第2025—2026页。

[2] 参何德章:《宋孝武帝上台与南朝寒人之得势》,氏著《魏晋南北朝史丛稿》,商务印书馆2010年版,第41—52页。

[3]《南史》卷三四《沈怀文传》,第890页。

[4]《宋书》卷七九《文五王·竟陵王诞传》,第2026页。

[5]《宋书》卷七九《文五王·竟陵王诞传》,第2027页。

[6]《宋书》卷七九《文五王·竟陵王诞传》,第2027页。

时司空竟陵王诞为徐州,上深相畏忌,不欲使居京口,迁之于广陵。广陵与京口对岸,欲使腹心为徐州,据京口以防诞。[1]

孝武帝于数年之间,将刘诞职反复调任,刘诞当然心知肚明,故"既见猜,亦潜为之备,至广陵,因索虏寇边,修治城隍,聚粮治仗",以至"嫌隙既著,道路常云诞反"[2]。

刘诞在出刺南兖州前,也曾一时举棋不定,或"规牧江都,希广兵力",或望中枢"宜为中台"。及至广陵"矫称符敕,设榜开募",扩充军备,又使府史"入山图画道路",以谋阻断南兖州府与建康的联系[3],这就使孝武帝抓住了把柄。于是在大明三年四月,下诏贬竟陵王刘诞为侯爵,就封国安置,并任命义兴太守垣阆为兖州刺史(镇泰山),配以羽林禁兵,与给事中戴明宝以赴任为名,意在途经广陵时突袭刘诞。刘诞得知,急率左右数百人勒兵自卫,同时焚烧南兖州兵籍,赦作部徒系囚,出城应战。结果垣阆被害,戴明宝绕道海陵奔还建康告变[4]。同月,孝武帝任沈庆之为南兖州刺史、都督,率众征讨广陵,南徐州刺史刘延孙也遣中兵参军杜幼文率军渡江,受沈庆之节度。[5]在此情况下,刘诞急忙"焚烧郭邑,驱居民百姓,悉使入城"[6],作固守计,同时"分遣书檄,要结近远"[7],命吴郡顾琛为征南将军,张牧为安东将军等,并联络吴兴沈怀文,会稽孔道存、孔璪、孔桓之等[8],煽动三吴士族豪强,共同起兵抵御建康。但因顾琛等见风使舵,反而斩杀刘诞使者,刘诞遂被困守孤城。

---

[1]《宋书》卷七八《刘延孙传》,第 2020 页。
[2]《宋书》卷七九《文五王·竟陵王诞传》,第 2027 页。
[3]《宋书》卷七九《文五王·竟陵王诞传》,第 2027 页。
[4]《宋书》卷七九《文五王·竟陵王诞传》,第 2031 页。
[5]《宋书》卷七八《刘延孙传》,第 2020 页。
[6]《宋书》卷七九《文五王·竟陵王诞传》,第 2031 页。
[7]《宋书》卷七九《文五王·竟陵王诞传》,第 2031 页。
[8]《宋书》卷八一《顾琛传》,第 2077—2078 页。

沈庆之率部渡江，进抵欧阳[1]，刘诞遣使劝其退兵，遭到拒绝，遂至广陵。孝武帝为防刘诞北奔，命沈庆之阻断退路，于是庆之"移营白土，去城十八里"[2]，又进军新亭。时豫州刺史宗悫、徐州刺史刘道隆并率众与沈庆之合，兖州刺史沈僧明亦遣军助之。刘诞属下中兵参军柳光宗等见此，谋开城北门出降，事泄被诞杀害。[3]刘诞知城难保，遂"欲弃城北走"，然沈庆之遣将一路追之，刘诞所部又劝刘诞"死生且还保城"[4]，不然不得自保，刘诞不得已驰还广陵。及至月余，广陵内外交困，外城、内城并被攻破，刘诞终被斩杀，其母、妻子自尽。至于城中士民，孝武帝则令无论长幼，一律处死。及沈庆之建言，方"悉诛城内男丁，以女口为军赏"[5]，"士庶皆裸身鞭面，然后加刑"[6]。史载宋将宗越"受旨行诛，躬临其事，莫不先加捶挞，或有鞭其面者，欣欣然若有所得，所杀凡数千人"[7]，其"偏用虐刑，先刳肠决眼，或笞面鞭腹，苦酒灌创，然后方加以刀锯"[8]。对于那些被杀之人，孝武帝还命将首级聚于石头南岸以为京观[9]，真是惨绝人寰。经过此次屠城，广陵社会遭到重创，"城内男女道俗，枭斩靡遗"[10]。不久鲍照来到广陵，见其创痕犹在，遂俯

---

[1]《水经》卷三〇《淮水注》："永和中，江都水断，其水上承欧阳埭，引江入埭。六十里至广陵城。"（〔北魏〕郦道元著，陈桥驿校证：《水经注校证》，第713—714页）胡三省以为欧阳为"今治真州闸"（《资治通鉴》卷一二九"宋孝武帝大明三年四月"条，第4044页）。《读史方舆纪要》卷二三《南直五》"扬州府·仪真县"："欧阳戍，在县东北十里。《水经注》：'邗沟水上承欧阳，引江入埭，六十里至广陵城。'宋大明三年竟陵王诞举兵广陵，诏沈庆之讨之。庆之进至欧阳。齐延兴元年萧鸾使王广之袭南兖州刺史安陆王子敬，广之至欧阳，遣部将陈伯之先驱入广陵。梁太清二年，侯景围台城，北徐州刺史萧正表叛附景，景以为南兖州刺史，正表乃于欧阳立栅，以断援军。萧会理时镇广陵，遣兵袭破之，正表走还钟离。承圣初王僧辩等破侯景，分遣陈霸先将兵向广陵。时景将郭元建以广陵降齐，霸先至欧阳。齐将辛术已据广陵，霸先遂屯欧阳。会齐兵围六合，霸先自欧阳赴救，大破之于士林是也。"第1131页。这说明邗沟由欧阳埭北上"六十里至广陵城"。因此欧阳埭是由江入邗沟的必经之路。南朝于欧阳置戍，称欧阳戍，扼守邗沟入江之通道。

[2]《宋书》卷七七《沈庆之传》，第2002页。

[3]《宋书》卷七九《文五王·竟陵王诞传》，第2032页。

[4]《宋书》卷七九《文五王·竟陵王诞传》，第2033页。

[5]《宋书》卷六《孝武帝纪》"大明三年"条，第123页。

[6]《宋书》卷八二《沈怀文传》，第2103—2104页。

[7]《宋书》卷八三《宗越传》，第2110页。

[8]《宋书》卷二六《天文志四》，第750页。

[9]《宋书》卷七九《文五王·竟陵王诞传》，第2036页。

[10]《宋书》卷二六《天文志四》，第750页。

仰苍茫,感慨万千,写下了著名的《芜城赋》以哀其事。

刘诞事件只是宋孝武帝疑忌诸弟引发的祸乱之一,史称"孝建以来,抑黜诸弟,广陵平后,复欲更峻其科"[1]。刘诞死后,孝武帝虽命蔡兴宗"慰劳广陵"[2],后又"原除南兖州大明三年以前逋租"[3],但也不过是做做表面文章而已。直到孝武帝去世前废帝即位后,在义阳王刘昶的建议下,才将刘诞及其妻女以庶人之礼安葬,至宋明帝泰始四年(468),再改葬刘诞,祭以少牢。这说明刘诞之死,只是皇族内部斗争的牺牲品而已。

二、萧道成出镇广陵与南齐立国

宋孝武帝死后,其子前废帝刘子业即位。刘子业在位年余,屠勠旧臣,为其叔父刘彧所弑,刘彧即位为宋明帝。宋明帝弑君篡位,朝野不宁,淮北豫、兖、冀、青、徐诸州顿然起兵,纷纷声讨。明帝遣兵征之,诸方镇不能自保,转而投降北魏,至明帝泰始五年(469),淮北之地尽失。而淮北青、齐流民南下,集聚淮阴。于是,刘宋以萧道成为南兖州刺史,沿淮设防,萧道成使亲信李安民为广陵太守,行南兖州事。《南齐书·李安民传》载:"迁宁朔将军、冠军司马、广陵太守、行南兖州事。太祖在淮阴,安民遥相结事,明帝以为疑。"[4]

宋明帝之所以怀疑,是因萧道成于泰始四年(468)已为南兖州刺史督南兖、徐二州诸军事,至此又督兖、青、冀三州,且其在淮阴广纳青齐英豪,集聚势力,逐渐成为一股强劲的军事力量。故泰始七年(471),明帝将萧道成召还京师,任散骑常侍、太子左卫率。次年明帝崩,后废帝即位,萧道成为卫尉,与尚书令袁粲、护军褚渊、领军刘勔共掌机事,又加侍中,领石头戍事。不久,又迁散骑常侍、中领军,都督南兖、徐、兖、青、冀五州军事,镇军将军、南兖州刺史,与袁粲等"更日入直决事,号为'四贵'"。可见萧道成虽为南兖州刺史、都督,但是并未前赴广陵,而是一直在建康履职。

萧道成虽然未赴广陵,但对南兖州却未曾忘怀。其先以李安民为广陵太守,行南兖州事,后命族弟萧顺之(梁武帝萧衍父)为镇军府长史镇于广

---

[1]《南史》卷三四《沈怀文传》,第 890 页。

[2]《南史》卷二九《蔡廓传附蔡兴宗传》,第 766 页。

[3]《宋书》卷六《孝武帝纪》大明六年四月庚申,第 129 页。

[4]《南齐书》卷二七《李安民传》,第 505 页。

陵。[1]至后废帝元徽四年（476），加萧道成"尚书左仆射，本官如故"，威名日重，后废帝"深相猜忌，几加大祸"[2]。于是萧道成又谋废立。同年，萧道成"忧危既切，期渡江北起兵"[3]，并望其子萧赜自郢州率军东下，会师于建康。[4]对此，论者以为："道成当时，渡江之计颇切。如能动房而以朝命还镇淮阴，实为上计。然废帝不必堕其计中。如此，则惟有据广陵起兵，而使萧赜帅江州之师，顺流而下矣。"[5]实际上，这种远离中枢、迫切北渡广陵的谋略，当时在萧道成的亲信中也不乏异议者。如纪僧真以为："主上虽复狂衅，虐加万民，而累世皇基，犹固盘石。今百口北度，何必得俱。纵得广陵城，天子居深宫施号令，目明公为逆，何以避此？如其不胜，则应北走胡中，窃谓此非万全策也。"[6]萧道成之子萧嶷也说："主上狂凶，人下不自保，单行道路，易以立功。外州起兵，鲜有克胜。物情疑惑，必先人受祸。"[7]萧道成也曾对刘善明、垣崇祖言道："多人见劝北固广陵，恐一旦动足，非为长算。今秋风行起，卿若能与垣东海微共动房，则我诸计可立。"但刘善明以为："宋氏将亡，愚智所辨。故胡房若动，反为公患。公神武世出，唯当静以待之，因机奋发，功业自定。不可远去根本，自贻猖蹶。"[8]垣荣祖对萧道成言道："领府去台百步，公走人岂不知。若单骑轻行，广陵人一旦闭门不相受，公欲何之？公今动足下床，恐便有叩台门者，公事去矣。"[9]这就是说，北渡广陵和"微共动房"，都并不是好的办法，还不如居于中枢，积蓄力量，以观后变为好。于是在诸人的劝阻下，萧道成打消了北渡广陵起兵的计划，着手策划于建康发动政变。

---

[1]《南齐书》卷二二《豫章王萧嶷传》，第406页。《南史》卷六《梁武帝纪》载：萧顺之"与齐高帝少而款狎"，第167页。可见萧道成与萧顺之关系匪浅。

[2]《南齐书》卷一《高帝纪》，第9—10页。

[3]《南齐书》卷二二《豫章王萧嶷传》，第406页。

[4]《南齐书》卷二四《柳世隆传》，第446页。

[5]吕思勉：《两晋南北朝史》，上海古籍出版社2005年版，第400页。所谓"江州之师"，当为"郢州之师"之误。

[6]《南齐书》卷五六《倖臣·纪僧真传》，第973页。

[7]《南齐书》卷二二《豫章王萧嶷传》，第406页。

[8]《南齐书》卷二八《刘善明传》，第523页。

[9]《南史》卷二五《垣荣祖传》，第687页。

同年七月,萧道成勾结后废帝左右杀后废帝,改立十一岁的安成王刘准为帝,是为顺帝。接着,萧道成以录尚书事、骠骑大将军兼统军国要务,先后诛除袁粲、沈攸之等异己势力。宋顺帝昇明二年(478),黄回出任南兖州刺史、都督,镇广陵。虽然其人"拳捷果劲,勇力兼人"[1],又曾随萧道成平定沈攸之、刘景素之乱,但却并非萧之同党。于是将他招回建康,即行处决,而改任第三子萧映为南兖州刺史、都督,全权掌控江北淮南。及昇明三年,萧道成终于革宋建齐,为齐高帝。

三、宋失淮北与南兖州境内的侨置郡县

宋泰始中淮北诸州陷落于北魏,对宋、齐政局的影响颇大。北魏太武帝南侵后,宋文帝已注意到了盱眙的军事地位,拟将南兖州的治所由广陵迁至盱眙,只是由于刘劭弑父导致了刘宋政局的混乱,这一战略被迫中断。宋孝武帝即位之初,周朗上言"缘淮城垒,皆宜兴复,使烽鼓相达,兵食相连"[2],也是要加强沿淮的军事防卫。及明帝泰始中淮北地区陷入北魏,民众渡淮集聚淮阴,刘宋在此置北兖州,淮阴的军事地位大大提高,至齐建元四年(482)乃移镇于盱眙。《南齐书·州郡志》载:"北兖州,镇淮阴。……宋泰始二年失淮北,于此立州镇。建元四年,移镇盱眙,仍领盱眙郡。旧北对清泗,临淮守险,有阳平石鳖,田稻丰饶。"[3]阳平石鳖,即前邓艾屯田之地,至齐建元二年"表于石鳖立阳平郡"[4],使屯田区成为独立的郡级政区。由此可见,自宋后期开始,沿淮盱眙、淮阴一线隶北兖州。北兖州专管沿淮军事,仍受辖于南兖州都督。[5]这种布局,虽与宋文帝欲以盱眙替代广陵的设想不同,但确在一定程度上使缘淮防务得到了加强。

淮北流民的大量南下,以及北兖州的设置,使南兖州都督区内的郡县侨

---

[1]《宋书》卷八三《黄回传》,第 2122 页。

[2]《宋书》卷八二《周朗传》,第 2096 页。

[3]《南齐书》卷一四《州郡志上》"北兖州",第 257 页。

[4]〔清〕顾祖禹撰,贺次君、施和金点校:《读史方舆纪要》卷二三《南直五》"扬州府·宝应县",第 1138 页。《南齐书》卷二九《周山图传》:"表移东海郡治涟口,又于石鳖立阳平郡,皆见纳。"第 542 页。

[5] 周振鹤主编,胡阿祥、孔祥军、徐成著:《中国行政区划通史·三国两晋南朝卷》第二编第四章《南朝宋、齐都督区》,第 240—241 页。

置之风又起。《宋书·州郡志》"南兖州"条载：新平郡"明帝泰始七年立"，所领江阳、海安二县与"郡同立"；北淮阳郡"宋末侨立"，领晋宁、宿预、角城三县；北济阴郡"宋失淮北侨立"，领广平、定陶、阳平、上党、冤句、馆陶六县；北下邳郡"宋失淮北侨立"，领僮县、下邳、宁城三县；东莞郡"宋失淮北侨立"，领莒县、诸县、东莞、柏人四县。[1]及宋末萧道成为齐王，"欲置齐郡于京邑，议者以江右土沃，流民所归，乃治瓜步"[2]，于是以刘怀慰为齐郡太守。齐郡本属山东青州，至此侨置于瓜步。这说明当时移至江北的淮北流民是颇多的。

这些侨州郡县至萧齐之初犹存。齐高帝建元中，欲对南兖州境内的侨置郡县实行土断。齐高帝敕南兖州刺史柳世隆说："吕安国近在西，土断郢、司二境上杂民，大佳，民殆无惊恐。近又令垣豫州断其州内，商得崇祖启事，已行竟，近无云云，殊称前代旧意。卿视兖部中可行此事不？若无所扰，春便就手也。"[3]这是实行土断的开始。及建元四年（482）齐高帝崩，其子武帝萧赜即位，土断政策遂在南兖州侨置郡县内推行开来。永明元年（483），柳世隆上书："尚书符下土断条格，并省侨郡县。凡诸流寓，本无定憩，十家五落，各自星处。一县之民，散在州境，西至淮畔，东届海隅。今专罢侨邦，不省荒邑，杂居舛止，与先不异。离为区断，无革游滥。谓应同省，随堺并帖。若乡屯里聚，二三百家，井甸可修，区域易分者，别详立。"于是，"济阴郡六县，下邳郡四县，淮阳郡三县，东莞郡四县，以散居无实土，官长无廨舍，寄止民村，及州治立，见省，民户帖属。"由此可见，北淮阳、北下邳、北济阴和东莞四郡皆省并入广陵郡。[4]及永明五年（487），又罢新平郡，以所属海安县改隶海陵郡。[5]

————————

[1]《宋书》卷三五《州郡志》，第1058—1059页。

[2]《南齐书》卷五三《良政·刘怀慰传》，第917页。

[3]《南齐书》卷二四《柳世隆传》，第451页。

[4]详参陈乾康：《〈南齐书·州郡志〉"永明元年"土断南兖州勘误》，《中国史研究》1986年第2期。

[5]《南齐书》卷一四《州郡志上》"南兖州·海陵郡·海安"："永明五年罢新郡，并此县度属。"第256页。胡阿祥编著《宋书州郡志汇释》："'新郡'当作'新平郡'，考《宋志》—南兖州刺史海陵太守无海安县，海安县乃侨置新平郡时与郡同立，后新平郡废，乃以此县度属。"安徽教育出版社2006年版，第69页。

四、南齐崔慧景叛乱与广陵

齐高帝萧道成在位四年(479—482)崩,其子武帝萧赜即位,武帝在位十一年(483—493),其子萧昭业、萧昭文先后即位,然皆不足一年,即被疏属萧鸾所废。建武元年(494),萧鸾称帝,为齐明帝。永泰元年(498),其子东昏侯萧宝卷即位,大肆屠戮宗室、臣僚,"京师屡有变发"[1]。永元元年(499),江州刺史陈显达起兵,豫州刺史(治寿阳)裴叔业遣兵赴建康,名为救援,实助陈氏。[2]及陈显达败死,裴叔业乃"登寿春城北望肥水,谓部下曰:'卿等欲富贵乎?我言富贵亦可办耳。'"东昏侯徙之为南兖州刺史、都督,裴叔业"见时方乱,不乐居近蕃",乃"遣使参察京师消息",其侄裴植、裴飏等也自建康潜逃寿阳。东昏侯见其有异志,于永元二年(500)"遣护军将军崔慧景、征虏将军豫州刺史萧懿督水陆众军西讨"[3]。裴叔业寻病故,裴植请救于北魏,寿阳遂入魏地。

东昏侯遣崔慧景、萧懿自建康两路出征。萧懿"自历阳步道征寿阳",是自寿阳之南征之;崔慧景"率军水路征寿阳"[4],则自邗沟北上,经淮阴至淮水,再溯淮而西,至寿阳之北。显而易见,北路的战略目标是想阻断裴氏与北魏的联系,然后与南路萧懿南北夹击,共败裴氏。但是,结果适得其反。

崔慧景,本清河东武城人,宋泰始中淮北沦陷,遂率宗族南下,依附于镇于淮阴的萧道成,成为齐高帝和武帝的亲信。齐武帝崩后,萧鸾以皇室疏宗秉政,篡夺之势甚明,崔慧景"以少主新立,密与虏交通,朝廷疑惧"[5]。萧鸾疑忌高、武旧臣,而崔慧景为豫州刺史,"乃起帝(萧衍)镇寿阳,外声备魏,实防慧景"[6]。及东昏侯"诛戮将相,旧臣皆尽,慧景自以年宿位重,转不自安"。此番受命出征裴氏,故而"甚喜"[7],乃与其子直阁将军崔觉密约寻机同反。时

---

[1]《南齐书》卷五一《裴叔业传》,第871页。

[2]《魏书》卷七一《裴叔业传》,第1566页。

[3]《南齐书》卷五一《裴叔业传》,第871页。《魏书》卷七一《裴叔业传》:"叔业虑内难未已,不愿为南兖,以其去建邺近,受制于人。"第1566页。

[4]《南齐书》卷五一《崔慧景传》,第876、874页。

[5]《南齐书》卷五一《崔慧景传》,第873页。

[6]《南史》卷六《梁武帝纪》,第169页。

[7]《南齐书》卷五一《崔慧景传》,第874页。

齐明帝第三子、江夏王萧宝玄为南徐州刺史、都督,镇京口,闻崔慧景将要北征,也遣使劝他"北取广陵,收吴、楚劲卒"[1],然后与自己共攻建康。于是两人一拍即合。及四月,崔慧景率兵进至广陵,其子崔觉也自建康出奔而来。

崔慧景兵过广陵不久,召集所部将领声明:"欲与诸君共建大功,以安宗社",众将领皆群起响应,于是崔慧景回师广陵。此时,南兖州刺史因为阙任,[2]广陵城由崔慧景同宗、南兖州司马崔恭祖和长史萧寅负责守卫。二人得知崔氏欲反,拟予支持,然计犹未定,崔慧景所部已突入广陵。稍后,崔慧景命子崔觉率军渡江,与萧宝玄会合,但萧宝玄见其所部寡少,心中甚悔,拒而不纳,崔觉只得回军江北,再次会同崔恭祖率"精兵八千济江","军器精严"[3],"皆伧楚善战"[4],萧宝玄乃登北固楼,举烽火应之。二日后,崔慧景率主力渡江,遂"合二镇兵力,奉宝玄向京师"[5],而东府、石头、白下、新亭一时崩溃,"宫内据城拒守"[6]而已。

萧宝玄与崔慧景虽合谋起兵,且迅速攻进都城建康,但实难同心协力;而崔恭祖随同崔慧景起兵,本来也是情非得已。因此没有多久,其内部便严重分化,以至崔恭祖成为萧宝玄之羽翼,不复承奉慧景之命。与此同时,高帝之孙,萧子良之子萧昭胄因受明帝、东昏侯迫害,朝不保夕,乃自建康奔崔慧景。于是崔慧景欲奉之为主,与萧宝玄等嫌隙日彰。及建康城旦夕可破,崔恭祖劝他"烧北掖楼",崔慧景"以大事垂定,后若更造,费用功多,不从其计",仅驻军法轮寺"对客高谈",崔恭祖遂"深怀怨望"[7]。至东昏侯密招萧懿自采石渡江入援建康,崔恭祖复劝他遣军阻击,崔慧景则"以城旦夕降,外救自然应散,不许",崔恭祖请亲自出击,仍然不为崔慧景首肯。[8]不久,崔慧景被萧懿击溃,至建康十二日即兵败身亡。

---

[1]《南史》卷四五《崔慧景传》,第1140页。

[2]《南齐书》卷五一《崔慧景传》,第875页。

[3]《南史》卷四五《崔慧景传》,第1141页。

[4]《南齐书》卷五一《崔慧景传》,第875页。

[5]《南齐书》卷五一《崔慧景传》,第875页。

[6]《南齐书》卷七《东昏侯纪》"永元二年三月"条,第100页。

[7]《南史》卷四五《崔慧景传》,第1142页。

[8]《南史》卷四五《崔慧景传》,第1142页。

东昏侯平息叛乱之后,下令"曲赦都下及南兖州"[1],冀望迅速稳定秩序,但因佞臣权幸用事,"刑辟不依诏书",对那些"无罪家富者,不论赦令,莫不受勠,籍其家产;与慧景深相关为尽力而家贫者,一无所问"[2],广陵富人惨遭屠勠。而崔慧景因"内逼淫刑,外不堪命,驱土崩之民,为免死之计,倒戈回刃,还指宫阙。城无完守,人有异图"[3],其将士、百姓也多受难。萧懿在建康垂没之时,可谓力挽狂澜,立有大功,但在不久被东昏侯毒死。永元二年(500),萧懿之弟雍州刺史、都督萧衍起兵于襄阳,东下建康。次年,萧衍拥戴萧宝融为帝,为齐和帝,东昏侯死于建康城内。再次年,萧衍建梁称帝,南齐灭亡。

第五节　梁失江北与南北纷争下的广陵

萧梁建国后,广陵地区的军政格局没有改变。但因梁武帝在位四十八年,境内无大战事,而北魏因洛阳汉化集团与代北六镇保守势力间的矛盾凸显,终致爆发战乱与分裂,对萧梁的军事压力骤降。因此萧梁的前中期,是东晋以降少有的休养生息时期。仅就广陵地区而言,这一时期南兖州刺史多有善政。如梁武帝天监中,萧景、萧昂兄弟先后出任南兖州刺史,遗惠在民[4];天监十七年(518)至普通四年(523),萧绩出任南兖州刺史,"在州著称。寻有诏征还,民曹嘉乐等三百七十人诣阙上表,称绩尤异一十五条,乞留州任,优诏许之,进号北中郎将"[5]。而广陵经济也有恢复,时称"广陵沃壤"。但十余年后,天灾人祸不断,广陵又转低谷。如大同元年(535)至大同三年

[1]《南史》卷七七《恩幸·茹法珍传》,第1934页。《南齐书》卷五〇《明七王·江夏王宝玄传》:"慧景败,收得朝野投宝玄及慧景军名。"第864页;《梁书》卷一四《江淹传》:"永元中,崔慧景举兵围京城,衣冠悉投名刺。"第250页。可见当崔慧景围困建康时,建康城中多有依附者。

[2]《南史》卷七七《恩幸·茹法珍传》,第1934页。

[3]《南齐书》卷三八《萧赤斧传附萧颖胄传》,第668页。

[4]《梁书》卷二四《萧景附萧昂传》,第370页。

[5]《梁书》卷二九《南康王绩传》,第428页。

（537），萧正德出刺南兖州时，"在任苛刻，人不堪命"[1]，又逢"大饥"[2]，于是"广陵沃壤，遂为之荒，至人相食啖"[3]。及十年后侯景之乱，北齐攻取江北淮南，广陵再遭严重摧残。

一、侯景之乱与祖皓殉节

萧梁太清元年（547），东魏河南行台侯景叛魏降梁，萧渊明率军接应时兵败被俘。次年，侯景率残部渡淮而南，进据萧梁寿阳。梁武帝欲与东魏言和，同意遣侯景北返与萧渊明交换。侯景闻知，遂率军反于寿阳，接着连下谯州（今安徽滁州）、历阳（今安徽和县），渡江到采石，及石头城陷没，遂围台城。萧梁诸方镇闻之，纷纷率军入援。

梁武帝第六子、南徐州刺史邵陵王萧纶率众自京口最先入援，先胜后败，所部广陵令霍俊等被叛军所俘。叛军送霍俊等至台城下，命其向城中喊话，声称"已擒邵陵王"，让城中人员束手投降。可霍俊却向城中喊道："王小小失利，已全军还京口，城中但坚守，援军寻至。"[4]遂使台城暂得安稳。而早在侯景至采石时，梁武帝即召北徐州（镇钟离）刺史萧正表入援。但萧正表经淮阴进至广陵时，闻听侯景已奉其兄萧正德为帝，遂"托舫粮未集，盘桓不进"，而侯景则以萧正表为南兖州刺史。萧正表既接受侯景任命，乃"于欧阳立栅"[5]，意欲隔断邗沟入江通道，断绝萧梁江北淮南的援军之路。及南兖州刺史萧会理遣前广陵令刘瑗击破之，萧正表方狼狈失据，乃率轻骑走还钟离。

南兖州之围既解，欧阳路通，萧会理便率南兖州部众驰援建康，其弟萧义理也聚宾客数百，"亲当矢石，为士卒先"，"随兄会理入援"[6]。但因此时萧梁已经陷入战乱，淮南诸镇迟疑不进，遂为东魏进取淮南提供了可乘之机，使

---

［1］《南史》卷五一《梁宗室上·临川王萧宏传附子萧正德传》，第1281页。

［2］《梁书》卷三《武帝纪》"大同三年九月"条，第82页。《梁书》卷三《武帝纪》大同四年八月甲辰诏："南兖、北徐、西徐、东徐、青、冀、南北青、武、仁、潼、睢等十二州，既经饥馑，曲赦逋租宿责，勿收今年三调。"第82页。

［3］《南史》卷五一《梁宗室上·临川王萧宏传附子萧正德传》，第1281页。

［4］《梁书》卷五六《侯景传》，第844页。

［5］《魏书》卷五九《萧正表传》，第1326页。

［6］《梁书》卷二九《高祖三王·南康王绩传附子萧义理传》，第430页。

钟离、寿阳一线尽皆没于东魏。及萧会理等进至建康，台城急切难下，侯景遂施缓兵之计，启梁武帝曰："西岸信至，高澄已得寿春、钟离，便无处安足。权借广陵、谯州，须征得寿春、钟离，即以奉还朝廷。"[1]及太清三年（549），援军主力司州刺史柳仲礼、韦粲为侯景所败，台城沦陷，梁武帝被俘，诸援军皆散。萧会理、萧义理兄弟被迫率部退还广陵。

萧会理退还广陵后，意遣萧义理入东魏为人质，欲借魏军以平侯景。适逢侯景遣部将董绍先到达广陵，诏召会理前去建康。萧会理僚佐皆劝之拒不应命，而萧会理却以为"天子年尊，受制贼虏"，如仍踞广陵，"远处江北，功业难成，不若身赴京都，图之肘腋"[2]。于是董绍先代萧会理为南兖州刺史，"以乌幡麾众"[3]萧会理只身入建康。此后，萧会理在建康"每思匡复，与西乡侯（萧）劝等潜布腹心，要结壮士"[4]，以图兴复之计。

太清三年（549），梁武帝为侯景所迫，困饿而死，侯景立太子萧纲为傀儡皇帝，即简文帝。简文帝大宝元年（550），前江都令祖皓起义，攻陷广陵，广陵战端又起。

祖皓，范阳人，为祖冲之之孙，祖晅之子，不仅"少传家业，善算历"，而且"志节慷慨，有文武才略"。梁武帝大同中，祖皓任江都令，后又任广陵太守。及侯景攻陷台城，祖皓适在城中，遂渡江而北到达江西，广陵"百姓感其遗惠，每相蔽匿"。及董绍先代萧会理据南兖州，广陵人来嶷乃劝祖皓，谓"董绍先虽（侯）景之心腹，轻而无谋，新克此州，人情不附，袭而杀之，此一壮士之任耳。今若纠率义勇，立可得三二百人。意欲奉戴府君，剿除凶逆，远近义徒，自当投赴。如其克捷，可立桓、文之勋；必天未悔祸，事生理外，百代之下，犹为梁室忠臣。"于是，祖皓结约勇士耿光等百余人袭杀董绍先，接着驰檄远近，"结东魏为援"[5]，又欲以萧会理于建康为内应，共讨侯景。

侯景闻知广陵有变，即日率侯子鉴等自京口出，水陆并集，进击广陵。未

---

[1]《梁书》卷五六《侯景传》，第846页。

[2]《梁书》卷二九《高祖三王·南康王绩传附子萧会理传》，第429页。

[3]《南史》卷五三《梁武帝诸子·南康王绩传附萧会理传》，第1319页。

[4]《梁书》卷二九《高祖三王·南康王绩传附萧会理传》，第429页。

[5]《南史》卷七二《文学·祖冲之传附孙祖皓传》，第1775页。

及二月,广陵城陷,祖皓被俘。史载祖皓"被缚射之,箭遍体,然后车裂以徇",来嶷"并兄弟子侄遇害者十六人",广陵城中之民众,则"无少长,皆埋而射之"[1]。自刘宋竟陵王诞事件之后,广陵再遭屠城之祸。是后,侯景乃以部将侯子鉴为南兖州刺史,镇守广陵。身居建康意在兴复的萧会理、萧义理兄弟等又谋起兵。但因叛徒为奸,萧义理终为侯景所害。同年冬,萧会理乘侯景出屯晋熙,建康空虚之际,与柳敬礼等再谋起事,而"百姓厌贼,咸思用命,自丹阳至于京口,靡不同之",但其举事又未成功,萧会理"与弟祁阳侯通理并遇害"[2]。

二、"京口—广陵"战略体系的解体与梁、齐广陵之争

梁大宝二年(551),侯景废杀简文帝而自立。同年,荆州刺史湘东王萧绎在击败异己雍州刺史萧詧、湘州刺史萧誉、萧纶后,命将王僧辩沿江而下,败侯景主力于巴丘,接着会合自岭南北上的陈霸先所部,直取建康。承圣元年(552)正月,王僧辩、陈霸先率众逼近建康,侯景所署镇戍弃守东撤,以侯子鉴保姑孰,郭元建守广陵,从西、北两个方向屏蔽建康。[3]

三月,王僧辩、陈霸先败侯子鉴于姑孰,又败侯景于石头城北,建康光复。侯景看到大势已去,乃欲东向入海奔逃,终为部下所杀。侯子鉴等败奔广陵。而侯景的败亡,使江北成为无主之地,恰为取代东魏的北齐掠取其地带来了机缘。北齐以辛术为东南道行台尚书、淮南经略使,很快取得淮南之地,接着"招携安抚,城镇相继款附,前后二十余州"[4],广陵入齐态势已经渐趋明朗。

侯景败亡时,所署南兖州刺史郭元建仍据广陵,及王僧辩率军到达,便准备向王僧辩投降。然王僧辩遣陈霸先受降未至,侯子鉴却自姑孰逃至广陵,并对郭元建说:"我曹,梁之深仇,何颜复见其主!不若投北,可得还乡。"于是郭元建遂降北齐。[5]及陈霸先所部到达欧阳,北齐东南道行台尚书辛术已入

---

[1]《南史》卷七二《文学·祖冲之传附孙祖皓传》,第1775页。

[2]《梁书》卷二九《高祖三王·南康王绩传附子萧会理传》,第429页。

[3]《梁书》卷五六《侯景传》,第860页。

[4]〔唐〕李百药撰:《北齐书》卷三八《辛术传》,中华书局1972年版,第502页。

[5]〔宋〕司马光编著,〔元〕胡三省音注,"标点资治通鉴小组"校点:《资治通鉴》卷一六四"梁元帝承圣元年三月"条,第5083页。

广陵，并以此为治所置东广州，自秦汉传至南朝的传国玉玺也被辛术送到邺城。[1]

北齐占领广陵之后，遣郭元建率兵围攻王僧辩属下秦郡（今南京市六合区）太守严超达，陈霸先则自欧阳移师西向，大败郭元建。[2] 由此，北齐、萧梁之间的矛盾转向了公开化。此战之后，陈霸先出任南徐州刺史，镇京口，为镇守建康的王僧辩节制。而梁失广陵，则使东晋以来一直存在的"京口—广陵"一体化防线被迫解体。即自此以后，广陵非但不能作为建康、京口的北方屏障，还反而成为威胁建康和京口之地。王僧辩和陈霸先虽然无法染指广陵，但仍设置南兖州刺史，以其亲信杜僧明为之，兼领晋陵太守，[3] 准备与北齐争夺广陵。

同年七月，广陵侨民朱盛、张象等暗中谋划袭击齐东广州刺史温仲邕，遣使告知南徐州刺史陈霸先，声称广陵外城已破，切盼前来接应。陈霸先遣使向王僧辩汇报，王氏以为"人之情伪，未易可测，若审克外城，亟须应援，如其不尔，无烦进军"[4]。但因陈霸先急切行事，未等使者归回，便自京口渡江，王僧辩只得遣军助之。而朱盛等谋划泄露，里应外合的预期目标无法实现。于是，陈霸先乃自行兵围广陵，齐则遣叱列平"统河南诸军赴援"[5]。至九月，齐文宣帝见难取胜，乃遣使告王僧辩等，谓"请释广陵之围，必归广陵、历阳两城"。王僧辩见取胜亦难，同意撤兵，遂使陈霸先率军退还，江北百姓随之济江者达"万余口"[6]。曾任广陵太守的陈郡谢哲，于侯景之乱时寓居广陵，此时也依陈霸先过江，日后成为陈氏的重臣。[7]

---

　[1]《北齐书》卷三八《辛术传》，第 502 页；《北齐书》卷四《文宣纪》"天保三年四月"条，第 56 页。

　[2]《梁书》卷四六《杜崱传》，第 642 页。

　[3]《陈书》卷八《杜僧明传》，第 136 页。

　[4]〔宋〕司马光编著，〔元〕胡三省音注，"标点资治通鉴小组"校点：《资治通鉴》卷一六四"梁承圣元年七月"条，第 5091 页。

　[5]《北齐书》卷二〇《叱列平传》，第 278 页。

　[6]〔宋〕司马光编著，〔元〕胡三省音注，"标点资治通鉴小组"校点：《资治通鉴》卷一六四"梁承圣元年七月"条，第 5092 页。

　[7]《陈书》卷二一《谢哲传》，第 277 页。

北齐虽声称"广陵、历阳,皆许见还"[1],但实际上不仅一直未能履约,而且竭力掠取江北诸地,窥伺建康。承圣二年(553)九月,北齐遣郭元建于合肥大治水师,又遣大将邢杲远、步六汗萨、东方老等率众会之,"将谋袭建业"[2],于是王僧辩所部遂与齐军大战于东关(今安徽含山县西南濡须山),齐、梁之争再起波澜。

同年十二月,北齐宿预(今江苏省宿迁市)民东方白额(或称东方光)据城请降于梁。次年(554)正月,秦州刺史严超达进围北齐泾州(今安徽省天长市),王僧辩遣侯瑱、张彪助之。陈霸先在渡江后,则使其侄陈蒨为先锋再围广陵,部将吴明彻围海西,其侄陈昙朗与杜僧明"自淮入泗",以援宿预[3]。但是,梁之大军尚未到达宿预之地,北齐已遣段韶等率军南下,解了宿预之围,接着一路到达泾州,攻破严超达军,"尽获其舟舰器械",然后准备进攻广陵。陈霸先见此只好收兵,不得不退还京口。至六月,段韶回军宿预,东方白额请降,萧梁此次北征终以失败告终。

同年十一月,西魏攻破江陵,梁元帝萧绎被俘,旋被处死。绍泰元年(555),王僧辩拥北齐遣返之萧渊明为帝,还都建康。九月,陈霸先自京口奔袭建康,杀王僧辩,废萧渊明,立萧方智为帝,是为敬帝,陈霸先执掌朝中大权。此后北齐渡江进攻建康,为陈霸先所败。至永定元年(557),陈霸先废梁敬帝自立,为陈武帝。

三、北齐、北周、隋与南陈对广陵的争夺

北齐天保三年(552)取广陵,置东广州,并以此为东南道行台治所。虽然江北纷争未息,但江北、淮南已大体为北齐所有。北齐《裴君(子通)墓铭》载:

> 天保二年,广陵内属,诏简元僚,除右将军,广州别驾。驰屏星而布教,坐别乘以宣风,吏民怀恩,树碑颂德。虽复伯舆作辅,季子为臣,遂听前修,

[1]〔陈〕徐陵撰,许逸民校笺:《徐陵集校笺》卷六《为梁贞阳侯重与王太尉书》,中华书局 2008年版,第 645 页。

[2]《梁书》卷四五《王僧辩传》,第 630 页。

[3]《陈书》卷一四《南康王昙朗传》,第 210 页。

未有其类。河清二年,入为大理司直,加平东将军。[1]

据此,裴子通自北齐取广陵后,便任广陵别驾,直至河清二年(563)离任,期间颇有善政。

北齐占领江北淮南后,采取了一系列安定统治的措施。首先,选拔当地豪强从军作战,用以削弱地方势力,同时也加强北齐的军事力量。史载陶蛮朗"洎乎侯景作乱,江东三边鼎沸,四郊多垒。齐主纂募淮南,英选江北豪家。风力鸿龙,爪牙貔虎。君于尔日诚谋果决,携剑膺募。内秉赤心,外甘勤苦,戎服所临,每有成效"[2],即为典型代表人物。其次,鉴于北齐政权具有浓厚的鲜卑民族色彩,对广陵汉民与南下驻军采取了分而治之的政策。汉民主要居于外城,称"楚子城",鲜卑军人则居内城,是为金城。[3]这也正是梁承圣元年广陵侨民朱盛、张象等声称已克广陵外城,并谋划袭击齐东广州刺史温仲邕的原因。这种为加强淮南江北防务,以地方豪族从军和进行民族分治的政策,总体说来就是重视军政而轻民政。正如《隋书·食货志》云:"侯景乱梁,(北齐)乃命行台辛术,略有淮南之地。其新附州郡,羁縻轻税而已。"[4]此对江淮地区进行统治的羁縻性质,与东晋时王羲之所言"长江以外,羁縻而已"[5]的意思是类似的。

但是,东晋与北齐虽皆对江淮采取羁縻政策,其结果则有所不同。之所以采取这种政策,是因为南北对峙的总体格局没有改变,江淮地区始终是个中间地带。而不同的是,江淮地区在属南方统治时期,与北方政权大体相持于淮水一线;江淮地区属北方统治,则大体是隔江对峙。因此,在淮南江北被北齐占领后,梁、陈对广陵的觊觎与争夺就从未停止。萧梁末年,"荆陕沦覆,

---

[1] 罗新、叶炜:《魏晋南北朝墓志疏证·裴君(子通)墓铭》,中华书局2016年版,第382页。此处"天保二年"当为"天保三年"之讹。

[2] 罗新、叶炜:《魏晋南北朝墓志疏证·陶蛮朗墓志》,第408页。

[3]《陈书》卷五《宣帝纪》"太建五年九月"条,第85页;"太建六年正月"条,第86页。

[4]《隋书》卷二四《食货志》,第676页。

[5]《晋书》卷八〇《王羲之传》,第2095页。

正是江北数县,即东南藩翰"[1],故当绍泰元年北齐遣萧轨率军十万渡江攻建康、东广州刺史王敬宝随军南进时,陈霸先力战,将其打败[2],并在齐军撤至广陵后,致书于齐东南道行台尚书辛术说:"广陵、建业,才隔一江,战场去岸,不盈五里,军人退散,理反乡家,缘岸村人,复有舟楫。且芦簰荻筏,竞浦浮江,千百为群,前后相继,吾已勒兵案甲,不听讨捕,若无恐惧,并应安达。假使在此而死,不可更生;至彼而殂,差非吾过。"[3]可见当时广陵对建康的威胁,南朝统治者是一清二楚的。

也正因为这样,陈霸先在即位后不久,即组织力量,对北齐的广陵城主徐彻展开了攻势。《徐公(彻)墓志》载其事曰:

> (徐彻)还除广陵城主,而□梁司空公陈霸先窃号金陵,偷生石首,率兹蛙蝇,迫我城堞。于是婴城固守,登陴力战,援师□著,丑徒潜骇。逐北追奔,聚鲸鲵而起观;擒魁执讯,积甲胄以成山。[4]

但是由于北齐军事实力强大,陈霸先并未能取得胜利。及陈文帝即位后,因致力于应付上游王琳和北周的攻势,未能对江北再采取进一步的军事行动,而北齐由于鲜卑与汉人间的斗争激烈,且面临着北周的军事压力,也未能维持南下攻势。

陈宣帝太建二年(570),平定了上游华皎之乱,接着陈、周通使,相约合纵伐齐。太建五年(573),陈遣吴明彻统军作战,势如破竹,连克历阳、合肥、广陵、寿阳,当年收复淮南全境,陈复置南兖州于广陵。太建六年,陈宣帝命出

---

[1] 〔陈〕徐陵:《王太尉僧辩答贞阳侯书》,〔宋〕李昉等编:《文苑英华》卷六七《书》,中华书局1966年版,第3487页上右。

[2] 《北齐书》卷四《文宣帝纪》天保七年:"三月丁酉,大都督萧轨等率众济江。……六月乙卯,萧轨等与梁师战于钟山之西,遇霖雨,失利,轨及都督李希光、王敬宝、东方老、军司裴英起并没,士卒散还者十二三。"第61—62页。《北齐书》卷二〇《王则传附王敬宝传》:"少历显位。后为东广州刺史,与萧轨等攻建业,不克,没焉。"第272页。

[3] 〔陈〕徐陵撰,许逸民校笺:《徐陵集校笺》卷七《为陈武皇帝作相时与北齐广陵城主书》,第749页。

[4] 赵超:《汉魏南北朝墓志汇编》,天津古籍出版社2008年版,第405—406页。陈霸先"窃号金陵"后攻击广陵失利事,不见载于传世史料。当为陈代国史讳言之。

阳平(治石鳌)仓谷,以济淮北南下之民,并在"石鳌等屯,适意修垦"[1],以作抚民屯兵之计,吴明彻跨淮攻齐彭城,于吕梁大破齐军。太建九年,北周灭齐,齐地尽为北周所有,吴明彻则再攻徐州,欲取河南之地。次年,北周援军到达彭城,吴明彻大败,将士三万人被俘。太建十一年,北周大举进攻淮南,其将梁士彦"拔广陵"[2],陈军败走,数月之间北周尽取江北之地。至此,广陵在被陈收复六年后又归北周。

自北魏太武帝经略淮南开始,皆碍于江淮地区水网纵横、粮运不继而难以有实质性进展,至南齐末豫州刺史裴叔业于寿阳投北,北魏触角深入淮南后,仍难占有江淮之地。北齐取得淮南江北,也是借侯景之乱,以及萧梁诸州镇观望徘徊、首鼠两端的结果。而至北周攻取此地则大不然。如北周将领于颛南征江淮之事,就颇能说明这个问题:

> (于颛)大象中,以水军总管从韦孝宽经略淮南。颛率开府元绍贵、上仪同毛猛等,以舟师自颍口入淮。陈防主潘深弃栅而走,进与孝宽攻拔寿阳。[3]

这说明北周征伐淮南,是以水军为支撑的,这也正是能够尽取江淮之地的重要原因。

北周占据广陵以后,重设东广州于此地,旋又改称吴州。次年即北周大象二年(580),北周宣帝崩,其子静帝幼年即位,宣帝杨后之父杨坚总领国政。相州总管尉迟迥、郧州总管司马消难、益州总管王谦等起兵,关东、巴蜀一时扰乱,吴州刺史于颛"自以族大,且为国家肺腑"[4],且与吴州总管赵文表有隙,唯恐赵文表受命图己,乃先发制人,袭杀赵文表,转而称赵文表谋反。杨坚得知此事之后,为防止于颛与尉迟迥等相互勾结,也只能授于颛为吴州总

---

[1]《陈书》卷五《宣帝纪》太建六年四月,第 87 页。
[2]《周书》卷七《宣帝纪》大象元年十一月,第 121 页。
[3]《隋书》卷六〇《于仲文传附于颛传》,第 1456 页。
[4]《周书》卷三三《赵文表传》,第 582 页。

管,认可赵文表叛乱之说。[1]

北周大象二年爆发的三方之乱,以及次年杨坚取代北周建隋,不但引起了北朝境内的混乱,也为陈朝伺机进取江北之地提供了机会。于是,在于颛袭杀赵文表不久,陈朝即遣将钱茂和率兵数千人袭扰江阳,又遣将领陈纪、萧摩诃等攻伐广陵。虽然他们都被于颛一一击破,但却反映出陈朝梦想北进的意图。[2]而与之同时,为了响应陈氏攻伐,广陵人杜乔生等也聚众反,但也很快被吴州刺史元义讨平。[3]至于上游的江陵、寿阳,大体情况也是如此。对此,《隋书·源雄传》载:

> 陈人见中原多故,遣其将陈纪、萧摩诃、任蛮奴、周罗睺、樊毅等侵江北,西自江陵,东距寿阳,民多应之,攻陷城镇。雄与吴州总管于颛、扬州总管贺若弼、黄州总管元景山等击走之,悉复故地。[4]

这说明在周隋之际,陈朝妄图北进的打算一直在持续着,乃至杨隋建国之后,也仍然拼死抵抗。如史载陈后主时,遣将陈纪、任蛮奴、萧摩诃等"数寇江北"[5],陈将甄庆等共为声援,"频寇江北"[6],广陵"地居疆场,数见军旅"[7]等等。以至隋朝开皇八年(588),隋文帝还在伐陈诏书中说:陈后主对"历阳、广陵,窥觎相继,或谋图城邑,或劫剥吏人,昼伏夜游,鼠窜狗盗"[8]。

江北既为隋朝所有,北军南下之势甚明,广陵临近建康,为隋军南下必经要道,"隋总管贺若弼镇广陵,窥觎江左,后主委(萧)摩诃备御之任,授南徐州刺史"[9],即陈以京口备隋之广陵。陈后主祯明二年(588)十一月,隋朝遣晋

---

[1]《隋书》卷六〇《于仲文传附于颛传》,第1456页。

[2]《隋书》卷六〇《于仲文传附于颛传》,第1456页。

[3]《隋书》卷一《高祖纪》大象二年七月,第3页。

[4]《隋书》卷三九《源雄传》,第1154页。

[5]《隋书》卷二二《五行志上》,第620页。

[6]《隋书》卷五二《韩擒虎传》,第1339页。

[7]《北史》卷七六《来护儿传》,第2590页。

[8]《隋书》卷二《高祖纪下》开皇八年三月,第30页。

[9]《陈书》卷三一《萧摩诃传》,第411页。

王杨广率众军伐陈，"自巴、蜀、沔、汉下流至广陵，数十道俱入"[1]。祯明三年正月十五日，"隋总管贺若弼自北道广陵济京口，总管韩擒虎趋横江，济采石，自南道将会弼军"[2]，东西夹击建康。陈军兵败，陈后主被俘，陈亡。

东晋南朝时期，广陵地区作为南北政权的中间地带，一直持续着被双方争夺的地域特色，也由此构成了独特的历史特点。

东晋时期，大批流民南下，改变了当地民众的构成，因此，围绕广陵发生的政治、军事事件，均与这一变动有关。如流民帅、北府兵、侨州郡县与土断，以及"京口—广陵"的战略格局等，都是由此派生出来的。而东晋时期的门阀政治、上下游之争和门第之别等，也左右着广陵的政治格局。

但是由于南北势力的起伏跌宕，疆场盈缩，他们对江淮之地的统治也呈现出极不稳定的态势。从地理因素方面考查，江淮东部湖泊纵横，南北势力的分界线或达淮河，或至长江，亦或争夺于江淮之间，根本无法建立起完备的行政管理体系来稳定这个众多流民易于隐匿的广大地区。从政治角度考虑，不管何种势力统治此地，都需稳定社会秩序，并进而获得人口和赋役对政府军事、财政的支持。于是，历史上较为少见的侨州郡县和土断政策等应运而生，成为时代的一个特色。但是由于南北势力的不均衡性，这种状况也极易被打破，故而对这个中间地带，统治者基本上是羁縻而已。

同时，从广陵和京口的情况来看，虽然都有大量流民，又都是拱卫京城建康的重镇，但在南北对峙的格局下，二者的功能则有同有异。大体上说，镇静以守则重京口，图谋北进则重广陵，整体上则是"京口—广陵"一体化的战略格局。而这种格局，加上人为的复杂因素，就构成了"士族掌兵，流民出力"的框架结构，形成了北府兵的特色。及刘裕以北府统帅篡晋建宋，这个格局才悄然改变。

南北朝时期，政权更替频仍，争夺日益激烈，但广陵地区作为南北中间地带的地缘特色在总体上没有变化，只是随着南北力量的消长，呈现出不同的地域特色。具体来说，晋末宋初是永嘉南渡后南方政权疆域最大的时期，北部边境

---

[1]《陈书》卷六《后主纪》，第116页。
[2]《陈书》卷六《后主纪》，第116页。

抵达黄河,这是淝水战后北方陷入分裂局面的结果。由此,北方对南方的军事压力降低,广陵作为南兖州治所,虽然没有丧失拱卫东部边境的职能,但并不明显。相对而言,广陵护卫建康的职能尤其突出。但至元嘉十六年(439)北魏灭掉北凉,结束了北方的分裂局面后,情况就逐渐发生了变化。刘宋元嘉二十七年、二十八年,北魏太武帝大举南下,魏军竟然跨过淮河,直抵瓜步。这次战争,不仅对广陵地区造成了直接和严重的破坏,也使刘宋和此后的萧齐政权不能不意识到淮河防线的重要性。因此,在一开始宋文帝即欲将南兖州的治所由广陵迁至盱眙,将其军事重心北移。虽然这个战略规划迄于南齐未曾实现,但在刘宋末年淮北沦陷之后于淮阴置北兖州,仍然可说基本实现了巩固淮水防线的战略意图。也正由此之故,迄于萧梁中期,南方政权凭借着邗沟水运而长期扼守于淮河一线,北魏则因缺乏水军、粮运难济而讫未再抵广陵。

萧梁后期,淮南江北被北齐占领,其根本原因在于侯景之乱给北齐可乘之机,而并非解决了粮运问题。但不管怎样,南朝自东晋以来长期存在的"京口—广陵"一体化的战略格局,却就此瓦解了。自此以后,广陵非但不再是京口的副贰,反而成为京口的威胁,即由淮河南北互防的战略格局转化成了隔江对峙的局面,导致南朝统治摇摇欲坠,这在隋平陈的渡江战役中得到了具体的体现。

第十二章　魏晋南北朝时期扬州地区的
社会经济与文化风尚

　　魏晋南北朝时期,由于长时间战乱的影响,广陵地区的经济与社会遭受了重创,迄难恢复至两汉广陵之盛局。经济的凋敝,使得社会缺乏活力。政府主导的诸如屯田、疏通邗沟等经济政策又大体从国家军政着眼,很少关照到社会民生。为后世所称道的陈登、谢安在广陵兴修水利、遗惠于民的善政,只是个别现象,不能视为常态。

　　数百年的南北对峙,使得军事与战争成为广陵地区的主题,但戎马倥偬之余,广陵地区的文化仍时有可见。就宏观视角考察,魏晋广陵世族大体仍存博综诸经、经世致用的汉儒旧貌,如陈矫、华融等皆是如此。但是在魏晋易代主流文化的转变下,部分广陵士人也出现了摒弃汉儒师法,尚辞章、重谈辩的学风。由于广陵士人能够进入洛阳政权的毕竟是凤毛麟角,他们习染玄学谈辩之风日浅,只能以权谋攫取高位,未能在两晋延续家学,形成高门士族。至永嘉南渡,广陵地区近于疆场,世族难以立足,故东晋南北朝,广陵大体以次门、寒族为主,他们投靠权贵,以吏干、武勋进仕,在地方上,他们集聚部曲乡兵于坞壁,成为半独立的地方武装势力。这也是永嘉之乱后,广陵地处南北对峙的中间地带,战乱频仍所致。

　　自汉末以迄周隋,广陵经历了由和平至战乱,再至南北对峙的过程,这也就导致了汉广陵城自废弃至重建,再至修筑二重城的兴废历程。此外,广陵地区对江水祭祀、伍子胥、蒋子文的崇拜,对天师道、佛教的信仰既具有区域性特征,也是当时普遍性的宗教信仰。凡此种种,都值得后世留意。

第一节　曲折发展的社会经济

无可否认的是,自曹操弃守淮南沿江诸地,整个魏晋南北朝时期,广陵因长期处于南北拉锯的地带,战争是这一地区的主要状态,不存在大规模、长时间的经济发展条件。举凡农业、手工业、商业等诸多经济内容,都受到了战乱的冲击。三国时期,广陵形同弃地,东晋南朝,经济重心乃处三吴地区。[1]而"江北荒残,不可检实"[2],以至于王羲之认为"长江以外,羁縻而已"[3]。仅有的几次疏浚水道,兴修水利,或带有浓厚的军事色彩,或因人施政,人去政息。因此,魏晋南北朝时期的扬州,非但无法恢复到两汉广陵的繁盛,且难以修复自汉末笮融动乱以来的衰败。欲使广陵重现繁华,只有等到终结南北分裂的隋唐盛世了。

一、广陵地区的水利建设

建安三年(198),曹操攻破徐州,以陈登为广陵太守。陈登旧日为徐州牧陶谦僚属,陶谦主政徐州时,陈登为典农校尉,"巡土田之宜,尽凿溉之利,粳稻丰积"[4]。曹操攻徐州,陈登又以广陵之众北上,夹击吕布。及吕布破灭,陈登主政广陵,乃兴修水利,力图改变自笮融动乱以来广陵的衰败境地。典型的水利工程便是爱敬陂。对此,《太平寰宇记》载:

> 爱敬陂,在县西十五里。魏陈登为广陵太守,初开此陂,百姓爱而敬之,因以为名。亦号陈登塘。[5]

《读史方舆纪要》卷二三《南直》扬州府则载其规模、功效曰:

---

[1]　刘淑芬:《六朝建康的经济基础》,氏著《六朝的城市与社会(增订本)》,南京大学出版社2021年版,第66页。

[2]　《南齐书》卷一四《州郡志上》"南兖州",第255页。

[3]　《晋书》卷八〇《王羲之传》,第2095页。

[4]　《三国志》卷七《魏书·吕布传》裴注引《先贤行状》,第230页。

[5]　〔宋〕乐史撰,王文楚等点校:《太平寰宇记》卷一二三《淮南道一》"扬州·江都县",第2446页。"十五里",据《舆地纪胜》卷三七《淮南东道》扬州引《元和郡县志》,当作"五十里",第1647页。

陈公塘,(扬州)府西五十里,与仪真县接界。后汉末陈登为广陵太守,浚塘筑陂,周回九十余里,灌田千余顷,百姓德之,因名。亦曰爱敬陂,陂水散为三十六汊,为利甚溥。[1]

陈公塘,(仪真)县东北三十里。其塘西北依山,东南面水。[2]

《天下郡国利病书》又载:

陈公塘在县东三十里,汉广陵太守陈登凿以资溉,萦迂九十里,散为三十六汊。考其塘西北依山,东南面水,汉魏间已设堤障,唐宋转运使尝修筑八百九十余丈,置斗门、石硙各一。塘溢则引之济运。[3]

陈公塘的修筑,得到了当地百姓赞扬,使陈登"恭爱之名""著于建安",而"水柜之制"则"闻于宋代"[4],可见其影响是巨大的。以至其调任东城太守时,出现了"广陵吏民佩其恩德,共拔郡随登,老弱襁负而追之"[5]的情景。

东晋南朝,围绕邗江的改造,还在运河沿岸兴建了不少埭堰工程。由于广陵为丘陵地带,邗沟呈南高北低之势,为了节制水流,防止流失,既保证邗沟的长年通航,又能发挥水利灌溉的作用,修建了许多埭堰。如在邗沟通长江的南口设欧阳埭,北口通淮处设北神堰。及东晋太元十年(385),又在广陵城东北四十里处设邵伯埭,由谢安居广陵时主持修建。《晋书·谢安传》载:"时会稽王道子专权,而奸谄颇相扇构,安出镇广陵之步丘,筑垒曰新城以避之。"[6]虽然

---

[1]〔清〕顾祖禹撰,贺次君、施和金点校:《读史方舆纪要》卷二三《南直五》"扬州府·江都县",第1123页。

[2]〔清〕顾祖禹撰,贺次君、施和金点校:《读史方舆纪要》卷二三《南直五》"扬州府·江都县",第1130页。

[3]〔清〕顾炎武撰,黄珅等校点:《天下郡国利病书》"扬州府备录·仪真",第1230页。

[4]〔清〕顾炎武撰,黄珅等校点:《天下郡国利病书》"扬州府备录·仪真",第1232页。

[5]《三国志》卷七《魏书·吕布传》裴注引《先贤行状》,第230页。

[6]《晋书》卷七九《谢安传》,第2076页。

他在广陵的时间不足半年,但在此地"多有兴作"[1],除在步丘建立新城外,还修筑埭堰以灌民田,后人名之曰邵伯埭。对此,《太平寰宇记》载:

> 邵伯埭,有斗门,(广陵)县东北四十里,临合渎渠。有小渠,阔六步五尺,东去七里入艾陵湖。按《晋书》:"太元十一年,太傅谢安镇广陵,于城东北二十里筑垒,名曰新城。城北二十里筑堰,名邵伯埭。"盖安新筑,即后人追思安德,比于邵伯,因以立名。[2]

邵伯埭的功效,主要是在艾陵湖附近设堰以阻水,引湖水以灌溉农田。[3]齐明帝建武五年(498),于广陵立裘塘屯以利灌溉,与此也有一定关系。《读史方舆纪要》记载:

> 艾陵湖,(扬州)府东北四十五里。《寰宇记》:"合渎渠东有小渠,阔六步五尺,东去七里入艾陵湖。"今湖在邵伯镇东,西接官河。谢安立邵伯堰,堰此湖之水也。齐建武五年,遏艾陵湖水立裘塘屯。[4]

除此之外,史载在邵伯埭南二十里处,有秦梁埭;在邵伯埭北十五里与三十里处有统梁埭和三枚埭。这些埭堰的设置,不仅改善了航行条件,而且也取得了灌溉之利。

正是由于谢安等人的水利之功,赢得了后世人们的高度赞扬。如谢安居于广陵之宅,后改名曰法云寺。唐刘禹锡《谢寺双桧》序云:"扬州法云寺,谢

---

[1] 〔清〕顾祖禹撰,贺次君、施和金点校:《读史方舆纪要》卷二三《南直五》"扬州府·江都县":"新城,府北二十五里。晋太元十年谢安上疏求北征,出镇广陵之步丘,筑垒曰新城。"第1115页。王旭《邵伯早期历史考辨二则》(《扬州文化研究论丛》2019年第1期)认为谢安所筑新城是军事堡垒,筑埭为北伐服务的军事意味也十分明显。

[2] 〔宋〕乐史撰,王文楚等点校:《太平寰宇记》卷一二三《淮南道一》"扬州府·广陵县",第2447页。

[3] 《宋书》卷二九《符瑞志下》:"元嘉二十八年七月戊戌,嘉禾生广陵邵伯埭,兖州刺史江夏王义恭以闻。"第833页。是至迟于刘宋元嘉时已有邵伯埭之称,可见谢安之恩惠功在当代,利在千秋。

[4] 〔清〕顾祖禹撰,贺次君、施和金点校:《读史方舆纪要》卷二三《南直五》"扬州府·江都县",第1121—1122页。

镇西宅,古桧存焉。"并作诗曰:"双桧苍然古貌奇,含烟吐雾郁参差。晚依禅客当金殿,初对将军映画旗。龙象界中成宝盖,鸳鸯瓦上出高枝。长明灯是前朝焰,曾照青青年少时。"[1]宋代张邦基《墨庄漫录》卷六说:"扬州吕吉甫观文宅,乃晋镇西将军谢仁祖宅也。在唐为法云寺,有双桧存焉。犹当时物也。……吉甫家居时,桧尚依然。李之仪端叔用梦得诗韵云:'故迹悲凉古木奇,相公庭下蔚相差。霜根半露出林虎,画影全舒破贼旗。宝界曾回铺地色,节旄远映插云枝。刘郎风韵知谁敌,儒帅端能表异时。'建炎兵火,树遂亡矣。予后到乡里,访其遗迹,不可得矣。"[2]可见法云寺至南宋初年才毁于战火。除此之外,邵伯埭附近有甘棠庙,亦为纪念谢安而建。《舆地纪胜》载:"甘棠庙,即晋太傅谢安庙也。以安镇广陵,有善政故耳。"清乾隆《江南通志》亦载:"甘棠庙,在邵伯镇,亦祀(谢)安。"[3]

二、石鳖屯田

为了发展农业生产,以备军事斗争需要,曹魏时在广陵境内进行屯田。由于曹魏水军不足,粮运不济,无法利用中渎水道用兵于江淮,进而突破长江防线,又不愿轻易放弃江淮之地,遂在黄初以后改变战略部署,以军事防御为主,而解决粮食的最好办法就是屯田。

最早提出在江淮间进行屯田的是魏文帝曹丕。曹丕黄初六年伐吴,至广陵故城时临江赋诗,其中有句"兴农淮泗间,筑室都徐方"[4],就表达过这样的设想。及黄初六年北返受阻,数千战船因水道干涸而滞留于津湖,扈驾诸臣遂建议留兵于此,就地屯田。但是鉴于土广人稀,坚壁清野,蒋济以为津湖一带"东近湖,北临淮,若水盛时,贼易为寇,不可安屯"[5],屯田之议不得不作罢。及曹魏后期,孙吴对江淮一带的控制减弱,曹魏取得了绝对优势,便积极推行屯田之策。正始二年(241),魏尚书郎邓艾为伐吴计,提出了在淮河南北

---

[1]〔唐〕刘禹锡著,瞿蜕园笺证:《刘禹锡集笺证》卷二四,上海古籍出版社1989年版,第716页。

[2]《全宋笔记》第三编,大象出版社2008年版,第80—81页。

[3]〔宋〕王象之原著,李勇先校点:《舆地纪胜》卷三七《淮南东路》扬州,第1645页;〔清〕黄之隽等:《江南通志》卷四○《舆地志》,上海古籍出版社1987年景印文渊阁四库全书本。

[4]《三国志》卷二《魏书·文帝纪》"黄初六年"条注引《魏书》,第85页。《舆地纪胜》卷三八《淮南路》真州赋诗台:"即城子山也。魏文帝尝立马赋诗于上,亦谓之东游台。"第1698页。

[5]《三国志》卷一四《魏书·蒋济传》,第451页。

进行屯田的建议,史称"开广漕渠,每东南有事,大军兴众,泛舟而下,达于江、淮,资食有储而无水害,艾所建也"[1]。

曹魏屯田大体集中在今宝应、盱眙一带。《元和郡县图志》载,唐代宝应有泉陂,"邓艾所立,西与盱眙县破釜塘相连,开八水门,邓艾立屯田一万二千顷"[2]。泉陂又名白水陂、白水塘、射陂,[3]宋时故老传言:"邓艾平吴时修此塘,置屯四十九年,灌田以充军储"[4]。清代顾祖禹详考其事曰:"白水塘,县西八十五里,阔三十里,周二百五十里。北接山阳,西南接泗州盱眙县界,亦曰白水陂。三国魏邓艾所作。"顾炎武考其事曰:"陂阔三十里,魏将军邓艾所筑,屯田积谷,以制吴人。与盱眙芦蒲山破釜塘相通,溉田一万二千顷,后废。"[5]为了保证屯田的成功,邓艾还在此修建了石鳖城,用于军事防御。[6]曹魏在江淮间屯田的成功,标志着自建安十八年开始对南方政权坚壁清野政策的解体,也为邓艾在平定蜀汉后建议司马昭"开广陵、城阳以待吴人"[7]作了铺垫。

两晋时期,关于石鳖屯田的情况,目前已经难知其详。但从刘宋时北魏太武帝渡淮南侵"食平越、石鳖二屯谷"[8],宋齐之际于淮阴置北兖州,"北对清泗,临淮守险,有阳平石鳖,田稻丰饶",和"萧齐建元二年,表于石鳖立阳平郡"[9]等情况来看,石鳖仍为淮南粮仓。

南北朝后期,北齐取得淮南,与梁、陈隔江对峙,广陵成为前沿地带。因此,巩固淮南军防成为北齐的一贯政策,而具体表现就是修缮石鳖屯田。《隋

---

[1]《三国志》卷二八《魏书·邓艾传》,第776页。

[2]〔宋〕王象之原著,李勇先校点:《舆地纪胜》卷三九《淮南东道》"楚州",第1722页。

[3]〔清〕顾炎武撰,黄珅等校点:《天下郡国利病书》"扬州府备录·仪真",第1239页。

[4]〔宋〕乐史撰,王文楚等点校:《太平寰宇记》卷一二四《淮南道二》"楚州·淮阴县",第2463页。"年",文渊阁《四库全书》本作"所",文意较胜,当从之。

[5]〔清〕顾祖禹撰,贺次君、施和金点校:《读史方舆纪要》卷二三《南直五》"扬州府·宝应县",第1140页;《天下郡国利病书》"扬州府备录·仪真",第1239页。

[6]〔宋〕欧阳忞撰,李勇先、王小红校注:《舆地广记》卷二〇《淮南东路》"楚州·宝应县":"魏邓艾筑石鳖城,在今县西八十里,以营田。"第581页。

[7]《三国志》卷二八《魏书·邓艾传》,第780页。

[8]《宋书》卷七四《臧质传》,第1912页。

[9]《南齐书》卷一四《州郡志上》,第257页;《读史方舆纪要》卷二三《南直五》"扬州府·宝应县",第1138页。《南齐书》卷二九《周山图传》:"表移东海郡治涟口,又于石鳖立阳平郡,皆见纳。"第542页。

书·食货志》载：

> （北齐）废帝乾明中，尚书左丞苏珍芝议修石鳖等屯，岁收数万石。自
> 是淮南军防，粮廪充足。[1]

《肇域志》载：

> 石鳖城，在县西八十里。隋时为石鳖县。魏邓艾筑以营田。晋荀羡
> 镇淮阴，屯田于东阳之石鳖。北齐苏珍之又议修石鳖等屯。《通典》载：
> 山阳重镇守险，有阳平石鳖，田稻丰饶。盖历代屯田之地。[2]

由此可知，自魏末邓艾创议于石鳖屯田以来，其功效绵延数百年而不废。不过，石鳖屯田虽有"田稻丰饶"之称，但其功用主要在军事，邓艾以此谋划伐吴，北魏太武帝以此资军，萧齐以此防御淮北，北齐以固"淮南军防"，皆与当地百姓无关。

三、中渎水道的疏浚与江淮漕运系统的确立

魏晋南北朝时期，中渎水仍是江淮东部最主要的水上通道，无论北方还是南方政权，都必须凭借这条通道以运兵运粮，以达南进或北上的战略意图。因此，尽管南北分裂，战乱不断，双方疆界常有变动，但仍会出于军事斗争的需要，对中渎水进行疏浚整治，使之尽量保持畅通。

东汉末年，广陵太守陈登已经着手对中渎水的整治。中渎水又称为邗沟，春秋后期吴王夫差所开，西汉吴王刘濞时，开邗沟自扬州茱萸湾通海陵仓及如皋蟠溪，称运盐河，也称邗沟。但那时的邗沟并非自广陵迳直北行到达淮阴，而是北行至樊梁湖后折向东北，穿过博芝、射阳二湖，再从射阳湖西端西北行，于淮阴以东的末口入淮。这一水道不仅向东绕了个大弯，而且南高北低，周边沼泽遍布，水盛时漫溢两岸，水枯时乃至干涸，因此水道极易阻塞。及建安二至五年（197—200），陈登为广陵太守，遂对邗沟进行整治。为了缩

---

[1]《隋书》卷二四《食货志》，第676页。

[2]〔清〕顾炎武撰，谭其骧、王文楚、朱惠荣等校点：《肇域志》"扬州府·宝应县"，第81页。

短邗沟航程,他从樊梁湖(今高邮市西北)北口穿渠,直至津湖(今宝应县界首湖),然后再从津湖凿渠至马濑(今宝应县白马湖),至山阳(今淮安)末口入淮。这就改变了原来的路线。因此,人们习惯把这条渠道称作邗沟西道,原河道称为邗沟东道。而邗沟西道的开辟,则拉直了原樊良湖至末口的弯曲水道,大大便利了航行交通。不过,从下图中可以看出,邗沟东道并未废除,对博芝湖和射阳湖等一带地区,仍然发挥着重要作用。

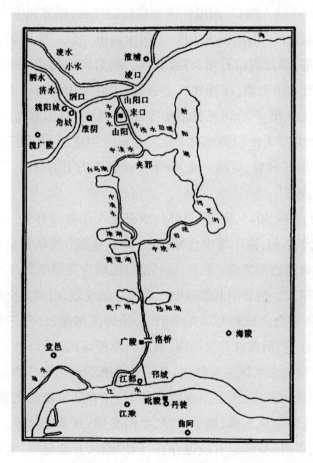

中渎水域示意图(引自田余庆《汉魏之际的青徐豪霸》)

　　但是,由于常年失修以及雨水等条件的限制,到曹魏黄初五、六年(224—225)间,这条渠道又淤塞了。在此期间,魏文帝曹丕两次率军渡淮,由末口入邗沟至广陵,皆因水道不畅,在行军中发生了困难。当时尚书蒋济

"表水道难通,又上《三州论》以讽帝"[1],即说明了这个问题。尤其是第二次回军,适值冬季十月,水位降低,河道淤浅,使魏军数千艘战船滞留于津湖,难以北返。及至蒋济"更凿地作四五道,蹴船令聚;豫作土豚遏断湖水,皆引后船,一时开遏入淮中"[2],即壅遏湖水,增高水位,军队方才得以通过。

三国时期,曹丕之所以望江兴叹,撤兵北返,主要还是长江天险的天然阻隔。当时长江口以北的海岸线,在今海岸线西数十千米处,广陵故城与对岸的京口,都是长江的入海口,而由广陵至京口的江面,则宽四十余里。唐代李吉甫即曾说道:长江"旧阔四十余里,今阔十八里"[3]。明末清初的顾祖禹也说:"唐、宋以来,滨江洲渚日增,江流日狭。初自广陵扬子镇济江,江面阔相距四十余里,唐立伊娄埭,江阔犹二十余里,宋时瓜洲渡口犹十八里,今瓜洲渡至京口不过七八里。"[4]可见曹丕在伐吴时,遇到"风浪暴起,帝船回倒"[5]的情形,只能慨叹"天所以隔南北"了。也正因为这样,迄于三国末年,曹魏一直与孙吴对峙在荆襄、巢湖一线,再未有经邗沟南下的举措,邗沟西道也在"三国以后,道湮塞"。

西晋永康二年(301),齐王司马冏、成都王司马颖、河间王司马颙率军围攻赵王司马伦于洛阳,洛阳城中仓廪皆空,尚书仓部令史陈敏向司马伦建议,漕运江南米谷以解燃眉之急。于是,司马伦以陈敏为合肥度支,后转广陵度支,全权负责粮运事宜。两晋南北朝时期江淮漕运的规划,也就此拉开了序幕。

但是,若将吴会之粮顺利运抵洛阳,必须跨江越淮,分为三个步骤:即先由吴会到达长江,然后渡江北至淮河,最后由淮河运抵洛阳。

欲将粮谷自吴会地区运至江边,必须经过浙东运河与江南运河。浙东运河于春秋时期越国开凿,历经秦汉数百年间,皆有陆续疏浚之举。江南运河南段,自钱塘绕太湖至无锡,地平土厚,水网交错,开凿亦较早。但江南运河北段即无锡至京口,虽然也有故道存在,但因渐入丘陵地带,水位落差较大,

---

[1]《三国志》卷一四《魏书·蒋济传》,第451页。

[2]《三国志》卷一四《魏书·蒋济传》,第451页。

[3]〔宋〕王象之原著,李勇先校点:《舆地纪胜》卷三七扬州引《元和郡县志》,第1642页。

[4]〔清〕顾祖禹撰,贺次君、施和金点校:《读史方舆纪要》卷二三《南直五》"扬州·江都县",第1117—1118页。

[5]《三国志》卷二二《魏书·徐宣传》,第646页。

若经此地必须补充新的水源，才能保证航道通畅。因此，陈敏首先在丹阳一带开凿了练塘。《太平御览》卷六六引顾野王《舆地志》载：

练塘，陈敏所立遏高陵水，以溪为后湖。[1]

练塘受句骊山、长山之水，注入运河，是水利枢纽，对运河水量起了调节作用。及永嘉元年（307，丁卯），镇守广陵的车骑将军司马衷，鉴于徒阳河之江水淤浅，影响粮运，又对此河进行了改造。徒阳河，是江南运河一部分，即丹徒与云阳（今丹阳）间的运河，由于水源来自长江，往往受季节江汛影响，不能常年通航。因此，司马衷就在京口南修筑了一处埭堰，用来节制水流，维持航运。由于是年为丁卯年，故称"丁卯堰"（今尚存遗迹）。丁卯堰是江南运河上所建的首道埭堰，对通航能力的改善和堤堰工程技术水平的提高，都具有积极意义。

而对广陵至末口的邗沟运河，陈敏也进行了改造。在一开始，陈敏甫任合肥度支，是想经过合肥运粮，即自京口逆江而上，至合肥南濡须口北入巢湖，复借巢湖支流施水，西北行转换陆路，再至淝水上游北行寿春入淮。此条路线里程较近，但需溯江而上，进行车船转换，因此及陈敏任广陵度支时，便改变了这一计划。

由于邗江西道从樊良湖到津湖一段，基本上都是利用天然湖泊航行，风急浪高，直接威胁着航行的安全。西晋永兴中（304—306），陈敏为了确保通航，便在今高邮市北二十里的樊良湖东侧凿了一条人工水道，直通津湖（今界首湖）。及晋兴宁年间（363—365），又因津湖多风，乃自津湖东南口沿津湖东岸旁，开凿一条长二十里的人工渠道，入津湖北口，使邗沟避开了津湖风浪之险。从此，邗沟西道中段全部改为人工渠道，"行者不复由湖"[2]，明显改善了通航条件。

东晋永和中（345—356），江都（今扬州）城南沙洲淤涨，长江南移，造成邗沟至长江口的淤堵。为了解决邗沟的出口，保证水源的充给，在江都城西的欧阳埭引水，并开河六十里，使邗沟与长江再次连接，运道得以通畅，这段

---

[1]〔宋〕李昉等撰：《太平御览》卷六六《地部三一》，第316页上右。

[2]〔北魏〕郦道元著，陈桥驿校证：《水经注校证》卷三〇《淮水》，第714页。

运河今称为仪真运河。《水经注》载:"自永和中,江都水断,其水上承欧阳埭,引江入埭,六十里至广陵城"[1]也。

经过东汉末年至东晋时期的整治,中渎水道发生了很大变化,其不仅大大缩短了航程,有利于水上交通,而且对农田灌溉也起到了重要作用。

第二节　魏晋南北朝时期的广陵城

汉广陵城坍圮于何时,难以确考,但可以肯定的是,自从汉末曹操弃守江淮,坚壁清野以待孙吴,汉广陵城就已经废弃。由于当时城墙皆由夯土筑成,如无长期稳定的修缮加固,城墙的坍圮是必然趋势。因此,在孙吴五凤二年(255),权臣孙峻"使卫尉冯朝城广陵"[2]。这也就说明汉末至三国时,广陵无城。孙峻此次进取江北筑广陵城,"民饥,军士怨畔"[3],"功不成"[4],最后不了了之。

西晋统一后,广陵郡仍治于淮阴。广陵地区的经济尚未得到充分的恢复。西晋灭亡,广陵成为南北中间地带,流民集散之地,政府对该地的统治并不稳固,以羁縻笼络之,更无修筑城池之计划。直至东晋太和四年(369),权臣桓温北伐前燕失败,乃以徐、兖二州刺史镇于广陵,意图再举。桓温乃"发州人筑广陵城","行役既久,又兼疾疠,死者十四五,百姓嗟怨"[5]。桓温筑城虽然给徐、兖二州百姓带来颇重的劳役负担,但确将自汉末废弃乃至坍圮的广陵城重新修建了起来。

桓温所修筑的广陵城,据南京博物院于1978年的调查、发掘所示,处今

---

[1]〔北魏〕郦道元著,陈桥驿校证:《水经注校证》卷三〇《淮水》,第713—714页。

[2]《三国志》卷四八《吴书·孙亮传》,第1152页。

[3]《三国志》卷四八《吴书·孙亮传》,第1152页。

[4]〔清〕顾祖禹撰,贺次君、施和金点校:《读史方舆纪要》卷二三《南直五》"扬州府·江都县·广陵城",第1114页。

[5]《晋书》卷九八《桓温传》,第2577页。

扬州蜀冈之上，[1]即在汉吴王刘濞所筑汉广陵城旧址上重建的。发掘报告还显示，桓温所筑之城仍是板筑的土墙与砖砌的城门。

蜀冈上城址北城墙 YDG3 出土的东晋"北门壁""城门壁"铭文城砖

桓温所筑之城为此后宋、齐、梁、北齐所沿用。考古勘测显示，蜀冈上城址的北墙东段，从东晋至唐，都是在汉代旧城基础上不断修缮加固而来。[2]由此"推测南朝广陵城与汉晋广陵城近似，即汉广陵城的基本形制一直延续到南朝终了"[3]。又，《梁书·武帝纪》载齐和帝中兴二年二月乙丑日事曰：

[1]　南京博物院：《扬州古城1978年调查发掘简报》提出此城遗址即东晋桓温所筑证据有二：一，地层晚于汉代而早于唐代；二，城墙上"北门""北门壁""城门壁"之字体乃典型晋隶。《文物》1979年第9期，第40页。关于对东晋桓温所筑城的考述，又见罗宗真：《六朝考古》，南京大学出版社1994年版，第24—25页；汪勃：《扬州城的沿革发展及其城市文化》，上海博物馆编：《"城市与文明"学术研讨会论文集》，上海古籍出版社2016年版，第517—520页。

[2]　中国社会科学院考古研究所、南京博物院、扬州市文物考古研究所编著：《扬州城——1987~1998年考古发掘报告》，第18页。

[3]　中国社会科学院考古研究所、南京博物院、扬州市文物考古研究所编著：《扬州城遗址考古发掘报告：1999~2013年》，第277页。

南兖州队主陈文兴于桓城内凿井,得玉镂骐骥、金镂玉璧、水精环各二枚。[1]

这里的"桓城",《南史》作"宣武城"[2]。桓温谥号"宣武",故知此城历刘宋一朝,至齐梁之际尚存。又,《太平寰宇记》载:

吴公台,在(江都)县西北四里。沈庆之攻竟陵王诞所筑弩台也。后陈将吴明彻围北齐东广州刺史敬子猷增筑之,以射城内。号吴公台。[3]

《太平寰宇记》此条叙吴公台,值得注意的是,刘宋沈庆之筑此台以攻广陵城,陈吴明彻又借此台围攻北齐东广州刺史敬子猷。可见沈庆之所攻之刘宋广陵城即吴明彻所攻之北齐广陵城。此广陵城即为桓温修筑之城。

及东晋孝武帝太元十一年(386),谢安"出镇广陵之步丘,筑垒曰新城"[4],《太平寰宇记》卷一二三《淮南道一》"扬州·广陵县"引《晋书》:

太元十一年,太傅谢安镇广陵,于城东北二十里筑垒,名曰新城。城北二十里筑堰,名邵伯埭。[5]

由此可知,谢安所筑新城,实为壁垒,在桓温所筑城之东北二十里,在今扬州江都区境内,与广陵城并无直接关系,诚如清人所言"谢安镇广陵,筑新城,以壮保障"[6]。

值得注意的是,桓温所筑广陵城,只是有城无郭,且城墙低矮,防御功能

[1]《梁书》卷一《武帝纪》"中兴二年二月",第22页。

[2]《南史》卷六《梁武帝纪》"中兴二年二月",第181页。

[3]〔宋〕乐史撰,王文楚等点校:《太平寰宇记》卷一二三《淮南道一》"扬州·江都县",第2446页。

[4]《晋书》卷七九《谢安传》,第2076页。

[5]〔宋〕乐史撰,王文楚等点校:《太平寰宇记》卷一二三《淮南道一》"扬州·广陵县",第2447页。

[6]〔清〕穆彰阿、潘锡恩等:《大清一统志》卷九七"扬州府",第576页下右。

十分有限。晋安帝元兴三年(404),桓弘以青州刺史镇广陵,所部刘毅、孟昶
等欲谋之,《宋书·武帝纪上》载元兴三年二月丙辰事曰:

> 孟昶劝(桓)弘其日出猎。未明开门,出猎人,昶、(刘)道规、(刘)毅
> 等率壮士五六十人因开门直入。弘方啖粥,即斩之,因收众济江。[1]

出猎只能在城外,孟昶等人借猎人出城之际,直入桓弘之寝处,可见广陵
城只有一重。义熙中期檀祇以青州刺史镇广陵时,甚至出现了亡命之徒缘城
而入,直入视事厅的事件。《宋书·檀祇传》载义熙十年事曰:

> 亡命司马国璠兄弟自北徐州界聚众数百,潜得过淮,因天夜阴暗,率
> 百许人缘广陵城得入,叫唤直上听事。祇惊起,出门将处分,贼射之,伤股,
> 乃入。[2]

司马国璠党徒入广陵城后即可直入青州刺史视事厅,说明当时的广陵城只有
一重城。

魏晋南北朝时期广陵城何时出现了郭城,目前难以确知,从现有材料推
测,极有可能是刘宋大明中刘诞出任南兖州刺史时所修。史载刘诞“大明二
年,发民筑治广陵城”,刘诞“至广陵,因索虏寇边,修治城隍”[3]。当然,这里并
没有明确说明刘诞修筑的是郭城。但是从沈庆之征刘诞时,宋孝武帝“命沈
庆之为三烽于桑里,若克外城,举一烽,克内城,举两烽,擒刘诞,举三烽”[4]的
命令以及沈庆之于大明三年七月二日“率众军进攻,克其外城,乘胜而进,又

---

[1]《宋书》卷一《武帝纪上》,第5—6页。

[2]《宋书》卷四七《檀祇传》,第1416页。

[3]《宋书》卷七九《文五王·竟陵王诞传》,第2037、2026页。

[4]〔宋〕司马光编著,〔元〕胡三省音注,“标点资治通鉴小组”校点:《资治通鉴》卷一二九“宋
孝武帝大明三年六月”,第4047页。胡三省注:“桑里,在广陵城西南。”《读史方舆纪要》卷二三《南
直五》“扬州府·江都县”:“桑里,在府城西南二十里。宋大明三年,沈庆之攻广陵,宋主命为三烽于
桑里,克外城举一烽,克内城举两烽,擒刘诞举三烽是也。”第1127页。

克小城"[1]的史实可知,刘诞之乱时,广陵有内外两城当无疑问。

沈庆之讨广陵,郭城阻挡沈庆之军锋数月,因此,刘诞平后,广陵之郭城似乎被拆除。也即由此,萧齐时重兴修建广陵郭城之议。建元三年(481),齐高帝鉴于北魏骚扰淮北,乃敕南兖州刺史柳世隆曰:"彼郭既无关要,用宜开除,使去金城三十丈政佳耳。发民治之,无嫌。"[2]所谓金城,胡三省以为"凡城内牙城,晋、宋时谓之金城"[3],实为当年桓温所筑之城,即称"桓城""宣武城"者。这是明确表明萧齐在金城之外再筑郭城。这种广陵内、外城并存的格局,一致延续到北周。

广陵内城与外城,又可称之为北城与南城。这种格局又与北齐在广陵的民族分治政策相联系。梁承圣元年(552)七月,已陷北魏的广陵侨民朱盛、张象聚党数千人,谋袭杀北齐东广州刺史温仲邕,乃遣使求援于陈霸先,"云已克其外城"[4]。这说明刺史驻跸内城(即金城)。陈永定二年(558)"齐广陵南城主张显和、长史张僧那各率其所部入附"[5],说明北齐东广州刺史并非驻跸南城。由此可以得出这样的结论:广陵之外城就是南城,为汉人所居,为萧齐柳元景所筑;内城为北城,为北齐东广州刺史等鲜卑人所居,为东晋桓温所筑。

在陈太建北伐中,太建五年(573)九月"左卫将军樊毅克广陵楚子城"[6],太建六年正月,"广陵金城降"[7]。这里的"金城"就是东晋桓温所筑,为北齐鲜卑人所居之内城,而楚子城则为汉人所居住之外城。

由上文所论可知,在北齐以前,广陵内城大体为官衙所在,外城为民居所在。至于外城的布局则难以尽悉。梁代名将吕僧珍为广陵寒人,梁武帝命其为南兖州刺史,使其荣归故里。《梁书·吕僧珍传》载:

[1]《宋书》卷七九《文五王·竟陵王诞传》,第 2036 页。

[2]《南齐书》卷二四《柳世隆传》,第 451 页。

[3]〔宋〕司马光编著,〔元〕胡三省音注,"标点资治通鉴小组"校点:《资治通鉴》卷一一六"晋安帝义熙八年十月"条,第 3653 页。

[4]〔宋〕司马光编著,〔元〕胡三省音注,"标点资治通鉴小组"校点:《资治通鉴》卷一六四"梁承圣元年七月"条,第 5091 页。

[5]《陈书》卷二《高祖纪下》"永定二年五月",第 37 页。

[6]《陈书》卷五《宣帝纪》"太建五年九月",第 85 页。

[7]《陈书》卷五《宣帝纪》,第 86 页。

僧珍在任,平心率下,不私亲戚。从父兄子先以贩葱为业,僧珍既至,
乃弃业欲求州官。僧珍曰:"吾荷国重恩,无以报效,汝等自有常分,岂可
妄求叨越,但当速反葱肆耳。"僧珍旧宅在市北,前有督邮廨,乡人咸劝徙
廨以益其宅。僧珍怒曰:"督邮官廨也,置立以来,便在此地,岂可徙之益
吾私宅!"姊适于氏,住在市西,小屋临路,与列肆杂处,僧珍常导从卤簿
到其宅,不以为耻。[1]

吕僧珍"从父兄子先以贩葱为业",说明吕僧珍是寒门无疑。吕僧珍命
从父兄子返"葱肆",说明当时广陵各行各业都有专门的经营场所,也就是在
市中的某一部分。"僧珍旧宅在市北",其姐夫"住在市西",说明当时广陵
"市"的存在,而且是独立存在的。

但广陵之"市"是与民居混杂一处的。如吕僧珍"旧宅在市北",其姐夫
于氏"住在市西"。尤其能说明问题的是于氏之宅"小屋临路,与列肆杂处",
而吕僧珍旧宅"前有督邮廨",这其实说明广陵外城中官廨、民居、市肆混杂
一处,不甚规整。

第三节　汉晋时期的广陵世族

汉代以来的世家大族在政治沉浮中逐步被魏晋士族所取代,固守一经的
家学传统逐步取代了博综儒术的汉儒师法。融通儒法、明习吏干的文化风尚
渐渐萎缩,清远高致的玄学风尚成为上层社会的主流文化取向。至于擅辞章、
以文名显的士人也在汉末大量涌现。这些社会与文化的变化,于当日广陵士
人的风貌中也可窥知一二。当然,社会文化风貌的演变,不是一朝一夕能够
完成,各区域社会文化的演变过程也不尽相同。就汉晋广陵士人的文化风尚
而言,较之洛阳等新兴文化蓬勃发展的地区,汉代文化风尚在当地有着较多
的留存,存在着较为明显的地域特色与时代的滞后性。

---

[1]《梁书》卷一一《吕僧珍传》,第 213 页。

一、汉末三国广陵士人的文化风貌

汉末广陵士人,无论是日后仕于曹魏抑或是仕于孙吴,大体皆坚守汉代文化传统,以博综诸经、经世干用为主要特征。如东汉广陵海西徐淑,"宽裕博学,习《孟氏易》《春秋公羊传》《礼记》《周官》。善诵《太公六韬》,交接英雄,常有壮志"[1],曾任"度辽将军,有名于边"[2]。徐淑之子徐璆"少博学",于汉灵帝时纠察阉党,举劾墨吏,从征黄巾,不附袁术之叛,以传国玉玺献许昌。[3]可见广陵徐氏博综经传,有汉儒风骨,并以兵家、吏干见长。这是典型的汉儒家学传统。

与徐璆同时代的广陵射阳臧洪亦是如此。臧洪之父臧旻"有干事才,达于从政,为汉良吏"[4],"历匈奴中郎将、中山、太原太守,所在有名"[5],太尉袁逢曾问其西域诸国土地、风俗、人物、种数,臧旻"具答言西域本三十六国,后分为五十五,稍散至百余国;其国大小,道里近远,人数多少,风俗燥湿,山川、草木、鸟兽、异物名种,不与中国同者,悉口陈其状,手画地形"[6]。至于臧洪,广陵太守张超认为臧洪"才略智数优超"[7],因此臧洪才得以会盟诸军以讨董卓。袁绍命臧洪为青州刺史"在州二年,群盗奔走。(袁)绍叹其能"[8]。至于臧洪不忘故主,尽以死节,更是其行事中体现出的儒家风骨。

再如广陵陈登"忠亮高爽,沈深有大略,少有扶世济民之志。博览载籍,雅有文艺,旧典文章,莫不贯综"[9],曹操任其为广陵太守,并称"东方之事,便以相付"[10]。陈登迁广陵郡于射阳,兴修水利,多次挫败孙策北进之谋,有吞灭江南之志。则陈登也是博综诸学、经世干用之人。

曹氏集团中的广陵士人如此,孙氏政权中的广陵士人亦然。如广陵张纮

[1]《后汉书》卷四八《徐璆传》注引谢承《后汉书》,第1621页。

[2]《后汉书》卷四八《徐璆传》,第1620页。

[3]《后汉书》卷四八《徐璆传》,第1620—1622页。

[4]《三国志》卷七《魏书·臧洪传》注引谢承《后汉书》,第231页。

[5]《三国志》卷七《魏书·臧洪传》,第231页。

[6]《三国志》卷七《魏书·臧洪传》注引谢承《后汉书》,第231页。

[7]《三国志》卷七《魏书·臧洪传》,第231页。

[8]《三国志》卷七《魏书·臧洪传》,第232页。

[9]《三国志》卷七《魏书·吕布传》裴注引《先贤行状》,第230页。

[10]《三国志》卷七《魏书·吕布传》,第224页。

为孙策谋主，协助孙策定规取江东之策，辅助孙策、孙权，其政治才干自不必论。其在汉末游学京都，"入太学，事博士韩宗，治京氏《易》、欧阳《尚书》，又于外黄从濮阳闿受《韩诗》及《礼记》《左氏春秋》"[1]。可见张纮治学博洽诸家，非唯一经，为汉代儒士为学特色。值得注意的是，张纮又擅文辞，孙权初领江东之时，孙坚吴太夫人"以方外多难，深怀忧劳，数有优令辞谢，付属以辅助之义。纮辄拜笺答谢，思惟补察"。至于孙权"每有异事密计及章表书记，与四方交结，常令纮与张昭草创撰作"。张纮又以为孙坚"有破走董卓，扶持汉室之勋"，孙策"平定江外，建立大业"，"宜有纪颂以昭公义"。颂文既成呈送孙权，"（孙）权省读悲感，曰：'君真识孤家门阀阅也。'"[2]张纮之文才可谓名重江东。史载"（张）纮著诗赋铭诔十余篇"[3]。陈琳与张纮同为广陵人士，虽分仕南北，但不妨二人之文学交流。《吴书》载：

> 纮见栴榴枕，爱其文，为作赋。陈琳在北见之，以示人曰："此吾乡里张子纲所作也。"后纮见陈琳作《武库赋》《应机论》，与琳书深叹美之。琳答曰："自仆在河北，与天下隔，此间率少于文章，易为雄伯，故使仆受此过差之谭，非其实也。今景兴在此，足下与子布在彼，所谓小巫见大巫，神气尽矣。"[4]

陈琳所言"此间率少于文章"，盖指文学之风方兴未艾，因此陈琳、张纮二人实为引领时代潮流者。《三国志·吴书·孙破虏传》又载张纮替孙策所撰《绝袁术书》，刘宋时裴松之以为"《典略》云张昭之辞。臣松之以为张昭虽名重，然不如纮之文也，此书必纮所作"[5]。可见张纮擅文之名，非但为当时所称，且为后世所重。

张纮的文学水平虽高，但是正统的经学水平在江东却难为一流。《江表

[1]《三国志》卷五三《吴书·张纮传》注引《吴书》，第1243页。
[2]《三国志》卷五三《吴书·张纮传》注引《吴书》，第1244页。
[3]《三国志》卷五三《吴书·张纮传》，第1246页。
[4]《三国志》卷五三《吴书·张纮传》注引《吴书》，第1246—1247页。
[5]《三国志》卷四六《吴书·孙破虏传》注，第1106页。

传》载:

> （孙策）谓（虞）翻曰:"孤昔再至寿春,见马日䃅,及与中州士大夫会,
> 语我东方人多才耳,但恨学问不博,语议之间,有所不及耳。孤意犹谓未
> 耳。卿博学洽闻,故前欲令卿一诣许,交见朝士,以折中国妄语儿。卿不
> 愿行,便使子纲;恐子纲不能结儿辈舌也。"[1]

这里所说的"多才",主要指的是文学才能,但是"学问"主要是儒家经典。
中原人认为东南之人,文学才能有余,但是经学水平不足。孙策作为江东的统
领,想要找一位精通经学的人出使许昌,来挽回江东人的面子。第一人选是会
稽虞翻,会稽虞氏是两汉以来的经学世家,张纮是第二人选,因为张纮毕竟在
青年时代游学洛阳太学,在外黄还拜过师,研习过一些儒家经典,但是想要以
此和中原的经学世家相抗衡,是没有把握的。这也是张纮的不足所在。

又,广陵海陵吕岱汉末渡江,事孙氏为吴郡丞,孙权"亲断诸县仓库及囚
系",吕岱"处法应问,甚称权意"[2]。吕岱以明法吏干见长。

由此可知,博综诸经、经世干用为汉末三国广陵士人之主要文化风尚。
需要说明的是,这也是东汉士人普遍的为学取向,[3]只是具体到个人,存在学
识高低博窄之别。广陵范慎仕孙吴,曾为孙权太子孙登之东宫宾友,侍中胡
综称"究学甄微,游夏同科,则范慎",说明范慎融通子游、子夏之学,对孔子
学说具有精深的探析。但羊衜则认为范慎为学"深而狭"[4]。这固然说明范慎
之学精深入微,但也存在治学范围偏狭一隅,难以博及其他。

至于陈琳、张纮以文才驰名于世,如果联系陈琳曾为何进主簿,张纮曾入
太学的经历,而洛阳正是汉末文学勃兴之地,那么,陈、张文章辞赋之能乃受
汉末洛阳文风的影响,与广陵的地域文化并没有特别的联系。

---

[1]《三国志》卷五七《吴书·虞翻传》注引《江表传》,第 1318 页。

[2]《三国志》卷六〇《吴书·吕岱传》,第 1383 页。

[3]　如《三国志》卷五二《吴书·步骘传》注引《吴录》:"骘博研道艺,靡不贯览。"第 1236 页。
此类至多,毋庸一一列举。阎步克《士大夫政治演生史稿》(北京大学出版社 2015 年)第十章《儒生
与文吏的融合:士大夫政治的定型》对此有所论述,可参看。

[4]《三国志》卷五九《吴书·孙登传》,第 1364 页。

二、广陵陈氏——魏晋广陵士人风尚转变之一

如前文所论,汉末三国以来,广陵士人所表现出来的大体为汉儒风貌,因此恪守儒家礼法,重人伦、尚名节的处事风习于广陵人士在在有之。

如广陵陈矫,汉末一度避乱渡江,不应孙策、袁术之命,又还本郡,广陵太守陈登任其为功曹。及孙权围困广陵,陈登命陈矫求救于曹操。曹操重陈矫才干,欲留陈矫于许昌为官,陈矫以为"本国倒县,本奔走告急,纵无申胥之效,敢忘弘演之义乎?"[1]陈矫重然诺、尚名节可见一斑。后曹操为司空,授陈矫为魏郡西部都尉,曲周民因父病而杀牛祷告,县衙以弃市论。陈矫则因其孝行而上表请赦之。及陈矫为魏郡太守,郡中在押囚犯千余人,甚至有囚禁历年者,陈矫以为"周有三典之制,汉约三章之法,今惜轻重之理,而忽久系之患,可谓谬矣",于是"悉自览罪状,一时论决"[2]。陈矫行事,以《周礼》为据,以汉家旧事为典,以仁孝为本,不失汉代士人经义折狱的本色。曹丕称其"临大节,明略过人"[3]。

但陈矫之家世,却有不合儒家礼法处。陈矫本为广陵刘氏,自幼为外祖临淮陈氏所养,因而改姓为陈。[4]陈矫又与同郡刘颂联姻,而陈矫、刘颂本为同姓近亲。[5]二姓联姻,殊违礼法,因此广陵徐宣斥之尤力。

徐宣为广陵海西人,汉末避乱江东,不应孙策之命而北返广陵,为广陵太守陈登辟为僚佐,"与陈矫并为纲纪"[6]。这一经历与陈矫完全相同,说明二人忠君守节的儒家价值取向是一致的。就行事方式而言,徐、陈二人亦有近似之处。曹操死后,有人进言,欲将诸城守将尽用谯沛旧人,徐宣以为海内一统,何必再分彼此。曹丕称其为"社稷之臣"。魏明帝时,桓范称赞徐宣为"体忠

---

[1]《三国志》卷二二《魏书·陈矫传》,第643页。

[2]《三国志》卷二二《魏书·陈矫传》,第643—644页。

[3]《三国志》卷二二《魏书·陈矫传》,第644页。

[4]《晋书》卷三五《陈骞传》,第1035页。

[5]《晋书》卷四六《刘颂传》:"颂嫁女临淮陈矫,矫本刘氏子,与颂近亲,出养于姑,改姓陈氏。"第1308页。按:陈矫为汉末魏初人,刘颂为魏末晋初人,揆之情理,陈矫不当娶刘颂女。但陈氏与刘氏同姓而婚则无疑问。〔唐〕林宝撰,岑仲勉校记:《元和姓纂》卷三"广陵陈氏":"胡公之后。汉末鲁相无子,以外孙刘矫为嗣。魏司徒东乡侯生骞,晋太尉。"《元和姓纂(附四校记)》,中华书局1994年版,第341页。

[6]《三国志》卷二二《魏书·徐宣传》,第645页。

厚之行,秉直亮之性;清雅特立,不拘世俗;确然难动,有社稷之节"[1]。但徐宣与陈矫"二人齐名而私好不协"[2],关键就在于当初陈矫出自广陵刘氏而婚于本族,"徐宣每非之"[3]。朝廷曾廷议其事,但曹操惜陈矫之才,乃下令:

> 丧乱已来,风教凋薄,谤议之言,难用褒贬。自建安五年已前,一切勿论。其以断前诽议者,以其罪罪之。[4]

曹操既下此令,陈矫乃得以保全。徐宣恪守儒家家庭伦理与礼法,实际上就是反对"风教凋薄"所致家族伦理的沦丧。质言之,陈矫与徐宣的矛盾,本于汉末以来"风教凋薄"导致的儒家道德趋于崩塌。曹操以政治行令,护佑陈矫,在客观上也纵容了此类有违礼法事件的发生。这也是曹氏唯才是举、不计名节政策所产生的必然结果。诚如顾炎武所言:"夫以经术之治,节义之防,光武、明、章数世为之而未足;毁方败常之俗,孟德一人变之而有余。"[5]但同姓而婚终成陈矫一生之污点。

陈矫行事,能明尊卑职分而不使上下混淆。明帝时,陈矫为尚书令,明帝曾欲至尚书省案行文书,陈矫奏曰:"此自臣职分,非陛下所宜临也。若臣不称其职,则请就黜退。陛下宜还。"[6]陈矫的这一行事方式为其长子陈本所承,史称陈本"历位郡守、九卿。所在操纲领,举大体,能使群下自尽。有统御之才,不亲小事,不读法律而得廷尉之称"[7]。

但陈矫次子陈骞的处事方式则颇不同于乃父、乃兄。史称陈骞"无謇谔风,滑稽而多智谋"[8],所谓"无謇谔风",即指陈骞无忠直之风骨,而"滑稽而

---

[1]《三国志》卷二二《魏书·徐宣传》,第646页。

[2]《三国志》卷二二《魏书·徐宣传》,第645页。

[3]《三国志》卷二二《魏书·陈矫传》注引《魏氏春秋》,第644页。

[4]《三国志》卷二二《魏书·陈矫传》注引《魏氏春秋》,第644页。

[5]〔清〕顾炎武著,〔清〕黄汝成集释,栾保群、吕宗力校点:《日知录集释(全校本)》卷一三《两汉风俗》,上海古籍出版社2006年版,第753页。

[6]《三国志》卷二二《魏书·陈矫传》注引《世语》,第644页。

[7]《三国志》卷二二《魏书·陈矫传附陈本传》,第645页。

[8]〔南朝宋〕刘义庆辑,〔南朝梁〕刘孝标注,余嘉锡笺疏,周祖谟、余淑宜、周士琦整理:《世说新语笺疏》卷中之上《方正》,中华书局2008年版,第340页。

多智谋"即言陈骞少重无礼而多有权谋。这与陈矫重名节骨鲠、尚经义行事
的风格截然两途。明帝时,刘晔见幸,诬谮陈矫专权,"矫惧,以问长子本,本
不知所出",陈骞则曰:"主上明圣,大人大臣,今若不合,不过不作公耳。"数
日之后,明帝欲召见陈矫,陈矫又以此问二子,陈骞言:"陛下意解,故见大人
也。"陈矫果然有惊无险。明帝又曾以司马懿为人问陈矫,"可谓社稷之臣乎"?
陈矫对曰:"朝廷之望;社稷,未知也。"[1]对于朝廷的政争,陈矫、陈本"不知
所出",一筹莫展,唯有陈骞相机而言,为父兄指点迷津。这也说明在魏末波
谲云诡的政治中,陈骞较之父、兄,更能洞悉政局的走势。因此,陈骞能够成
为司马氏一党也就不足为奇了。《世说新语·方正》所载一事可以为证:

> 夏侯泰初与广陵陈本善。本与玄在本母前宴饮,本弟骞行还,径入,
> 至堂户。泰初因起曰:"可得同,不可得而杂。"(《名士传》曰:玄以乡党
> 贵齿,本不论德位,年长者必为拜。与陈本母前饮,骞来而出,其可得同,
> 不可得而杂者也。)[2]

夏侯泰初即夏侯玄,为曹氏宗戚,正始玄学领袖之一,最终为司马师所
杀。夏侯玄清虚玄谈而不废儒术、事功,其与陈本实乃气息相投。其见陈骞
而退,非但是风尚秉性相异,也是政见不同。余嘉锡认为"以骞之为人,太初
视之,盖不啻粪土"[3]。因此,入晋之后,陈本之后胤无闻,而陈骞则"以佐命之
勋"[4]而至高官。

后世虽不闻陈骞有何学行,但陈骞智谋过人,饶有干略,亦足安身立命。
曹魏后期,陈骞先辅司马师废除齐王曹芳,又助司马昭围攻诸葛诞于淮南,石
苞"每与陈骞讽魏帝以历数已终,天命有在"[5]。魏晋之际,陈骞长期担任都督

---

　　[1]《三国志》卷二二《魏书·陈矫传》注引《世语》,第644页。
　　[2]〔南朝宋〕刘义庆辑,〔南朝梁〕刘孝标注,余嘉锡笺疏,周祖谟、余淑宜、周士琦整理:《世说
新语笺疏》卷中之上《方正》,第340页。
　　[3]〔南朝宋〕刘义庆辑,〔南朝梁〕刘孝标注,余嘉锡笺疏,周祖谟、余淑宜、周士琦整理:《世说
新语笺疏》卷中之上《方正》,第340页。
　　[4]《晋书》卷三五《陈骞传》,第1036页。
　　[5]《晋书》卷三三《石苞传》,第1002页。

扬州诸军事,主持对吴边防,则陈骞之干能又远在陈矫之上。

陈骞"少有度量,含垢匿瑕,所在有绩。与贾充、石苞、裴秀等俱为心膂,而骞智度过之,(贾)充等亦自以为不及也"[1],与陈矫不同的是,陈骞之吏干才能,不在其学识涵养,而在于其个人圆滑的处事秉性。唐人所言"时乏名流,多以干翮相许,自家光国,岂陈骞之谓欤"[2],恰如其分地既肯定了陈骞的才干与政治纵横捭阖的能力,又否定了其品行与学行。

陈骞的行事风格也影响到其对子弟的教育与子弟的秉性。陈骞之子陈舆"虽无检正,而有力致"[3]的秉性实际上与陈骞如出一辙,以至于陈骞之弟陈稚与陈舆忿争,陈稚"遂说骞子女秽行,骞表徙弟,以此获讥于世"[4]。

综而言之,陈矫、陈骞、陈舆祖孙虽然出自士人之家,但儒家经义的处事风格在此家族中逐步没落,以智术在政治上纵横捭阖的投机取向日益凸显。陈骞"少有度量,含垢匿瑕"的处事风格,正是这种没落的儒学世家向致力于事功家族转变中的表现,"累处方任,为士庶所怀"正说明陈骞在魏晋鼎革之际阿世取位、左右逢源的政治手腕。陈骞由于偏重事功而忽视家族的文化教育,于是出现了其子陈舆与其弟陈稚的纷争,以至于出现陈骞"子女秽行",而陈骞"表徙弟"的事件。这对于家族社会地位、政治地位的延续是极为不利的。所以陈舆"坐与叔父不睦,出为河内太守"[5]。这其实也标志着陈氏没有意识到以提升家族文化来睦家保族,最终导致了家族的没落。因此,陈氏家族从来就没有跻身两晋高层士族之列。

三、广陵华氏、广陵戴氏——魏晋广陵士人风尚转变之二

广陵江都人华融汉末避乱江东山阴,后仕于孙吴。华融之学行,今天已难以尽知,孙权太子孙登称范慎、华融二人"矫矫壮节,有国士之风"[6]。范慎也是广陵人,为孙登之宾友,"竭忠知己之君,缠绵三益之友","著论二十篇,

---

[1]《晋书》卷三五《陈骞传》,第1036页。

[2]《晋书》卷三五"史臣曰",第1053页。

[3]《晋书》卷三五《陈骞传附子陈舆传》,第1037页。

[4]《晋书》卷三五《陈骞传》,第1037页。

[5]《晋书》卷三五《陈骞传附子陈舆传》,第1037页。

[6]《三国志》卷五九《吴书·孙登传》,第1365页。

名曰《矫非》"[1]。所谓《矫非》,应当就是在东汉风教凌迟、礼教颓丧之际,士人感悟昨是而今非之作,如葛洪所撰《抱朴子外篇·疾谬》之类。因此大体可知,华融、范慎等为恪守汉儒礼法之士人。

华融在吴,与吴地士人多有来往。华融侨居山阴之时,吴郡名士张温曾求学于华融,甚至"遂止(华)融家,朝夕谈讲"[2]。这说明华融一方面仍行东汉师徒讲授的传学之法,另一方面,又习染汉末以降讲谈之风。华融后与子华谞卷入政治斗争,死于孙𬘡之手。但其为学风尚为其孙华谭所承。

华谭历仕吴、晋,劝晋武帝启用吴地人士,斥顾荣不当从陈敏叛乱,对西晋政局走向影响颇大。就华谭之学行而言,史载华谭"好学不倦,爽慧有口辩"[3],"以才辩称"[4],"博学多通","著书三十卷,名曰《辨道》"[5]。可见华谭之学。举其要者,一是博学多通,二是讲谈口辩。前者为东汉学人旧习,后者为魏晋士人新风。至于华谭所著《辨道》,当与范慎所撰《矫非》相似,以辨析儒家经义与当日世风之异同为旨趣。因此,华谭学行大体仍以汉代儒生旧学为本,魏晋讲谈新学为用。

华谭的政治主张仍以汉家文武兼备、儒法并存为主。这在华谭对策中反映得尤为明显,华谭认为国家"虽有文德,又须武备","律令之存,何妨于政"[6]。在任庐江内史时,华谭"在郡政严,而与上司多忤"[7],正是华谭外儒内法的文化特征,与纯粹讲求为政宽减的儒家大族是不一样的。这也是华谭的行为方式与司马氏格格不入之处。这种学行与思想上的差异,也造成了华谭在两晋之际虽有功勋,却"恒怏怏不得志"[8]的原因之一。

华谭早年由于任庐江内史时,因"在郡政严,而与上司多忤"而与扬州刺史不协,为其投入狱中,镇东将军周馥加以解救,"理而出之"。西晋永嘉中,

---

[1]《三国志》卷五九《吴书·孙登传》注引《吴录》,第 1363 页。

[2]《三国志》卷六四《吴书·孙𬘡传》注引《文士传》,第 1446—1447 页。

[3]《晋书》卷五二《华谭传》,第 1448 页。

[4]《三国志》卷六四《吴书·孙𬘡传》注引《文士传》,第 1447 页。

[5]《晋书》卷五二《华谭传》,第 1453 页。

[6]《晋书》卷五二《华谭传》,第 1450—1451 页。

[7]《晋书》卷五二《华谭传》,第 1453 页。

[8]《晋书》卷五二《华谭传》,第 1454 页。

洛阳危急,周馥"维正朝廷,忠情恳至",上表迁都寿春,适为司马越、司马睿所忌。华谭称周馥为"直言之士"[1],说明华谭与周馥为意气相投之人。在司马越、司马睿两路攻伐周馥时,周馥所部奔散,而华谭乃"更移近馥"[2],以至于周馥称华谭为臧洪之畴。[3]很显然,华谭因学行秉性与周馥相同而不为司马睿所容。

更有甚者,华谭尚忠节、重学识的价值取向使得其不容于东晋初年的重臣顾荣与戴若思。陈敏叛乱,顾荣等吴地大族首鼠两端,华谭对顾荣等人的举措颇不以为然,乃"露檄远近,极言其非"。顾荣等人后来虽然举旗返正,但华谭"由此为(顾)荣所怨"[4]。

如果说华谭与顾荣之怨是由二人价值认知的差异而导致的政治分歧,那么,华谭与戴若思之怨则完全由学行不同所致。

广陵戴烈仕吴为左将军,其子戴昌先仕于孙吴,入晋后任武陵太守,颇善谈论。时武陵人潘京"素有理鉴,名知人"[5],戴昌"与(潘)京共谈,京假借之,昌以为不如己",又命其子戴若思与潘京共语,潘京"方极其言论"[6],戴氏父子深为叹服。潘京亦称戴若思"有公辅之才"[7]。可知戴氏父子皆善谈论。戴昌遣戴若思见潘京以求评鉴,尤存东汉月旦品评之风。

戴若思虽有"东南之美"之称,但"少好游侠,不拘操行"[8]。这与恪守汉儒传统的华谭的行事风格是截然不同的。戴若思之弟戴邈则不然。东晋之初,未立学校,戴邈上疏奏请,于是江左"始修礼学"[9],俨然是汉儒学风,这与华谭的学行大体是一致的。《晋书·戴邈传》将戴邈与戴若思为学进行比较,言道:

---

[1]《晋书》卷六一《周馥传》,第 1663、1665 页。

[2]《晋书》卷五二《华谭传》,第 1453 页。

[3]《晋书》卷五二《华谭传》:"及甘卓讨馥,百姓奔散,馥谓谭已去,遣人视之,而更移近馥。馥叹曰:'吾尝谓华令思是臧子源之畴,今果效矣。'"第 1453 页。

[4]《晋书》卷五二《华谭传》,第 1453 页。

[5]《晋书》卷六九《戴若思传》,第 1847 页。

[6]《晋书》卷九○《良吏·潘京传》,第 2335 页。

[7]《晋书》卷六九《戴若思传》,第 1847 页。

[8]《晋书》卷六九《戴若思传》,第 1846 页。

[9]《晋书》卷六九《戴若思传附弟戴邈传》,第 1849 页。并参《晋书》卷一九《礼志上》,第 580 页。

　　（戴邈）少好学,尤精《史》《汉》,才不逮若思,儒博过之。[1]

可见与戴邈相较,戴若思乃才大于学。戴若思、戴邈二人学行异趣,与陈本、陈骞兄弟的差别极为相似。因此,华谭看重戴邈而不值戴若思,甚至以女嫁戴邈。《晋书·华谭传》载:

　　戴若思弟邈,则谭女婿也。谭平生时常抑若思而进邈,若思每衔之。[2]

　　因此,华谭在东晋的不得志,追其根源,在于其固守的汉儒学统导致的政治取舍与当权者格格不入。华谭所恪守的学行,是明日黄花,不为当朝名士所认可。华谭于东晋所举荐的干宝、范珧皆为恪守儒术之士人,晋陵朱凤、吴郡吴震"并学行清修,老而未调",华谭皆荐为著作佐郎。[3]这些人都不能算作当时士族清玄之士,他们的学行与两晋洛阳、建康虚高玄远的主流文化已相去甚远了。

　　戴若思因为是司马睿一党而为王敦所杀,子嗣无闻。戴邈曾为晋元帝命为丹阳尹,接替其亲信刘隗,因此戴邈亦为司马睿一党。但戴邈在政治上并无所作为。戴邈之子戴谧历官义兴太守、大司农,仍致力于礼学。[4]此后戴氏子孙乃不见于史册。这应当是广陵戴氏家族恪守汉家儒术,于玄学少有染指,因此其家在政治上难以为继,无法进入主流社会。

　　如果综合考察陈氏、戴氏家族的文化变迁,可以发现,此二家族本是东汉儒学世家,但魏晋之后,家族子弟的文化、学行出现了明显的分裂。陈本、戴邈等恪守汉儒旧道,与晋世玄学风尚多有不合,以致后世无闻;而陈骞、戴若思等以智术求仕,虽得一生显荣,但重才而不重学,缺少家学维系,尤其是玄学维系,子孙逐渐淡出历史舞台。这也是自汉末以降士大夫分化演变的常态。

―――――――――

　　[1]《晋书》卷六九《戴若思传附弟戴邈传》,第1848页。

　　[2]《晋书》卷五二《华谭传》,第1454页。

　　[3]《晋书》卷五二《华谭传》,第1453—1454页。

　　[4]　参《晋书》卷六九《戴若思传附弟戴邈传》,第1849页。又,《晋书》卷二〇《礼志中》:"宁康二年七月,简文帝崩再周而遇闰。博士谢攸、孔粲议……,尚书令王彪之、侍中王混、中丞谯王恬、右丞戴谧等议异。"第617页。

四、魏晋时期的广陵刘氏、高氏

自东汉以降,迄至西晋永嘉,汉广陵王刘胥之后在广陵蔚为大姓,"世为名族"。当日广陵郡另有"雷、蒋、穀、鲁四姓",此四姓皆出其下,以至于当日谚云"雷、蒋、穀、鲁,刘最为祖"[1]。今雷、蒋、穀、鲁四姓人物已湮没无闻,难以考悉。唯广陵刘氏人物尚可考知一二。

汉末广陵刘颖"精学家巷"[2],与其弟刘略渡江避乱,孙权欲征之为官,刘颖称疾不就征。但在孙氏的压力下,不得已出仕孙吴。可知刘颖本与陈矫、徐宣等人同类,皆重名节之人,情非得已才投靠孙氏。

西晋又有广陵刘友为本郡中正。前文言及,陈矫本出广陵刘氏,出继外祖而又婚于本族刘颂,"中正刘友讥之",刘颂以为"舜后姚虞、陈田本同根系,而世皆为婚,礼律不禁。今与此同义,为婚可也"[3]。可知刘友也是笃于礼法,不容败坏儒家伦理之人。刘颂引经据典以证陈矫所为"礼律不禁",虽不无袒护姻亲之嫌,但其以经义决事,亦是汉儒风尚。

魏晋时广陵刘氏最为著称的是刘颂。刘颂,字子雅,其父刘观于曹魏任平阳太守。刘颂"少能辨物理,为时人所称"。司马昭辟刘颂为相府掾,曹魏平蜀汉后,刘颂奉使于蜀,时蜀地"人饥土荒",刘颂乃"表求振贷,不待报而行,由是除名"[4]。从"不待报"而振贷的行为可知刘颂行事多重实效。

刘颂在思想文化上表现出强烈的法治倾向。晋武帝时,刘颂任尚书三公郎,"典科律,申冤讼",又"守廷尉","时尚书令史扈寅非罪下狱,诏使考竟,颂执据无罪,寅遂得免,时人以颂比张释之"[5]。《晋书·刑法志》又载:"惠帝之世,政出群下,每有疑狱,各立私情,刑法不定,狱讼繁滋","时刘颂为三公

---

[1]《晋书》卷四六《刘颂传》,第1293页。又,徐陵《广州刺史欧阳頠德政碑》:"弱水导其洪源,轩台表其增殖,懿哉少府,师储皇于二京;盛矣司徒,传儒宗于九世。广陵邑邑,族擅江右;渤海赫赫,名重洛阳。"《徐陵集校笺》卷九,第1082页。按,"懿哉少府,师储皇于二京"所指为西晋欧阳地余;"盛矣司徒,传儒宗于九世"所指为东汉欧阳歙,"渤海赫赫,名重洛阳"所指为西晋欧阳建。而"广陵邑邑,族擅江右"未知所指,疑为魏晋时期迁居广陵者。而广陵有欧阳地名,适与之相合。若此说成立,那么,当是欧阳氏一支迁徙到广陵者,成当地大姓。然无确据,姑附于此。

[2]《三国志》卷五三《吴书·严畯传》,第1247页。

[3]《晋书》卷四六《刘颂传》,第1308—1309页。

[4]《晋书》卷四六《刘颂传》,第1293页。

[5]《晋书》卷四六《刘颂传》,第1293页。

尚书,又上疏曰:'自近世以来,法渐多门,令甚不一。臣今备掌刑断,职思其忧,谨具启闻……'"[1]

刘颂重法思想的近世理论来源于汉末曹操重刑罚的施政方针。刘颂曾对晋武帝言及"魏武帝以经略之才,拨烦理乱,兼肃文教,积数十年,至于延康之初,然后吏清下顺,法始大行",而魏文、明二帝"奢淫骄纵,倾殆之主",逮至西晋建国"用才因宜,法宽有由,积之在素,异于汉、魏之先;三祖崛起,易朝之为,未可一旦直绳御下,诚时宜也。然至所以为政,矫世众务,自宜渐出公涂,法正威断,日迁就肃"[2]。很显然,刘颂赞同汉末曹氏的严刑峻法,反对汉末以降儒家世族施政的网漏吞舟。这一重法思想与陈矫"自览罪状,一时论决",陈本"不读法律而得廷尉之称",华谭所言"律令之存,何妨于政"等是一致的。

当然,这并不表明刘颂与曹氏寒门法家思想一致,刘颂所认同的是汉代儒法并重的行政价值观,而非东汉后期的儒家宽纵之说,更非寒门士人事必躬亲的行政作风。刘颂重法,但不主张法网过密,故其推崇"善为政者纲举而网疏"[3]。其对帝王行政也存在应该举大纲而不亲小事的认识。刘颂曾对晋武帝言:"天下至大,万事至众,人君至少,同于天日,故非垂听所得周览。是以圣王之化,执要而已,委务于下而不以事自婴也。"[4]这种思想又与陈矫不欲魏明帝案行文书,陈矫之子陈本"操纲领,举大体,能使群下自尽。有统御之才,不亲小事"相似。这是汉儒的理想治国模式,也就是《论语·为政》所说的"君子不器"。

刘颂的思想中还存在着较为浓厚的复古理念。刘颂建议恢复周代的封土建国,他认为"善为天下者,任势而不任人。任势者,诸侯是也;任人者,郡县是也","为社稷计,莫若建国",西晋诸王"君贱其爵,臣耻其位","无成国之制",于是刘颂建议"今之建置,宜使率由旧章,一如古典","今宜反汉之弊,

---

[1]《晋书》卷三〇《刑法志》,第933、935页。

[2]《晋书》卷四六《刘颂传》,第1295—1296页。

[3]《晋书》卷四六《刘颂传》,第1304页。

[4]《晋书》卷四六《刘颂传》,第1302页。

修周旧迹"[1]。刘颂又建议当恢复《周官》"六卿分职,冢宰为师"的格局,他认为:"古者六卿分职,冢宰为师。秦、汉已来,九列执事,丞相都总。今尚书制断,诸卿奉成,于古制为重,事所不须。"[2]刘颂为廷尉时,又"频表宜复肉刑","以为议者拘孝文之小仁,而轻违圣王之典刑,未详之甚,莫过于此"[3]。诸如此类的思潮在汉代也是一直存在的。因此,刘颂的学行思想是典型的汉代儒法并重风习,与魏晋的新风显然是有所抵牾的。

在这种思想认识下,刘颂对西晋一朝存在着诸多的批评。刘颂上书晋武帝:"今阎闾少名士,官司无高能,其故何也? 清议不肃,人不立德,行在取容,故无名士。下不专局,又无考课,吏不竭节,故无高能。"[4]这是刘颂钦慕汉代察举清议,以名教节义取士,对西晋"朝寡纯德之人,乡乏不贰之老,风俗淫僻,耻尚失所,学者以老庄为宗而黜《六经》,谈者以虚荡为辨而贱名检,行身者以放浊为通而狭节信,进仕者以苟得为贵而鄙居正,当官者以望空为高而笑勤恪"表示了不满,因"屡言治道",刘颂亦被称为"俗吏"。[5]这说明刘颂所思所言实际上已经不是朝野政治文化的主流。这种文化上的滞后与不入流也是刘颂家族难以名列魏晋高门士族的主要原因。

具备这种沿袭汉儒礼法,藐视魏晋玄风的广陵士人还有两晋之际的高悝、高崧父子。高悝深谙孝悌之道,"少孤,事母以孝闻。年十三,值岁饥,悝菜蔬不餍,每致甘肥于母。抚幼弟以友爱称"[6]。西晋永嘉,中原大乱,江州刺史华轶"得江表之欢心,流亡之士赴之如归",高悝乃渡江而南,"寓居江州,(华)轶辟为西曹掾"[7]。旋华轶因先承奉洛阳,后为寿春所督,不受司马睿节制,为司马睿攻杀,高悝乃"藏匿(华)轶二子及妻,崎岖经年"[8]。其以幕僚故吏,护卫华轶二子及妻,这种忠于故主的情结与汉末广陵臧洪之于张超、西晋

---

[1]《晋书》卷四六《刘颂传》,第1297、1299、1301页。

[2]《晋书》卷四六《刘颂传》,第1303页。

[3]《晋书》卷三〇《刑法志》,第931页。

[4]《晋书》卷四六《刘颂传》,第1301页。

[5]《晋书》卷五《孝愍帝纪》"史臣曰",第135—136页。

[6]《晋书》卷七一《高崧传》,第1894—1895页。

[7]《晋书》卷六一《华轶传》,第1671、1672页。

[8]《晋书》卷六一《华轶传》,第1672页。

华谭之于周馥同出一辙,说明高悝株守的还是东汉士人风骨。

高崧,字茂琰,"少好学,善史书。总角时,司空何充称其明惠"[1]。高氏于永嘉之后南迁至晋陵。[2]高崧与陈郡谢氏关系密切,曾任镇西将军谢尚长史,[3]但高崧的文化旨趣与以谢氏为代表的江左高门并不一致。《世说新语》载,谢万新拜豫州都督,亲故相送累日,谢万颇为疲惫,乃卧于室,时高崧为侍中,乃径往造访,问谢万:"卿今仗节方州,当疆理西蕃,何以为政?"谢万"粗道其意"而已。高崧"便为叙刑政之要数百言"[4]。谢万遂起坐,高崧去后,谢万乃称高崧小字曰"阿酃故粗有才具"[5]。很显然,高崧所说的"刑政之要数百言",谢万只认为是"粗有才具",并非谢万不认同高崧所言,而是谢万不屑高崧以娴熟政事自诩,汲汲以"刑政之要"等案牍劳形之务为旨趣的行事风格。

又如,桓温请谢安为征西司马,谢安"将发新亭,朝士咸送",高崧对谢安戏言曰:"卿累违朝旨,高卧东山,诸人每相与言,安石不肯出,将如苍生何!苍生今亦将如卿何!"谢安"甚有愧色"。[6]这实际上是高崧自恃儒家风骨,对当时士族高门看似风流、不务世事而心存政治名位的无情讽刺。[7]

又,高崧对西晋以来名士服散的风气尤其难以认同。"哀帝雅好服食,(高)崧谏以为'非万乘所宜。陛下此事,实日月之一食也'"[8]。高崧擅刑政,以政事婴心,对江左士人服散谈玄、貌似风流而汲汲于政治权势的风尚多加指责。这是广陵士人与江左高门在地域文化上的差异,也是汉家儒法与魏晋

---

[1]　《晋书》卷七一《高崧传》,第1895页。

[2]　1998年发掘的广陵高悝、高崧、高耆三代的家族墓,位于南京市栖霞区仙鹤观(今南京师范大学仙林校区内),见南京市博物馆:《江苏南京仙鹤观东晋墓》,《文物》2001年第3期。日本学者小尾孝夫《广陵高崧及其周边——六朝南人的一个侧面》(《南京晓庄学院学报》2015年第1期)一文曾据此对以广陵高氏为代表的广陵南渡士人进行过讨论,可参看。

[3]　罗新、叶炜:《魏晋南北朝墓志疏证·高崧及妻谢氏墓志》,第17页。

[4]　《晋书》卷七一《高崧传》,第1896页。

[5]　〔南朝宋〕刘义庆辑,〔南朝梁〕刘孝标注,余嘉锡笺疏,周祖谟、余淑宜、周士琦整理:《世说新语笺疏》卷上之上《言语》,第165页。

[6]　《晋书》卷七九《谢安传》,第2073页。

[7]　对于"安石不肯出,将如苍生何"的蕴意,历来各有所解,不尽相同。这里所取乃通常所认为的高崧对谢安表里不一的讽刺。张学锋《释"安石不肯出,将如苍生何!"》(《南京晓庄学院学报》2018年第5期)认为高崧此语是责备谢安高卧东山,以至破坏贵族子弟按序入仕的规则。

[8]　《晋书》卷七一《高崧传》,第1896页。

玄风在行事上的时代差异。因此,高崧与江左主流文化格格不入,终于"以公事免,卒于家",其子高耆,"官至散骑常侍"[1],后嗣遂不见于史册,最终没有跻身江左高门。这也是魏晋广陵世族的普遍遭遇。

第四节　东晋南北朝广陵寒士与乡族

自西晋永嘉以迄隋文帝平陈,二百余年间南北分裂。广陵既傍长江、邗沟,又地处江淮之间,无论是流民南下抑或是南北相争,在在破坏了广陵安定的环境。这种战乱频仍、南北两属的环境,导致南北双方对广陵地区的统治皆力有不逮,乃至该地颇多"荒民",史称"江北荒残,不可检实"[2],王羲之友人出任广陵太守,王羲之予之书信,以"荒民惠怀,最要也"[3]相劝。这也使得文化士族或迁离广陵,或沦落为寒门。因此东晋南朝之广陵多寒人,其地以居坞壁、聚乡兵之豪强为社会领袖。此诚为魏晋北朝时期广陵社会形态的一大特色。

一、东晋南北朝时期的广陵寒士

《南齐书·高昭刘皇后》载,齐高祖萧道成刘皇后,"讳智容,广陵人也。祖玄之,父寿之,并员外郎。……年十余岁,归太祖,严正有礼法,家庭肃然。宋泰豫元年殂,年五十"[4]。以次推算,萧道成刘皇后生于宋武帝永初三年(422),元嘉中期嫁于萧道成。而萧道成生于元嘉四年(427),比刘皇后小五岁。查《南齐书·高帝纪》,萧道成与刘皇后结婚时,萧道成正在建康鸡笼山跟随雷次宗学《礼》与《左氏春秋》。

刘皇后是否与刘颂同出汉广陵王刘胥之后,已无从查实。刘皇后十七岁时,"裴方明为子求婚,酬许已定,后梦见先有迎车至,犹如常家迎法,后不肯去;次有迎至,龙旗豹尾,有异于常,后喜而从之。既而与裴氏不成婚,竟嫔于上(萧道成——引者注)"[5]。此事虚诞,不足采信,但刘皇后先后与河东裴方

---

[1]《晋书》卷七一《高崧传》,第 1896 页。

[2]《南齐书》卷一四《州郡志上》"南兖州",第 255 页。

[3]〔唐〕张彦远撰,武良成、周旭点校:《法书要录》卷一○《右军书记》,第 323—324 页。

[4]《南齐书》卷二○《皇后·高昭刘皇后》,第 390 页。

[5]《南史》卷一一《后妃上·齐高昭刘皇后》,第 329 页。

明、兰陵萧氏俱有婚约则为必然之事。晋、宋时期的兰陵萧氏为次等士族自无疑问，萧道成临崩时乃至自称"吾本布衣素族，念不到此"[1]。论者以为"兰陵萧氏本是寒门，宋初，道成族人因外戚起家，道成一房始得以军功显达，列于士族"[2]，这从萧道成父亲萧承之与刘皇后之祖、父皆曾任员外郎可知，刘、萧二家门第相似，称其为寒素，并不为过。至于裴方明，出自河东裴氏，乃晚渡士族，刘宋中期以军功仕进，[3]与次等士族同类。

如果将刘氏的门第与刘皇后"严正有礼法，家庭肃然"，"严整有轨度，造次必依礼法"[4]的风尚相联系，则可以肯定，刘氏乃讲求儒家礼法之寒门儒士家族。这与裴、萧二氏以武仕进的家族风尚虽有不同，但门第之高低大体相类。

宋、齐之际的荀伯玉亦是广陵寒人。荀伯玉，字弄璋，其祖荀永曾任南谯太守，父荀阐之曾任给事中。荀伯玉少年时历职诸军府，宋泰始初，刘子勋举事，荀伯玉友人孙冲为将帅，荀伯玉"隶其驱使"。刘子勋败后，荀伯玉"还都卖卜自业"。及萧道成镇淮阴，"伯玉归身结事"，自此成为萧道成的亲信。宋明帝疑忌萧道成，征其为黄门郎，荀伯玉劝萧道成"遣数十骑入虏界，安置标榜，于是虏游骑数百履行界上，太祖（萧道成——引者注）以闻"，"明帝诏果复太祖本任，由是见亲待"。后萧道成还建康任奉朝请，"令伯玉看宅，知家事"[5]。

荀伯玉虽倾心以事萧道成，但与萧道成世子，即日后之齐武帝萧赜不协。萧赜于建康"立别宅，遣人于大宅掘树数株，伯玉不与，驰以闻。太祖曰：'卿执之是也。'"萧齐建国后，萧赜"在东宫，专断用事，颇不如法"，"内外祗畏，莫敢有言"，唯荀伯玉密启萧道成，导致萧赜"忧惧，称疾月余日"[6]。萧道成"嘉伯玉尽心，愈见亲信，军国密事，多委使之。时人为之语曰：'十敕五令，不如荀伯玉命。'"而"世祖深怨伯玉"[7]。齐武帝即位后，荀伯玉遂以罪诛。

荀伯玉是典型的寒士，在刘宋时并没有明确的政治态度。其于宋末依附

［1］《南齐书》卷二《高帝纪下》，第38页。

［2］ 唐长孺：《读史释词》，《魏晋南北朝史论拾遗》，第255页。

［3］《宋书》卷四七《刘怀肃传》，第1406页。

［4］《南史》卷一一《后妃上·齐高昭刘皇后》，第329页。

［5］《南齐书》卷三一《荀伯玉传》，第572页。

［6］《南齐书》卷三一《荀伯玉传》，第572—573页。

［7］《南齐书》卷三一《荀伯玉传》，第574页。

萧道成,是明显的政治投机者。后来他向萧道成劝进,告发萧赜的不法举动,其实是固宠的举动。他在宋明帝时劝萧道成扰动边境,养寇自重,也是这种心态的体现。史载:"初,善相墓者见伯玉家墓,谓其父曰:'当出暴贵而不久也。'伯玉后闻之,曰:'朝闻道,夕死可矣。'"[1]这种追求富贵及身而不顾后嗣的寒门思维,与士族以延续家族命脉的生存旨趣完全不同。

齐梁时又有寒士吕僧珍、高爽名著史册。吕僧珍字元瑜,本为东平范县人,"世居广陵"。吕僧珍"起自寒贱。始童儿时,从师学,……年二十余,依宋丹阳尹刘秉,秉诛后,事太祖文皇(萧顺之——引者注)为门下书佐"[2],自此,吕僧珍乃依附萧氏为小吏。"文帝为豫州刺史,以为典签,带蒙令。帝迁领军将军,补主簿。祅贼唐寓之寇东阳,文帝率众东讨,使僧珍知行军众局事"[3]。萧顺之亡故后,吕僧珍又于齐末依附萧顺之之子梁武帝萧衍。萧衍在雍州,图谋起兵,"命(吕僧珍)为中兵参军,委以心膂",吕僧珍私备船橹,以作起兵之需。萧衍起兵东下,吕僧珍"出入卧内,宣通意旨",在攻陷建康之战中立有大功。萧梁建国,吕僧珍"入直秘书省,总知宿卫","天监四年冬,大举北伐,自是军机多事,僧珍昼直中书省,夜还秘书",天监十年(511)卒。史称吕僧珍"有大勋,任总心膂,恩遇隆密,莫与为比"[4]。综观吕僧珍之履历,出身寒贱,幼从师学,先投丹阳尹刘秉,再投萧顺之,起自书佐,终于宿卫、谋臣,参与军国大事,梁武帝倚为心膂,是典型的寒门士子仕途跋涉之路。

高爽为广陵人,萧齐时与"济阳江洪、会稽虞骞,并工属文"[5]而齐名。高爽博学多才,而好逞口舌之能。《梁书·良吏·孙廉传》载:萧梁时,"广陵高爽有险薄才,客于廉,廉委以文记,爽尝有求不称意,乃为庾谜以喻廉曰:'刺鼻不知嚏,蹋面不知瞋,啮齿作步数,持此得胜人。'讥其不计耻辱,以此取名位也"[6]。《南史·文学·高爽传》又载:"刘峤为晋陵县,爽经途诣之,了不相接,爽甚衔之。俄而爽代峤为县,峤遣迎赠甚厚。爽受饷,答书云:'高晋陵自答。'

[1]《南齐书》卷三一《荀伯玉传》,第574页。
[2]《梁书》卷一一《吕僧珍传》,第211页。
[3]《南史》卷五六《吕僧珍传》,第1394页。
[4]《梁书》卷一一《吕僧珍传》,第212—213页。
[5]《梁书》卷四九《文学上·高爽传》,第699页。
[6]《梁书》卷五三《良吏·孙廉传》,第774页。

人问其所以,答云:'刘蒨饷晋陵令耳,何关爽事。'又有人送书与爽告颛,云:
'比日守羊困苦。'爽答曰:'守羊无食,何不货羊籴米。'孙抱为延陵县,爽又
诣之,抱了无故人之怀。爽出从县阁下过,取笔书鼓云:'徒有八尺围,腹无一
寸肠,面皮如许厚,受打未讵央。'爽机悟多如此。"[1]高爽敏捷机悟,以辩才无
碍为能,但未见其有才识,是为南朝寒士风貌。其"客于(孙)廉,廉委以文记",
只是寄人篱下,这与吕僧珍为萧顺之书佐类似。高爽"历官中军临川王参军。
出为晋陵令,坐事系冶,作《镬鱼赋》以自况"[2]。很显然,高爽处事,恃才傲物,
语多讥讽,高门士族视为"有险薄才",其"坐事系冶,作《镬鱼赋》以自况"
无非以己为镬中之鱼比喻其郁郁不得志,这也是东晋南朝寒士的常见心态。

　　西晋永嘉之乱,汉光武帝次子刘辅后裔沛国刘氏徙居广陵。《周书·刘璠
传》载,沛国刘敏"以永嘉丧乱,徙居广陵",其五世孙刘臧"性方正,笃志好
学,居家以孝闻。梁天监初,为著作郎"。刘臧之子刘璠"九岁而孤,居丧合礼。
少好读书,兼善文笔",闻知其母亡故,刘璠"号泣戒道,绝而又苏。……居丧
毁瘠,遂感风气。服阕后一年,犹杖而后起"。刘璠曾为萧晔属僚,"及晔终
于毗陵,故吏多分散,璠独奉晔丧还都,坟成乃退"。刘璠"年少未仕,而负才
使气",不为萧梁权贵所屈。[3]由此可知刘氏重礼法,行孝义,不失汉儒风范。
刘氏虽然是汉家帝室之胄,但时过境迁,其株守旧学,于南朝已为寒士。《周
书·刘璠传》又载:

　　　　范阳张缵,梁之外戚,才高口辩,见推于世。以(萧)晔之懿贵,亦假
　　借之。……缵尝于新渝侯坐,因酒后诟京兆杜骞曰:"寒士不逊。"璠厉色
　　曰:"此坐谁非寒士?"[4]

由此可见刘璠对所谓寒士的身份十分敏感。但实际上,由于刘氏家族门第导
致其在江左政权中难于"平流进取,坐致公卿",因此刘璠"被优赏。解褐王

---

[1]《南史》卷七二《文学·高爽传》,第1768—1769页。
[2]《梁书》卷四九《文学上·高爽传》,第699页。
[3]《周书》卷四二《刘璠传》,第760—761页。
[4]《周书》卷四二《刘璠传》,第761页。

国常侍,非其好也。璠少慷慨,好功名,志欲立事边城,不乐随牒平进"[1]。也即由此,刘璠追随萧循,先为北徐州轻车府主簿,兼记室参军,又为梁州信武府记室参军、华阳太守。适值侯景乱梁,"(萧)循以璠有才略,甚亲委之",举凡"萧循在汉中与萧纪笺及答国家书、移襄阳文,皆璠之辞也"[2]。西魏经略巴蜀,萧循降魏,刘璠乃随之北投关中。

刘璠之兄刘璝,"仕梁,历职清显"[3],刘瑑"有名江左"[4]。刘璠自梁州北投,刘璝之子刘行本随之北徙。梁承圣三年(554),西魏攻陷江陵,梁元帝被俘杀,刘璠之子刘祥亦被徙关中。至此,刘氏一门皆自江左迁往西魏、北周。

刘氏家族颇善文辞,刘璠"掌纶诰","有集二十卷"[5];刘祥字休征,"幼而聪慧,占对俊辩","年十岁能属文,十二通《五经》","齐公(宇文)宪以其善于词令,召为记室。府中书记,皆令掌之","平齐露布,即休征之文也"[6];刘行本"讽读为事,精力忘疲",于北周"领起居注"[7]。

刘氏又精于史学,刘璠著"《梁典》三十卷"[8],惜未能完稿。"(刘)璠所撰《梁典》始就,未及刊定而卒。临终谓休征曰:'能成我志,其在此书乎。'休征治定缮写,勒成一家,行于世"[9]。唐代刘知幾言:"庐江何之元、沛国刘璠以所闻见,穷其始末,各撰《梁典》三十篇。"[10]惜此书后世已不存。

二、东晋南朝广陵尚武寒门

东晋南朝之寒人,与高门士族之门第相去天壤,难取清途,因此才会出现如荀伯玉、吕僧珍那般汲汲于以吏干之才依附某一军事领袖以致功名富贵的情况。舍此之外,寒门亦有借武勋仕进者。东晋南朝广陵寒人如吕安国、杜

[1]《周书》卷四二《刘璠传》,第761页。

[2]《周书》卷四二《刘璠传》,第761、764页。

[3]《北史》卷七〇《刘璠传附刘行本传》,第2439页。

[4]《周书》卷四二《刘璠传》,第765页。

[5]《周书》卷四二《刘璠传》,第764、765页。

[6]《周书》卷四二《刘璠传附刘祥传》,第765页。

[7]《隋书》卷六二《刘行本传》,第1477页。

[8]《周书》卷四二《刘璠传》,第765页。

[9]《周书》卷四二《刘璠传附刘祥传》,第765页。

[10]〔唐〕刘知幾著,〔清〕浦起龙通释,王熙华整理:《史通通释》卷一二《外篇·古今正史》,上海古籍出版社2009年版,第330—331页。

僧明等即为显例。

吕安国，广陵郡广陵县人，"宋大明末，安国以将领见任"，于宋末以军功历任司州、兖州、湘州刺史，并投靠萧道成。萧齐建国之后，又任司州、南兖州，皆为边将。"累居将率，在朝以宿旧见遇"。但吕安国身为寒人，以武勋仕进为耻，其曾谓子曰："汝后勿作袴褶驱使，单衣犹恨不称，当为朱衣官也。"[1]这明确表明了吕安国希冀子孙摆脱寒门武人的身份，改换门楣的家族诉求。

南朝广陵寒人以武仕进者众多，又有魏承祖，"广陵寒人也"，为齐将裴叔业"爪牙心膂所寄者"，"依随叔业，为趋走左右。壮健，善事人，叔业待之甚厚。及出为州，以为防阁。善抚士卒，兼有将用"[2]。萧齐之末随同裴叔业投北魏。

梁、陈之际僧人释慧布，本姓郝氏，为广陵人，"年十五，处于江阳。家门军将。时有戎役，因'愿领五千人为将，清平寇塞，岂不果耶？'众伟其言"[3]。可见释慧布本兵家将门子弟。所谓"家门军将，时有戎役"，说明广陵一带是南朝主要兵源地，所以广陵左近兵家将门很多，这也就表明如此汲汲于以武勋建立功名的抱负乃是南朝广陵人士的常见心态。

梁末名将杜僧明亦为广陵寒人。杜僧明字弘照，广陵临泽人，"形貌眇小，而胆气过人，有勇力，善骑射"。萧梁后期，杜僧明与其兄杜天合随同广州南江督护卢安兴"频征俚獠有功"。杜天合"亦有材干，预在征伐"。卢安兴死后，杜氏兄弟再依附卢安兴之子卢子雄。卢子雄为广州刺史萧暎、交州刺史萧咨所谮而亡，杜天合乃谋于众曰："卢公累代待遇我等亦甚厚矣，今见枉而死，不能为报，非丈夫也。我弟僧明万人之敌，若围州城，召百姓，谁敢不从。"于是杜氏兄弟聚众起兵，"奉（卢）子雄弟子略为主，以攻刺史萧暎"，最终为陈霸先所破。杜天合战死，杜僧明降陈霸先，遂为陈氏主帅。[4]陈霸先讨交阯，平蔡路养、李迁仕，扫平建康，灭侯景，北与北齐争广陵，杜僧明皆立有大功。"天嘉二年，配享高祖庙庭"[5]。杜氏兄弟先依卢氏，杜僧明再

---

[1]《南齐书》卷二九《吕安国传》，第537、538页。

[2]《魏书》卷七一《裴叔业传附魏承祖传》，第1578页。

[3]〔唐〕道宣撰，郭绍林点校：《续高僧传》卷七《义释·陈摄山栖霞寺释慧布传》，中华书局2014年版，第237页。

[4]《陈书》卷八《杜僧明传》，第135—136页。

[5]《陈书》卷八《杜僧明传》，第137页。

依陈氏,以武致位,终成一代名将。

三、南北朝时期的广陵豪族

南北对峙时期,广陵地区多有荒民,政府对该地区控制力降低,势必导致当地土著豪族的崛起,他们聚居坞壁,统领乡兵,某种程度上成为与政府存在一定离心力的独立武装力量。这也是唐人称江淮地区"人性并躁劲,风气果决,包藏祸害,视死如归,战而贵诈"[1]的原因所在。风气如此,正与其地域、社会环境相关。梁武帝初平建康,以萧景为南兖州刺史,"时天下未定,江北伧楚各据坞壁。景示以威信,渠帅相率面缚请罪,旬日境内皆平"[2]。可知一旦国无定主,这些豪帅便恃众据于坞壁,以观时变。北齐攻取江淮,"纂募淮南,英选江北豪家"[3],其意也在收服江淮地区的豪族乡兵以为国用。这些豪族对广陵地区的政治局势有着深远的影响。

在侯景掠取南兖州之后,梁大宝元年(550),广陵人来嶷联络前江都令祖皓袭杀侯景所署南兖州刺史董绍先。侯景以兵屠广陵,来嶷、祖皓皆罹难。

来嶷本新野人,为汉中郎将来歙之后,来嶷之父来成于北魏为新野县侯,后来成"归梁,徙居广陵,因家焉"[4]。侯景屠广陵时,来嶷"兄弟子侄遇害者十六人"[5],唯来嶷之子来法敏逃免,后仕于陈。来法敏之子来护儿后为隋代名将。

实际上,来嶷宗族子弟并非皆死于侯景之手。来护儿未识其父而父已亡,伯母吴氏"提携鞠养,甚有慈训"[6]。而吴氏之夫,即来法敏之兄于侯景之乱时,"为乡人陶武子所害","武子宗族数百家,厚自封植"[7]。很显然,陶武子就是广陵地区的豪族,与被北齐"英选江北豪家"而征募至北的陶蛮朗很可能是同族。

---

[1]《隋书》卷三一《地理志下》,第886页。

[2]《梁书》卷二四《萧景传》,第368页。

[3] 罗新、叶炜:《魏晋南北朝墓志疏证·陶蛮朗墓志》,第408页。

[4]《北史》卷七六《来护儿传》,第2589页。

[5]《南史》卷七二《文学·来嶷传》,第1776页。

[6]《北史》卷七六《来护儿传》,第2590页。

[7]《北史》卷七六《来护儿传》,第2590页。

来护儿"幼而卓诡,好立奇节"[1],幼年读《诗经》,至"击鼓其镗,踊跃用兵""羔裘豹饰,孔武有力"二句时,舍书而叹曰:"大丈夫在世当如是。会为国灭贼以取功名,安能区区久事笔砚也!"[2]这样的心态是典型的寒门武人的抱负。来护儿"雄略秀出,志气英远。涉猎书史,不为章句学",及来护儿稍长,矢志复仇,趁陶氏婚礼,"乃结客数人,直入其家,引(陶)武子斩之,宾客皆慑不敢动"[3]。所谓"结客数人",说明来氏在广陵也是聚集部曲乡兵的豪族。

来护儿的寒门豪强身份,使得他在重门第、轻吏能的南朝难以顺利步入仕途。因此,他具有强烈的建功立业的渴望,这与当初的释慧布、同时期的刘璠如出一辙。也即由此,来护儿舍南就北,"周师定淮南,(来护儿)乃归乡里。所住白土村,地居疆场,数见军旅,护儿常慨然有立功名之志"[4],数领乡兵,助周、隋击溃北犯之陈军。来护儿"所住白土村,密迩江岸。于时江南尚阻,贺若弼之镇寿州也,常令护儿为间谍"[5],最终于平陈之役中立有功勋,成为一代名将。

魏晋南北朝时期的广陵大体以战争为主题,长期处于南北对峙的中间地带,故举凡社会经济诸问题,皆受到战争与南北对峙之攻防态势制约。

在经济方面,由官方主导的经济政策凌驾于社会自发形成的经济活动之上,以军政为目的的经济政策凌驾于惠民的经济政策之上。陈登于广陵疏通中渎水,邓艾屯田石鳖,意在图吴;陈敏董理邗沟,意在疏通吴会至洛阳之漕运;谢安步丘筑垒,意在北伐。此后,邗沟成为南北交兵之孔道,并没有为广陵经济的发展提供明显的便利,就是明证。至于陈登、谢安等人之惠民,全在二人之施政秉性,不能视作魏晋南北朝诸政权之一贯政策。

---

[1]《隋书》卷六四《来护儿传》,第1515页。

[2]《北史》卷七六《来护儿传》,第2590页。

[3]《北史》卷七六《来护儿传》,第2590页。

[4]《北史》卷七六《来护儿传》,第2590页。

[5]《隋书》卷六四《来护儿传》,第1515页。与来护儿经历类似的还有张奫,《北史》卷七八《张奫传》载:"张奫,字文懿,清河东武城人也。本名犯庙讳。七代祖沈,石季龙末,自广陵六合度江家焉。仕至桂阳太守。孙朏,晋佐著作郎。坐外祖杨佺期除名,徙于南谯,因寓居之。奫好读兵书,长于骑射,尤便刀楯。父双,自清河太守免,归周。时乡人郭子冀密引陈寇,双欲率子弟击之,犹豫未决。奫赞成其谋,竟破贼,由是以勇决知名。起家州主簿。及隋文帝作相,授丞相府大都督,领乡兵。贺若弼之镇江都也,特敕奫从,因为间谍。平陈之役,颇有力焉。"第2632页。

就魏晋南北朝时期的广陵社会而言,随着广陵成为南北相争之地,文化士族逐步退出广陵,次等士族、寒族成为广陵社会的上层。寒士依附权贵,以吏干仕进,以武勋干禄。豪族囤聚坞壁,聚集乡党,是地方上的半独立武装势力,成为南北政权拉拢的私人武装力量。这种情形一直延续到杨隋灭陈。

第五节　陈琳的文学成就

就魏晋六朝广陵文士的文化成就而言,汉末陈琳当执牛耳。陈琳,字孔璋,广陵射阳人。生于东汉延熹三年(160)前,卒于汉献帝建安二十二年(217)。[1]为汉末邺下文士中年事较长者。

陈琳于汉灵帝时出仕,为大将军何进长史,乃其属吏之首。何进被宦官所杀,琳避难冀州,袁绍使典文章。袁绍移檄讨曹操,檄文即出自陈琳手笔。袁绍败亡后,陈琳转投曹操,曹操对其言:"君昔为本初作檄书,但罪孤而已,何乃上及父祖乎?"陈琳谢罪,并称:"矢在弦上,不得不发。"[2]曹操爱其才而不咎。后陈琳专任门下督。建安二十二年,陈琳染疾疫而亡。

陈琳之文才,当时即名闻遐迩。曹丕《典论》以为:"今之文人,鲁国孔融、广陵陈琳、山阳王粲、北海徐干、陈留阮瑀、汝南应玚、东平刘桢,斯七子者,于学无所遗,于辞无所假,咸自以骋骐骥于千里,仰齐足而并驰。"其中,"(陈)琳、(阮)瑀之章表书记,今之俊也"[3]。曹植《与杨德祖书》称:"今世作者,可略而言也。昔仲宣(王粲)独步于汉南,孔璋(陈琳)鹰扬于河朔,伟长(徐干)擅名于青土,公干(刘桢)振藻于海隅,德琏(应玚)发迹于大魏,足下高视于上京。"[4]曹丕、曹植兄弟虽存罅隙,但二人在列举当世顶尖文士时不约而同地提到了陈琳,则陈琳于当日文坛,尤其是在邺下文人集团中的地位,可不言而喻。

---

[1]　陈琳籍贯、生年之考证,参曹道衡、沈玉成著《中古文学史料丛考》"陈琳籍贯、年岁"条,中华书局 2003 年版,第 57 页。

[2]　〔宋〕李昉等撰:《太平御览》卷五九七《文部》引《魏书》,第 2689 页上右。

[3]　《三国志》卷二〇《魏书·阮瑀传》注引《典论》,第 602 页。

[4]　《三国志》卷一九《魏书·曹植传》注引《典略》,第 558 页。

一、陈琳的诗作

陈琳所作比较著名的诗篇，大抵作于降曹之前。如《游览二首》，应当是他早年的作品，其一抒发羁旅生活的惆怅和悲哀；其二先写外出游览，"翱翔戏长流，逍遥登高城"，然后忽然急转直下地写道："骋焉日月逝，年命将西倾。建功不及时，钟鼎何所铭？收念还房寝，慷慨咏坟经。度几及君在，立德垂功名。"这种攻读坟经以辅佐君主，立德立功的心境，显然是陈琳青年时代政治抱负的直白表露。

陈琳最著名的一首诗《饮马长城窟行》应作于避难冀州，依附袁绍时。陈琳行历北国，饮马于长城，遂发思古之幽情：

> 饮马长城窟，水寒伤马骨。往谓长城吏："慎莫稽留太原卒！""官作自有程，举筑谐汝声！""男儿宁当格斗死，何能怫郁筑长城！"长城何连连，连连三千里。边城多健少，内舍多寡妇。作书与内舍："便嫁莫留住。善事新姑嫜，时时念我故夫子！"报书往边地："君今出语一何鄙？""身在祸难中，何为稽留他家子？生男慎莫举，生女哺用脯。君独不见长城下，死人骸骨相撑拄！""结发行事君，慊慊心意关。明知边地苦，贱妾何能久自全？"[1]

这首古体诗，通篇叙事，通过筑城壮丁与妻子的书信往返，将边地征战之惨烈与征夫、妻子两地悬念之情一一道出，古朴有致，颇有乐府风韵。后世杜甫《兵车行》诗中所云："信知生男恶，反是生女好，生女犹得嫁比邻，生男埋没随百草！"陈陶《陇西行四首（其二）》："可怜无定河边骨，犹是春闺梦里人！"这些诗篇，显然受陈琳此诗的启发。

对于这种身为官员，而在情感上多注重于苍生黎民的现象，议者认为："中古时代的文学家没有一官半职的很少，他们区别于一般官吏的地方在于他们往往能暂时地在某种程度上超越自己的行政身份，而以一个带有人道主义态度充满审美情趣的诗人心态去面对生活——古代文学家的二重角色以

---

[1]〔陈〕徐陵编，〔清〕吴兆宜注，〔清〕程琰删补，穆克宏点校：《玉台新咏笺注》卷一，中华书局1985年版，第34页。

及由此而来的二重心态是普遍存在的，为了摆脱这种分裂的局面，他们当中一批人有隐逸的倾向，有些人实行了，另一些人未能实行，往往为此大发感慨；还有一些人则尽可能利用自己的职权为老百姓做点好事，以弱化内心的矛盾；而更多的人则是一方面恪尽职守地为官，一方面争取机会做若干超越其官僚身份的努力，创作充满人文关怀的作品便是其中最常见的途径之一。建安以前文学还不曾取得独立的地位，上述种种倾向都还不十分明显，而到建安以下这种趋势便日甚一日地分明起来。陈琳可以说是暂时超越型的一个代表人物。"[1]

二、陈琳的书檄

陈琳的文学成就，以书檄最为著名。这与陈琳自灵帝时投靠何进为长史，转投袁绍典文章，再投曹操任门下督的职责是密不可分的。因此，陈琳一生的仕途，集机要秘书、高级参谋和文学侍从之臣三位于一体。

在袁绍帐下，陈琳留下的作品主要有《与公孙瓒书》《更公孙与子书》《武军赋》《应讥》等等。当然，最为著名的应该就是建安五年官渡之战前所撰的《为袁绍移豫州檄》，今节略于下：

> （上略）司空曹操，祖父中常侍腾，与左悺、徐璜并作妖孽，饕餮放横，伤化虐民。父嵩，乞丐携养，因赃假位，舆金辇璧，输货权门，窃盗鼎司，倾覆重器。操，赘阉遗丑，本无懿德，慓狡锋协，好乱乐祸。幕府董统鹰扬，扫除凶逆，续遇董卓侵官暴国，于是提剑挥鼓，发命东夏，收罗英雄，弃瑕取用；故遂与操同咨合谋，授以裨师，谓其鹰犬之才，爪牙可任。至乃愚佻短略，轻进易退，伤夷折衄，数丧师徒。幕府辄复分兵命锐，修完补辑，表行东郡，领兖州刺史。被以虎文，奖蹙威柄，冀获秦师一克之报。而操遂承资跋扈，肆行凶忒，割剥元元，残贤害善。（下略）[2]

这篇檄文收入《昭明文选》，千古传诵，更因《三国演义》转录而广为人知。刘勰《文心雕龙》卷四《移檄》："陈琳之檄豫州，壮有骨鲠，虽'奸阉''携

---

[1] 顾农：《从孔融到陶渊明——汉末三国两晋文学史论衡》，凤凰出版社2013年版，第93页。
[2] 〔梁〕萧统编，〔唐〕李善注：《文选》卷四四，第1968—1969页。

养’，章密太甚，‘发丘’‘摸金’，诬过其虐；然抗辞书衅，瞰然露骨矣。敢指曹公之锋，幸哉免袁党之戮也。”[1]陈琳文中历述曹操罪状，从其家庭出身直到本人的种种恶行，摘发谴斥，锐利尖刻，几使曹氏体无完肤。陈琳其文将袁绍描述成忠于汉室、誓扫奸雄的忠良，当然是文过饰非，但全文气势壮盛，咄咄逼人，令人难以反驳。

陈琳的这篇檄文诟骂曹操父、祖，极尽曹氏之罪，但陈琳降曹之后，陈琳又在此后的文章中痛骂过袁绍。虽然这篇文章今天已经难以寻觅，但颜之推在《颜氏家训》中表达了不同的意见：

> 不屈二姓，夷、齐之节也；何事非君，伊、箕之义也。自春秋已来，家有奔亡，国有吞灭，君臣固无常分矣；然而君子之交绝无恶声，一旦屈膝而事人，岂以存亡而改虑？陈孔璋居袁裁书，则呼操为豺狼；在魏制檄，则目绍为蛇虺。在时君所命，不得自专，然亦文人之巨患也，当务从容消息之。[2]

其实，颜之推本人也是历仕南北，不得言纯臣，因此他认同屈事二姓的合理性，但强调对旧时的主人不能出“恶声”。可是像陈琳那样的御用文人既“不得自专”，文学完全从属于政治，对这种现象又何能求全责备呢？

陈琳以善于撰写书檄颇得曹操赏识，曹操甚至以为陈琳之檄文可以治其头风病。[3]最足以代表陈琳这一时期水平的文章是收入《文选》卷四一的《为曹洪与魏文帝书》。该信的主要内容是向曹丕介绍征张鲁之役取得辉煌胜利的原因是张鲁不堪一击，实际上是用曲笔来显示己方之高明。其文夹叙夹议，简洁幽默，可算得一篇绝妙好辞。曹洪于曹丕为叔辈，陈琳与之年纪相仿，替他代笔，比较容易得体。信的开头说：“得九月二十日书，读之喜笑，把玩无厌，亦欲令陈琳作报。琳顷多事，不能得为。念欲远以为欢，故自竭老夫之思。

---

[1]　〔南朝梁〕刘勰著，范文澜注：《文心雕龙注》，人民文学出版社 1958 年版，第 378 页。

[2]　王利器：《颜氏家训集解》卷四《文章》，中华书局 1993 年版，第 258 页。

[3]　《三国志》卷二一《魏书·陈琳传》注引《典略》：“琳作诸书及檄，草成呈太祖，太祖先苦头风，是日疾发，卧读琳所作，翕然而起曰：‘此愈我病！’数加厚赐。”第 601 页。

辞多不可一一,粗举大纲,以当笑谈。"结尾又道:"间自入益部,仰司马、杨、王遗风,有子胜斐然之志,故颇奋文辞,异于他日。怪乃轻其家丘,谓为倩人,是何言欤?……恐犹未信丘言,必大噱也。"[1]既是陈琳代笔,却又言为曹洪"自竭老夫之思",这种有意的欲盖弥彰,适足见其幽默。钱锺书先生以为"已弄巧而人不为愚,则适成己之拙而愈形人之智"[2],可谓得其精神。

三、陈琳的辞赋与博学

陈琳后期作品流传至今的以辞赋居多,其中《神武赋》是建安十二年为庆祝曹操征乌桓大获全胜而作。该赋残破已甚,看不出什么眉目。就残存的部分而言,气势似乎已远不及先前的《武军赋》。至于他的《止欲赋》《武猎赋》《大暑赋》,以及《迷迭赋》《玛瑙勒赋》《车渠碗赋》等等,大抵是应制之作,无多可观,比较值得注意的是一篇《神女赋》:

> 汉三七之建安,荆野蠢而作仇。赞皇师以南假,济汉川之清流。感诗人之攸叹,想神女之来游。仪营魄于仿佛,托嘉梦以通精。……感仲春之和节,叹鸣雁之嗈嗈。申握椒以贻予,请同宴乎奥房。苟好乐之嘉合,永绝世而独昌,既叹尔以艳来,又悦我之长期。顺乾坤以成性,夫何若而有辞。[3]

议者以此文既涉及汉水,当与建安十三年曹操南征荆州有关。故疑首句"汉三七之建安"之"三七"当作"二七",以应建安十四年。[4]汉水有女神的传说,后来"汉女"便成为神话传说中多情女子的典型,据说《诗经》中《汉广》就以这个美丽的神话为依托。曹植《九咏》一诗中有"感《汉广》兮羡游女"之语,陈琳此赋则在传说基础上大加想象,不仅写汉水女神的美丽多情,而且说一旦与之"嘉合",便可以长寿,"永绝世而独昌"了。陈琳用当时流行的神仙道教思想把那位"游女"加以改造,颇近于想入非非。

但陈琳并非除文辞之外别无所长。曹丕即认为陈琳等建安七子,"于学

---

[1]　〔梁〕萧统编,〔唐〕李善注:《文选》卷四一,第 1880、1883—1884 页。

[2]　钱锺书:《管锥编》第 2 册,中华书局 1979 年版,第 1040 页。

[3]　〔唐〕欧阳询等撰,汪绍楹校:《艺文类聚》卷七九《灵异部下》,第 1351 页。

[4]　顾农:《从孔融到陶渊明——汉末三国两晋文学史论衡》,第 95—96 页。

无所遗,于辞无所假"[1]。所谓"于学无所遗"意在言陈琳等人之博学,臧洪即称陈琳"穷该典籍"[2]。而观陈琳于汉末为何进主簿时,何进欲召外兵进洛阳,胁迫何太后诛杀宦官,陈琳以为此举乃"掩目捕雀",应当"速发雷霆,行权立断",否则"倒持干戈,授人以柄;功必不成,只为乱阶"[3],近人卢弼称陈琳"料事之明,与魏武不谋而合,英雄所见,大略相同,宜魏武之爱其才也"[4]。可见陈琳颇识事机。

第六节　魏晋南北朝时期广陵的宗教信仰

魏晋南北朝时期的广陵地区民间信仰颇杂,就地方性的信仰而言,有江海之祀与伍子胥信仰、蒋子文崇拜。就广陵沿海的地理特性而言,天师道信仰在广陵地区也是流行的。东晋南朝普遍崇奉佛教,广陵亦然。自汉末魏初,佛教已在广陵地区传播,至东晋、宋初,在广陵弘法的僧侣大体以神异怪技行事,刘宋以降,则不乏义学、律学高僧,他们立足广陵,促进南北佛学的交流,至隋代犹然。

一、佛教信仰

佛教自东汉就开始在广陵地区传播,而且信徒颇众。《出三藏记集》载:"汉末魏初,广陵彭城二相出家,并能任持大照,寻味之贤,始有讲次。"[5]说明在汉魏之际,以广陵、彭城二相为代表,江淮地区佛法大兴。另一个具有标志性的事件是,汉献帝初年,徐州牧陶谦以笮融为下邳相,使督广陵、下邳、彭城粮运,笮融"大起浮屠祠,课人诵读佛经,招致旁郡好佛者至五千余户。每浴佛,辄多设饮食,布席于路,经数十里,费以巨亿计"[6]。可见广陵地区佛法的弘

---

[1]《三国志》卷二一《魏书·阮瑀传》注引《典论》,第 602 页。

[2]《三国志》卷七《魏书·臧洪传》,第 233 页。

[3]《三国志》卷二一《魏书·陈琳传》,第 600 页。

[4] 卢弼:《三国志集解》,中华书局 1982 年版,第 8 页下左。

[5]〔梁〕释僧祐撰,苏晋仁、萧錬子点校:《出三藏记集》卷五《喻疑》,中华书局 1995 年版,第234 页。

[6]〔宋〕司马光编著,〔元〕胡三省音注,"标点资治通鉴小组"校点:《资治通鉴》卷六一"汉献帝兴平二年十月"条,第 1974 页。

扬已颇为蓬勃。

（一）两晋广陵僧侣之神异

佛教传入中国的早期，僧侣多以神怪异能而显于世，广陵僧侣亦是如此。东晋末广陵有史宗者，"常在广陵白土埭"，"栖憩无定所，或隐或显"，"韬光隐迹，世莫之知"[1]，有遁世之志。史宗实际上就是一位隐逸的僧侣。

《高僧传》载史宗行事，怪异现象颇多。史宗曾"南游吴会，尝过渔梁，见渔人大捕，宗乃上流洗浴，群鱼皆散，其潜拯物类如此"。及其憩上虞龙山大寺，"同止沙门，夜闻宗共语者，颇说蓬莱上事，晓便不知宗所之"，"或云有商人海行，于孤洲上见一沙门，求寄书与史宗。置书于船中，同侣欲看书，书著船不脱；及至白土埭，书飞起就宗，宗接而将去"[2]。史宗之神异事迹，大皆类此。

作为中国佛教早期的僧侣，史宗兼通儒玄，高平檀祗为江都令时，曾召史宗与语，史宗"应对机捷，无所拘滞，博达稽古，辩说玄儒"，并赋诗以明志。史宗"后憩上虞龙山大寺。善谈《庄》《老》，究明《论》《孝》"，"会稽谢邵、魏迈之、放之等，并笃论渊博，皆师受焉"[3]。这其实是六朝早期的佛教特色，释氏义理只是其表，而中朝玄学儒术才是其根本。其佛家超凡出世之志与汉晋隐逸之风相结合，遂成此隐逸之僧侣。

与史宗类似者又有杯度。所谓"杯度"，实不知其姓名，而以其"常乘木杯度水"而姑称之。由此可见，"杯度"之称即由其乘杯渡水之神异之技而来。杯度其人，"带索缮缕，殆不蔽身。言语出没，喜怒不均。或严冰扣冻而洒浴，或着屐上床，或徒行入市"[4]，诸如此类行径，似痴若狂，有异常人，实为隐身闹市中的高僧。查《高僧传》所载杯度事迹，不闻其佛法精严，唯载其神异诸事，

---

[1]〔梁〕释慧皎撰，汤用彤校注，汤一玄整理：《高僧传》卷一〇《神异下·晋上虞龙山史宗》，中华书局1992年版，第376—377页。

[2]〔梁〕释慧皎撰，汤用彤校注，汤一玄整理：《高僧传》卷一〇《神异下·晋上虞龙山史宗》，第377—378页。

[3]〔梁〕释慧皎撰，汤用彤校注，汤一玄整理：《高僧传》卷一〇《神异下·晋上虞龙山史宗》，第376—377页。

[4]〔梁〕释慧皎撰，汤用彤校注，汤一玄整理：《高僧传》卷一〇《神异下·宋京师杯度》，第379页。

仍不脱早期佛教以异术弘法的常态。《高僧传·杯度传》载：

> （杯度）达于京师。……后欲往延步江。于江侧就航，人告度，不肯载
> 之。复累足杯中，顾眄吟咏，杯自然流，直度北岸，行向广陵。遇村舍有李
> 家八关斋，先不相识，乃直入斋堂而坐，置芦圌于中庭。众以其形陋，无恭
> 敬心。李见芦圌当道，欲移置墙边，数人举不能动。度食竟，提之而去，笑
> 曰："四天王李家。"于时有一竖子，窥其圌中，见四小儿并长数寸，面目端
> 正，衣裳鲜絜，于是追觅不知所在。后三日，乃见在西界蒙笼树下坐，李跪
> 拜请还家，月日供养。度不甚持斋，饮酒啖肉，至于辛鲙，与俗不殊。[1]

由此记载可知，杯度往来南北，仍渡江经广陵。而广陵社会信仰佛教已较为
普遍，如李家行八关斋，实为广陵民间信仰佛教的最好证明。杯度与史宗一
样，都是神龙见首不见尾，以神异见长的。这是佛教流传早期，僧侣以神异奇
怪事端处世的常态。

不过，就世俗社会而言，两晋广陵佛法已颇为可观，"晋大兴中，北人流播
广陵，日有千数。有将舍利者，建立小寺立刹。舍利放光，至于刹峰。感动远
近"[2]。很显然，由于北人南下，崇佛者迁移至广陵，由此带动了广陵佛教在南
朝的兴盛。

（二）南北朝时期广陵佛法之兴盛

刘宋以降，广陵佛法大行，广陵本地人与外来僧侣共同促成了广陵佛法
的兴盛。

以驻锡广陵之外来僧侣而言，如释慧询，俗家姓赵，本赵郡人，在长安时，
受学于鸠摩罗什，"研精经论，尤善《十诵》《僧祇》。乃更制条章，义贯终古"，
乃成一代明律大师。刘宋永初中，释慧询驻锡广陵，"大开律席"，后又至建康

---

[1] 〔梁〕释慧皎撰，汤用彤校注，汤一玄整理：《高僧传》卷一〇《神异下·宋京师杯度》，第379
页。

[2] 〔唐〕释道世著，周叔迦、苏晋仁校注：《法苑珠林校注》卷四〇《舍利篇》，第1270页。

道场寺传播佛律,成为佛律从北向南传播的重要使者。[1]

又如释僧瑾,俗家姓朱,沛国人,"少善《庄》《老》及《诗》《礼》。后行至广陵,见昙因法师,遂稽首一面,伏膺为道"[2]。昙因法师之本末,今已难以确知。但释僧瑾以儒玄之士于广陵受戒出家,广陵佛教之兴盛可见一斑。

又有普照尼,"本姓董,名悲,勃海安陵人也。少秉节概,十七出家,住南皮张国寺。后从师游学广陵建熙精舍,率心奉法,阖众嘉之。及师慧孜亡,杜于庆吊,而苦行绝伦"[3]。光静尼,"本姓胡,名道婢,吴兴东迁人也。幼出家,随师住广陵中寺。静少而励行,长而习禅思,不食甘肥,将受大戒,绝谷饵松"。光静"心识鲜明,而体力羸惫,祈诚慊到,每辄感劳,动经晦朔"。沙门释法成谓之曰:"服食非佛盛事。"于是光静"还食粳粮,倍加勇猛,精学不倦。从学观行者,常百许人"[4]。服食是道家修炼方式,可见佛道并修也是广陵民间宗教的一个特色。

汲郡修武人赵法祐,年二十七出家,法号僧果,"师事广陵慧聪尼。果戒行坚明,禅观清白"[5]。僧果尼修行于广陵,师事广陵慧聪尼。又,于广陵慧琼尼有弟子慧朗在建康。[6]因此,我们可以说,在某种程度上,广陵是佛教传播的一个区域性中心地区。

以广陵籍僧侣而言,他们大多弘法于江东各地。

释慧庆,本广陵人,"出家止庐山寺。学通经律,清洁有戒行。诵《法华》《十地》《思益》《维摩》"。释慧庆事佛,极为精诚,"尝于小雷遇风波,船将覆没,庆唯诵经不辍,觉船在浪中,如有人牵之,倏忽至岸。于是笃厉弥勤"[7]。

---

[1]〔梁〕释慧皎撰,汤用彤校注,汤一玄整理:《高僧传》卷一一《明律·宋京师长乐寺释慧询》,第430页。

[2]〔梁〕释慧皎撰,汤用彤校注,汤一玄整理:《高僧传》卷七《义解·宋京师灵根寺释僧瑾》,第294页。

[3]〔梁〕释宝唱著,王孺童校注:《比丘尼传校注》卷二《南皮张国寺普照尼传》,中华书局2006年版,第70页。

[4]〔梁〕释宝唱著,王孺童校注:《比丘尼传校注》卷二《广陵中寺光静尼传》,第81页。

[5]〔梁〕释宝唱著,王孺童校注:《比丘尼传校注》卷二《广陵僧果尼传》,第87页。

[6]〔梁〕释宝唱著,王孺童校注:《比丘尼传校注》卷二《南安寺释慧琼尼传》,第66页。

[7]〔梁〕释慧皎撰,汤用彤校注,汤一玄整理:《高僧传》卷一二《诵经·宋庐山释慧庆》,第463页。

慧命，"广陵人，住安乐寺，开济笃素。专以《成实》见知"[1]。

更有甚者如释慧益，亦为广陵人，"少出家，随师止寿春"，至宋孝武帝孝建中止建康竹林寺，"精勤苦行，誓欲烧身"。"至大明四年，始就却粒，唯饵麻麦。到六年又绝麦等，但食苏油。有顷又断苏油，唯服香丸"。孝武帝"深加敬异，致问殷勤，遣太宰江夏王义恭，诣寺谏益，益誓志无改"。至大明七年四月八日，"将就焚烧"，乃至建康宫城之云龙门，"乃入镬，据一小床，以衣具自缠，上加一长帽，以油灌之"，"乃手自执烛以然帽。帽然，乃弃烛合掌，诵《药王品》。火至眉，诵声犹分明，及眼乃昧。贵贱哀嗟，响振幽谷，莫不弹指称佛，惆怅泪下。火至明旦乃尽"[2]。释慧益苦心修行，乃至焚身事佛，足见广陵仰佛之盛。

昙诜，广陵人，自幼随释慧远出家，"勤修净业，兼善讲说。注《维摩经》行于世，常著《穷通论》以明宿修，述《莲社录》以记往生"，甚至能够"别识鸟兽毛色俊钝之性，洞晓草木枝干甘苦之味，妙尽其理"。[3]

刘宋时又有竺惠庆，亦广陵人，"经行修明"，元嘉十二年，荆、扬二州大水，竺惠庆将往庐山，船行江中，风暴突起，竺惠庆"正心端念，诵《观世音经》。洲际之人望见其船迎飙截流，如有数十人牵挽之者，迳到上岸，一舫全济。"[4]此事虽虚无缥缈，难以信据，但广陵僧侣对观世音的普遍信仰则无疑问。

广陵又多有尼。慧琼，本广州人。"履道高洁，不味鱼肉。年垂八十，志业弥勤，常衣刍麻，不服绵纩，纲纪寺舍，兼行讲说本经，住广陵南安寺"。至元嘉十八年，"宋江夏王世子母王氏以地施琼，琼修立为寺，号曰南外永安寺"。至元嘉二十二年，兰陵萧承之，即齐高帝萧道成之父，为慧琼起外国塔，慧琼于元嘉十五年又造菩提寺，"堂殿坊宇，皆悉严丽"，乃以"南安施沙门慧

[1]〔唐〕释道宣撰，郭绍林点校：《续高僧传》卷五《义解·梁扬都安乐寺沙门释法申传附道达、惠命传》，第146页。

[2]〔梁〕释慧皎撰，汤用彤校注，汤一玄整理：《高僧传》卷一二《亡身·宋京师竹林寺释慧益》，第453页。

[3]〔宋〕志磐撰，释道法校注：《佛祖统纪校注》卷二七《净土立教志》，上海古籍出版社2012年版，第556页。

[4]〔唐〕释道世著，周叔迦、苏晋仁校注：《法苑珠林校注》卷六五《救厄篇》，第1967页。

智"[1]。慧琼于广陵,交接宋江夏王刘义恭妻王氏,又交接萧承之,造二寺一塔,其在广陵佛教界之地位可见一斑。

　　南朝各代在南兖州设立僧正以统领南兖僧侣。如南齐之道达,"河东闻喜人,住广陵永福精舍。少以孝行知名,拯济危险,道润江渍。永明中为南兖州僧正,在职廉洁,雅有治才,罢任之日,唯有纸故五束。"[2]

　　由于南朝崇佛是一普遍现象,所以莅任南兖州者,大体于广陵招徕僧侣,精修佛学,弘扬佛法。刘宋时临川王刘义庆为南兖州刺史,"奉养沙门,颇致费损"[3],"天竺沙门僧伽达多、僧伽罗多等,并禅学深明,来游宋境。达多尝在山中坐禅,日时将迫,念欲虚斋,乃有群鸟衔果飞来授之。达多思惟,猕猴奉蜜,佛亦受而食之,今飞鸟授食,何为不可,于是受而进之。元嘉十八年夏,受临川康王请,于广陵结居"[4]。又有释道冏,本后秦沙门,"姓马,扶风人。初出家,为道懿弟子","素诵《法华》,唯凭诚此业",驻锡建康南涧寺,"常以《般舟》为业","宋元嘉二十年,临川康王义庆携往广陵"[5],"其年九月,于西斋中作十日观世音斋"[6]。释道儒,本石姓,渤海人,"寓居广陵","少怀清信,慕乐出家","遇宋临川王义庆镇南兖,儒以事闻之。王赞成厥志,为启度出家","出家之后,蔬食读诵,凡所之造,皆劝人改恶修善,远近宗奉,遂成导师。言无预撰,发向成制"[7]。如僧伽达多、释道冏等皆非广陵人,但受刘义庆之召至广陵。释道儒为广陵人,为刘义庆支持出家,最终促进了广陵佛教的弘扬。

　　刘义庆于广陵招徕僧侣,又多有尼。释昙晖,蜀郡成都人,自幼喜好坐禅,十一岁时,为外国入蜀沙门畺良耶舍劝化,乃弃婚出家。释昙晖善于辩难,闻

---

[1]〔梁〕释宝唱著,王孺童校注:《比丘尼传校注》卷二《南安寺释慧琼尼传》,第66页。

[2]〔唐〕释道宣撰,郭绍林点校:《续高僧传》卷五《义解·梁扬都安乐寺沙门释法申传》,第146页。

[3]《宋书》卷五一《宗室·刘义庆传》,第1477页。

[4]〔梁〕释慧皎撰,汤用彤校注,汤一玄整理:《高僧传》卷三《译经下·宋京师道林寺畺良耶舍附僧伽达多》,第128—129页。

[5]〔梁〕释慧皎撰,汤用彤校注,汤一玄整理:《高僧传》卷一二《诵经·宋京师南涧寺释道冏》,第462页。

[6]〔唐〕释道世著,周叔迦、苏晋仁校注:《法苑珠林校注》卷六五《救厄篇》,第1962页。

[7]〔梁〕释慧皎撰,汤用彤校注,汤一玄整理:《高僧传》卷一三《唱导·齐齐福寺释道儒》,第515—516页。

名蜀中，"宋元嘉十九年，临川王临南兖，延之至镇，时年二十一"，及刘义庆自南兖州转任荆州，又携昙晖前往江陵，"男女道俗北面拥篲者，千二百人"[1]。释昙晖在广陵、江陵道俗中的影响力可见一斑。

又如刘宋时徐湛之为南兖州刺史时，"有沙门释惠休，善属文，辞采绮艳，湛之与之甚厚"[2]。这也是广陵地方长官在任期间对佛法的弘扬。

当然，在广陵弘法的僧侣有时也会成为南兖州刺史潜通北魏的使者。萧梁普通四年（523），萧综为南兖州刺史、都督，暗图投魏，"初，齐故建安王萧宝寅在魏，综求得北来道人释法鸾使入北通问于宝寅，谓为叔父。襄阳人梁话母死，法鸾说综厚赐之，言终可任使。综遗话钱五万。及葬毕，引在左右。法鸾在广陵，往来通魏尤数，每舍淮阴苗文宠家"[3]。可见，由广陵至北魏，必经淮阴，而这正是沟通江淮的邗沟路线。这条当年由陈登、陈敏规划的江淮水运体系同样成为后世佛法南北流传的路径。

广陵佛法的兴盛，不仅局限于出家人，更在于广大民众对佛教的认同。如"僧端，广陵人也。门世奉佛，姊妹笃信，誓愿出家，不当聘采"[4]。由此，有关广陵佛教的灵异感应故事屡见不鲜。如广陵人李旦于刘宋元嘉中得暴病，魂游地府而复活，于是乃作八关斋。[5]武昌程德度，随刘义庆至广陵，"遇禅师释道恭，因就学禅，甚有解分"，及其离南兖州返乡，其家竟"忽有殊香芬馥，达于衢路。阖境往观，三日乃歇"。[6]又如沛郡人刘琰之于广陵遇一沙门，沙门对刘琰之言"君有病气，然当不死。可作一二百钱食饴众僧，则免斯患"。刘琰之素不信佛，果然得病，梦"见有五层佛图在其心上。有二十许僧，绕塔作礼"，醒来而病稍愈。其于元嘉十七年夏"于广陵遥见惠汪精舍前旛盖甚众，

［1］〔梁〕释宝唱著，王孺童校注：《比丘尼传校注》卷四《成都长乐寺昙晖尼传》，第183页。

［2］《宋书》卷七一《徐湛之传》，第1847页。

［3］《南史》卷五三《梁武帝诸子·豫章王萧综传》，第1317页。

［4］〔梁〕释宝唱著，王孺童校注：《比丘尼传校注》卷二《永安寺僧端尼传》，第79页。

［5］〔唐〕释道世著，周叔迦、苏晋仁校注：《法苑珠林校注》卷六《六道篇》引《冥报记》，第195页。

［6］〔唐〕释道世著，周叔迦、苏晋仁校注：《法苑珠林校注》卷二八《神异篇》引《冥祥记》，第870页。

而无形像。驰往观之，比及到门，奄然都灭"[1]。此类灵异感应故事，虽属虚妄，但广陵僧侣弘法、世俗受法之普遍，可见一斑。

迨至陈、北齐二朝，广陵佛法不废。广陵释慧布，俗姓郝氏，"少怀远操，性度虚便"。至二十一岁出家为僧，"既蒙剃落，便入扬都"。后往建康，从摄山止观寺僧诠法师学三论，声誉远播，"学徒数百，翘楚一期，至于洞达清玄、妙知论旨者，皆无与尚，时号之为'得意布'，或云'思玄布'也"。释慧布"末游北邺，更涉未闻"，"写章疏六驮，负还江表……因有遗漏，重往齐国，广写所阙，赍还付朗"。其往来南北，促进了北方佛学的南传。又于建康"建立摄山栖霞寺"，"结净练众，江表所推，名德远投，禀承论旨，时为开滞，理思幽微"，"名闻光远，请谒如市。陈主诸王，并受其戒，奉之如佛"。及慧布欲绝谷坐化，陈后主之沈皇后"欲传香信"。[2]可见释慧布之佛法，得到了陈朝上层的普遍尊奉。

又有释道庆，本广陵戴氏，"后进度江，家于无锡"，"年十一出家，事吴郡建善寺藏阇梨，服勤尽礼，同侣所推。十七出都，听彭城寺讲《成实论》，大义余论，皆莫之遗"。释道庆擅于辩论，"利齿闻于既往"[3]。这是广陵籍僧侣弘法于江东。

北齐取淮南，广陵佛法兴盛依旧。释智脱，俗姓蔡氏，本籍济阳考城，后因流宦，乃为广陵人。"七岁出家，为邺下颖法师弟子"，研习《华严》《十地》。后又还广陵，从强师研习《成实》及《毗昙论》。再适建康从丹阳兴严寺镯法师学《成实论》。"陈至德中，帝请入内，讲说开悟，亟动神机。自鄱阳王伯山兄弟、仆射王克、中书王固等，并申北面"[4]。由此可知释智脱是学宗南北的义学高僧。及陈取淮南，广陵佛法不废。释慧乘，徐州彭城人，其叔祖智强"少

[1]〔唐〕释道世著，周叔迦、苏晋仁校注：《法苑珠林校注》卷三六《悬幡篇》引《冥祥记》，第1141页。

[2]〔唐〕释道宣撰，郭绍林点校：《续高僧传》卷七《义解·陈摄山栖霞寺释慧布传》，第237—239页。

[3]〔唐〕释道宣撰，郭绍林点校：《续高僧传》卷一二《义解·唐常州弘业寺释道庆传》，第426页。

[4]〔唐〕释道宣撰，郭绍林点校：《续高僧传》卷九《义解·隋东都内慧日道场释智脱传》，第322—323页。

出家,陈任广陵大僧正,善闲《成论》及《大涅槃》"。[1]

　　周、隋之际,广陵佛法兴盛不替。释慧璡,俗家姓吴,广陵人,"及年七岁,心慕缁徒,道见沙门,寻而忘返。亲欣其信仰也,遂放依荣法师而出家焉。孝谨天然,罔由师训,随从奉敬,初无乖越。每从荣游履诸寺,无敢出离,便于荣所卧床下,席地而伏。斯例非一。听荣《摄论》,大悟时伦。既而讲说,嗟赏者众。谈吐清雅,妙会物情。(隋)仁寿年中,从荣被召,入于禅定"[2]。释昙瑎,亦为广陵人,"少学《成实》,兼诸经论。《涅槃》《大品》,包蕴心目。虽讲道时缺,而以慧解驰名。每往法筵,亟陈论决,征据文旨,学者惮焉。常读诸经,盈箱满案,记注幽隐,追问耆老,皆揖其精府,反启其志。瑎乃为斟酌,通问窾梗。自江左右,历览多年,传誉不爽,实钟华望"[3]。后隋之杨广驻守广陵,弘扬佛法,广陵僧侣为杨广所招徕者甚众,由此对长安、洛阳佛法产生了深远影响。[4]

二、道教信仰

　　陈寅恪先生以为:自东汉顺帝至南北朝,"凡天师道与政治社会有关者……悉用滨海地域一贯之观念以为解释"[5]。关于对天师道信仰者之标识,以父、祖不讳"之""道"等家讳最为明显。陈寅恪又言:"六朝人最重家讳,而'之''道'等字则在不避之列,所以然之故虽不能详知,要是与宗教信仰有关。王鸣盛因齐梁世系'道''之'等字之名,而疑《梁书》《南史》所载梁室世系倒误,殊不知此类代表宗教信仰之字,父子兄弟皆可取以命名,而不能据以定世次也"[6]。

　　就广陵地区而言,对天师道的信仰,毫无疑问。萧道成刘皇后为广陵人,"祖玄之,父寿之"。刘玄之、刘寿之父子皆以"之"字入名,其为天师道世家

---

[1]　〔唐〕释道宣撰,郭绍林点校:《续高僧传》卷二五《护法·唐京师胜光寺释慧乘传》,第938页。

[2]　〔唐〕释道宣撰,郭绍林点校:《续高僧传》卷二三《明律·唐京师普光寺释慧璡传》,第858页。

[3]　〔唐〕释道宣撰,郭绍林点校:《续高僧传》卷二八《感通·隋京师日严寺释昙瑎传》,第1096页。

[4]　详参王永平:《隋炀帝招揽江南之高僧与南朝佛学之北传——以〈续高僧传〉所载相关史实为中心的考察》,《扬州大学学报(人文社会科学版)》2019年第1期。

[5]　陈寅恪:《天师道与滨海地域之关系》,《金明馆丛稿初编》,第1页。

[6]　陈寅恪:《天师道与滨海地域之关系》,《金明馆丛稿初编》,第9页。

可无疑问。又如刘宋时,南兖州刺史刘诞"发民筑治广陵城",有人拦车驾大骂:"大兵寻至,何以辛苦百姓!"刘诞执之,并问其人本末,其人答曰:"姓夷名孙,家在海陵。天公去年与道佛共议,欲除此间民人,道佛苦谏得止。大祸将至,何不立六慎门。"[1]刘诞以其言狂悖而杀之。可见广陵地区佛、道二教皆流行。

道书《云笈七籤》载,两晋之际有广陵茶姥,"常如七十岁人,而轻健有力,耳聪目明,头发鬓黑。笈晋元南渡之后,耆旧相传见之,百余年颜状不改"。茶姥"每持一器茗,往市鬻之,市人争买。自旦至暮,所卖极多,而器中茶常如新熟,而未尝减少,人多异之"[2]。道家以长生不老为宗旨,广陵茶姥的传说,就是广陵道教流传的直接证据。

《冥报记》又载,刘宋时广陵人李旦,"元嘉三年正月十四日暴病,心下不冷,七日而苏"。自云魂游地府,见诸罪孽。至元嘉六年又病,复入地府,因明福报。由此愿作八关斋以向佛。李旦"本作道家祭酒,即欲弃箓本法。道民谏制,故遂两事,而常劝化作八关斋"[3]。此故事具有佛家背景,自然扬佛抑道。但广陵道教组织之存在,则无疑问。观李旦为"道家祭酒",显然是天师道教民。[4]

又如,刘宋时光静尼,本姓胡,名道婢,吴兴东迁人,自幼出家,随其师住广陵中寺。光静"虽心识鲜明,而体力羸惫,祈诚懴到,每辄感劳,动经晦朔",沙门释法成谓曰:"服食非佛盛事。"光静遂"还食粳粮,倍加勇猛,精学不

[1]《宋书》卷七九《文五王·竟陵王诞传》,第2037页。

[2]〔宋〕张君房编,李永晟点校:《云笈七籤》卷一一五《广陵茶姥》,中华书局2003年版,第2555页。

[3]〔唐〕释道世著,周叔迦、苏晋仁校注:《法苑珠林校注》卷六《六道篇》引《冥报记》,第195—196页。

[4]《三国志》卷八《魏书·张鲁传》:"张鲁字公祺,沛国丰人也。祖父陵,客蜀,学道鹄鸣山中,造作道书以惑百姓,从受道者出五斗米,故世号米贼。……鲁遂据汉中,以鬼道教民,自号'师君'。其来学道者,初皆名'鬼卒'。受本道已信,号'祭酒'。各领部众,多者为治头大祭酒。皆教以诚信不欺诈,有病自首其过,大都与黄巾相似。诸祭酒皆作义舍,如今之亭传。又置义米肉,县于义舍,行路者量腹取足;若过多,鬼道辄病之。犯法者,三原,然后乃行刑。不置长吏,皆以祭酒为治,民夷便乐之。"第263页。

倦"[1]。服食是典型的道家修炼方式,可见广陵道教信徒绝非少数。

三、其他民间信仰

佛、道二教当然是广陵的主要宗教信仰。但除此之外,尚有诸多神祇为官民所崇信。今仅史料有征之江海之祀与伍子胥信仰、蒋子文崇拜、东陵圣母崇拜三例以见其情。

(一)江海之祀与伍子胥信仰

魏晋南北朝时期的广陵是长江入海口,即江海交汇之处,波澜壮阔,为观涛胜处。史称其地"土甚平旷,(南兖州)刺史每以秋月多出海陵观涛,与京口对岸,江之壮阔处也"[2],梁元帝《怀旧志序》亦言:"吾自北守琅台,东探禹穴。观涛广陵,面金汤之设险;方舟宛委,眺玉笥之干霄。"[3]

也即由此,广陵地区至迟在东汉时即存在着祀水的习俗,甚至成为中央祭祀的一部分,"后汉世,诸帝不豫,并告泰山、弘农、庐江、常山、颍川、南阳、河东、东郡、广陵太守祷祠五岳四渎,遣司徒分诣郊庙社稷"[4]。迨至魏晋南北朝,此风尚成为广陵地区普遍之信仰。《晋书·地理志》记载广陵郡海陵"有江海会祠",江都"有江水祠"[5]。

民间社会又常将江海信仰与神祇信仰混淆一处。广陵地区又有伍子胥的信仰。《水经·淮水注》载:

> (江都)县有江水祠,俗谓之伍相庙也。子胥但配食耳,岁三祭,与五岳同。[6]

《水经注疏》曰:"全(祖望)云:子胥为浙江神,今钱塘吴山祠庙,香火甚盛,而大江之上杳然,不知其亦主风涛之患也。观范《史·张禹传》及章怀《注》所引《水经》逸文可见。故山谦之《南徐州记》,其于广陵之曲江,亦以为大江,

---

[1]〔梁〕释宝唱著,王孺童校注:《比丘尼传校注》卷二《广陵中寺光静尼传》,第81页。

[2]《南齐书》卷一四《州郡志上》"南兖州",第255页。

[3]〔唐〕欧阳询等撰,汪绍楹校:《艺文类聚》卷三四《人部·怀旧》,第594页。

[4]《宋书》卷一五《礼志二》,第387页。

[5]《晋书》卷一五《地理志下》"徐州·广陵郡",第452页。

[6]〔北魏〕郦道元著,陈桥驿校证:《水经注校证》,第713页。

而不专主浙江,非尽无说也。(熊)会贞按:《汉·地理志》:江都有江水祠。《郊祀志》:江水,祠蜀。宣帝改祠于江都。《风俗通》十:河隄谒者掌四渎礼祠,与五岳同。考汉泰山与河,岁五祠,江水四,余皆三祠。应说欠分析。此言岁三祭与五岳同,亦未核。《寰宇记》《名胜志》皆言岁三祀,以伍员为配,则承用郦说也。今江水祠在江都县瓜洲镇。伍子胥庙在仪征县西城外,则后人分建之。"[1]今扬州仪征市有胥浦,即伍子胥信仰的历史遗留痕迹。

(二)蒋子文崇拜

魏晋南北朝时期,广陵又有蒋子文崇拜。建康之蒋山(钟山)即由此得名。《舆地志》以为:"汉末秣陵尉蒋子文讨贼死此山下,孙氏都秣陵,以其祖讳钟,因改名蒋山。"[2]至于蒋子文生平始末,《搜神记》等书载:

> 蒋子文,广陵人也。嗜酒好色,挑挞无度。常自谓青骨,死当为神。汉末为秣陵尉,逐贼至钟山下。贼击伤额,因解绶缚之,有顷遂死。及吴先主之初,其故吏见文于道,乘白马,执白羽,侍从如平生。见者惊走,文追之,谓曰:"我当为此土地神,以福尔下民。尔可宣告百姓,为我立祠。不尔,将有大咎。"是岁夏,大疫,百姓辄相恐动,颇有窃祠之者矣。文又下巫祝:"吾将大启祐孙氏,宜为吾立祠。不尔,将使虫入人耳为灾。"俄而小虫如鹿虻,入耳皆死,医不能治。百姓愈恐。孙主未之信也。又下巫祝:"若不祀我,将又以大火为灾。"是岁,火灾大发,一日数十处。火及公宫,孙主患之。议者以为鬼有所归,乃不为厉,宜有以抚之。于是使使者封子文为中都侯,次弟子绪为长水校尉。皆加印绶,为庙堂。转号钟山为蒋山,今建康东北蒋山是也。自是灾厉止息,百姓遂大事之。[3]

由此可知,蒋子文为汉末广陵人,因官讨贼寇而死。因为蒋子文"嗜酒好

[1]〔后魏〕郦道元注,〔清〕杨守敬、熊会贞疏,段熙仲点校,陈桥驿复校:《水经注疏》卷三〇《淮水》,江苏古籍出版社1989年版,第2554—2555页。

[2]〔宋〕司马光编著,〔元〕胡三省音注,"标点资治通鉴小组"校点:《资治通鉴》卷一七七"隋开皇九年正月"条注,第5506页。所谓"以其祖讳钟,因改名蒋山",查《宋书》卷二七《符瑞志》:"孙坚之祖名钟,家在吴郡富春"云云。第780页。

[3]〔宋〕李昉等编:《太平广记》卷二九三"蒋子文"条,中华书局1961年版,第2329页。

色,挑挞无度"的秉性与孙氏同类,因此为孙吴所尊奉。[1]由此,蒋子文崇拜遂在江左地区大行其道。

按《隋书·地理志》述各地风俗,《禹贡》淮海之地的扬州"俗信鬼神,好淫祀"[2],六朝时淮域以南之崇拜蒋子文,盖即淫祀之一种。"而此种崇拜影响所及,不独使子文事迹之本山钟山改称蒋山,复使子文任职之秣陵隋唐时两度改称蒋州;至于蒋庙(蒋侯庙、蒋王庙、蒋帝庙一类),更应是当时普遍存在于南方各地的一类显目的小地名,其孑遗至今尚存:南京市有蒋王庙、蒋王庙街、蒋王庙居委会等,在钟山脚下。扬州市邗江区有蒋王镇,以驻地蒋王庙镇得名,镇名又来自蒋忠烈王庙,蒋忠烈王即蒋子文"[3]。

（三）东陵圣母崇拜

广陵又有对东陵圣母的崇拜。《续汉书·郡国志》"广陵郡·广陵":"有东陵亭。"李贤注引《博物记》曰:"女子杜姜,左道通神,县以为妖,闭狱桎梏,卒变形莫知所极。以状上,因以其处为庙祠,号曰东陵圣母。"[4]刘遵之《神异录》云:

> 广陵县女杜美有道术,县以为妖,桎梏之,忽变形,莫知所之,因以其处立庙,号曰东陵圣母。古老相传云,梁武普通年中,有商人乘船,夜梦有妇人曰:"我是东陵圣母神也,随形影逐流来此。今当君船底水里,若能将形影上岸立祠,当重相报。"其人觉悟,视之,果如所梦。将上岸,为立祠。[5]

刘遵之《神异录》所言之"杜美",即西晋张华《博物志》所言之"杜姜"。可见东陵圣母为杜氏女,引其地有东陵亭,故称东陵圣母。

西晋葛洪《神仙传》所载东陵圣母,与《博物志》《神异录》稍异:

[1]　参胡阿祥:《蒋山、蒋州、蒋王庙与蒋子文崇拜》,《南京师范专科学校学报》1999年第2期。

[2]　《隋书》卷三一《地理志下》"扬州",第886页。

[3]　参胡阿祥:《蒋山、蒋州、蒋王庙与蒋子文崇拜》,《南京师范专科学校学报》1999年第2期。

[4]　〔晋〕司马彪撰,〔梁〕刘昭注补:《续汉书》第二一《郡国三》,第3461页。

[5]　〔宋〕乐史撰,王文楚等点校:《太平寰宇记》卷九二《江南东道四》"江阴",第1852—1853页。

东陵圣母者,广陵海陵人也。适杜氏,师事刘纲学道,能易形变化,隐显无方。杜不信道,常恚怒之。圣母或行理疾救人,或有所之诣,杜恚之愈甚,告官讼之,云:"圣母奸妖,不理家务。"官收圣母付狱。顷之,已从狱窗中飞去,众望见之,转高入云中,留所著履一緉在窗下,自此升天。于是远近立庙祠之,民所奉事,祷祈立効。常有一青鸟在祭所,人有失物者,乞问所在,青鸟即集盗物人之上,路不拾遗。岁月稍久,亦不复尔。至今海陵县中不得为奸盗之事,大者即风波没溺,虎狼杀之,小者即复病也。[1]

传说中对东陵圣母记载的主要差异在于其为广陵人抑或海陵人,其姓杜抑或夫家姓杜。千百年来传说纷纷,已难以归于一说。甚至东陵圣母为何时之人,也难有定准。唐代李贤既引西晋张华《博物志》注入《续汉书·郡国志》,颇疑其为晋以前人,但据《神仙传》所载,东陵圣母曾师从刘纲学道,而刘纲,《神仙传》卷六有传:"刘纲者,上虞县令也。与妻樊夫人俱得道术,二人俱坐(林)〔床〕上,纲作火烧屋,从东边起,夫人作雨,从西边上,火灭。"胡守为据《真仙通鉴》卷三一《刘纲》以为,刘纲"为晋时下邳人,后为上虞令。师事帛君受道,作《续仙传》行于世"[2]刘纲既为晋人,其弟子东陵圣母之事载于西晋葛洪所撰《神仙传》中,则东陵圣母又似为西晋道者。此类传说,歧互之处,在所难免。但可以肯定的是,自晋至南朝,北自广陵,南至江阴,对东陵圣母的崇拜一直存在。

其实,从严格意义上说,东陵圣母本为道家人物,但同时,东陵圣母也是具有鲜明区域特色的神祇,因此,对东陵圣母的崇拜,一方面具有道教信仰的背景,另一方面,也具有地方神祇崇拜的特征。这是特别需要说明的。

魏晋南北朝时期的广陵大体以战争为主题,长期处于南北对峙的中间地带,故举凡社会经济诸问题,大体皆受到战争与南北对峙之攻防态势制约。

在经济方面,由官方主导的经济政策凌驾于社会自发形成的经济活动之

---

[1]〔晋〕葛洪撰,胡守为校释:《神仙传校释》卷六"东陵圣母"条,第228页。"于是远近"云云,据《汉魏丛书》本补。

[2]〔晋〕葛洪撰,胡守为校释:《神仙传校释》卷六"刘纲"条,第224页。

上,以军政为目的经济政策凌驾于惠民的经济政策之上。陈登于广陵疏通中渎水,邓艾屯田石鳖,意在图吴;陈敏董理邗沟,意在疏通吴会至洛阳之漕运;谢安步丘筑垒,意在北伐。此后,邗沟成为南北交兵之孔道,并没有为广陵经济的发展提供明显的便利,就是明证。至于陈登、谢安等人之惠民,全在二人之施政秉性,不能视作魏晋南北朝诸政权之一贯政策。

围绕广陵发生的战乱也决定了广陵城的兴废。汉末动乱,曹操弃守淮南,汉广陵故城遂废。永嘉乱后,广陵为江北要津,建康北门锁钥,桓温等逐步重建广陵城,迨至宋齐,随着北魏对南方军事压力的加剧,再建广陵外城。可以说,广陵城的兴废也与南北局势息息相关。

从社会结构与学术文化史角度考察汉末魏晋的广陵世族,可以说,无论是家族的社会地位与学行,广陵士人都不能代表时代的主流。由于他们所处并非文化中心地域,汉晋间洛都学风与正始玄风对他们的影响甚微。他们谨守汉儒旧学,外儒内法,尚忠节孝义。也即由此,他们与魏晋时期的玄学名士在为学风貌与学行上存在着较为显著的差异,难以在士族社会确立与主流学术相契合的文化风尚,进而其家族无法在两晋时期跻身政治高层。永嘉以后,随着广陵成为南北相争之地,文化士族逐步退出广陵,次等士族、寒族成为广陵社会的上层。寒士依附权贵,以吏干仕进,以武勋干禄。豪族囤聚坞壁,聚集乡党,是地方上的半独立武装势力,成为南北政权拉拢的私人武装力量。这种情形一直延续到杨隋灭陈。

值得注意的是,陈登、陈敏所创立的以邗沟为中心的江淮漕运体系,在东晋南北朝,不但是重要的军事航道,也是南北文化的交通线,这在佛教的南北传播方面尤为明显。东晋南北朝广陵地区的佛教大体融通南北,义学、律学兼而有之。就佛教传播的路径而言,广陵非但是北方佛学流传至南方的前沿,也是南方佛学传入北方的基地。因此,魏晋南北朝时期的广陵得以成为江淮区域间佛法弘扬之重镇,这一特色至隋代犹存。而广陵地区对天师道的信仰,与广陵彼时地处海滨的区位特征有着莫大的联系。至于对伍子胥、蒋子文、东陵圣母的民间崇拜,更是具有鲜明的地域特色。

主要参考文献

一、史料

司马迁.史记[M].裴骃,集解.司马贞,索隐.张守节,正义.北京:中华书局,2013.

班固.汉书[M].颜师古,注.北京:中华书局,1962.

范晔.后汉书[M].李贤,等注.北京:中华书局,1965.

陈寿.三国志[M].裴松之,注.陈乃乾,校点.北京:中华书局,1982.

房玄龄,等.晋书[M].北京:中华书局,1974.

沈约.宋书[M].北京:中华书局,1974.

萧子显.南齐书[M].北京:中华书局,1972.

姚思廉.梁书[M].北京:中华书局,1973.

姚思廉.陈书[M].北京:中华书局,1972.

魏收.魏书[M].北京:中华书局,1974.

李百药.北齐书[M].北京:中华书局,1972.

令狐德棻,等.周书[M].北京:中华书局,1971.

魏徵,令狐德棻.隋书[M].北京:中华书局,1973.

李延寿.南史[M].北京:中华书局,1975.

李延寿.北史[M].北京:中华书局,1974.

司马光.资治通鉴[M].胡三省,音注."标点资治通鉴小组",校点.北京:中华书局,1956.

方诗铭,王修龄.古本竹书纪年辑证[M].上海:上海古籍出版社,2005.

梁玉绳.史记志疑[M].北京:中华书局,1981.

泷川资言.史记会注考证[M].杨海峥,整理.上海:上海古籍出版社,

2015.

韩兆琦.史记笺证[M].南昌:江西人民出版社,2004.

王先谦.汉书补注[M].上海师范大学古籍整理研究所,整理.上海:上海古籍出版社,2008.

卢弼.三国志集解[M].北京:中华书局,1982.

曹金华.后汉书稽疑[M].北京:中华书局,2014.

杨守敬.隋书地理志考证[M]//二十五史刊行委员会.二十五史补编.北京:中华书局,1955.

阮元.十三经注疏[M].北京:中华书局,2009.

杨伯峻.春秋左传注[M].北京:中华书局,1990.

黎翔凤.管子校注[M].梁运华,整理.北京:中华书局,2004.

王先谦.荀子集解[M].沈啸寰,王星贤,点校.北京:中华书局,1988.

王先慎.韩非子集解[M].钟哲,点校.北京:中华书局,1998.

黄怀信,张懋镕,田旭东.逸周书汇校集注[M].李学勤,审定.上海:上海古籍出版社,1995.

上海师范学院古籍整理组.国语[M].上海:上海古籍出版社,1978.

刘向.战国策[M].范祥雍,笺证.范邦瑾,协校.上海:上海古籍出版社,1985.

赵晔.吴越春秋[M].徐天祜,音注.苗麓,点校.南京:江苏古籍出版社,1986.

李步嘉.越绝书校释[M].北京:中华书局,2013.

阎振益,钟夏.新书校注[M].北京:中华书局,2000.

苏舆.春秋繁露义证[M].钟哲,点校.北京:中华书局,1992.

刘文典.淮南鸿烈集解[M].冯逸,乔华,点校.北京:中华书局,1989.

王利器.盐铁论校注[M].北京:中华书局,1992.

向宗鲁.说苑校证[M].北京:中华书局,1987.

黄晖.论衡校释:附刘盼遂集解[M].北京:中华书局,1990.

彭铎.潜夫论笺校正[M].北京:中华书局,1985.

吴树平.风俗通义校释[M].天津:天津人民出版社,1980.

王明.抱朴子内篇校释[M].北京:中华书局,1980.

杨明照.抱朴子外篇校笺[M].北京:中华书局,1997.

余嘉锡.世说新语笺疏[M].周祖谟,余淑宜,周士琦,整理.北京:中华书局,2008.

王利器.颜氏家训集解[M].北京:中华书局,1993.

朱熹.四书章句集注[M].北京:中华书局,1983.

黎靖德.朱子语类[M].王星贤,点校.北京:中华书局,1986.

王叔岷.列仙传校笺[M].北京:中华书局,2007.

胡守为.神仙传校释[M].北京:中华书局,2010.

释僧祐.出三藏记集[M].苏晋仁,萧錬子,点校.北京:中华书局,1995.

释慧皎.高僧传[M].汤用彤,校注.汤一玄,整理.北京:中华书局,1992.

释宝唱.比丘尼传校注[M].王孺童,校注.北京:中华书局,2006.

道宣.续高僧传[M].郭绍林,点校.北京:中华书局,2014.

周叔迦,苏晋仁.法苑珠林校注[M].北京:中华书局,2003.

释道法.佛祖统纪校注[M].上海:上海古籍出版社,2012.

张君房.云笈七籤[M].李永晟,点校.北京:中华书局,2003.

张邦基.墨庄漫录[M]//全宋笔记:第三编.郑州:大象出版社,2008.

任乃强.华阳国志校补图注[M].上海:上海古籍出版社,2007.

杨守敬,熊会贞.水经注疏[M].段熙仲,点校.陈桥驿,复校.南京:江苏古籍出版社,1989.

陈桥驿.水经注校证[M].北京:中华书局,2007.

李吉甫.元和郡县图志[M].贺次君,点校.北京:中华书局,1983.

小野胜年.入唐求法行礼记校注[M].白化文,李鼎霞,许德楠,修订校注.周一良,审阅.石家庄:花山文艺出版社,1992.

乐史.太平寰宇记[M].王文楚,等点校.北京:中华书局,2007.

王象之.舆地纪胜[M].李勇先,校点.成都:四川大学出版社,2005.

欧阳忞.舆地广记[M].李勇先,王小红,校注.成都:四川大学出版社,2003.

周应合.景定建康志[M]//宋元方志丛刊.北京:中华书局,1990.

穆彰阿,潘锡恩,等.大清一统志[M].上海:上海古籍出版社,2008.

顾炎武.肇域志[M].谭其骧,王文楚,朱惠荣,等校点.上海:上海古籍出版社,2012.

顾炎武.天下郡国利病书[M].黄坤,等校点.上海:上海古籍出版社,2012.

顾祖禹.读史方舆纪要[M].贺次君,施和金,点校.北京:中华书局,2005.

黄之隽,等.江南通志[M].景印本.上海:上海古籍出版社,1987.

姚文田,等.嘉庆重修扬州府志[M].刘建臻,点校.扬州:广陵书社,2014.

刘纬毅.汉唐方志辑佚[M].北京:北京图书馆出版社,1997.

杜佑.通典[M].王文锦,王永兴,等点校.北京:中华书局,1988.

浦起龙.史通通释[M].王煦华,整理.上海:上海古籍出版社,2009.

林宝.元和姓纂:附四校记[M].岑仲勉,校记.北京:中华书局,1994.

马端临.文献通考[M].北京:中华书局,1986.

张彦远.法书要录[M].武良成,周旭,点校.杭州:浙江人民美术出版社,2012.

欧阳询,等.艺文类聚[M].汪绍楹,校.上海:上海古籍出版社,1998.

李昉,等.太平御览[M].影印本.北京:中华书局,1960.

李昉,等.文苑英华[M].北京:中华书局,1966.

黄汝成.日知录集释[M].栾保群,吕宗力,校点.全校本.上海:上海古籍出版社,2006.

何焯.义门读书记[M].崔高维,点校.北京:中华书局,1987.

钱大昕.廿二史考异[M].方诗铭,周殿杰,校点.上海:上海古籍出版社,2004.

刘文淇,刘毓崧,刘寿曾.仪征刘氏集[M].吴平,李善强,郑晓霞,整理.扬州:广陵书社,2018.

阮元.揅经室再续集[M]//清代诗文集汇编.上海:上海古籍出版社,

2010.

严耕望.两汉太守刺史表[M].上海:上海古籍出版社,2007.

郭茂倩.乐府诗集[M].北京:中华书局,2017.

许逸民.徐陵集校笺[M].北京:中华书局,2008.

徐陵.玉台新咏笺注[M].程琰,删补.吴兆宜,注.穆克宏,点校.北京:中华书局,1985.

瞿蜕园.刘禹锡集笺证[M].上海:上海古籍出版社,1989.

萧统.文选[M].李善,注.上海:上海古籍出版社,1986.

范文澜.文心雕龙注[M].北京:人民文学出版社,1958.

中国社会科学院考古研究所.殷周金文集成[M].北京:中华书局,1984—1994.

洪适.隶释[M].北京:中华书局,1986.

陆心源.千甓亭古砖图释[M].杭州:浙江古籍出版社,2019.

高文.汉碑集释[M].郑州:河南大学出版社,2008.

赵超.汉魏南北朝墓志汇编[M].天津:天津古籍出版社,2008.

罗新,叶炜.魏晋南北朝墓志疏证[M].北京:中华书局,2016.

睡虎地秦墓竹简整理小组.睡虎地秦墓竹简[M].北京:文物出版社,1990.

武汉大学简帛研究中心,湖北省文物考古研究所,四川省文物考古研究院.秦简牍合集[M].释文注释修订本.武汉:武汉大学出版社,2016.

简牍整理小组.居延汉简:壹[M].台北:"中央研究院"历史语言研究所,2014.

张家山二四七号汉墓竹简整理小组.张家山汉墓竹简〔二四七号墓〕释文[M].修订本.北京:文物出版社,2006.

彭浩,陈伟,工藤元男.二年律令与奏谳书:张家山二四七号汉墓出土法律文献释读[M].上海:上海古籍出版社,2007.

连云港市博物馆,扬州博物馆,等.江苏连云港·扬州新出土简牍选[M].东京:每日新闻社,2000.

北京大学出土文献研究所.北京大学藏西汉竹书:伍[M].上海:上海

古籍出版社,2014.

　　中国简牍集成编辑委员会.中国简牍集成[M].兰州:敦煌文艺出版社,
2005.

　　任红雨.中国封泥大系[M].杭州:西泠印社出版社,2018.

　　仪征博物馆.仪征馆藏铜镜[M].南京:江苏美术出版社,2010.

　　扬州博物馆,天长市博物馆.汉广陵国玉器[M].北京:文物出版社,
2003.

　　扬州博物馆.汉广陵国漆器[M].北京:文物出版社,2004.

　　徐忠文,周长源.汉广陵国铜镜[M].北京:文物出版社,2013.

　　张元华.邗江出土文物精萃[M].扬州:广陵书社,2005.

二、专著

宋林飞.江苏通史[M].南京:凤凰出版社,2012.

　　蔡葵.楚汉文化概观[M].南京:南京师范大学出版社,1996.

　　王长俊.江苏文化史论[M].南京:南京师范大学出版社,1999.

　　陈书禄.江苏文化概观[M].南京:南京师范大学出版社,1998.

　　南京市博物馆,北京大学考古系,汤山考古发掘队.南京人化石地点
(1993—1994)[M].北京:文物出版社,1996.

　　龙虬庄遗址考古队.龙虬庄:江淮东部新石器时代遗址发掘报告[M].
北京:科学出版社,1999.

　　南京博物院,泗洪县博物馆.顺山集:泗洪县新石器时代遗址考古发掘
报告[M].北京:科学出版社,2016.

　　李晏墅,郭宁生.泰州通史[M].南京:凤凰出版社,2014.

　　王其银,李春涛.青墩考古[M].苏州:苏州大学出版社,2010.

　　黄大昭,黄俶成.汇源导流:泰州文学史话[M].南京:凤凰出版社,
2016.

　　董楚平.吴越文化新探[M].杭州:浙江人民出版社,1988.

　　徐永生.徐国史研究[M].北京:中国文联出版社,2002.

　　张富祥.东夷文化通考[M].上海:上海古籍出版社,2008.

吴子辉.扬州建置笔谈[M].南京:江苏古籍出版社,2002.

中国社会科学院考古研究所,南京博物院,扬州市文物考古研究所.扬州城:1987—1998年考古发掘报告[M].北京:文物出版社,2010.

王虎华.扬州城池变迁[M].南京:南京师范大学出版社,2014.

刘和惠.楚文化的东渐[M].武汉:湖北教育出版社,1995.

陈秋祥,姚申,董淮平.中国文化源[M].上海:百家出版社,1991.

张光裕,曹锦炎.东周鸟篆文字编[M].香港:翰墨轩出版有限公司,1994.

杨正宏,肖梦龙.镇江出土吴国青铜器[M].北京:文物出版社,2008.

杨宽.战国史[M].上海:上海人民出版社,1980.

《中国大运河史》编纂委员会.中国大运河史[M].北京:中华书局,2001.

中国硅酸盐学会.中国陶瓷史[M].北京:文物出版社,1982.

赵昌智.扬州文化通论[M].扬州:广陵书社,2011.

杨华.古礼新研[M].北京:商务印书馆,2012.

白云翔.先秦两汉铁器的考古学研究[M].北京:科学出版社,2005.

曹道衡,沈玉成.中古文学史料丛考[M].北京:中华书局,2003.

陈侃理.儒学、数术与政治灾异的政治文化史[M].北京:北京大学出版社,2015.

陈苏镇.《春秋》与“汉道”:两汉政治与政治文化研究[M].北京:中华书局,2011.

陈苏镇.两汉魏晋南北朝史探幽[M].北京:北京大学出版社,2013.

崔瑞德,鲁惟一.剑桥中国秦汉史[M].杨品泉,等译.北京:中国社会科学出版社,1992.

陈伟.楚“东国”地理研究[M].武汉:武汉大学出版社,1992.

方诗铭.曹操·袁绍·黄巾[M].上海:上海社会科学院出版社,1995.

葛剑雄.中国移民史[M].福州:福建人民出版社,1997.

李开元.汉帝国的建立与刘邦集团:军功受益阶层研究[M].北京:生活·读书·新知三联书店,2000.

李零．中国方术考［M］．北京：中华书局，2019．

刘乐贤．简帛数术文献探论［M］．增订版．北京：中国人民大学出版社，2012．

刘莉、陈星灿．中国考古学：旧石器时代晚期到早期青铜时代［M］．北京：生活·读书·新知三联书店，2017．

南京博物院，盱眙县文化广电和旅游局．大云山：西汉江都王陵1号墓发掘报告　一［M］．北京：文物出版社，2020．

南京博物院，盱眙县文化广电和旅游局．大云山：西汉江都王陵1号墓发掘报告　二［M］．北京：文物出版社，2000．

孙机．汉代物质文化资料图说［M］．增订本．上海：上海古籍出版社，2011．

田天．秦汉国家祭祀史稿［M］．北京：生活·读书·新知三联书店，2015．

王子今．秦汉交通史稿［M］．增订本．北京：中国人民大学出版社，2013．

巫鸿．黄泉下的美术：宏观中国古代墓葬［M］．施杰，译．北京：生活·读书·新知三联书店，2010．

辛德勇．旧史舆地文录［M］．北京：中华书局，2013．

辛德勇．史记新本校勘［M］．桂林：广西师范大学出版社，2017．

邢义田．治国安邦：法制、行政与军事［M］．北京：中华书局，2011．

徐复观．两汉思想史［M］．上海：华东师范大学出版社，2001．

徐俊祥．汉代扬州区域文明发展［M］．北京：社科文献出版社，2013．

许倬云．汉代农业：中国农业经济的起源及特性［M］．王勇，译．桂林：广西师范大学出版社，2005．

阎步克．士大夫政治演生史稿［M］．北京：北京大学出版社，2015．

杨运秀．南阳汉画像与汉代经济研究［M］．郑州：河南大学出版社，2017．

余英时．士与中国文化［M］．上海：上海人民出版社，2003．

袁淮．扬州文博研究集［M］．扬州：广陵书社，2009．

张光直．中国青铜时代［M］．北京：生活·读书·新知三联书店，2013．

赵宠亮．行役戍备：河西汉塞吏卒的屯戍生活［M］．北京：科学出版社，

2012.

增渊龙夫.中国古代的社会与国家[M].吕静,译.上海:上海古籍出版社,2017.

中国社会科学院考古研究所,等.扬州蜀岗古代城址考古勘探报告[M].北京:科学出版社,2014.

中国社会科学院考古研究所,南京博物院,扬州市文物考古研究所.扬州城遗址考古发掘报告:1999~2013年[M].北京:科学出版社,2015.

周振鹤.西汉政区地理[M].北京:人民出版社,1987.

周振鹤,李晓杰,张莉.中国行政区划通史:秦汉卷[M]//周振鹤.中国行政区划通史.2版.上海:复旦大学出版社,2017.

胡阿祥,孔祥军,徐成.中国行政区划通史:三国两晋南朝卷[M]//周振鹤.中国行政区划通史.上海:复旦大学出版社,2014.

陈寅恪.金明馆丛稿初编[M].北京:生活·读书·新知三联书店,2001.

陈遵妫.中国天文学史[M].上海:上海人民出版社,2016.

顾农.从孔融到陶渊明:汉末三国两晋文学史论衡[M].南京:凤凰出版社,2013.

何德章.魏晋南北朝史丛稿[M].北京:商务印书馆,2010.

胡阿祥.宋书州郡志汇释[M].合肥:安徽教育出版社,2006.

胡阿祥.东晋南朝侨州郡县与侨流人口研究[M].南京:江苏教育出版社,2008.

胡宝国.汉唐间史学的发展[M].修订本.北京:北京大学出版社,2014.

刘淑芬.六朝的城市与社会[M].增订本.南京:南京大学出版社,2021.

鲁西奇.中国古代买地券研究[M].厦门:厦门大学出版社,2014.

鲁西奇.中国历史的空间结构[M].桂林:广西师范大学出版社,2014.

罗宗真.六朝考古[M].南京:南京大学出版社,1994.

吕思勉.两晋南北朝史[M].上海:上海古籍出版社,2005.

吕思勉.吕思勉读史札记[M].上海:上海古籍出版社,2005.

马孟龙.西汉侯国地理[M].上海:上海古籍出版社,2013.

钱锺书.管锥编[M].北京:中华书局,1979.

施和金.北齐地理志［M］.北京:中华书局,2008.

卿希泰.中国道教史［M］.修订本.成都:四川人民出版社,1996.

丘光明.中国历代度量衡考［M］.北京:科学出版社,1992.

裘士京.江南铜研究:中国古代青铜铜源的探索［M］.合肥:黄山书社,
2004.

任继愈.中国道教史［M］.上海:上海人民出版社,1990.

史念海.河山集:四集［M］.西安:陕西师范大学出版社,1991.

谭其骧.谭其骧全集［M］.北京:人民出版社,2015.

唐长孺.魏晋南北朝史论丛［M］.北京:中华书局,2011.

唐长孺.魏晋南北朝史论拾遗［M］.北京:中华书局,2011.

田余庆.秦汉魏晋史探微［M］.北京:中华书局,2004.

田余庆.秦汉魏晋史探微［M］.重订本.北京:中华书局,2011.

田余庆.东晋门阀政治［M］.北京:北京大学出版社,2012.

王永平.孙吴政治与文化史论［M］.上海:上海古籍出版社,2005.

王仲荦.北周地理志［M］.北京:中华书局,1980.

周一良.魏晋南北朝史札记［M］.北京:中华书局,2007.

三、论文与简报

陈铁梅,杨全,胡艳秋.南京人化石地点年代测定报告［R］//南京市博物馆,北京大学考古学系,汤山考古发掘队.南京人化石地点(1993—1994).北京:文物出版社,1996.

陈琪,汪永进,刘泽纯,等.南京汤山猿人洞穴石笋的铀系年龄［J］.人类学学报,1998(3).

汪永进,Hai Cheng,陆从伦,等.南京汤山洞穴碳酸盐沉积物的电离质谱铀系年代［J］.科学通报,1999(14).

徐钦琦,穆西南,等.南京汤山溶洞中更新世哺乳动物的发现及其意义［J］.科学通报,1993(15).

王广禄.从南京直立人到湖熟文化［N］.中国社会科学报,2018-3-9.

房迎三,等.江苏发现旧石器时代早期石器地点［N］.中国文物报,2000-

1-26.

陈铁梅,等.安徽省和县和巢县古人类地点的铀系法年代测定与研究[J].人类学学报,1987（3）.

李炎贤,雷次玉.江苏溧水神仙洞发现的动物化石[J].古脊椎动物与古人类,1980（1）.

李文明,张祖方,等.江苏丹徒莲花洞动物群[J].人类学学报,1982（2）.

刘兴.建馆三十年来考古工作[J].东南文化,1988（5）.

严飞,等.丹徒县高资的人类股化石[C].江苏省考古学会1980年年会论文选.

吴汝康,贾兰坡.下草湾的人类股骨化石[J].古生物学报,1955（1）.

李洪甫.连云港市桃花涧旧石器时代晚期遗址试掘报告[J].东南文化,1989（3）.

张祖方.爪墩文化:苏北马陵山爪墩遗址调查报告[J].东南文化,1987（2）.

张祖方,李文明.江苏省古人类和旧石器时代的考古工作[J].南京博物院集刊,1980（2）.

房迎三.江苏南部旧石器调查报告[J].东南文化,2002（1）.

房迎三.江苏江浦旧石器地点调查[J].东南文化,2003（5）.

李传夔,林一璞,等.江苏泗洪下草湾中中新世脊椎动物群[J].古脊椎动物与古人类,1983（4）.

房迎三,等.江苏句容放牛山发现的旧石器[J].人类学学报,2002（1）.

张敏.江淮东部原始文化初论[C]//南京大学考古专业成立三十周年纪念文集.天津:天津人民出版社,2002.

南京博物院.江苏海安青墩遗址[J].考古学报,1983（2）.

王其银.江淮东部原始文化的命名与青墩文化的内涵[J].东南文化,2005（5）.

南京博物院考古研究所,泗洪县博物馆.江苏泗洪县顺山集新石器时代遗址[J].考古,2013（7）.

中国国家博物馆,南京博物院,泗洪县博物馆.江苏泗洪韩井遗址2014

年发掘简报［J］.东南文化,2018（1）.

中国国家博物馆,南京博物院,泗洪县博物馆.江苏泗洪韩井遗址2015—2016年发掘简报［J］.东南文化,2018（1）.

燕生东.顺山集文化与大伊山类型［J］.东南文化,2018（1）.

陈声波.八角星纹与东海岸文化传统［J］.南京艺术学院学报,2008（6）.

南京博物院考古研究所,扬州博物馆,兴化博物馆.江苏兴化戴家舍南荡遗址［J］.文物,1995（4）.

南京博物院考古研究所,扬州博物馆,高邮文管会.江苏高邮周邶墩遗址发掘报告［J］.考古学报,1997（4）.

周煜,黄炳煜.天目山、单塘河古遗址调查报告［J］.东南文化,1986（2）.

张敏,韩明芳.虞舜南巡与勾吴的发端［J］.南京大学学报,1999（3）.

张敏.南荡遗存的发现及其意义［J］.中国社会科学院古代文明研究中心通讯,2002（4）.

张敏,韩明芳.江淮东部地区古文化的初步认识［C］//中国考古学会.中国考古学会第九次年会论文集.北京：文物出版社,1993.

上海博物馆考古研究部.上海松江区广富林遗址1999—2000年发掘简报［J］.考古,2002（10）.

张敏.从青莲岗文化的命名谈淮河流域和长江流域原始文化的互相关系［J］.郑州大学学报,2005（2）.

夏寒.江苏高邮龙虬庄史前墓葬人口状况分析［J］.江汉考古,2006（2）.

张富祥."走出疑古"的困惑：从"夏商周断代工程"的失误谈起［J］.文史哲,2006（3）.

戴明.从寒、干、邗到扬州［J］.扬州史志,2003（1/2）.

燕生东.晚商的东土经略与滨海盐业［N］.中国社会科学报,2018-1-15

张富祥.再说"东夷"［N］.中国社会科学报,2018-11-26.

邵蓓.《封许之命》与西周外服体系［J］.历史研究,2019（2）.

王晖.西周春秋吴都迁徙考［J］.历史研究,2000（5）.

徐中舒.殷周之际史迹之检讨［C］//徐中舒历史论文选辑：上.北京：中华书局,1998.

萧梦龙.对吴国历史文化的新探索[C]//江苏省社联历史学会,江苏省社会科学院历史研究所.江苏史论考.南京:江苏古籍出版社,1989.

顾颉刚.徐和淮夷的迁留:周公东征史事考证之五[J].文史,1990(23).

李学勤.史密簋铭所记西周重要史实[C]//走出疑古时代.修订本.沈阳:辽宁大学出版社,1997.

马承源.关于翏生盨和者减钟的几点意见[J].考古,1979(1).

印志华.从徐方到邗城[C]//扬州建城历史探源专题研讨会论文集,2015.

顾风.邗城的探寻与研究[C]//扬州博物馆.江淮文化论丛:第4辑.北京:文物出版社,2017.

汪勃.扬州城的城门考古[J].大众考古,2015(11).

朱志泊.寻找邗城[C]//扬州博物馆.江淮文化论丛:第4辑.北京:文物出版社,2017.

汪勃.扬州城遗址蜀冈上城垣城壕蠡测[C]//扬州博物馆.江淮文化论丛:第2辑.北京:文物出版社,2013.

张敏.邗·邗城·邗文化[C]//扬州博物馆.江淮文化论丛:第4辑.北京:文物出版社,2017.

南京博物院,泰州市博物馆,姜堰市文物管理委员会.江苏姜堰天目山西周城址发掘报告[J].考古学报,2009(1).

张敏.吴国都城初探[J].南方文物,2009(2).

韩明芳.江苏盐城市龙冈商代墓葬[J].考古,2001(9).

刘志岩,孙林,高蒙河.苏北海岸线变迁的考古地理研究[J].南方文物,2006(3).

南京博物院.江苏仪六地区湖熟文化遗址调查[J].考古,1962(3).

窦亚平,窦广才.江苏姜堰天目山西周城址出土青铜块刍议[J].江苏钱币,2014(2).

袁颖.仪征胥浦甘草山遗址的发掘[J].东南文化,1986(1).

刘勤.仪征境内有关吴文化考古发现之初探[C]//扬州博物馆.江淮文化论丛:第4辑.北京:文物出版社,2017.

苏北治淮文物工作组．江苏扬州附近凤凰河遗址发掘简报［J］．考古通讯，1957（1）．

陈达祚，朱江．邗城遗址与邗沟流经区域文化遗存的发现［J］．文物，1973（12）．

尹焕章．仪征破山口探掘出土铜器记略［J］．文物，1960（4）．

张敏．破山口青铜器三题［J］．东南文化，2002（6）．

刘兴，吴大林．谈谈镇江地区土墩墓的分期［C］//文物资料丛刊：第6辑．北京：文物出版社，1982．

郭沫若．吴王寿梦之戈［N］．光明日报，1950-6-7．

罗常培．关于《吴王寿梦之戈》音理上的一点补充［N］．光明日报，1950-6-21．

辛德勇．越王勾践徙都琅邪事析义［J］．文史，2010（1）．

陈梦家．禺邗王壶考释［J］．燕京学报，1937（21）．

童书业．释"攻吴"与"禺邗"［C］//童书业历史地理论集．北京：中华书局，2004．

毛颖．吴国青铜农具初探［C］//肖梦龙．吴文化青铜器综合研究．北京：科学出版社，2004．

江苏省文物管理委员会，南京博物院．江苏六合程桥东周墓［J］．考古，1965（3）．

南京博物院．江苏六合程桥二号东周墓［J］．考古，1974（2）．

黄展岳．关于中国开始冶铁和使用铁器的问题［J］．文物，1976（8）．

束家平．江苏扬州市西湖镇果园战国墓的清理［J］．考古，2002（11）．

钱辰方．扬州漆器工艺史话［J］．扬州大学学报，1982（2）．

张浦生．江苏"郢爰"［J］．文物，1959（5）．

陈尔俊．江苏出土的楚国郢爰［J］．考古，1995（3）．

田心．江苏宝应发现楚国"郢爰"金币［J］．考古通讯，1958（5）．

夏鼐．中国文明的起源［J］．文物，1985（8）．

姚仲源．浙江德清出土的原始青瓷器［J］．文物，1982（4）．

王仁湘．中国古代进食具匕箸叉研究［J］．考古学报，1990（3）．

刘建国.春秋刻纹铜器初论[J].东南文化,1988（5）.

刘建国.江苏丹徒粮山春秋石穴墓:兼谈吴国的葬制及人殉[J].考古与文物,1987（4）.

李龙俊,秦让平.安徽六安出土"廿三年东阳"戈考[J].东南文化,2017（1）.

安徽省文物考古研究所,天长县文物管理所.安徽省天长县杨村汉墓[J].东南文化,1992（6）.

曹峰.出土文献视野下的黄老道家研究[J].中国社会科学,2013（2）.

曹金华.清刘文淇《项羽都江都考》及阮元跋文读议:项羽"都江都"的可能性及诸因素之分析[J].项羽文化,2012（3）.

曹金华.东汉广陵郡置县之谜[J].扬州大学学报,2005（3）.

曹金华."怀哭秦之节,存荆则未闻":汉末"奇士"臧洪刍议[J].南都学坛,2000（1）.

曹庸.汉碑中有关农民起义的一些材料[J].文物,1960（8/9）.

陈大海.六合走马岭汉代遗址考古勘探收获及初步认识[C]//学耕文获集:南京市博物馆论文选.南京:江苏人民出版社,2008.

陈剑.张家山汉简《二年律令·金布律》"煮济漯"探微[J].出土文献,2020（1）.

陈跃.浅论汉代釭灯[J].文博,2008（6）.

初仕宾.居延简册《甘露二年丞相御史律令》考述[J].考古,1980（2）.

华觉明.长江中下游铜矿带的早期开发和中国青铜文明[J].自然科学史研究,1996（1）.

建湖县博物馆.建湖县沿岗地区出土汉墓群[J].东南文化,1996（1）.

江苏省博物馆,泰州县博物馆.江苏泰州新庄汉墓[J].考古,1962（10）.

江苏省文物管理委员会.江苏高邮邵家沟汉代遗址的清理[J].考古,1960（10）.

蒋华.扬州甘泉山出土东汉刘元台买地砖券[J].文物,1980（6）.

冷鹏飞."东南有天子气"释:秦汉区域社会文化史研究[J].学术研究,1997（1）.

孔祥军.汉代铁官制度的设立和考察［J］.江苏商论,2009（4）.

李健广.江苏邗江甘泉顺利东汉墓清理简报［J］.东南文化,2009（4）.

李迎春.居延汉简所见广陵王临终歌诗及相关问题研究［J］.国学学刊,2015（4）.

李则斌,陈刚.江苏大云山江都王陵10号墓墓主人初步研究［J］.东南文化,2013（1）.

梁白泉.高邮天山一号汉墓发掘侧记［C］//南京博物院.梁白泉文集.北京:文物出版社,2013.

梁白泉.高邮天山汉墓发掘的意义［C］//南京博物院.梁白泉文集.北京:文物出版社,2013.

南京博物院.江苏射阳湖周围考古调查［J］.考古,1964（1）.

南京博物院.江苏盱眙东阳公社出土的秦权［J］.文物,1965（11）.

南京博物院.江苏仪征石碑村汉代木椁墓［J］.考古,1966（1）.

南京博物院,扬州市博物馆.江苏扬州七里甸汉代木椁墓［J］.考古,1968（8）.

南京博物院.扬州古城1978年调查发掘简报［J］.文物,1979（9）.

南京博物院.江苏邗江甘泉二号汉墓［J］.文物,1981（11）.

南京博物院.江苏邗江甘泉东汉墓清理简况［C］//文物资料丛刊:第4辑.北京:文物出版社,1981.

南京博物院,盱眙县文广新局.江苏盱眙县大云山西汉江都王陵一号墓［J］.考古,2013（10）.

南京博物院,盱眙县文广新局.江苏盱眙大云山江都王陵二号墓发掘简报［J］.文物,2013（1）.

南京博物院,盱眙县文广新局.江苏盱眙县大云山西汉江都王陵东区陪葬墓［J］.考古,2013（10）.

南京博物院,盱眙县文广新局.江苏盱眙县大云山西汉江都王陵北区陪葬墓［J］.考古,2014（3）.

南京市博物馆.江苏南京仙鹤观东晋墓［J］.文物,2001（3）.

潘凤英.试论全新世以来江苏平原地貌的变迁［J］.南京师院学报(自然

科学版),1979(1).

秦宗林,闫璘.扬州胡场汉代墓葬[J].大众考古,2015(11).

裘锡圭.关于新出甘露二年御史书[J].考古与文物,1981(1).

宋治民.汉代的漆器制造手工业[J].四川大学学报(哲学社会科学版),1982(2).

孙家洲.汉代巫术巫风探幽[J].社会科学战线,1994(5).

疏仁华,柯志强.皖南古代铜矿业开发及其社会影响[J].铜陵学院学报,2014(5).

唐兰.马王堆出土《老子》乙本卷前古佚书的研究[J].考古学报,1975(1).

天长市文物管理所,天长市博物馆.安徽天长西汉墓发掘报告[J].文物,2006(11).

田天.江苏邗江胡场五号汉墓木牍的再认识[J]//出土文献:第三辑.上海:中西书局,2012.

屠思华.江苏凤凰河汉、隋、宋、明墓的清理[J].考古通讯,1958(2).

汪勃.扬州城的沿革发展及其城市文化[C]//上海博物馆."城市与文明"学术研讨会论文集.上海:上海古籍出版社,2016.

汪勃,王小迎.扬州汉墓出土简牍文字中的汉代广陵与广陵城[C]//肖小勇.聚才揽粹著新篇:孟凡人先生八秩华诞颂寿文集.北京:科学出版社,2019.

王睿,王小迎,汪勃.2017年扬州蜀岗古代城址发掘[J].大众考古,2018(2).

王育成.东汉道符释例[J].考古学报,1991(1).

王子今.胡场汉牍研究[G]//考古与文物研究:纪念西北大学考古专业成立四十周年文集.西安:三秦出版社,1996.

魏旭.试论扬州汉甘泉山官道、唐蜀岗西峰驿道及其对陵墓选址的影响[J].文博,2019(4).

闻广.高邮神居山二号汉墓玉器地质考古学研究[J].文物,1994(5).

吴达期,徐永吉,邹厚本.高邮神居山二号汉墓的木材鉴定[J].南京林学院学报,1985（3）.

扬州博物馆,邗江县文化馆.扬州邗江县胡场汉墓［J］.文物,1980（3）.

扬州博物馆.扬州东风砖瓦厂汉代木椁墓群［J］.考古,1980（5）.

扬州博物馆.扬州西汉"妾莫书"木椁墓［J］.文物,1980（12）.

扬州博物馆,邗江县图书馆.江苏邗江胡场五号汉墓［J］.文物,1981(11).

扬州博物馆.扬州东风砖瓦厂八、九号汉墓清理简报［J］.考古,1982（3）.

扬州博物馆.江苏仪征胥浦101号西汉墓［J］.文物,1987（1）.

扬州博物馆.江苏邗江姚庄101号西汉墓［J］.文物,1988（2）.

扬州博物馆.江苏邗江县甘泉老虎墩汉墓［J］.文物,1991（10）.

扬州博物馆,邗江县图书馆.江苏邗江县杨寿乡宝女墩新莽墓［J］.文物,1991（10）.

扬州博物馆.江苏邗江县姚庄102号汉墓［J］.考古,2000（4）.

扬州市文物考古研究所.江苏扬州西汉刘毋智墓发掘简报［J］.文物,2010（3）.

扬州市文物考古研究所,仪征市博物馆.江苏仪征市烟袋山西汉车马陪葬坑发掘简报［J］.考古,2017（11）.

仪征博物馆.江苏仪征刘集联营西汉墓出土占卜漆盘［J］.东南文化,2007（6）.

仪征市博物馆.仪征新集螃蟹地七号汉墓发掘简报［J］.东南文化,2009（4）.

尹焕章,赵青芳.淮阴地区考古调查［J］.考古,1963（1）.

尹焕章,张正祥.洪泽湖周围的考古调查［J］.考古,1964（5）.

印志华.扬州地区汉墓的型制与分期［J］.文博通讯,1981（2）.

郑德坤.中国青铜器的起源［J］.文博,1987（2）.

中国社会科学院考古研究所文化遗产保护研究中心,南京博物院考古研究所大云山考古队.江苏盱眙县大云山汉墓七号陪葬坑实验室考古清理［J］.考古,2017（8）.

陈乾康《南齐书·州郡志》"永明元年"土断南兖州勘误［J］.中国史研究,1986（2）.

王永平.论华谭:以两晋之际江东地域政局的走向为中心的考察[J].南京晓庄学院学报,2011（5）.

王永平.刘裕、刘毅之争与晋宋变革[J].江海学刊,2012（2）.

王永平.隋炀帝招揽江南之高僧与南朝佛学之北传:以《续高僧传》所载相关史实为中心的考察[J].扬州大学学报（人文社会科学版）,2019（1）.

张学锋.释"安石不肯出,将如苍生何!"[J].南京晓庄学院学报,2018（5）.

张学锋.扬州曹庄隋炀帝墓研究六题[J].唐史论丛:第21辑,2015.

小尾孝夫.广陵高崧及其周边:六朝南人的一个侧面[J].南京晓庄学院学报,2015（1）.

后 记

　　《扬州通史》第一卷,从史前时期开始写起,迄于魏晋南北朝结束,时间跨度甚长,文献资料匮乏,加上编者水平有限,在编写过程中曾遇到了不少问题。但因诸君齐心协力,同舟共济,还是克服了种种困难,交出了一份自认为合格的答卷,期待日后继续完善。

　　首先,在章节的设计和安排上,就遇到了一些问题。即从全书六卷来看,基本都是按照朝代来编写的,每个朝代都按历史概况、政治、经济、文化等内容分成数章。而第一卷就不可能这样安排。如夏商西周时期,文献资料绝少,不可能都按朝代编写,史前时期和春秋战国也是如此。而秦汉和魏晋南北朝时期,鉴于史料较多,又是扬州进入封建社会后盛、衰突变的第一个周期,理应与后五卷合拍。所以经过反复论证,权衡再三,还是设计成目前这种样式,即将史前、夏商西周和春秋战国三个时期设计为三章,秦汉时期设计为五章,魏晋南北朝时期设计为四章。这样设计虽然显得不尽合理,但也没有别的办法。

　　其次,是史料的限制。中国历史文化悠久,文献古籍汗牛充栋,但具体到上古时期的扬州地区,就相形见绌了。包括考古发掘资料,鉴于各种条件的限制,发掘地点和面积等都很有限,也不系统,能够说明问题的较少。所以,"孤证"难以说明问题的说教,在这里就不太适用了。这是我们自己编后也觉得如履薄冰的原因,以至为了说明问题,不得不根据周边地区的情形等推论,甚至有些问题仍然保留下来,没有得出结论,如夏朝末年的"干辛邦"在今何处,春秋时期的"邗城"究竟在哪里等,都只能俟日后的考古发掘和深入研究来证明了。

　　再者,扬州的历史,过去不少专家学者都作过许多有益的探研,为弘扬扬州历史文化作出了重大贡献,但全面、系统地撰写一部官方通史,这还是第一次。因此在编写过程中,我们只能根据需要部分地吸纳,而不可能将全部成果反映出来,在学术观点上,也是根据自己的理解,实际上很多问题都是仁者见仁、智者见智的,故而不周、不当之处,冀望专家学者海涵,并殷切地期盼广大读者批评指正!

此外要说明的是,本卷编写与全书一样,采用分工合作的方式:史前时期、夏商西周、春秋战国之第一至第三章,由曹金华教授执笔;秦汉时期的第四章、第五章与第八章,由汪华龙讲师执笔;第六章和第七章由徐俊祥副教授执笔;魏晋南北朝的第九至第十二章,由徐成副教授执笔。各个部分都曾进行相互审阅,并提出补充、修改意见。全卷由曹金华教授主编。

在编写过程中,全书主编王永平教授对本卷进行过多次审核,提出了许多修改意见;苏州大学臧知非、南京师范大学张进、南京大学张学锋三位教授,分别对先秦、秦汉、魏晋南北朝的稿子进行终审,提出了宝贵的修改意见;扬州本土知名专家赵昌智、顾风、束家平、张连生等在本卷的设计、编写、修订上,都提出过许多意见和建议;广陵书社的曾学文总编辑、本卷责任编辑刘栋等,在本卷的修订、出版方面,也都付出了巨大努力;扬州博物馆为本书提供了部分卷首图片,在此一并表示衷心的感谢!

本卷编写组

2023 年 3 月

跋

扬州已有 2500 多年的建城史，以其积淀深厚、光彩夺目的历史文化传统闻名于世，是国家首批公布的历史文化名城，近年来又获得联合国教科文组织等国际机构颁发的"'联合国人居奖'城市""世界美食之都"与中日韩三国文化部长会议共同命名的"东亚文化之都"等荣誉称号，成为世人向往的"淮左名都""竹西佳处"。

扬州市委、市政府高度重视扬州历史文化的深度挖掘和系统研究，2017年 9 月，正式启动《扬州通史》编纂工作，将其纳入市校合作的总体框架，委托扬州大学中国史学科开展研究与著述。同时组建了以市委、市政府、学校主要领导牵头的编纂委员会，聘任本人担任主编，明确市委宣传部负责项目的实施与管理，设立通史编纂工作办公室，以协调、处理相关具体事务。

项目启动后，我们拟定了《扬州通史》的基本构架与著述体例。在编纂起止时间上，明确自先秦至中华人民共和国成立前；各分卷的时段安排，主要根据各阶段地域社会历史演进的实际状况，确定全书分为六卷、共八册，即《先秦秦汉魏晋南北朝卷》《隋唐五代卷（两册）》《宋代卷》《元明卷》《清代卷（两册）》和《中华民国卷》。按照编委会有关编撰工作"专业化""规范化"的要求，我们组建了编纂团队，聘请了扬州大学中国史学科相应专业方向的诸位教授主持各分卷编著，其成员则以本学科专任教师为主体，他们在相关专业方向或领域浸淫多年，具有较为丰厚、扎实的专业素养与学识。

编委会对通史编纂质量与进度有明确的预期与要求。为确保编纂工作的规范化及其质量要求，通史编纂工作办公室确定了主编负责、统筹的审理、鉴定等管理程序与把关环节：一是对各卷所拟纲目与各位作者提供的章节样稿进行审查；对整体语言表述、引文注释、各卷内部及各卷之间衔接的相关内容归属，作出明确指导与规范要求；对相关争议性、敏感性问题的表述，提出原则性指导意见。为此，市、校领导多次召集编纂工作推进会与交流会，进行专题研讨，解决编纂过程中的各类疑难问题。二是各分卷统稿和主编审稿，这是编纂团队内部的质量把关程序，经过这两个层次的审理与修改，基本达到规范与合格的要求。三是聘请校外具有地方通史编纂经历的著名学者进行审阅鉴定。

在编纂时间与出版方面，编委会明确《扬州通史》的编纂为期四年，2021 年交稿，以整体出版方式刊布。我们深知时间紧迫，压力甚大。就研究内容而言，通史编纂与个人的专题研究不同，它既是历时性的贯通研究，又是整体性的全面著述，不论编纂者的个人学术兴趣如何，也不论不同时段传世文献的留存多寡，必须遵循通史的体例要求，尽可能挖掘相关资料，撰述相关内容，揭示相关历史信息。几年来，有赖编纂团队齐心协力，克服困难，如期完成了编纂工作。

《扬州通史》作为市、校合作的重大学术文化工程，得到了扬州市委、市政府与扬州大学的高度重视和大力支持，历任扬州市委、市政府、扬州大学党政领导，对编纂工作给予关心、指导和帮助；扬州市委宣传部、扬州大学人文社科处，对项目的具体实施与推进付出了诸多辛劳。在此，我代表编纂团队，表示由衷的敬意与诚挚的感谢！

作为主编，我要真诚地感谢编纂团队的全体成员，尤其是一些青年后进，他们是生力军，承担了各卷相当篇幅的撰著任务，表现出乐于奉献的精神——他们教学、研究的压力非常大，要接受学校、学院的各种量化考核，评职晋级需要主持省部级以上项目和发表权威期刊论文，而参与通史编纂对此并无直接帮助。几年间，每次见面，我必催促他们加快撰写进度，保证编纂质量，感谢诸位的理解与支持。

　　我要真诚地感谢参与各审核鉴定环节并给予我们指导的市内外诸位方家学者。学术顾问赵昌智先生携同扬州文化研究会的田汉云、顾风、徐向明、朱福烓、王虎华、韦明铧、张连生、曹永森、吴献中、强学民、华德荣、束家平、薛炳宽、方晓伟、曾学文、孙叶锋、王冰、王争琪、王章涛、王资鑫、李保华、魏怡勤、伍野春、陈文和、顾寅森、蒋少华等诸位先生，参与各卷纲目与样稿的审阅与研讨。扬州市考古文博、档案、党史办、图书馆等部门，给我们提供了诸多帮助，特别是广陵书社承担该书出版，申请获得国家出版项目，配备专业精干的编辑队伍，细心审校，颇多助益！

　　编纂过程中，我们邀请了一些著名学者担任学术指导，中国社会科学院历史研究院的卜宪群，南京大学的陈谦平、范金民、李良玉、张学锋，南京师范大学的李天石、张进，苏州大学的王国平、臧知非等，他们或为编纂团队作辅导报告，或参与各卷的纲目审查与终审鉴定，或推荐申请国家出版项目。诸位先生有的担任国务院学位委员会历史学科评议组成员，有的担任全国性学会的领导，皆以学识渊博著称，且多有主持全国与地方通史编纂的经历，他们严谨的学风与热诚的情谊，给编撰者以极大的鞭策与激励。

　　就扬州学术史而言，这部地方通史的编纂与出版，是对既往扬州历史文化研究的阶段性总结，期望由此不断推动相关研究的深化与拓展，但愿我们的努力及其成果不负领导的要求与社会的期望。然而兹事体大，在这部多卷本通史即将出版之际，作为主编，我内心里虽曾有过"交卷"后片刻的轻松愉悦，但更多的则是忐忑不安。由于各种主客观因素的限制，其中一定存在着诸多不足甚至讹误。客观上，由于时间相对较紧，我们的撰述与审查难免有所疏忽；主观上，由于水平所限，在资料挖掘利用、论点阐述等方面，都可能存在遗漏与错讹。因此，我们真诚地希望得到方家同仁的批评指正，以利于今后不断修订完善。

　　孔子登高临河有浩叹，"逝者如斯夫，不舍昼夜"，这既有对人生的感悟，也有对社会历史的沉思。扬州的文明历史，生生不息，已历数千年，古代史上曾有过三个高峰期,或称之为"辉煌时代",即汉代的"初盛期"、隋唐时代的"鼎盛期"和清代的"繁盛期"。当今的扬州,正处于现代化建设的快速发展时期,取得了诸多前所未有的业绩与成就;未来的扬州,必将在中华民族伟大复兴的历史征程中谱写出独具特色的扬州篇章!

王永平

2023 年 3 月